Schriften

der

Centralstelle für Vorbereitung

von

Handelsverträgen.

14. Heft.

Die Handelsverträge des Jahres 1903.

Betrachtungen und Vorschläge

von

Dr. Vosberg-Rekow.

Berlin 1900.
J. Guttentag, Verlagsbuchhandlung,
G. m b. H

Die
Handelsverträge
des Jahres 1903.

Betrachtungen und Vorschläge

von

Dr. Vosberg-Rekow.

Berlin 1900.

J. Guttentag, Verlagsbuchhandlung,

G. m. b. H.

Vorwort.

Wir übergeben nachstehend eine Reihe von Ausführungen zur augenblicklichen handelspolitischen Lage der Oeffentlichkeit, welche uns geeignet erscheinen, der Erörterung über die schwebenden Fragen neue Nahrung zuzuführen.

Wenn der Herr Verfasser eine Reihe von Vorschlägen macht und bestimmten Ansichten Ausdruck verleiht, so müssen wir ihm natürlich deren persönliche Vertretung überlassen. Betrachten wir es doch als unsere Aufgabe, der Vorbereitung der Handelsverträge gesichtetes und klärendes Material zuzuführen. Aus dieser Erwägung heraus erfolgt die Ausgabe der vorliegenden Schrift.

Berlin, im Juli 1900.

Centralstelle für Vorbereitung von Handelsverträgen.

Inhaltsverzeichniss.

Seite

Einleitung 1

I Uebergang der Deutschen zur realen Weltanschauung. — Goethe und Bismarck. — Die technischen Schulen. — Emporsteigen des industriellen und des Kaufmannstandes. — Die Vorherrschaft des Grundbesitzes. — Verarmung, Vernachlässigung, Konkurrenzirung. — Die Agrarzölle. — Der österreichische Handelsvertrag. — Der russische Handelsvertrag. — Feindschaft gegen die Industrie. — Die Auswanderung und der Weltmarkt der Brotfrucht — Die Kraft aus dem Widerstreit der Interessen 7

II Unsere Konkurrenten auf dem Weltmarkt. — Oesterreich-Ungarn — Italien. — Schweiz, Holland, Belgien. — Die pyrenäische Halbinsel — Skandinavien — Frankreich. — Die drei Weltreiche: Russland, England, die Vereinigten Staaten von Amerika 32

III Russland als unser künftiges Absatzgebiet. — Die Vereinigten Staaten als unser gefährlichster Gegner. — Liebeswerben der österreichischen Agrarier. — Begünstigung der russischen Einfuhr. — Differenzirung der amerikanischen Cerealien. — Entwicklung der Industrie zur Spezialisirung. — Aufgaben des neuen Tarifsystems 71

IV. Ausschaltung der Meistbegünstigung. — England hat sie mit Vortheil etablirt. — Ihre Schäden im neuen System. — Der Reziprozitätsvertrag. — Ursprungszeugnisse. — Amerikanisches System. — Deutschland und Frankreich. — Dauer der Verträge 93

V. Das Tarifschema als Grundlage für eine internationale Tarifeinheit. — Revision oder Reform des Tarifes? — Autonomer Tarif. — Schutzzöllner als Sachverständige. — Maximal- und Minimaltarif 107

Schlusswort 126

Einleitung.

Bevor ich den Leser einlade, mir durch dic nachstehenden Betrachtungen zu folgen, fühle ich mich zu der ausdrücklichen Erklärung verpflichtet, dass ich meine eigenen Ansichten über die Fragen, welche ich hier aufzuwerfen gedenke, keineswegs für geklärt und abgeschlossen halte. Frägt man mich aber, warum ich dann nicht lieber schweige, so kann ich erwidern, dass ich bemerkt zu haben glaube, wie es den zahlreichen Beamten, Politikern und Grossindustriellen, mit denen ich in Verbindung stehe, nicht besser geht. Ich für meine Person habe seit nunmehr 3 Jahren kaum etwas anderes getrieben als Handelspolitik; dennoch reicht meine Beschäftigung nicht aus, mich auf ein wohlbegründetes Urtheil festzulegen. Davon, ob man grundsätzliche Fragen dieses Gebietes in der Praxis heute so oder so lösen wird, hängt zuviel ab für das Wohl und Wehe des Landes, als dass nicht Jeder, der zur Sache reden will, ein Gefühl schwerer Verantwortlichkeit auf sich nähme. Dennoch müssen diese Fragen in nicht allzuferner Frist gelöst werden; also dürfte es die höchste Zeit sein, die Diskussion darüber zu eröffnen. Dies ist die Absicht, welche mich bei der vorliegenden Arbeit geleitet hat, und aus dieser Absicht heraus bitte ich meine Stellungnahme zu erklären. Eine Literatur über die zu erörternden Themata ist bisher kaum vorhanden; die öffentliche Erörterung aber ist entweder über die Schwierigkeiten der Lage allzuleicht hinweggegangen, oder sie hat parteipolitische, also mehr oder weniger werthlose Argumente beigebracht.

Es handelt sich meiner Ansicht nach in erster Linie darum, den Dingen vorurtheilsfrei ins Gesicht zu sehen, ihnen dabei aber so nahe zu kommen, dass ihr wirkliches Wesen richtig erkannt werde. Solche Erkenntniss kann ein Einzelner kaum sich zu eigen machen; sie wird erst das Ergebniss eines Ausgleiches und einer Gegenprüfung aller Betrachtungsarten sein. Man möge zunächst einmal das Problem richtig fassen, ehe man an seine Lösung denkt. Dann aber wird es zahlreiche Versuche kosten, ehe auch nur die richtige Methode, geschweige denn der richtige Weg gefunden ist. Zu dieser Arbeit möchte ich alle diejenigen einladen, deren Händen diese wichtigen Interessen anvertraut sind.

Wenn ich die zahlreichen Fragen, die ich im Folgenden aufzuwerfen gedenke, wirklich und erschöpfend behandeln könnte, so wäre damit die eigentliche und wesentliche Arbeit für die Vorbereitung der Handelsverträge geleistet. Denn auf sie kommt es an und die Einzelthätigkeit, welche bisher von allen betheiligten Stellen entwickelt worden ist, kann wenig mehr bedeuten als die Beschaffung von Material für die Lösung der gestellten Aufgabe. Ob ein einzelner Zollsatz so oder so festgesetzt wird, ist an sich und für seinen Interessentenkreis wichtig; aber solche Frage verschwindet hinter der Erwägung: welches System ist anzuwenden? welche Grundsätze müssen uns leiten? befindet sich unsere Entwickelung auf dem rechten Wege und welche Mittel sind zu ergreifen, sie darauf zu erhalten und vorwärts zu bringen?

Es wäre ein schwerer Fehler, wollte man die Handelspolitik als ein gesondertes Gebiet betrachten oder gar zu behandeln versuchen. Sie ist ja nicht da, um etwa die Interessen des Handels oder des Aussenhandels zu verfolgen und zu gestalten, sondern sie ist diejenige Politik, welche sich mit der ganzen wirthschaftlichen Gebahrung des Volkes zu beschäftigen hat. Sie steht deshalb mit der allgemeinen Politik überhaupt, insbesondere aber mit allen denjenigen Gebieten der äusseren Politik in Zusammenhang, welche auf die wirthschaftlichen Vorgänge im Lande Einfluss haben. Das ist aber jede Politik. Also muss die Handelspolitik als ein Theil der Gesammtpolitik aufgefasst und so gestaltet werden, dass sie dem übrigen politischen Wesen im Staate entspricht. Man kann sogar weitergehn und behaupten, sie könne und werde maassgebend werden für die ganze Entwickelung unserer nationalen Individualität.

Damit sind wir aber an dem springenden Punkte angelangt, an welchem das Problem sich für uns aufthut. Wohin geht der Kurs auf dem Felde der hohen Politik und ist die Handelspolitik gegenwärtig dazu berufen, diesen Kurs zu verstärken oder ihn zu kontrekarriren?

Es scheint, als seien heute, nach Annahme der Flottenvorlage im Reichstage, alle Parteien oder wenigstens die ausschlaggebenden darüber einig, dass der politische Fährmann so zu steuern habe, dass sich der Begriff Weltpolitik zeigt und mit ihm sich ferne Ziele vor uns aufthun, deren Erreichung uns über die Grenzen des Binnenlandes hinausruft. Zwar hat die Kommission gerade die sogenannten Auslandsschiffe abgelehnt. Aber welch einen Sinn könnte es für uns haben, wenn wir eine grosse Schlachtflotte schüfen und wollten mit Übersee eigentlich so wenig wie möglich zu schaffen haben? Zur Vertheidigung unserer Landesgrenzen genügte wohl unser Landheer, und wer sich auf die Möglichkeit eines Seekrieges einrichtet, muss auch gewillt sein, in eigenen und fremden Meeren Seegewalt zu üben. Es kann auch Niemand darüber im Zweifel sein, dass unser Kaiser und Führer diesen Weg gehen will und dass er sich entschlossen hat, sein Volk diese Pfade zu führen, weil in ihm, wie in der Mehrzahl der Gebildeten der Nation, die Überzeugung lebt, dass unsere Entwickelung diesen Weg vorgeschrieben hat und vorschreibt und dass es für uns auf diesem Wege kein Zurück mehr, sondern nur noch ein Vorwärts giebt.

Es ist hier nicht der Raum, darzulegen, aus welchen Gründen diese Politik für uns die richtige und gewiesene ist. Wenn man sich in unserem noch keineswegs reichen

Lande entschlossen hat, hunderte von Millionen für den Bau einer Kriegsflotte aufzuwenden, so muss man alles thun und nichts unterlassen, was den Erfolg dieser riesigen Kapitalanlage sicher zu stellen geeignet ist. Die Summen, welche die Nation für diese Zwecke festgelegt hat, sind zu gross, als dass man damit leichtfertig umgehen dürfte. Die Verantwortlichkeit aber, welche diese Aufwendung der Regierung auferlegt, ruht auf allen denen, deren Aufgabe es ist, die Zinsen jener Riesenkapitalien zu gewährleisten; zu gewährleisten durch eine konsequente und auf der ganzen Linie entsprechende Politik.

Zu einer solchen gehört Alles, was geeignet ist, unsere Beziehungen zum Auslande und zur Übersee zu kräftigen und inniger zu gestalten: wohlverstanden, in erster Linie diejenigen Beziehungen, welche sich auf dem Felde der Wirthschaft als gewinnbringend für uns erweisen. Das sind zweifellos die Beziehungen der Handelspolitik.

Die Handelspolitik kann mithin heute keineswegs berufen erscheinen, die Linien der Überseepolitik zu kreuzen. Dass sie hierzu an sich im Stande wäre, ist zweifellos. Eine Abkehr von der Vertragspolitik, ein unmotivirt stolzes Zurückziehen auf sich selbst, die Einführung handelspolitischer Autonomie in das bisherige Vertragsnetz, die Herauskehrung unfreundlicher Maassregeln — Alles das wäre geeignet, unsern wirthschaftspolitischen Beziehungen zum Auslande Abbruch zu thun, unsern Aussenhandel zurück zu dämmen und den Gewinn, den man von der Ausgestaltung unserer Seemacht erhofft, in Frage zu stellen. Die ältere Generation unter uns, welche ihre letzten Jahre hindurch in reinen politicis gearbeitet hat, glaubt die Flotte aus politischen Gründen bewilligen zu sollen: für sie sind diese und die daraus sich ergebende Weltmachtstellung Selbstzweck: wir jüngeren Politiker wissen genau, dass es sich hier nur um ein Mittel zum Zwecke handeln darf. Aus der erstgenannten Empfindung heraus ist die konservative Partei auf die Flottenpläne eingegangen; aus Mangel an Verständniss für die zweite hat sie die Auslandsschiffe abgelehnt. Es muss als Hauptaufgabe der Staatsleitung bezeichnet werden, an dieser Stelle aufklärend einzuwirken Wer die Kriegsflotte bewilligt und will gleichzeitig an Stelle der Handelsvertragspolitik eine gewisse Abschlusspolitik setzen, der nimmt eine schwere Verantwortlichkeit auf sich.

Diese Verantwortlichkeit ist um so schwerer, weil, wie ich unten darlegen werde, kein Land so wenig berufen ist, Abschlusspolitik zu treiben, als das unsrige. Fangen wir damit an, die wir auf vielen Gebieten an der Spitze der Leistung marschiren, so ist vom Übereifer der wirthschaftlich schwächeren Länder das Schlimmste zu befürchten. Es ist die Aufgabe gerade unserer Handelspolitik, den Ton anzugeben, auf welchen das Welthandelskonzert gestimmt werden soll.

Zweifellos ist hierbei der richtige Grundton die Ausgestaltung und Weiterführung der Anfangs der 90er Jahre inaugurirten Vertragspolitik, wohlverstanden unter Vermeidung und Ausmerzung ihrer Fehler in Einzelheiten.

Wenn man an dieser grundsätzlichen Position festhält, so zeigt sich freilich sofort eine Fülle von Möglichkeiten derart, wie, mit welchen Mitteln, nach welchem System man die Vertragspolitik ausgestalten könne. Ist sie in den alten Formen weiterzuführen oder hat Technik und Lehre neue Schablonen und Gebahrungen für sie nothwendig gemacht? Was ist beispielsweise mit der als Panacee angepriesenen Meistbegünstigungsklausel anzufangen? Und ist wiederum in Einzelverhandlungen Konventionaltarif an Konventionaltarif zu reihen oder soll mit Einführung eines Maximal- und Minimalschemas generalisirt werden? Und was wird man mit den bestehenden Verträgen anfangen? Sollen sie alsbald unsererseits der Reihe nach bezw. gleichzeitig gekündigt werden? Oder sollen wir prolongiren und abwarten, bis das Ausland uns kündigt? Alles das sind schwerwiegende Fragen, deren verantwortliche Lösung nicht gefunden werden kann, ohne eingehendes Studium, ohne ernhafteste Prüfung.

Dieses Studium und diese Prüfung stellt, wie gesagt, den wichtigsten Theil der Vorbereitung der Handelsverträge dar. Und hierzu erneute Anregung zu geben, ist der Zweck dieser Schrift.

I.

Uebergang der Deutschen zur realen Weltanschauung. — Goethe und Bismarck. — Die technischen Schulen. — Emporsteigen des industriellen und des Kaufmannstandes. — Die Vorherrschaft des Grundbesitzes. — Verarmung, Vernachlässigung, Konkurrenzirung. — Die Agrarzölle. — Der österreichische Handelsvertrag. — Der russische Handelsvertrag. — Feindschaft gegen die Industrie. — Die Auswanderung und der Weltmarkt der Brotfrucht. — Kraft aus dem Widerstreit der Interessen.

Die Situation Deutschlands hat sich seit dem Jahre 1871 innerlich und äusserlich wesentlich verändert. Die innerlichen Veränderungen sind für die Fragen, welche uns hier vorliegen, von derselben, ja vielleicht von noch grösserer Bedeutung, als diejenigen, welche nach aussen weisen. Sie sollen deshalb hier kurz dargestellt werden.

Unser Volk ging vordem einer Reihe von Zielen nach, welche man als ideale zu bezeichnen pflegt und welche recht eigentlich unerreichbar waren. Dem entsprach auch die Art, die Dinge der Welt zu sehen und einzuschätzen. Weil man ein nationales Bürgerthum nicht fertig bekommen konnte, schwärmte man für Weltbürgerthum und Völkerbeglückung. Diese Beglückung wiederum bestand nicht in Gegenständen und Gütern dieser Welt, sondern in geistigen und sittlichen Werthen. Man hielt den Humanismus für werthvoller, als die Wirklichkeit; man pries die Wissenschaft, brachte sie theoretisch vorwärts und sah zu, wie die übrigen Völker ihre Errungenschaften zu fruktifiziren wussten. Das Materielle galt als das Gemeine, das Ideale als das Vornehme. Der üble Sinn, der dem Materiellen beigelegt war, übertrug sich schliesslich auf die ganze reale Welt: das geistige Leben der Nation hatte als Ziel eine Art Wolkenkuckucksheim. Erst Goethe gelang es, einem gewissen Realismus zur Beachtung zu helfen; wenigstens hat er die Anschauungsweise in Dingen der Kunst und Begriffen der Philosophie und Aesthetik in dieser Richtung wesentlich und glücklich beeinflusst.

Unfruchtbar gestaltete sich auch das politische Gebiet. Seine Grundlage ist das Recht. Auch hier aber ging die Theorie über die Praxis. Man nahm zunächst fremdes Recht an, weil man für die Kraft der nationalen Weisthümer keine Empfindung hatte. Dieses Recht, das römische, neigt an sich zum Formalismus. Dank der in Deutschland herrschenden Geistesrichtung kam gerade diese Seite zu einer überraschenden und unheilvollen Ausbildung. Der Respekt vor der Rechtsnorm und Rechtsform überwog bald alles Andere. Die praktischen Bedürfnisse mussten zurücktreten, wenn eine verbriefte Rechtsnorm ihnen im Wege stand. Die Nation bediente sich nicht der adoptirten Rechte, um mit ihnen emporzuwachsen, sondern sie wurde zur Sklavin der Rechtsform. So zerfiel sie in eine ungeheure Zahl von Rechtssubjekten, bis hinab zum reichsunmittelbaren Dorfe. Erst Fürst Bismarck hat auf diesem Gebiete die Reformation gebracht. Er schuf dem Bedürfniss der Wirklichkeit Raum, auch wo verbriefte Formen und Normen im Wege standen. Er erst lehrte durch seine Politik, dass die Rechtsform die Dienerin sein müsste und nicht die Herrin. Und unser Volk, das ihm staunend und zögernd darin folgte, fand für seine erlösende Thätigkeit keine liebenswürdigere Formel, als die berüchtigte: „Gewalt geht vor Recht.“ Jawohl, die Gewalt des lebendigen Bedürfnisses der Praxis geht allem Formelkram voran, mag derselbe mit noch so viel Briefen und Siegeln verbrämt sein, die unter Verhältnissen gefestigt wurden, von denen die Gegenwart sich abgewendet hat.

Es ist ein neuer Geist, der mählich seine Schwingen über Deutschland gebreitet hat. Der Stubengelehrte ist hinausgeführt worden in die frische Welt und hat sehen gelernt. Die Wirklichkeit ist ein Stück näher herangerückt und ihr gegenüber ist der Werth des Gedankens zwar nicht verloren gegangen, aber er ist doch verblasst. Man schätzt nicht mehr gering und bezeichnet als unvornehm, was sich mit „praktischen“ Dingen beschäftigt; man hat in grösserem Umfange als vordem gelernt anzuwenden, was man bis dahin als theoretischen Selbstzweck hielt. Die Folge war, dass bei uns die Philosophie zurückging, die Philologie in eine Art berechtigten Misskredits kam, der Humanismus auf Schulen und Universitäten an Boden verlor und die sogenannten angewandten Wissenschaften in der Werthschätzung stiegen. Diese Bewegung fand ihren Ausdruck unter anderem in dem Aufblühen der technischen Schulen und Hochschulen, in der staatlichen Anerkennung der Bedeutung der Technik. Die Gleichstellung der technischen Hochschulen mit den Universitäten, die Auszeichnung hervorragender Männer der angewandten Wissenschaft und ihrer Leistungen zeigen auch äusserlich den Abstand gegen die nicht ferne Vergangenheit.

Das Ausland hat uns häufig das Volk der Denker genannt; noch häufiger das Volk der Träumer. In der Spekulation und, um ihrer selischen Vertiefung willen, auch in der Musik hat man unsere Leistung stets rückhaltslos zwar, aber auch mit einem gewissen Gefühl der Ueberlegenheit des Lebemannes über den Philister anerkannt. Es kann uns darum kein glänzenderes Zeugniss für den Fortschritt ins Leben ausgestellt werden, als der Umstand, dass man heut im Auslande zwar nicht mehr vom Schulmeister von Königgrätz, wohl aber von der Ueberlegenheit unserer technischen Schulbildung spricht. Ist doch vor wenigen Wochen der beste Konsul, den die Vereinigten Staaten in Deutschland besassen, einem ehrenvollen Rufe nach der Heimath in der Voraussicht gefolgt, dass er dortselbst allenthalben die Errichtung von Fachschulen nach deutschem Muster propagiren werde.

Noch an einer anderen Stelle tritt die Wandlung scharf hervor, die sich vollzogen hat. Es hat einen deutschen Handel, Grosshandel, Rhederei und Industrie schon lange gegeben, ehe das Publikum sich der Bedeutung dieser Klassen in dem Grade bewusst war, wie dies heute der Fall ist. Aber ein Kaufmann besass Ansehen und erhielt Raum in den Kreisen der Gesellschaft nur wenn er sehr reich war und das Schwergewicht seines Kapitals sich Platz verschaffte. Ein uraltes Vorurtheil stand ihm entgegen. Hat doch selbst ein so aufgeklärter Rechtsphilosoph wie Montesquieu noch sagen können: „es widerspricht dem Charakter der Monarchie, wenn der Adel Handel treibt". Der Industrielle, der Kaufmann erwarb, aber er erwarb nach Ansicht der gebildeten Klassen lediglich für sich selber und er war aus diesem Grunde gegen diejenigen zurückzustellen, welche nicht für ihre Person, sondern für die „Allgemeinheit" thätig waren. Diese Fiktion fand dadurch Unterstützung, dass die Beamtenkreise mit schlechter Bezahlung in ihrer Arbeit thatsächlich ein nobile officium zu leisten hatten. Der Gedanke aber, dass auch die scheinbar ganz materielle, ganz egoistische Thätigkeit der Waaren produzirenden Kreise ihre Bedeutung für die Allgemeinheit haben könnte, war nur an wenig Stellen ins Bewusstsein getreten.

Indessen als die politischen Wünsche zunächst einmal erfüllt waren, trat auch hier ein Umschwung ein. Die Wirthschaftspolitik kam zu ihrem Recht und mit ihr diejenigen, die es zunächst anging. Interessenvertretungen, erst private, bald öffentliche und offizielle bildeten sich und wurden gebildet, und der Fabrikant und Kaufmann rückte mit ihnen langsam in den Vordergrund. Zeigte er doch unter anderem an diesen Stellen, dass auch er ein Verständniss, Zeit und Arbeitslust für die Allgemeinheit aufzuwenden hatte. So rückte dem Bewusstsein des gebildeten Publikums die Thatsache näher, dass die Interessen der Produktion mit dem ihrigen nahe verknüpft waren. Es kam die neue Zeit mit ihren neuen Bedürfnissen, mit ihrer neuen Kultur, verfeinertem Geschmack, erhöhtem Luxus. Man fragte sich: wo kam der Reichthum her? und man musste sich sagen, dass ihn die fleissigen Hände der Produzenten erworben hatten, nicht für sich allein, sondern auch für alle Anderen. Also hatte sich wiederum das Praktische und Materielle als werthvoll gezeigt und im Stande, unmateriellen Thätigkeiten neue Mittel zuzuführen und Raum zu schaffen: da das Gewerbe blühte, blühte auch Kunst und Wissenschaft. Und drüber hinaus: es war keine taube Blüthe mehr, sondern eine Blüthe, deren Frucht vielfältig war und gefällig zu kosten.

Die Umbildung, welche sich in der Richtung vollzog, dass Bedeutung und Schwergewicht der produzirenden Stände in den Vordergrund traten, fand wesentliche Förderung durch den Umstand, dass es schon von Alters her einen Stand der Produzenten gab, dessen Angehörige eine führende Rolle im Staate gespielt hatten und zum guten Theil noch behaupteten: die Landwirthschaft.

Von jeher hatte die Beschäftigung mit der Urproduktion für vornehm gegolten. Und zweifellos mit Berechtigung. Die fruchtbare Erde bildet die erste Grundlage unserer Existenz und Kultur und wem sie unmittelbar dienstbar war, der erschien zunächst als ein Herr vor den Anderen. Die Brotfrucht zudem bildete und bildet noch heut das vornehmste Produkt für den menschlichen Unterhalt und von seiner Bedeutung geht etwas über auf seine Erzeuger. Diese Ausnahmestellung der Landwirthe wirkte zurück auf die einzelnen Personen, Familien und Geschlechter. Die Träger solchen natürlichen Ansehens hielten auf sich und bildeten Traditionen und Gesinnungen aus, welche sie über andere Stände emporhoben. Sie waren eine Zeit lang die Gebildetsten der Nation. Als sie aber in Wissen, Denken und Fähigkeit später hinter dem aufstrebenden Bürgerthum vielfach zurückblieben, bewahrten sie sich doch im grossen Ganzen die alte Vornehmheit der Lebensauffassung und erschienen dadurch noch für lange Zeit hinaus geeignet, zu führen und an der Herrschaft Theil zu nehmen. Während die neuere Entwicklung die Verhältnisse verwirrte und den Kampf des Lebens hartnäckiger und erbitterter gestaltete, dem, der darin vorwärts kommen wollte, mannigfache Kompromisse auferlegte und ihn in der Hitze des Gefechts auch häufig genug zur Uebertretung der Sittengebote hinnss, ging dieses Gewühl und Getümmel an der weltentrückten

Ruhe des Gutsbesitzers zunächst vorüber. Sein Geschäft war und blieb einfach und wickelte sich mit einer gewissen Selbstverständlichkeit in den hergebrachten Formen ab: damit entfiel aber auch für ihn die Versuchung, und es war ihm im Allgemeinen unendlich leichter, ehrenfest und in den alten Traditionen zu bleiben.

Nur daraus erklärt es sich, dass der Grossgrundbesitz bis weit in die modernste Zeit hinein seine präponderative Stellung behielt. Es war der Gehalt dieser Klasse, der sie in ihrer Herrschaft festigte. Auch nachdem sie in Intelligenz und Bildung von den anderen Ständen längst überholt war, leistete sie vermöge dieses inneren Rückgrades dem Staate und der Gesellschaft die wesentlichsten Dienste. Ich erinnere nur daran, dass das aus ihren Kreisen hervorgehende Offizierkorps den guten Geist des Heeres gewährleistete, auch zu einer Zeit, da dieses Heer infolge der allgemeinen Wehrpflicht längst ein Volksheer geworden war.

Ein wesentliches Moment der Unterstützung dieser Position lag darin, dass die Landwirthschaft ein blühendes Gewerbe und dass der Wohlstand in ihren Reihen heimisch war. Bis in die 60er Jahre hinein war der Luxus und das Wohlleben auf enge Kreise der Bevölkerung beschränkt und nach dem damaligen Status erschien der Gutsherr der wohlhabendste Mann seiner Umgebung und zeigte ein Auftreten, das dem Ansehen seiner Person entsprach.

Aber schon der Beginn der modernen Entwicklung tastete an diese Grundlagen der Machtstellung des Grundbesitzes. Reiche Leute wurden häufiger. Sie thaten es in Glanz der äusseren Lebensführung dem Landwirthe zuvor. In die Regimenter des Heeres, die sich fortgesetzt vermehrten und neuen Ersatz forderten, kam ein Offizierkorps, das von Haus aus an grösseren Luxus gewöhnt war; der junge Finanzadel führte neue kostspieligere Gebräuche ein. Es war nur verzeihlich, dass der junge Landadel zunächst versuchte, gleichen Schritt zu halten. Und als auch auf anderen Gebieten ein ähnliches Missverhältniss eintrat, begann ein grosser Theil der Landbesitzer über seine Verhältnisse zu leben. Denn die grossen Gewinne, welche die moderne Industrie erzielte, fehlten dem Gutsbesitzer, der im alten Training geblieben war. Man begann sich unbehaglich zu fühlen und verlor allmählich die sichere Basis unter den Füssen. Die Ruhe schwand, die Begehrlichkeit stellte sich ein; auch hier ging der Kampf des Lebens schärfere Bahnen und so zerfiel allmählich der Boden, auf welchem die guten alten Traditionen und eine wahrhaft konservative Gesinnung fortleben konnten. Die alten Herrschaften stiegen zunächst innerlich, bald aber auch äusserlich von ihren Piedestalen herab, und wenn der Grossgrundbesitz von heute auch eine auffällige Gewalt über die Regierungsmaschine hat, — die laute Agitation von heute hat mit der vornehmen Ruhe von damals nichts mehr gemein. Die früher besassen, kämpfen heute mit dem Muth und der Energie der Verzweiflung um Güter, die sich nicht mehr rückerobern lassen. Die Kampfesweise von heute hätte den geistigen Führern der 60er Jahre nicht zugesagt.

Auf der damaligen Vornehmheit beruhte die innere Berechtigung zur Vorherrschaft. Sie ist theils verloren gegangen, theils hat sie sich in der modernen Auffassung des Moral- und Ehrbegriffs, wie er von dem emporstrebenden Bürgerthum herangebildet worden ist, wiedergefunden. Damit aber ist die Sonderstellung des Grossgrundbesitzes gefallen, und es wird keine Kraft geben, die im Stande wäre, sie wieder aufzurichten. Der Landwirth muss heute in die Arena hinuntersteigen und mit den übrigen Produzenten kämpfen Schulter an Schulter, auf gleicher Basis und unter gleichen Voraussetzungen. Und sei eine augenblickliche agrarische Hochfluth noch so stark: die alten Zustände wird sie nicht zurückführen können.

Vielleicht aber auch keine neuen besseren. Was so besonders auf die landwirthschaftlichen Kreise drückt, das ist wohl in erster Linie das Missverhältniss, in dem die früher Reicheren gegenüber der Industrie zu Aermeren geworden sind. Ich fürchte, dass der Kampf um den Ausgleich an dieser Stelle zunächst ein hoffnungsloser sein wird. Die natürlichen Vorbedingungen sind zu ungleich. Denn die Industrie findet im Allgemeinen ihren gesunden Boden im Fleiss und der Intelligenz Derer, die sie betreiben; was an Hilfsmitteln und Betriebsmitteln für sie nöthig ist, schafft der moderne Verkehr rasch herbei. Ist deutscher Fleiss und deutsche Intelligenz der fremder Völker überlegen, so wird auch der deutsche Gewerbfleiss überlegen sein. Anders mit dem Landbau; er ist an die Scholle gebunden und erst in zweiter Linie von menschlichen Eigenschaften abhängig. Ist die Scholle aber in der Fremde fetter und ergiebiger, so wird keine künstliche Maassregel das entstehende Missverhältniss ausgleichen können. Grosse Gewinne lassen sich mit Industrieprodukten erzielen; der Landbau wird sie nimmermehr in gleichem oder ähnlichem Umfange schaffen können. Der Landmann wird gegen den Erfinder und Fabrikanten im Verdienst und Besitz zurückbleiben müssen.

Der Umstand, dass die Scholle in der Fremde ergiebiger ist, hat die agrarische Frage, die latent längst existirte, in den Vordergrund geschoben und zur brennenden gemacht. Durch ihn allein hätte unser Volk zur Bedeutungslosigkeit herabgedrückt werden können, wenn es nicht in der Energie und Intelligenz der Industrie einen Ersatz gefunden hätte. Ich will gleich zugeben, dass dieser Ersatz kein voller ist: wir werden den Vereinigten Staaten, welchen beide Grundlagen der Wirthschaft zur Verfügung stehen, auf die Dauer niemals die Wage halten können.

Aber es fragt sich doch, — und diese Frage ist so wichtig, dass es keine wichtigere für uns geben kann — wie und mit welchen Mitteln kann dieser Nachtheil ausgeglichen werden? Ist nicht unsere Landwirthschaft ein gesundes Gewerbe und ist sie nicht so wichtig für uns, dass sie für alle Fälle und um jeden Preis erhalten bleiben muss? Diese Frage ist von vornherein zu bejahen, freilich mit der Einschränkung, dass von einer Behauptung des alten Besitzstandes, des alten Einflusses, des Uebergewichtes keine Rede mehr sein kann. Jede Institution hat ihre Zeit: die Periode, in welcher die Landwirthschaft der tonangebende Zweig unserer Produktion gewesen ist, ist meiner Ansicht nach vorüber. Aber ein wichtiger Zweig ist und bleibt sie und muss als solcher anerkannt und erhalten werden, erhalten auch für den Fall, dass um ihres Fortbestandes willen von den übrigen Produktionskreisen Opfer gebracht werden müssten.

Die Landwirthschaft ist heute organisirt und verlangt solche Opfer; aber sie verlangt sie an der falschen Stelle. Darin aber liegt der Kern der agrarischen Frage.

Als im Anfang der 60er Jahre England den Protektionismus verliess und im Bewusstsein seiner Ueberlegenheit zu einem System beschränkter Finanzzölle überging, waren die Landwirthe die Vorkämpfer der sog. Freihandelsidee, welche im spekulativ angelegten Deutschland Schule machte und einen ungeahnten Einfluss gewann. Damals waren, abgesehen von einigen Industriegruppen, alle Parteien und Gelehrten einig darüber, dass man mittelst zollpolitischer Maassregeln eine Entwicklung nicht aufhalten könne. Kaum dass die List'sche Lehre von den sog. Erziehungszöllen noch spärliche Anhänger fand. Allein kurze Zeit darauf hatte die Agrarpartei die freihändlerische Fahne verlassen und erwartete all ihr Heil von möglichst hohen Schutzzöllen. Der Einbruch der überseeischen Cerealien, die gänzliche Verschiebung des Marktes, die gedrückte Preislage der heimischen Landwirthschaftsprodukte verschlechterte die oben beschriebene Lage des Grossgrundbesitzes derart, dass man die Schäden doppelt empfand und dass man unter allen Umständen eine Wendung der Dinge herbeizuführen strebte.

Die ungünstige Lage der Landwirthschaft war, wie ausdrücklich hervorgehoben werden muss, keinesfalls durch die Ueberfluthung des Marktes mit fremden Getreide allein verursacht; ihre Ursachen gingen, wie dargelegt, viel tiefer und waren in weit höherem Maasse im Aufkommen der Industrie und der dadurch bewirkten Verschiebung zu suchen. Allein diese Ursachen waren nicht für jedermann zu erkennen. Dagegen lag offenkundig der Umstand, dass die Getreidepreise unter dem Einflusse der fremden Einfuhren hinuntergingen. So richtete sich der Zorn der Betroffenen in erster Linie gegen das fremde Getreide: das einfachste Mittel, es vom inländischen Markte auszuschliessen und das alte Preisniveau wiederherzustellen, erschien die Einführung von Zöllen. Eine solche Maassregel sollte um so vortheilhafter wirken, als ja das Brod und die Semmel seit dem Sinken der Preise nicht billiger geworden waren, der Konsument also keinen Vortheil oder Nachtheil erfuhr. In der That war es jene Periode, wo der durch die Verbilligung der Cerealien hervorgerufene Preisfall in erster Linie den Zwischenhändlern und Zwischenproduzenten zu Gute kam: es war das goldene Zeitalter des Bäckergewerbes.

Die agrarische Forderung nach Getreidezöllen hätte bei den leitenden Staatsmännern und in den Parlamenten keine ausreichende Unterstützung gefunden, wenn nicht in der Industrie analoge Strömungen zu Wort gekommen wären. Man war dem englischen Freihandelsbeispiel mit etwas Ueberhastung gefolgt und der Jubel über die goldene Freiheit wurde allmählich von denjenigen Stimmen übertönt, die Gewerben angehörten, welche man der „gesunden Zugluft" der ausländischen Konkurrenz allzu heftig ausgesetzt hatte. Man war, wie so häufig in Deutschland, wieder einmal nach Grundsätzen, aber nicht praktisch verfahren. Die Heftigkeit der Krachs von 1873 wies darauf hin, dass an mancher Stelle ein falscher Weg gegangen war, und die nothwendige Reaktion fand ihren Ausdruck in dem zu Unrecht als protektionistisch bezeichneten Tarif von 1879.

Dieser Tarif ist so häufig gewürdigt worden, dass das Anerkenntniss seiner ungefähren Richtigkeit hier kaum noch Platz zu finden braucht. Auch was er an Getreidezöllen brachte, war wahrscheinlich vernünftig und angemessen. Unter seinem Schutze erholte sich und erstarkte die Industrie sichtlich, und der Landwirthschaft sollte die Gelegenheit gegeben sein, sich zu modernisiren, ihre Methode zu verbessern, mit Fleiss und Sparsamkeit an die Schuldentilgung zu gehen und sich so für den neu erstandenen Konkurrenzkampf kräftig zu machen.

Es ist gegen die Landwirthschaft leider der schwere Vorwurf zu erheben, dass sie diesen Erwartungen nicht entsprochen hat. Freilich hat ihr der Zoll die gehoffte Preiserhöhung dauernd ebenso wenig gebracht, wie seine späteren Erhöhungen. Allein sie hat, abgesehen davon, das ausgegebene Alarmsignal nicht verstanden, und die Abstellung der in ihren Kreisen bestehenden Schäden ist nicht mit der nöthigen Energie in die Hand genommen worden. Man blieb vielfach beim alten Schlendrian, man baute seine Körnerfrüchte, wie von Alters her, man individualisirte nicht je nach Lage und Beschaffenheit der Güter, man verhielt sich gegen moderne Nebengewerbe ablehnend. Nicht einmal die Ansätze zu solchen wurden ausgebildet. Ich erinnere an die zahlreichen Gutsbrauereien, die noch Anfang der 80er Jahre bestanden: sie sind mit wenigen Ausnahmen eingegangen, und die reiche machtvolle Brauindustrie hat in vielen Fällen dicht daneben und unter den gleichen örtlichen Bedingungen glänzende Resultate gezeitigt, welche nicht mehr dem Grundbesitz zu Gute kommen. Die Lebenshaltung der Gutsherren stieg mit dem allgemeinen Fortschritt; aber die Lebenshaltung seiner Hintersassen und Tagelöhner stieg nicht in gleichem Maasse; der alte Schlendrian des Betriebes gab einmal dazu die Mittel nicht her, dann aber fehlte häufig die Fürsorge, der gute Wille. Der soeben in Halle verhandelte Prozess gegen die kontraktbrüchigen Arbeiter der grössten preussischen Domäne, der mit einer schmählichen Niederlage und Blossstellung des Gutsherrn endete, zeigt deutlich, dass noch heute das Bewusstsein der Verpflichtung nicht überall wach geworden ist; so kann als neuer und schwerer Nachtheil die Stadtflucht der Landarbeiter, die nun keine künstliche Maassregel mehr wird zurückdämmen können.

Man hatte von den Zöllen alles Heil erwartet und man hat bittere Enttäuschung erfahren müssen. Die erste Zollerhöhung mochte richtig sein, die zweite vielleicht noch nicht schädlich: dann aber hat die Sache ein ganz anderes Gesicht gewonnen.

Als nämlich die Agrarier Freihändler waren, exportirten sie ihre Produkte. Dann kam die ausländische Cerealienfluth, und neben dem rückgehenden Exportgeschäft entwickelte sich ein wachsender Import. Diese Balance war erträglich, so lange das Inland für den inländischen Verzehr genügende Mengen erzeugte.

Aber die rasch wachsende Bevölkerung erforderte immer steigende Mengen für den Verzehr. Der Export ging auf ein Minimum zurück, und gewaltige Massen kamen zur Einfuhr. Bald lag klar zu Tage, dass die heimische Landwirthschaft in ihrem Produktionsumfange mit dem Anschwellen des Bedarfes nicht Schritt halten konnte. Zwar behauptete die Landwirthschaft immer von Neuem, sie werde ihre Erzeugung verdoppeln, wenn ihr höhere Zölle bewilligt würden. Aber die Zusage konnte um so weniger gehalten werden, als trotz aller Zölle die Preise nicht anzogen. Und da hiess es dann immer wieder: die Rentabilität ist zu gering, um eine grössere Intensität lohnend zu machen; wir müssen auf dem alten, niedrigen Niveau bleiben, weil die Zölle nicht hoch genug sind.

Die Erfahrung der letzten Jahrzehnte hat aber deutlich gezeigt und Prof. Heitz hat dies in seinem Buche „Das Interesse der Landwirthschaft an den Handelsverträgen"*) neuerdings überzeugend nachgewiesen, dass der Zoll auf die Preisbildung des Getreides höchstens einen vorübergehenden, keinesfalls aber den erwarteten nachhaltigen Einfluss ausüben kann. Die Massenerzeugung des Getreides in den Vereinigten Staaten und an einigen anderen Stellen der Welt, insbesondere aber die meisterhafte Organisation der Getreidevertheilung, des Getreide-Transportes und -Handels hat es bewirkt, dass für die Preisbildung maassgebend nur ein einziger Faktor wird: der Ausfall der Ernte. Wer staunend in den amerikanischen Riesenelevatoren sich umgesehen hat, der kann begreifen, dass gegenüber diesen Massen und angesichts dieser Behandlung der Waare eine so kleine Maassregel, wie die Erhöhung der Zollmauer eines einzelnen europäischen Staates um einige Mark nicht wesentlich ins Gewicht fallen kann. Haben wir es doch erleben müssen, dass nach Herabsetzung

*) Schriften der Centralstelle für Vorbereitung von Handelsverträgen Heft 12, Berlin, J. Guttentag. 1900.

der Zölle durch die Handelsverträge der 90er Jahre der Getreidepreis in Folge ungünstiger Ernten eine Höhe erreicht hatte, wie nicht unter der Herrschaft des höchsten Zollsatzes.

Wenn die Getreidezölle aber die erwartete nützliche Wirkung auf die Preisbildung nicht üben, könnte es konsequenterweise unrichtig erscheinen, sie vom Standpunkte der Konsumenten zu bekämpfen. Denn wird der Preis durch sie nicht erhöht, so hätte die Allgemeinheit keinen Nachtheil davon, im Gegentheil, der Staat hätte den Vortheil erhöhter Zolleinnahmen, und der geängstigten Landwirthschaft wäre ein Trost an die Hand gegeben: denn sie glaubt scheinbar ja immer noch an die Wirkung der Zölle. Stiege auch das Einfuhrbedürfniss mit der Zahl der Bevölkerung, so könnte man ja deshalb die Zölle ruhig bestehen bezw. erhöhen lassen. Warum eine Gegnerschaft gegen agrarische Wünsche, die sich in ihrer Wirkung als so unschuldig erweisen? Wir wollen sehen, wie diese Frage wirklich liegt.

Ich habe oben gesagt, dass ich die Zölle von 1879 für richtig und die von 1885 für nicht schädlich hielt. Sie sollten den Landwirthen ein Ansporn sein zu erneuter Thätigkeit und zur Abwehr von vielen veralteten Anschauungen. Wenn der Staat, die Allgemeinheit sich ihrer Sache annahm, so war diese Sache wohl werth, von ihren Jüngern selbst mit ganzer Kraft reformirt und gebessert zu werden. Dass aber die darauffolgende Campagne einer weiteren Erhöhung nicht mehr richtig war, beweist deutlich die sich anschliessende Aera der Handelsfeindseligkeiten und Zollkriege. Und als bei Beginn der 90er Jahre der agrarische Einfluss wich und handelspolitische Besonnenheit wieder Platz griff, da zeigte sich, dass für den Abschluss neuer Handelsverträge zunächst ein Theil der Getreidezölle geopfert werden musste.

Nicht um ihrer wahren Wirkung willen, sondern aus diesem äusserlichen Grunde gefiel sich die agrarische Agitation darin, jene Verträge als unzweckmässig, als fehlerhaft, ja als verhängnissvoll für die Landwirthschaft zu verschreien. Die

Verträge stehen im Allgemeinen auf der 1879 geschaffenen Basis; dennoch hat man beliebt, sie als eine Art freihändlerischen Attentats auszugeben.

Durch den Handelsvertrag mit Oesterreich-Ungarn ist allerdings eine Ermässigung der Getreidezölle zugestanden worden. Der Satz von 1887 betrug 5 Mk. für Weizen und Roggen und 10,50 Mk. für Mehl. Davon blieben nach dem Vertrage nur noch 3,50 Mk. für Weizen und Roggen und 7,50 Mk. für 100 kg Mehl. Brachte diese Ermässigung der deutschen Landwirthschaft Schaden, wie von der agrarischen Agitation behauptet wird, so konnte dieser Schaden doch nur darin bestehen, dass durch die von Oesterreich erlangte Zollermässigung dem österreichischen Getreide ein neues Einfallsthor geöffnet worden ist und dem deutschen Produkte vermehrte Konkurrenz und Preisdruck erstand. Allein die österreichische Handelsstatistik erhielt für Getreide und Mehl seit dem Jahre 1891 folgende Zahlen*):

	Einfuhr:	Ausfuhr:	Ueberschuss der Ausfuhr + / " Einfuhr —
	Mill. Gulden		
1891	18,5	106,2	+ 87,7
1892	16,3	82,8	+ 66,5
1893	21,6	102,0	+ 80,4
1894	34,3	74,4	+ 40,1
1895	28,4	55,8	+ 27,4
1896	19,0	70,4	+ 51,4
1897	49,1	71,2	+ 22,1
1898	82,7	65,1	— 17,6

Darf nach diesen Ziffern Oesterreich noch als ein Getreide exportirender Staat angesprochen werden, der seinen Nachbarn durch Massenimporte gefährlich werden kann? Vielleicht werden die Zahlen der vorstehenden Tabelle als zu schwankende bezeichnet werden, um aus ihnen sichere Schlüsse zu ziehen. So betrachte man die nach-

*) Oesterreichs künftige Handelspolitik vom Standpunkte der Industrie, Wien 1893. Schriften des Zentral-Verbandes der Industriellen Oesterreichs.

stehenden Ziffern für Weizen und Mehl, die nach Ausscheidung solcher Cerealien, welche wie Gerste und Malz für den Brodkonsum garnicht in Betracht kommen, also lauten:

	Weizen	Mehl
	Ausfuhr in Mill. Gulden:	
1891	18,6	15,0
1892	7,4	7,2
1893	6,8	5,8
1894	5,6	3,4
1895	5,8	1,4
1896	5,1	1,5
1897	2,9	1,8
1898	0,3	0,6

Es ist verständlich, wenn man sich in Oesterreich im Hinblick auf dieses Ergebniss mit den angeblich so grossen handelspolitischen Erfolgen des Jahres 1892 sehr skeptisch abfindet. Und auf einer Seite muss doch der Schaden liegen!

Will man die österreichische Statistik nicht gelten lassen, oder meinen, ihre Gesammtresultate seien nicht auf Deutschland anzupassen, so beachte man die Zahlen des Statistischen Jahrbuches für das Deutsche Reich. Da findet sich im Verkehr zwischen Deutschland und Oesterreich-Ungarn in t:

	1894	1895	1896	1897	1898	1899
für **Gerste**:						
Einfuhr:	344849	237711	345614	338483	288169	375797
für **Malz**:						
Einfuhr:	74701	80002	89231	97634	91853	102565
für **Hafer**: vakat!						
für **Mais**:						
Einfuhr:	10227	5076	17006	18777	12430	8551
für **Roggen**:						
Einfuhr: vakat!						
Ausfuhr:	70	337	1032	48167	52987	17795
für **Weizen**:						
Einfuhr:	19409	26801	22977	13743	5836	—
Ausfuhr:	193	70	32	24953	26112	15026

Wenn auch die auffällige Steigerung unserer Roggen- und Weizen-Ausfuhr nach Oesterreich-Ungarn in den Jahren 1897 und 1898 auf die Missernte des Jahres 1897 zurückzuführen ist, — wo wird, fragt man billiger Weise, aus dieser Statistik ersichtlich, dass seit Abschluss des Handelsvertrages die deutsche Landwirthschaft unter erneuter Konkurrenz österreichischer Provenienzen zu leiden hätte? Es ist aber auch in Oesterreich der Inlandskonsum gestiegen und es scheint, als schicke sich angesichts seiner wachsenden Bevölkerung auch dieses Land an, unter die Getreideimportländer zu gehen — wenigstens soweit Mehl und Brodgetreide in Betracht kommen.

Man könnte hieraus den Schluss ziehen, dass Oesterreich-Ungarn an einer Erhöhung der deutschen Getreidezölle kein Interesse mehr habe. Sicher scheint wenigstens, dass die dortseitigen Interessenten für eine Ermässigung oder auch nur Beibehaltung des Roggen- und Weizenzolles Opfer an anderen Stellen des Zolltarifes nicht mehr zu bringen gewillt sind. Somit würde hier einer Zollerhöhung nichts im Wege stehen, wenn nicht eine andere Frage übergriffe, die des Zolles auf Gerste und Malz. Oesterreichs Brodgetreideproduktion bedarf unseres Marktes nicht mehr im früheren Umfange. Dafür aber hat sich die österreichische Landwirthschaft in erster Linie auf den Anbau der Gerste verlegt und ihn so gewinnbringend gefunden, dass sich an dieser Stelle ihre Interessen konzentriren, soweit es den Körnerbau angeht. Der Hauptmarkt für die österreichische Gerste ist in Deutschland; unsere gewaltige Brauindustrie ist ihr Hauptabnehmer. Wollte man diesen Absatz stören oder einschränken, hätte man sofort die ganze landwirthschaftliche Phalanx der habsburgischen Monarchie gegen sich. Und da kommen die Agrarier und fordern eine Erhöhung auch unseres Gerstenzolles auf 5, ja auf 6 bis $7^1/_2$ Mk.! Vor ganz kurzer Zeit aber haben grosse österreichische Interessenvertretungen den Beschluss gefasst, auf eine Art Zolleinigung mit Deutschland bezüglich des Gerstenmarktes hinzuwirken, damit die österreichische Gerste gegenüber der neu andrängenden amerikanischen Konkurrenz gesichert sei. Wie sollen sich derart konträre Strebungen im Vertrage vereinigen lassen?

Billiger Weise muss man fragen, was denn unsere Agrarier zu dieser Forderung bestimmt hat. Ist denn der Gerstenpreis angesichts der immer wachsenden Einfuhr gesunken, so dass der Anbau unlohnend wird? Aber das ist durchaus nicht der Fall und man muss noch heute die Gerste als diejenige Frucht bezeichnen, deren Anbau für unsere Landwirthschaft am lohnendsten ist; die Gersten aber, die wir von Mähren und Ungarn beziehen, sind als sogenannte Braugersten Waare allerersten Ranges und von einer Qualität, welche, abgesehen von beschränkten Ausnahmen, bei uns in Deutschland garnicht erreicht werden kann. Diese Waare ist unserer Brauerei zur Herstellung der hochwerthigen sog. Pilsener Biere unentbehrlich und der Nachtheil, der ihr aus solcher Preissteigerung des Rohproduktes erwachsen würde, entspricht genau dem, welchen der österreichische Produzent zu Gunsten überseeischer Konkurrenzen erfahren würde. Deckt doch die inländische Gerstenerzeugung keineswegs den Bedarf und steigende Mengen sogenannter Futtergerste kommen aus Russland und Rumänien und gehen als unentbehrlicher Artikel in den Konsum der Landwirthschaft über. Also auch hier tritt die auffällige Erscheinung zu Tage, dass die agrarische Forderung aus der Sache selbst keine ausreichende Begründung findet.

Bei der Frage des Gerstenzolles und des ihr verwandten Hopfenzolles liegt der Schlüssel zur Gestaltung unser handelspolitischen Situation gegenüber Oesterreich-Ungarn. Es ist hier nicht der Raum, in extenso darüber zu handeln. Ich habe alle in Betracht kommenden Momente in der Eingabe des deutschen Brauerbundes gegen die Erhöhung des Gerstenzolles an den Reichskanzler vom Mai d. J. zusammengestellt.

Eine solche Spezialfrage zeigt sich auf dem Gebiete der landwirthschaftlichen Zölle auch in unserm Verhältnisse zu Russland. Der russische Weizen, das Hauptprodukt des Zarenreiches, findet bei uns regen Absatz; aber er fände diesen Absatz auch anderwärts, für den Fall, dass Zollmaassregeln ihn vom deutschen Markte verdrängten. Allein der russische Roggen wird in seiner Hauptmenge von uns konsumirt und ist auf den deutschen Abnehmer seiner eigenthümlichen Beschaffenheit nach geradezu angewiesen. Nur in Deutschland bäckt man das graue Roggenbrod uns bekannter Qualität; weder England, noch Frankreich oder die übrigen Europa-Länder theilen unseren Geschmack.

Es stellt sich aber die Einfuhr russischen Getreides seit dem Jahre 1894, d. h. seit Abschluss des hart angegriffenen Handelsvertrages, wie folgt:

Einfuhr für 1894—1899 in Tonnen.

Gerste		Hafer		Roggen		Weizen	
insgesammt	aus Russland	insgesammt	aus Russland	insgesammt	aus Russland	insgesammt	aus Russland
10975	5304	4025	2922	6536	5334	11538	2806
9290	6194	2387	2254	9648	8420	13382	6782
10281	5003	4591	4246	10307	7880	16527	8525
10635	4880	5479	4142	8568	6107	11795	7819
11531	6861	4562	2057	9141	6113	14775	7755
11043	5765	2591	1310	5613	4604	13709	3323

Die russische Einfuhr betrug also 1894—1899 in Prozenten der Gesammteinfuhr bei

Gerste	Hafer	Roggen	Weizen
48 pCt.	73 pCt.	82 pCt.	24 pCt.
66 „	95 „	87 „	51 „
49 „	93 „	76 „	52 „
46 „	76 „	71 „	66 „
59 „	45 „	67 „	52 „
52 „	50 „	82 „	24 „

Sowohl die absoluten, wie die relativen Ziffern sind so schwankend, dass eine steigende Tendenz der Einfuhr aus Russland schwerlich herausgelesen werden kann Soweit aber wirklich im Einzelfall eine Steigerung gegen früher festzustellen ist, wäre diese auf Kosten des Handelsvertrags und der damit verbundenen Zollermässigung allein zu setzen? Sicherlich nicht. Denn es stieg zu gleicher

Zeit die Einfuhr aus den Vereinigten Staaten und aus anderen Ländern. Sie fiel nur bei dem minderwerthigen argentinischen Weizen (1894 : 346245 t 1897 : 32603 t) und der gefürchtete und behauptete Preisdruck blieb aus; denn die russische Weizenmenge bewerthete sich

in Menge von	im Jahre	mit Mill. M.
852465 t	1896	98,0
aus 751907 „	1897	108,3
aus 775506 „	1898	120,2

Auch der russische Roggen, der im Jahre 1895 bei 841974 t einen Werth von 69,0 Mill. Mk. gehabt hat, kam im Jahre 1898 auf ca. 68 Mill. Mk. für nur 611297 t. Es ist eben im grossen Ganzen die Ernte, nicht aber der Zoll, der den Weltmarktspreis und damit auch den Inlandspreis festsetzt.

Man könnte an die Ehrlichkeit der agrarischen Agitation glauben, wenn sie angesichts dieser Sachlage etwa eine Einschränkung des Systems der Meistbegünstigung und eine differentielle Behandlung der Vereinigten Staaten, als ihren Hauptkonkurrenten, forderte. Es liesse sich dann über die österreichische Gersten- und die russische Roggenfrage reden. Allein weit entfernt von einer solchen Mässigung fordert man Zollerhöhungen auf der ganzen Linie. Ein autonomer Tarif soll geschaffen, mithin die Verträge gekündigt werden. Und in diesen Tarif sollen Sätze hineinkommen, welche im Einzelnen betrachtet an der einen Stelle den Landwirthen gar nichts nützen können, an der anderen schon durch eine gewisse Wüstheit bekunden, dass sie eine Art Kampfzölle darstellen sollen. Und da bin ich im Mittelpunkte der agrarischen Aufstellung angelangt. Diese Partei hat gesehen, dass ihre Angehörigen theils durch eigene Schuld direkt verarmt, theils aber durch die moderne Entwicklung in die zweite Reihe des Wohlstandes und Wohllebens gerückt worden sind. Sie, die früher die ersten waren in der Repräsentation, in Wohlhabenheit und in der Herrschaft, sind heute durch neu aufgegangene Sterne verdunkelt. In die erste Reihe sind wirthschaftliche Thätigkeiten getreten, welche man früher nicht als solche erster Klasse zu bezeichnen gewohnt war.

Von einer Art Emporkömmlingen der Industrie verdrängt zu sein, — das bereitet Schmerz und Zorn. Und wenn man nun nach vergeblichen Anläufen einsehen muss, dass eine Ueberholung der vorangeschrittenen Gewerbe nicht mehr möglich ist, dass die alte Position unwiederbringlich verloren bleibt, so lange die modernen Elemente am Ruder sind, nun, so hat man sich bewusst oder unbewusst dazu gewendet, diese Elemente bis aufs Messer zu bekämpfen. Wenn das Agrarierthum ohne Berücksichtigung sachlicher Momente mit der gleichen strupirten „Konsequenz" vorgeht, wie es auf der anderen Seite der doktrinäre Freihandel thut, wenn es Maassregeln fordert, die im Einzelnen und in ihrer Gesammtheit geeignet sind, uns in Zollkriege zu verwickeln, so ist das nicht ein Versuch, die eigene Lage zu heben, sondern es geht darauf aus, die Industrie zu schädigen, ihre Absatzgebiete und damit die Quellen ihres Reichthums zu vernichten: die Hoffnung taucht auf, das Moderne zu zerstören und in der alten Einfachheit, mit dem früheren bescheidenen Besitze wiederum die führende Rolle an sich zu reissen.

Diese Absicht wird niemals ihre Ziele erreichen; aber sie nimmt der Landwirthschaft einen grossen Theil der Sympathie, die ihr für ihre berechtigten Strebungen so ausserordentlich förderlich wäre. Unser heimischer Boden kann nicht erzeugen, was unser Volk zur Ernährung braucht. Zur Zeit des alten Schlendrians war das schon so und deshalb gingen im Laufe der Jahre Millionen deutscher Kräfte über die Meere, um uns nun mit der altgewohnten Zähigkeit Konkurrenz zu machen. Die Auswanderung hat erst ausgesetzt, die durch die Schwäche der Ernährung brüchige Ader des Volkskörpers hat erst zu bluten aufgehört und die achtunggebietende Kraft des Volkes ist daheim versammelt geblieben und hat sich nach aussen hin als politische Macht ersten Ranges konstituirt, seitdem der Fleiss und die ererbte Klugheit unsere Industrie, die Nährmutter der nimmerruhenden Hände, geschaffen hat und seitdem für deren gutes Verdienst Mittel zur Verfügung stehen, sich reichlicher mit Nahrung zu versehen denn vorher. Seitdem wir auf dem grossen Markte der Welt ein besseres, wohlfeileres und grösseres Brod zu kaufen gelernt haben, vermehrt sich unsere Bevölkerung rascher, rühren sich kraftvoller die arbeitenden Elemente und ist ein Zustand eingetreten, mit dem nur Diejenigen unzufrieden sind, die nicht geholfen haben ihn herbeizuführen und die deshalb keinen entsprechenden Antheil an seinen Segnungen haben erlangen können. Wir haben Millionen an die Vereinigten Staaten abgegeben; sie sind uns politisch entschwunden; aber sie gingen hinaus in die Prärien des Westens und holten den goldenen Weizen aus der reichen Erde, damit er den in knapper Kost stehenden Lieben daheim die Genüsse des Reichthums erkennen und erwerben half. Man kann die Fluth der Brodfrucht, die von drüben kommt, auch so auffassen: als eine Gegengabe der neuen Welt, der in die Ferne gegangenen Brüder, die der alten Heimath und ihrer Mitgift an Ueberlegung und Ausdauer nicht vergessen haben.

Eine solche Auffassung wird der waschechte Agrarier für himmelschreiend erklären. Seis drum. Es bleibt doch richtig, dass unser ethnographischer, innerlicher und politischer Aufschwung in dem Augenblicke einsetzt, in dem die Schaffung eines Weltmarktes für die Brodfrucht die Gelegenheit zu reicherer Ernährung dargeboten hat.

Sicherlich erfolgte diese Darbietung nicht umsonst und um Gottes willen. Es hat schwerer Arbeit bedurft und nimmermüder Ausdauer, ehe die neue Frucht auf deutschem Boden emporwuchs, deren Halme die Schlote der Fabriken bilden mögen. Aber heut ist die neue Basis begründet, und wenn die agrarischen Kreise sie vernichten und umkehren wollen, — die Mehrzahl der Bevölkerung fühlt sich wohl in der modernen Welt und seit der deutsche Michel die Löwenhaut übergezogen hat, lacht er derer, die ihn wieder in das Schafsfell zurückzwingen wollen.

Es ist aber nicht die Freude am Wohlleben allein, das uns den Gewerbefleiss schätzen und an die führende Stelle auch im Leben des Staates zu setzen heisst. Die Industrie schafft uns nicht sowohl ein gutes Auskommen, sondern sie ermöglicht überhaupt unsere Existenz. Die einige 50 Millionen Reichsdeutsche können nur leben, einen Staat bilden und ihn vertheidigen, wenn das Ausland uns die Mittel dazu liefert, die Mittel, die gewonnen werden durch den Absatz unserer Arbeit auf dem Weltmarkt. Er ist leicht gestört und schwer wiederhergestellt. Um ihn zu halten, zu erweitern, bedarf es freundlicher Verbindungen nach allen Seiten. Und nicht nur Verbindungen zwischen den Personen und Firmen, sondern auch Verbindungen zwischen den Machtfaktoren, welche dem Handel und dem Geschäft die Wege öffnen und sicher halten: zwischen den Staaten. Das sind die Handelsverträge, an denen ein Jeder im Lande ein Interesse hat, der sein Brod in Ruhe erwerben und essen will. Wer die Vertragspolitik angreift, weil er ihre Bedeutung nicht zu verstehen vermag, der greift jeden an, der durch seiner Hände oder seines Kopfes Arbeit auf dem gegenwärtigen Status der Lebenshaltung weiterkommen will.

Es wäre falsch, zu behaupten, dass die gesammte agrarische Bewegung verfehlt oder unberechtigt wäre. Zunächst ist es das gute Recht derer, die sich ins Hintertreffen gedrängt sehen, sich zusammenzufinden und vorwärts zu streben. Es ist auch richtig, dass ein Nothstand in der Landwirthschaft besteht, dass die Härten des Ueberganges zur modernen Periode leidvoll empfunden werden. Auch kann nicht geleugnet werden, dass die Landwirthschaft einen so grossen und wichtigen Zweig der deutschen Produktion darstellt, dass die Gesammtheit, der Staat, verpflichtet ist, ihr den Uebergang in die neuen Verhältnisse zu erleichtern. Aber es ist grundfalsch, zu behaupten, dass Staat und Volk untergehen müsse, wenn der bestehende Nothstand nicht bald gehoben werde; es ist grundfalsch, zu behaupten, dass die Kraft des Volkes im Heere und im Kampfe der Wirthschaft aus den Kreisen der Landwirthschaft stamme. Der Grundbesitz hat an Bedeutung verloren, weil seine Angehörigen an Kraft, an Intelligenz, an Bedeutung hinter anderen Klassen zurückgeblieben sind und in je höherem Grade dies der Fall, desto unberechtigter erscheinen die Ansprüche der agrarischen Agitation.

Die Väter der Sammlungspolitik hatten einen richtigen Grundgedanken: Zwischen dem von der Herrschaft gedrängten Agrarierthum und der in sie eintretenden Industrie musste die richtige Diagonale gefunden werden und sie fand sich nur bei gegenseitiger Mässigung. Aber die Rechnung war ohne den Wirth d. h. die agrarische Demagogie gemacht. Wer sich mässigt, hält sich zurück; wenn aber der Gegner die Rückhaltung des andern unvornehm ausnutzt, um ihm meuchlings Terrain abzugewinnen, so erscheint im Ergebniss der Gemässigte als der minder Begabte. Diese Stellung haben die Sammlungsväter eingenommen. Das wird Niemand leugnen mögen, der überblickt, welch eine Fülle von Forderungen aufgetaucht sind, welch ein wüstes Vordrängen eingetreten ist, seitdem die Sammlung eröffnet ward. Oder ist Jemand im Stande, ihre mässigenden Wirkungen nachzuweisen? Haben etwa die Interessenkämpfe an Schärfe verloren? Noch immer gemässigt erscheint bisher lediglich der Konsument, dessen Fell die anderen sich theilen wollen.

Hätte die agrarische Demagogie, vor der selbst die in so starker staatsrechtlicher Position stehende Regierung zurückgewichen ist, nicht grundsätzliche Feindschaft gegen die Industrie auf ihre Fahnen geschrieben, so hätte sie erkennen müssen, dass eine industrielle Deroute ihr nur schaden kann. Jeder wirkliche Freund der Landwirthschaft hat diesen Mangel an Verständniss zu beklagen. Es ist leider so. Denn wenn auch von seitwärts aus dem industriellen Lager Lobredner des Agrarierthums kommen, die in der Stille einige ordentliche Brocken für ihre persönliche Tasche fischen wollen und sich dabei darauf verlassen, dass die Gesammtstärke der übrigen Industrie dafür ausreicht, den ganzen Produktionszweig vor Unheil zu bewahren, — diese Liebeslieder hüben und drüben können den Kundigen nicht darüber täuschen, dass es sich lediglich um Abendgesänge in beiden Lagern vor Beginn des Schlachttages handelt. Aber die Position der Industrie ist nicht nur die stärkere, sondern zugleich auch die vornehmere, sie ist sich des Nothstandes des Grundbesitzes bewusst und bereit, ihn zu schonen, soweit es irgend angeht.

Wollte man doch im agrarischen Bezirke ähnlich denken. Wollte man erkennen, dass man an der Stelle nicht zugreifen darf, wo man zerstört, was erhalten bleiben muss. Durch keinen Zoll ist die Agrarfrage zu lösen: aber durch agrarische Kampfzölle ist der handelspolitische Weltfrieden zu zerstören. Mögen Opfer der Allgemeinheit gebracht werden. Mögen Hunderte von Millionen zur Hebung der landwirthschaftlichen Betriebe ihre fruchtbare Stätte finden. Mag der Staat durch zinslose Darlehne dem zerrütteten Kredit aufhelfen, mag er durch Lehre und Beispiel wirken und fördern, wenn das auch Mittel und grosse Mittel erfordert. Aber er muss zögern und innehalten, wenn irre geleitete Massen die Hilfe von Maassregeln erwarten, die geeignet sind, die modernsten und damit die lebensfähigsten Grundlagen der nationalen Wirthschaft anzugreifen. Nicht bei der Handelspolitik ist die Klinke zur Lösung der Agrarfrage anzufassen: diese Klinke ist glühendheiss und verdirbt den, der sie unberechtigt handhaben will.

Noch einmal sei es gesagt: Die Zeit der Vorherrschaft des Grundbesitzes ist unwiederbringlich vorüber. Die Personen, welche den Niedergang erleben, leiden schwer, und es ist Gefahr vorhanden, dass ihre Arbeitsfreudigkeit und Sehschärfe unter dem wirthschaftlichen Druck so stark zurückgeht, dass ihr ganzes Gewerbe zum Sinken kommt. Es ist die Pflicht des Staates, hier helfend einzugreifen. Der Halm auf der heimischen Scholle aber wächst weiter und giebt die Frucht, die der Boden tragen kann: kein Korn mehr, und das Ergebniss wird niemals grösser, als dem Werth und der Kraft entspricht, welche darauf verwendet sind.

Ich kehre zu meinem Ausgangspunkte zurück Die Veränderungen, die unser Volksleben in seinem inneren Gehalt und seiner inneren Struktur erfahren hat, sind ungeheuer gross. Wir sehen in der Agrar- und Industriepartei riesige Kräfte gelöst und zum Ringen gegeneinander bereit, welche früher im Schoosse der Nation latent geschlummert haben. Wie klein erscheinen ihnen gegenüber heute die Gedanken, welche damals die Seele des Volkes füllten, Träumereien, unfruchtbare Spekulationen, Schöngeisterei, Kokettiren mit einer vergangenen Kulturperiode. Nun ist alles der Wirklichkeit zugewandt. Die gelahrten Kreise, denen früher die geistige Arbeit der Nation oblag, reiben verwundert ihre bebrillten Augen und sehen staunend Gestalten vor sich aufstehen, vor denen ihr theoretisirender Muth sich scheu zurückzieht. Aber schon fassen sie sich ein Herz und nahen sich der neuen Erscheinungswelt, und sie erkennen mählich, dass, was da auftritt, nichts anderes ist, als ihre fleischgewordenen Gedanken von früher. Dies erkennen und wieder mitarbeiten ist Eines. So blühen die Wissenschaften wieder empor, die angewandten in erster Linie, die technischen Hochschulen; selbst die Universtäten reformiren sich nach der Seite des Praktischen hin. Das Ergebniss der nationalen Arbeit aber ist nach Aussen und Innen ein ungleich grösseres und die Nation, die vordem ein Schemen war, wuchs sich aus zur Macht ersten Ranges.

Darum darf unsere Sorge über den innern Widerstreit der Kräfte nicht überhand nehmen. Auch der innere Interessenkampf giebt Kraft; je grösser diese Kraft, desto stärker wird das nationale Bewusstsein werden; dieses aber führt die einander bekämpfenden Elemente zusammen, wenn es die Front nach Aussen gilt. So werden auch Industrie- und Agrarwelt eine Verbindung eingehen, die dem Ganzen frommt; wenn auch bei dem neuen Verschmelzungsprozess Explosionen unterlaufen und Funken stieben.

Unser Volk ist innerlich gewandelt und kraftvoll geworden; darin liegt die Garantie, dass es zu einer starken Aussenwirkung, zur Weltpolitik, befähigt ist.

II.

Unsere Konkurrenten auf dem Weltmarkt. — Oesterreich-Ungarn. — Italien. — Schweiz, Holland, Belgien. — Die pyrenäische Halbinsel. — Skandinavien. — Frankreich. — Die drei Weltreiche: Russland, England, die Vereinigten Staaten von Amerika.

Wenn ich die wirtschaftliche Situation kennzeichnen wollte, wie sie sich im Deutschen Reiche nach Aussen hin gestaltet hat, so müsste ich eigentlich mit einem ganzen Arsenal von Zahlen auffahren. Die starke Bewegung aber welche zu Gunsten der Vermehrung der Flotte eingesetzt hat, hat eine solche Fülle statistischen Materials aufgehäuft in den verschiedensten Konstellationen vorgeführt und vorgetragen, dass ich glaube, davon Abstand nehmen zu dürfen, hier die alten Zahlen zu wiederholen und mehr oder weniger richtige Schätzungen des Antheils der deutschen Interessen im Auslande nachzuahmen. Dass der deutsche Aussenhandel seit den letzten Jahrzehnten um Milliarden Mark gestiegen ist, weiss und glaubt heute Jedermann und die Rangordnung der Weltmarktsmächte in Zahlen festzustellen, ist ein so oft geübtes Vergnügen, dass man hier füglich darauf verzichten kann.

Thatsache ist, dass wir den Markt in vielen Artikeln ganz oder theilweise erobert haben und dass wir mit guten Auspizien in die Zukunft gehen können. Wir haben bis nach der Mitte des Jahrhunderts ein stilles, aber nicht unbedeutendes Weltgeschäft heranwachsen lassen; unsere Waaren sind vielfach unter dem Schutze und der Maske fremder Flaggen verhandelt worden; unterdessen mehrte sich unsere Rhederei und an dem grossen Markte der Stapelartikel erhielten wir nach und nach den gebührenden Antheil. Dieses Schwergewicht, das die deutsche Wirthschaft nach Aussen mählich erlangt hat, hat sich auf dem politischen Gebiete Platz geschaffen, und während viele Pessimisten zu der Annahme geneigt waren, wir würden nach Bismarcks Tode in eine Rolle zweiter Klasse zurücksinken, sind wir mächtiger denn je und breiten die Stränge unseres Einflusses weiter und weiter. Wir haben Samoa genommen, was wir zur Zeit des ersten Kanzlers noch nicht recht wagen wollten, wir sind als konkurrirende Macht in die Auftheilung Chinas eingeschaltet und je weniger uns die anderen Mächte der Grossmachtspolitik lieben, desto mehr sehen sie sich genöthigt, mit uns zu rechnen.

Eine Würdigung unserer Machtstellung geben uns am besten die Fremden. Und da man überall über unseren wachsenden Einfluss und Wettbewerb klagt, so dürfte dessen Schwergewicht unbestritten sein. Es fragt sich nur, wie lange wir eine gewisse Vormachtstellung auf wirthschaftlichem Gebiete werden behaupten können. Dies hängt aber ab von der weiteren Entwicklung unserer Konkurrenz. Darum sei mir verstattet, unsere Stärke dadurch festzustellen, dass ich die übrigen Länder auf ihre wirthschaftliche Potenz examinire, um danach Schlüsse für unsere Zukunft zu ziehen. —

Dass dem Gedanken der Nationalität und seiner politischen Ausgestaltung noch heute eine ausserordentliche Kraft innewohnt, zeigen die Entwicklung und die Schicksale solcher Staaten, die gleich uns innere nationale Kämpfe zu bestehen oder bestanden haben. Selbst die besten wirthschaftlichen Kräfte erscheinen gehemmt und gebunden durch inneren Widerstreit auf rein politischem Gebiete, und weder Reichthum der natürlichen Beschaffenheit, noch Gunst der geographischen Lage vermögen hier ausreichenden Ersatz zu schaffen.

Als Napoleon III. die Idee des Panromanismus erfand und dadurch den Panslavismus als Gegenwirkung hervorrief, hat er unserem ältesten Freunde und Nachbarn gewissermaassen einen Keil ins Fleisch getrieben. Seitdem die österreichisch-ungarische Monarchie aufgehört hat, innerpolitisch ein Ganzes zu sein, sind die wirthschaftlichen Fortschritte des Kaiserstaates mässige geblieben. Oesterreich, Mähren, Böhmen waren von Alters her reiche Länder und standen in hoher Kultur und hatten kräftige Ansätze zu industrieller Entwicklung zu einer Zeit, in der das nördliche Deutschland noch ein handelspolitisches Stillleben führte. Noch besteht die berühmte Eisenindustrie der Alpenländer, die Glas- und Textilindustrie Böhmens, — allein weltbeherrschende Industrieen haben sich nicht entwickelt. Die Glasindustrie steht zwar in gewissen Spezialitäten, in der Quincaillerie zumal, in der Fabrikation sog. böhmischer Waaren noch auf der Höhe, aber die schlesische und sächsische Koukurrenz macht ihr mächtig zu schaffen, und auch Frankreich und Belgien sind ihr in der Herstellung von Spezialartikeln vorangegangen. Tafelgläser und -Geräthe zumal macht man heute an anderen Orten gefälliger. Die Ueberlegenheit der böhmischen und österreichischen Industrie beruhte ursprünglich auf der Ueberlegenheit des Fachschulwesens. Die grosse Schule in Reichenberg hatte einen grossen und tiefgehenden Einfluss geübt. Seitdem aber die technischen Schulen im benachbarten Sachsen und Preussen ebenbürtig, ja überlegen geworden sind, musste hier eben ein Rückgang kommen. Die alte böhmische Leinenindustrie behauptet auch heute noch ihren Ruf; aber die Gunst des Publikums hat sich längst der Baumwolle zugewandt und Distrikte, die früher oder später zum Cotton übergingen, sind vorangekommen. Auch in der Fabrikation der reinen Leinen dürfte Bielefeld nunmehr Böhmen vorgehen. Wohl ist in Oesterreich in den letzten Jahrzehnten eine ziemlich ausgedehnte chemische Industrie entstanden: aber es handelt sich hier in vielen Fällen um Zweiganlagen deutscher Firmen, um deutsches Kapital und um eine Konkurrenz gegen deutsche Fabrikate, die sich im eigenen Lande nur mit Hilfe einiger im Vertrage von 1891 diesseits übersehener Schutzzölle aufrecht erhalten kann.

Freilich ein Land sicheren Emporblühens und erfreulicher Entwicklung ist das in sich geschlossene und von der Natur wohlausgestattete Ungarn. Seine Regierung macht seit Jahren und nicht ohne Erfolg Anstrengungen, eine originäre Industrie emporzuziehen. Es fehlt an einer besonderen Industriestatistik für Ungarn. Doch lässt sich feststellen, dass beispielsweise die Zahl der Dampfmühlen von 1863 bis 1893 sich von 147 auf 1723 vermehrt hat; die Budapester Mühlen, die 1870 ca. 3 Millionen dz. Getreide vermahlten, vermahlten 1896 schon ca. 11 Millionen dz.; im Durchschnitt der Jahre 1876—1880 verarbeitete man 1437314 Meterzentner Zuckerrüben, im Jahre 1895/96 bereits 11295712 Meterzentner. Aber der Dualismus mit Oesterreich hat auch dieses Kronland wirthschaftlich zurückgehalten, und die heute bestehenden kräftigen Ansätze des Gewerbewesens dürften noch für lange Zeit unzureichend sein, einen bemerkenswerthen Antheil am Weltmarkte in Anspruch zu nehmen.

Es fehlt Oesterreich-Ungarn die einheitliche und zielbewusste Energie der Reichsdeutschen. Eine gewisse Umständlichkeit haftet dem dortigen Geschäftsleben an. Das Ergebniss ist unter anderem ein Rückgang oder auch Stillstand in der Entwicklung der Hauptstadt gegenüber anderen europäischen Weltplätzen. Man ist zu behaglich, um nach aussen hin gefährlich zu werden, und wo einmal ein energischer Ausfall bevorsteht, benimmt fast immer der nationale Hader die nachhaltige Wirkung. Man lese die österreichischen Handelskammerberichte, insbesondere die Berichte über den Stand der industriellen Entwicklung in Böhmen, die vor einigen Jahren erschienen und auch von der deutschen Presse entsprechend gewürdigt worden sind. Es kommt hinzu, dass die österreichische Industrie ihre Hauptaufgabe darin erblickt, die im Osten der Monarchie angrenzenden Länder wirthschaftlich zu erobern. Bosnien, die Herzogewina und die Balkanstaaten mit ihrem verhältnissmässig niedrigem Kulturstande sind jedoch im Allgemeinen fast ausschliesslich Absatzgebiet für gewisse Kategorien grober Stapelartikel, deren Herstellung, wie ich weiter unten zeigen will, für die Zukunft einer Weltindustrie erst in zweiter Linie kommen darf. Und selbst in diesen Artikeln liegt eine scharfe Konkurrenz Englands, Deutschlands und neuerdings auch Italiens vor. Nicht einmal den Markt für landwirthschaftliche Maschinen hat Oesterreich im Süd-Osten voll erobern können.

Bekanntlich leidet der Absatz nach diesen Ländern in erster Linie an der fehlenden Kreditwürdigkeit der Abnehmer. Wäre die österreichische Finanzwelt unternehmend und kapitalkräftig genug, so würde sie durch eine Operation von geringem Umfange der hinter ihr stehenden Industrie das Geschäft eröffnen und sichern können. Statt dessen verhält man sich in Wien passiv, und man verspricht sich in jenen Ländern so wenig von dort, dass vor ca. zwei Jahren in Berlin eine Anregung erging, die finanzielle Gesundung der dortigen Verhältnisse von hier aus in die Hand zu nehmen.

So erscheint Oesterreich-Ungarn trotz seiner guten natürlichen Hilfsquellen wirthschaftlich gebunden und nur bis zu einem gewissen Grade entwicklungsfähig. Die Missachtung des verknüpfenden deutschen Kulturelements seitens der kleinen Slavenvölker hat sich gerächt und wird sich noch weiterhin rächen. Es ist leicht verständlich, wenn die deutschen Elemente drüben, welche unsere Kraft und Blüthe anerkennen müssen, in einem näheren, auch wirthschaftlichen Anschluss an das Deutsche Reich das Heil erblicken. Allein eine Zolleinigung ist angesichts des heute bereits sehr weit gehenden Abstandes in der Entwicklung für uns nicht mehr möglich. Eine wirthschaftliche Bundesgenossenschaft freilich, durch Vertrag möglichst intim gestaltet, muss uns immer willkommen sein. Wir haben in der habsburgischen Monarchie wirthschaftlich und für den Kampf um den Weltmarkt nicht in erster Linie den Nebenbuhler zu erblicken und wir sind soviel stärker als unser Freund, dass wir ihm sehr wohl ökonomischen Anschluss gewähren können und dabei doch unseren Nutzen haben werden. Auch in Oesterreich wächst die Bevölkerung stark und nach Lage der Sache kommt es für uns als Absatzgebiet sehr wohl in Betracht. Seit einigen Jahren balancirt unser Handelsverkehr in Aus- und Einfuhr mit ca. 12 pCt. Antheil des Gesammtverkehrs. Es ist bedeutungsvoll für uns, dass eine so wesentliche Quote unseres Aussenhandels gewissermaassen in befreundeten Händen ruht und auf einer Basis, die eine erfreuliche Ergänzung und keine heftige Konkurrenzirung bedeutet.

Kräftiger entwickelt, weil einheitlicher als Oesterreich-Ungarn, hat sich das junge italienische Königreich. Aber es erhellt auf den ersten Blick, dass seine politische Ausgestaltung nicht die wirthschaftspolitischen Vorbedingungen erfüllt hat, welche für eine gesunde und runde Machtentfaltung nothwendig sind. Korsika ist bei Frankreich geblieben und Malta, Gozzo und Comino bei England. Damit sind wichtige Stützpunkte der wirthschaftlichen Ausstrahlung der apenninischen Halbinsel in fremde Hände gelegt. Eine volle Beherrschung der umgebenden Meerestheile ist ausgeschlossen. Wäre Italien ein Binnenland, so könnte es diesen Mangel mit ansehen: aber seine Gestaltung und Gliederung weist es hinaus auf die See und seine Interessen werden unfrei bleiben, so lange es seine Umgebung nicht souverän beherrscht.

Diese Erwägungen finden ihre Bestätigung in dem bisherigen Entwicklungsgange. Eine grosse Handelsflotte hat sich nicht gebildet; der Ueberseeverkehr bewegt sich in bescheidenem Umfange; Frachten für fremde Güter werden nur wenig geleistet. In dem ersten Jubel des nationalen Aufschwungs hatte man auf ein glänzendes Emporsteigen gerechnet. Die Spekulation führte sich in grossem Stile ein. Ich erinnere an die Bauten zahlreicher neuer Strassenzüge in Rom, welche in den 80er Jahren erstanden und heute verkracht und verlassen dastehen, moderne Ruinen als Gegenstück zu den antiken. In ganz Süd- und Mittel-Italien ist eine Industrie ersten Ranges weder entstanden, noch in der Entstehung begriffen. Der Südfruchthandel Siziliens und Unteritaliens ist nicht ohne Konkurrenz von jenseits des Ozeans geblieben und er allein ist nicht im Stande, wirthschaftliche Vollkraft in der indolenten Bevölkerung zu entwickeln. Das Florenz von heute entspricht an gewerblicher Bedeutung noch keineswegs dem Florenz der Medici. Die Kampagna liegt noch heute wüst vor den Thoren der Hauptstadt und erst deutsche Ingenieure und Kapitalisten scheinen ihre Bewässerung und die Trockenlegung der pontinischen Sümpfe in die Wege zu leiten. Oberitalien bildet eine Ausnahme: da sitzt die Kraft des Landes, der Kern der Bevölkerung, die Blüthe der Fruchtbarkeit; da erstand sehr beachtenswerthe Gewerbthätigkeit. Die Natur wies darauf hin: die Seidenzucht gedieh und mit ihr eine rasch aufstrebende Industrie. Auch hier hielt die Baumwolle ihren Einzug und das Bedürfniss der Bevölkerung liess Fabriken auf Fabriken entstehen. Aber bis zu einem nennenswerthen Export hat es diese Industrie nicht gebracht. Was sie erzeugt — auch an wollenen Garnen, Tuchen u. s. w. — hebt sich nirgends über das Niveau des alltäglichen hinaus und kann sich wohl auf dem eigenen Markte behaupten, indessen nur vereinzelt auf fremden. Entspräche die Blüthe der lombardischen und pietmontesischen Industrie dem Stand der eingeborenen Bevölkerung, so würde Italien nicht Tausende von Arbeitern nach der Schweiz, nach Oesterreich, nach Deutschland exportiren. Nur wirthschaftlich unentwickelte oder schief entwickelte Länder geben fleissige Hände an das Ausland ab. Wo die Wirthschaft blüht, blüht auch die Arbeit.

Italien hat trotzdessen eine Zukunft. Seine Kraft liegt zunächst auf dem natürlichen, auf dem agrikulturellen Gebiete. Hier ist ein so reicher Segen vorhanden, dass die Bevölkerung nicht verarmen wird, sobald sie wieder zur Arbeit erzogen ist. Die Einführung landwirthschaftlicher Hochkultur wird das Land zum Exportland für hochwerthige Artikel der Urproduktion machen und ihm im Welthandel einen entsprechenden Platz anweisen. Auf diesem Gebiete aber kann es für uns niemals Konkurrenzland werden; wir werden weder Orangen, noch Olivenöl, noch Rohseide fabriziren, noch werden bei uns die italienischen Weine wachsen. Unser Handelsverkehr mit Italien bewegt sich in Ein- und

Ausfuhr um etwa 3 % des Gesammtausfuhrhandels. Auch von diesem Lande haben wir wenig zu fürchten; dagegen dürfen wir hoffen, dass unser Absatz dahin wächst, wenn auch unsere Wettbewerber zum grössten Theile näher oder günstiger liegen.

Von Natur noch weit reicher ausgestattet wie die apenninische, aber in der wirthschaftlichen Entwicklung weit hinter jener zurückgeblieben, ist die pyrenäische Halbinsel. Ihre Geschichte ist bekannt; sie enthält gleichzeitig die Erklärung dafür, wie ein ursprünglich so reiches, wohlhabendes Land durch schlechte Regierung, Misswirthschaft und Arbeitsscheu seiner Bevölkerung ständig am Rande des Hungers gehalten werden kann. Die politische Glanzperiode ihrer Kolonialpolitik hat den Spaniern und Portugiesen nichts gebracht, was für die Dauer und für ihre nationale Entwicklung vortheilhaft gewesen wäre. Sie wurden von Fremden, den Engländern, ausgebeutet, und selbst in der Glanzzeit Philipps II., da Spanien ca. 6 Millionen Einwohner zählte, reichte der Fleiss seiner Bevölkerung nicht aus, dem dankbaren reichen Boden den Lebensunterhalt abzugewinnen; es mussten Cerealien in grosser Menge eingeführt werden. Nur an einzelnen Stellen wohnte die Arbeit, in Katalonien, in Kastilien, in den baskischen Provinzen; im übrigen Lande rührte man nur die Hand, um den Hunger zu bekämpfen. Ungeheurer Steuerdruck lastete und lastet noch heute auf der Arbeit. 25—30 pCt. vom Ertrage des Besitzes fordert der Staat, dessen Misswirthschaft kein Ende nimmt, und Niemand denkt daran, Bodenschätze zu heben, das Land rationell zu bebauen, Wälder aufzuforsten, Wasserkräfte auszunutzen. Etwa die Hälfte der ganzen Bodenfläche steht ausser Kultur; der Rest dürfte höchstens zu 35 pCt. nach moderner Auffassung richtig angebaut werden. Der spanische Stolz hat keinen Hinterhalt und Land und Volk wird noch lange nichts weiter sein als ein Ausbeutungsobjekt für die Fremden.

Die Lage der Halbinsel ist eine solche, dass man meinen sollte, sie müsste die Meere und den Handel beherrschen;

aber der Fels von Kadiz ragt empor, wie das Wahrzeichen der Knechtschaft — im fremden Besitze. Es giebt kaum ein Mineral, das der Boden Spaniens nicht bärge; da liegen z. B., wie man schon seit 1858 weiss, herrliche Kohlenlager, — aber es fehlt an Kapital und Arbeitskräften, sie abzubauen. Hanf, Flachs, Krepp, spanischer Pfeffer, Kümmel und Zuckerrohr werden spärlich angepflanzt. 1897 gewann man allein durch Saffran $7^1/_2$ Millionen Pesetas. Die Südfruchternte desselben Jahres kam auf 106 Millionen. Das Jahr 1898 erzeugte allein in Spanien für 340077814 hl Wein. Die Produktion von Kork und Korkstöpseln belief sich 1894 auf ca. 34 Millionen. Dennoch ist das Land und seine Bewohner arm, seine Regierung in ewiger Finanznoth, und was von industriellen Unternehmungen blüht, ist auf fremdes Kapital und auf fremde Unternehmer zurückzuführen. So ist die grösste Kupfermine der Welt, die von Rio Tinto, in Händen einer englischen Gesellschaft und die zahlreichen elektrischen Centralen sind von deutschen Firmen gebaut und betrieben. Indessen wird die Anlage ausländischer Kapitalien dadurch erschwert, dass der Steuerfiskus einen Druck auf jede Unternehmung ausübt, der den Nutzen desselben vielfach in Frage stellt. Die Aus- und Einfuhr Deutschlands nach und von Spanien erreicht höchstens 1 pCt. des Aussenhandels. Es ist möglich, dass sich deutsches Kapital in grösserem Umfange an der wirthschaftlichen Regeneration der Halbinsel betheiligen wird; jedenfalls ist weder Spanien noch Portugal in Stande, dem Vorschreiten der deutschen Handelsmacht Hindernisse in den Weg zu legen.

Ein sehr bezeichnendes Beispiel für den Einfluss politischer Imponderabilien auf die Entwicklung der Industrie bietet die Schweiz. Seit der Mitte dieses Jahrhunderts ist ihre Selbständigkeit und ihr Frieden von den europäischen Mächten garantirt. Während die umliegenden Staaten von mannigfachen Kriegen heimgesucht wurden, erschien die Sicherheit der Eidgenossenschaft niemals bedroht. Es war nur natürlich, dass das überschüssige Kapital der Nachbarn bei ihr Anlage und Unterkunft suchte. Grosse Vermögen aus Süddeutschland beispielsweise, die Revenuen und Familienfonds der Magnaten wanderten in schweizerische Banken. Der Kapitalreichthum, der da zusammenfloss, befruchtete eine rasch emporblühende Gewerbthätigkeit und das kleine Land in der Mitte Europas, ohne jeden Zugang zum Meere, ohne hervorragende Verkehrsstrassen, entwickelte inmitten seiner Berge und Thäler eine Industrie, die nach Grösse und Bedeutung weit über die Ausdehnung des Landes und die Dichtigkeit seiner Bevölkerung hinausragt.

Die Schweizer Industrie besitzt einige Besonderheiten, die ihr stets einen Platz auf dem Markte sichern werden; so die Stickerei-Industrie von St. Gallen, deren Produkte es auf einen Ausfuhrwerth von weit über 100 Mill. Fr. gebracht haben. Deutschlands Verkehr mit dem kleinen Nachbarlande ist naturgemäss ein sehr lebhafter. Hier ist in einzelnen Artikeln auch Konkurrenz zu spüren, so z. B. in seinen Baumwollgarnen. Aber im grossen Ganzen tritt die wirthschaftliche Ueberlegenheit des grösseren Landes deutlich hervor und eine gewisse Abhängigkeit ist um so weniger zu leugnen, da es gerade deutsche Kapitalien sind, die in der Schweizer Industrie Anlage gefunden haben. Die Gotthardbahn und die deutsche Bauhilfe haben wesentlich zur Vertiefung dieses Verhältnisses beigetragen. Man ist in der Schweiz gewöhnt, mit deutschen Finanziers zu arbeiten; suchte doch der verstorbene Präsident der Jungfraubahn, Guyer Zeller, auch für dieses Unternehmen in Berlin Mittel flüssig zu machen. Mit dem Emporblühen der deutschen Industrie ist natürlich Kapital aus der Schweiz zurückgezogen worden und gerade gegenwärtig, zur Zeit einer industriellen Hausse, tritt infolgedessen bei den eidgenössischen Unternehmungen Kapitalmangel zu Tage. Aus diesem Verständnisse heraus sind die Vorschläge zu verstehen, welche auch in der Schweiz in der Richtung auf eine nähere zollpolitische Verbindung mit Deutschland aufgetaucht sind. Selbstverständlich nicht, ohne bei dem immer wachsamen Kantönligeist den heftigsten Widerspruch hervorzurufen, so zwar, dass nach einigen Vorträgen, die ich in diesem Frühjahr im grossen Hörsaale des

Bernouilianums in Basel hielt, ein grosses Schweizer Blatt mich in Leitartikeln als deutschen Grossmachtspolitiker denunzirte und allen Ernstes den Gegenvorschlag ventilirte, die Schweiz zu einem Gliede der Vereinigten Staaten von Nordamerika zu machen! Was Deutschland betrifft, so bedarf es der Zollunion mit der Schweiz keineswegs. Unsere Einfuhr aus der Schweiz belief sich im Jahre 1897 auf 158,6 Mill., unsere Ausfuhr dorthin aber auf 254,4 Mill. An letzterer ist unsere Gesammtausfuhr mit ca. 6—7 pCt., an ersterer unsere Gesammteinfuhr mit ca. 3 pCt. betheiligt

Noch günstiger steht unser Verhältniss zu den Niederlanden und Belgien. Auch hier hat man den Gedanken eines näheren Zollanschlusses an das Deutsche Reich behandelt.

Die Niederlande sind nach ihrer Lage und natürlichen Beschaffenheit in erster Linie für den Zwischenhandel berufen. Ihre Eigenproduktion beschränkt sich in der Hauptsache auf einige wenige Artikel. Die Aus- und Einfuhrzahlen zeigen deutlich, dass das wirthschaftliche Schwergewicht dieser Länder gegen Deutschland geneigt ist. Nicht weniger als 203,3 Millionen Mk. gingen im Jahre 1899 von dort bei uns ein, bei Weitem der grösste Theil des Gesammtausfuhrhandels der Niederlande. Und nicht weniger als für 327,7 Millionen Mk. haben wir 1899 dorthin ausgeführt, d. i. etwa 7,5 pCt. unseres Gesammtausfuhrhandels, während die Niederlande von unserer Gesammteinfuhr ca. 3,5 pCt. für sich in Anspruch nehmen.

Aehnlich innig ist die handelspolitische Umschlingung mit Belgien. Dieses Land freilich steht uns viel selbständiger gegenüber. Es besitzt eine bedeutende eigene Industrie, welche fast in allen Hauptbranchen auf der Höhe der Situation steht und sehr wohl in einer grossen Reihe von Artikeln den Wettbewerb mit uns aufnehmen kann. Indessen ist Belgien nicht gross genug, um uns dauernd empfindliche Konkurrenz zu machen: erst sein Anschluss an Frankreich würde die Sache für uns bedenklich machen: da eine solche Wandlung aber fast ausser dem Bereiche der Möglichkeit liegt und viel eher mit einer Annäherung an uns selbst zu rechnen wäre, ist auch von dieser Seite eine Besorgniss nicht angebracht. Belgiens Einfuhr betrug im Jahre 1899 etwa 246 Millionen Mk. d. i. 4,3 pCt. unserer Gesammteinfuhr, unsere Ausfuhr nach Belgien ca. 207 Millionen Mk., d. i. 4,7 pCt. unserer Gesammtausfuhr.

Die Abhängigkeit der skandinavischen Länder liegt angesichts ihrer schwachen, wenngleich rührigen und intelligenten Bevölkerung auf der Hand. Dort sind kaum mehr als Ansätze zu einer modernen industriellen Entwicklung. Diese Länder nehmen zunächst unsere Fabrikate auf und geben der Hauptsache nach Rohstoffe an uns ab. Sie sind gerade deshalb von nicht zu unterschätzender Wichtigkeit für uns; allein als Nebenbuhler auf dem Weltmarkte können sie uns auf lange Zeit hinaus nicht gefährlich werden. Norwegen mit seinem wunderbaren Holzreichthum wird noch für lange Zeit der zum rascheren Emporblühen nothwendigen Verkehrsmittel entbehren. Wie alert die Bevölkerung ist, mag man daraus ersehen, dass sie sich jedes modernen Kulturfortschrittes bemächtigt und ihn ausnützt, wenn er für sie erreichbar ist: so hat auch der entlegendste Bauernhof Telephonanschluss. Aber für grosse Strassen- oder Eisenbahnbauten fehlt das Kapital, das grosse Kapital, welches längere Zeit bei ganz geringer Verzinsung still halten und seine Zeit abwarten kann. Die skandinavischen Länder sind zu gross im Verhältniss zur Zahl ihrer Bevölkerung: nur aus dicht bevölkerten Distrikten geht der Siegeszug des Gewerbefleisses in die Ferne. Dänemark speciell ist zu klein, als dass nicht die Nähe Deutschlands einen fascinirenden wirthschaftlichen Einfluss auf dieses Inselreich ausüben sollte. An unserer Einfuhr sind alle drei skandinavischen Staaten zusammen mit 3,5 pCt. betheiligt; sie führten 1899 für ca. 206,5 Millionen Mk. bei uns ein; wir führten indessen dorthin aus für 338,9 Millionen, so dass der Verkehr nach ihnen nicht weniger als 7,8 pCt. unserer Gesammtausfuhr in Anspruch nimmt.

Ich wende mich nun zu Frankreich, demjenigen Lande, dessen wirthschaftspolitische Bedeutung, trotz Offenlegung mancher Verhältnisse durch die Ausstellung, für die Gegenwart am schwierigsten zu erfassen und für die Zukunft am schwierigsten zu prognostiziren ist. Ein Land uralter Kultur, seit Jahrhunderten im Besitze einer hervorragenden Gewerbthätigkeit, auf dem Weltmarkt lange Zeit an dritter Stelle, von natürlichem Reichthum, von Aktivität und Klugheit seiner Bewohner, — dennoch augenscheinlich seit längerer Zeit im Rückgange begriffen. Es giebt keine einzelnen hervortretenden Ursachen, auf welche sich dieser Rückgang ohne Weiteres zurückführen liesse; die innerpolitischen Wirren beschränken sich im Grossen und Ganzen auf die Hauptstadt und greifen kaum so tief, dass man von ihnen eine ernstliche Störung der industriellen Evolution erwarten könnte. Von einer Erschöpfung des Bodenreichthums kann angesichts der immer noch wachsenden Weinproduktion keine Rede sein. Die politische Lage des Landes ist seit Abschluss des russischen Bündnisses eine derartige, dass sie einen so tiefgehenden ungünstigen Einfluss auf die Entwicklung des Aussenhandels nicht üben kann. Ein einziger Zug tritt im französischen Volkscharakter neuerdings schärfer hervor, der vielleicht unvortheilhaft wirken kann: eine gewisse Selbstbeschränkung, eine gewisse Genügsamkeit, die mit Wenigem zufrieden, den Blick in die Ferne aufgegeben hat und ein beschauliches Spiessbürgerleben zu führen entschlossen ist. Der kleine und mittlere französische Geschäftsmann bleibt gern im alten Geleise, spekulirt nie oder selten, erwirbt fleissig Frank auf Frank und wenn er soviel zurückgelegt hat, dass er und seine Familie einigermassen vom Zinserträgniss leben können, kauft er sich Rententitres — womöglich russische — und giebt sich irgendwo auf dem Lande einem beschaulichen Stillleben hin. Die angebliche Noth des sog. Mittelstandes kennt man darum in Frankreich nicht; dafür fällt aber auch die zahlreiche Klasse kleiner und mittlerer Fabrikanten und Unternehmer fort, die emporkommen und bei uns gerade die Stärke der Industrie ausmachen.

Ein zweites Moment mag hinzukommen, um den Fortschritt ungünstig zu beeinflussen. Frankreich war früher in Dingen des guten Geschmacks der ganzen Welt überlegen.

Es hat noch heute vorzügliche Muster und bewundernswerthe Zeichnungen und Aufmachungen. Allein man hat auch anderwärts gelernt. Erst kam Oesterreich, das in der Fachschulentwicklung voranging, und etablirte Wiener Moden. Jetzt ist Deutschland im technischen Schulwesen an der Tête und seine Muster kommen den französischen zum Mindesten gleich. Natürlich sieht sich dadurch der Absatz der französischen Luxusartikel zurückgedrängt. Die Ausstellung zeigt, dass Frankreich immer noch eine bedeutende Leistung aufzuweisen hat; aber es ist etwas aus dem Geschäft geworfen und sein Absatz leidet unter mancherlei Stockungen.

Zudem ist zu bemerken, dass während der letzten Jahrzehnte alle diejenigen Erfindungen und Entdeckungen, auf welche der industrielle Fortschritt in erster Linie zurückzuführen ist, in Deutschland und England gemacht worden sind. Hier also war die Wissenschaft von unmittelbarer Einwirkung auch da, wo es sich um grosse Etappen handelt. Die französische Fachbildung aber reicht der unsrigen nicht das Wasser. Es gilt dies auch für die Einrichtungen und Zustände der Grossindustrie; um das zu verstehen, hat man nur nöthig, das Krupp'sche Etablissement mit dem des Monsieur Schneider in Le Creuzot zu vergleichen. Noch ist zudem unser Arbeiterstamm besser; er wird freilich auch besser versorgt und gehalten.

Grosse Vortheile zog ferner die französische Industrie aus einer ausgebreiteten Veredelungsthätigkeit; dieser Zweig blüht noch immer, zumal für Seiden und andere Textilbranchen. Allein auch hier kam die Konkurrenz des Auslandes, zumal Deutschlands, hindernd in den Weg. So trat auch an dieser Stelle langsam der Rückgang ein.

Dieser Rückgang ist nicht ein stossweiser und gelegentlicher, sondern er ist ständig und vergrössert sich seit den 70er Jahren mit einer gewissen Regelmässigkeit. Wenn man die deutschen Fortschritte zahlenmässig neben ihn stellt, so ergiebt sich seit den letzten 25 Jahren eine Differenz zu Ungunsten Frankreichs in Höhe von 1½ bis 2 Milliarden frcs. Die Franzosen sehen ihren Rückschritt und führen ihn in erster Linie auf das Vordringen Deutschlands zurück. Ich erinnere an das vielcitirte, aber viel zu wenig gelesene Buch von Maurice Schwob: „Le danger Allemand“. Thatsächlich sind aber diese Argumentationen nicht richtig. Wer Frankreich Anfang der 90er Jahre gesehen hat, wird erstaunt sein, es heute noch fast unverändert zu finden; eine Erscheinung, die man für die gleiche Periode weder bei Deutschland, England, Nordamerika, noch sogar bei Russland beobachten kann. Die Franzosen und ihre Industrie sind in Technik und Geschmack stehen geblieben, während ihre Hauptkonkurrenten vorwärts kamen; sie sind weder zu neuen Betriebsarten, noch zu neuen Methoden übergegangen. Die Wohlhabenheit ihres Landes hat ihnen erlaubt, trotzdessen mit den anderen Nationen auf gleichem Fusse der Kultur und des Luxus zu bleiben; die Nothwendigkeit, ein grosses Manko an Nahrung durch Verkauf von Industrieprodukten auszugleichen, lag für sie nicht so zwingend vor, als z. B. für Deutschland.

Es fragt sich nun, ob sich diese Mängel als vorübergehende und zu sanirende Krisis zeigen, oder ob sie sich zu einer dauernden Erscheinung auswachsen werden oder vielmehr schon ausgewachsen haben. Davon hängt es nämlich ab, ob Frankreich unter diejenigen Länder zu rechnen ist, welche uns bei unserem Vordringen auf den Weltmarkt ernstlich gefährlich werden können. Ich bin geneigt, anzunehmen, dass der Rückgang Frankreichs ein dauernder bleiben wird. Einmal ist das Spatium, das zwischen ihm und den führenden Handelsmächten entstanden ist, bereits zu gross, als dass es so leicht wieder eingebracht werden könnte. Dann aber hindert den Franzosen daran seine leider noch immer bestehende grenzenlose Eitelkeit. Er ist weit entfernt davon, bei sich Einkehr zu halten und von den Gegnern zu lernen. Gerade nachdem ihm, dem Wirthe, dem vor seinen Gästen auf der Ausstellung der grösste Raum und viele andere Umstände zu Gute kommen, die Präsentation vorzüglicher und lobenswerther Erzeugnisse gelungen sein wird, dürfte er für längere Zeit befriedigt auf seinen Lorbeeren ausruhen wollen. Seine eigene Presse leistet ihm durch ihre schönfärbende Kritik hierin leider die schlechtesten Dienste.

Unser Handelsverkehr mit Frankreich hat einen Umfang, welcher der Bedeutung des Landes im Hinblick auf seine kleinen Nachbarländer eigentlich nicht entspricht. Wir führten 1899 von Frankreich ein für 303,1 Millionen Mk. und brachten dorthin zur Ausfuhr für 216,7 Millionen Mk., was einem Antheil von 5 pCt. an unserm gesammten Ausfuhr- und Einfuhrhandel entspricht. Mit unseren übrigen grossen Nachbaren, Oesterreich und Russland, verbindet uns ein weit umfangreicherer Handelsumschlag. Dass aber auch der Verkehr mit den Kleinen, nämlich der Schweiz, Holland und Belgien, nahe an diese Zahlen heranreicht, zeigt deutlich, dass die wirthschaftliche Inklination dieser Gebiete nach dem Deutschen Reiche hin eine sehr grosse ist.

Da zudem ein Theil unserer Fortschritte, wie Schwob in seinem Buche an der Hand der amtlichen Statistik für ein Land nach dem anderen nachweist, zu einem gewissen Theil auf Kosten Frankreichs gemacht haben, hat die Annahme, dass dieses Verhältniss sich während der nächsten Jahrzehnte umkehren könnte, nur wenig für sich.

Die Länder der Balkanhalbinsel, die Türkei, Griechenland, Serbien und Rumänien, repräsentiren alle zusammen in ihrer Einfuhr nur 1,2 pCt., in unserer Ausfuhr nur 1,7 pCt. des deutschen Gesammtumschlages. Die Einfuhr besteht fast ausschliesslich aus Naturprodukten, die wir selbst nicht erzeugen können; die Ausfuhr dagegen aus Fabrikaten. Es steht zu erwarten, dass unsere Ausfuhr nach diesen Ländern sich heben wird, je mehr ihr Kulturstand sich hebt; es steht dagegen keineswegs zu befürchten, dass uns von dort aus ein bedenklicher Wettbewerb käme; selbst nicht für den Fall, dass politische Verwicklungen in jener Ecke Verschiebungen in der Herrschaft herbeiführen sollten.

Abgesehen von den grossen Weltreichen Russland, England und den Vereinigten Staaten existirt (mit Ausnahme der bisher besprochenen Länder) kein Gebiet auf der Erde, dessen Antheil an der Gesammtausfuhr des Deutschen Reiches über 1 pCt. betrüge. Was aber die Einfuhr angeht, so kommen mit einem grösseren Antheil lediglich solche Länder in Betracht, aus denen wir Artikel des Verzehrs oder Rohprodukte für unsere Fabrikation beziehen. Es sind dies Britisch-Ostindien mit 4 pCt., Argentinien mit 3,4 pCt., Britisch-Australien mit 2,1 pCt., Chile mit 1,6 pCt., Brasilien mit 1,6 pCt. und Niederländisch-Indien mit 1,1 pCt. Antheil.

Die besprochenen Ländergebiete, also Oesterreich-Ungarn, Italien, die Schweiz, Spanien, Portugal, Belgien, Holland, die Balkanstaaten, Griechenland und Frankreich, scheinen mir danach solche Theilnehmer am Weltmarkte zu sein, deren Rivalität Deutschland zunächst nicht zu fürchten hat. Ihre Interessen liegen theils ähnlich wie die unsrigen, theils sind sie in rückläufiger Entwicklung begriffen, theils erscheinen sie noch unbedeutend. Rechne ich die übrigen Staaten und Länder hinzu, deren Handelsbeziehungen zu uns im Einzelnen nicht so umfassend sind, dass ein Glied dieser Reihe im Stande wäre dieselben wesentlich zu disturbiren, so ergiebt sich, dass nicht weniger als 59 pCt. unserer Gesammteinfuhr und 62 pCt. unserer Gesammtausfuhr von Gebieten herkommen und nach Gebieten hingehen, welche wirthschaftlich schwächer sind, als wir selbst.

Diese Thatsache ist nicht neu und man wird sie von gewissen Gesichtspunkten aus als selbstverständlich betrachten können. Dennoch ist es gut, wenn man sie sich einmal vor Augen stellt: es liegt eine gewisse Beruhigung darin, zu erfahren, dass ein so bedeutender, der grössere Theil unseres Aussenhandels auf einer Grundlage steht, die dem Konkurrenzkampfe aus dieser und jener Rücksicht entzogen ist. Denn wenn wir beispielsweise auch mit Frankreich in einzelnen Artikeln im Wettbewerbe stehen: die letzten 25 Jahre zeigen uns in stetigem Vorgehen und eine Sorge für die nächste Zukunft scheint ausgeschlossen.

Die übrigen 41 bezw. 38 pCt. der Betheiligung am Weltmarkte liegen in Gebieten, welche wir sowohl nach den Erfahrungen der Vergangenheit, als nach den Auspicien der

Zukunft als uns in gewisser Beziehung überlegen von vornherein anerkennen müssen. Es bleibt übrig, zu untersuchen, wie diese Ueberlegenheit bei näherer Betrachtung aussieht, ob die Momente, auf denen sie beruht, als vorübergehende oder als dauernde anzusprechen sind und welche Aussicht auf Weiterkommen wir für uns zu erblicken vermögen. Werden wir demnächst auf dem Markte unterliegen oder werden wir die Herrschaft über denselben theilen dürfen und mit wem?

48 pCt. der Gesammteinfuhr und 38 pCt. der Gesammtausfuhr halten sich ohngefähr die Balance. Der Antheil an der Ausfuhr erscheint etwas geringer, was im Hinblick auf den Wettbewerb keinen Vortheil bedeutet. Allein von einer passiven Handelsbilanz im wirklichen — nicht im dilettantisch-statistischen — Verstande kann auch hier nicht die Rede sein und es wäre voreilig, aus diesen Zahlen schon auf eine gewisse Schwäche der Stellung zu schliessen. Die Positionen werden sich überhaupt erst richtig beurtheilen lassen, wenn sie in ihre Bestandtheile zerlegt sind und sich zeigt, um was für Ein- und Ausfuhren es sich eigentlich handelt. Scheidet man Russland aus, so liegt aber gerade hier die grosse Masse des deutschen Frachtgeschäftes vor, das von und nach den Vereinigten Staaten und von und über England nach dessen Kolonien eine gewaltige Rolle spielt.

Sehen wir nun zu, wie sich unsere Handelsverbindung mit jedem der drei politischen oder wirthschaftlichen Welt-Reiche gestaltet hat und versuchen wir auf dieser Grundlage zu prüfen, wie sie sich in der nächsten Zukunft menschlichem Ermessen nach zu gestalten hätte. Dann erst werden wir die eigene handelspolitische Lage mit einiger Sicherheit einschätzen können und eine Grundlage dafür gewinnen, nach welcher Richtung sich unsere nächste handelspolitische Aktion zu wenden hat.

Uns zunächst als bald geliebter, bald gefürchteter Nachbar liegt in langer gemeinsamer Grenze das russische Reich. Von jeher haben in Deutschland hohe Vorstellungen von der Macht des Zarenstaates existirt; kam doch zur Zeit der Freiheitskriege alle Hilfe von dort und war doch das politische Schwergewicht des Ostens zur Zeit des Kaisers Nikolaus ganz Europa deutlich genug fühlbar geworden. Die alte Anschauung kannte überhaupt kaum eine andere Grundlage der Macht und des Einflusses, als die Fähigkeit Heere aufzustellen, Armeen zu unterhalten und mit Erfolg Kriege zu führen. Dass aber das Zarenreich im Stande ist, Millionen von Soldaten auf die Beine zu bringen, Heeresmassen antreten zu lassen, die geeignet sind, den besten Europas die Spitze zu bieten, ist hinlänglich bekannt. Es kommen hinzu die abenteuerlichen Vorstellungen, die bei uns im Volke über die Massenhaftigkeit halbasiatischer, unbarmherziger, plündernder Horden verbreitet sind, die im Russenlande wohnen sollen: die alte instinktive Furcht der westlichen Völker vor ihren Erben im Osten. Die Furcht ist nicht geringer geworden, seit das Gespenst des Panslavismus erstanden ist und der Nationalitätenhader in Oesterreich von dort aus reichliche Nahrung erhalten hat.

Dieses politische Uebergewicht Russlands soll nicht bestritten werden. Allein es kommt hier nicht in erster Linie auf das Machtprestige überhaupt an, sondern darauf, ob diese Macht auch im friedlichen Wettbewerbe der Völker wird Stand halten können. Was bedeutet das russische Reich für den Weltmarkt? Was bedeutet es speziell für unsere künftige wirthschaftliche Entwicklung? Ist es auch wirthschaftlich der mächtige Koloss, vor dem wir uns vorsichtig zurückziehen müssen und von dem unser Gedeihen zum guten Theil abhängig wird?

Die Volkswirthschaft Deutschlands und der meisten übrigen europäischen Staaten ist ein Organismus, dessen inneres Leben mit dem Leben der Nation innig verwachsen ist, ja dieses Leben in allen seinen Theilen bedingt. Darin aber liegt die Stärke unserer Position. Auf sicherer heimischer Grundlage haben wir ein stolzes ökonomisches Gebäude aufgeführt, das in all seinen Theilen von mächtig pulsirendem Leben durchdrungen ist und das seine Kraft aus sich selbst immer neu erzeugen kann. Alle Glieder der Nation in hand- und kopfarbeitendem Schaffen sind an diesem Werke betheiligt, interessirt, bilden einen integrirenden Bestandtheil desselben. Dies ist in gleichem Grade in England, in vielleicht noch höherem Grade in den Vereinigten Staaten von Amerika der Fall. Nicht so bei Russland. Wohl ist die natürliche Grundlage dieses gewaltigen Staates reich an jeglichen Schätzen, mittelst deren menschlicher Geist und menschliche Arbeit Güter zu erzeugen und Einfluss zu erlangen gewöhnt ist. Aber diese Schätze liegen zum grössten Theile todt und ungehoben, und die zahllose Bevölkerung ist gewöhnt, stumpf an ihnen vorüberzugehen. Ein moderner volkswirthschaftlicher Organismus ist hier erst in seinen Anfängen vorhanden. Die regierenden Kreise beuten wohl die vorhandenen Reichthümer aus; aber sie thun das einmal sehr häufig im Eigeninteresse und zum Nachtheil der Gesammtheit; dann aber nehmen sie immer aus dem Vollen und verzehren gewissermassen das Kapital, während die moderne Wirthschaft das Kapital schont und von den Zinsen lebt. Das vorhandene Kapital ist in der That so gross, dass man ihm noch für lange Zeit genug entnehmen kann, um Heere zu halten, zu bewaffnen und Krieg zu führen. Aber die ganze Einrichtung gleicht in vieler Beziehung dem Riesen Antäus, der Kraft und Leben verlor, als man ihn vom mütterlichen Boden emporhob. Wohl marschiren auf den Wink des Zaren zahllose Regimenter, wohl leben die herrschenden Kreise des Landes auf einem Standard, der dem Westeuropas entspricht: aber dafür leben die vielen Millionen, von denen immer die Rede ist, in Armuth und Bedrückung, in geistiger Stumpfheit und Bedürfnisslosigkeit und sind in immer kürzer werdenden Etappen dem bittersten Elend und der Hungersnoth Preis gegeben. Man kann mit solchen Schaaren wohl eine Kultur zerschlagen; das lehrt die Geschichte; aber man kann mit ihnen nichts Ebenbürtiges aufbauen. Wenn es sich aber um mehr handelt, als um Krieg und Plünderung, wenn es sich darum dreht, den friedlichen Wettbewerb der Völker mitzumachen und durch die Leistung der Kultur Sieger zu werden und zu bleiben, — dann wird man mit dem heutigen Russland nur sehr wenig zu rechnen haben. Im Kampf und in der Schlacht werden die slavischen Massen gewiss überwältigend wirken. Zum Wettbewerb des Gewerbefleisses aber sind sie nicht eingeladen. Sie bleiben fern in den Wäldern und Steppen in ihrer Ruhe und Kargheit, und die Ueberwindung des Kolosses auf wirthschaftlichem Gebiet wird vor sich gehen ganz in der Stille und ohne dass es die Gewalthaber werden hindern können.

Dessen ist man sich aber in weiten Kreisen des russischen Reiches mit grösserer oder geringerer Klarheit bewusst. Darum giebt es dortselbst eine starke Partei, die sich überhaupt an den wirthschaftlichen Kämpfen des Weltmarktes nicht betheiligen will. Sie meint: Russland berge im Bereich seiner Grenzen Alles, was zur Befriedigung menschlicher Bedürfnisse nöthig sei; mithin könne man sich auf sich selbst zurückziehen und das Ausland entbehren.

Es wird nicht schwer sein, zu zeigen, dass diese Annahme falsch ist und dass auch das Streben der leitenden Kreise in anderer Richtung liegt. Wahr ist, dass die Reichthümer des gewaltigen Gebietes ungeheuer sind. Soviel Holz als in den russischen Wäldern wächst nirgends anderswo auf der Welt: so köstliches Getreide als die Schwarzerdeländer bringt kaum ein anderer Boden hervor. Im Ural liegt Gold, Eisen, Platin und alle möglichen anderen Metalle. Am Donez liegt Kohle der feinsten Qualitäten. Erze sind im Innern des Landes allenthalben gefunden; Eisen zumal ist in Hülle und Fülle vorhanden. Die Riesenstrecken des asiatischen Russlands werden sicher noch mehr an allen diesen Gütern enthalten, als man sich heute träumen lässt. Auch das wichtigste Material fehlt nicht: die Menschenmassen.

Und dennoch: inmitten dieses Reichthums wohnt Unbildung, Unkultur, Noth und Hunger. Die geschäftigen Hände feiern in stumpfer Unthätigkeit oder sie bringen doch nichts rechtes vor sich, weil ihnen die richtige Führung fehlt. Schätze des Bodens, der Berge, der Wälder müssen gehoben werden: denn erst ihre Gebrauchsmöglichkeit macht ihren

Werth aus. Aber für sie fehlt der Schlüssel: die Intelligenz und das Kapital.

Es mangelt nicht an Ansätzen zur modernen Aufschliessung des Landes. Diese Ansätze allein genügen schon, um der russischen Wirthschaft eine europäische Bedeutung zu geben. Aber diese Ansätze scheinen nicht geeignet, in naher, ja in absehbarer Zeit sich zu lebenskräftigen Erscheinungen auszuwachsen. Sehen wir einmal zu, welche Gewerbthätigkeit Russland entwickelt hat und welches Prognostikon ihr zu stellen ist. Wir müssen hier gleich von vornherein zwischen russischen und fremden Gründungen, zwischen russischem und fremdem Kapital unterscheiden. Der Westen zunächst zeigt naturgemäss das Ergebniss der Einwirkung von aussen her. In den Ostseeprovinzen, an Plätzen wie Riga, selbst bis Petersburg hin sind Fabriken entstanden; es hat sich da sogar beispielsweise eine nicht unbeträchtliche Maschinenindustrie angesiedelt. Aber diese Industrie bezieht ihr Rohmaterial sowohl als die Halbfabrikate, die sie verarbeitet, aus dem europäischen Westen. Wenig anders ist es bei der Industrie der Fall, die sich in Kongresspolen, mit dem Centrum in Lodz, entwickelt hat. Es wäre verfehlt, diese Industrie nicht als bedeutend zu bezeichnen. Lodz hat sich während der letzten 30 Jahre aus einem langen schmutzigen Dorfe zur zweitgrössten Industriestadt des Kontinents heraufgearbeitet. Es besitzt Fabriken aller möglichen Branchen, unter denen die Textil- und Eisenindustrie an erster Stelle stehen. Diese Lodzer Industrie befindet sich aber in eigenthümlicher Lage. Sie ist ursprünglich mit deutschem Kapital gegründet und arbeitet noch heute zum guten Theil mit fremden Mitteln. Früher bezog sie alle ihre Rohstoffe und Halbfabrikate aus dem Westen. Von Deutschland aus wurde beispielsweise Jahrzehnte lang ein glänzendes Geschäft in Baumwolle und Garnen nach Lodz gemacht. Heut kommt zwar Baumwolle aus dem Osten dorthin und die Garne spinnt man der grossen Masse nach an Ort und Stelle. Allein andererseits hat die Eisenindustrie immer noch mit den schlesischen Lieferungen zu rechnen. Zur Verkokung eignet sich die sonst in reicher Menge vorhandene polnische Kohle nicht. Die ungeheure Entfernung der südrussischen Kohlenlager lässt einen Bezug von dort nicht immer räthlich erscheinen: also verbraucht man schlesische Kokes. Und mit den Eisenerzen liegt es ganz ähnlich: die Erze aus dem Innern des Landes werden zu theuer, bis sie herankommen, sie sind in dem unzureichenden Umfange, in welchem sie abgebaut werden, vielfach schon von der östlichen Industrie in Anspruch genommen und schlesische Erze müssen in so manchem Werke ihre Stelle vertreten. Obgleich aber die Lodzer Gruppe mit dem Bezug ihrer Rohmaterialien zum guten Theil noch auf den Westen angewiesen ist, richtet sich ihr ganzer Absatz nach dem Osten, — ein Zustand, der für uns sehr günstig zu nennen ist.

Von dieser westlichen Industrie aus geht diejenige Bewegung, welche bestrebt ist, zwischen Russland und Europa möglichst gute und lebhafte Handelsbeziehungen zu erhalten. Nicht so gesonnen ist die Industrie des Ostens.

Im Anschlusse an die alte berühmte Hauptstadt, das heilige Moskau, ist das eigentlich inländisch-russische Industriecentrum entstanden. Zwischen Moskau und Nischnij-Novgorod, der Stadt der gewaltigen orientalischen Messe, dehnt es sich aus. Wladimir kann als der Mittelpunkt der russischen Leinenindustrie, Moskau der Spinnerei und Baumwollenindustrie, Iwanowo der Färberei und Druckerei gelten. Zwischen den Waldgebieten des Nordens und den Schwarzerdeländern des Südens ist dieses Gewerbecentrum eingelagert, gegen den Süden hin Tula mit seiner Eisenindustrie als letzten Ausläufer entsendend. An zwei Seiten umfasst dieses Gebiet der Wolgastrom, die Haupthandels- und Verkehrsstrasse des slavischen Ostens; der Absatz scheint damit gesichert, zugleich aber in seiner Hauptrichtung festgelegt, gen Asien. Die Textilindustrie stellt unstreitig den bedeutendsten Zweig der russischen industriellen Arbeit dar. Während bis zur Mitte dieses Jahrhunderts der Thee tonangebender Artikel der Messe zu Nischnij war, ist seitdem die Baumwolle und ihre Produkte an seine Stelle getreten. Zu jener Zeit kam

Garn und Gewebe aus Asien nach Russland; auf diesem Wege lernte die Bevölkerung den Gebrauch der Baumwollengewebe kennen. Heute wird der Inlandsbedarf zwar nicht voll, aber doch der Hauptsache nach von Moskau aus gedeckt und die Ausfuhr der baumwollenen einfachen Hemden und Gewänder von Nischnij aus hat grosse Dimensionen angenommen. Die statistischen Zahlenangaben darüber sind freilich nicht zuverlässig, soweit sie überhaupt vorhanden sind. Thatsache ist jedenfalls, dass der Import solcher Waaren, auch von Persien aus, aufgehört und einer umfassenden Ausfuhr Platz gemacht hat. Das mittelrussische Industriegebiet steht in gewisser Blüthe und arbeitet mit sehr beträchtlichen Gewinnen.

Weiter im Süden, da wo der Donez den Don erreicht, und herüber westlich bis zum Dniepr, hinter der Krimm und in der Nähe des Asowschen Meeres, liegt das jüngste und scheinbar kräftigste Industriegebiet, das Russland besitzt. Es ist kaum über 20 Jahre alt und verdankt seine Entstehung der Unternehmungslust des Engländers Hughes. Hier ward Kohle gefunden, fettglänzende brauchbare Kohle, die leicht abzubauen war, und hochwerthiger Anthracit. Man wusste längst, dass diese Kohlen vorhanden waren; aber man legte ihnen keinen allzugrossen Werth bei: arbeiteten doch die alten Fabriken noch mit dem schier unerschöpflichen Vorrath der Wälder an Holz und später mit Naphtaheizung. Der Engländer aber sah, dass diese Kohle sich zur Verkokung prächtig schickte, und als bald darauf in nicht allzugrosser Entfernung erstklassige Eisenerze jenseits des Dniepr gefunden wurden, ward ein Vertrag mit der Regierung geschlossen und alsbald mit dem Bau von Hochöfen begonnen. Rasch wuchs Hütte auf Hütte, Schlot an Schlot empor. Andere Fabriken folgten nach, und es bildete sich ein Industriegebiet, dessen Städte mit fabelhafter Geschwindigkeit emporblühten. Allein auch hier musste fremde Intelligenz, fremder Fleiss und fremdes Kapital das Beste thun. Insbesondere belgisches Kapital strömte zu; waren die belgischen Schienenproduzenten doch durch die russischen Zölle damals mit ihren Schienenlieferungen ausgeschaltet und schwer geschädigt. Ausserordentlich hohe Dividenden wurden verdient und auch die deutschen Konsuln wurden nicht müde, in ihren Berichten auf dieses neue industrielle Eldorado hinzuweisen.

Allein gewann diese plötzlich erstandene Industrie Einfluss auf den Weltmarkt? Keineswegs, sie setzte ihre Produkte fast ausnahmslos im Inlande ab und wäre zu jener Zeit Russland nicht der Abschlusspolitik zugethan gewesen, hätte man diese Konkurrenz vielleicht nicht einmal beim Import nach Russland empfunden. Die Regierung interessirte sich für diese Industrie, nahm ihr ihre Erzeugnisse zum grossen Theil für Rechnung des Staates ab und ging um deren Verwendung willen an Eisenbahnbauten, die anderntalls wohl noch lange geschlummert hätten.

Fragen wir aber besorgt nach der Zukunft dieser Industrie, so hören wir, dass ihre Hauptgrundlage, die guten Erze, in absehbarer Zeit abgebaut sein dürften, so zwar, dass schon jetzt die bestehenden Etablissements die Erzlager aufgekauft haben und daneben die Begründung neuer Hütten oder Fabriken in Frage gestellt ist.

Es existirt aber noch ein viertes, das älteste Industriegebiet Russlands, der Ural mit seinem Bergbau und seinen Hochöfen. Unzweifelhaft liegen hier wichtige metallurgische Schätze. Aber ihre Hebung im grösseren Maassstabe als bisher scheint noch in weite Ferne gerückt. Tief in die Thäler eingebettet liegen die Erzgruben; die wenigen grossen Bahnstrecken können sie nicht erreichen. Die näher heranrückenden Wasserstrassen versiegen häufig, so dass die Abfuhr oft Monate, ja Jahre lang warten muss. Die maschinellen Einrichtungen sind primitiv; die Hochöfen arbeiten zum Theil noch heute mit kalter Luft. Die Arbeiterschaft aber leistet jammervoll wenig, — entsprechend ihrer minimalen Entlohnung. So sind die Produktionskosten des uralischen Eisens beispielsweise höher als irgendwo in der Welt, und es wird noch viel Wasser den Wolgastrom hinunterfliessen, ehe das Eisen der Berge die Kohlen des Donezbeckens mit Vortheil erreichen werden. Dann aber erst ist die Grundlage für eine grössere Entwicklung geschaffen, und ob diese Entwicklung angesichts der sozialen Zustände des Zarenreiches eine so gewaltige werden wird, dass sie den Weltmarkt affiziren kann, erscheint fraglich.

Ueberhaupt hat die gesammte russische Industrie bisher noch kaum eine Einwirkung nach aussen zu Wege gebracht; es sei denn die negative, dass sie den Absatz fremder Erzeugnisse in Russland verringert hat. Aber ich glaube, für viele Zweige ist nicht einmal das der Fall: die Bedürfnisse, die besonders die Gewerbthätigkeit des Moskauer Gebietes in ihrer hintersässigen Bevölkerung geweckt hat, waren vordem gar nicht vorhanden. Was aber die russische Industrie schafft, kann seiner Hauptmasse nach für den modernen Wettbewerb nicht in Frage kommen; es sind zu grossem Theile die einfachsten Massenartikel, geringe Waare, Stapelwaare, von deren Herstellung sich die moderne Industrieentwicklung allgemach beginnt abzukehren.

Man weiss, wie stark im Zarenreiche die panslavistische Idee und Bewegung ist. Nun, die Industrie des russischen Ostens hat sich dieser Bewegung ganz und går in die Arme geworfen; ihr schutzzöllnerisches Bedürfniss begegnet sich mit der panslavistischen Feindschaft gegen die germanische Kultur Europas. Man will für sich bleiben und den Koloss von innen heraus lebens- und bewegungsfähig machen. Aber so lange dieses gewaltige Kind nicht laufen kann, ist es wirthschaftlich nicht zu fürchten —, und auch später wird es zunächst noch ein Kind sein. Wohl ist das Streben der Machthaber des Zarenreiches, das Meer zu Lande zu erreichen und Asien für sich zu erobern, genial und weitsichtig zu nennen. Aber gerade diese Politik mit den riesigen Maassen bürgt dafür, dass der innere Ausbau noch viele, viele Jahrzehnte wird auf sich warten lassen.

Die wirthschaftliche und die militärische Arena sind weit von einander verschieden. Wer auf der letzteren siegt, kann auf der ersteren sehr wohl geschlagen werden. Die wirthschaftlichen Kräfte Russlands werden einmal gewaltig in die

Erscheinung treten; vorläufig aber sind sie gebunden und weder wir, noch unsere Kinder und Kindeskinder werden ihre volle Auslösung erleben. Wenn man deshalb die heutige Welt handelspolitisch von dem Standpunkte aus betrachten will, ob das russische Reich in der Handelsherrschaft bei der Beherrschung des Weltmarktes als Hauptmacht mitzusprechen haben wird oder nicht, so möge man diese Frage ruhig verneinen. Man hat sich daran gewöhnt, die politische Grossmacht zu beachten: handelspolitisch ist Russland kaum eine Macht zweiten Ranges. Es mit England und den Vereinigten Staaten in einem Athem zu nennen, ist völlig unberechtigt.

So liegt also auch für uns und unseren Platz auf dem Markte eine ernsthafte Gefahr seitens Russlands nicht vor. Russland kann als Ausbeutungsobjekt, als Absatzgebiet für unsere Industrieprodukte immer noch hochbedeutend werden: nicht aber als Konkurrent im Handel und Gewerbe.

Trotz dessen ist unsere Handelsverbindung mit dem Zarenreiche schon jetzt eine ausserordentlich innige. An unserer Gesammteinfuhr ist es an vierter Stelle mit nicht weniger als 12 pCt betheiligt, während 10 pCt. unserer Gesammtausfuhr dorthin gerichtet sind. Das Geschäft, das wir mit Russland machen, ist eines der besten aus dem Kreise unserer Weltgeschäfte. Hochwerthige Fabrikate gehen zu guten Preisen hinüber, während wir fast nur Cerealien und Rohprodukte von drüben beziehen. Rechnete man die Bilanz dieser Transaktionen aus, so würde sich zweifellos ein sehr bedeutendes Plus für unsere Seite ergeben. Wir müssen deshalb sorgfältig darauf bedacht sein, uns diesen guten Kunden zu erhalten. Wir könnten das fehlende Getreide auch von Amerika kaufen und Russland bekäme Fabrikate jeder Art in England, Frankreich und anderswo. Wir sind also keineswegs auf einander angewiesen. Um so vorsichtiger müssen wir auftreten. Amerika ist kein annähernd so gewinnbringender Kunde für uns, und müsste durchaus auf dem Gebiete des Getreidehandels mit abschliessenden Maassregeln vorgegangen werden, so müssten wir Russland schonen, selbst wenn wir Amerika und andere Länder differenziren wollten.

Trotz seiner eminenten natürlichen Hilfsquellen ist die Finanzlage Russlands eine ungünstige. Sie kann nur günstiger gestaltet werden durch eine Vermehrung der Ausfuhr. Dass diese Vermehrung für absehbare Zeit nicht auf dem Gebiete der Industrie vor sich gehen kann, liegt nach dem Obengesagten auf der Hand. Cerealien aller Art und Rohstoffe bilden heute $^{59}/_{60}$ der russischen Ausfuhr und werden es vermuthlich auch für die nächste Zukunft bilden. Ich werde weiter unten versuchen, die Frage der russischen Aus- und Einfuhr an der Hand einer Kritik des letzten Handelsvertrages zu untersuchen. Eines ist aber schon an dieser Stelle klar auszusprechen: Russland kann unserer Industrie keine Konkurrenz auf dem Weltmarkte machen; wohl aber kann es für dieselbe als Absatzgebiet ersten Ranges noch weiter erschlossen werden. Es wird sich zu einer solchen Erschliessung aber nur herbeilassen, wenn wir seiner Cerealien und Rohstoff-Einfuhr keinerlei Hindernisse in den Weg legen.

Können wir also Russland aus der Zahl unserer Mitbewerber um die Handelsherrschaft mit ruhiger Klarheit ausscheiden, so bleiben nur noch England und die Vereinigten Staaten auf dem Plan. Russland wird mächtig und gefährlich werden zu einer Zeit, deren Fürsorge kaum zu den Aufgaben der Gegenwart gehört. Englands Herrschaft weicht vor der unserigen langsam zurück; aber beide, Deutschland und England, werden für ihre nächste Zukunft dem harten Wettbewerb Nordamerikas begegnen müssen.

Bei uns in Deutschland hat man sich von Beginn der 60er Jahre bis zum Ausgang der 80er mit England eigentlich niemals anders beschäftigt, als dass man von ihm als dem fortgeschrittenen, bewundernswerthen Lande des Freihandels sprach. Was besonders geschmackvoll erschien, hiess bei uns seinerzeit französisch, was durch solide und gute Qualität ausgezeichnet war, wurde als englischer Herkunft angesprochen. Noch heute setzen unsere grossen Schneider an ihre Kunden die guten deutschen Tuche als „englische“ ab, wenn sie ihre Vorzüglichkeit besonders betonen wollen. Diese oft lächerliche Bewunderung des Fremden hat doch in diesem Falle gute Frucht getragen. In der That war uns England in den meisten Fabrikaten überlegen und ein passendes Vorbild. Englische Waare war auf der ganzen Welt mit Vortheil verkäuflich; es war nur natürlich, dass wir ihre Art, ihre Qualität und ihre Aufmachung nachzuahmen bestrebt waren. Einige Jahrzehnte haben genügt, um uns in sehr vielen Artikeln unser Vorbild erreichen, in einigen übertreffen zu lassen. Zur Zeit unserer Umbildung zur Grossindustrie waren wir noch recht arm; unsere Lebenshaltung war einfach; an Sparsamkeit gewöhnt, sparten wir auch in der Fabrikation, brachten aus jedem Rohstoff heraus, was ihm irgend zu entlocken war, verwandten die Abfälle und gelangten schliesslich bei gleicher und ähnlicher Qualität mit unserer Kleinlichkeit zu billigeren Preisen. Es kam hinzu, dass der Engländer durch die Jahrzehnte seiner Handelsherrschaft stolz geworden war und sich unbeliebt machte. Wir traten bescheidener auf, lernten mit Eifer die Sprache unserer Ueberseekunden, maassen mit ihren Maassen, wogen mit ihren Gewichten, gewöhnten uns, loco Abnahmeplatz zu liefern, studirten den fremden Geschmack und kamen ihm auf halbem Wege entgegen, — kurzum, unser heisses Bemühen ward von Erfolg gekrönt und wir gewannen an Boden, während England solchen verlor. Wir kamen und kommen England keineswegs gleich, weder nach Ausdehnung unserer Beziehungen, noch nach Umfang unserer Transaktionen, aber wir beengten und beengen doch wesentlich die handelspolitische Einflusssphäre des Inselreiches, und unser nimmerruhender Fortschritt sieht gegen das langsamere Tempo, in dem England vorankommt, sehr vielversprechend und jugendlich aus. Ich will die so oft vorgetragenen Zahlen vom relativen Rückgang des englischen Antheils am Welthandel hier nicht wiederholen. Wenn man sich auch von dem Irrthum fernhalten soll, als ginge Englands Industrie und Handel auch absolut zurück, so muss man sich doch bewusst werden, dass wir gerade in den jüngsten und zukunftreichsten Industrieen, in der chemischen und elektrischen Industrie, die führende Rolle übernommen haben. Man hat diesen unseren Fortschritt in England bemerkt und nicht gerade mit günstigen Blicken verfolgt. Das Handelsmarkengesetz und sein Fiasko bedeuten eine misslungene Reaktion des britischen Aergers. Als wirksameres Mittel aber zur Behauptung der englischen Vorherrschaft sah man die Verwirklichung der sog. imperialistischen Ideen an, für die man während der letzten zwanzig Jahre eifrig und ernsthaft gearbeitet hat.

Es giebt Gelehrte und Politiker, die an die Fleischwerdung dieser Ideen, über die ich an anderer Stelle ausführlich gehandelt habe, nicht glauben wollen. Erst kürzlich hat Dietzel-Bonn in der „Nation“ für diesen Standpunkt eine Reihe wohl erwägenswerther Argumente angeführt. Ich selbst bin während der letzten Jahre zwar nicht davon überzeugt worden, dass die Aussichten auf Verwirklichung des englischen Reichsgedankens geringer geworden sind, — im Gegentheil, ich hatte im Vorjahr in Philadelphia Gelegenheit, die Begeisterung aus der Nähe zu spüren, mit denen kanadische, australische und — sogar neuseeländische Staatsmänner diesen Gedanken behandeln — wohl aber scheint es mir, dass man die Besorgniss vor Durchführung solcher Maassregel allzusehr hat walten lassen. Wenn mit der Schaffung des Empire nicht zugleich ein Sieg der Schutzzollpartei in England verbunden ist, so dürfte Deutschland von jener politischen Verschiebung nur sehr mittelbar berührt werden. Wäre aber dieser Sieg wirklich errungen, nun so käme eine so weitgehende Aenderung der Handelsbeziehungen zwischen den Nationen in Frage, dass man über diese Art Zukunft heute nicht einmal Vermuthungen aufstellen kann.

Es bedarf aber meiner Ansicht nach England gar nicht mehr der Ausgestaltung des Empire, um seine Handelsherrschaft zu behaupten. Schon aus der Angabe, dass das britische Frachtgeschäft im Jahre 1897 nicht weniger als 71 Mill. Lstrl., d. i. ca. 1400 Mill. Mk., eingebracht hat, erhellt, dass England mehr und reichere Quellen für seinen

Wohlstand besitzt, als lediglich die direkte industrielle Produktion. Seine Vorherrschaft beruhte und beruht meines Erachtens in erster Linie auf dem Besitze des Goldes. Seitdem die Briten den Spaniern und Portugiesen ihre in den Kolonien Amerikas zusammengerafften Reichthümer abgenommen haben, sind sie immer Herren des Goldes gewesen. Zuerst in Indien. Wo sind heute die sagenhaften Schätze dieses Landes an Gold und an Edelsteinen? Sollten sie nicht dem Kohinor gefolgt sein? Hernach kam Australien an die Reihe. Jetzt nehmen sie Südafrika. Der Besitz des Goldes hat ihnen die Möglichkeit gegeben, Bankier der Welt zu sein, und das Riesenbankgeschäft hat etwas eingebracht. Sie hatten vor Kurzem die bisher bekannten Goldgebiete ausgesogen; in Australien war der erste „boom“ vorüber und Klondyke hielt nicht, was es versprochen hatte. Die Besorgniss, dass ihr Gold abnehmen konnte, hat sie zur Pflege der imperialistischen Idee gebracht. Heute haben sie den Witwatersrand erobert und damit die reichsten Minen der Welt in ihre Gewalt bekommen: so ist ihre Vorherrschaft gesichert für lange Zeit. Kein Besitzthum an Land, an Gütern, an Produkten kommt dem des Goldes gleich. Alles andere schwankt im Werthe, selbst die Diamanten des Herrn Rhodes in Kimberley, welche im Preise fallen, wenn sie in Mengen auftreten: aber Gold bleibt Gold, der Werthmesser selbst kann nicht entwerthet werden. Man sehe zu, woher die Milliarden ausländischer, zum grossen Theil zweifelhafter Werthe stammen, die in Deutschland verbreitet sind: wir verdanken sie fast ausnahmslos der Londoner Börse. Sie beherrscht den Goldmarkt und damit den Weltmarkt, und nach Ueberwindung der Buren wird ihre Herrschaft in neuer Kraft erstehen. England wird das Vordringen unserer Waaren nicht hindern können; aber es wird trotzdessen seine Praponderanz im alten Umfange behaupten. Erst ganz allmählich und für den Fall, dass der englische Gewerbfleiss wirklich zurückginge, was heute noch nicht der Fall ist, kann der Bankier England von den überlegenen Industriestaaten abhängig werden. Vorläufig aber ist hierfür keine Aussicht.

Wir müssen uns also damit abfinden, neben England unsere Fabrikate an alle Welt zu verkaufen und auf dem Markte langsam festen Fuss zu fassen. Auch uns sind in unserer Rhederei und durch andere Einrichtungen Quellen grossen Reichthums neben dem Verkauf der eigenen Industrieprodukte erschlossen. Auch geht bei uns seit einer Reihe von Jahren eine höchst charakteristische Thesaurirung vor sich. Es ist möglich, dass auf der durch sie geschaffenen Grundlage später auch die Bedeutung unseres Geldmarktes wachsen wird.

Unser handelspolitisches Verhältniss zu England hat im übrigen einen so ernsthaften Hintergrund, dass beide Theile bei ihren Aktionen auf die zwischen beiden Ländern bestehenden Beziehungen nothwendiger Weise Rücksicht nehmen müssen. 19—20 pCt. unserer während der letzten Lustren so riesig angewachsenen Ausfuhr gehen nach England. Im Vorjahre, 1899, hat diese Exportzahl ihren Höhepunkt erreicht, nachdem sie seit langer Zeit mit geringen Schwankungen fortwährend gestiegen ist. 851 Millionen Mk. finden im Waarenverkauf in England ihre Abnehmer. Wenn auch vielleicht ein Viertel dieser Güter nicht in England selbst verbleibt und der britische Zwischenhändler beim Weiterverkauf noch einmal an der Waare verdient, — man sollte meinen, eine Zollunion könnte keine zahlreicheren Verbindungen herbeiführen. Steht doch die englische Einfuhr nach Deutschland mit ihren 777,1 Millionen Mk. 1899 wenig zurück. Im Jahre 1898 hat die gewaltige englische Gesammtausfuhr sich auf 294013988 Lstrl. belaufen: 33331701 Lstrl., d. h. 11,3 pCt. dieser Riesensumme gingen nach Deutschland. So muss England mit Deutschland rechnen, wie Deutschland mit England. Es ist eine gegenseitige Durchdringung und Umschlingung der beiderseitigen Wirthschaften, die den Versuch einer Lösung als ein verzweifeltes Unterfangen erscheinen liesse. Nicht zwei andere Länder auf der Welt stehen in einem ähnlichen Verhältniss und welches such die Neuordnung unserer Handelspolitik sein möge, unser ganzes Streben muss darauf gerichtet sein, mit England auf dem alten Fusse zu bleiben.

Unser Handel mit England ist um so wichtiger, als er in den einzelnen Transaktionen vielleicht nicht mit so hohem Vortheil verknüpft ist, als der mit Russland, dafür aber einmal einen seit Jahrzehnten gesicherten Absatz darstellt, dann aber sicherlich zur Verbreitung deutscher Waaren im übrigen Auslande, zur Propagirung des deutschen Gewerbefleisses vermöge des ausgebreiteten englischen Zwischenhandels beiträgt.

Ich komme nunmehr zur Besprechung des letzten und meiner Ansicht nach kräftigsten Rivalen, welchen wir für unseren heutigen Welthandel zwar noch nicht, wohl aber für unsere wirthschaftliche Zukunft besitzen dürften: zu den Vereinigten Staaten von Amerika. Ueber dieses Kapitel ist in den letzten Jahren so viel gesprochen und geschrieben worden, dass man Neues kaum noch beibringen kann. Dennoch seien mir einige Bemerkungen gestattet. Die Vereinigten Staaten haben ihrer Kraft und Eigenart nach mit allen bisher besprochenen, d. h. mit allen übrigen Ländern der Welt nur wenig gemein. Auch von den beiden anderen Weltreichen, Russland und England, sind sie wesentlich verschieden. Sie sind heute etwas Aehnliches, wie Russland in 100 Jahren sein wird; ein Wirthschaftsgebiet, das in sich alle Vorbedingungen wirthschaftlichen Schaffens und Wohlstandes schliesst, das entwickelt genug ist, um seine Bevölkerung reich zu ernähren und das bevölkert genug und gebildet genug ist, um die ihm verliehenen Naturkräfte zu wecken und menschlichen Zwecken dienstbar zu machen. England umschliesst in seinem Kolonialreiche auch die Quellen fast aller menschlichen Bedürfnisse. Aber dieses Reich ist nicht in allen Theilen entwickelt, es steht nicht in gewisser ausgeglichener Kultur — die indischen Hungersnöthe wären in den Vereinigten Staaten eine Unmöglichkeit — und es bildet vor allem kein geschlossenes Wirthschaftsgebiet für sich. England ist eben kein Staat von umfassender Omnipotenz, sondern ein hochcivilisirtes Land mit einer Menge halb- oder nichtcivilisirter Kolonien, über die sich wenig mehr als eine nominelle Herrschaft ausüben lässt. Dass es nicht einmal nationalökonomisch ein Ganzes ist, zeigt u. a. die verschiedenartige handelspolitische Gebahrung einzelner Theile. Bei England ist alles im Flusse und in freier Bewegung; eine einheitliche Leitung durch einen bestimmten Willen fehlt; was sich entwickelt, hat Recht, weil es da ist, und wohin man in der Zukunft gelangen will, weiss man nicht, — es sei denn, dass die Imperialisten es wüssten. Bei Russland ist alles theils im Stillstand, theils im Werden begriffen. Die Erzlager, die der Erschliessung dort warten, sind in Amerika schon aufgeschlossen, ohne jedoch irgend erschöpft zu sein; die Baumwollenkulturen, die in Transkaspien angelegt werden und auf unvollkommenen Transportwegen und zu hohen Produktionskosten ihre ersten Anstrengungen auf dem Markte machen, sind in den Vereinigten Staaten in voller Blüthe und in alter Kultur und haben längst ihren gesicherten Platz im Welthandel erobert. Während in Russland nur ein verschwindend kleiner Theil der Bevölkerung an moderner wirthschaftlicher Arbeit Theil nimmt, die grosse Masse noch unthätig schlummert und gelegentlich hungert, ist die gesammte Bevölkerung der Vereinigten Staaten wie ein disziplinirtes Heer, das ausnahmslos und Schulter an Schulter am Ambos, am Webstuhl oder an der Druckerpresse steht und dem die reiche Frucht seiner Thätigkeit alle Zeit Wohlleben gestattet. Während der russische Staat trotz seiner natürlichen Reichthümer arm ist und den Staaten Europas tief verschuldet, verstreut das junge Amerika die Reichthümer seines Staatssäckels mit blinden Augen. Während der Russe träumt und auch in seiner Staatsleitung schwankend und nicht immer energisch erscheint, ist der Amerikaner wach und führt sein Staatsschiff konsequent aufs Ziel los: Macht und Geld. Die russische Zukunft ist dunkel und liegt fern im Nebel, die Zukunft Amerikas liegt allen denen hell und klar vor Augen, die einen Blick für den Ansatz haben, mit dem der Yankee zum Sprunge ausholt.

Und der Ansatz zu diesem Sprunge ist so kräftig, wie er nur von einem so vorzüglichen Sprungbrett aus unternommen werden kann. Die natürlichen Reichthümer des Landes sind bekannt. Selten oder vielleicht nie mehr wird eine solche Bevölkerung mit ihnen zusammentreffen. Das sind keine Ureinwohner des Landes, die von Alters her in lieben und eingenisteten, darum aber fortschrittsfeindlichen Gewohnheiten dahinleben und sich aus dieser heraus allmählich emporheben von Stufe zu Stufe. Das ist eine unruhige Gesellschaft von Einwanderern, die unstät und begehrlich aus der Fremde herbeigekommen sind, die die alte Behaglichkeit ein- für allemal hinter sich gelassen haben in dem Bewusstsein: jetzt heissts kämpfen oder zu Grunde gehen. Eine Schaar mit offenen Augen, voller Eroberungsgelüste, ohne Bedenklichkeiten und Rücksichten. Nicht die Schlechtesten, welche die alte Welt abgeben konnte, im Gegentheil, häufig die muthigsten und agilsten. Wenige darunter, die hoch- oder feingebildet sind, aber alle mit einer gewissen Weltkenntniss; selbst der Ungebildetste mit der Gewandtheit, die der Kampf des Lebens aufzwingt. Und nun die zweite Generation, die das Land von ihren Vätern in Besitz genommen sieht, die aber auch sieht, dass es jetzt erst auszubeuten ist. Höhere geistige Interessen fehlen der Mehrzahl: um so weniger steht ihnen im Wege zur praktischen Arbeit. Da ist keine Gêne einzelner Schichten der Gesellschaft; keine alte ererbte Vornehmheit, die mit Vorurtheilen reich ausgestattet wäre. Dennoch ist der Bildungsdurchschnitt ausreichend, um sich in der civilisirten Welt zurechtzufinden, um mit fremden Nationen zu verkehren, um zu rechnen und vorauszusehen. Etwas roh, in erster Linie aufs Materielle gerichtet

Aber sollte das Materielle an dieser Stelle wirklich dem Gedanken überlegen sein? Sollte die rohe Kraft dauernd über die geistige Verfeinerung Europas den Sieg erfechten? Wozu dann unsere Kultur? Nun, sicherlich würde dieses rüde Andrängen allein auf der materiellen Basis nicht Stand halten können, gewiss würden die feineren, geistigen Kräfte schliesslich obsiegen. Aber derselbe rastlose Fleis, der an der Maschine und mit der Pflugschaar einsetzt, wird auch auf erziehlichem und geistigem Gebiete entwickelt. Schon ist die Frau, die Familienmutter in den besseren Klassen nicht nur dem arbeitenden Gatten, sondern auch vielfach ihrer europäischen Kollegin an Bildung, wenigstens zunächst an Wissensbildung, überlegen. Schulen und Universitäten werden gepflegt und mit fürstlichem Reichthum ausgestattet. Man ehrt ihre Lehrer hoch, zum Zeichen, dass man sich des Werthes der Bildung bewusst weiss und ein Krösus weiss sich kein schöneres Denkmal zu setzen, als dass er Millionen für Bildungszwecke stiftet. Der Unterricht auf den Schulen und Universitäten hat zum Theil andere Methoden und andere Gegenstände als in Europa. Er ist ganz und gar aufs Praktische gewendet: man soll seine Kenntniss fast unmittelbar anwenden können Aber ich halte ihn nicht für schlechter, in mancher Hinsicht sogar für besser, als den unsrigen. Fast Jedermann spricht zwei Sprachen, Deutsch und Englisch, fast Jedermann hat von Jugend auf gelernt, seine Zunge zu gebrauchen und kann öffentlich reden und auftreten; der Stil ist gewiss nicht so fein und elegant als bei uns; aber er ist knapp und klar und hat in seiner Nacktheit etwas Zielbewusstes an sich. Schon sind eine Reihe namhafter Dichter da, Philosophen sogar, auch — siehe den Sozialisten Henry George, — glänzende Theoretiker der Volkswirthschaft. Körperliche Erziehung zur Auslösung und Befreiung der Muskeln und Bewegungen und zur Reinlichkeit behauptet ihren vollen Platz. Eine gewisse naive Frische liegt über dem Ganzen, die besticht, wenn sie auch häufig etwas Rohes an sich hat. Wir werden nur schwer begreifen, wie ernsthafte und gebildete Männer an dem Kampf zweier bezahlter Preisboxer der gemeinsten Sorte ein Interesse nehmen können, das sie fast alles andere vergessen lässt und das es als selbstverständlich erscheinen macht, wenn politische grosse Zeitungen über ein solches Thema leitartikeln und dem erstaunten Volke die Bilder der rüden Gesellen mit zum Boxen entblösstem Oberkörper wiederholt und in allen möglichen Stellungen vor Augen führen. Aber wir werden andererseits zugeben müssen, dass solchen Zeichen der Un- oder Halbkultur andere entgegen stehen, welche Achtung auch der Civilisirtesten erzwingen: die Verehrung, die Unantastbarkeit der Frau, der Schutz ihrer Person, die Höflichkeit selbst des gewöhnlichsten Arbeiters gegen sie auf der Strasse, den Plätzen, in der Pferdebahn, in der Volksversammlung ist so allgemein und so fein ausgebildet, dass wir Europäer uns daran wohl ein Beispiel nehmen könnten.

Die Wirkung, die von einem solchen Volke ausgeht, in welchem ein Jeder bis auf den letzten Mann zielbewusst an der wirthschaftlichen Evolution mitarbeitet, muss eine ungemein starke sein. Kaum, dass das gewaltige Land bis zum pacifischen Ocean erobert und in Kultur genommen ist, geht seine Wirkung schon hinaus bis über die Meere. Europa wird in seinen alten Industrieprodukten bedrängt von der jungen Konkurrenz, so zwar, dass man ganz ernsthaft von einem Zollbündniss gegen Amerika redet. Einzelne Industriezweige, und durchaus nicht etwa zurückgebliebene, haben schwer zu leiden. Dabei wächst die Einfuhr von drüben von Jahr zu Jahr und die Aufnahmewilligkeit Amerikas wird immer geringer. Es nimmt die Meistbegünstigung als etwas Selbstverständliches für sich in Anspruch, giebt sie aber uns in beschränkter und von ihm eigenmächtig interpretirter Form zurück. Es überzieht die europäischen Länder mit einem Netz von Konsulatsbezirken und macht diese seine Beamten gleichzeitig zu unangenehmen Kontroleuren der Ausfuhr und zu wachsamen Boten, die jeden Vortheil, der sich irgendwo absehen lässt, getreulich nach Hause wenden. Das ganze Auftreten erscheint allzu selbstbewusst, stellenweise sogar ungezogen.

Das ist aber nichts anderes, als was von einer derartig angelegten und so beschaffenen Nation erwartet werden muss. Es fragt sich nur, ob man es in vornehmer Reserve hinnimmt oder ob man mit gleicher Münze zurückzahlt. Diese Frage aber ist zu lösen vernunftgemäss nach der Rücksicht des Vortheils. Denn das Weltgeschäft als solches soll andere Rücksichten nicht kennen. Wir wollen weiter unten versuchen, ob wir herausfinden können, wo bei dieser Lage der Vortheil zu finden ist. Hier ist's mir lediglich darum zu thun, zu zeigen, welch eine Kraft von drüben entfaltet wird und noch entfaltet werden kann. Amerika besitzt jeden Rohstoff; die Amerikaner besitzen jedes Maass von Energie, Intelligenz und Zielbewusstsein, um aus diesem Rohstoff zu formen, was ihnen das Vorbild der andern Völker zeigt oder das eigene Bedürfniss aufgiebt. Die Erfahrung lehrt, dass sie es in Allem zu einer gewissen Meisterschaft bringen können, in der sie das ernstlich versuchen; ausgenommen vielleicht nur in den Leistungen des feinen Geschmacks und des tieferen aesthetischen Verständnisses. Sie haben gesehen, dass mit Industrieprodukten ein besseres Geschäft zu machen ist, als mit Gütern der Urproduktion. Nachdem sie den Absatz der letzteren meisterhaft organisirt und ihm dadurch eine gewisse Ueberlegenheit über die Konkurrenz verliehen haben, gingen sie unverzüglich daran, Industrieprodukte folgen zu lassen. Freilich zunächst nicht die feinsten. Aber sie liefern die groben, die Stapelartikel, so exakt gearbeitet und in ihrer Massenherstellung zu so civilen Preisen, dass sie den Markt in diesen Sachen sicherlich und in nicht zu ferner Zeit erobern werden. Und gegen solchen Einbruch werden hernach Zölle ebensowenig helfen, wie die Getreidezölle geholfen haben. Es bleiben uns da nur geringe Chancen; die eine davon ist, dass für jetzt und die nächste Zukunft nicht Amerika sondern wir und England die Rhederei in der Hand haben und dass wir deshalb bei ihren Einfuhren immer etwas mitwirken. Aber der Wettkampf wird aufgenommen werden müssen und er wird je länger, desto schwerer werden. Wir haben im Vorjahre für 907,2 Millionen Mk. von Amerika eingeführt, d. i. 15,7 pCt. unserer Einfuhr, während wir nur für 377,6 Millionen dorthin ausführen konnten, d. i. nur 8,69 pCt. unserer Ausfuhr. Und es ist meiner Ansicht nach nicht zu erwarten, dass sich dieses Verhältniss wesentlich verschieben wird.

In diesen Zahlen liegt noch keine Gefahr für uns; wir führen von drüben meist unentbehrliche Rohstoffe ein und ihre wachsende Menge ist ein Beweis dafür, dass unsere

Industrie und Verarbeitung kräftig anwächst. Die Gefahr liegt vielmehr darin, dass Amerika uns mit seinen Massenartikeln von den fremden Mächten verdrängen wird. Noch erzeugen wir vielfach die gleichen Güter; es steht zu fürchten, dass wir im Preise geworfen werden. Diese Gefahr droht uns lediglich von den Vereinigten Staaten von Amerika. England kann nicht anders produziren als wir, Russland wird noch Jahrzehnte hindurch ungleich theurer fabriziren als wir; aber Amerika kann uns an Qualität gleichkommen und uns im Preise übertreffen. Wohl senden wir ihm trotz seiner feindseligen Zollgebahrung einen erheblichen Posten hochwerthiger Industrieprodukte; diese Einfuhr wird uns unter entsprechender Veränderung in den Waaren für lange gesichert bleiben. Nicht sicher aber sind wir davor, dass wir von ihnen auf dem Weltmarkt geschlagen werden. Kurzum, die Vereinigten Staaten sind diejenigen handelspolitischen Gegner, die wir ernsthaft fürchten müssen.

An Russland werden wir noch viel verdienen; mit England verbindet uns zunächst eine innige Interessengemeinschaft; die Vereinigten Staaten sind wirthschaftlich unser Feind. Was müssen wir thun, um uns Russland tributär zu machen, mit England auszukommen und gegen Amerika siegreich zu kämpfen?

III.

Russland als unser künftiges Absatzgebiet. — Die Vereinigten Staaten als unser gefährlichster Gegner. — Liebeswerben der österreichischen Agrarier. — Begünstigung der russischen Einfuhr. — Differenzirung der amerikanischen Cerealien. — Entwicklung der Industrie zur Spezialisirung. — Aufgaben des neuen Tarifsystems.

Wenn ich die Ergebnisse aus den vorstehenden Ausführungen zusammenfasse, so finde ich Folgendes.

Der im Inneren unserer Wirthschaftspolitik zwischen Agrarpartei und Industriepartei erstandene Widerstreit hat unserer Entwicklung bisher nicht geschadet, sondern genützt. Es sind durch ihn eine Reihe von Kräften ausgelöst worden, die geschlummert hatten und im Allgemeinen ist eine Stärkung der beiderseitigen Positionen eingetreten. Dass die Agitation des Bundes der Landwirthe ihrem Bezirke Nutzen gebracht hat, ist zweifellos; Nutzen nicht sowohl durch Erreichung wirthschaftlicher Ziele, als vielmehr durch Ermunterung der Standesgenossen zum Nachdenken und zur Verbesserung der eigenen Betriebsarten. Der Industrie aber brachte sie grosse Vortheile dadurch, dass sie auch hier das Bewusstsein der Zusammengehörigkeit in weitere Kreise getragen hat, dass sie durch ihre exorbitanten Ansprüche auf die Gefahren aufmerksam gemacht hat, welche wir durch eine falsche Wirthschaftspolitik laufen würden und dass sie vor Allem grosse Kreise des Volkes, weit über die produzirenden Stände hinaus, darauf hingeführt hat, dass die Politik unseres Kaisers die richtige sei, dass wir fernerhin nicht Abschlusspolitik, sondern Weltpolitik treiben müssen. Damit ist die Umwandlung aus einer träumenden zu einer werkthätigen Nation unvermerkt gefördert worden und heute ist unser innerer Gehalt ein derartiger, dass wir uns mit unserem Material sehr wohl in die Weltarena wagen können.

Sind wir uns dessen bewusst, so erwächst uns die Verpflichtung zu prüfen, welche Gegner uns draussen treffen können. Diese Prüfung ergiebt, dass über die Hälfte des Aussenhandels uns mit Konkurrenten zusammenführt, welche wirthschaftlich schwächer sind, wie wir und von deren Zukunft sich nichts für uns Bedenkliches erwarten lässt. Sodann finden wir, dass in unserer nächsten Nähe noch reiche Ausbeutungsobjekte (Russland) liegen, deren richtige Erschliessung Sache unserer Handelspolitik sein muss. Ferner, dass wir mit dem fortgeschrittensten Konkurrenten (England) so innige Beziehungen unterhalten, dass von einer gegenseitigen Bekämpfung keinesfalls, höchstens von einer Ergänzung die Rede sein kann und dass dieses Verhältniss sorgfältig zu hüten sei. Endlich, dass die jüngste Weltmacht (die Vereinigten Staaten) zwar eine hervorragende Lieferantin unserer Rohprodukte und Halbfabrikate abgiebt, aber die kräftigste, rücksichtsloseste und gefährlichste Konkurrentin für uns zu werden droht, nicht zwar auf unserem heimischen Markte, wohl aber auf den Märkten des Auslandes, insbesondere auf den Märkten der Halb-Civilisation, welche den Absatz der Massenprodukte aufnehmen sollen. Dabei muss uns gleich als die weitaus grösste Schwäche unserer Position der Umstand in die Augen fallen, dass eine Vereinigung der Vereinigten Staaten mit Russland, hervorgerufen durch falsche handelspolitische Gebahrung unsrerseits, unserem weiteren Fortschreiten leicht einen tödtlichen Stoss versetzen könnte. Denn gesetzt den Fall, wir verprellten uns Russland durch ungeschickte Differenzirung seiner Produkte, so wird das findige Amerika sehr bald mit seinen stets neu assortirten Industrieprodukten seinen Weg dorthin finden, jetzt gerade, nachdem Russland das naheliegende östliche Meer mit einer Eisenbahnlinie erreicht hat, der bald andere folgen werden. Wenn auch Amerika sich gewöhnt hat, als Ausfallsthor für den Handel mit Europa New York und die Städte des Westens zu betrachten, so dürfte eine Umkehrung dieses Verhältnisses um so leichter von Statten gehen, als die Pacificbahnen prächtig funktioniren, und um so eher hervorgerufen werden können, als der asiatische Osten sich soeben in einer Gährung befindet, bei deren Abklärung wir die russische Position am Grossen Ozean sicher nicht geschwächt vorfinden werden. Und träte dieser Fall in den nächsten Jahrzehnten ein, so dass nicht wir, sondern Amerika den russischen Koloss entwickeln hilft, dann hätten wir unseren guten Abnehmer verloren, um unserem gefährlichsten Gegner neue Machtmittel zuzuführen. Das sollte jeder bedenken, der auf die Gestaltung der deutschen Handelspolitik Einfluss zu üben berufen ist.

Von diesem Gesichtspunkte aus komme ich zu der Forderung der Nothwendigkeit des Abschlusses eines möglichst vortheilhaften Handelsvertrages mit Russland: wir können uns angesichts der veränderten Weltlage den Luxus eines Zollkrieges mit diesem Lande nicht noch einmal leisten.

Russland wird zu seiner Entwicklung und Aufschliessung Europa und seinen Markt niemals entbehren können. Der panslavistische Traum von der völligen Abschliessung des Landes, das alles enthalte, was die Bevölkerung brauchen könne, dürfte schon an dem Umstande scheitern, dass Russland Europa in steigendem Maasse verschuldet ist. Es muss diese Verschuldung mindern, wenn es seine Finanzen für die weitaussehenden Pläne asiatischer Grosspolitik frei bekommen will. Die Lösung von der Schuldabhängigkeit ist aber nur möglich durch reicheren Verdienst, und solcher wiederum kann nur gefunden werden durch Vermehrung der Ausfuhr. Man hat das lange eingesehen und für die Ausfuhr nach Asien hohe Prämien bewilligt. Aber trotz dieser Krücken kommt das Geschäft nach jener Richtung nicht voran, und die Ausfuhr von Produkten der Baumwollindustrie nach dem Osten ist bisher über die geringe Summe von 10 Mill. Rubel nicht hinausgekommen.

Was bedarf Russland? Es bedarf vor allem einer Verbesserung seines Verkehrsnetzes, einer Erschliessung und besseren Verwerthung seiner Naturschätze und für all das eine Erhöhung des allgemeinen Kultur- und Bildungsstandes. Als Verkehrsmittel kommen in erster Linie die Eisenbahnen in Betracht. Die moderne Industrie am Donez beschäftigt sich vorzugsweise mit der Herstellung zugehöriger Materialien. Aber sie kann weder genügende Mengen, noch rasch genug liefern. Auch kann sie in den Preisen nicht überall mitkommen. Schon hat man für die sibirische Bahn nach dem pacifischen Amerika hinüber gegriffen und dortselbst Abschlüsse gemacht. Die Brücke ist geschlagen; ein Theil der russischen Lokomotiven kommt gleichfalls von dort und auf der Werft im Delavare ragten mir letzthin die Kolosse von vier im Bau begriffenen russischen Kriegsschiffen entgegen.

Die Goldproduktion, die Eisenproduktion ist bisher nicht preiswerth; die Arbeit überhaupt vertheuert in Russland allzusehr die Ausbeutung der Bodenschätze. Zwar sind die Löhne jämmerlich niedrig, aber die Arbeit selbst ist so geringwerthig, dass der besser bezahlte deutsche und englische Arbeiter weit billiger wird. Hier müssen moderne Maschinen zur Stelle, hier müssen neue Verfahren und die dazu gehörigen Hilfsmittel eingeführt werden.

Die russische Textilindustrie ist sehr bedeutend; aber sie beschränkt sich im allgemeinen auf die grossen Massenartikel, und für die feinere Qualitätswaare bleibt ein Markt offen; er wird auch dann noch vorhanden sein, wenn sich die russische Arbeitsleistung vervollkommnet haben wird und eine reicher gewordene Bevölkerung Luxusbedürfnisse aufzuweisen hat. Wohl strengt sich die Regierung an, in Transkaspien die Baumwollkulturen in die Höhe zu bringen, und schon hat die russische Baumwolle erster Qualität einen Preisstand erreicht, der den der amerikanischen häufig übertrifft, aber selbst die russische Baumwoll-Industrie heutigen Umfanges kann sich nicht auf die Lieferungen aus dem eigenen Lande beschränken, sondern muss von draussen beziehen. Im gegenwärtigen Status scheint es deshalb für Russland nicht unbedingt richtig, seine Baumwollindustrie durch hohe Schutzzölle einzuschliessen und hochwerthige Produkte der Branche des Auslandes fernzuhalten. Möge sie zunächst Eisenbahnen bauen und zwar aus eigenem und fremdem Material, wie und wo sie es nur billig bekommen kann; auch ein Sekundär- und Kleinoder Industriebahnnetz gehört hierher. Möge sie dann ihre Goldproduktion verbilligen; im gegenwärtigen Augenblick ist es nicht einmal richtig, die Einfuhr von Silber und Silberwaaren mit erhöhten Zöllen zu belegen. Möge sie ihren Holzreichthum erschliessen und alle Halbfabrikate und Nebenindustrien etabliren, welche sich an die Reichthümer des Waldes anschliessen: Schneidemühlen, Terpentinfabriken, Holzstofffabriken u. dgl. m.: auch hierzu wird sie der Einfuhr moderner Maschinen nicht entbehren können. Die russische Maschinenindustrie ist nicht in der Lage, hier im nöthigen Umfange auszuhelfen.

In richtiger Erkenntniss ihrer Wichtigkeit hat Russland bis zum 1. September 1903, d. h. bis etwa neue Vertragsverhandlungen heranrücken, Zollfreiheit eingeführt für landwirthschaftliche Maschinen, Apparate und Hilfsmittel aller Art, so für künstliche Dungmittel; für das gleiche Zugeständniss in der Zukunft wird man Kompensationen fordern. Aber damit wäre das Interesse der Cerealienausfuhr durchaus nicht im ganzen Umfange gewahrt. Die Schaffung von Verkehrswegen ist und bleibt viel wichtiger; denn ihr Fehlen beschränkt die Exportfähigkeit der Getreidegebiete auf diejenigen Stellen, an denen eine Verkehrsstrasse noch zu erreichen ist. Tritt hier eine entsprechende Aenderung der Zollpolitik ein, so dürfte es auch möglich sein, als weiteren Schritt einer vernunftgemässen Entwicklung an die Getreideerzeugung eine zukunftsreiche Mühlenindustrie anzuschliessen. Wenn für Russland noch zur Mitte der 90er Jahre und darüber hinaus kaum 1—2 pCt. seiner gesammten Ausfuhr aus Fabrikaten bestand, während ca. 60 pCt. auf Cerealien und der Rest auf Rohstoffe und Halbfabrikate entfielen, so wird jeder Unbefangene zugestehen müssen, dass hier noch nicht eine industrielle Entwicklung vorliegt, die, wie die unsrige 1879, etwa eines energischen Schutzes bedürfte. Soweit kommt Russland vielleicht nach 50 Jahren, nachdem die befruchtende Einfuhr westeuropäischer kulturfördernder Erzeugnisse ihre guten Resultate gezeitigt haben wird. Es liegt also im Interesse des russischen Reiches, unserer Industrie für ihre feineren Waaren, besonders aber für alle diejenigen Artikel, die geeignet sind, drüben zu entwickeln, was todt daliegt, freie Bahn zu schaffen.

Wir werden dafür die russischen Rohstoffe beziehen und auch unsererseits ein gutes Geschäft machen. Man hat wiederholt darauf hingewiesen, dass wir die amerikanische Einfuhr gar nicht entbehren könnten, weil wir die Baumwolle für unsere Textilindustrie, das Petroleum für unsere Erleuchtung, das Kupfer für die chemische, die elektrische und andere Branchen haben müssten. Wenn man aber auf der anderen Seite von der Ueberschwemmung mit amerikanischen Fabrikaten fürchtet: so stärke man doch unsere und die gesammte europäische Position durch Eingehung eines innigen Verhältnisses mit Russland; bietet doch einmal das kolossale russische Gebiet mit den neuerschlossenen asiatischen Länderstrecken einen Ersatz für den zurückgedrängten Absatz in Amerika und vielleicht für andere Märkte, die an die Vereinigten Staaten verloren gehen werden. Dann aber ist Russland zum Theil schon heute im Besitz der unentbehrlichen Rohstoffe, um derentwillen wir uns von Amerika schlecht behandeln lassen müssen. Das russische Petroleum reicht seiner Quantität nach für jetzt und geraume Zeit aus. Es ist in der Qualität dem amerikanischen unterlegen; aber das soll zum guten Theil auf seine mangelhafte Behandlung zurückzuführen sein. Bei Etablirung eines guten Verhältnisses, insbesondere der Möglichkeit, Apparate, Methoden und Chemiker mit Vortheil in Russland in Funktion zu setzen, wird auch hier eine Besserung eintreten. Man wird bei der russischen Petroleumlampe jedenfalls immer noch besseres bezw. billigeres Licht erhalten, als bei der erträumten agrarischen Spirituslampe oder Spiritusglühlampe. Die weiten

Gegenden Transkaspiens aber sind wohl im Stande, bei Zuströmen von Kapital aus dem Auslande, bei Bau entsprechender Verkehrswege lohnenden Anbau der Baumwolle in einem Umfange ins Leben zu rufen, der eine künftige Abgabe dieses Rohstoffes an das westliche Ausland in den Bereich der Möglichkeit rückt. Kommt doch schon asiatische Baumwolle bis nach Polen und nicht weniger als ein Drittel der russischen Textilprodukte werden aus heimischem Rohstoff gefertigt. Dabei reicht die Einführung eines rationellen Anbaues besserer Qualitäten kaum über den Anfang der 80 er Jahre zurück.

Es ist klar, dass man nicht durch eine oder mehrere handelspolitische Maassregeln einfach Russland als Rohstofflieferant an die Stelle der Vereinigten Staaten setzen kann. Ob es beispielsweise Kupfererze in genügender Menge besitzt, die den amerikanischen werden Widerpart halten können, ist fraglich. Aber man sollte angesichts der unbequemen handelspolitischen Situation, in die uns die Vereinigten Staaten hineingedrängt haben, wenigstens doch dahin streben, die Entbehrlichkeit ihrer Provenienzen anzubahnen. Man glaube nicht, dass man sich jenseits des Oceans der Erkenntniss, dass ein Einlenken nöthig sei, verschliessen wird, wenn man erkennt, dass wir unsere handelspolitischen Karten gewandt gemischt haben. Freilich mit handelspolitischer Kriegserklärung allein dürfte da nichts zu machen sein.

Natürlich müssten wir bei einem Vertrage mit Russland diesem auch seine Cerealien abnehmen und zwar ohne eine Zurückdämmung durch Zölle. Das aber, was an dieser Stelle von uns zu leisten wäre, wäre eine Differenzirung der amerikanischen Einfuhr zu Gunsten der russischen. Damit mich meine agrarischen Freunde nicht missverstehen: eine Erhöhung des Weltmarktpreises kann ich mir von einer solchen Maassregel nicht versprechen. Es bleibt mir sogar fraglich, ob es der amerikanischen Konkurrenz nicht alsbald gelingen würde, ihre Waare um die Zolldifferenz zu verbilligen. Aber zunächst hätte jedenfalls Russland den Vortheil und wäre unter solchen Umständen wohl geneigt, uns Vortheile für unsere Einfuhr nach Russland zu gewähren. Man wolle immer festhalten, dass für uns die heimische Frucht nicht zureicht, wir also von irgendwo Getreidezufuhren erhalten müssen. Wir bringen mithin durch eine Erleichterung der russischen Einfuhr, bzw. durch das Unterlassen ihrer Erschwerung gegenüber anderen Ländern keinerlei Opfer. Wollten wir aber die Getreideeinfuhr durch eine allgemeine Zollerhöhung von allen Seiten erschweren, würden wir mit Oesterreich in Differenzen gerathen und unserer Brauindustrie, vielleicht auch unserer Landwirthschaft schaden um der Gerste willen, würden wir mit Russland zu keinem Vertragen kommen, das uns Rückendeckung gegen den amerikanischen Angriff gewährte, und würden wir den schlimmsten Gegner, die Vereinigten Staaten, reizen, unsere Einfuhr dorthin schädigen und somit einer recht bedenklichen Zukunft entgegengehen. Diese Situation sollten sich die agrarischen Heisssporne doch recht klar vor Augen führen .Wirken die Getreidezölle, wie sie glauben, auf die Preise, so dürfte doch schon eine Differenzirung der amerikanischen Einfuhr einer Preisdämmung der eingeführten Massen nahe kommen.

Während ich diese Zeilen niederschreibe, kommt mir ein etwas auffälliger Vorschlag zu Gesicht. Der ungarische Landesagrikulturverein hat einen mit Mindest- und Höchstsätzen ausgestatteten Tarif für landwirthschaftliche Produkte aufgestellt, dem unsere Kollegin, die österreichische land- und forstwirthschaftliche Centralstelle für Vorbereitung von Handelsverträgen zugestimmt hat. Ich setze einige dieser Sätze hierher, indem ich erst den geltenden Zollsatz (Mk. für 100 kg), dann den Minimal-, dann den Maximalsatz folgen lasse:

Gerste:	1,—	3,—	5,—.
Roggen:	3,—	5,—	7,—.
Mehl:	2,—	6,—	9,—.
Eier:	3,—	10,—	15,—.
Wolle:	frei, —	30,—	45,—.
Weizen:	3,—	9,—	11,—.
Malz:	3,—	8,—	12,—.
Hopfen:	14,—	60,—	90,—.
Bier i/F.:	6,—	10,—	15,—

Aus dieser Vorschlagsliste erhellt, dass Oesterreichs Landwirthschaft in der That mit mir der Ansicht ist, dass Oesterreich dazu übergehe, ein Getreide importirendes Land zu werden. Wozu sonst diese exorbitant hohen Zollsätze? Allein das Merkwürdige ist, dass die österreichischen Landwirthe gleichzeitig der Hoffnung Ausdruck geben, mit Deutschland zu einer zollpolitischen Verständigung zu kommen. Oesterreich erzeuge so wenig Getreide, dass es seinen Ueberfluss gerade werde an Deutschland abgeben können, ohne dadurch bei uns die Preise zu drücken. Da wir Getreide nicht in nennenswerthen Mengen nach Oesterreich exportiren, kann uns solch ein Tarif ja allerdings zunächst gleichgültig lassen. Aber wie denken sich die Herren die „Verständigung"? Nun einfach so, dass wir ihre Zollerhöhungen gut heissen, obgleich oder weil sie uns nicht direkt berühren, dafür aber unsererseits unsere Zölle so weit erniedrigt werden, dass Oesterreich bei uns bequem einführen kann. Müssen wir uns angesichts dieses grossmüthigen Anerbietens nicht fragen, ob es nicht vortheilhafter sei, das russische Getreide aufzunehmen und uns dafür ein wichtiges jungfräuliches Absatzgebiet für unsere Industrie zu öffnen? Was für Vortheile kann uns denn Oesterreich bieten?: nur sehr geringe; aber es bedarf unserer Industrie, unserer Halbfabrikate. Dagegen bedarf es keiner Getreideausfuhr zu uns; das habe ich oben schon klar gelegt. Was wir ihm konzediren müssen, ist lediglich der bisherige Zoll auf Braugerste, Braumalz und Hopfen; das liegt aber ebenso in unserm eigenen Interesse. Die österreichische Regierung wird uns für weitergehende Ermässigungen der Getreidezölle keine Ermässigungen an anderen Stellen des Tarifes gewähren.

Meine handelspolitischen Freunde werden vielleicht erstaunt darüber sein, dass ich von einer Differenzirung der Vereinigten Staaten rede. Ich muss deshalb auf diesen Punkt einen Augenblick näher eingehen.

Die Vereinigten Staaten haben im Vertrauen auf ihre wirthschaftliche Kraft seit ihrem Eintritt in das Konzert des Weltmarktes eine völlig selbständige, sog. autonome Handelspolitik verfolgt. Sie haben ihre Grenzen bald mit mässigeren, bald mit sehr hohen Schutzzöllen umgeben, sie haben ein Zollsystem gewählt, welches ihren Zwecken entsprach und sie haben handelspolitisch bald diesen, bald jenen Artikel ausgeschlossen, wenn es ihre Interessenten gefordert haben. Sie haben Europa mit einem Netz von Konsulaten beschickt und haben es verstanden, die Kosten für diese Vertretung ihrer Interessen ihren Konkurrenten aufzubürden. Sie haben den Abschluss von Verträgen häufig genug abgelehnt und haben auf Maassregeln, von denen sie eine Benachtheiligung befürchteten, mit anderen geantwortet, die diese Nachtheile ausgleichen sollten, unbekümmert um diplomatische Vorstellungen und papierne Proteste. Alles dies ist wenig mehr als ihr gutes Recht. Wenn ihr Konsulatssystem den Mächten unbequem war, — man hat nichts gethan, um es zu entfernen. Wenn ihre Surtaxes auf Artikel aus Prämienländern verstimmt haben, — man hat nichts gethan, um die Wiederaufhebung zu erzwingen. Unter der Herrschaft dieses Systems, das für ein Land von beginnender Entwicklung gegenüber seinen vorgeschrittenen Konkurrenten offenbar das richtige war, sind die Vereinigten Staaten binnen kurzer Zeit zu einer Handelsmacht ersten Ranges geworden. Und sie werden noch weiter wachsen.

Die Vereinigten Staaten haben aber neben diesen an sich berechtigten Maassregeln noch ein Anderes gethan. Sie haben für sich auf Grund des preussischen Vertrages von 1828 das Recht der Meistbegünstigung in Anspruch genommen und auch genossen; allein sie haben die vertragsmässige Erfüllung analoger Verpflichtungen in vielen Fällen und ohne Angabe von Gründen abgelehnt. Sie haben zu ihren Zollgesetzen eine Reihe von Verordnungen erlassen; allein sie haben für die loyale Durchführung dieser Verordnungen nicht einstehen wollen. Die Willkür der Appraiser ist weltbekannt. Die Schiedsgerichte, welche diese Willkür zu rektifiziren bestimmt waren, standen vielfach unter der Einwirkung von interessirten Personen und haben nicht ausreichende Rechtsgarantieen gegeben. Die Konsuln haben im

Auslande und speziell hier in Deutschland willkürliche Beschwernisse für den Handel Platz greifen lassen und haben im Eigeninteresse sehr häufig höhere Gebühren erhoben, als sie ihrer Instruktion nach zu erheben berechtigt waren. Sie haben die ihnen zugestandene Latitude nicht im freundlichen und entgegenkommenden Sinne, sondern häufig zu Chikanen ausgenutzt. Allgemeine Rekriminationen der Regierung gegen dieses Verhalten sind mit Redensarten beantwortet worden, ohne dass durchgreifende Abhilfe eintrat. Die willkürliche und unberechtigte Interpretation des Marktwerthes, welche ganz unvermittelt eines Tages hervorgeholt wurde, war geeignet, ganz unberechtigte Verschiebungen des Geschäftes und des handelspolitischen Verhältnisses der einzelnen Staaten auf dem Markte herbeizuführen.

Noch auf dem Kongresse in Philadelphia ist die Berechtigung der bezüglichen deutschen Beschwerden von Mitgliedern des amerikanischen Konsularkorps und hervorragenden Politikern und Industriellen anerkannt und protokollarisch festgelegt worden: die Regierung zeigt scheinbar den besten Willen, aber sie hat offenbar nicht die nöthige Gewalt über das politische Getriebe und die Interessenwirthschaft, welche glaubt, internationale Rücksichtslosigkeiten ungestraft üben zu können.

Man hat die handelspolitische Brutalität der Amerikaner in vielen europäischen Staaten härter empfunden, als die von dort hereindringende Konkurrenz. Man hat deshalb einen europäischen Zollbund vorgeschlagen, an dessen Durchführbarkeit aber vor der Hand nicht zu denken ist Wenn aber ein Land wie Deutschland daran geht, seine handelspolitischen und tarifarischen Beziehungen neu zu ordnen, so kann es nicht umhin, nach dieser Seite Remedur anzustreben. Der Zustand und die Auffassung des Rechtes der Meistbegünstigung, wie sie heut zwischen hüben und drüben besteht, ist unserer nicht würdig. Wir gerade sind dasjenige Land, nach welchem Amerika seinen besten Absatz gefunden hat; gerade wir sind diejenigen, welche durch ihre ausgedehnte Rhederei den amerikanischen Handel propagiren helfen. Wir müssen bei einer Fortentwicklung der Dinge im bisherigen Fahrwasser den Kürzeren ziehen.

Aus diesem Grunde ist eine Neuordnung nothwendig: in Vertragsverhandlungen auf vernünftiger Basis einzugehen, hat man in Washington bisher abgelehnt, während man sich genöthigt sah, mit Italien und Frankreich besondere Abkommen zu treffen. Man wird drüben verstehen, wenn unser Langmuth erschöpft ist. Unsere Agrarier haben die Reaktion gegen den amerikanischen Uebermuth mit einem Verbot der Fleischeinfuhr aufnehmen wollen. Diese Aktion war verfehlt, unzweckmässig und ungerecht. Die Untersuchung des Fleisches in den Vereinigten Staaten ist so gut, wie sie nach Lage der Sache nur sein kann: es hätte zudem nichts im Wege gestanden, sie hier zu wiederholen. Ein Einfuhrverbot aber war nicht berechtigt: es war pharisäisch und unehrlich, zu behaupten, dass sanitäre Gründe hier maassgebend wären. Hätte man wenigstens den Muth der Wahrheit besessen. Mir sind in Versammlungen Leute mit Schilderungen der unerhörtesten Zustände in den Chikagoer Schlächtereien entgegengetreten und wenn ich sie öffentlich stellte und fragte: wann haben Sie drüben gesehen, was sie da schildern, so kam entweder heraus, dass sie nur vom Hörensagen sprachen, — oder aber, dass sie vor 1890, d. h vor Einrichtung der sanitären und staatlichen Fleischinspektion drüben waren. Die Einfuhrverbote waren aber auch unzweckmässig, weil durch sie den ärmeren Volksklassen ein schon in die tägliche Gewohnheit übergegangenes wichtiges Nahrungsmittel vertheuert werden sollte. Ich habe hier nicht den Raum, um die ganze agrarische Aktion gegen die Einfuhr fremden Viehes und Fleisches zu würdigen, die sich seit Jahren meist in der Stille und mit Hilfe mannigfacher Verordnungen vollzogen hat, — jedenfalls aber war die Fleischfrage nicht geeignet, uns gegen die Vereinigten Staaten vor der civilisirten Welt ins Recht zu setzen.

Haben wir uns Rückendeckung in Europa verschafft, so wird sicherlich zunächst die Meistbegünstigung für Amerika ausgeschaltet werden müssen und vielleicht dürfte eine Reihe weiterer Maassregeln folgen, die sich aus der ersten ergeben werden. Ich wiederhole ausdrücklich, dass es frivol und unerhört wäre, wollten wir eine solche Aktion ohne die oben besprochene Rückendeckung vornehmen. Aber an einen Zollkrieg mit Amerika glaube ich deshalb doch nicht. Warum nicht? Nun, weil unsere Einfuhr drüben zolltechnisch schon so ungünstig behandelt wird, wie nur möglich, weil die Auslegung des Marktwerthes für eine Reihe von Waaren schon an sich einen differentiellen Zollzuschlag zu unseren Ungunsten bedeutet, vor allem aber, weil die herrlich entwickelte Ausfuhr nach Deutschland und ihr Vortheil zu leicht in die Augen springt und der Amerikaner ein viel zu guter Geschäftsmann ist, um dies etwa zu übersehen. Es wird uns seine Baumwolle, sein Kupfer und sein Petroleum mit Vergnügen weiter verkaufen und wir haben es gegebenenfalls in der Hand, uns durch Vergeltungsmaassregeln für eine etwa eintretende ganz ungerechtfertigte Differenzirung unserer Einfuhr schadlos zu halten. Ja, wenn es uns entsprechende Konzessionen macht, dann können wir wohl mit ihm wieder milder verfahren. Heute aber glaubt es uns behandeln zu können, wie es ihm beliebt. Es wird für seine Rohprodukte einen so zahlungsfähigen und guten Abnehmer wie Deutschland nicht so leicht wieder finden. In Südamerika ist es nicht beliebt, findet auch kein Geschäft wie mit Deutschland und vor allem: es hat nicht die ausgedehnte Handelsflotte, die ihm ermöglicht, ohne Hilfe der deutschen Rhederei seine Güter in alle Welt zu verfrachten. Warten wir noch eine Reihe von Jahren, so werden die Chancen schlechter für uns stehen; denn wer die rege Thätigkeit auf den nun schon zahlreichen amerikanischen Werften beobachtet hat, wird nicht im Zweifel darüber bleiben können, dass die fehlende Handelsflotte in nicht zu ferner Zeit und in grosser Ausdehnung erstehen wird.

Es wird aber der Erfolg unseres Vorgehens der sein, dass die Vereinigten Staaten sich alsbald herbeilassen werden, einen Tarifvertrag mit uns abzuschliessen, der den Interessen unserer Industrie besser entsprechen wird, als der gegenwärtige

Zustand. Ich verweise in dieser Beziehung wiederholt auf die Verhandlungen der Nordamerikaner mit Frankreich und Italien.

Wir erhielten an Cerealien im Jahre 1899 Mill. Mk. aus den

	Weizen.	Roggen.	Mais.	Hafer.	Gerste.		
Ver. Staaten:	93,8	8,5	103,5	10,7	5,7	d. i.	222,2
Russland:	43,7	52,7	10,6	14,0	57,1	d. i.	178,1
Oesterr.-Ung.:	—	—	0,8	—	53,0	d. i.	53,8
Argentinien:	32,5	—	10,4	—	—	d. i.	42,9
Rumänien:	5,4	1,8	7,9	1,7	4,3	d. i.	21,1

Ich kann bei dieser Gelegenheit nicht unterlassen, auf eine eigenthümliche Erscheinung hinzuweisen. Als im Vorjahre die ersten Nachrichten über die Fleischvorlage an die Oeffentlichkeit kamen, verbreitete sich in der amerikanischen und in einem Theile der deutschen Presse das Gerücht bez. die Nachricht, dass die deutsche Einfuhr nach den Vereinigten Staaten kolossal gestiegen sei und das Endresultat des Jahres voraussichtlich mit einer bedeutenden Verbesserung der Ein- und Ausfuhrbilanz abschliessen würde. In der That ist die Einfuhr nach den Vereinigten Staaten im Jahre 1899 gegen 1898 von 334,6 Mill. auf 377,6 Mill. gestiegen: aber sie blieb hinter der von 1897 und 1896 mit 397,5 und 383,7 Mill. zurück. Dagegen stieg bekanntlich die Einfuhr der Vereinigten Staaten nach Deutschland in den Jahren 1896, 1897, 1898, 1899 von 584,4 auf 658,0, 877,2, 907,2 Mill.! d. h. von 1896 bis 1899 um nicht weniger als 322,8 Mill., während die deutsche Ausfuhr dorthin um 6,1 Mill. zurückging. Heute nun, nachdem das Fleischbeschaugesetz in etwas gemilderter Form angenommen ist und es sich um den Erlass der Ausführungsbestimmungen handelt, besagen wiederum eine Reihe von Berichten und Artikeln, dass die deutsche Einfuhr nach drüben in auffälligem Steigen begriffen sei und die Mengen des Vorjahres weit übertreffe. Ich fürchte, dass das Ergebniss diesen Ausstreuungen nicht recht geben wird.

Es kann nicht verkannt werden, dass unsere Handelsbilanz mit den Vereinigten Staaten thatsächlich nicht so ungünstig liegt, wie die eben angeführten Zahlen es angeben. Die Transporte allein, welche zúm guten Theil zu Gunsten der deutschen Spedition fallen, bringen schon eine Verschiebung zum Besseren hervor. Zudem ist, wie gesagt, die Einfuhr Amerikas in der Hauptmasse aus Cerealien, Rohstoffen und Halbfabrikaten zusammengesetzt, während wir grosse Posten von Fabrikaten hinüberschaffen. Trotzdessen geben die gefundenen Werthziffern an, dass wir allmählich in eine gewisse Abhängigkeit vom amerikanischen Markte gerathen dürften und es wäre ganz unleidlich, wenn sich diese Abhängigkeit auch schon darin zeigen sollte, dass wir gegen das unqualifizirbare handelspolitische Verhalten des andern Kontrahenten nichts zu unternehmen geneigt sind. Es ist wahrhaftig nicht Furcht, was uns zurückgehalten hat: es war die Ueberlegenheit der gereiften volkswirthschaftlichen Auffassung, die sich durch Unfreundlichkeiten nicht zur Störung werthvoller Interessen hinreissen lässt. Sehen wir aber, dass solche Interessen bei fernerer Duldung in Gefahr gerathen, nun so werden wir einfach in dem Bewusstsein unserer Stärke die Konsequenzen ziehen.

Wenn ich mich in so ernster Sache eines Bildes bedienen darf, so erscheint Russland wirthschaftspolitisch wie ein kräftiges gesundes Kind, das um sich schlägt und ev. den eigenen Vortheil ahnungslos zur Seite stösst; man soll ihm gut zureden und es mit Güte und Entgegenkommen zu gewinnen suchen; dann wird es das Rechte erkennen und für Erzogenen und Erzieher wird sich Nutzen ergeben. England dagegen ist wie ein gereifter Mann, der sich mit ernsthaften Leuten vertragen und verständig ausgleichen wird; hier bedarf es nichts als einer gewissen Mässigung, um das gute alte Verhältniss aufrecht zu erhalten. Die Vereinigten Staaten aber gleichen einem ungehobelten starken jungen Burschen, der durch sein brutales Auftreten hier und da Anstoss erregt, dem man deshalb fest und scharf gegenübertreten und ihn in seine Schranken zurückweisen muss; er wird sich dann besinnen und seine überlegene Kraft in einer Form äussern, die ihm und den Anderen zum Segen ausschlagen wird.

Es bleibt übrig, zu untersuchen, wie unsere Konkurrenz sich in den verschiedenen Produktionsländern gegliedert hat. Unsere Hauptexportindustrie ist die Textilindustrie. Sie begegnet fast überall fremdem Wettbewerb. Wir finden sie nicht nur in Ländern alter Kultur, sondern auch in jungen Wirthschaftsgebieten. An einzelnen Stellen hat sie eine Basis in der natürlichen Beschaffenheit, welche das Rohprodukt dargeboten und so die Fabrikation direkt veranlasst hat; in anderen dagegen hat sie lediglich das Bedürfniss angesiedelt bzw. die Erkenntniss, dass durch ihre Etablirung bedeutende Vortheile erreicht werden können. Man ist versucht, den allgemeinen Satz aufzustellen, dass eine Industrie da am sichersten im Boden wurzeln wird, wo ihre „naturlichen" Grundlagen im Rohstoff gegeben sind. Dieser Satz ist dennoch unrichtig. Denn nicht der Rohstoff allein kann die Fabrikation auf die Beine bringen. Es gehört dazu vor Allem eine erreichbare Absatzgelegenheit, das nöthige Kapital und brauchbare Arbeitskräfte. Wäre das Letztere nicht nöthig, so wäre beispielsweise die russische Industrie nicht noch in ihren Anfängen. Die Möglichkeit des Absatzes ist seit Ausbildung des modernen Verkehrs ausserordentlich erweitert worden. Ein Haupthinderniss für viele Produktionsstätten ist damit gefallen und eine ausserordentliche Verbreitung der Industrien hervorgerufen worden.

So ward Deutschlands Baumwollindustrie eine der grössten der Welt, ob schon kein Gramm Baumwolle bei uns wachsen kann; so haben wir eine Seidenindustrie herangezogen, die der alten französischen längst gefährliche Konkurrenz macht, ohne dass die Zucht der Seidenraupe bei uns Boden gefunden hätte. So besitzt Wien und Oberösterreich eine Perlmutterindustrie, obgleich ihre Gebiete doch weit vom natürlichen Vorkommen ihres Rohstoffes abliegen.

Es giebt nur ein Rohprodukt bezw. Hilfsprodukt, ohne dessen Vorhandensein trotz alles Verkehrs für industrielle Entwicklung eine gewisse Schwierigkeit vorliegt, die Kohle. Wo sie aber vorhanden ist und wo arbeitsfreudige Hände hinzukommen, ist industrielle Evolution fast immer nur eine

Frage der Zeit. Wir finden aber Kohle in fast allen Ländern unserer Konkurrenz.

Von den Branchen der Textilindustrie mag die der Baumwolle die verbreitetste Form des Gewerbefleisses abgeben. Baumwollenprodukte erzeugt Italien wie Oesterreich, Frankreich wie Spanien, die Niederlande wie England, Russland wie Amerika. Und immer an neuen Stellen kommt diese Fabrikation empor: schafft sie doch einen Bedarfsartikel, den die Massen aller Nationen, Erdtheile und beinahe aller Civilisationen gern abnehmen. Schon daraus lässt sich schliessen, dass der Wettstreit auf diesem Felde ein sehr lebhafter sein muss. Gerade in dieser Industrie aber ist die Möglichkeit gegeben, durch Vorzüge nicht nur des Gewebes, durch Haltbarkeit und Glätte, sondern auch durch die Errungenschaften guten Geschmacks in Form, Färbung, Muster und Aufmachung zu glänzen und sich hervorzuthun. Dieser Umstand und der starke Wettlauf haben bewirkt, dass sich gerade in diesem Industriezweige eine Mannigfaltigkeit und eine Abstufung entwickelt hat, wie kaum in einem anderen. Die gewöhnliche Durchschnittswaare wird überall gemacht; aber schon liegt in ihr nicht mehr das Hauptgeschäft. Hier treten die feineren Qualitäten, die besseren Muster, die geschmackvollere Façon, die Spezialität mehr und mehr in den Vordergrund.

Früher waren die grossen Stapelartikel Alles; heute bilden sie manchmal nicht einmal Grundlage und Ausgangspunkt des Geschäftes. Sie finden breiten Absatz nur noch in den Ländern geringerer Civilisation und haben da eben die scharfe Konkurrenz vieler Nebenbuhler auszuhalten. Man hat erst in dieser ordinären Waare Spezialitäten entwickelt; sie ergaben sich aus der Anpassung an den jeweiligen örtlichen Geschmack, wenn dieser auch nicht jeweilig der beste war. Unser Fortschritt England gegenüber beruht an vielen Stellen auf der grösseren Anpassungslust, die wir nach dieser Richtung gezeigt haben. Es kamen sodann hinzu die Spezialitäten der Mode, bis sich endlich diejenigen Produkte entwickelten, welche als die feinste und theuerste Waare bei allen reichen Leuten der

Welt Abnahme gefunden haben. Dieses letztgenannte Geschäft kann immer nur von einer beschränkten Anzahl von Fabrikanten mit Vortheil versucht werden; es wird aber dasjenige Land auf dem Weltmarkte die Führung behaupten, welches nach dieser Richtung seine Fabrikation am weitesten ausgebildet hat.

Ich bin nun der Ansicht, dass gerade hier Deutschland ein hervorragender Platz gebührt. Es hat sich durch Geschmacksmuster und besondere Qualitäten, durch elegante Aufmachung und vor Allem durch eine Fülle kleiner, aber ertragreicher Einzelartikel im letzten Jahrzehnt rühmlich hervorgethan. Nicht nur in der Baumwollen-, sondern in der gesammten Textil- und in vielen anderen Branchen hat es nach dieser Richtung die grössten Erfolge aufzuweisen. Es kommt hierin England gleich, hat die alten guten Muster des französischen Kunstfleisses überholt und kennt im Uebrigen keine Spezialkonkurrenten.

Es ist uberhaupt eine alte Erfahrung, dass sich die Waaren ganz feiner Qualität am längsten auf dem Markte behaupten. Ein klassisches Beispiel hierfür bilden die sog. Markircher Artikel, Stoffe für feine Balltoiletten u. dgl., welche zur Zeit der französischen Herrschaft vom Elsass aus der Pariser Mode dienten und ihr häufig die Wege zeigten und welche heut unter dem deutschen Regime zum besten Theil in Berlin ihre Stätte finden. Daneben aber gehen sie als feine Qualitätswaare fast in die ganze Welt.

Die gleiche Richtung der Entwicklung lässt sich fast überall verfolgen. Von der Leinenfabrikation sind wir zur Wäschefabrikation, von der Wäschefabrikation zur Wäschekonfektion übergegangen. Auch hierin behauptet unsere verfeinerte Leistung den Markt. Die stilisirende Manier, die vor einigen Jahren von München ausging, hat in fast allen Industrieen bzw. Kunstgewerben ihren Einfluss geübt und ist weit in die Welt hinaus ein begehrter Artikel geworden. In der chemischen Industrie haben wir Dank unserer ungezählten kleinen Entdeckungen eine Reihe von Spezialitäten geschaffen, die man uns zunächst nirgends recht nachmachen kann und die uns reichen Gewinn bringen. Soll doch unser synthetischer d. i. künstlicher Indigo bereits gewisse Vorzüge vor dem natürlichen aufzuweisen haben!

In der elektrischen Industrie ist eine ähnliche Evolution zu verzeichnen. Hier kommt insbesondere hinzu, dass wir schon Spezialfabriken für alle möglichen kleinen Neben- und Hilfsartikel besitzen, gegen deren Arbeitstheilung und niedrigen Preisstand die Konkurrenz nur schwer aufkommen kann.

Der Zug zur Einführung einer fast minutiösen Arbeitstheilung mit dem Zwecke der Verbilligung der Produktion ist auch in anderen Produktionszweigen zu bemerken. So in der Spielwaarenindustrie (Fabriken, die nur Puppenköpfe, die nur Puppenaugen, die nur Puppenschuhe anfertigen), so in der Industrie der künstlichen Blumen (besondere Fabriken für Knospen, für Staubgefässe). Bei der Puppenindustrie tritt bekanntlich auch die Anpassungsfähigkeit nach der Richtung der Spezialisirung scharf hervor: die verschiedenartige Kleidung der Puppe je nach ihrem Bestimmungsland, ja ihrer verschiedenartigen Haarfrisur, je nach Mode, Saison und Verkaufsort.

Eine ausgedehnte Veredlungsindustrie ist hinzugekommen. Sie vor Allem erscheint geeignet, den Werth der Waare zu erhöhen und den Absatz durch Schaffung besonderer Eigenthümlichkeiten und reizvoller Dekorationsarten zu erleichtern.

Früher war bei uns der Bezug der Halbfabrikate dem Prozentsatze nach weit ausgedehnter. Wir haben gelernt, die entsprechenden Hilfsindustrien zu entwickeln und den Vortheil, der dem Auslande aus der Herstellung des Halbfabrikates erwuchs, selbst zu gewinnen. Gerade auf diesem Felde begegnet uns aber noch scharfer Wettbewerb des Auslandes bei der eigenen Fabrikation, so z. B. bei Herstellung der Baumwollen- und Wollengarne. Die Garnspinner hatten recht, als sie im Jahre 1879 eine Erhöhung der Zölle auf ausländische Garne durchdrückten: die Entwicklung der Garnspinnerei bedeutet einen grossen Vortheil für uns. Leider haben sie sich nicht rechtzeitig auf die Feinspinnerei verlegt, weil der deutsche Konsum zunächst die groben Garne brauchte und sie bei deren Herstellung gute Geschäfte machten. Die Entwicklung der Weberei brachte es mit sich, dass allmählich der Verbrauch an feinen Nummern gewachsen ist: man hat sie in wachsendem Umfange vom Auslande kaufen müssen, wo man in England und der Schweiz vorzügliche Marken fand. Heute möchte die Spinnerei auch dieses Geschäft machen, und es wäre vortheilhaft für uns, wenn das ermöglicht werden könnte. Sie fordert zu diesem Zwecke erhöhte Schutzzölle für die feinen Nummern. Grundsätzlich müsste man ihr hierin entgegenkommen. Da aber die scharfer Konkurrenz ausgesetzte Weberei dabei Gefahr laufen kann, einen Theil ihres Absatzes einzubüssen, so wird man zum mindesten als Kompensation eine Ermässigung für die niederen und mittleren Nummern eintreten lassen müssen. Das von anderer Seite vorgeschlagene Auskunftsmittel der Rückvergütung halte ich weder für durchführbar, noch nach der Richtung der internationalen Handelsentwicklung für vernunftgemäss. Könnten die Spinner heute nach 20 Jahren eine Herabsetzung der Zölle auf die von ihnen so lange und gut gesponnenen niederen und mittleren Nummern nicht vertragen, so müsste man an ihrer Fähigkeit, ausländischer Konkurrenz ebenbürdig zu werden, verzweifeln und davon Abstand nehmen, unsere gewaltige Textilausfuhr der Halbfabrikate weiterhin zu Gunsten einer eigennützigen, aber nicht auf die Höhe zu bringenden Einzelgruppe zu vertheuern.

Dass unsere Industrie eine Richtung genommen hat, wie wie ich sie eben charakterisirte, verdankt sie zum besten Theil ihrer gründlichen geistigen und technischen Durchbildung, welche das Ausland nicht müde wird, rühmend an ihr hervorzuheben. Aus diesem Grunde ist es ihr auch gelungen, ihren Vorsprung dadurch zu kräftigen, dase sie in immer steigendem Maasse die Handarbeit durch Maschinen, das Werkzeug durch Werkzeugmaschinen ersetzt hat. Hier ist ihr wohl nur noch die englische Industrie in einzelnen Branchen überlegen. Indessen mag darauf hingewiesen werden, dass gerade Amerika Riesenfortschritte in der Anwendung von Werkzeugmaschinen nicht nur, sondern sogar in deren Fabrikation gemacht hat, so zwar, dass es deren heute schon bei uns verkaufen kann. Es ist das ausserordentlich bezeichnend für die amerikanische Intelligenz. Sie sehen, was bei uns gemacht wird, studiren unsere neuesten Methoden und Apparate, suchen sie sofort nachzumachen und fangen gewissermaassen mit unserem neuesten Fortschritt an. Dank ihrem praktischen Blick ist dieses Experiment in vielen Fällen geglückt, ohne dass ihm die uns vorausgegangene Durchbildung zu Grunde lag. Es ist gewissermaassen die Thätigkeit des „Faiseurs" gegenüber der des Fachmannes. Aber ein geschickter Macher kann diesem, wenn er Glück und Unverfrorenheit besitzt, sehr wohl zuvorkommen. Ein sprechendes Beispiel hierfür bildet das Auftreten der amerikanischen Zahnkünstler. Der Amerikaner kennt keine Durchbildung von Grund aus; er hat auch kein Industriesystem im modernen und europäischen Sinne; er greift nur dann und wann rein empirisch und unter rücksichtsloser Ausbeutung unserer Resultate einen einzelnen Zweig auf und baut diesen mit einer Energie und einem Antriebe auf, der uns in Erstaunen setzt und für eine gewisse Zeit den betreffenden Artikel für uns bedrängt oder sogar lahm legt.

Schon diesem Vorgehen gegenüber muss die Herstellung eines ganz allgemeinen und umfassenden handelspolitischen Verhältnisses sich als gänzlich unwirksam erweisen; wir müssen in der Lage sein, der künstlich getriebenen jeweiligen Spezialität eine Abwehr entgegenzuhalten. Wer sich sprungweise entwickelt, kann nicht nach festem Plane und ein- für allemal gegebenem Rezepte behandelt werden.

Gewöhnliche Artikel macht alle Welt: in ihnen kann nur immer der konkurriren, der besonders nahe sitzt oder durch andere spezielle Umstände begünstigt ist. Die Methode der höchsten Arbeitstheilung und der innigsten Anpassungsfähigkeit an die jeweiligen Bedürfnisse des Marktes wird die überlegene bleiben. Also muss die Ausbildung von feiner Qualitätswaare und von hochwerthigen Spezialartikeln das

Ziel der Entwicklung sein. Eine geschickte Organisation der Produktion durch Anwendung neuster Methoden und Maschinen, des billigsten Bezuges der Rohstoffe und der wohlfeilsten Herstellung der Hilfsstoffe und Halbfabrikate müssen hinzutreten. Kommen alle diese Momente zusammen, so ist rascher Fortschritt zu erwarten und Ueberholung aller derjenigen, bei denen einer oder mehrere dieser Faktoren nicht wirksam werden.

Die deutsche Industrie hat diesen Weg eingeschlagen, ist auf ihm zu hohem Stande gelangt und wird auf ihm glanzend weiter vorschreiten. Geht sie aber daran, ihre Beziehungen zum Auslande neu zu ordnen und für längere Zeit hinaus in neue Formen zu bringen, so muss sie zusehen, dass sie den Weitermarsch in der eingeschlagenen Richtung nicht hindert. Sie muss deshalb ein Tarifsystem annehmen, welches nicht, wie es zum guten Theil das bisherige that, generalisirt und verallgemeinert, sondern welches die Entwicklung zur Spezialindustrie, zur Schaffung hochwerthiger Neuheiten und Methoden erleichtert. Ich will versuchen, einige Fingerzeige dafür zu geben, wie dieses Tarifsystem gestaltet werden könnte; schon an dieser Stelle aber darf ich vorausschicken, dass innerhalb dieses Systems die Meistbegünstigung den ihr bisher eingeräumten Platz nicht mehr finden darf.

IV.

Ausschaltung der Meistbegünstigung. — England hat sie mit Vortheil etablirt. — Ihre Schäden im neuen System. — Der Reziprozitätsvertrag. — Ursprungszeugnisse. — Amerikanisches System. — Deutschland und Frankreich. — Dauer der Verträge.

Wenn die bisherige Untersuchung ergeben hat, dass nur diejenigen Staaten Aussicht haben, auch für die Zukunft die Weltstellung ihrer Industrien zu erhalten, welche diese Industrien in der Richtung einer möglichst weitgehenden Spezialisirung zu entwickeln wissen, so folgt daraus gleichzeitig, dass für solche Gebiete der Spezialisirung eine Zollpolitik getrieben werden muss, welche geeignet erscheint, ihre Entwicklung zu fördern und zu unterstützen. Es wird demnach an diesen Stellen darauf ankommen, die handelspolitischen Transaktionen den realen Verhältnissen möglichst nahe zu bringen und einer Behandlung im Bausch und Bogen auszuweichen. Diejenige Maassregel nun, welche, der Tendenz der Spezialisirung entgegengesetzt, eine möglichst weitgehende Verallgemeinerung zum Ziel hat, die nolens volens zur Verallgemeinerung der Vortheile wie der Nachtheile wird, ist die Meistbegünstigung. Es ist von den verschiedenen wirthschaftlichen Parteien unendlich viel und gegen diese Maassregel gesagt und geschrieben worden. Ich habe schon in meiner Politik der Handelsverträge darzulegen versucht, dass es unrichtig sei, die Meistbegünstigung als eine freihändlerische Maassregel anzupreisen oder zu verwerfen. Sie kann innerhalb eines Systems von Schutzzöllen stark schutzzöllnerisch wirken und sie muss in einem gemischten System wie dem unsrigen in dem Maasse dem Freihandel Abbruch thun, als sich Staaten und Tarife einschieben. Es haben deshalb diejenigen von vornherein Unrecht, die da meinen, eine Fortentwicklung unseres handelspolitischen Systems nach der Richtung der Handelsvertragspolitik sei an ihren Beistand gebunden. Ebensowenig ist freilich eine grundsätzliche Gegnerschaft richtig.

Thatsache ist, dass unser Industriesystem auf seinem überlegenen Wege zur Spezialisirung von der Meistbegünstigung in ihrer allgemeinsten und weitesten Auffassung Nutzen nicht erwarten kann und dass selbst die besonderen und einzuschränkenden Formen, unter denen sie neuerdings auftritt, mit grösster Vorsicht anzuwenden sind. Als grundlegender Faktor aber für das neu aufzubauende System ist die Meistbegünstigung auszuschalten.

Es ist hier nicht der Ort, die verschiedenen Arten der Meistbegünstigung zu charakterisiren, aufzuführen und an Beispielen klar zu legen. Neuerdings hat dies van der Borght in seinem Werke „Handel- und Handelspolitik" in Kürze und Klarheit ausgeführt, wo man es Seite 447—450 nachlesen möge. Ich will mir hier nur einige praktische Bemerkungen gestatten.

Wer hochwerthige Artikel produzirt, hat zunächst kein Interesse daran, vertraglich festzulegen, dass alle anderen Produzenten nicht günstiger behandelt werden, als er selbst. Der Markt seiner Artikel ist an sich nicht sehr ausgedehnt und die Konkurrenz eine sehr beschränkte. Sollte er deshalb für diese Konzession Opfer bringen, das Opfer vor allen Dingen, dass er sich die Hände binden lassen muss, wenn er etwa den andern Kontrahenten in einzelnen Artikeln differenziren möchte, so wird man ihm von solcher Transaktion nur abrathen können. Noch geringer wird der von dieser etwa zu erwartende Vortheil sein, wenn es sich um den Absatz ganz spezieller Waarentypen handelt, welche überhaupt konkurrenzlos sind. Gesetzt den Fall, es kämen andere Händler nach, stellten gleichfalls hochwerthige und Spezialwaare her, so würde der Vortheil der Meistbegünstigung zwar die Basis für beide Geschäfte gleich machen; es würde sich aber das Bestreben der Kon kurrenten zunächst darauf richten, in Nebendingen über den Gegner obzusiegen und erst in zweiter Linie ihn durch Schaffung ganz neuer Artikel und ansehnlicher sachlicher Verbesserungen zu vertreiben. Es wirkt das Fehlen der Meistbegünstigung stimulirend für die Entwicklung der Spezialitat, d. h. dahin, die Position des Erzeugungslandes auf dem Weltmarkte gegenüber der andrängenden Massenproduktion zu stärken.

Gesetzt aber den Fall, es handle sich um das Verhältniss zwischen zwei hoch entwickelten Ländern. Das eine Land habe einen ausgezeichneten Spezialartikel hergestellt und, unter namhaften Opfern im Hinblick auf das erwartende grosse Geschäft, auf dem Markte eingeführt. Um diesen Artikel A. nun in ein drittes Land, das ihn bisher ausgeschlossen und das doch ein bedeutender Abnehmer werden kann, hineinzubringen, gewährt man diesem dritten Lande einen bedeutenden Zollnachlass für eine andere zweite Waare B. Ist man nun mit dem zweiten Lande durch die Meistbegünstigung verbunden, so kommt diesem die gewährte Ermässigung auf B. ohne Weiteres zu Gute. An das dritte Land konnte sie ruhig konzedirt werden, weil dies in dem Artikel B. nichts leistete, also nicht konkurrenzfähig war. Aber das zweite Land leistet in Artikel B. Vorzügliches, und das erste Land hat seinen Binnenmarkt in diesem Artikel nur halten können, weil es bisher vom zweiten abgeschlossen war. Jetzt dringt auf Grund der Meistbegünstigung dieser Artikel bei ihm ein und ruinirt seine ganze Fabrikation an dieser Stelle. So hat das mit Artikel A. entrirte Geschäft Opfer gekostet, die den erwarteten Vortheil illusorisch machten und Schaden hinzufügten.

Ein gleicher und ähnlicher Nachtheil wird nicht dadurch ausgeschlossen, dass sich die Meistbegünstigung auf bestimmte Artikel beschränkt. Bei der heutigen Versalität des Geschäftes, bei dem raschen Wechsel der Methoden, bei dem forwährenden Auftauchen neuer Artikel, die sich bald als Surrogate schon vorhandener, bald als direkter gleichwerthiger Ersatz derselben darstellen, dürfte der in der Beschränkung auf bestimmte Artikel oder in deren Handelsnamen liegende Schutz rasch illusorisch werden. Wer will heute voraussagen, ob nicht wichtige Artikel der chemischen Industrie, die heute der Meistbegünstigung unterworfen werden, in 5—10 Jahren soweit überholt sind, dass ihnen jede Bedeutung abgeht. Dann hat aber derjenige Kontrahent, der für sie die Begünstigung erwarb, wiederum Opfer gebracht, ohne den Preis dafür einzutauschen.

Als England zu Anfang der 60er Jahre zum Freihandel überging und die im Cobdenvertrage an Frankreich gegebenen, alsbald aber autonom ausgedehnten Zollreduktionen aller Welt gewährte, war seine Fähigkeit, Tarifverträge mit den einzelnen Nationen zu schliessen, eine sehr beschränkte geworden: es fehlte auf seiner Seite die zu erwartende Gegenleistung; Zollfreiheit gewährte es einem Jeden, auch dem, der keinen Vertrag mit ihm abschloss. Da offerirte es anstatt der Tarifverträge die Meistbegünstigung. In einer Periode, in welcher noch niemand wusste, ob und wie lange die englische Freihandelspartei am Ruder bleiben würde, ging man bereitwillig darauf ein, sich in diesem wichtigsten Handelsstaat für den Fall einer Umkehr auf längere Zeit hinaus wenigstens die Meistbegünstigung zu sichern. Die meisten Staaten sandten ja damals noch Rohprodukte und Halbfabrikate in grossen Posten nach England, an deren Absatz ihnen vor Allem gelegen sein musste. England selbst dagegen war mit Erhalt der Meistbegünstigung in all den Staaten zunächst Genüge geschehen. Es war in seinem Gewerbfleisse allen andern überlegen, und wenn ja ein Konkurrent auftrat, so war er durch die grössere Kapitalkraft und bessere Leistung rasch zu werfen, sofern er nur nicht differenzirende Vergünstigungen besass. Solche aber schloss die Meistbegünstigung aus. Es stellt sich deshalb das System der Ausbreitung der Meistbegünstigung in Europa, wie es zunächst in den Vertragen Englands auftrat, dar als ein System der Handelsbefestigung des uberlegenen Englands Je mehr aber solche Ueberlegenheit schwand, desto grössere Nachtheile zeigte dieses System. So lange die Festlandsstaaten keine Industrie besassen, die den Wettstreit auf den fremden Märkten aufnehmen konnten, ging die Sache ganz glatt. Nachdem sich aber solche Industrien entwickelt hatten, erschien jede nach der einen Seite nützliche Konzession nach der anderen wieder bedenklich, weil die Meistbegünstigung sie allzusehr verallgemeinerte. Aber die Lage war immerhin noch erträglich, weil es sich in erster Linie um den Absatz grosser Massenartikel, sog. Stapelwaaren handelte, deren Fabrikation fast überall gleichmässig vor sich ging, deren Weltmarktspreis für längere Zeit feststand und deren Absatz bei sonstiger normaler Marktlage möglich blieb, wenn man die Meistbegünstigung besass.

Es kann nicht bestritten werden, dass ein ähnliches Verhältniss, wie es bei Beginn der 60er Jahre zwischen England und den meisten Festlandstaaten bestand, heute zwischen Deutschland und anderen wenn auch entwickelten Ländern, fernab gelegenen überseeischen Gebieten oder aber solchen Staaten besteht, welche in ihrer Entwicklung zurückgeblieben sind und als Ausbeutungsobjekt in Betracht kommen. Mit ihnen Meistbegünstigungsverträge zu schliessen, dürfte noch heute am Platze sein. Die neueste Entwicklung aber hat gezeigt, dass selbst solche Länder bereits zu einer Differenzirung der Meistbegünstigung gelangt sind. So hat z. B. Argentinien von der zu gewährenden Meistbegünstigung solche Konzessionen ausdrücklich ausgeschlossen, welche es seine Nachbarn gewährt hat oder gewähren wird. Auch der deutsch-österreichische Handelsvertrag schliesst die Meistbegünstigung für den Fall einer Zollunion mit unmittelbaren Nachbarn ausdrücklich aus.

Es fragt sich nun: was für Verträge sollen mit den Kulturstaaten ersten Ranges abgeschlossen werden? Wenn man schon mit den halbcivilisirten Ländern der Uebersee Meistbegünstigungsverträge schliesst, event. desgleichen mit Spanien und Portugal, mit der Türkei und ihren Appendices, Griechenland und vielleicht auch mit Russland — was für Verträge sollen für England, Oesterreich-Ungarn, Italien, Belgien, die Schweiz, Holland, Frankreich und die Vereinigten

Staaten vorbehalten bleiben? Ich meine der letztgenannte Staat hat hier das richtige Vorbild gegeben. Es kann sich nur um Tarifverträge handeln, deren Aufgabe es sein wird, die Spezialitäten unseres Marktes sorgfältig zu wägen und zu denen des Auslandes ins Verhältniss zu setzen und welche die Meistbegünstigung zum Theil gar nicht, wenn schon, dann aber nur in der beschränkten Form der Bindung an gewisse Gegenkonzesssionen, einer gewissen Reziprozität enthalten dürfen. Mit England freilich werden wir einen Tarifvertrag nicht abzuschliessen haben, so lange es an seinem Finanzzollsystem festhält; ein Meistbegünstigungsvertrag wird vielmehr hier so lange von hohem Werthe für uns sein, als derselbe alle oder doch einen Theil der englischen Kolonien einschliesst. England gegenüber etwa einen erhöhten Zolltarif anzuwenden, hiesse voraussichtlich unsere bisherigen, ausserordentlich lukrativen Handelsbeziehungen zu diesem Lande stören und dortselbst denjenigen Parteien auf die Beine helfen, die ihre schutzzöllnerischen Tendenzen unter dem neuen Schlagworte des fair trade zu verbergen wissen.

Wenn uns hier für eine ganz eingehende Vertiefung in die Materie Zeit und Raum gegeben wäre, so würde ich versuchen, die Frage, ob eine beschränkte Meistbegünstigung für einzelne Gebiete oder Artikel zu gewähren sei, bei jedem einzelnen der Vertragsländer zu studiren. Denn es soll keineswegs geleugnet werden, dass die Meistbegünstigung insbesondere in der Richtung nach Ausscheidung und Konsolidirung des Weltmarktes hin höchst werthvolle Dienste geleistet hat und unstreitig noch weiter leisten kann. Es gehört aber hierzu nicht nur eine genaue Kenntniss der Industrie und Wirthschaft jedes einzelnen, sondern aller Länder überhaupt, eine genaue Kenntniss der Tarife und ihrer Wirkungen u. dgl.. Könnte man gewisse Bestandtheile der Meistbegünstigung hie und da interpoliren, so würde sich das offenbar mit Vortheil thun lassen. Früher hat man solche Einzeluntersuchungen nicht angestellt, sondern man hat unter Uebersicht der ganzen Sachlage mehr aus einer richtigen Empfindung heraus die

Meistbegünstigung allgemein protegirt. Heute sollte man sich bewusst sein, dass die Basis für die handelspolitische Neugestaltung der Dinge eine wesentlich andere geworden ist, dass man desshalb grundsätzlich die Meistbegünstigung ausschalten soll, weil sie der heutigen Entwicklung der vorgeschrittenen Länder zur Spezialität grundsätzlich zuwiderläuft, und dass man sie nur beibehalten darf, wo sich aus sachlichen Elementen ihre Nützlichkeit ohne weiteres ergiebt. Also kein System der Meistbegünstigungsverträge mehr, sondern ein System von Reziprozitätsverträgen, in denen die einzelnen Tarife sorgfältig gegeneinander auszugleichen sind.

Man muss sich selbstverständlich auch bei Anstellung solcher Ueberlegungen hüten, das Kind mit dem Bade auszuschütten. In der konservativen Presse ist neulich der Versuch gemacht worden, den Vorzug der Tarifverträge vor den Meistbegünstigungsverträgen aus der Differenz der Einfuhren von Russland und den Vereinigten Staaten herzuleiten. Das ist meiner Ansicht nach völlig verkehrt. Nicht unter dem Einflusse der Meistbegünstigung ist die amerikanische Einfuhr so ungeheuer angeschwollen; die gleiche Erscheinung hätten wir auch bei einem Tarifvertrage erlebt, der uns so schief und ungünstig gestellt hätte, wie die hier anerkannte und drüben nach Bedürfniss abgelehnte Meistbegünstigung. Betrachtet man den Entwicklungsstand beider Länder näher, so muss man zu dem Ergebnisse kommen, dass wir Russland gegenüber viel mehr erreicht haben als Amerika gegenüber und dass Amerika nur deshalb so grosse Gütermassen hat herüberwerfen können, weil es für seine weit impulsivere Vorwärtsbewegung offene Thore fand. Ich habe schon oben mich dahin ausgesprochen, dass unsere Zukunft bei Russland liegt und dass wir Amerika dementsprechend abwehren müssen. Es scheint mir aber vor der Hand durchaus nicht unvortheilhaft, mit Russland einen Meistbegünstigungsvertrag, zumal im Hinblick auf die Konkurrenz Englands in vielen Stapelartikeln, wohlverstanden neben dem Tarifvertrage abzuschliessen.

Lobredner der Meistbegünstigung behaupten, dass sie heutzutage überhaupt nicht mehr entbehrlich sei. Durch sie habe unser Verzollungssystem eine grosse Erleichterung erfahren, und wenn sie jetzt verschwände, würden sich unerträgliche Belästigungen des Handels und Verkehrs einstellen. Heute, wo fast ganz Europa und noch ein gut Theil der übrigen Welt durch die Meistbegünstigung verbunden seien, mache es selten einen Unterschied für den Zöllner, von wo die Waare einginge: die nivellirende Klausel bewirke, dass man an Feststellung des Ursprungslandes kein Interesse habe. In Folge dessen sei der Handel in die Lage versetzt, sich überall die billigste Route und den kürzesten Weg auszusuchen, unbekümmert, dass er durch dessen Traktus einer veränderten Verzollung unterliegen könne. Nach Fortfall der Meistbegünstigung dagegen müsste überall auf den Ursprung der Waare Rücksicht genommen werden und durch umständliche Feststellungen und Zeugnisse die differentielle Zollbehandlung entsprechend begründet werden. Die Ausstellung von Ursprungszeugnissen habe in dem jetzt bestehenden geringen Umfange schon Scherereien genug zur Folge und werde sich in grösserem Umfange als undurchführbar erweisen.

Es bleibt meines Erachtens gegenüber solchen Ausführungen nur übrig, auf die Gestaltung der amerikanischen Verhältnisse hinzuweisen. Die Vereinigten Staaten haben es verstanden, ein System herauszubilden, welches für sie selbst vom grössten Vortheil, für ihre Konkurrenz mit Unbequemlichkeiten und Kosten verknüpft, ihnen weit mehr Dienste leistet, als die Etablirung von Ursprungszeugnissen irgend belästigen könnte. In allen Ländern, mit denen sie in Verbindung stehen, sind die wichtigsten Exportbezirke mit Konsuln und Konsularagenten besetzt. Jede Sendung, welche einen amerikanischen Hafen passiren will, muss durch die Hände dieses Beamten gehen. Sie erheben den Umfang, den Werth, den Ursprung der Sendung; darüber hinaus den Marktpreis, die Herstellungsart der Waaren u. s. f. Sie dringen dabei tief in das wirthschaftliche Leben ihres Bezirkes ein, erfassen seine Bedeutung statistisch, technisch und wirthschaftspolitisch und leisten alle zusammen einen Kundschafterdienst, dessen Wirkung wir u. a. in der von Monat zu Monat wachsenden Einfuhr aus ihrer Heimath erkennen können.

Würde eine solche oder ähnliche Einrichtung die Schwierigkeiten der Feststellung des Ursprungs der Waare nicht beheben? Ist sie so wenig nachahmenswerth, dass man sich damit begnügen kann, mit Groll auf ihre Unbequemlichkeiten hinzuweisen? Hat sich etwa gezeigt, dass sich das Exportgeschäft durch Einschaltung solcher Unbequemlichkeiten zurückdämmen oder schädigen lässt? Unsere Ausfuhr nach den Vereinigten Staaten ist trotz dieser Unbequemlichkeiten gewachsen. Man hat gemeint, in Amerika sei ein solches Verfahren möglich, weil dort der ganze Aussenhandel sich auf ganz wenige grosse Hafenplätze konzentrirt, wir aber ausserordentlich zahlreiche Zollstellen besässen. Ich kann eine Schwierigkeit hierin nicht erblicken: man gebe unseren Zollämtern nur klare und ausreichende Instruktion und sie werden das Geschäft sicherlich glatt zur Abwicklung bringen.

Ich erblicke aber in Etablirung einer solchen Einrichtung noch eine Reihe anderer Vortheile. Unsere bedeutend zu vermehrenden Konsulate werden zweifellos aus den entfallenden, vom Auslande zu zahlenden Gebühren gut zu unterhalten sein. Sie werden aber vor Allem durch Zuweisung solcher Aufgaben ihres bureaukratischen Charakters endlich entkleidet werden. Man überlasse die diplomatische Vertretung, soweit sie durch ein konsulares Organ zu bewirken ist, in den europäischen bezw. vollcivilisirten Ländern dem Generalkonsul. Der Konsul, der Vicekonsul und Konsularagent soll nicht ein Kaufmann sein, dessen Interessen in seinem Geschäfte liegen, wie unsere Honorarkonsuln, sondern er soll Berufsbeamter sein. Man sichere ihm eine angesehene gesellschaftliche Stellung, weil ihm diese bei seinem Exploitionsdienst wesentlich unterstützen wird: der Konsul der Vereinigten Staaten hat den Rang eines Obersten der Landarmee oder eines Kapitäns zur See in der Marine. Man betraue ihn damit, nicht wie heute, in bestimmten Kalenderabschnitten einen Bericht einzuliefern über eine Sache, der er mehr oder weniger fern steht und um derentwillen er ängstlich, aber häufig unsachverständig Umfrage halten muss, sondern damit, das Ausfuhrgeschäft nach seiner Heimath in allen Einzelheiten und in seinem ganzen Umfange zunächst einmal statistisch und bureaumässig, dann aber durch Studium der Handelshäuser und Fabriken zu erfassen. Dazu ihm die nöthige Gelegenheit zu eröffnen, muss Sache unserer Bestimmungen für die Einfuhr sein. Die amerikanischen Konsuln sind — neben anderen glänzenden Beispielen des Gegentheils — häufig über ihre Instruktion hinaus neugierig und wenig taktvoll aufgetreten: wir können von unserem, auch von dem künftigen Konsularkorps erwarten, dass es überall sich eine Position schaffen wird, die seinem inneren Gehalt entspricht. Die Frage der Ursprungszeugnisse aber ist damit einer glücklichen Lösung entgegen geführt.

Ich bin fest überzeugt, dass auch andere Staaten mit ähnlichen Einrichtungen vorgehen werden. Wenn dieselben auch auf das augenblickliche System nicht passen, auf das künftige System passen sie sicher. Gerade sie werden uns einen Ersatz für etwaige Nachtheile bieten, die wir durch Fortfall der Meistbegünstigung etwa erleiden können und sie werden uns eine Fülle des Materials schaffen, welches geeignet ist, die werthvolle handelspolitische Arbeit der Regierung zu ergänzen und zu unterstützen. Das amerikanische System, mittelst der Fakturenbestätigung ein Kundschaftersystem ersten Ranges öffentlich zu etabliren und dazu noch auf Kosten der Konkurrenz, kann geradezu als genial angelegt bezeichnet werden. Seine Nachahmung wird nach jeder Richtung hin Nutzen bringen. Die Ansätze, die wir bisher für einen volkswirthschaftlichen Kundschafterdienst beliebt haben, sind gering, unzureichend und stellenweise verfehlt; sie erscheinen freilich geeignet, den Werth der ganzen Einrichtung als zweifelhaft hinzustellen. Wenn man an einen Platz wie New York und Chicago als handelspolitischen Attaché des Konsuls einen Gewerbeinspektor etablirt, so kann dieser Beamte gewiss dann und wann einige technische Angaben machen, die verwerthbar sind (wenn ich auch zu der Annahme neige, dass längst der Industrie daheim bekannt ist, was er berichtet); hat er darüber hinaus Blick und Auffassung für seine Aufgabe, wie dies z. B. bei unserem jetzigen Attaché in New York der Fall ist, nun, so hat man mit der Auswahl der Person eben Glück gehabt: das System taugt sicher nichts. Ich glaube, kein einziger der hiesigen amerikanischen Konsuln ist Ingenieur oder gar bureaukratisirter Staatsingenieur. Aber es sind mit wenigen Ausnahmen Leute beweglichen Geistes, mit offenen Augen und nicht unselbständigem Urtheil. Sie werden keineswegs von Anbeginn an Vorzügliches geleistet haben; aber sie haben von Jahr zu Jahr aus der Praxis zugelernt, in welche man sie durch geschickte Bestimmungen einfach eingeschaltet hat. Gehen wir hin und versuchen desgleichen: es wird sich bald herausstellen, dass das nothwendig ist.

Noch ist dem Einwurf zu begegnen, eine Ausschaltung der Meistbegünstigung sei nicht möglich, weil für Deutschland und Frankreich ein solches Verhältniss durch den Frankfurter Frieden ein- für allemal festgelegt worden sei. Es ist hier zu bemerken, dass die in Art. 11 des Vertrages vom 10. Mai 1871 stipulirte Begünstigung auf bestimmte Objekte und bestimmte Länder beschränkt ist, nämlich einmal auf die Ein- und Ausgangsabgaben, die Durchfuhr, die Zollbehandlung und die Zulassung von Vertretern bezw. die Behandlung von Staatsangehörigen, dann aber wiederum ausdrücklich auf die Länder England, Belgien, Holland, die Schweiz, Oesterreich und Russland. Es wäre danach beim Abschluss von Tarifverträgen mit einem dieser Länder eben darauf zu achten, dass nicht unvorsichtige Bewilligungen bezüglich der französischen Konkurrenz gemacht würden. Da indessen die Gewerbthätigkeit mehrerer dieser Länder sehr verschieden entwickelt ist, dürfte sich sehr wohl mit einiger Vorsicht ein Zustand herstellen lassen, der für dieses beschränkte System Nachtheile vermeidet. Wir haben zudem die französische

Konkurrenz in allen den genannten Ländern nicht bös zu empfinden gehabt und da wir wirthschaftlich stärker und vorgeschrittener sind als Frankreich, kann uns ein solches Verhältniss kaum Schaden bringen.

Es sind die oben besprochenen Mängel der Meistbegünstigung von ihren Gegnern schon häufig hervorgehoben worden. Man ist bisher auf die bez. Argumentationen nicht eingegangen, weil die Nachtheile der Einrichtung in der Praxis nicht scharf genug hervorgetreten sind. Heute aber, nun wir an eine Neuregelung unserer Handelsbeziehungen gehen müssen, ist es Pflicht, auf diese Nachtheile, insbesondere aber darauf hinzuweisen, dass diese Nachtheile je schwerer wiegen, je mehr sich die Industrie der hochentwickelten Länder von der breiten Heerstrasse der Stapelartikel abkehrt und der Herstellung von Spezialitäten zuwendet.

Wenn schon die Grundlage der neuen Verträge eine andere sein dürfte als bisher, so erscheint es nicht ausgeschlossen, dass auch ihre Zeitdauer künftig hin anders bemessen würde. Sind doch in der letzten Zeit zahlreiche Stimmen laut geworden, welche von jährlich kündbaren Verträgen Heil und Segen erhoffen. Mir erscheint ein solcher Vorschlag als völlig verfehlt. Ein Jahr spielt in der grossen Volkswirthschaft nicht einmal auf dem Gebiete des Cerealienmarktes eine abgeschlossene Rolle. Der Ausfall einer einzigen Missernte nimmt oft noch mehrere folgende Erntetermine unter seinen Einfluss. Das hat u. a. die partielle Missernte von 1897 bewiesen. Wenn man auch annehmen darf, dass nach Vollendung der auf eine Reihe von Jahren sich erstreckenden Vorarbeiten, nach entsprechender Abänderung der Statistik gemäss den Bedürfnissen der Praxis der Abschluss eines Vertrages künftig mit geringeren Schwierigkeiten verbunden sein wird, als dies früher und jetzt der Fall ist, so kann doch den Produzenten unmöglich eine derartig rasch wiederkehrende Beunruhigung angemuthet werden.

Andrerseits muss man zugestehen, dass sich seit dem ziemlich willkürlich gegriffenen Abschlusse der letzten zwölfjährigen Verträge so manches geändert hat. Thatsächlich haben sich die Fabrikationsmethoden, zumal in den modernsten Branchen, rascher abgelöst, als man damals vermuthen konnte und manch eine Fabrik hat einen Neubau und manches Maschinensystem eine Abschreibung und Auswechselung erfahren müssen, ehe man sich dessen so recht versehen hat. Auch auf dem grossen Gebiete der Lebensmittelproduktion und des Cerealienanbaues ist ein Jahrzwölft eine lange Zeit; gerade von dieser Seite kommen die Anträge auf Abkürzung dieser Frist. Ist nun wirklich das Interesse der Industrie an der Dauer der Verträge geringer geworden, so lässt sich vielleicht auch hier die Möglichkeit des erwünschten Kompromisses finden. Man schliesse die Verträge im Allgemeinen auf eine längere Zeitdauer ab. Allein man binde nicht alle Zollsätze gleichmässig lange, sondern behalte sich für bestimmte Artikel, bei denen man die Wahrscheinlichkeit tiefgreifender Veränderungen voraussieht, eine spätere Revision vor. Wenn hier wiederum mit Sorgfalt verfahren wird, so wird man diese Revisionsfähigkeit nur solchen Waaren zusprechen und nur von solchen Terminen ab, für welche sich in beiden Richtungen gewichtige Gründe anführen lassen. Das Ganze des Vertrages wird durch eine Abänderung der Sätze für einen einzelnen oder einige wenige Artikel nicht gestört, das handelspolitische Verhältniss bleibt im grossen Ganzen unberührt und es können demnach etwa untergelaufene Fehler verbessert werden. Die bisherige Vertragspolitik ist für ein solches Verfahren nicht ohne Analogien. Wer sich aber der heut gegen früher gesteigerten Verantwortlichkeit bewusst ist, die er mit Festlegung bestimmter Sätze für so grosse Zeiträume eingeht, der wird zu einem solchen Auskunftsmittel gern greifen, selbst wenn seine Anwendung bisher wenig geläufig war.

Alles bisher Gesagte bezog sich mutatis mutandis auf die grundsätzliche Gestaltung und den allgemeinen Status der

Verträge. Es bleibt übrig, ihren wesentlichsten Theil zu betrachten, in welchem sich ihr Inhalt nicht nur, sondern meist auch der Einfluss konzentrirt, welchen sie auszuüben bestimmt sind: es ist dies der Tarif. Seine Gestaltung erscheint um so wichtiger, als ihm in dem neu zu schaffenden System eine noch maassgebendere Rolle zufallen wird, als in demjenigen, welches zur Zeit in Geltung ist.

V.

Das Tarifschema als Grundlage für eine internationale Tarifeinheit. — Revision oder Reform des Tarifes? — Autonomer Tarif. — Schutzzöllner als Sachverständige. — Maximal- und Minimaltarif.

Die Wichtigkeit des Tarifes für die gesammte Handelspolitik ist allgemein anerkannt. Nicht nur von seinem Inhalt, sogar von seiner Form und äusseren Gestaltung hängt es ab, ob eine vertragsfreundliche oder vertragsfeindliche Politik leichter zu handhaben ist. In seiner Aufstellung lässt sich gewissermaassen das Leitmotiv für Alles erkennen, was kommen soll.

Dass bei Eintritt einer neuen Vertragsperiode eine Revision des Zolltarifes Platz greifen muss, liegt auf der Hand. In Deutschland hat man indessen gegenwärtig mehr gefordert als eine Revision; man verlangte und erreicht eine völlige Reform des Tarifes. Unser Tarif stammt in seinen Grundlagen aus dem Anfang dieses Jahrhunderts; seine systematische Anordnung war durch die Wirklichkeit längst überholt. Er erwies sich den Erfordernissen der Praxis gegenüber als schwerfällig und unbiegsam. Kein Wunder, dass Politiker und Interessenten einmüthig seine Reponirung und Ersetzung durch einen modernen Tarif gefordert haben. Die Regierung ist auf diesen Wunsch bereitwillig eingegangen. Brachte ihr doch die Lösung dieser Voraufgabe gleich einen tiefern Einblick in die Anschauungen der betheiligten Kreise, die auf breitester Basis und in sehr dankenswerther Unparteilichkeit zur Mitarbeit herangezogen wurden. Noch ist der neue Tarif im Schema nicht fertig; man ist damit beschäftigt, die reichlich geübte Kritik auszunützen und zu verarbeiten. Das Ergebniss dürfte eine endgültige Vorlage sein, die demnächst zu erwarten steht.

Es ist über dieses neue Tarifschema so viel gesagt und geschrieben worden, dass ich hier darüber hinweggehen kann. Die allgemeinen Forderungen, die man dafür aufzustellen hat: Berücksichtigung des heutigen Standes der Technik und des Welthandels, insbesondere Berücksichtigung der nothwendigen Spezialisirung der Artikel, werden zweifellos nach bestem Können wahrgenommen werden. Die in amtlichen Kreisen für diese Arbeit aufgewendete Mühe war gross: dafür wird das Ergebniss aber voraussichtlich allgemein befriedigen.

Unangenehm, weil als prinzipiell unrichtig, ist mir an den bisherigen Entwürfen das Hervortreten der Absicht aufgefallen, im Zolltarifschema zu nationalisiren. Die Puristen sind über diese Arbeit gekommen und haben sich bemüht, die Fremdwörter auszumerzen und dieselben zum Theil durch selbst uns unverständliche deutsche Ausdrücke zu ersetzen. Dieses Bestreben halte ich für völlig verfehlt. Der Tarif dient nicht nur zu unserer, sondern in gewisser Hinsicht auch zum internationalen Gebrauch. Der Handel, dem er Thor und Thür ist, geht von Land zu Land und hat sein Ziel erreicht, wenn er sein Objekt, die Waaren, entnationalisirt hat. Alles, was dem Vorschub leistet, muss begrüsst werden. Es ist eine der Hauptschwierigkeiten, mit denen die Zollverwaltungen zu kämpfen haben: die richtige Einbeziehung der Waaren unter die richtige Position des Tarifs. Diese Schwierigkeit wird erhöht dadurch, dass die Handelsnamen der Waaren so haufig verschieden sind. Man soll deshalb jedes mehreren Nationen verstandliche Fremdwort im Tarif erhalten als ein Element, welches die Funktion des Tarifes erleichtert, nicht aber umgekehrt.

Und hier bin ich bei einem Punkte angelangt, den ich nicht übergehen möchte. Sollte es wirklich nicht möglich sein, solche Erleichterungen im grösseren Umfange zu schaffen? Sollte es nicht möglich sein, durch Vereinbarung mit Ländern ähnlicher Entwicklung eine gewisse Gleichförmigkeit in die Tarife zu bringen? Jeder, der mit der Sache praktisch befasst war, wird mir zugeben, dass die Verschiedenheit der Tarife u. s. w. mehr Hemmungen für das Weltgeschäft mit sich bringt, als dieser oder jener Zollsatz. Die Hälfte, vielleicht drei Viertel aller Zollplackereien sind hierauf zurückzuführen.

Die Lösung dieser Aufgabe ist gar nicht so schwer, wie man sie sich vielleicht vorstellt. Zur Zeit werden in den meisten unserer Nachbarländer die Handelsverträge vorbereitet und die Zolltarife im Hinblick auf den Abschluss neuer Verträge revidirt. Warum kann bei dieser mehr oder weniger schematischen Arbeit nicht eine gewisse Gemeinsamkeit Platz greifen? Warum kann man nicht internationale Verhandlungen anknüpfen und in einer Reihe von Konferenzen wenigstens gemeinsame Grundeintheilungen aufstellen? Die Sache lohnt wahrhaftig der Mühe und wenn ein solcher Vorschlag von Deutschland ausginge, das auf diesem Gebiete am gründlichsten arbeitet, so würde es sicher auf Entgegenkommen bei den Mächten rechnen dürfen. Die Centralstelle hat der Regierung schon einmal einen solchen Vorschlag unterbreitet und ich halte ihn für wichtig genug, um ihn hier zu wiederholen.

Die Stelle, an welcher die praktische Arbeit des Zöllners einsetzt, ist heute in den meisten Ländern nicht der Zolltarif, sondern das amtliche Waarenverzeichniss, d. h. das Verzeichniss, in welcher auf dem Verordnungswege festgesetzt ist, welche Waaren unter die einzelnen Tarifpositionen gerechnet werden sollen. Von diesen Waarenverzeichnissen aus, welche gewissermassen das Vormaterial darstellen, muss die Arbeit in Angriff genommen werden. Ich halte unter der zur Zeit bestehenden das französische Waarenverzeichniss für das beste. Es ist dasjenige, welches der modernen Spezialisirung am weitgehendsten Rechnung trägt: zugleich ist es das umfangreichste und dasjenige, welches in einigen vielumstrittenen Hauptgruppen die meiste Uebersichtlichkeit und Klarheit zeigt. Man lege dieses Waarenverzeichniss zu Grunde und ziehe nacheinander die übrigen Verzeichnisse heran: man suche die gleichen Waaren und trage diejenigen, die im französischen Verzeichnisse fehlen, an entsprechender Stelle nach; man stelle mit Hilfe von Technikern und praktischen Zollbeamten fest, welche gleichen Waaren mit welchen verschiedenen Namen aufgeführt sind und mache die entsprechenden Einträge. Nach Beendigung dieser Arbeit wird man ein Waarenverzeichniss vor sich haben, welches alle übrigen Verzeichnisse in sich schliesst. Auf Grund solcher Vorarbeit aber gruppire man das erhaltene Material und stelle erst die Grundlagen, dann die Positionen eines internationalen Tarifes auf. Für die Einschaltung neuer, erst entstehender Artikel und für die Einfügung charakteristischer Spezialitäten stelle man bestimmte Grundsätze auf Aus diesem grossen Generaltarifschema nehme dann jede einzelne Nation ihr nationales Schema und ihr nationales Waarenverzeichniss, so zwar, dass die Hauptgruppen und Artikel mindestens als Zusatz die Nummer des internationalen Zollkodex erhalten. Der Zollbeamte wird dann mit beiden Büchern arbeiten und er wird im Zweifelfalle durch Nachschlagen im internationalen Kodex seine Einschätzung sofort richtig stellen können. Natürlich muss der Zollkodex übersichtlich gearbeitet und mit vorzüglichem, nach verschiedenen Gesichtspunkten geordneten Registern versehen sein

Ein solches Werk würde viel Schwierigkeiten der Zollbehandlung beheben. Ja, es würde schon dankenswerth sein, wenn es nur ein einzelnes grosses Land, wie z. B. Deutschland, in die Hand nähme. Ich würde bereits einen Fortschritt darin erblicken, wenn man bei uns die Waarenverzeichnisse der Hauptländer einer solchen gemeinsamen Verarbeitung unterziehen wollte. Die internationale Geneigtheit zur Schaffung einer solchen formalen Arbeit aber dürfte zur Zeit um so grösser sein, als sich fast alle Kontrahenten der Schwierigkeiten der heranrückenden Vertragskampagne sehr wohl bewusst sind. Von privater Seite könnten jedoch die nothwendigen Vorarbeiten hierzu nur mit staatlicher Unterstützung. sachlicher und pekuniärer, geleistet werden.

Die gewünschte „Reform“ des Zolltarifes hätte sich nach Lage der Dinge auf das Tarifschema beschränken können; es sei denn, wir wollten überhaupt unser ganzes handelspolitisches System reformiren. Wenn das heissen soll, wir sollten von konsequenter Verfolgung des Systems der Handelsverträge abstehen und einen handelspolitischen Standpunkt einnehmen, der zunächst auf die Grundlage der Zollautonomie zurückgeht, so kann dem nicht fest genug entgegengetreten werden. Wir müssen unsern Aussenhandel erhalten, wenn wir leben wollen und eine Hungersnoth oder Theuerung zu Gunsten des Grossgrundbesitzes näher zu bringen bezw. unsere Verhältnisse auf den Status vor 1860 zurückschrauben wollen, ist utopisch und absurd. Zur Sicherung des Absatzes können wir aber die Verträge nicht entbehren. Also muss auch unsere Zolltarifpolitik auf die Vertragspolitik zugeschnitten werden. Das ist aber das gerade Gegentheil von dem Streben nach Zollautonomie. Niemals wird sich unser Volk oder unsere Regierung zu solchem Experiment herbeilassen. Ich möchte das Ministerium sehen, welches die Verantwortlichkeit für ein solches Vorgehen auf sich nähme, auf sich nähme zu einer Zeit, in welcher unser Kaiser immer und immer wieder in seinen Reden erkennen lässt, dass er von der Nothwendigkeit unserer Weltpolitik in tiefster Seele durchdrungen ist. Zollautonomie ist Abkehr vom Auslande; wer sie heute ernsthaft empfiehlt, kann auf Beachtung überhaupt keinen Anspruch machen.

Trotz dessen lesen wir in allen Zeitungen, unsere Regierung sei eifrig damit beschäftigt, einen autonomen Zolltarif zu schaffen, der demnächst dem Reichstage zur Beschlussfassung vorgelegt werden soll. Wollen sich die Freunde der Autonomie mit dem Namen begnügen, so muss man ihnen dieses Vergnügen belassen: die Sache trifft keineswegs zu. Es ist klar, dass eine Revision unseres Generaltarifs angesichts der neuen Verträge nothwendig ist; hat doch dieser Tarif seit 1879 nur geringe Abänderungen erfahren. Seitdem ist mancher Artikel in eine veränderte Marktlage gerathen; ganze Gewerbszweige haben sich entwickelt, für die im alten Tarif keine Stelle gelassen war und die deshalb an anderem Platze, wo sie gar nicht ihrer Eigenart nach hingehörten, sehr häufig zu ihrem Schaden eingeschaltet worden sind. In gewissen Sammelpositionen sind seit Aufstellung des alten Tarifes eine Reihe hochwerthiger Produkte untergebracht worden, die sich mit ihren nächsten Nachbarn, mit den im Ramsch gleich behandelten Waaren unmöglich auf eine Stufe stellen lassen. Ganze grosse Industrien sind über den ganzen Tarif zerstreut, weil ihre Produkte bald hier, bald dort einen ungeeigneten Platz erhalten haben, so ist's z. B. mit der elektrischen Industrie der Fall. Andere Waaren wiederum haben ihre Namen behalten; aber die Grundstoffe, aus denen sie hergestellt werden, sind ganz andere geworden, so dass ihre Tarifirung ihrem Werthe in keiner Weise entspricht. Kuriosen und Ungeheuerlichkeiten haben sich gefunden. So werden Hüte nach dem Gewicht verzollt und es bezahlen in Folge dessen die schweren ordinären Qualitäten hohe, die leichten, feinen dagegen sehr niedrigen Zoll. Die Gruppe Spielwaaren hat eine Zollbehandlungs-Leidensgeschichte zu verzeichnen, und ist doch Repräsentantin einer grossen Exportindustrie geworden. Artikel, die man 1879 kaum in für das Inland genügender Menge fabrizirte, sind heute grosse Ausfuhrartikel. Früher flocht man unsere Hüte aus heimischem Stroh, jetzt verwendet man fast ausschliesslich ostasiatisches Flechtwerk, das, nothwendiges Halbfabrikat geworden, dennoch durch hohen Zoll belastet wird. Industriezweige, die lange Zeit ein beschauliches Dasein führten, sind plötzlich durch die amerikanische Konkurrenz zu Boden geworfen. Waaren, die man neuerdings ausführt und auszuführen nach Lage der Fabrikation berechtigt erscheint, begegnen allerorten hohen Zollmauern, die sich nur abtragen lassen, wenn man Konzessionen macht.

Diese und hundert andere Veranlassungen genügen, um eine gründliche Durcharbeit des Tarifes zu rechtfertigen. Wird aber gleichzeitig die ganze Form des Tarifes modernisirt und abgeändert, so ist's natürlich vorzuziehen, man schafft einen neuen Tarif und bringt ihn durch Gesetzvorlagen zur verfassungsmässigen Genehmigung. Dieser Tarif wird insofern „autonom“ hergestellt, als das Ausland bei seiner Aufmachung nichts mitzureden hat. Aber er ist seinem Wesen nach nichts weniger als autonom. Freilich ist er bestimmt, in erster Linie die Interessen des eigenen Marktes zu schützen; aber seine Form und seine Sätze werden fortgesetzt und in allen Theilen beeinflusst durch die Erwägung: was werden wir mit diesem Tarif bei den Verträgen erreichen? Wie muss er gestaltet werden, damit er eine gute Grundlage für die Verhandlungen abgiebt? Wie werden sich die Vertragstarife zu ihm verhalten müssen? Er wird also von vornherein gearbeitet als künftiger Generaltarif im Gegensatze zu den zu gewinnenden Vertragstarifen.

Die Agrarier haben den neuen Tarif von ihrem Standpunkte aus mit Recht einen autonomen nennen wollen: sie wünschen in ihm in erster Linie hohe Getreidezölle vom Reichstage angenommen, unbekümmert darum, ob durch solche Aktion die folgende Vertragspolitik den Boden verliert. Diese Politik ist freilich eine autonome; aber sie ist weder die Politik der bis jetzt sehr schlau mit ihren Ansprüchen zurückhaltenden schutzzöllnerischen Hauptgruppe, noch die Politik der Regierung.

Es war richtig und anerkennenswerth, dass die Regierung die Interessenten nicht nur über die äussere Gestaltung des Schemas, sondern auch über die Höhe der Zollsätze befragt hat. Ich verweise auf die oben soeben angeführten Beispiele, welche zeigen, dass eine solche Befragung nöthig war. Allein in dieser Befragung lag auch eine Gefahr. Wenn man zufällig Interessenten hört, denen es aus irgend einem Grunde geschäftlich nicht gut geht, so liegt die Versuchung für diese Leute nach agrarischem Muster sehr nahe, durch die Forderung erhöhter Zölle eine Verbesserung ihrer Lage anzustreben. Die Sache sieht meist so einfach aus; man zählt die Zolldifferenz dem Preise der Konkurrenz zu und sieht vor sich ein glänzendes Geschäft. Ob es nachher wirklich so kommt, ist ja eine andere Frage. Der Schutzzöllner kann jedenfalls den Ausgang des Experimentes erst einmal abwarten. Darum, ob verwandte und andere Branchen die Folgen der von ihm befürworteten Maassregeln werden ertragen können, kümmert er sich nicht. Wohl aber hat sich die Regierung darum zu kümmern. Es ist nicht nur ihre Pflicht, sondern auch ihr schönes Vorrecht, auf einer höheren Warte zu stehen. Indessen für die Regierungsbeamten ist es in vielen Fällen unendlich schwer, ja oft sogar unmöglich, zu übersehen, welchen Schaden an anderer Stelle die Maassregel bringen kann; — wird sich doch die betroffene Stelle dessen häufig selbst erst zu spät bewusst! Es liegt zudem in der Natur der Sache, dass sich in erster Linie diejenigen herandrängen, denen es schlecht geht und die etwas haben wollen. Die aber, welche mit den Ergebnissen ihrer Arbeit zufrieden sind, bleiben abseits und ahnen nicht, dass ihnen unterdessen von Anderen die Grundlagen ihres Schaffens verrückt werden. Für die Regierung aber ist es deshalb so unendlich schwer, objektiv zu urtheilen und beide Interessen gegeneinander abzuwägen, weil es nicht leicht ist, wirkliche Vertreter beider Interessen zu finden. Man wird beim Reichsamt des Innern oft genug die Erfahrung gemacht haben, dass eine Ansicht, die nach dem Votum mehrerer Sachverständiger annehmbar erschien, sich später als falsch erwies, nachdem wenig mehr als ein Zufall einen anderen Experten neue, bisher noch nicht berücksichtigte Gesichtspunkte beibringen liess.

Ich finde die Gefahr der Befragung der Interessenten über die Zollhöhe vor Allem darin, dass diese Befragung sich meines Wissens allgemein über alle Branchen ausgedehnt hat. Hier handelte es sich keineswegs um Vorsetzung einer grossen Schüssel, aus der die Gerechtigkeit gebot, alle möglichst gleich mitessen zu lassen. Sondern es kam nur darauf an, gewisse Schäden auszubessern, — und unsere Interessenten sind heute klug genug und haben Vertrauen genug zur Regierung, um sich alsbald von selbst zu melden. Dann aber wird die Folge der Entgegennahme aller möglichen und unmöglichen Zollwünsche eine weitgehende Enttäuschung sein. Wie oft habe ich in der letzten Zeit von Interessenten hören müssen: „O, uns ist Alles zugesagt, was wir wünschen! Wir brauchen die Frage gar nicht mehr zu behandeln. Der Herr Geheimrath X. hat uns mit grosser Liebenswürdigkeit angehört und es ist Alles zu Protokoll genommen. Es ist Alles bewilligt." Machte ich nun diese Leute darauf aufmerksam, dass sich die Regierung doch nur über die Wünsche der Interessenten informiren wolle, dass zu einem Handelsvertrag zwei Kontrahenten gehörten und dass jetzt Niemand etwas bewilligen könne, dass das der Regierung deshalb gar nicht eingefallen sei, so erhielt ich zur Antwort: Ja, dies mag ja Alles ganz richtig sein; natürlich nimmt die Regierung das nur zwecks Unterrichtung auf. Aber man kennt da die Frage jetzt und weiss, dass der und der Zoll absolut nothwendig ist und da wird er auch durchgesetzt werden."

Da nun in der That nur ein kleiner Theil der vorgetragenen Wünsche realisirbar sein dürfte, da die Regierung, wenn sie weiter an die Arbeit geht, gar nicht einmal in der Lage sein wird, viele der gestellten Anträge auch nur für diskutirbar zu halten, so wird Zorn, Unwille und Enttäuschung die Folge sein, — sicherlich doch kein Ergebniss, das zu wünschen wäre. Es ist freilich leicht, auf diesen Fehler hinzuweisen, und es ist schwer, ihn zu vermeiden, wenn man sich aus Interessentenkreisen ausreichend informiren will.

Und leider ist die Zahl derer, die von der künftigen Aktion ohne Rücksicht auf die Anderen einen Vortheil durch Bewilligung von Schutzzöllen erwarten, auch in den Kreisen der Industrie ziemlich gross. Es ist fast niemals die ganze Branche, die da mitthut. Auch ich habe oft Sachverständige auf meinen Bureaux gehabt, die ganz bestimmte und wohlbegründete Wünsche vortrugen, — hinterher aber kam die Mehrzahl des gleichen Geschäftszweiges und nahm dagegen Stellung, so dass wir schliesslich die Vorsicht gebrauchten, jedes Gutachten noch 5 bis 10 Konkurrenten zu unterbreiten, ehe wir es weitergaben. Es ist unglaublich, welche egoistischen Motive da manchmal zu Tage treten. In einem Falle vertrat der Vorsitzende einer Fachvereinigung mit grosser Entschiedenheit die Nothwendigkeit einer exorbitanten Zollerhöhung. Seine Branchegenossen votirten anders, und wir konnten uns die Sache gar nicht erklären, bis plötzlich die Nachricht kam, dass der betreffende Herr den Vorsitz niedergelegt habe, weil er bankerott gemacht habe. So sind die Beweggründe für eine zollpolitische Stellungnahme der Interessenten sehr mannigfach, und die Meinung des Einzelnen muss stets mit Vorsicht aufgenommen und womöglich durch Konkurrenten nachgeprüft werden. Ein Anderes natürlich, wenn der Sachverständige nach Charakter und Denkungsart persönlich bekannt ist. Nur dürfte keine Bekanntschaft für alle Branchen ausreichend sein.

So hat denn diese thörichte Auffassung der Dinge Seitens der Interessenten der ganzen handelspolitischen Aktion Schaden gebracht und wird ihr noch grösseren Schaden bringen. Man hat, da man vielfach einsah, dass die Regierung nicht allen Zuckerbrod zutheilen könne und dass doch irgendwem die Wünschelruthe sich als unwirksam werde erweisen müssen, daran gedacht, die Regierung kalt zu stellen und dem Reichstage die Entscheidung über die einzelnen Zollsätze zuzuweisen. Zu diesem Zwecke hat man es bemängelt, dass dem Reichstage nur die Alternative bleiben sollte, die Verträge im Ganzen anzunehmen oder abzulehnen. Da es aber doch im Interesse der Geheimhaltung gegen das Ausland nicht möglich sei, die einzelnen Zollsätze öffentlich zu verhandeln, so sollte die Sache einer Spezialkommission überwiesen werden. Nach den Einen sollte der Reichstag zu Gunsten dieser Spezialkommission von seinen verfassungsmässigen Rechten abdiciren; nach Andern sollte er den Vertrag in geheimer Sitzung votiren, — unbekümmert um Artikel 22 der Verfassung, der da lautet: „Die Verhandlungen des Reichstages sind öffentlich". Sind doch um dieser Argumentationen und Vorschläge Willen schon ernsthafte Gutachten darüber erfordert worden, ob man von diesem Artikel 22 nicht loskommen könne!

Wunderbare Blasen, die da getrieben sind. Es entspricht der Stellung des Reichstages durchaus, dass er

Staatsverträge, welche die Regierung vorbehaltlich seiner Genehmigung geschlossen hat, annimmt oder ablehnt. Zum Abschlusse von Handelsverträgen können nur Sachverständige mitwirken, die besonders gewissermaassen technisch vorgebildet sind. Kein Abgeordneter bringt an sich dazu irgend eine Qualifikation mit. Es wäre schlimm um die deutsche Produktion bestellt, wenn sie keine besseren Sachverständigen besässe als diejenigen, welche zufällig der Reichstag besitzt. Was würde man gesagt haben, wenn sich das Plenum seiner Zeit mit den technischen Einzelheiten des Reichstagsbaues, der Stellung der eisernen Träger, der Wölbung und Tragfähigkeit der Bogen beschäftigt hätte? Der Reichstag hat sein Haus auch fertig aus der Hand des Baumeisters nehmen müssen, nachdem er den Plan genehmigt. Bei den Handelsverträgen ist diese Genehmigung aber an das Ende der Aktion gesetzt. Es kann lediglich darauf ankommen, dass das Parlament die Vertragspolitik der Regierung in ihren Grundzügen billigt; es hat der Regierung sogar eine Richtschnur gegeben im Zolltarifgesetz; ob im Allgemeinen von dieser Richtschnur zu viel oder zu wenig abgewichen ist, darauf kommt es an.

Alle diese zum Theil merkwürdigen Vorschläge indessen sind wohl gut gemeint. Bedenklich dagegen im höchsten Grade erscheint diejenige Forderung, welche aus dem Centrum der agrarischen Stellung hervorgegangen ist: die Forderung nach Errichtung eines Doppeltarifes, des sog Maximal- und Minimaltarifes. Es musste von vornherein auffallen, dass eine wirthschaftliche Partei in einem so rasch fortschreitenden Lande, wie Deutschland es ist, einen solchen Vorschlag zu dem ihren macht. Länder unseres industriellen Standes und unserer Finanzlage haben ein derartiges Experiment noch nie gemacht, und die Erfahrungen, die wir bei wirthschaftlich rückläufigen oder schwächeren Staaten sehen, regen zur Nachahmung doch nicht gerade an. Man fragt sich sofort: welch ein Nebenzweck verbindet sich mit diesem Vorgehen? Denn die Eigenschaften dieses Tarifsystems an sich rechtfertigen den Vorschlag nicht.

Nun, dieser Nebenzweck ist rasch genug zu entdecken. Wir wissen, dass die Landwirthschaft oder vielmehr nicht diese, sondern die agrarische Agitation, bei jeder handelspolitischen Aktion mit der Forderung erhöhter Getreidezölle aufgetreten ist. Bei den Verträgen von 1891—1894 ist sie mit ihren Ansprüchen zu kurz gekommen. Im Verlauf der Verhandlungen nämlich stellte sich heraus, dass bei unseren südlichen und östlichen Nachbarn die dringend erwünschten Konzessionen für die Industrie nur zu haben waren gegen eine Herabminderung der Getreidezölle, und dass ohne eine solche ein Vertrag überhaupt nicht zu Stande kam. Die Regierung entschloss sich angesichts dieser Sachlage nachzugeben und die Verträge unter dieser Bedingung zu schliessen. Der Reichstag billigte sie: er war damals noch nicht in der Majorität agrarisch wie heute. Gegenwärtig nun hat sich unsere Weltstellung bedeutend gehoben durch die Vergrösserung unseres Aussenhandels. Die Bevölkerung hat sich vermehrt, die Brotfruchterzeugung des Inlandes hat mit dieser Vermehrung nicht nur nicht Schritt gehalten, sondern ist procentualiter zurückgewichen. Die Nothwendigkeit einer Wahrung unserer internationalen Handelsbeziehungen ist viel näher gerückt, und trotz aller Konnivenz gegen den agrarischen Einfluss wird keine Regierung daran denken können, die Handelsverträge aufzugeben und agrarisch-autonom zu verfahren. Es steht vielmehr zu befürchten, dass zum mindesten die beabsichtigte Erhöhung der Zölle auf Gerste und Hopfen um des Zustandekommens eines Vertrages mit Oesterreich-Ungarn und die geforderte Erhöhung der Zölle auf Roggen und Weizen um Herstellung eines geordneten Absatzes nach Russland unterbleiben wird. Die Regierung wird gegenüber der öffentlichen Meinung und dem Reichstage, auf ihre Zwangslage bezw. ihre Pflicht für Erhaltung der Ausfuhr zu sorgen, hinweisen und — dem Reichstage Annahme oder Ablehnung der Vertragsentwürfe überlassen. Es kann dann aber kommen, dass die öffentliche Meinung der grossen Mehrheit des Volkes, insonderheit der Konsumenten, so lebhaft hervortritt und für die Nation das gute

Recht einer machtvollen Fortentwicklung in Anspruch nimmt, dass, wie schon bei anderen Gelegenheiten, der agrarische Reichstag nicht wagt, ablehnend zu votiren. Oder, thut er es, ist zu befürchten, dass das agrarische Prestige unter dem Eindruck der Folgen solcher Ablehnung völlig verloren geht und mit ihm die Herrschaft über das Parlament. Denn diese Herrschaft stellt sich ja nicht dar, als die Herrschaft der Meinung der Mehrheit der Nation, sondern als Ergebniss der Abkehr der besten Volkskreise vom parlamentarischen Leben und der Gleichgiltigkeit der Massen, die nicht bemerken, wie nahe sie die Handelsvertragscampagne angeht.

Da wäre denn guter Rath theuer, und da man trotz des ausgeübten Druckes eine zu grosse Selbständigkeit und Objektivität der Regierung fürchtet, da — schlägt man den Maximal- und Minimaltarif vor. Was soll dieser Tarif? Nun, er soll einfach von vornherein und unbemerkt das agrarische Schäflein ins Trockene bringen! Der Maximal- und Minimaltarif ist an sich ein Tarifsystem, über dessen Werth und Unwerth sich streiten lässt. Er hat für die Agrarier aber das vor allen anderen Tarifen voraus, dass er den Inhalt der Handelsverträge von vornherein festlegt und zwar festlegen lässt durch eine agrarische Mehrheit im Reichstage. Welche Sätze die Herren in den Minimaltarif einzusetzen wünschen, ist ja mählich bekannt geworden. Werden sie vom Reichstage angenommen, nun, so kann den Agrariern bei etwaigen Handelsverträgen nichts mehr passiren. Die gesetzmässige Grenze ist festgelegt: unter sie dürfen Getreidezölle nicht vertraglich hinabgesetzt werden. Und dass der Reichstag die Minimalsätze entsprechend normirt, dafür werden seine agrarischen Vertreter schon sorgen.

Wenn man sich die Eile, zu der die agrarischen Einflüsse die Regierung in den letzten Monaten bezüglich der Tariffrage angetrieben haben, bisher anders nicht erklären konnte: hier ist die Erklärung. Der neue Tarif in der agrarischen Doppelform soll möglichst zur Zeit dieses Reichstages — den Zufälle verscheuchen können und über dem ja all die Wochen vor Annahme der Flotte das Damoklesschwert der Auflösung hing —. als gewöhnliches Tarifgesetz angenommen werden. Der Kampf um seine agrarische Aufmachung kann ruhig entbrennen; denn einmal hat das Ausland zur Zeit noch nichts mit der Sache zu thun, dann aber kann er nur immer gewissermaassen theoretisch bekämpft werden, weil Vertragsverhandlungen und Angebote oder Ablehnungen der Fremden nicht vorliegen. Der theoretische Kampf, der im Reichstage vor sich gehen wird, wird zwar die gebildeten Kreise und die Industrie erregen, er wird aber keine elementare Bewegung der öffentlichen Meinung herbeiführen: und das ist's, was die Herren erreichen wollen. Daher die unerklärliche Vorliebe für diesen Tarif.

Angesichts der augenblicklichen Zusammensetzung des Reichstages bedeutet mithin die Vorlage eines Maximal- und Minimaltarifes nichts weniger als die Abdikation der Regierung gegenüber den agrarischen Ansprüchen bezüglich der Handelsverträge. Denn um diese allein dreht sich der Kampf. Bringt die Regierung heute ihrerseits einen solchen Tarifentwurf beim Reichstage ein, so wird er das Parlament als eine agrarische Mauer gegen das Ausland verlassen. Der Regierung aber werden die Hände gebunden sein. Meines Erachtens muss dieser Zusammenhang der Dinge klar übersehen werden und eine Regierung, welche einem Kaiser der Welthandels- und Grossmachtspolitik dient und welche mit so grosser Mühe und so rühmlichem Fleisse an die Vorbereitung der Verträge gegangen ist, kann keinen Augenblick darüber im Zweifel sein, dass eine solche Kapitulation vor der agrarischen Agitation ihr eine Verantwortlichkeit auferlegt, welche sie nicht tragen kann. Es hiesse das zudem, die ganze bisherige Vorbereitung fortwerfen. Denn von Verhandlungen mit dem Auslande kann nach Annahme eines agrarischen Tarifes eben nur so weit die Rede sein, dass es einer Vorbereitung kaum bedarf

Ich will nicht verfehlen neben diesem ausschlaggebenden, auch weitere sachliche Bedenken anzuführen, welche gegen die Erstellung des Maximal- und Minimaltarifes zu erheben sind. In den vorhergehenden Kapiteln habe ich mich bemüht, den Nachweis zu erbringen, dass unsere Zollpolitik sich versuchen muss, der Entwicklung der Produktion zur Spezialisirung zu folgen und diese Entwicklung zu fördern. Aus diesem Grunde habe ich mich entschlossen, für eine so schwer wiegende Maassregel, wie es die Zurückstellung und theilweise Ausschaltung der Meistbegünstigung ist, zu plaidiren: die Meistbegünstigung generalisirt und ist deshalb als in gewisser Richtung hemmend zu verwerfen. Ganz das gleiche Argument spricht gegen Einführung eines Maximal- und Minimaltarifes. Er spezialisirt nicht, sondern generalisirt ebenfalls und er generalisirt ebenso unliebenswürdig und abstossend, als die Meistbegünstigung liebenswürdig und verbindend. Zehnmal lieber sehe ich das alte System mit den beschränkten Nachtheilen der vollsten Meistbegünstigung erhalten, als das des Doppeltarifes eingeführt. Der Maximaltarif entspricht unserem Generaltarife; der Minimaltarif stellt sich dar als die schematische Anwendung des gleichen Vertragstarifes für alle Vertragsländer bezw. als die schematische und sinnlose Gewährung der Meistbegünstigung an alle Gegenkontrahenten. Und dieselben Leute, welche die Meistbegünstigung bis aufs Messer bekämpfen, treten mit aller Autorität für den Minimaltarif ein. Warum? Die Erklärung ist oben gegeben; sie liegt eben in der Politik und nicht in der Sache. Ist es aber das schöne Vorrecht der Regierung, die allgemeinen Gedanken den Ansprüchen egoistischer Gruppen gegenüber hochzuhalten, so muss sie sich an dieser Stelle wiederum sagen: es ist unmöglich, dass ich unlogisch verfahre und Maassregeln meine Zustimmung ertheile, welche ihrer inneren Natur nach der Entwicklung zuwiderlaufen, welche zu fördern meine Aufgabe ist.

Ich habe oben darzulegen versucht, wie es nothwendig geworden sei, mit den Ländern unsere Konkurrenz fein durchgearbeitete Reziprozitäts- bezw. Tarifverträge abzuschliessen. Es liegt auf der Hand, dass man dieser Aufgabe nach Annahme des starren Doppeltarifes nicht gerecht werden kann. Giebt doch dieser Tarif überhaupt für jede

Verhandlung die ungünstigste Position. Wenn ich als Kaufmann handeln soll und der Gegner weiss vorher ganz genau, wie weit er bei mir auf Konzessionen rechnen darf und dass er diese Konzessionen in bestimmter Form und bestimmtem Umfange erhalten muss, ganz gleich welches Maass seine Gegenkonzessionen erreichen — es sei denn, es käme überhaupt kein Vertrag zu Stande, — er müsste ja ein Thor sein, wenn er diese Lage nicht ausnützen wollte. Das ist gleichmässig so, ob es sich nun um Gewährung des ganzen Tarifes oder um einzelne Positionen handelt.

Aber die Sache kann sogar eine komische Wendung nehmen: so zwar, dass wir für Gewährung unseres Minimaltarifes nichts Besseres und Grösseres erlangen könnten als — die Meistbegünstigung! Denn erlangen wir nur Konzessionen in einzelnen Sätzen, so ist die Meistbegünstigung dem jedenfalls vorzuziehen: geben wir doch mit dem Minimaltarif auch nichts Anderes. Was würden wir denn beispielsweise von England anderes erlangen können? Welche Ironie des Schicksals, wenn durch solches agrarische Vorgehen das System der Meistbegünstigung zu neuen ungeahnten Ehren käme!

Wer Konzessionen braucht und deshalb Konzessionen machen will, der wird gern in Verhandlungen eintreten. Weiss er aber schon zum Voraus, dass Vieles, wonach er strebt, de lege von vornherein unmöglich zu erlangen ist, so wird seine Bereitwilligkeit sehr gering werden. Das System des Doppeltarifes ist mit dem System der Handelsvertragspolitik im modernen Sinne nicht verträglich, sondern es enthält entgegengesetzte Tendenzen. Wer sich abschliessen will und nur Ventile öffnen, wo es unbedingt nothwendig ist, der wird hierbei auf seine Rechnung kommen: das aber ist der Grundgedanke der agrarischen Handelspolitik.

Fragen wir uns einmal, was bringt denn der Minimaltarif? Nun, seine Vortheile potenziren sich in der Sicherheit, dass die fremde Einfuhr über die durch ihr gesteckte Grenze für die Zeit seiner Giltigkeit ohne weiteres nicht ausgedehnt werden kann. Haben wir eine solche Sicherheit nöthig? Sind wir nicht in vorwärtsschreitender Entwicklung begriffen? Können wir nicht unseren Schutz durch einen einfachen Zollsatz an rechter Stelle festlegen? Wozu ein System, welches für die wirthschaftlich Schwachen wirkt wie eine Glasglocke, unter der die Pflanze ein weichliches, aber gesichertes Dasein führen kann, im Wachsthum von vornherein limitirt? Sind wir nicht wirthschaftlich stärker, wie die meisten unserer Konkurrenten? Fühlen wir uns nicht kräftig genug, allen Angriffen die Spitze zu bieten? Fürwahr, wir haben laufen gelernt und bedürfen der Krücken nicht, die uns agrarischer Egoismus in die Hand drücken möchte, damit wir uns den langsamen Gang des Hinkenden angewöhnen!

Sehen wir doch einmal zu, was für Erfahrungen man an anderen Orten mit dem Maximal- und Minimaltarif gemacht hat. Wer hat ihn eingeführt? Da ist zunächst Griechenland, das ihn im Jahre 1896 votirte: aber der griechische Doppeltarif war eigentlich kein Maximal- und Minimaltarif, denn sein Minimaltarif wurde nur in einzelnen Theilen autonom festgelegt, ein nicht unbeträchtlicher Theil aber repräsentirte mit Vertragsstaaten vereinbarte Sätze. Das war also eine Mischung von Minimal- und Konventionaltarif. Sollte die griechische Handelspolitik wohl für Deutschland vorbildlich werden? Aehnlich erging es Spanien, das im Jahre 1892 — man erinnert sich der wirthschaftspolitischen Wirren in jenem Lande, der Ablehnung des mit Deutschland vereinbarten Handelsvertrages durch das Parlament — den Doppeltarif einführte; es machte aber gleich von vornherein ein Loch in das System, indem es erklärte: der Minimaltarif ist nicht unantastbar; wenn mir Jemand Konzessionen macht, bin ich bereit, noch weiter herunter zu gehen. (Nur Alkohol und Sprit blieben ausgenommen.) Im Jahre 1893 kam Russland, das den Minimaltarif als Norm aufstellte und als Maximaltarif eine Art von Zollzuschlägen einführte. Aber schon in kurzer Zeit wurde das System verlassen und mit Frankreich ein Vertrag vereinbart, der die Minimalsätze für eine Reihe von Artikeln fallen liess. Am längsten hat sich der Doppeltarif in Frankreich gehalten. Aber er hat dieses Land alsbald in Zollkriege mit Italien und der Schweiz verwickelt und als am 1. August 1893 der Friedensschluss mit letztgenanntem Lande kam, war das schöne System wiederum durchlöchert. Die Einfuhr von der Schweiz nach Frankreich fiel vom Jahre 1892 bis 1894 von 179255561 frcs. auf 110251969 frcs. (1890 betrug sie noch 226134855), die Ausfuhr dorthin von 102545981 frcs. auf 73043608 frcs. (1890 betrug sie noch 123523730 frcs.). Der Jahresbericht des Schweizer Zolldepartements vom Jahre 1894 charakterisirt die Situation, über die er sich schon in früheren Jahrgängen unter Hinweis auf den französischen Minimaltarif in ähnlichem Sinne ausgelassen hat, auf S. 36 mit dem Satz: „Die Verdrängung Frankreichs vom schweizerischen Markte hat bei den meisten in Betracht kommenden Hauptartikeln noch weitere Fortschritte gemacht . . .“ Gerade seit Einführung dieses Systems in Frankreich aber hat der deutsche Export in der Schweiz, in Italien und an anderen Stellen ausserordentlich an Boden gewonnen. Sind das Ermunterungen, um hinzugehen und desgleichen zu thun? Kann die wirthschaftliche Lage der hier angeführten Länder mit der Deutschlands überhaupt verglichen werden? Im gleichen Grade, in welchem wir den Ländern unseres Wettbewerbes überlegen sind, würden wir dieses System als beengende Fessel empfinden, die unsere Aktionskraft lähmt und bricht. Den Gegner aber zu binden, daran hat nur der Schwache ein Interesse.

Wie lange würde es dauern, und wir wären gezwungen, das unheilvolle System zu durchbrechen. Neue Verhandlungen, neue Beunruhigungen müssten kommen. Jetzt unterscheiden wir Verbindungen mit Ländern mit Konventionaltarifen und mit reiner Meistbegünstigung. Die Vertragslosigkeit ist selten. Hernach soll es Länder mit Maximaltarif geben, solche mit Minimaltarif, solche, die meistbegünstigt sind und solche, für die der Minimaltarif durchlöchert ist. Welche Buntheit der Erscheinungen. Und das soll für uns einen Fortschritt bedeuten und für unsere Unterhändler die Uebersichtlichkeit erhöhen? Ich glaube aber, dass unsere Unterhändler nach ihrer guten Vorarbeit wohl befähigt sein werden, unser Interesse auch ohne die Schablone des Minimaltarifes wahrzunehmen.

Unser Tarif von 1879 bedarf einer Revision. Diese Revision soll weder im freihändlerischen, noch im schutzzöllnerischen Sinne erfolgen, sondern sie soll eine sachliche sein, die der gegenwärtigen Weltlage vernunftgemäss Rechnung trägt. Diese Weltlage lässt aber für Deutschland keine andere Politik erkennen, als die der Behauptung und des Fortschreitens auf dem Weltmarkt. Das ist die Politik der Sicherung unseres Absatzes, d. h. die Politik der Handelsverträge. Wir können demgemäss nur ein Tarifsystem adoptiren, welches der Handelsvertragspolitik Vorschub leistet. Ein solches aber ist das System des Doppeltarifes ganz und gar nicht.

Schlusswort.

Während des Druckes dieser Arbeit geht mir die neuste Nummer der Wiener „Volkswirthschaftlichen Wochenschrift“ vom 5. Juli 1900 zu. Sie enthält in einem „Zollfragen“ überschriebenen Artikel Ausführungen über das Verhältniss Deutschlands zu Russland und den Vereinigten Staaten. Ich kann mir nicht versagen, folgende Sätze hier wiederzugeben.

„. . . Es ist vielleicht ein Fingerzeig für die Taktik, die bei unseren (d. h. österreichischen) Vertragsverhandlungen zu beobachten sein wird, dass man deutscherseits besonderen Werth auf ein freundschaftliches Verhältniss mit Russland legt, d. h. es als dringend wünschenswerth erklärt, dass Deutschland dem russischen Reiche bei der Erhöhung seiner Getreideausfuhr nach Deutschland hilfreich zur Seite stehe, zumindest die innerhalb Deutschlands bestehenden Hindernisse, hauptsächlich tarifpolitischer Natur, forträume und Erleichterungen gewähre, welche den Vorsprung des amerikanischen Wettbewerbes ausgleichen. Auf der einen Seite steht Amerika, das in rücksichtsloser Weise die Handelsverträge verletzt und in Folge der fortgeschrittenen Technik nicht nur als lohnendes Absatzgebiet verloren geht, sondern auch noch als Gegner auf allen Märkten der Welt auftritt und schliesslich Deutschland selbst mit seinen industriellen und landwirthschaftlichen Erzeugnissen überschwemmt. Auf der anderen Seite ist Russland, das die Handelsverträge loyal gehalten hat und auf Menschenalter hinaus ein guter Abnehmer, aber kein Konkurrent für die industriellen Erzeugnisse Deutschlands werden wird . . .“

Man wolle aus diesem Citat ersehen, dass meine Beurtheilung der handelspolitischen Lage u. s. w., wie sie sich zu den beiden grossen Hauptländern gestaltet, im Auslande, also doch an objektiver Stelle, getheilt wird. Die obenstehenden Ausführungen scheinen dem an das Handelsministerium erstatteten Gutachten des niederösterreichischen Gewerbevereins entnommen.

Ich möchte indessen nicht missverstanden sein: ich würde es mit Freude begrüssen, wenn es uns gelänge, mit den Vereinigten Staaten einen Handelsvertrag abzuschliessen, der eine einigermaassen entsprechende Ausdehnung unserer Ausfuhr dorthin gestattet. Bisher aber haben die Vereinigten Staaten das Zustandekommen eines solchen Vertrages verhindert bezw. von sich gewiesen. Die endliche, soeben stipulirte Gewährung der vollen Meistbegünstigung bedeutet zwar einen Fortschritt innerhalb des heutigen Systems, dann aber für das künftige nur wenig in Betracht kommen. Die Hauptmasse unserer Beschwerden bleibt bestehen und entsprechende Einsicht scheint drüben noch immer nicht Platz zu greifen. Angesichts dieser Thatsache aber müssen wir uns sagen, dass ein Fortbestand des bisherigen Verhältnisses unserer nicht würdig, ja sogar für uns gefahrbringend ist, dass wir aber nicht wehrlos sind, wie man bisher in vielen Kreisen anzunehmen geneigt war, sondern dass wir im Stande sind, uns hier in Europa eine vorzügliche Rückendeckung zu schaffen und auf Grund dieser denen jenseits des Ozeans Gleiches mit Gleichem zu vergelten. Giebt eine solche Aktion zugleich eine Handhabe dafür, noch ein letztes Experiment mit Differenzirung einer grossen Cerealien-Einfuhr zu machen, — um so besser; wir müssen mit den landwirthschaftlichen Freunden solcher Maassregeln die Wirkung abwarten.

Wenn ich im Uebrigen bestrebt gewesen bin, eine Reihe von Vorschlägen für die künftige Tarifgebahrung zu vertreten, so darf ich wiederholt auf die Ausführungen meiner Einleitung zurückweisen: ich gebe diese Vorschläge nicht für fertig aus, halte sie aber gleichwohl für geeignet, der nothwendigen öffentlichen Diskussion über diese Fragen fruchtbare Anregungen zu geben. Ich habe mich auf Grund meiner Studien und Erfahrungen auf diesem Gebiete darauf zurückgezogen, dass die Meistbegünstigung zurückzusetzen, dass statt dessen Tarifverträge abzuschliessen seien; dass die Meistbegünstigung jedenfalls den Vereinigten Staaten möglichst bald entzogen werden müsse und dass diesen gegenüber bei weiterer hartnäckiger Ablehnung eines Vertrages Differenzirung Platz zu greifen habe. Ich habe auch zugegeben, dass die Landwirthschaft staatlicher Hilfe bedürfe und habe diese nur bei der Zollpolitik, insbesondere gegen Russland und Oesterreich-Ungarn abgelehnt. Auch habe ich behauptet, dass der Tarif von 1879 in seinen Grundzügen richtig sei und dass es Produktionszweige gäbe, die zur Zeit einer weiteren Ausgestaltung dieses Tarifes bedürften. Es sind dies Alles Betrachtungen, die von agrarischer Seite in ähnlichem Tenor angestellt und als Forderungen erhoben werden. Ich bin mir dessen sehr wohl bewusst. Aber ich bin auch überzeugt davon, dass eine gegenseitige Annäherung auf streng sachlicher Basis geboten ist. Wenn ich aber ausgeführt habe, dass der innere Widerstreit zwischen Agrariern und Industriellen Kräfte gelöst habe und nicht schwächend, sondern stärkend auf unser wirthschaftliches Leben gewirkt habe, so habe ich dabei gleichzeitig der Ueberzeugung Ausdruck gegeben, dass dieser Widerstreit sich nach Aussen hin niemals fortpflanzen würde und dass eine Vereinigung der wachgewordenen Kreise zum Besten der Nation gefunden werden müsse. Die Hoffnung darauf habe ich auch heute noch nicht aufgegeben. Mässigung hüben und drüben muss Platz greifen, und zwar in umso grösserem Umfange, je näher der Termin heranrückt, der die Entscheidung bringen soll.

A. W. Hayn's Erben, Berlin und Potsdam

Schriften

der

Centralstelle für Vorbereitung

von

Handelsverträgen.

15. Heft.

Bericht über die dritte ordentliche Generalversammlung.

Berlin 1901.
J. Guttentag, Verlagsbuchhandlung,
G. m. b. H.

Bericht

über die

Dritte ordentliche Generalversammlung

der

Centralstelle für Vorbereitung von Handelsverträgen

zu

Berlin

am 22. Januar 1901.

Berlin 1901.
J. Guttentag, Verlagsbuchhandlung,
G. m. b. H

Der Vorsitzende, Herr **Dr. C. A. Martius**-Berlin, eröffnet die Sitzung um $9^1/_2$ Uhr, begrüsst die Versammlung und ertheilt dem Direktor das Wort zur Erstattung des

Jahresberichts.

Dr. Vosberg-Rekow: Meine Herren! Bevor ich meinen Bericht über die Geschäftsführung der Centralstelle während des Vorjahres beginne, gestatten Sie mir, dass ich wiederum in einigen Worten das Milieu skizzire, innerhalb dessen sich unsere Arbeit vollzogen hat, d. h. über die handelspolitische Lage mich kurz ausspreche.

Gegen die gleiche Periode des Vorjahres erscheint auch heute die innerpolitische Situation noch nicht geklärt. Wir erblicken dieselbe nervöse Hast gewisser Produktionskreise, sich und ihre handelspolitischen Wünsche in den Vordergrund zu schieben und der Regierung um des Vaterlandes willen als ein noli me tangere zu empfehlen. Andere Kreise wiederum halten sich auch heute noch fern von einer Antheilnahme an diesen hochwichtigen Vorgängen der inneren Politik und verlieren für Wahrnehmung ihrer Interessen eine Zeit, die unwiederbringlich dahingeht. Auch bei der Regierung selbst hat während des Berichtsjahres noch nicht ein folgerichtiger und festbegründeter Kurs konstatirt werden können. Von der Parteien Hass und Liebe berührt, gedrängt und oft in Verlegenheit gebracht, haben unsere Minister der Oeffentlichkeit gegenüber nicht immer diejenige Geschlossenheit gezeigt, welche ein Vertrauen auf eine wohldurchdachte und festbegründete, einsichtige und beruhigende Handelspolitik gewährleisten könnte. Erst in neuester Zeit gewinnt es den Anschein, als sei auch an dieser Stelle, wenn nicht völlige Klarheit der Ziele, so doch wenigstens eine gewisse Einheitlichkeit des Strebens eingetreten.

Dennoch ist innerhalb dieses Widerstreits der politischen Meinungen und der materiellen Begehrlichkeit von den Behörden des Reiches werthvolle Arbeit geleistet worden Ich habe hier vor Allem die Thätigkeit des Reichsamts des Innern im Auge, welche auf Grundlage der schon im Vorjahre besprochenen vorzüglichen Arbeiten des Reichsschatzamtes eine Sachverständigen-Vernehmung in Scene gesetzt hat, wie sie so planmässig, wohldurchdacht und mit Objektivität durchgeführt, noch niemals in Deutschland gesehen worden ist. Freilich hat man bei Beurtheilung dieser Thatigkeit gleichzeitig eine Kritik des wirthschaftlichen Ausschusses nicht unterlassen können: welchen Sinn es eigentlich haben kann, die Ergebnisse der daselbst gepflogenen Verhandlungen geheim zu halten, ist unerfindlich. Es ist ja richtig, dass diese Ergebnisse nichts weniger als endgiltige sind, und dass noch so manche wichtige Zwischeninstanz hier ein Wort mitzureden hat, ehe der Reichstag über den neuen Tarif sein letztes Wort spricht. Allein wir sehen, dass die Geheimhaltung der bisherigen Verhandlungen die Gemüther nicht beruhigt, sondern eher erhitzt hat. Wir neigen deshalb der Annahme zu, dass es besser gewesen wäre, schon bei dieser Gelegenheit im Interessentenpublikum die Geister aufeinanderplatzen zu lassen — heute, wo durch den dabei verursachten Lärm noch keine Verhandlung mit auswärtigen Mächten gestört oder beeinträchtigt werden kann. Es ist klar, dass sich die Regierung nach Lage der Dinge durch dieses Verhalten in dem Augenblicke eine grosse Anzahl Gegner geschaffen haben wird, in welchem deutlich zu Tage tritt, dass die beim Reichsamte des Innern in den Protokollen niedergelegten Wünsche nur zum kleinsten Theile auf Erfüllung zu hoffen haben werden. So, wie sich die Situation nämlich bisher entwickelt hat, kann man wahrnehmen, dass diejenigen Sachverständigen und ihre Umgebung, welche beim wirthschaftlichen Ausschusse vernommen worden sind, dieses Gremium mit der Ueberzeugung verlassen haben, dass in der Protokollirung ihrer Wünsche eine Vorentscheidung der Regierung zu finden sei.

Die Angriffe, die im Uebrigen der wirthschaftliche Ausschuss nach der Richtung erfahren hat, als würde bei ihm nicht sachlich, sondern unter parteipolitischen Gesichtspunkten gearbeitet, können einem ruhigen Urtheile gegenüber kaum standhalten. Soweit man die Decke des über diese Dinge gebreiteten Geheimnisses gelüftet hat, ist deutlich zu erkennen, dass die Beamten des Reichsamtes des Innern es an dem Bestreben, objektiv zu verfahren, zu hören und zu lernen, nicht haben fehlen lassen. Wir haben deshalb keine Veranlassung, es zu bedauern, wenn wir hören, dass auch unsere Vertretung im wirthschaftlichen Ausschusse bei solchen Arbeiten in hervorragender Weise sich betheiligt hat. Soweit der wirthschaftliche Ausschuss eine Stelle war, welche sachverständige Urtheile abgegeben und Sachverständige zur Vernehmung herangezogen hat, ist seine Thätigkeit sicherlich zu begrüssen. Sollte man freilich in diesem eigenthümlich zusammengesetzten Kollegium über grundlegende Fragen der Handelspolitik eine Abstimmung beliebt haben, so müssten auch wir den Werth solcher Voten als ausserordentlich bedenklich bezeichnen. Was das allgemeine Verständniss für handelspolitische Thätigkeit der zuständigen Stellen im Lande angeht, so ist es während des Jahres 1900 offenbar nur sehr langsam gewachsen. Dass Grundfragen der zolltechnischen Systematik, wie die Frage des Doppeltarifes, zu Schlagworten einer grossen Menge von Interessentengruppen geworden sind, welche sicherlich von dem Werth und Inhalt dieser Dinge wenig oder garnichts verstehen, kann man nur als sehr bedauerlich bezeichnen. Die Aufklärung, welche wir und andere Korporationen in diesen Fragen zu verbreiten versucht haben, hat gegenüber den festen Parteischablonen nicht überall willige Aufnahme gefunden. Zu bedauern ist, dass bisher auch die sog. fachmännische Wissenschaft gerade diesen Problemen gegenüber eine bedenkliche Negation gezeigt hat und dass insbesondere angesichts der Nähe des Zeitpunktes für die Erneuerung der Handelsverträge die wichtige Frage der Meistbegünstigung noch nicht ausgiebig und über den Rahmen des doktrinären und phrasenhaften Gebrauches hinaus erörtert worden ist.

Bemerkenswerth erscheint es, dass auch das Ausland nunmehr handelspolitisch in Bewegung gerathen ist. Freilich gereicht eine solche Bewegung unseren eigenen Vertragsvorbereitungen nicht überall zum Vortheile. Uebertreibungen, die auf unserer Seite beliebt worden sind, haben an einzelnen Stellen im Auslande bedauerlicherweise bereits Gegenbewegungen hervorgerufen, welche nicht geeignet erscheinen, den Abschluss der Handelsverträge zu erleichtern. Es haben beispielsweise die Baumwollgarnspinnereien keine rühmliche Bescheidenheit gezeigt: der Erfolg ist der, dass gegenwärtig in England, Schottland und der Schweiz Bestrebungen in Fluss gekommen sind, welche sich auf direkte Bekämpfung der Wünsche der Schutzzöllnergruppen richten. Auch ist es sicher nicht unbedenklich, dass jüngst von agrarischer Seite das schwierige Problem der inneren Frachttarifpolitik schon jetzt in den Bereich der politischen Erörterungen hereingezogen worden ist. Ich meine den Antrag Klinkowström und Genossen auf die Ausgestaltung der ostpreussisch-russischen Eisenbahnfrachten und auf die Verstaatlichung der ostpreussischen Südbahn.

Als bedauerlich muss es sodann bezeichnet werden, dass angesichts der preussischen Kanalvorlage die handelspolitische Seite der Binnenschiffahrtsfrage so wenig geklärt und in den Kreis der öffentlichen Betrachtung gezogen worden ist, dass es den Agrariern immer noch möglich wird, mit althergebrachten, deshalb aber nicht weniger unrichtigen Argumenten gegen eine Fortentwickelung auf diesem Gebiete anzugehen. Der Grund hierfür liegt meines Erachtens darin, dass die preussische Staatsregierung noch immer keine klare Einsicht in das Verhältniss erlangt hat, unter dem die wirthschaftliche Bedeutung der grossen Wasserstrassen von der technischen zu scheiden ist. Die wirthschaftlichen Motive zu den betreffenden Vorlagen sind merkwürdiger Weise fast ausschliesslich von technischen Beamten ausgearbeitet worden; auch die in der Presse und durch der Regierung nahestehende Körperschaften bewirkte Vertheidigung liegt nur an wenigen Stellen in wirklich sachverständigen Händen. Es war der Zentralstelle bei der Fülle ihres Arbeitsmaterials und angesichts der ihr von der Mitgliedschaft jeweilig zugegangenen Aufgaben leider nicht möglich, dieser und anderen allgemeineren Fragen der Handelspolitik grösseres Interesse und grössere Arbeitskraft zuzuwenden.

Gegen das Vorjahr befinden wir uns offenbar in der Zeit einer wirthschaftlichen Baisse. Ich bin der Ansicht, dass diese Baisse zwar noch eine geraume Weile anhalten, dass sie sich aber nicht zu einer handelspolitischen Krisis vertiefen wird; wenigstens nicht für uns in Deutschland, die wir trotz der etwas überhitzt emporgetriebenen Entwickelung der letzten Jahre doch mit unserer werkthätigen Arbeit auf einer breiten und gesunden Grundlage ruhen. Eine wohlthätige Wirkung aber hat diese Baisse bereits gezeitigt: in den Kreisen des Handels und der Industrie ist man aufs Neue inne geworden, dass es für die Abwehr agrarischer Ansprüche einer systematischen Arbeit bedarf und dass für diese Arbeit ein agitatorisches Werkzeug geschaffen werden müsse. Dieses Werkzeug erblicken wir in dem neubegründeten Handelsvertragsverein, mit welchem uns der Natur der Sache nach ein gutes, freundnachbarliches Verhältniss verbindet. Wir können diesem Verein nicht auf allen seinen Wegen folgen, weil rein politische Arbeit, wie er sie zu leisten hat, von unserer mehr objektiven und sachlichen Arbeit grundsätzlich und qualitativ verschieden ist und verschieden bleiben muss. Dennoch haben wir es für nothwendig gehalten, auch äusserlich die gemeinsame Grundlinie anzuzeigen, indem Angehörige unserer Verwaltung und unserer Organisation ihre Mitwirkung dem neugeschaffenen Apparate nicht versagt haben.

Was nun unsere Thätigkeit im vergangenen Jahre angeht, so hatte sie sich in erster Linie im Anschluss an die bezügl. Arbeiten des Reichsamts des Innern und des Reichsschatzamtes der Vorbereitung des neuen deutschen Zolltarifs zuzuwenden.

Es ist Ihnen bekannt, dass zu Beginn des vergangenen Jahres vom Reichsschatzamt ein Entwurf einer neuen Anordnung des deutschen Zolltarifs der Oeffentlichkeit übergeben wurde. Die Frage der Zollsätze für die einzelnen Positionen war offen gelassen, es handelte sich nur um die Aufstellung eines neuen Tarifschemas. Unsere letzte Generalversammlung nahm Anlass, eine aus den verschiedensten Branchen zusammengesetzte besondere Kommission zur Prüfung des Entwurfs einzusetzen, die mit dankenswerther Sorgfalt und Gründlichkeit ihrer Aufgabe nachgekommen ist. Die Resultate ihrer Arbeit haben wir in zwei umfangreichen Eingaben dem Herrn Reichskanzler unterbreitet, der uns dafür in einem besonderen Schreiben seinen Dank aussprach, Prüfung und, soweit thunlich, Berücksichtigung in Aussicht stellte. Die erste Eingabe befasste sich mit den allgemeinen bezw. formalen Gesichtspunkten und machte unter eingehender Begründung eine Reihe von Abänderungsvorschlägen. Insbesondere benutzten wir die Gelegenheit, um auf die Ungleichheit der Tarifschemata bei den verschiedenen Ländern hinzuweisen, die aus den verschiedensten Gründen als schwerer Uebelstand erscheint. Die Nachtheile des jetzigen Zustandes bestehen zunächst darin, dass die Zollsätze und Positionen verschiedener Tarife sich ihrer wirthschaftlichen Bedeutung nach häufig schlecht vergleichen lassen, dass sich in Folge dessen die Vertragsverhandlungen erheblich kompliziren und erschweren, dass sich bei vielen Artikeln keine einheitliche und gerechte Zollbehandlung erzielen lässt, weil die Positionen verschieden lauten, unter die sie innerhalb der einzelnen Zolltarife subsumirt werden.

Der grösste Nachtheil ist aber die fast durchweg zu konstatirende Unvergleichbarkeit der Aussenhandelsstatistik der einzelnen Staaten, deren Einzelnummern mit den einzelnen Positionen der jeweiligen Zolltarife mehr oder weniger zu korrespondiren pflegen. Die für handels- und zollpolitische Darlegungen und für die Begründung einschlägiger Anträge unbedingt erforderliche Heranziehung der Statistik des internationalen Waarenverkehrs ist dadurch in vielen Fällen so gut wie ausgeschlossen.

Auf die Beseitigung dieses Zustandes muss hingewirkt werden. Wir betonten, dass sich gegenwärtig, wo in den meisten bedeutenderen Weltmarktsstaaten emsig an der Vorbereitung der neuen Handelsverträge gearbeitet wird, eine für lange Jahre nicht wiederkehrende Gelegenheit bietet, internationale Verhandlungen über die hier in Rede stehende Frage einzuleiten. Wir hoben hervor, dass es schon mit Genugthuung zu begrüssen sein würde, wenn es gelänge, wenigstens die Hauptabschnitte und ihre Unterabtheilungen mehr oder weniger identisch zu fassen.

Eine weitere Forderung, die wir stellen zu müssen glaubten, betraf die Mitveröffentlichung der Motive. Das Fehlen solcher im vorliegenden Entwurf hatte sich bei unseren Berathungen über denselben auf Schritt und Tritt als höchst empfindlicher Mangel erwiesen, weil in zahlreichen Einzelfällen nicht festgestellt werden konnte, ob der von der Regierung festgestellte Wortlaut auf Zufall oder Absicht beruhte und ob bestimmte Wünsche aus Interessentenkreisen dabei bereits in Rechnung gezogen waren, ja weil theilweise selbst der Sinn dessen, was man auszudrücken beabsichtigt hatte, nicht klar und unzweideutig aus dem Wortlaut hervorging.

Als dringend wünschenswerth bezeichneten wir endlich, eine endgültige Feststellung des neuen Zolltarifschemas nicht eher vorzunehmen, bis die betheiligten Kreise in der Lage gewesen wären, es an der Hand eines neuen amtlichen Waarenverzeichnisses nachzuprüfen. Wiederholt hatte sich bei den Berathungen ergeben, dass die Frage, ob der vorliegende oder der von den Interessenten in Vorschlag gebrachte Wortlaut zweckmässig und ausreichend sei, ohne

Rückgriff auf das zu schaffende amtliche Waarenverzeichniss gar nicht beantwortet werden konnte.

In unserer zweiten Eingabe zum Zolltarifschema haben wir die Darlegungen der ersten ergänzt, indem wir auf einzelne Abschnitte und Positionen näher eingingen und speziellen Wünschen bestimmter Branchen Ausdruck gaben. Zur Sprache gebracht und vertreten haben wir die Anträge der verschiedensten Branchen, so vor Allem der chemischen Industrie. Im speziellen kamen in Betracht: Anilin und Anilinsalze, natürliches und künstliches Ultramarin, Gelatine, Zylinderlack, Hausenblase, Weinstein, Bleiglätte, Bleimennige, Bleiweiss, Zinkoxyd, Lithozone, Zinnoxyd, Nitrit, Glaubersalz, Schwefelnatrium, Antichlor, Chlorbarium. Der neue Entwurf, hatte zwar bei den Produkten der chemischen Industrie dem dringenden Bedürfniss grösserer Spezialisirung Rechnung getragen; es musste jedoch zweifelhaft erscheinen, ob der grösseren Spezialisirung auch das technische Verständniss des Zollbeamten gerecht werden könnte. Wir regten deshalb an, in umfassender Weise das Tarifschema durch Anmerkungen zu ergänzen, welche dem Zollbeamten die Unterscheidung der einzelnen Artikel erleichtern.

Zur Sprache gebracht und vertreten haben wir ferner Anträge der Düngerfabriken, der Rosshaarspinner, der Baumwollgarn-Konsumenten, der Trikotfabrikation, der Papier-Schuhwaaren-, und Strohhutbranche, der Kinderspielzeug- und Blechwaarenfabrikation, ferner Anträge betr. die Behandlung von Spitzen aus Seide, von Kragen, Manschetten und Vorhemden, von Putzwaaren, Flechtwaaren, Schmirgelscheiben, Thon- und Glaswaaren, Akkumulatoren, Economisern, Radiatoren und Stahlflaschen u. s. w.

Eine Reihe von Anträgen wurde erst so spät bei uns eingereicht, dass sie in den Eingaben keine Erwähnung finden konnten. Wir werden dieselben zur Sprache bringen, sobald der definitive Entwurf des Zolltarifs zur Veröffentlichung gelangt.

Auch durch mündliche Verhandlung mit den maassgebenden Persönlichkeiten des Reichsschatzamtes, das den definitiven, dem Bundesrath vorzulegenden Zolltarifentwurf vorbereitet hat, haben wir die Interessen unserer Mitglieder gefördert, aufklärend über gewisse Spezialfragen gewirkt, zur Ergänzung der Materialien beigetragen. Wir dürfen uns der Hoffnung hingeben, dass unsere schriftlichen und mündlichen Darlegungen an den maassgebenden Stellen die gebührende Beachtung gefunden haben. Die Frage der Zollsätze haben wir bisher nur bei einzelnen Artikeln, nicht in umfassendem Zusammenhange behandeln können, die Materialien liegen aber in fertiger Sammlung bei uns vor; wir werden sofort nach Veröffentlichung des definitiven Tarifentwurfs grundsätzlich und unter Berücksichtigung aller aus angeschlossenen Branchen Stellung nehmen.

Nächst dem Tarifentwurfe mussten wir dem bestehenden Zolltarifgesetze unsere besondere Aufmerksamkeit zuwenden. Bekanntlich war von Seiten der Ministerialinstanz verschiedener Bundesstaaten an die Vertretungen von Handel und Industrie die Aufforderung ergangen, die Bestimmungen des Zolltarifgesetzes auf ihre Abänderungsbedürftigkeit hin zu prüfen; im speziellen war die Frage der Netto- resp. Bruttoverzollung, sowie die Aufhebung der zinsfreien Zollkredite zur Erwägung gestellt. Wir haben auch hierüber nach gründlicher Prüfung dem Herrn Reichskanzler in ausführlich begründeten Eingaben berichtet. Wir sprachen uns gegen die vorgeschlagene besondere Verzollung der Tara nach ihrer Beschaffenheit aus mit der Begründung, dass das Verpackungsmaterial durch den Gebrauch an Werth verliert und deshalb dem neuen, ungebrauchten nicht gleich gestellt werden kann, dass sich aus der besonderen Verzollung der Tara nach ihrer Beschaffenheit eine Konsequenz ergiebt, die nur gestreift zu werden braucht, um die Unmöglichkeit ihrer Durchführung darzuthun. Wenn die Tara für zollpflichtig erklärt werden soll, so kann die Verzollung nicht beschränkt werden auf das Verpackungsmaterial zollpflichtiger Waaren, sie müsste auch bei zollfreien Waaren eintreten. Damit aber würde die Zollfreiheit von Waaren überhaupt verschwinden, denn im Effekt ist es dasselbe, ob die Waare oder die Verpackung Zoll bezahlt.

Wir empfahlen bei der Frage der *Netto- resp. Bruttoverzollung* den Bedürfnissen des Verkehrs möglichst entgegenzukommen, damit das deutsche Reich die Einführung gleich entgegenkommender Formen in anderen Staaten zu einer der Bedingungen beim Abschluss von Handelsverträgen machen könne und so dazu beitrage, eine *einheitliche Praxis herzustellen*, auf die der Export mit Recht grosses Gewicht legt. Wir bezeichneten die *internationale Vereinbarung* auch deshalb als erwünscht, weil dadurch eine Garantie geschaffen werde, dass die vertragsmässigen Zugeständnisse nicht durch beliebige Aenderungen auf dem Gebiete der Tarabehandlung illusorisch gemacht werden können.

Gegen die *Aufhebung der zinsfreien Zollkredite* haben wir Protest eingelegt. Wir führten den Nachweis, dass die Aufrechterhaltung des bisherigen Zustandes nicht so sehr im Interesse des Importhandels, als der Zollbehörde liegt. Da fast die Hälfte aller Zollerträge kreditirt wird, müsse die Verzinsung derselben eine ausserordentliche Mehrbelastung der Zollbehörde mit sich bringen, eine Neueinstellung von zahlreichen Beamten nothwendig machen, wodurch der finanzielle Mehrertrag grösstentheils absorbirt würde. Die finanzielle Bedeutung der Zinsfreiheit sei gering: einen Druck auf die Preise der inländischen Produkte könne sie deshalb schwerlich ausüben. Falls trotz aller dagegen sprechenden Argumente die Zinsfreiheit aufgehoben werden solle, sei die Erhebung niedriger Pauschalsätze zu empfehlen.

Zu der Frage, die im Mittelpunkte des öffentlichen Interesses stand, der *Frage des Einheits- und Doppeltarifs*, haben wir in einer umfangreichen, 36 Druckseiten füllenden Eingabe Stellung genommen. Wir gingen von der zolltechnischen Seite der Frage aus und behandelten zunächst Entstehungsgeschichte und Eigenart des gegenwärtigen, auf dem Einheitstarife basirenden Tarifsystems. Wir legten zahlenmässig und unter Exemplifizirung auf die verschiedenen Tarifverträge dar, dass das Nebeneinanderbestehen von autonomen und Vertragssätzen, wie es heute vorliege, nur einen ausserordentlich beschränkten Umfang hat, dass der Vertragstarif den autonomen Tarif nicht in der Richtung auf Herstellung eines Doppeltarifs, d. h. eines Tarifs mit doppelten Sätzen auf der ganzen Linie, sondern in der Richtung einer der industriellen Entwicklung sich anpassenden grösseren Spezialisirung ausgebaut hat.

Zur Charakteristik des Doppeltarifs erörterten wir den Ausbau des Systems in Frankreich, Norwegen, Spanien, Griechenland und wiesen darauf hin, dass man bei keinem dieser Länder von einem konsequenten Ausbau sprechen kann, ganz besonders nicht gegenüber Frankreich, das man gewöhnlich als das klassische Land des Doppeltarifs zu bezeichnen pflegt. Auch der französische Doppeltarif habe keine Doppelsätze auf der ganzen Linie, für agrarische Produkte beispielsweise nur einen einzigen Satz.

Die Unnatur des Doppeltarifs zeige sich besonders drastisch bei einer Untersuchung der Frage, wie man zu einer positiven Normirung der ermässigten Sätze kommen solle. Die Festsetzung müsse erfolgen unter Zugrundelegung des autonomen Tarifschemas. Soweit es sich um Positionen handle, die nur einen Spezialartikel, wie Weizen, Roggen, Roheisen, Garn bestimmter Qualität umfassen, liessen sich die Verhältnisse noch einigermaassen übersehen, man habe Anhaltspunkte zur Beurtheilung der Wirkung, die eine Zollermässigung von bestimmter Höhe auf die heimische Produktion ausübe. Sehr viel Positionen aber seien nicht Spezial-, sondern Sammelpositionen. Wenn das autonome Schema zu Grunde gelegt werde, beziehe sich der in dasselbe einzusetzende Minimalsatz auf den gesammten Inhalt der einzelnen Position, die gleiche Zollermässigung müsse eingesetzt werden für Waaren der verschiedensten Art. Die schematisch-gleiche Behandlung trete damit an die Stelle der sachlich gebotenen Individualisirung.

Trotz der Einfügung von ermässigten Sätzen auf der ganzen Linie stelle sich der Doppeltarif für das Ausland gleichwohl als ein Angebot von geringerem Werthe dar. Man frage nicht nach den Wünschen des Auslandes, stelle ihm nur die Wahl unverändert entweder anzunehmen oder abzulehnen, was angeboten wird. Je geringer aber der Werth der eigenen Zugeständnisse für das Ausland sei, um so geringer werde die Gegenleistung sein, auf die man hoffen dürfe. Wenn das Ausland auf die Gestaltung des deutschen Tarifs eine Einwirkung nicht mehr ausüben könne, so stehe zu erwarten, dass auch Deutschland auf eine solche Einwirkung den fremden Staaten gegenüber verzichten müsse.

Nach den Erfahrungen in Frankreich habe sich der Doppeltarif als ein System erwiesen, das die wirthschaftliche Machtprobe an die Stelle der friedlichen Verständigung setze und deshalb zum Zollkrieg führe, der auch bei siegreichem Ausgang dem nationalen Wohlstand schwere Wunden schlage.

Eine erhöhte Aufmerksamkeit haben wir im Berichtsjahre auf denjenigen Theil unserer Thätigkeit verwandt, der sich auf die Auskunftsertheilung und Berichterstattung über die Lage und Veränderungen des Weltmarktes in handelspolitischer und allgemein wirthschaftlicher Beziehung erstreckt. Einen Beweis dafür, wie willkommen und nothwendig diese Thätigkeit ist, mag man darin sehen, dass sich die an uns gerichteten Anfragen bezüglich ausländischer Zollsätze, handels- und zollpolitischer Veränderungen u. dergl. gegen das Vorjahr wesentlich vermehrt haben. Die Zentralstelle erfüllt somit bereits innerhalb ihrer Mitgliedschaft einen grossen Theil der Funktionen, welche der künftigen Reichshandelsstelle zugedacht sind. Unsere Mittheilungen an die Interessenten betrafen unter anderem:

1. Zollbehandlung einzelner Waaren im Auslande, so z. B. Einlass pharmazeutischer Produkte in Russland, Ausfuhrzölle auf Erze in Spanien, Zolltarifirung von Papierwäsche in Spanien, Zolltarifänderungen in Porto-Rico für Bücher, Chromolithographien etc., Zolltarifänderungen in Norwegen für Papier und Papierwaaren, Handelsverbot für

Vogelbälge und Federn in New-York und Massachusetts, Verzollung von Glacéhandschuhen in den Vereinigten Staaten von Amerika, Rückvergütung des Zolles auf Alkohol für die Fabrikation von Riech- und Toilettenwasser in Holland, veränderte Verzollung von Glühstrümpfen in Frankreich, veränderte Zollsätze auf Alkoholica, Tabak und Thee in Grossbritannien etc.

2. Förderung des deutschen Waarenabsatzes im Auslande, theils allgemein auf Geschäftsgebahrung, Reklame u. dergl. bezüglich, so für die Länder Russland, Mexiko, Vereinigte Staaten, Australien, Sibirien, China, Südafrika etc., theils den Absatz einzelner Waaren betreffend, so von Nägeln in Mexiko, Lampen in Persien, Werkzeugmaschinen in Russland, Musikinstrumenten in Smyrna und Manila, Putzfedern in den Vereinigten Staaten, Glacéhandschuhen in der Levante und den Vereinigten Staaten, landwirthschaftlichen Maschinen in Chile, Kleinasien und Kuba, Cement in China, Hüten in Paraguay, Spielwaaren in den Vereinigten Staaten, Kerzen und Seifen in China und der Levante, Schuhwaaren in Egypten, den Philippinen, China, Uruguay, Schottland und Chile, Leder in Egypten, Malta, Chile, Uruguay, Treibriemen und Sattlerwaaren in Chile, Kleineisenwaaren in Mexiko etc.

3. Handels- und zollpolitische Veränderungen im Auslande, so z. B. die Einführung einer Kriegssteuer in Venezuela auf alle Importartikel zu Beginn des Jahres, die veränderten Bestimmungen über die Zollbehandlung von Waarenmuster in Spanien, die im Sommer erfolgte Einführung von Ursprungszeugnissen nach der Türkei, die etwa gleichzeitig vorgenommenen Zollerhöhungen in Russland, welche zahlreiche Anfragen an uns veranlassten, die gegen Ende des Jahres endgiltig erlassenen Bestimmungen über Konsulatsfakturen für Brasilien etc.

Zahlreiche Mittheilungen, welche für die weitere Oeffentlichkeit von Interesse waren, haben wir, wie in früheren Jahren, der Fach- und Tagespresse übersandt, welche durch dieselbe in der dankenswerthesten Weise durch Abdruck den weitesten Interessentenkreisen bekannt geworden sind.

Unsere Mittheilungen an die Presse bezogen sich unter anderem auf folgendes:

1. Handels- und zollpolitische Veränderungen im Auslande, so z. B. die Erneuerung des deutsch-uruguayschen Handelsvertrages, den Abschluss des italienisch-amerikanischen Reziprozitätsvertrages, die Wirkungen des französisch-italienischen Handelsvertrages, die Zollerhöhungen in der Türkei, den amerikanisch-portugiesischen Reziprozitätsvertrag, die Aufhebung des Meistbegünstigungsverhältnisses zwischen der Schweiz und den Vereinigten Staaten etc.

2. Konkurrenzverhältnisse auf dem Weltmarkte, so z. B. das Anwachsen der amerikanischen Konkurrenz in der Levante, die deutsch-englische Konkurrenz in Russisch-Polen, die zunehmende Konkurrenz der Vereinigten Staaten in der Eisenindustrie, die Erfolge deutscher Handlungsreisender in der Schweiz etc.

3. Förderung des Aussenhandels im In- und Auslande, z. B. die Thätigkeit des Philadelphia Commercial-Museums, die Errichtung eines österreichischen Kommissionshauses in Hamburg; die Industriebegünstigungen in Ungarn und Rumänien, die Bestrebungen zu Gunsten der Errichtung deutscher Handelskammern im Auslande. die Neuerungen in der deutschen konsularischen Berichterstattung (Nachrichten für Handel und Industrie, Berichte über Handel und Industrie, beides herausgegeben vom Reichsamt des Innern), die Eröffnung österreichischer Fachausstellungen in den skandinavischen Ländern, die Errichtung der Reichshandelsstelle und die Thätigkeit ähnlicher Stellen im Auslande etc.

Des weiteren haben wir auch in den meisten und wichtigsten Fragen bezüglich der Neuordnung des deutschen Zolltarifes in der Presse Stellung genommen, jeweilig im Sinne der von uns ausgearbeiteten Denkschriften. Insbesondere aber hat uns die heftige Agitation, welche die agrarischen Kreise in Richtung auf eine wesentliche Erhöhung der landwirthschaftlichen Zölle betrieben haben, veranlasst, unter Hervorhebung der sachlichen Momente, welche die agrarischen Zollforderungen ungerechtfertigt erscheinen lassen, diese zu bekämpfen. Mit besonderem Nachdruck sind wir in der Presse den Bestrebungen auf Einführung des Fleischbeschaugesetzes entgegengetreten. Wir stehen nicht an, auch an dieser Stelle zu erklären, dass wir das angeblich aus hygienischen Gründen beschlossene Einfuhrverbot für Wurst und Büchsenfleisch als dem Sinne einer handelsvertragsfreundlichen Politik zuwiderlaufend missbilligen. Des weiteren sind wir in der Presse den Bestrebungen auf Erhöhung des Gersten-, Malz- und Hopfenzolles, welche der deutschen Brauindustrie eine schwere Schädigung bringen müssen, nachdrücklich entgegengetreten. Aber auch manche aus den Kreisen der industriellen Hochschutzzöllner laut gewordene Zollwünsche, welche auf die Vertheurung unentbehrlicher, vom Ausland bezogener Rohprodukte hinauslaufen, haben wir im Interesse grosser deutscher Industriezweige, welche auf die Verarbeitung ausländischen Materials angewiesen sind, geglaubt in der Oeffentlichkeit zurückweisen zu müssen. So sind wir unter anderem auch für die Beibehaltung der Zollfreiheit für Schiffbaumaterialien eingetreten. Wir sind uns indessen dabei bewusst, in allen diesen Fragen nur sachliches Material veröffentlicht und jeden polemischen Standpunkt vermieden zu haben.

Im Interesse einer möglichst vielseitigen Orientirung über die beim Abschluss der neuen Handelsverträge in Betracht zu ziehenden Verhältnisse haben wir es ferner für angezeigt gehalten, die Handelsvertragsvorarbeiten im Auslande, namentlich in Italien, Oesterreich-Ungarn und Russland, fortlaufend zu verfolgen und von Zeit zu Zeit auch hierüber in der Presse Mittheilung machen. Auch haben wir die besonderen Interessen einzelner Industrien bezüglich der neuen Handelsverträge zu verschiedenen Malen in der Presse dargelegt, so der Papierverarbeitungsindustrie, der Thüringer Glaswaarenindustrie u. a.

Im Interesse einer weitgehenden Orientirung hat auch unser Pressapparat eine wesentliche Erweiterung erfahren. Es wurden in unseren Bureaus täglich etwa 100 Zeitungen und wöchentlich etwa ebenso viele Zeitschriften des In- und

Auslandes gelesen; und alles handelspolitisch bezw. allgemein volkswirthschaftlich wichtige Material daraus wird in etwa 700 bis 800 Aktenstücken sorgfältig registrirt. Es bildet sich so eine Materialsammlung heraus, die im Laufe der Jahre von unschätzbarem Werthe werden kann.

Im verflossenen Jahre haben wir unserer Thätigkeit einen neuen Zweig angefügt, der uns vordem ferner gelegen hatte, nämlich die Nachweisung von Bezugsquellen. Angeregt wurden wir hierzu durch einen Zettelkatalog amerikanischer Fabrikanten und Kaufleute, der uns von dem Philadelphia-Kommerzial-Museum überwiesen wurde. Der Zettelkatalog befindet sich in einem eleganten etwa 2 m hohen und $1\frac{1}{2}$ m breiten Schrank, die Registrirung ist durchgeführt einmal nach grossen Fabrikationszweigen, wie Maschinen, Werkzeugen, Textilwaaren etc., und zweitens nach einzelnen Spezialartikeln wie Waschmaschinen, Sägen. Trikotagen etc. Der Katalog weist neben einer grossen Zahl von Fabrikanten auch Importeure aller Branchen nach, sodass wir auf Grund desselben zahlreiche Geschäftsanknüpfungen hinüber und herüber vermitteln konnten. Nachdem wir in der Presse davon Kenntniss gegeben hatten, dass der Schrank in unseren Räumen aufgestellt sei, gelangten zahlreiche Anfragen an uns, die wir auf Grund des Katalogs zum grössten Theil erledigen konnten. Im weiteren Anschluss hieran hat sich dann diese Thätigkeit des Firmennachweises weiter ausgedehnt. Insbesondere haben wir auf Anfragen aus den nordischen Ländern zu vielen Malen deutsche Bezugsquellen angeben können und so zur Erweiterung des deutschen Exportes beigetragen. Dass wir bei diesem Firmennachweis in erster Linie die Mitglieder der Zentralstelle propagirt haben, ist natürlich und verständlich.

Die Uebernahme einer Garantie für die Bonität der nachgewiesenen Firmen haben wir selbstverständlich in jedem Falle ausdrücklich abgelehnt. Es konnte sich immer nur um den blossen Nachweis handeln.

Eine von uns ausgegangene Anregung, während der Dauer der Weltausstellung in Paris ein kommerzielles und handelspolitisches Informationsbureau bezw. eine Propagandastelle für die deutsche Industrie zu unterhalten, ist leider ohne Folge geblieben. Wir erklärten dem Herrn Reichskommissar unsere Bereitwilligkeit, eine derartige Veranstaltung in Gemeinschaft mit den uns angeschlossenen grossen Handelskammern durchzuführen; der kommerzielle Dienst des Bureaus war in ähnlicher Weise gedacht, wie er von dem Commercial Museum in Philadelphia und von österreichischen Interessenvertretungen auf Veranlassung des österreichischen Handelsministers auf der Weltausstellung etablirt worden war. Das Bureau sollte diejenige Thätigkeit entwickeln, welche Seitens des Herrn Reichskommissars und seiner Beamten als offizieller Persönlichkeiten und unter der Verantwortung der Regierung nicht ausgeübt werden konnte.

Voraussetzung des ganzen Unternehmens war, dass dem Bureau durch Vermittlung des Reichskommissars geeignete Räumlichkeiten an einer Stelle zur Verfügung gestellt wurden, welche dem mit dem Bureau verbundenen Propagandazwecke entsprachen.

Einem Gesuch um Ueberweisung solcher Räumlichkeiten hat der Reichskommissar nicht entsprechen zu können geglaubt, da bei der ausserordentlich starken Inanspruchnahme der deutschen Ausstellungsplätze über jeden verfügbaren Raum schon seit Langem disponirt worden sei.

Angesichts dieser Haltung des Vertreters des Reiches mussten wir den Plan fallen lassen, der eine wirksame Förderung der deutschen Export-Interessen in sichere Aussicht stellte und in Berlin an maassgebenden Stellen wohlwollende Aufnahme gefunden hatte.

An neuen Schriften haben wir im verflossenen Jahre ausser dem Bericht über die vorjährige Generalversammlung drei herausgegeben, welche alle der gegenwärtigen handelspolitischen Diskussion werthvolles Material zugeführt haben. Die Titel der Schriften sind:

12. Heitz, E., Prof. Dr. Das Interesse der Landwirthschaft an den Handelsverträgen.

13. Tischert, Georg, Dr. Zollpolitische Interessenkämpfe.
14. Vosberg-Rekow, Dr. Die Handelsverträge des Jahres 1903.

Von diesen Schriften haben vor Allem Heft 12 und 14 in der Presse aller Parteien eine weitgehende Beachtung gefunden und vielfache Anregung gegeben. Heft 14 hat wegen seiner Ausführungen über amerikanische Wirthschaftsverhältnisse insbesondere auch in der Presse der Vereinigten Staaten Aufsehen erregt und ist nicht nur von fast allen grösseren Tages- und Fachblättern der Union ausführlich besprochen, sondern auch wiederholt in den amtlichen Publikationen des Departement of State zum Ausgangspunkt gewisser Anregungen gemacht worden. Auch die Presse der Niederlande, Frankreichs und Italiens ist in eine Besprechung des Buches eingetreten

Entsprechend unserer andauernd erweiterten und vertieften Thätigkeit hat auch der Mitgliederkreis der Centralstelle im verflossenen Jahre wieder einen erfreulichen Zuwachs erfahren. Ueber 50 Einzelmitglieder sind der Centralstelle neu beigetreten und ferner zehn grosse wirthschaftliche Korporationen Unter den letzteren sind die Handelskammer fur die östliche Niederlausitz zu Sorau sowie die Handelskammer fur das Herzogthum Oldenburg, ferner der Verband deutscher Rosshaarspinner, der Verein zur Wahrung der gemeinsamen Interessen des deutschen Handels und der Industrie von Fleisch- und Fettwaaren, der Verein Hamburger Assekuradeure, der Verband der deutschen Celluloid-Industriellen, der Verein deutscher Salinen- und Salzbergwerke, der Verband deutscher Schuh- und Schaftefabrikanten, der Verband deutscher Lackfabrikanten und der Verband Berliner Spezialgeschäfte. Unter den neu hinzugetretenen Einzelmitgliedern sind vertreten die chemische Industrie, die Konfektion, die Seidenbranche, die Lederhandschuhbranche, die Wäschefabrikation, die Molkerei, die Celluloidindustrie, die photographische Branche, die Emailleindustrie, die Schmelztiegelfabrikation, die Zylinderfassfabrikation, der Getreidehandel, die Fantasiewollwaarenbranche, der Hopfenhandel, Schieferbrüche, die Brau-Industrie, die Schuhwaarenbranche, die Kleineisen-Industrie, die Maschinenfabrikation. Mit besonderer Genugthuung haben wir es begrüsst, dass auch die deutsche Rhederei, die uns bisher fast ganz fern gestanden, mit einer Reihe erster Unternehmungen sich uns angeschlossen hat. Beigetreten sind die Hamburg-Amerika-Linie, der Norddeutsche Lloyd, die Deutsche Levante-Linie, die Deutsch-Australische Dampfschiffahrts-Gesellschaft, die Dampfschiffahrts-Gesellschaft Argo und andere.

Meine Herren! Aus alledem, was ich Ihnen soeben berichtet habe, werden Sie ersehen, dass das verflossene Jahr ein für die Thätigkeit der Centralstelle befriedigendes gewesen ist. Unsere Mitgliedschaft ist wesentlich gewachsen. Man hat zu verschiedenen Malen das gute Vertrauen zu uns gezeigt, dass wir angesichts bestimmter Vorgänge auf dem innerpolitischen Gebiete einen bewegenden Einfluss würden ausüben können, und hat uns für solche Fälle zur tieferen Ausgestaltung unserer Arbeit besonderes Material zur Verfügung gestellt. Wir glauben bemerken zu können, dass unsere ruhige und nach Möglichkeit sachliche Thätigkeit an Ansehen und Bedeutung auch über den Kreis der uns angehörigen Industriegruppen hinaus gewonnen hat. Die Erfahrungen der letzten Jahre machen uns Muth, auf dem bisher eingeschlagenen Wege weiterzugehen. Wir dürfen hoffen, eine Arbeit zu leisten, welche der innerpolitischen Entwickelung in unserem Vaterlande zum Segen gereicht.

Der Vorsitzende **Dr. C. A. Martius**-Berlin: Meine Herren! Gestatten Sie mir, dass ich zu einer Stelle des soeben vorgetragenen Jahresberichtes einige Bemerkungen mache. Herr Dr. Vosberg-Rekow ist der Ansicht, dass die Geheimhaltung der Verhandlungen des Wirtschaftlichen Ausschusses nicht verständlich, ja sogar schädlich sei. Ich kann diese Auffassung nicht in vollem Umfange theilen. Nur der vertrauliche Charakter der Verhandlungen hat es ermöglicht, seitens der Sachverständigen eine Reihe von werthvollen Angaben zu erhalten, welche man andernfalls nicht hätte beschaffen können. Auch sind Seitens der Regierung bei den Verhandlungen im Wirthschaftlichen Ausschuss die bisher aus bestimmten Gründen geheim gehaltenen Zahlen der Produktionsstatistik vorgebracht und zur Beurtheilung der zur Diskussion stehenden Fragen benutzt worden. Auch diese Rücksicht hat dazu geführt, die Verhandlungen vertraulich zu gestalten. Ich stelle den Jahresbericht zur Diskussion. Wünscht einer von den Herren das Wort? – —

Da sich Niemand zum Wort meldet, nehme ich an, meine Herren, dass Sie den Jahresbericht genehmigen und dessen Inhalt zustimmen

Wir kommen nun zu dem **Kassenbericht, zur Entlastung des Vorstandes und Aufstellung des Haushaltsplanes für das Jahr 1901.**

Namens der Revisionskommission wird Ihnen der Präsident der Handelskammer Coburg, Herr Finanzrath Rose, berichten. Ich ertheile demselben das Wort

Rose-Coburg: Die von der letzten Mitgliederversammlung zu Rechnungsprüfern gewählten Herren Fabrikbesitzer **Max Bendix**-Berlin und ich haben am 20. Januar 1901 eine fünfstündige Kassen- und Bücher-Revision vorgenommen Es wurde uns vorgelegt:

1. Eine Nachweisung der Einnahmen, bestehend in der Beitragsliste pro 1900, dem Beitragsbuch pro 1900, dem sonstigen Einnahmebuch, dem Postanweisungs-Kouponbuch, der Nachweisung der Mahnungen und Restanten.

2. Ein Nachweisung der Ausgaben, bestehend aus dem Kassenbuch pro 1900, dem speziellen Portobuch, 10 Kontobüchern über die einzelnen Haushaltstitel, 10 Aktenstücken mit entsprechenden Belegen, dem Kontokorrent der Firma Julius Rütgers, der Abrechnung pro 1900, einer zusammenfassenden Nachweisung über die Verwendung der einzelnen Etatstitel.

Die Revisoren haben die Abrechnungen mit den Büchern verglichen und völlige Uebereinstimmung gefunden. Es wurden in den vorgelegten Hülfsbüchern und Belegen zahlreiche Stichproben gemacht und die Hülfsbücher in den

Monatszusammenstellungen aufaddirt. Die Schlussrechnung ergiebt nachstehende Summen für Ein- und Ausgaben:

Bestand aus dem Vorjahre übernommen .	1684,97 M.
Beiträge einschliesslich der Einzahlungen von der Papier-Vereinigung	49410,25 „
Sonstige Einnahmen	364,26 „
	51459,48 M.
Ausgaben	46327,09 M.
Kassenbestand	5132,39 „
	51459,48 M.

M. Bendix-Berlin: Ich schliesse mich den Ausführungen des Berichterstatters in allen Punkten an und möchte noch hinzufügen, dass die Buchführung der Centralstelle eine überaus sorgfältige und übersichtliche ist, sie hat mir so gut gefallen, dass ich manches davon in meinem eigenen Betrieb übertragen habe, ihre zweckmässige Anordnung hat uns das Geschäft der Revision in hohem Grade erleichtert.

Die Revisoren beantragen die Entlastung des Vorstandes, was einstimmig angenommen wird.

Die Versammlung spricht den Revisoren ihren Dank aus und wählt dieselben Herren für das Geschäftsjahr 1901 wieder, als Stellvertreter wird ausserdem gewählt Kommerzienrath Julius Pintsch-Berlin.

Dr. Vosberg-Rekow schlägt hierauf vor, für das Jahr 1901 mit 50000 M. zu etatisiren. Die Unterlagen für den gegen das Vorjahr um 5000 M. höheren Voranschlag sind den Revisoren vorgelegt, von ihnen geprüft und als geeignet zur Begründung des Voranschlages anerkannt. Dem Vorstand soll freie Hand gelassen werden die Gesammtsumme auf die einzelnen Etatstitel je nach Bedürfniss zu vertheilen. Die Versammlung genehmigt den Antrag.

Es wird sodann zur Wahl des grossen Ausschusses geschritten. Im Laufe des Berichtsjahres sind verstorben: Fabrikbesitzer Bellinger, Geheimer Kommerzienrath Görz, Fabrikbesitzer Hoddick. Die Versammlung erhebt sich zu Ehren der Verstorbenen, die den Bestrebungen der Centralstelle jederzeit ihr thatkräftiges Interesse geschenkt haben, von den Plätzen Die Wahl des grossen Ausschusses erfolgt sodann in der weiter unten (Anlage) angegebenen Zusammensetzung Neu hinzugetreten sind die Herren: Bergrath Gothein, erster Syndikus der Handelskammer Breslau, Fabrikbesitzer Gugenheim, Vorsitzender des Verbandes Berliner Spezialgeschäfte, Kommerzienrath Mans, Vorsitzender des Verbandes deutscher Schuh- und Schäfte-Fabrikanten, Fabrikbesitzer Mann, Vorsitzender des Verbandes deutscher Lackfabrikanten, Generalkonsul Kothe, Generaldirektor der deutschen Levante Linie, G Reuver, Geschaftsführer des Vereins zur Wahrung der Interessen des deutschen Handels und der Industrie von Fleisch- und Fettwaaren, Freiherr von Gienanth, Prasident der deutschen Handelskammer zu Brussel, Kommerzienrath Ribbert, Vorsitzender des Vereins zur Wahrung der Interessen der Färberei- und Druckerei-Industrie von Rheinland und Westfalen, Generaldirektor Graessner, Vorsitzender des Vorstandes des Verkaufs-Syndikats der Kaliwerke, Konsul Schultze, Vorsitzender der Handelskammer für das Herzogthum Oldenburg

Der Vorsitzende ertheilt sodann das Wort Herrn Dr. Vosberg-Rekow zu (Punkt 2 der Tagesordnung) seinem Referat über:

Einheits- und Doppeltarif.

Dr. Vosberg-Rekow: Es darf als eine erfreuliche Erscheinung begrusst werden, dass sich heute nicht nur die politische und wirthschaftspolitische Oeffentlichkeit, sondern vor Allem auch diejenigen, die es zunächst angeht, d. h. die ausgedehnten Interessentengruppen in Handel und Gewerbe bei der Arbeit für Neugestaltung unseres Zolltarifes betheiligen. Das ist früher nicht so gewesen. Man kann aber nicht fehl gehen, wenn man den Grund für die eingetretene Wendung darin sucht, dass einmal die Interessentengruppen selbst an Einfluss und Ausdehnung gewachsen sind, dass des Weiteren der Aussenhandel und die Uebersee- und Ueberland-Interessen sich wesentlich vergrössert haben und endlich, dass sich der Konkurrenzkampf verschärft hat und damit die einschneidende Bedeutung der Tarifpolitik für Import und Export deutlicher denn vorher zu Tage getreten ist. Nachdem man sich im Weltgeschäft häufig mit nur kleinem Nutzen für den Einzelfall genug sein lassen muss, ist der Prozentsatz, welchen der Zoll vom Gewinnkonto abzog, wesentlich gewachsen.

So kommt es, dass sich das Interesse der Gewerbtreibenden nicht nur der Handelspolitik selbst zugewandt hat, sondern, dass es sich sogar auf die prinzipiellen Fragen der Tarifpolitik ausgedehnt hat. Aus dieser Veranlassung liegt es mir heute ob, Ihnen, meine Herren, über zwei grundlegende Fragen des Tarifsystems, über die Frage des Einheits- und des Doppeltarifes, sowie über die Frage zu sprechen, ob die Meistbegünstigung in ihrer bisherigen Auffassung und Ausdehnung in das Netz der zu erwartenden neuen Handelsverträge einzubeziehen ist oder nicht.

Beide Fragen sind ihnen nicht fremd; allein es ist Ihnen auch bekannt, dass in beiden die Doktrin politischer Parteien sich einen breiten Platz erobert hat und dass man aus ihrem Bereiche parteipolitische Schlagworte herausgesucht hat Vielleicht ist gerade hierin der Grund dafür zu finden, dass so viele Leute zu dieser Sache das Wort ergriffen haben, welche unzweifelhaft nur wenig davon verstehen.

Ueber die Frage des Einheits- und Doppeltarifes haben wir uns erlaubt, unsere Mitgliedschaft bereits durch eine ausführliche Denkschrift zu orientiren. Diese Denkschrift ist in Ihrer aller Händen und ich darf den Inhalt derselben als bekannt voraussetzen. Erlauben Sie mir, dass ich hier nur die Grundgedanken noch einmal wiederhole, damit wir Gelegenheit haben, nach dem Ergebniss der sich an meine Ausführungen knüpfenden Debatte hier in unserer Vollversammlung noch einmal in dieser wichtigen Frage in Form einer Resolution Stellung zu nehmen. Hierbei ist zu bemerken, dass nach unser Aller Ansicht, es sich im vorliegenden Falle um Fragen handelt, welche mit doktrinärer oder parteipolitischer Auffassung nichts zu schaffen haben, und welche lediglich vom Standpunkte sachlicher Zweckmässigkeit zu beurtheilen sind.

Der grundlegende Einwand, den man von diesem Gesichtspunkte aus gegen die beantragte Einführung eines Doppeltarifes erheben muss, ist der, dass bisher noch von keinem der Freunde dieses Projektes seine Nothwendigkeit nachgewiesen ist. Man hat hier und da versucht, nachzuweisen, dass der Doppeltarif nicht so schädlich wirken würde wie seine Gegner es behaupten. Aber bis über eine gewisse Ehrenrettung hinaus ist man meines Wissens nach an keiner Stelle gekommen. Die beste der bisher erschienenen Vertheidigungsschriften, die des bekannten Oberbergrathes Wachler, hat mich von der Zweckmässigkeit des neu empfohlenen Systems gegenüber dem bisherigen nicht überzeugen können. Den Doppeltarif aber, dem andere die schwersten Bedenken entgegenstellen, einführen zu wollen, lediglich weil eine Gruppe, die überhaupt nur an einer einzigen Stelle des umfangreichen Tarifes interessirt ist, ihn verlangt, eine solche Entschliessung dürfte denn doch dem Ernste der Situation nicht entsprechen.

Wir haben in unserer Denkschrift das bestehende System des Einheitstarifes ausführlich analysirt und sind seiner Anwendung auf die Vertragspolitik bei allen Einzelverträgen nachgegangen. Das Ergebniss war, dass dieses System den modernen Anforderungen der Tarifpolitik durchaus entspricht und dass es nur nach einer Seite hin eines Ausbaues dringend bedürftig ist, nach der grösseren Spezialisirung. Diese wird aber erreicht werden durch Annahme des neuen Zolltarifschemas, ohne dass desshalb der Einheitstarif als solcher irgendwie modifizirt zu werden braucht.

Wir haben ferner dargelegt, in wie verhältnissmässig geringem Umfange bisher durch die modernen Verträge die Tarife gebunden worden sind, wie die verbleibende Bewegungsfreiheit angesichts der raschen Fortentwicklung der Industrie einen unschätzbaren Bestandtheil des handelspolitischen Arsenals bildet, wie gerade sie unter der Herrschaft des Doppeltarifes gefährdet erscheine. Wir haben endlich nach dem Vorgange Anderer auf die bei anderen Ländern mit diesem System gemachten Erfahrungen hingewiesen, welche als recht ungünstig bezeichnet werden müssen.

Es ist zweifellos, dass diese Frage des Tarifsystems grosse Schwierigkeiten bietet. Wir haben deshalb wohl aufgemerkt, ob nicht von Seiten der Wissenschaft oder von anderen Körperschaften werthvolles Material zur Beurtheilung desselben beigebracht worden ist. Allein die Wissenschaft ist auffälliger Weise über das sich hier bietende wichtige Problem hinweggeglitten. Die nach Seitenzahl umfangreiche Denkschrift des „Centralverbandes Deutscher Industrieller" ergeht sich in ausgedehnten historischen Betrachtungen die mit der Sache selbst nur wenig zu thun haben, weiss aber neue Gedanken zur Sache um so weniger beizubringen, als sie sich aus leicht erkennbaren Gründen einer klaren Entscheidung enthalten hat. Beachtenswerthe Ausführungen enthält die bez. Eingabe der Handelskammer zu Frankfurt am Main; sie, wie auch die an dieser Stelle wenig eingehende Denkschrift des Aeltestenkollegiums der Kaufmannschaft zu Berlin, stehen auf dem von uns bisher eingenommenen Standpunkte. Da ich voraussetzen darf, dass Ihnen all dieses Material bekannt ist und da ich hoffen darf, dass Ihnen die Ausführungen unserer eigenen Denkschrift gegenwärtig sind, kann ich meine Ausführungen über den Doppeltarif hiermit schliessen.

Der Vorsitzende eröffnet die Diskussion.

Dr. **Metzler**-Halberstadt. Im Oktober vorigen Jahres brachte die Frankfurter Zeitung eine Notiz in dem Sinne, als wäre der Maximal- und Minimaltarif eigentlich nur ein Schlagwort. Für Getreidezölle sei ein Minimaltarif überhaupt nicht festgelegt worden und die Regierung beabsichtige eventuell, beim Abschlusse der neuen Handelsverträge unter den Minimaltarif noch herunterzugehen. Es wäre interessant, wenn der Herr Vorredner mittheilen wollte, ob diese Darstellung den thatsächlichen Verhältnissen entspricht.

Dr Vosberg-Rekow. Meine Herren: es ist bekannt, dass das Reichsamt des Innern der Idee des Doppeltarifs freundlich gegenübersteht und seine vorbereitenden Arbeiten auf einen Doppeltarif zugeschnitten hatte. Man verkannte freilich die Schwierigkeiten nicht, die sich ergeben müssen, wenn den Verhandlungen mit dem Auslande ein Doppeltarif zu Grunde gelegt wird. Deshalb tauchte der Gedanke auf, neben dem Maximal- und Minimalsatz noch einen dritten Satz auf niedrigerem Niveau aufzustellen, also die Möglichkeit zu schaffen noch unter den Minimalsatz herunter zu gehen.

Es ist freilich klar, dass man damit das Prinzip des Doppeltarifs überhaupt aufgegeben hätte.

Ich glaube die Versicherung geben zu können, dass diejenige amtliche Stelle, der jetzt die definitve Fertigstellung des Tarifentwurfs obliegt, das Reichschatzamt, an Aufstellung eines Doppeltarifs nicht denkt. Auch Frankreich, das man gewöhnlich als das klassische Land des Doppeltarifs zu bezeichnen pflegt, hat gar keinen Doppeltarif im strengen Sinne. Die Bezeichnung „Maximaltarif“ kennt der französische Tarif überhaupt nicht, er unterscheidet nur zwischen Minimal- und Generaltarif. Für eine ganze Reihe von Produkten, besonders für Getreide und andere agrarische Erzeugnisse, existirt nur ein einziger Zollsatz.

Ein solcher autonomer Einheitssatz, der durch Verträge nicht herabgesestzt werden kann, wäre natürlich auch unseren Agariern das Liebste. Weil sie sich aber doch gerne den Anschein geben möchten, den übrigen Produktionszweigen ein gewisses Entgegenkommen zu erweisen, sind sie mit dem Vorschlage eines Doppeltarifs hervorgetreten: der Doppelsatz hat aber für sie nur Interesse, soweit landwirthschaftliche Produkte in Frage kommen. Für landwirthschaftliche Produkte wünschen sie eine Garantie, dass der Zollsatz nicht unter ein gewisses Niveau herabgesetzt werden kann. Diesen Zweck soll die Aufstellung eines Minimalsatzes erfüllen, der als untere Grenze unter allen Umständen festgehalten werden muss. Soweit die übrigen Produktionszweige in Betracht kommen, ist den Agrariern die Frage, ob Einheits- oder Doppeltarif, vollkommen gleichgültig.

Die agrarische Forderung hat aber Schule gemacht. Als die bekannte Broschüre des Herrn Bueck über den Doppeltarif erschien, die einer unzweideutigen Erklärung, ob man sich dafür oder dagegen aussprechen solle, vorsichtig aus dem Wege ging, stellte sein Freund Beumer die Forderung, dass ein Doppelsatz nicht nur für agrarische, sondern auch für industrielle Erzeugnisse geschaffen werden müsse, d. h., dass der neue Tarif Doppeltarif auf der ganzen Linie werden solle. Beide Arten, sowohl der auf agrarische Produkte beschränkte Doppeltarif wie der Doppeltarif auf der ganzen Linie, sind in gleicher Weise aus den von mir dargelegten Gründen zu verwerfen.

Fabrikbesitzer **Bendix**-Berlin: Bei der Begründung des Handelsvertragsvereins wurde erwähnt, dass ein Doppeltarif bereits aufgestellt sei; ich würde gern wissen, ob heute, wie ich soeben zu meiner Freude höre, nur noch von einem Einheitstarif die Rede ist.

Dr. **Martius**-Berlin: Der vom Reichsschatzamt ausgearbeitete Tarif, der demnächst dem Bundesrath zur Beschlussfassung vorgelegt wird, hat dem Vernehmen nach die Form des Einheitstarifs.

Es gelangt sodann folgende Resolution zur Verlesung:

„Das System eines Doppeltarifs (Maximal- und Minimaltarifs) entspricht der modernen Entwicklung des Verkehrs über die Zollgrenzen nicht.

Seine Tendenz ist vertragsfeindlich, seine Form für Verhandlungen mit dem Auslande ungeeignet. Es erscheint schematisch gebunden und generalisirt anstatt der zunehmenden Spezialisirung der industriellen Produktion Rechnung zu tragen. Die Förderung des Aussenhandels und damit die Verwerthung der Ergebnisse der nationalen Arbeit würde gegen den bisherigen Zustand erschwert."

Vorstehende Resolution wird einstimmig angenommen.

Der Vorsitzende ertheilt sodann Herrn Dr. Vosberg-Rekow das Wort zu seinem Referate über die

Meistbegünstigung.

Dr. Vosberg-Rekow: Ich wende mich nun zu dem neuerdings viel umstrittenen Thema der Meistbegünstigung. Ueber diese Materie haben wir Ihnen bisher keine ausführliche Darlegung unterbreiten können: indessen wird die persönliche Auffassung, welche ich in dieser Frage habe, aus meiner Ihnen bekannten Schrift „Die Handelsverträge 1903" ersichtlich. Danach neige ich der Ansicht zu, dass die Meistbegünstigung in ihrem bisherigen Umfange in Zukunft nicht mehr zu verwenden sein dürfte. Ich gebe zu, dass diese Anschauung sehr diskutabel ist. Allein man möge sich besonders an dieser Stelle hüten, die nothwendige Objektivität im Hinblick darauf zu verlieren, dass gerade die Meistbegünstigung in bisheriger Fassung von den Gegnern der Handelsvertragspolitik grundsätzlich verworfen wird. Auch eine an sich treffliche Arznei kann verderblich wirken, wenn man sie falsch anwendet, und eine an sich geniale handelspolitische Maassregel kann einer veränderten Situation gegenüber Modifikation erheischen

Erlauben Sie, dass ich versuche, Ihnen das Wesen der Meistbegünstigung kurz klar zu legen. Ich stütze mich hierbei wesentlich auf die Vorarbeiten, welche meine Mitarbeiter auf diesem Gebiete bisher beigebracht haben.

Für jeden Staat, der einen Handelsvertrag abschliessen will oder abgeschlossen hat, ist es von Wichtigkeit, eine Garantie dafür zu erhalten, dass nicht ein dritter Staat auf Grund eines späteren Tarifvertrages mit dem gleichen Lande weitergehende Zollermässigungen als er selbst erhält und dadurch in Stand gesetzt wird, unter günstigeren Verhältnissen zu konkurriren Um dieser Gefahr vorzubeugen, ist die Klausel der Meistbegünstigung — d. h. die gegenseitige Verpflichtung der vertragsschliessenden Staaten, dass alle später etwa an dritte Staaten gewährte Facilitäten ipso jure auch für den ersten Kontrahenten mit in Kraft treten sollten — integrirender Bestandtheil der neueren Handelsverträge geworden: sie bildet bald eine Sonderklausel innerhalb eines Tarifvertrages, bald den wesentlichen und Hauptinhalt eines besonderen Vertrages, des sog. Meistbegünstigungsvertrages.

Die Wirkung einer solchen Abmachung ist zunächst für beide Theile eine günstige. Sie sind geschützt vor gewissen Ueberraschungen; die Vertragstreue hat dadurch gewissermaassen eine neue Besiegelung erhalten. Der Effekt der Klausel erscheint besonders werthvoll, wenn für einen Staat, der allen anderen in seinen Leistungen überlegen ist, nur durch Verallgemeinerung etwaiger Zollnachlässe das unter gleichen Bedingungen auszunützende Wirthschaftsgebiet immer grösser wird. Eine „Begünstigung" ist meist eine Zollherabsetzung; an dieser hat aber der ein Interesse, der vermöge seiner Superiorität nichts zu fürchten hat. So wirkt die Klausel nivellirend und ausgleichend, Zölle herabmindernd, die Gemeinsamkeit der Wirthschaftsgebiete vergrössernd. Man hat theoretisch ausgerechnet, dass, wenn sie in der gegebenen Richtung ununterbrochen weiter zur Anwendung käme, schliesslich alle Zollschranken ihrem Einfluss unterliegen müssten. Daher ihre Beliebtheit, ja, ihre Alleinherrschaft im Lager der freihändlerischen Doktrinäre.

Aber man kann leicht inne werden, dass die Sache doch zwei Seiten hat.

Zunächst wirkt die Meistbegünstigungsklausel oft dem Zustandekommen von Zollermässigungen selbst geradezu entgegen. Kommen doch unter ihrer Einwirkung nicht nur dem gerade kontrahirenden Staate, sondern in gleichem Maasse allen übrigen derzeitigen und späteren Vertragsstaaten solche Vortheile zu Gute, und es erhöht sich deshalb die Stärke der ausländischen Konkurrenz. Das muss aber zweifellos abschrecken oder zu Bedenken Veranlassung geben. So manche uns sehr erwünschte Tarifreduktion werden wir vom Auslande deshalb nicht erhalten, weil das betr. Land den Einbruch der Provenienzen gewisser dort die Meistbegünstigung geniessender Konkurrenzstaaten fürchtet.

Es hat aber die Meistbegünstigung merkwürdiger Weise unter Umständen sogar die Tendenz, den Zollschutz nicht unerheblich zu steigern. Beispielsweise würde, um dies an bekannten Zollwünschen einiger Branchen zu demonstriren, den deutschen Fahrradfabrikanten Zollschutz gegen die amerikanische Union, den Lederhandschuhfabrikanten gegen Oesterreich, den Celluloid-Industriellen gegen Frankreich genügen. Mindestens würden sich diese Kreise den übrigen Ländern gegenüber mit niedrigeren Eingangszöllen zufrieden geben. Da nun aber durch die Meistbegünstigung der niedrigste Zollsatz, der irgend einem Lande zugestanden ist, zum allgemeinen Eingangszoll für Deutschland wird, nehmen die Interessenten als Maasstab des Eingangszolles den höchsten Zollsatz an, dessen sie (vielleicht nur einem einzigen Lande gegenüber) überhaupt bedürfen. Die Meistbegünstigungsklausel wirkt also keineswegs immer im freihändlerischen, sondern häufig im entgegengesetzten Sinne.

So ist die im Frankfurter Frieden mit Frankreich vereinbarte „ewige" Meistbegünstigung Deutschlands der erste Anstoss und Hauptgrund der französischen Tarifrevision in schutzzöllnerischer Richtung gewesen

Es haben aber in Folge der Meistbegünstigungsklausel vertragsmässige Zollreduktionen unter Umständen Konsequenzen, die den ursprünglichen Absichten der Kontrahenten durchaus zuwiderlaufen. Die Statistik des auswärtigen Handels bietet zahlreiche Beispiele dafür, dass Vergünstigungen, die ein Staat durch entsprechende Gegenleistungen erzielt hat, unvorhergesehener Weise dem kontrahirenden Staate weniger als dritten Staaten zu Gute kommen, die keine Gegenleistung dafür geboten haben Es kann selbst vorkommen, dass der ermässigte Zollsatz einem dritten in dem betr Artikel weniger leistungsfähigen Lande überhaupt erst ein Auftreten auf dem Markte ermöglicht, das bei höherem Zollsatz nicht angängig war.

Zur Illustration seien nachstehend einige markante Beispiele angeführt.

Die Schweiz erhielt im Handelsvertrag mit Deutschland eine Ermässigung des deutschen Eingangszolls auf Musikinstrumente von 30 auf 20 M. per dz. Diese wurde auf Grund der Meistbegünstigung auch Frankreich und durch vertragsmässige Vereinbarung gleichzeitig Oesterreich-Ungarn zu Theil. Vergleichen wir die Durchschnittsziffern für die vier Jahre vor und die fünf Jahre nach Abschluss des Vertrages, so betrug die deutsche Einfuhr aus

	der Schweiz	Frankreich	Oesterreich-Ungarn
bis 1891	670,5 dz = 400000 M	185 dz = 103500 M	1614,5 dz = 834000 M.
seit 1891	578 dz = 440000 M	354 dz = 223400 M.	3568 dz = 1501000 M.

Der Export der Schweiz nach Deutschland hat während der besprochenen Zeit also trotz der Zollreduktion abgenommen — nur der Werth zeigt eine geringe Steigerung —, der aus den Konkurrenzländern sich verdoppelt.

Für Taschenuhren in Gehäusen aus unedlen Metallen erhielt die Schweiz eine Ermässigung von 50 auf 40 Pf. pro Stück, welche auf Grund der Meistbegünstigung auch Frankreich zu Gute kam. Die durchschnittliche Einfuhr während derselben Perioden betrug

	aus der Schweiz	aus Frankreich
1888/91	207000 Stück = 1813000 M	52000 Stück = 402000 M
1892/96	228000 Stück = 1788000 M.	73000 Stück = 576000 M

Die deutsche Einfuhr aus der Schweiz ist also der Menge nach etwas gestiegen, dem Werthe nach gefallen, die aus Frankreich an Menge wie Werth um mehr als 40 pCt gestiegen.

Für feines Baumwollgarn (über No. 60—79) erhielt die Schweiz eine Zollermässigung von 30 auf 24 M. per dz, die auf Grund der Meistbegünstigung auch Grossbrittannien zu Theil wurde. Die Einfuhr nach Deutschland gestaltete sich folgendermaassen:

	aus der Schweiz	aus England
1888/91	3945,5 dz = 1368000 M.	5330 dz = 1852000 M.
1892/96	1761 dz = 578000 M.	7873 dz = 2592000 M

Die Folge war also, dass die Einfuhr aus der Schweiz auf weniger als die Hälfte zurückging, während die aus England um beinahe die Hälfte zunahm.

In allen diesen Fällen genoss den Vortheil unserer Tarifreduktionen nicht die Schweiz, die sie gegen Vergünstigungen ihrerseits erlangt hatte, sondern sie fielen ohne entsprechende Gegengabe dritten Staaten in den Schooss.

Um noch ein Beispiel aus einem anderen Handelsvertrage zu geben, so haben wir Belgien gegenüber den Zoll auf Kratzen usw. (Pos. 15 b 3 des Zolltarifs) von 36 M. auf 18 M. ermässigt. Die Einfuhr fiel im Durchschnitt der gleichen Perioden, wie oben, für Belgien von 428 auf 217 dz, während sie für das meistbegünstigte Frankreich von 22 auf 493 dz stieg. Die Belgien gewährte Ermässigung des deutschen Eingangszolls für Sohlleder von 36 auf 30 M. hatte die Folge, dass die belgische Einfuhr nach Deutschland von durchschnittlich 1692 auf 897 dz fiel, die aus Chile, welches Meistbegünstigung genoss, von 8759 auf 14758 dz sich hob.

Analoge Angaben für den Aussenhandel der österreichisch-ungarischen Monarchie macht eine unlängst an das K. K. Handelsministerium eingereichte Denkschrift des „Industriellen Clubs" in Wien. Es heisst daselbst:

„Die Bindungen der Zölle auf Baumwolll-, Flachs- und Wollgarne in den Dezember-Verträgen gegenüber Deutschland und der Schweiz nützten vornehmlich England, ebenso die Ermässigungen auf Baumwollgewebe. Die im deutschen Vertrage zugestandene Zollermässigung für Roheisen, dünne Bleche und Platten kam England und den Vereinigten Staaten, jene auf Luppeneisen und Flusseisenzaggel Schweden zu Gute Die Bindungen der Zölle auf Flachs und Hanfwerg, sowie Eier lagen im russischen, jene für gesponnene Seidenabfälle im japanischen, für Seidentülle und Gaze im französischen Interesse. Die Zollermässigung auf Chlorkalium wurde Serbien zugestanden und von Deutschland ausgenützt Solche Beispiele sind zahlreich. Dass ein Theil der Ermässigungen wirklich dem Lande günstig war, dem sie zugestanden wurden, ist selbstverständlich Aber schon diese wenigen Fälle zeigen, dass man bei Handelsverträgen oft Zugeständnisse einem Staat einräumt, der daran gar nicht oder erst in zweiter Linie interessirt ist, dass man somit die Opfer am unrichtigen Orte bringt."

Man sieht also: Aus der Unentbehrlichkeit der Meistbegünstigung auf der einen, ihren bedenklichen Nebenwirkungen auf der andern Seite erwachsen für den Handelspolitiker zahlreiche Schwierigkeiten. Es wird eine der Hauptaufgaben der künftigen Handelspolitik sein, hier einen gangbaren Ausweg zu finden.

Die Vereinigten Staaten von Amerika haben diese Aufgabe zu lösen versucht, indem sie den Reziprozitätsbegriff in die Handelspolitik einführten. Danach sind die vertragsmässig gewährten Zollreduktionen an sich beschränkt auf die Provenienzen des betr. Vertragsstaates: die meistbegünstigten Länder erhalten den Mitgenuss derselben nicht ipso jure, sondern nur gegen Gewährung „entsprechender Gegenleistungen“ ihrerseits. Das Meistbegünstigungsrecht reduzirt sich damit auf eine vertragsmässig gewährte Berechtigung, in jeden späteren Handelsvertrag als Mitkontrahent eintreten zu dürfen. Hierdurch wird allerdings die Ungerechtigkeit vermieden, dass ein Staat ohne jedes Entgegenkommen von seiner Seite alle von anderen Staaten später im Austausch erlangten Zollermässigungen mitgeniesst. Jedoch hat auch die Reziprozität ihre grossen Mängel. Auf der einen Seite ist die völlige und unterschiedslose Ausschaltung des Meistbegünstigungsbegriffs zu weit gehend, auf der anderen sind die oben erwähnten Folgen der Meistbegünstigung nicht ausgeschlossen, sondern nur an Gegenleistungen der betr. Staaten geknüpft. Dazu kommt die grosse Schwierigkeit, einen einwandsfreien Maassstab für den Begriff „entsprechender Gegenleistungen“ in der Praxis zu finden, eine Schwierigkeit, die wohl nur deshalb noch nicht zu Tage getreten ist, weil der ins Auge gefasste Fall bisher noch nicht praktisch geworden ist.

Die der Handelspolitik hier gestellte Aufgabe dürfte zweckmässiger auf anderem Wege zu lösen sein, indem man nämlich die Meistbegünstigung zwar im alten Sinne beibehält, aber den Umfang ihrer faktischen Geltung beschränkt.

Zunächst wird für die Frage der Meistbegünstigung zu beachten sein, in welchen kommerziellen Beziehungen wir mit dem gerade in Frage kommenden Vertragsstaate stehen Die Meistbegünstigung ist ihrer Natur nach eine auf Gegenseitigkeit beruhende Verpflichtung.

Es wird in jedem Einzelfalle sorgfältiger Prüfung bedürfen, ob das Gewähren der Meistbegünstigung an den Vertragsstaat uns nicht mit grösseren Nachtheilen bedroht, als das Geniessen der Meistbegünstigung auf dessen Binnenmarkt uns Vortheile bringen kann. Beispielsweise hat das Meistbegünstigungsverhältniss zwischen dem deutschen Reiche und den Vereinigten Staaten von Amerika eine einseitige Wirkung zu Gunsten der Union gehabt. In Getreide und anderen Produkten der Landwirthschaft, in Bau- und Nutzholz, in Fabrikaten, wie Taschenuhren, feinen Lederwaaren, in Verschnittwein. Rosinen. Oelsäure u. A. m, hat die Union die anderen Ländern gewährten Ermässigungen des deutschen Zolltarifs zu einer beträchtlichen Steigerung ihres Absatzes bei uns ausgenutzt. Umgekehrt hat die unseren Provenienzen in der Union gewährte Meistbegünstigung geringen praktischen Werth, weil die Vereinigten Staaten im Allgemeinen an einer autonomen Handelspolitik festgehalten haben. Die Tarifermässigungen, welche Amerika bisher dritten Ländern vertragsmässig gewährt hat, beziehen sich in der Hauptsache einerseits auf Erzeugnisse südlicher Länder, welche wir nicht produziren, andrerseits — nämlich Frankreich gegenüber — auf Wein, Liköre und Kunstwerke, d. h. auf Artikel, bei denen der nationale und selbst individuelle Charakter so ausgesprochen ist, dass eine internationale Konkurrenz ohnehin nur in beschränktem Masse stattfindet.

Das Gegenstück hierzu zeigt unser Meistbegünstigungsverhältniss mit der Türkei. Aus der Türkei bezogen wir Waare im letzten Jahre für insgesammt 28.8 Millionen Mark. Davon entfielen 15 Millionen, also über 52 pCt., auf vier Artikel, in denen die Türkei keine ernstliche Konkurrenz auf dem deutschen Markte zu fürchten hat: nämlich Rosinen, gewisse Gerbstoffe (Knoppern, Eckerdoppern, Valonea), Chromerze und orientalische Teppiche Die Gewährung der Meistbegünstigung im deutschen Zolltarif hat also für die Türkei nur eine sehr geringe Bedeutung Dagegen exportiren wir nach der Türkei zahlreiche Artikel, namentlich Wollen-, Baumwoll- und Eisenwaaren, die daselbst scharfer

Konkurrenz mit englischen, österreichischen, italienischen, neuerdings auch mit amerikanischen Provenienzen ausgesetzt sind. In Anbetracht der nicht zu unterschätzenden Bedeutung, welche die Levantestaaten als Absatzgebiet für die deutsche Industrie haben, ist also für uns die Behandlung als meistbegünstigte Nation in der Türkei von grosser Wichtigkeit.

Aehnlich wie hier werden die Verhältnisse bei allen exotischen Ländern liegen. Länder, in welchen keine einheimische Industrie entwickelt oder im Entstehen begriffen ist, können uns in der Regel — abgesehen von der Meistbegünstigung — überhaupt keine brauchbaren zolltarifarischen Zugeständnisse machen; denn industrielle Schutzzölle sind für sie ebensowenig wie agrarische erforderlich; ihr Zollsystem ist demnach gewöhnlich ein rein fiskalisches und wenig spezialisirtes. Ermässigungen dieser Zollsätze hätten für den deutschen Export nur unter der Voraussetzung Werth, dass die dadurch herbeigeführte Preissenkung eine nennenswerthe Steigerung des Konsums in jenen Ländern zur Folge hätte.

Dagegen ist es von grösster Wichtigkeit für uns, zu vermeiden, dass andere Staaten unsere Fabrikate von jenem dritten Markte verdrängen. Dabei ist zu beachten, dass der Bedarf solcher Länder in der Regel noch unentwickelt ist und die Chancen, welche er unserem Export bei weiterer Ausbildung bietet, sich nicht im Voraus überblicken lassen. Wir müssen also ganz allgemein verhindern, dass die Provenienzen anderer Länder günstiger als die unseren bei der Einfuhr behandelt werden, auch für Artikel, die heute noch garnicht in Betracht kommen.

Für unser handelspolitisches Verhältniss zu Ländern der geschilderten Art sind daher Tarifverträge nicht erstrebenswerth, dagegen muss uns in diesen Fällen die Meistbegünstigung in vollem Umfange erhalten bleiben. Es genügen also hier Meistbegünstigungsverträge in der überkommenen Form.

Wesentlich anders ist die Sachlage solchen Staaten gegenüber, welche bereits eine hochentwickelte Industrie besitzen. Der Gegner, mit dem in diesem Falle unser Export zu kämpfen hat, ist in erster Linie die einheimische Industrie. In diesem Falle ist die Hauptaufgabe unserer Handelspolitik, das betreffende Absatzgebiet für unseren Export nach Möglichkeit offen zu halten, also Ermässigungen der Eingangszölle für unsere Haupt-Ausfuhr-Artikel zu erzielen. Die Meistbegünstigung kommt hier nur in Frage, soweit gleichzeitig ein anderer Staat als Lieferant uns erhebliche Konkurrenz macht.

Ein hochentwickelter Gegner wird uns zugleich auf unserem eigenen inneren Markte mit seinen Fabrikaten Konkurrenz machen: hier kann also der Austausch der vollen Meistbegünstigung nachtheilige Folgen für unsere Industrie haben. Solchen Staaten gegenüber ist ein Tarifvertrag und sachliche Beschränkung der Meistbegünstigung erforderlich. Eine solche Beschränkung kann sowohl nach Staaten wie nach Tarifpositionen stattfinden.

Eine Beschränkung der Tarifpositionen liegt nahe, weil die Zahl der Artikel eine beschränkte ist, für welche die Gewähr zollpolitisch gleicher Behandlung mit anderen Provenienzen sich als Vorbedingung für die Aufrechterhaltung unseres Aussenhandels darstellt. Es scheiden alle diejenigen Waaren von vornherein aus, in denen wir entweder einen nennenswerthen Export nicht haben oder in denen eine gleich hochstehende ausländische Industrie nicht existirt, wie z. B in vielen chemischen Fabrikaten. In manchen anderen Artikeln exportiren wir nur bestimmte Spezialitäten, in denen wir keine besondere Konkurrenz zu fürchten haben, oder der Export geht nach bestimmten Ländern, die durch ihre geographische Lage ohnehin auf den Bezug aus Deutschland angewiesen sind.

Die Meistbegünstigung auf gewisse Staaten zu beschränken, ist zu erwägen, weil es im Einzelfall meist nur wenige bestimmte Länder sind, welche uns auf dem in Rede stehenden Absatzgebiet und in den betreffenden Artikeln ernstliche Konkurrenz machen. So würde beispielsweise für die Behandlung von Eisenwaaren die Zusicherung genügen, dass etwa England, Belgien und die amerikanische Union nicht günstiger als wir gestellt werden; für Seiden- und Halbseidenwaaren die Gleichstellung mit Italien, Frankreich und der Schweiz.

Eine derartige Einschränkung des Meistbegünstigungsrechtes steht nicht ohne Präzedenzfall da. Es sei daran erinnert, dass die im Frankfurter Friedensvertrag zwischen Deutschland und Frankreich vereinbarte Meistbegünstigung sich nur auf die England, Belgien, den Niederlanden, Oesterreich-Ungarn, Italien und der Schweiz etwa zu gewährenden Vergünstigungen bezieht. Ebenso gewährt der zwischen Frankreich und der Union vereinbarte, aber noch nicht ratifizirte Vertrag vom 24. Juli 1899 Frankreich die Meistbegünstigung nur mit Bezug auf andere europäische Länder und nur für Wollwaaren und moussirende Weine. Endlich mag daran erinnert werden, dass auch die vertragsmässige Bindung der bestehenden Zollsätze keineswegs für den ganzen Tarif, sondern stets nur für gewisse, besonders wichtige Positionen vereinbart wird.

Fassen wir beispielsweise unser Verhältniss zu Russland ins Auge. Der deutsche Export betrug nach Russland (nach Abzug der Edelmetalle) im letzten Jahre 325 Millionen Mark. Von dieser Summe entfielen 96 Millionen oder ca. 30 pCt. auf Maschinen, Lokomotiven und Lokomobilen und sonstige Fabrikate der Eisenindustrie. Daneben spielen als Exportartikel eine Rolle gewisse Roh- und Hilfs-Stoffe, wie Steinkohlen und Koks, Häute und Felle, Wolle und Baumwolle, Zink, Sämereien, Jute; ferner Gegenstände des Buch- und Kunst-Handels, der Edelmetall-Industrie, wissenschaftliche Instrumente, Leibwäsche etc. In gewissen Artikeln, wie Maschinen, Eisenfabrikaten etc. hat der deutsche Export mit England, Oesterreich, Belgien, Amerika zu konkurriren. Für diese Artikel müsste die Meistbegünstigung festgelegt werden. In anderen Artikeln haben wir keine Konkurrenz zu fürchten: wie beispielsweise in Cement. Es wird deshalb zweckmässig sein, das Recht der Meistbegünstigung deutscher Provenienzen in Russland auf eine Reihe von Positionen zu beschränken, um dadurch auch unsererseits die Berechtigung zu erlangen, die an Russland zu gewährenden Zugeständnisse entsprechend einzuschränken.

Allgemein ausgedrückt kann man etwa sagen: Je höher die industrielle Entwicklung eines Landes ist, desto unerlässlicher wird für unseren Export dorthin ein Tarifvertrag mit demselben, bezw. desto sorgfältiger spezialisirt muss dieser Tarifvertrag sein. Und weiter: Je mehr das Vertragstarif-Verhältniss zwischen Deutschland und einem anderen Staate ausgestaltet wird, desto mehr verliert die allgemeine Meistbegünstigungsklausel relativ an Werth, desto grösser wird andererseits die Gefahr, dass sie nachtheilige Nebenwirkungen mit sich bringt.

Die Erneuerung unserer Handelsverträge wird jedenfalls im Grossen und Ganzen eine Vermehrung und Erweiterung der Tarifverträge anstreben müssen. Ob dies unter entsprechender Beschränkung des Meistbegünstigungsrechtes innerhalb der Verträge der Fall sein soll, dies zu entscheiden, muss ich heute noch ablehnen. Ich halte aber die Möglichkeit nicht für ausgeschlossen, dass die Praxis selbst und vielleicht der Vorgang anderer Länder diesen Weg weisen wird Man kann also sagen: zu erwarten steht eine Einschränkung der reinen Meistbegünstigungsverträge zu Gunsten von Tarifverträgen, und gegebenen Falls im Rahmen der Tarifverträge eine sachliche Beschränkung der Meistbegünstigungsklausel sowohl nach Staaten wie nach Artikeln.

Es ist wie gesagt schwierig, in dieser Frage schon heute endgültig Stellung zu nehmen. Ist man aber geneigt, sich die Mängel, welche die Meistbegunstigung angesichts der modernsten Entwicklung in verschärftem Maasse zeigt, deutlich zu machen und für die Praxis mit einzuschätzen, so dürfen solche Bedenken doch keinesfalls soweit in den Vordergrund geschoben werden, dass darüber das Bewusstsein von dem hohen Werthe der Meistbegünstigung und von der Nothwendigkeit ihrer grundsätzlichen Aufrechterhaltung verloren geht.

Dr. C. A. **Martius**-Berlin: Weder in dem bisherigen noch in dem neu vorgelegten Tarifgesetz ist, soweit mir bekannt, von der Meistbegünstigung die Rede. Die Regierung hat immer freie Hand behalten, sie von Fall zu Fall anderen Staaten zu gewähren. Gesetzlich festgelegt und zwar ohne zeitliche Beschränkung ist sie nur Frankreich gegenüber durch § 11 des Frankfurter Friedens vom 11. Juni 1871. Wenn die Regierung dem Auslande die Meistbegünstigung zugesteht, so ist dies eine Konzession, zu der sie gesetzlich nicht verpflichtet ist.

Bergrath **Gothein**-Breslau: Was die letzte Ausführung des Herrn Vorsitzenden anlangt, so möchte ich darauf erwidern, dass die Meistbegünstigung bei uns allerdings nicht durch autonome Gesetzgebung festgelegt, aber durch jeden Handelsvertrag vereinbart ist: die Bestimmungen der Handelsverträge werden mit ihrem Inkrafttreten, da sie hierzu der Zustimmung des Bundesrath und des Reichstages bedürfen, Gesetz. Bisher sind wir mit der Meistbegünstigung nicht schlecht gefahren. Die Fälle, welche Herr Dr. Vosberg-Rekow anführte, in welchen vermöge ihres Meistbegünstigungsrechtes dritte Länder von Konzessionen profitiren, die einem Staate gemacht worden sind, ergeben höchstens, dass das System der Meistbegünstigung wie jede menschliche Einrichtung auch kleine Fehler und Nachtheile hat. Aber sind denn die Letzteren so gross? Zum Beispiel der Fall mit den Musikinstrumenten. Wir haben allerdings der Schweiz einen Zollnachlass auf Spieldosen gewährt; aber gerade darin ist unsere Ausfuhr 9—10 mal so gross als die Einfuhr. Der Zoll auf mechanische Musikinstrumente ist also offenbar gar nicht nothwendig, da seine Wirkung durch die grosse inländische Konkurrenz nicht zum Ausdruck kommt.

Was ferner feine Baumwollgarne betrifft, ist es uns von Anfang an klar gewesen, dass der Hauptvortheil der der Schweiz zugestandenen Ermässigung England zufallen würde. Trotzdem war diese Zollherabsetzung für uns kein Unglück, sondern ein Vortheil, wie mir die hier anwesenden Herren

Vertreter der Baumwollindustrie gewiss bestätigen werden. Es giebt zwar Baumwollspinner, welche glauben, jede Ermässigung der Baumwollgarnzölle schadet ihnen. Die Vermehrung der Feinspindeln bei uns ist aber nie so stark gewesen als in der Zeit nach 1892, als der schweizerische Handelsvertrag abgeschlossen war. Es ist demnach, wie Sie sehen, nicht feststehend, dass jede Zollherabsetzung einen Schaden für unser Land bedeutet.

Andererseits haben wir von der Meistbegünstigung ausserordentliche Vortheile. Es wäre sehr dankenswerth gewesen, wenn Herr Dr. Vosberg-Rekow uns gleichzeitig mit der Zusammenstellung der Nachtheile dieses Systems eine Zusammenstellung seiner Vortheile vorgelegt hätte, und ich glaube: die letzteren hätten die Nachtheile weit überwogen. Unser Land exportirt vorwiegend industrielle Erzeugnisse, und zwar der verschiedensten Art. Es giebt wohl kaum ein Land, welches in dieser Richtung eine ähnliche Vielseitigkeit aufzuweisen hat. Gerade wir haben aus diesem Grunde das grösste Interesse daran, den Erzeugnissen unseres industriellen und gewerblichen Fleisses überall das Meistbegünstigungsrecht zu sichern. Ich könnte an dieser Stelle eine Menge Beispiele anführen von Zollermässigungen, in deren Mitgenuss wir durch Zollverträge anderer Länder gelangt sind: so z. B. die Handelsverträge zwischen der Schweiz und Italien, sowie zwischen Italien und Oesterreich-Ungarn. Wie würde auch die Arbeit des Unterhändlers erschwert, wenn er bei Unterhandlungen mit einem Staate für jeden einzelnen Artikel die Meistbegünstigung entweder festlegen oder ausschliessen sollte.

Welche grosse Erschwerung des Güterverkehrs bedeuten auch die in solchem Falle unvermeidlichen Ursprungszeugnisse. Noch heute erwachsen uns viele Unbequemlichkeiten daraus, dass wir Portugal gegenüber nicht das Recht der Meistbegünstigung haben Der Wein, der aus Portugal oder aus Italien über See nach unsern Häfen kommt, muss immer das Ursprungszeugniss haben: ein Schutz für den deutschen Weinproduzenten aber wird dadurch in keiner Weise erreicht, lediglich der Handel wird chicanirt.

Herr Dr. Vosberg-Rekow sagt sehr richtig, dass es für uns vortheilhaft ist, wenn wir von England die Meistbegünstigung geniessen; wenn wir aber England nicht mehr die Meistbegünstigung gewähren, so bestärken wir damit die schutzzöllnerischen Strömungen in England. Diese Bestrebungen werden in England voraussichtlich zwar nicht praktisch verwirklicht werden, weil sie nicht im englischen Interesse liegen; aber die Bewegung ist vorhanden, wir haben alle Ursache, sie nicht zu fördern. England darf bei uns keine Schwierigkeiten finden, denn es ist unser bestes Absatzgebiet. Dies gilt ebenso für das Mutterland, wie für die englischen Kolonien. Schliesslich hat aber auch dasjenige Land, welches eine Differenzirung der Meistbegünstigung vorgenommen hat, Kanada, keine günstigen Erfahrungen damit gemacht.

Schon aus taktischen Gründen haben wir alle Ursache, uns prinzipiell für die Meistbegünstigung auszusprechen. Uebrigens erklären sich Handel und Industrie ganz einmüthig für dieses System. Selbst der sonst so schutzzöllnerisch gesinnte Zentralverband deutscher Industrieller hat sich mit aller Entschiedenheit für Beibehaltung des Systems an sich ausgesprochen, besonders der Sekretär des Verbandes, Herr Bueck, auf dem Deutschen Handelstage. Auf dieser Versammlung hat sich nur eine einzige Stimme, nämlich die Handelskammer Oppeln, für eine einzuschränkende Meistbegünstigung ausgesprochen.

Herr Dr. Vosberg-Rekow hat vielleicht recht, wenn er sagt, dass Tarifherabsetzungen mitunter verhindert werden, weil man dadurch die Konkurrenz eines dritten Staates begünstigen würde. Das kann in einzelnen Fällen allerdings vorkommen; gleichwohl wirkt die Meistbegünstigung im Grossen und Ganzen viel mehr fördernd. Wenn wir sie nicht annehmen, werden wir, wie ich fürchte, in eine ganze Reihe von Zollkriegen verwickelt werden.

Ich glaube, die europäischen Staaten hätten guten Grund, einmüthig den Vereinigten Staaten von Nordamerika gegenüber zu stehen; die Interessen der europäischen Staaten sind so gemeinsam, dass sich ein gemeinschaftliches Vorgehen wohl ermöglichen lassen dürfte.

Auf jeden Fall, m. H., möchte ich Sie bitten, die Meistbegünstigung in unsere Resolution aufzunehmen. Einzelnen Ländern gegenüber ist die Meistbegünstigung für unsere Industrie geradezu eine Lebensfrage, so z. B. in unserm Nachbarlande Oesterreich-Ungarn Wenn die Schweiz diesem Lande gegenüber eine Vergünstigung hat, die uns nicht gewährt wird, werden wir sofort vom österreichisch-ungarischem Markte verdrängt.

Treten Sie dafür ein, dass an der Meistbegünstigung ebenso wie am Abschlusse langfristiger Handels- und Tarifverträge festgehalten wird.

Dr Vosberg-Rekow: Ich freue mich sehr, dass Herr Bergrath Gothein meine Ausführungen so liebenswürdig ergänzt hat. Wir haben in dieser Sache durchaus keine gegnerische Ansichten, sondern ich kann mit Vergnügen konstatiren, dass wir ganz einer Ansicht sind. Aber bei der Centralstelle wird nicht mit Schlagworten gearbeitet, die leider in der öffentlichen Diskussion eine zu grosse Rolle spielen Wir sind bemüht, uns ein Urtheil zu bilden auf Grund der Thatsachen, die sich aus der Statistik ergeben. Diese Thatsachen und das sich aus ihnen ergebende „für" und „wider" mussten wir auch bei der vorliegenden Frage sprechen lassen. Gerade weil augenblicklich eine so starke Strömung im wirthschaftspolitischen Leben sich gegen die Meistbegünstigung erklärt, war es unsere Pflicht, objektiv diese Bedenken zu untersuchen. Wenn wir jetzt erklären, gewisse Bedenken gegen die Meistbegünstigung sind allerdings vorhanden, so sind wir uns doch durchaus bewusst, dass es für die Entscheidung nur darauf ankommen kann, wo liegt das Schwergewicht auf Seiten der Gründe für oder auf Seiten der Gründe gegen. Aus einer solchen Abwägung heraus möchte ich folgende Resolution beantragen:

„Die Meistbegünstigung ist als werthvoller Bestandtheil der Handelsverträge anzuerkennen und deshalb trotz einzelner anhaftender Mängel grundsätzlich beizubehalten."

Hierzu habe ich noch einiges zu bemerken. Ich differire sachlich nur in einem Punkte mit meinem Herrn Vorredner, wobei ich mir allerdings bewusst bin, persönlich eine Sonderstellung einzunehmen. In den Ursprungszeugnissen sehe ich nämlich gar keine Schwierigkeit. Ich wünsche nichts sehnlicher, als dass alle Länder mit Konsulatsbezirken besiedelt werden und dadurch das Ursprungsland leicht nachgewiesen werden kann. Dass man sich diese Einrichtung allerorts gefallen lässt, sehen Sie daran, dass wir, mit unserer hohen Entwicklung, sie uns von der amerikanischen Union gefallen lassen.

Kommerzienrath **Lichtenberger** - Heilbronn: Ich bin der Ansicht, dass auch die Anwendung einer unbeschränkten Meistbegünstigung, wie sie Herr Bergrath Gothein vorschlägt, ein Fehler wäre. Im Prinzip bin ich für die Meistbegünstigung, aber die Entscheidung muss von Fall zu Fall erfolgen, damit sie in jedem Einzelfalle eine sachliche bleibt.

Bergrath **Gothein**-Breslau. Es ist ganz zweifellos, dass die Entscheidung nur von Fall zu Fall bewirkt werden kann; ein solcher Einzelfall liegt immer vor beim Abschluss eines Handelsvertrages. Als uns seiner Zeit Russland die Meistbegünstigung gewähren wollte, erschien sie uns nicht als ein genügendes Aequivalent für unsere Meistbegünstigung; die Fortsetzung der bezüglichen Verhandlungen wurde von uns abgelehnt. Erst als Russland sich zu weiteren Konzessionen entschloss, haben wir Russland unsere Meistbegünstigung zugestanden, ohne darüber hinausgehende Zugeständnisse zu machen. Ich möchte den Vorredner nun noch bitten, die Resolution noch einmal vorzulesen.

Dr. Vosberg-Rekow verliest nochmals die Resolution.

Fabrikbesitzer **Guttmann**-Göppingen: Ich möchte davor warnen, laue Resolutionen zu fassen; wir müssen uns klar und unzweideutig für Beibehaltung der Meistbegünstigung aussprechen.

Fabrikbesitzer **Bendix**-Berlin beantragt, das Wort „anhaftender" Mängel zu streichen und einfach zu sagen „Mängel".

Der Vorsitzende bittet, die Resolution mit dieser kleinen Abänderung nochmals vorzulesen: geschieht.

Nach einer abermaligen kurzen Debatte wird beschlossen, statt „anhaftender Mängel" zu sagen „einzelner Mängel". In dieser Fassung gelangt sodann die Resolution mit allen gegen eine Stimme zur Annahme.

Dr. C. A. **Martius**-Berlin: Wir kommen nunmehr zu Punkt 3 der Tagesordnung:

Errichtung deutscher Handelskammern im Auslande und die deutschen Interessen der Levante.

Ich ertheile Herrn Freiherrn von Gienanth, Präsidenten der deutschen Handelskammer zu Brüssel, das Wort.

Freiherr **von Gienanth**-Brüssel: „Meine Herren!

Ueber die Frage der Existenzberechtigung und Nützlichkeit deutscher Handelskammern im Auslande hat in der vorjährigen Generalversammlung an dieser Stelle Herr Dr. Borgius Ihnen einen längeren Vortrag gehalten an der Hand eines reichen Materials, das er theils aus Mittheilungen fremdländischer Handelskammern im Auslande und deren langjährigen günstigen Erfahrungen geschöpft, theils und insbesondere aus den Thätigkeitsberichten der nun fast 7 Jahre und bisher leider einzig bestehenden auswärtigen deutschen Handelskammer in Brüssel entnommen hatte.

Die Nützlichkeit solcher Institutionen heute hier des Weiteren zu beleuchten und zu begründen, erscheint mir nicht nur nach dem vorerwahntem Vortrage, sondern insbesondere auch deshalb überflüssig, weil seither fast sämtliche Interessen-Korporationen Deutschlands sich mit dieser Frage in ziemlich erschöpfender Weise beschäftigt haben und das Resultat dieser Prüfungen im Allgemeinen ein durchaus günstiges ist. Gestatten Sie mir daher, dass ich mich in meinem heutigen Referate darauf beschränke, Ihnen über die Fortschritte zu berichten, welche die Frage der Errichtung deutscher Handelskammern im Auslande seit vorigem Jahre in Deutschland gemacht hat.

Die Entgegnungen, die der damalige Herr Staatssekretär Excellenz Graf von Bülow am 28. Februar v. J. in der Reichstagssitzung auf die Rede des Herrn Kommerzienraths Münch-Ferber machte, waren, ich darf wohl sagen, fast allen kommerziellen und industriellen Kreisen und insbesondere auch unserer Kammer in Brüssel sehr überraschend, und ich bedaure hinzufügen zu müssen, dass die dem Herrn Staatssekretär von seinen Referenten gewordenen Mitteilungen wohl in keinem Punkte den Erfahrungen entsprachen, welche z. B. die deutsche Handelskammer in Brüssel in ihrer bisherigen Thätigkeit gemacht hat; auch schienen die geäusserten Bedenken keineswegs danach angethan, die von anderen Staaten in dieser Hinsicht gemachten guten und vortheilhaften Erfahrungen zu widerlegen.

Wir erliessen hierauf ein Rundschreiben an die sämtlichen deutschen Handelskammern, in welchem wir die von dem Herrn Staatssekretär geäusserten Bedenken zu widerlegen suchten und insbesondere auch die Handelskammern im Mutterlande ersuchten, ebenfalls durch entsprechende Eingaben an den Herrn Reichskanzler in ähnlicher Weise für die Sache eintreten zu wollen.

Dieser unser Appell fand bei unseren verehrlichen Schwesterkammern volles Gehör, und wir erhielten im Laufe des darauf folgenden Monates eine grosse Anzahl Zustimmungsschreiben zu unserem Standpunkte von vielen Kammern und anderen kaufmännischen Korporationen und die Mitteilung, dass auch sie sich in einer Adresse an den Herrn Reichskanzler gewandt und darin ihrer Sympathie für Errichtung von Auslandskammern Ausdruck gegeben hätten.

So richteten die Handelskammern zu Bonn, Darmstadt, Giessen, Hanau, Hannover, Mannheim, Offenbach, Sonnenberg, Verden und andere mehr, wie auch der Verein Berliner Kaufleute und Industrieller an den Reichstag eine Eingabe:

„auf thunlichst baldige Errichtung deutscher Handelskammern im Auslande hinzuwirken."

Besonders die Eingabe dieser letzteren Korporation hat in richtiger und treffender Weise die erwähnten von Bülow'schen Bedenken widerlegt.

Auch in publizistischer Beziehung ist seitdem viel der Frage Zustimmendes und zum Teil Bemerkenswertes erschienen, wie ich einen im April v. J. in der „Woche" erschienenen Artikel des Professors der Staatswissenschaften Herrn Dr. Hermann Schuhmachers als in vielen Punkten sehr treffend urtheilend nicht unerwähnt lassen möchte.

Eine besondere Initiative, wofür ihr wiederholt unsererseits gedankt sei, ergriff wieder unsere Gevatterin, die verehrliche Handelskammer zu Mannheim, indem sie an sämmtliche Handelskammern im Februar v. J. das Ersuchen stellte, diese Frage wohlwollend und befurwortend aufzunehmen und gleichzeitig den Deutschen Handelstag veranlasste, sich mit dieser Angelegenheit zu beschäftigen.

In seiner im April v. J. abgehaltenen Plenarsitzung rollte denn auch der Handelstag diese Frage auf und beschloss mit grosser Majorität folgende Resolution:

„Der Deutsche Handelstag betrachtet die Errichtung deutscher Handelskammern durch deutsche Kaufleute im Auslande als ein werthvolles Mittel zur Förderung des auswärtigen Handels und würde eine wohlwollende Unterstützung derartiger Organe durch die verbündeten Regierungen mit Freude begrüssen."

Wenn eine Korporation wie der Deutsche Handelstag in einer derartigen Frage nach deren detaillirter Prüfung seitens seiner vielen Mitglieder schliesslich mit grosser Mehrheit zu einer solch zustimmenden Resolution gelangt ist, so erscheint wohl die Frage der Berechtigung der Errichtung deutscher Handelskammern im Auslande genügend geprüft und begründet zu sein. Und hierzu kommt noch, dass eine grosse Anzahl weiterer ähnlicher Körperschaften, welche dem Deutschen Handelstage zwar nicht angehören, aber die gleichen patriotischen Zwecke verfolgen wie er, sich ebenfalls zustimmend und befürwortend zu der Frage geäussert haben.

Wie Ihnen bekannt, hat auch der Deutsche Handelstag Mitte vorigen Jahres seine Mitglieder um ihre Ansicht über die eventuelle Gründung einer Auskunftsstelle für den Aussenhandel befragt. Mit Interesse verfolgte unsere Kammer die dem Handelstage von seinen Mitgliedern in dieser Frage gewordenen Rückäusserungen, und wenn sich als Schlussresultat ergab, dass die Zahl der Gegner 43, die Zahl der Befürworter 38, und die Zahl der eine vermittelnde Stellung einnehmenden 13 war, so hat doch eine jede dieser abstimmenden Kammern die Nützlichkeit einer Auskunftsstelle für den Aussenhandel erkannt, und wenn darunter 43 Gegner waren, so dürfte dies unseres Erachtens hauptsächlich darin begründet gewesen sein, dass man an die projektirte Auskunftsstelle, besonders für den Anfang, gleich zu grosse Ansprüche stellen wollte, und dass infolge dessen deren richtige und zweckdienliche Einrichtung allerdings eine etwas kostspielige geworden wäre.

Vergleichen Sie nun die Ansprüche, welche man an eine solche Auskunftsstelle zu machen beabsichtigte, mit den Statuten unserer Brüsseler Handelskammer, ja ich gehe weiter und sage mit unseren bis jetzt vorliegenden Jahresberichten, so dürfte man finden, dass unsere Kammer eine grosse Anzahl derartiger Ansprüche, wie man solche an eine Auskunftsstelle machen wollte, nicht nur in unseren Statuten vorgesehen, sondern auch laut unseren Jahresberichten theilweise bereits erfüllt hat. Es musste uns daher wundern, dass nicht alle Handelskammern in ihren dem Handelstage abgegebenen Erwiderungen darauf verfielen, dass die vom

Handelstage angeregte Frage der Errichtung einer Auskunftsstelle für den Aussenhandel mit jener der Errichtung deutscher Handelskammern im Auslande auf das engste zusammenhängt.

Wir treten in erster Linie ein für die Begründung deutscher Handelskammern im Auslande und sind der Ansicht, dass hiermit eine Reform des deutschen Konsulatswesens zu verbinden ist; in zweiter Linie für die Begründung eines Handelsmuseums mit dem Sitze in Berlin oder vielleicht besser in Frankfurt a. M. Mit dem Museum wäre nach dem Vorbild anderer Staaten ausser einer permanenten Musterausstellung eine Central-Auskunftsstelle zu verbinden, welche ihr Material von den deutschen Handelskammern im In- und Auslande und den Konsulaten bezieht und in entsprechender Weise zur Disposition der Interessenten hält

Dem Reichstagsabgeordneten Herrn Kommerzienrath Muench-Ferber wird nun demnächst Gelegenheit geboten sein, auf die mehrfach erwähnten von Bulow'schen Bedenken zu erwidern und an geeigneter Stelle zu betonen, dass, wie aus Vorerwähntem resultirt, sozusagen der ganze deutsche Handel und die ganze deutsche Industrie von der Existenzberechtigung und Nützlichkeit deutscher Auslandskammern durchdrungen sind, und dass der Ausdruck einer derartigen Ueberzeugung massgebenden Orts auch entsprechende Würdigung und die nachgesuchte und begründete Berucksichtigung verdient.

Gestatten Sie mir nun noch schliesslich, auf einige der von Bülow'schen Bedenken zuruckzukommen und kurz folgende Punkte anzuführen:

Eine deutsche Handelskammer im Auslande ist selbstverständlich nur da konstituirbar, lebensfähig und nutzbringend, wo die betreffende deutsche Kolonie eine gewisse Stärke hat, beziehungsweise wo eine genügende Zahl Reichsdeutscher vorhanden ist. Aus ihrer Initative und eventuell unter Mitwirkung des betreffenden deutschen Konsuls und auf Grund eventuell vorher seitens eines maassgebenden Handelsattachés zu machender Vorstudien sollte und kann eine solche ins Leben gerufen werden und verdient dann selbstverständlich eine entsprechende pekuniäre Unterstützung seitens der Regierung.

Dass die Mitglieder einer auswärtigen Handelskammer Deutsche sein oder doch mindestens deutsche Handelsinteressen vertreten müssen, erachten wir als selbstverständlich.

Reciprocitätsrecht und Industriespionage, glauben wir, hätte die Regierung nicht zu befürchten; jedenfalls ständen ihr ausser der Tüchtigkeit, Thatkraft und dem angeborenen energischen Selbstbewusstsein ihrer Landsleute wohl genügend Mittel und Wege zur Verfügung, derartigen Bestrebungen wirkungsvoll entgegen zu treten.

Friktionen zwischen den Handelskammern und Konsulaten halten wir für ausgeschlossen. Wenngleich unsere Kammer in Brüssel seit Jahren von Gesandtschaft und Konsulat quasi ängstlich gemieden und missachtet wird, der deutsche Konsul trotz mehrfacher Aufforderung und trotz des ihm nach unseren Statuten zustehenden Theilnahmerechtes an unseren Berathungen dieselben stets gemieden hat — dies vielleicht infolge bisheriger höherer Weisung —, so glauben wir doch nicht, dass während unserer bisherigen Thätigkeit irgend welche sachliche Gelegenheit oder persönliche Veranlassung geboten worden ist oder hätte geboten werden können, ihm seine direkte Antheilnahme an unseren vaterländischen Bestrebungen zu erschweren oder gar unmöglich zu machen. Dagegen erscheint uns vielmehr eine persönliche Mitwirkung des betreffenden kaiserlich deutschen Ortskonsuls ohne Gefährdung der Reichsinteressen nicht nur nützlich, sondern geradezu geboten, in welchem Falle es nicht vorkommen würde, wie dies in Brüssel der Fall, dass der kaiserlich deutsche Konsul sich das Material auf kommercielle Anfragen bei Vorstandsmitgliedern der Handelskammer zusammensuchen muss, oder gar, dass auf eine seitens eines belgischen Konsuls in einer grösseren Stadt Mitteldeutschlands an das kaiserlich deutsche Konsulat in Brüssel gerichtete Anfrage um Bekanntgabe belgischer Fabrikanten derselbe kurz ersucht wurde, sich dieserhalb an die deutsche Handelskammer nach Brüssel zu wenden.

Und sollte je in einem entfernten Welttheile eine daselbst ins Leben gerufene deutsche Handelskammer aus irgend welchen Gründen mit dem betreffenden deutschen Reichskonsul nicht harmoniren, so steht es in der Macht der Reichsregierung, sei es durch Personalwechsel, sei es nöthigenfalls durch Entziehung ihrer Subvention, einzugreifen und entsprechend Wandel zu schaffen. Schon angesichts solcher Eventualitäten und Machtmittel wird sich wohl jede Auslandskammer hüten, es mit dem betreffenden deutschen Konsul zu einem förmlichen Bruch kommen zu lassen Immerhin sollten letztere selbstverständlich keine jungen und geschäftlich unerfahrenen Juristen, sondern kommerziell kundige Leute sein, die durch langjähriges Verbleiben am selben Platze sich auch reichliche Kenntnisse sammeln können über die betreffenden Ortseigenthümlichkeiten, die betreffenden Landesverhältnisse und insbesondere auch über die eventuell einer Besserung bedürftigen Verkehrsverhältnisse mit dem deutschen Mutterlande.

Der vor 15 Jahren vom damaligen Reichskanzler Fürsten Bismarck eingenommene Standpunkt mag für damalige Zeiten richtig und massgebend gewesen sein, für unser heutiges Deutschland ist er es nicht mehr.

Auffallend war es uns allerdings, dass es dem Anscheine nach bisher unserer Regierung fast mehr darum zu thun war, Nachtheiliges über die Thätigkeit ausländischer Handelskammern in Erfahrung zu bringen als Gutes und Nützliches. Wenn früher und bei anderen fremdländischen Handelskammern stellenweise kleine Reibereien und Zwistigkeiten vorgekommen sind, so ist dies indessen in so unbedeutender Weise der Fall gewesen, dass diese bedauerlichen Vorkommnisse immerhin die viel bedeutenderen guten Seiten nicht auszugleichen vermögen. Die erwähnten Misshelligkeiten sollen übrigens meistens nur da vorgekommen sein, wo sich Handelskammern im Auslande — wie französische und eine italienische — mit der Politik nebenbei beschäftigten, was wir vollständig ausschliessen von der Thätigkeit einer gut geleiteten, nur den nationalen Handelsinteressen dienenden Kammer.

Und dass diejenigen fremden Staaten, welche seit Dezennien im Auslande Handelskammern haben, sich wohl hierbei fühlen und ihre Rechnung finden, wird fortlaufend durch die Thatsache bestätigt, dass dieselben immer weitere fremdländische Handelskammern ins Leben rufen, welche von ihren Heimathsstaaten gefördert und materiell unterstützt werden.

Möge sich die deutsche Reichsregierung daher der Existenzberechtigung und Nützlichkeit deutscher Handelskammern im Auslande fernerhin nicht mehr verschliessen, sondern ebenfalls bereits bestehenden Handelskammern und ganz besonders solchen, welche ihre Existenzberechtigung durch langjährige erspriessliche Thätigkeit dokumentirt haben, Wohlwollen entgegenbringen und sie entsprechend subventioniren; möge die Reichsregierung zunächst der Gründung deutscher Handelskammern etwa in Konstantinopel, Moskau, Mailand, Paris, London und New-York in erster Linie ihre Aufmerksamkeit und ihre Unterstützung zuwenden. Die Errichtung weiterer Handelskammern an anderen überseeischen Plätzen, wo deutscher Handel blüht und stark vertreten ist, wird dann von selbst kommen."

Geh. Kommerzienrath **Dr. Merck**-Darmstadt. Man müsse sich darüber wundern, dass die Regierung noch immer der Schaffung von deutschen Handelskammern im Auslande widerstrebe, nachdem die günstigen Resultate die andere Staaten mit der Errichtung solcher gemacht hätten, eine so deutliche Sprache redeten. Es sei ja anzuerkennen, dass die Regierung den Wünschen der deutschen Geschäftswelt hinsichtlich einer Förderung des Aussenhandels durch Bestellung besonderer kommerzieller Attachés bei den Gesandschaften nachzukommen suche, sollten diese Attachés aber eine erspriessliche Thätigkeit ausüben, so sei die Schulung, der sie bei einer deutschen Handelskammer im Auslande theilhaftig werden könnten, nicht hoch genug zu veranschlagen. Als Beispiel dafür, welch erfreuliche Resultate solche Auslandskammern erzielen könnten, wolle er nur darauf hinweisen, dass es der französischen Handelskammer in Montevideo gelungen sei, das sofortige Inkrafttreten eines Gesetzes zu verhindern, das eine ganze Reihe chemischer Stoffe vom Uruguay'schen Markte ausgeschlossen hättte. Was nun die Form der bis jetzt im Auslande bestehenden Handelskammern betreffe, so könne man nach Art ihrer Stellung zum Mutterlande drei Arten unterscheiden.

1. Die völlig selbständigen, wie die grossbritannische in Paris und auch die einzige deutsche Auslandkammer in Brüssel;

2. solche mit vom Staate genau vorgeschriebenem Arbeitsplan und staatlichem Zuschuss wie die französischen, und

3. solche mit zwar eigener Verfassung, aber stetiger Fühlungnahme mit ihrem Ministerium, wie die österreichischen und italienischen; eine Form, die sich für uns wohl am besten eigne.

Dr. Martius: Ich erteile das Wort dem Korreferenten, Herrn Generalkonsul Kothe-Hamburg, Generaldirektor der Deutschen Levantelinie.

General-Konsul **Kothe**-Hamburg. „Meine Herren! Die deutschen Interessen in der Levante haben in den letzten Jahrzehnten eine grosse Steigerung erfahren. Unter Levante verstehe ich die Länder des östlichen Mittelmeers, Aegypten, Syrien, Kleinasien, die Balkan-Halbinsel und Schwarzmeerküste. Die Gründe der Steigerung sind zweierlei Art.

Einerseits liegen sie in der allgemeinen wirthschaftlichen Konstellation, indem es von Jahr zu Jahr schwieriger wird, der durch die technische und maschinelle Vervollkommnung gesteigerten Ueberproduktion der deutschen Industrie ausreichende Absatzgebiete zu erschliessen, zumal die Vereinigten Staaten für den deutschen Absatz immer mehr und vielleicht in absehbarer Zeit so gut wie ganz verloren gehen werden.

Auch andere Länder, so namentlich Italien, Oesterreich und Japan haben in den letzten Jahren ganz bedeutende

Anstrengungen gemacht und decken schon heute in manchen, früher aus Deutschland eingeführten Waaren nicht nur den eigenen Bedarf, sondern ihr Mitbewerb macht sich auch auf anderen Märkten bereits fühlbar.

Andererseits sind es spezielle Gründe, welche das Interesse der deutschen Industrie und des deutschen Handels nach den Levanteländern wiesen.

Denn trotz aller Rückschläge und Krisen, welche in diesen Gebieten von Zeit zu Zeit wiederkehrend zu beklagen sind, weist ihr Aussenhandel in den letzten zwei Dezennien eine gute Entwicklung auf. Voran steht Aegypten, dessen Aussenhandel im 1. Quinquennium der 80 er Jahre im Durchschnitt jährlich 396 Millionen Mark betrug, im 2. Quinquennium der 90 er Jahre aber 499 Millionen Mark ausmachte: Die

		1880/1885				1885/1900
Türkei	weist	618	Mill.	M.	gegen	685
Bulgarien	„	85	„	„	„	105
Rumänien	„	454	„	„	„	486

aus; nur Griechenland allein ist in seiner Aussenhandelsziffer stagnirend. Wenn auch auf anderer volkswirthschaftlicher und handelspolitischer Grundlage beruhend, so gehört doch verkehrsgeographisch der Handel des Schwarzmeergebietes in den hier gezogenen Kreis, und dieses weist an Produktion und Konsum eine Vielseitigkeit und Ausdehnung aus, die sich in Zahlen zwar nicht fassen lassen, aber in den zwei letzten Dezennien sicherlich eine Vervielfachung erfahren haben.

Einen interessanten Anhaltspunkt bietet in dieser Richtung die Hamburgische Statistik: die Ausfuhr nach den russischen Häfen am Schwarzen Meer war in den 80 er Jahren noch ganz belanglos, im Jahre 1899 betrug sie über acht Millionen Mark.

Zu dieser Thatsache der Hebung des wirthschaftlichen Lebens in der Levante, welche schliesslich auch für die anderen Industrie- und Handelsstaaten einen Anreiz bot, den Orientländern ihre Aufmerksamkeit zuzuwenden, kamen, was die Türkei anlangt, für Deutschland noch nationale und politische Momente. Deutschland, vor drei Dezennien den Bewohnern des weiten Osmanischen Reiches vielfach nur als Appendix von Oesterreich, bezw. dessen Handel bekannt, war durch seine uneigennützige Rolle beim Berliner Kongress, durch seine darauffolgende politische Thätigkeit, durch das Wirken der deutschen Offiziere im türkischen Heere, insbesondere aber durch die glänzende finanzielle und industrielle Durchführung des Baues der Anatolischen und Macedonischen Bahnen, durch den imposanten Verlauf der Reisen unseres Kaisers, und schliesslich durch die Einrichtung und allmähliche Ausdehnung einer nationalen regelmässigen Schiffahrtslinie als mächtiger, politischer, militärischer und wirthschaftlicher Staat den Osmanen in helle Beleuchtung gerückt worden. Wie weit diese Situation auf den deutschen Levantehandel Einfluss ausgeübt hat, sei durch folgende Zahlen aus der offiziellen deutschen Handelsstatistik illustrirt. Es betrug Deutschlands Handel

	1880	1890	1898	1899
mit der Türkei	8 Mill. M.	43 Mill. M.	66 Mill M	61 Mill. M
„ Bulgarien	200000 M.	4 „ „	7 „ „	6 „ „
„ Rumänien	17 Mill. M.	83 „ „	71 „ „	64 „ „
„ Griechenland	3 „ „	7 „ „	14 „ „	13 „ „
„ Aegypten	7 „ „	6 „ „	36 „ „	41 „ „

Es hat also Deutschland seit 1880 in seiner Handelsbewegung mit der Türkei eine Steigerung von 762 pCt., mit Aegypten von 585 pCt., mit Bulgarien von 3000 pCt., mit Rumänien von 376 pCt., mit Griechenland von 433 pCt. zu verzeichnen.

Angesichts dieser Ziffern könnte Deutschland mit seinem Handel mit den Levanteländern schon zufrieden sein, und thatsächlich bezeichnet das Ausland diese deutschen Resultate in der Levante neidvoll als grosse Erfolge.

Man weist jedoch im Gegensatz hierzu in Deutschland in der Regel darauf hin, dass England heute noch mehr als 40 pCt. des gesammten Levantehandels beherrscht; dass das verknöchernde Frankreich Deutschland noch voransteht, und in manchen Gebietstheilen auch noch Oesterreich Deutschland überlegen ist; dabei vergisst man, dass die heutige Stellung des englischen, französischen, österreichischen Handels das Ergebniss einer Thätigkeit von theils mehr denn 100 Jahren ist, während sich der deutsche Export doch kaum länger als 20 Jahre für die Levante interessirt, und die deutschen Importeure auch noch sehr zurückhaltend sind.

Man übersieht ferner, dass Englands Uebergewicht auf seinen Massenartikeln der Baumwollindustrie beruht und Oesterreichs Stärke in seinem Zuckerexport, sowie dass dem Handel Frankreichs die vom französischen Staat schon seit Jahrhunderten mit grossen Geldopfern gepflegten engen Beziehungen zu den Kirchen, Klöstern, Schulen etc. in der Levante zu Gute kommen.

Ausserdem lässt man in der Regel unberücksichtigt, dass die deutsche Industrie mit so verschiedenartigen Branchen am Levantegeschäft betheiligt ist, wie keiner der Konkurrenzstaaten.

Dass trotz alledem der deutsche Handel mit der Levante noch wesentlich gefördert werden kann und muss, darüber besteht natürlich kein Zweifel.

Doch dürfte es kaum ein Mittel geben, den deutschen Handel dem alteingesessenen englischen und französischen Handel in ein paar Jahren an Bedeutung zur Seite zu stellen Bei der Eigenart des Orienthandels nützt ein Forciren nichts; es stimmen eben noch nicht alle Faktoren des Exports diesseits und des Konsums jenseits zusammen. Ich verweise hierbei auf den Artikel Zucker; wir haben in Deutschland eine sehr bedeutende Produktion dieses Artikels und ebenso bedeutend ist der Konsum in den Levanteländern; wenn sich trotzdem absolut kein nennenswerther Export in dieser Waare aus Deutschland nach der Levante entwickeln will, auch ungeachtet des günstigen Umstandes, dass das Zuckergeschäft in der Levante noch ein Kassageschäft ist, so liegt das daran, dass es den deutschen Raffinerien — denn nur raffinirter Zucker geht nach der Levante — noch zu gut geht, und sie vorläufig genügenden Absatz in den Nachbarländern finden und keine Neigung haben, den Anforderungen des orientalischen Marktes zu entsprechen.

Mannigfaltig sind die Bestrebungen, welche im Laufe der zwei letzten Dezennien aufgetaucht sind, um die Position des deutschen Handels in der Levante zu bessern. Abgesehen von den vielen Projekten, die unausgeführt geblieben sind, sei nur an die Gründung des „Deutschen Handelsvereins" im Jahre 1880, nach dessen Auflösung an die Schaffung des „Export-Verbandes deutscher Maschinenfabriken und Hüttenwerke" im Jahre 1890 erinnert.

Gegründet zu dem Zwecke, der deutschen Industrie regeren Absatz in der Levante zu schaffen, haben diese Vereinigungen nur den Verlust der grösseren oder geringeren Gesellschaftsvermögen gebracht und überdies bei den Verlustträgern Verstimmung gegen das Levantegeschäft hinterlassen.

Ihr einziges positives Ergebniss besteht darin, den Beweis geliefert zu haben, dass für die Thätigkeit von Handelserwerbsgesellschaften die Levante ein geeignetes Feld nicht ist.

Die Idee derartiger Associationen, die Geschäfte direkt zwischen dem Produzenten und Konsumenten zu vermitteln, ist bei der gegenwärtigen Technik des Levantehandels undurchführbar, weil dieser weit davon entfernt ist, auf reiner Geldwirthschaft zu beruhen, und auch der eigentliche Grosshandel im modernen Sinne fast gar nicht vertreten ist.

Nur eine Handelsgesellschaft, welche jederzeit über sehr grosse flüssige Mittel zu verfügen hätte, und bei der die glückliche Lösung sonstiger essentialer Fragen, wie Organisation, Leitung, Vertretung hinzukäme, dürfte Aussicht auf Erfolg haben. Der Versuch der Gründung einer neuen Gesellschaft in der Art der zu Grunde gegangenen wäre jedoch weit davon entfernt, den deutschen Interessen in der Levante zu entsprechen.

Auch in Exporteurkreisen scheint man sich von diesen Exportvereinigungen zu Erwerbszwecken nicht mehr viel zu versprechen — ich habe dabei stets nur die Vereinigungen, welche sich die Levante als alleiniges Arbeitsfeld auswählen, im Auge, und in neuerer Zeit richtet sich die Agitation auf die Schaffung einer Handelskammer in Konstantinopel. Die Frage der Nützlichkeit der Auslandskammern im Allgemeinen ist in letzter Zeit so ausgiebig in Wort und Schrift diskutirt worden und vor dieser hochgeehrten Versammlung ist sie von meinem Herrn Vorredner nochmals ausführlich besprochen worden, sodass ich darüber keine Worte weiter zu verlieren brauche.

Ob aber im Speziellen in Konstantinopel, dem einzigen für die Errichtung einer Handelskammer in der Levante in Frage kommenden Platze, die ganze Sache nicht an der Personenfrage scheitern möchte, bildet den Gegenstand einer besonderen Erwägung.

Wie ich schon vorhin erwähnte, fehlt es in der ganzen Levante an einer eigentlichen unabhängigen europäischen Gross-Kaufmannschaft, und Kommissionäre, wie sie das Gros der deutschen Kaufleute in Konstantinopel aufweist, sind meines Erachtens nicht die richtigen Elemente zur Bildung einer Handelskammer daselbst.

Nach unseren Erfahrungen wäre es allerdings wünschenswerth, dass dem mit der Levante arbeitenden Geschäftsmann, der seine Transaktionen nicht im ganz grossen Stile durchführen kann, eine Stelle zur Verfügung stünde, zu der er unbedingtes Vertrauen haben kann und bei der er auch kaufmännisches Verständnis für seine Bestrebungen findet.

Es kann nicht lebhaft genug bedauert werden, dass keine unserer grossen Banken sich zur Errichtung einer oder mehrerer Filialen in der Levante entschliesst. Eine erstklassige deutsche Bank in Konstantinopel — keine Anleihebank für die Türken, — sondern eine Pflegerin und Schützerin des Handels würde manche heute vom Deutschen Handel schmerzlich empfundene Lücke ausfüllen.

Unsere Herren Konsuln können bei ihrem besten Willen und grössten Eifer — und den entwickeln viele — eine solche Stelle nicht abgeben; die ganze Auffassung, welche der deutsche Beamtenstand von sich selbst hat, schliesst dies aus: der Einzelne ist gar nicht in der Lage, sich über den nun einmal eingefleischten Geist hinwegzusetzen, und wollte er selbst den Versuch machen, er würde meistens nicht den Beifall seiner Vorgesetzten ernten.

Auch die neuerdings entsandten Handelssachverständigen können meines Erachtens nach gegen den Beamtengeist nicht ankämpfen und müssen mehr oder weniger in Bureaukratismus verfallen.

Soll nun aber eine Handelskammer dem Handel wirklich nützlich werden, so muss sie aus der Initiative der Handelswelt selbst hervorgehen und von der Behörde möglichst unabhängig sein.

Die Wirksamkeit einer Handelskammer im Orient — selbst zugegeben, dass die richtigen Elemente dafür gefunden werden könnten — wird jedoch nur eine informatorische sein können. Auf die Landesbehörden wird sie kaum einen Einfluss zu nehmen vermögen, sind doch den Orientalen gegenüber selbst die Botschaften und Konsulate oft machtlos.

Ob das Solidaritätsgefühl zur Erreichung dieses Zieles rege genug ist? — Was die deutschen Kaufleute in der Levante anlangt, wage ich es nicht zu bejahen: Man vertritt dort den Standpunkt, eine Auslandskammer komme nur dem heimischen Handel zu Gute: mit den Interessen der heimischen Exporteure und Importeure identifiziren sich die deutschen Kaufleute in der Levante nur insoweit, als sie als deren Vertreter eine Provision beziehen.

Will oder kann die heimische Fabrikation nicht unter den Bedingungen arbeiten, welche der deutsche Kommissionär für seine Kundschaft glaubt beanspruchen zu können oder zu müssen, so versucht er es in Italien, Belgien, England etc. Mit anderen Worten: Solidaritätsgefühl über die geschäftlichen Interessen hinaus wird in der Levante schwer zu finden sein.

In einem Punkte, meine Herren, habe ich die deutschen Handelskreise im Inland und im Ausland solidarisch gefunden, nämlich in ihren Forderungen nach Ausdehnung des Schiffahrtsdienstes nach der Levante, zunächst also wohl meiner Gesellschaft, der Deutschen Levante-Linie. Weniger solidarisch haben sich allerdings die deutschen Handelskreise im Inlande und Auslande hinsichtlich der Benutzung der deutschen Linie gezeigt.

Auch die Mitglieder-Versammlung der Centralstelle hat sich vor 2 Jahren mit dieser Frage beschäftigt. Wie es falsch ist, bei Beurtheilung des deutschen Handels in der Levante von der Vergleichung desselben mit dem englischen und französischen etc. auszugehen, so erhält man noch in viel höherem Maasse ein falsches Bild durch Gegenüberstellung des deutschen Schiffahrts-Dienstes in der Levante einerseits und des österreichischen, französischen, russischen, italienischen etc. andererseits. Denn die deutsche Linie ist ein Frachtdampferdienst einer unabhängigen Erwerbsgesellschaft; die zum Theil privilegirten Gesellschaften der anderen Nationen unterhalten auf Grund grosser Regierungssubventionen einen ausgedehnten Post- und Passagierdienst.

Es ist schon vielfach die Forderung gestellt worden, die Deutsche Levante-Linie durch Subventionirung seitens des Reiches in Stand zu setzen, einen ähnlichen Dienst durchzuführen, wie ihn der Oesterreichische Lloyd, die Messageries Maritimes etc. unterhalten. Die Deutsche Levante-Linie hat kein sonderliches Verlangen nach einer derartigen Subvention, und die Vortheile, welche daraus dem deutschen Handel erwachsen könnten, stünden auch nicht annähernd im Verhältniss zu den für eine Subventionirung zu bringenden Opfern, da die Frage der Briefpost und Beförderung von Geschäftsreisenden dabei überhaupt nicht in Frage kommen kann. Eine Reihe von deutschen Handelskammergutachten und zahlreiche Berichte deutscher und ausländischer Konsuln stimmen darin überein, dass die Deutsche Levante-Linie mit ihrem kombinirten billigen amtlichen Eisenbahn- und Seefrachtentarif der deutschen Ausfuhr sehr grosse Dienste leistet. Ihr ganzer Entwicklungsgang — von 4 Schiffen in 1890 auf 21 Dampfer in 1900, denen voraussichtlich weitere 6 Schiffe im nächsten Jahre folgen werden, ist der beste Beleg dafür, dass die Gesellschaft den Verhältnissen Rechnung trägt, und der deutschen Ausfuhr in dem Maasse Verbesserungen hinsichtlich der Häufigkeit und Schnelligkeit der Expeditionen bietet, als der Export durch genügende Güterzufuhr Verbesserungen ermöglicht.

Ein Versuch, den Verkehr zu forciren, würde nichts nützen, schon mit Rücksicht auf die Eigenart und Schwerfälligkeit des ganzen orientalischen Handels; und der amtliche kombinirte Tarif kann seine segensreiche Wirkung nur dann ganz entfalten, wenn sich der deutsche Export nach der Levante solidarisch fühlt mit der deutschen Schiffahrtslinie nach der Levante.

Dieses Zusammenarbeiten ist umsomehr wünschenswerth, als durch die Verbesserung der Verkehrsverhältnisse in den letzten Jahren eine weitere wirthschaftliche Entwicklung der Orientländer wohl gesichert ist.

Die Orientländer sind heute reine Agrikulturstaaten, und es fehlen alle Vorbedingungen, die in absehbarer Zeit eine industrielle Produktion möglich machen.

Es wird infolgedessen im Verhältniss zur Entwicklung des Landes seine Aufnahmefähigkeit für europäische industrielle Erzeugnisse stetig steigen, und diese Aufnahmefähigkeit wird sich mehr oder weniger auf alle unsere Exportartikel ausdehnen, nachdem die einheimische Bevölkerung unter dem Einfluss des Verkehrs sich mehr und mehr dem Konsum europäischer Erzeugnisse zuwendet.

Schon heute werden fast sämmtliche europäischen Industrieartikel in der Türkei eingeführt, und das heutige Zollsystem, das nur Werthzölle kennt, erleichtert ja den Import in hohem Maasse; dementsprechend sollte bei Erneuerung der Handelsverträge mit der Türkei die Politik der offenen Thür auch unter allen Umständen beibehalten werden; denn Repressalien möchten von seiten der Türkei umso lieber ergriffen werden, als man, wenn auch vielleicht fälschlich, sich dort dabei sofort die Hoffnung machen würde, höhere Einnahmen für den Staatssäckel zu erzielen.

Meine Herren! Ich habe versucht, Ihnen in grossen Strichen ein Bild unserer wirthschaftlichen Situtation in der Levante zu zeichnen. Unbefriedigend darf man es nicht nennen. Ich habe der Wünsche des deutschen Levantehandels gedacht: der Errichtung einer deutschen Bank und einer Handelskammer. Wenn nur eines dieser Ziele erreicht wird, so werden der deutsche Handel und die deutsche Industrie noch rascher und glücklicher ihren Weg nach der Levante zurücklegen und unsere kommerziellen Beziehungen zu diesen Ländern einen noch erfreulicheren Aufschwung erleben wie bisher."

Dr. Martius: Freiherr von Gienanth empfiehlt auf Grund der in seinem und des Herrn Vorredners Referat dargelegten Sachlage die Annahme der nachstehenden Resolution:

„Die Versammlung hält trotz der bisher ablehnenden Haltung der Reichsregierung die Begründung deutscher Handelskammern im Auslande für nützlich und nothwendig und richtet an den Herrn Reichskanzler die Bitte, die Frage erneut in Erwägung zu ziehen. Sie ist der Ansicht, dass mit der Begünstigung von Auslandskammern eine Reform des Konsulatswesens in dem Sinne zu verbinden ist, dass zwischen dem Konsulate und Handel und Industrie eine zuverlässigere, regere Verbindung als bisher hergestellt wird."

Die Resolution gelangt zur Abstimmung und findet einstimmige Annahme.

Dr. C. Martius: Wir kommen zu Punkt 4 der Tagesordnung:

Die neuen Handelsverträge und die Zölle auf Braugerste, Malz und Hopfen.

Ich ertheile das Wort Herrn Generaldirektor Goldschmidt-Berlin.

Generaldirektor **Goldschmidt**-Berlin. Meine Herren! Ich glaube, es erübrigt sich für mich, auch nur ein Wort über die Handelsverträge im allgemeinen zu sprechen Sie wurden mit lebhafter Freude begrüsst, als sie im Beginn des vorigen Jahrzehnts in Kraft traten: die ganze deutsche Gewerbethätigkeit hat ihre Segnungen erfahren, während der Gedanke, sie könnten beeinträchtigt, es könnten wieder höhere Zölle eingeführt werden, schon heute seinen lähmenden Einfluss nach allen Richtungen hin geltend macht Ich kann wohl gleich ubergehen auf die schädlichen Wirkungen, die das deutsche Braugewerbe erfahren würde, wenn man die Zölle auf Gerste, Malz und Hopfen erhöht, wie von gewissen Seiten beantragt, mit allen Mitteln erstrebt und erhofft wird.

Das deutsche Braugewerbe bringt dem deutschen Reiche jahrlich ca. 90 Millionen Mark ein, und zwar der norddeutschen Brausteuergemeinschaft ca. 40 Millionen, den süddeutschen Staaten mit dem Reichslande ca. 50 Millionen, ganz abgesehen davon, dass in neuerer Zeit eine ganze Anzahl von Gemeinden eine besondere Kommunal-Biersteuer erhebt. Man sollte meinen, dass auf ein Gewerbe, welches eine so ergiebige Quelle für die Reichseinnahmen und für die Einnahmen einzelner deutscher Staaten ist, etwas Rücksicht genommen werden könnte. Es ist wahrlich nicht nöthig, ein solches Gewerbe von Neuem zu beunruhigen und erhöhte Zölle fur seine Rohprodukte zu beantragen, die vielleicht einigen heimischen Produzenten zu gute kommen könnten, einem grossen Gewerbe aber seine Rohstoffe vertheuern und zahllose kleine Landwirthe, die Gerste zu Futter- und Brennzwecken verwenden, schwer beeinträchtigen müssten

Es kommt, was Braugerste betrifft, fast ausschliesslich der Verkehr mit Oesterreich-Ungarn in Betracht, dessen Einfuhr an Gerste 1899 3 757 965 dz in den feinen Gerstensorten, denn nur solche werden vom Auslande begehrt, betrug Gestatten Sie mir nur einige wenige Zahlen! Der Gesammtbedarf an Gerste im Reich für Brau-, Brennerei- und Futterzwecke beläuft sich auf cr 40 Millionen dz, während im ganzen nur 29 Millionen dz gewonnen werden. Es müssen also 11 Millionen überhaupt eingeführt werden, um den Bedarf zu decken. 16 Millionen dz werden in den Brauereien verwandt, und von den eingeführten 11 Millionen nimmt die Brauerei ungefähr 4 Millionen dz auf. Sie sehen also, dass von dem gesammten Gerstenbedarf nur zwei Fünftel auf das Braugewerbe kommen, dass also für diejenigen, die Gerste zu andern Zwecken verwenden, eine Erhöhung des Gerstenzolles vielmehr Schaden bringen müsste, als für die Brauereien.

Es fragt sich nun, ob denn die deutsche Brauindustrie gezwungen ist, neben dem grossen Bedarf an heimischer Gerste auch fremde zu beziehen Diese Frage ist unbedingt mit Ja zu beantworten. Wenn mir in einer früheren Reichstagssitzung einmal entgegengehalten wurde, es sei nur ein Uebermuth der deutschen Brauer, wenn sie österreichisch-ungarische Gerste verwenden, so habe ich schon damals diese geradezu lächerliche Bemerkung zurückgewiesen. Die Brauer haben zu einem sehr grossen Theil sehr schwer um ihre Existenz zu kämpfen und zum Uebermuth wahrlich keine Veranlassung.

Ich möchte hier anführen, was die Handelskammer von Frankfurt a. M. in durchaus fachmännischer Weise darüber sagt:

„Nicht nur die ungenügende Erzeugung von Gerste in Deutschland gegenüber dem stets wachsenden Bedarf zwingt die deutsche Brauindustrie zum Bezug ausländischer Gerste, sondern die bevorzugte Qualität der feinen mährischen und ungarischen Gersten in den meisten Jahren macht uns dieselbe für die nach Pilsener Art gebrauten Biere unentbehrlich. Wir unterschätzen dabei gewiss nicht, dass die deutsche Landwirthschaft in manchen Jahren sehr gute Gersten hervorbringt, aber wir ziehen für die Herstellung obengenannter Biersorte die feinen ungarischen und mährischen Qualitäten wegen ihrer vollkommeneren Löslichkeit und feineren Hülse jeder deutschen Gerste vor.

Ausserdem ist man in der Lage, mit den ungarischen Gersten viel früher im Herbst mit dem Mälzen beginnen zu können, als mit unsern deutschen Gersten, die einen Monat später geerntet werden, und, weil nicht gelagert, anfänglich ein ungleiches Gewächs liefern."

Will die deutsche Landwirthschaft das deutsche Braugewerbe unabhängig machen von fremder Gerste, so muss sie dem Anbau feinerer Sorten, soweit es Klima und Bodenbeschaffenheit erlauben, grössere Aufmerksamkeit zuwenden, wie es auch schon vielfach geschieht, und in solchem Bestreben wird sie vom Braugewerbe auf das lebhafteste unterstützt. Die hiesige, von deutschen Brauern begründete und unterhaltene Versuchs- und Lehranstalt für Brauerei, von dem Gedanken durchdrungen, dass die Landwirthschaft mit der Industrie Hand in Hand gehen muss, veranstaltet, wie sicherlich manchem von Ihnen bekannt, alljährlich Ausstellungen von Gerste, Malz und Hopfen, vertheilt Preise für den Anbau der besten Sorten von Gerste und Hopfen und die besten Qualitäten von Malzprodukten. Aber nicht genug damit! Die Versuchs- und Lehranstalt hat diesen Bestrebungen noch einen weiteren Rahmen gegeben. Sie hat eine besondere Station, die „Deutsche Gersten- und Hopfenkultur-Station" errichtet, und mit allen Mitteln der Wissenschaft und Technik arbeitet sie, den deutschen Gerstenbau in qualitativer und quantitativer Richtung zu heben. Und man hat erfreuliche Erfolge erzielt. Wer sich darüber unterrichten will, der findet in dem Organ dieser Station, den „Blättern für Gersten- und Hopfenkultur", ausreichende Belehrung. Das, meine Herren, sind die Wege, sich unabhängig von der Einfuhr fremder Waare zu machen. Mit den hohen Zöllen schadet man nur; und was Gegenmassregeln von Seiten anderer Staaten für unsere Industrie bedeuten würden, brauche ich wohl nicht erst auszuführen.

Nun können die Antragsteller sicher sein, die grossen Brauereien werden die schwere Schädigung durch die erhöhten Zölle, wie schwer sie auch das Gewerbe belasten, zu überwinden vermögen. Jetzt denken sie aber auch an die kleinen Brauereien! Denken Sie, wie schwer die weniger kapitalkräftigen Betriebe betroffen werden, wenn sie gezwungen werden, ihre Rohstoffe theurer zu bezahlen! Was müsste nun die Folge sein solcher dauernder Vertheuerung der Gerste, ich sage dauernder Vertheuerung, denn gute und schlechte Ernten, hohe und niedrige Preise gleichen sich im Laufe der Jahre aus, Zölle belasten dauernd, — was würde die Folge sein? Das Bier müsste vertheuert werden, und wenn das nicht möglich, müsste es in seiner Qualität verschlechtert werden. Wird der Zoll um 3 Mark erhöht, so wird das deutsche Braugewerbe allein durch die 4 Millionen Doppelzentner, die es aus Oesterreich-Ungarn einführt, mit 12 Millionen Mark belastet; steigt dem Zoll entsprechend die heimische Gerste im Preise, und das ist ja der ganze Zweck der Zollerhöhung, so findet eine weitere Belastung nur des Braugewerbes um 36 Millionen statt. Die hohe Summe, welche die Brenner und diejenigen zu tragen hätten, die Gerste zu Viehfutter verwenden, überlasse ich den Antragstellern zu berechnen, die ja um das Wohl des kleinen Landwirthes, wenigstens bei Wahlen, so ausserordentlich besorgt sind. Und wenn die Herren den Vorschlag machen, es solle nur der Zoll auf Braugerste erhöht werden, denn bei der Einfuhr liesse sich die Braugerste von der für Brenn- und Futterzwecke bestimmten trennen, so mögen diese klugen Herren auch die technische Möglichkeit nachweisen, diese Trennung durchzuführen. Aber nehmen Sie an, die Herren wären dazu im Stande, welche ungeheure Ungerechtigkeit läge darin, einer nützlichen Industrie, die neben grossen Betrieben Tausende und aber Tausende von Kleinbetrieben zählt, und ca. 97000 Arbeiter beschäftigt, ihren Rohstoff zu vertheuern, die landwirthschaftlichen Gewerbe aber von dieser Theuerung auszunehmen. Der Gedanke wäre ebenso schön und so erhaben, wie der, der im preussischen Herrenhause jetzt zum Ausdruck kommen soll, nämlich von der Vermögens- oder Ergänzungssteuer die Landwirthe, auch die reichsten Magnaten, zu befreien, diese Steuer aber alle anderen Leute im Königreich Preussen ruhig weiter zahlen zu lassen.

Es ändern sich die Zeiten, und die Habgier scheint zu wachsen. Noch 1887 wurde im Landwirthschaftsrath der

Zollerhöhung auf Gerste sehr wenig Sympathie entgegengebracht. Herren aus Preussen und Pommern erklärten, dass die Brennereien Gerste kaufen müssten, weil ihre eigene Gerstenproduktion nicht ausreiche. Ein anderer Herr gedachte auch der Futtergerste und sagte nicht ohne Feuer wörtlich: „Es ist ja gegen alle Nationalökonomie, wenn man dem lieben Vieh durch eine Zollerhöhung der Gerste das Futter vertheuern wollte".

Wir haben es im Augenblick nur mit Gerste für Brauzwecke zu thun. Nennen Sie mir nun ein Gewerbe, das mit der Landwirthschaft in engerer Beziehung steht und an dessen kräftigem Gedeihen die Landwirthe ein grösseres Interesse hätten. Die Rohstoffe zur Bierbereitung sind Erzeugnisse der Landwirthschaft, und die Abfälle kommen wieder der Landwirthschaft zu gute. Meine Herren, der Werth der von deutschen Brauereien verwandten landwirthschaftlichen Erzeugnisse betrug in den letzten Jahren ca. 335 Millionen Mark, während der der Zuckerrüben nur 216 Millionen Mark, der der Rohmaterialien für die gesammte Brennerei (Kartoffel- und Kornbrennerei), sowie der Stärkefabrikation in Deutschland nur 153 Millionen Mark beträgt. An landwirthschaftlich verwertheten Abfallstoffen giebt das Braugewerbe für ca. 44 Millionen Mark der heimischen Landwirthschaft jährlich wieder, die Zuckerfabrikation dagegen nur für 29 Millionen Mark, die Brennerei und Stärkefabrikation zusammen für 27 Millionen Mark. Die Herren Landwirthe, die im blinden Eifer hohe Zölle verlangen, um höhere Gewinne zu erzielen, sollen sich nicht selber schädigen. sie könnten das Gegentheil von dem erreichen, was sie wollen

Sehr bedauerlich ist nun, dass auch ein Theil der Industriellen in das Horn der Schutzzöllner bläst, und dass die Malzfabrikanten sich in den früheren Zollgesetzen und Verträgen der Gerste gegenüber einen Schutzzoll gesichert haben. Bei dem jetzigen Zoll von 2 M. pro dz. Gerste müsste der Zollsatz für den dz. Malz, da bei der Vermälzung der Gerste sich ein Gewichtsverlust von 20 bis 25 pCt. ergiebt, 2 M. 50 Pf. höchstens 2 M. $66^2/_3$ Pf. betragen. Dagegen haben die Mälzer einen Zoll von 3,60 M. durchgesetzt, einen Zoll, der damals schon als äusserst ungerecht bezeichnet wurde, und diese Bezeichnung auch heute noch verdient, selbst wenn man den Arbeitslohn nach den Verhältnissen grosser Städte berechnen wollte.

Jetzt verlangen nun einige nord- und mitteldeutsche Mälzer eine weitere Erhöhung des Malzzolls auf 4,50 Mark, während sie gegen eine Belassung des Gerstenzolles in seiner jetzigen Höhe natürlich nichts einzuwenden haben. Ich möchte doch den Malzfabrikanten im deutschen Reich den guten Rath geben, den Bogen nicht zu straff zu spannen, sonst könnte es ihnen am Ende gehen wie ihren Kollegen in Nord-Amerika, die sich zu einem Trust zusammengeschlossen hatten, um von den Brauereien höhere Preise für ihr Malz zu erlangen. Sie hatten sich aber sehr verrechnet. Sie brachten nur zu Wege, dass die Brauereien, um sich unabhängig von den Malzfabrikanten zu machen, ihre eigenen Mälzereien vergrösserten, und grosse Brauereien stellten den mittleren und kleineren die Mittel zur Verfügung, eigene Mälzereien zu errichten oder die bestehenden zu erweitern. Der Trust ist denn auch zusammengekracht. Die Malzfabriken, die ich im Herbst 1899 sah, hatten sämmtlich grosse Rosinen im Sack, und als ich im vergangenen Frühjahr wieder nach Amerika kam, sah ich ihre Schornsteine nicht mehr rauchen.

Auch bei der Einfuhr von Malz handelt es sich lediglich um Oesterreich-Ungarn, dessen mährische Malzprodukte wie die mährischen Gerstensorten für die Herstellung feinerer Biere unentbehrlich sind.

Was nun zum Schluss den Hopfen betrifft, so sind wir stolz darauf, dass der Süden des deutschen Reiches das Heimathland des Hopfens ist, und dass, obwohl in fast allen Kulturländern Hopfen nach deutschem Vorbilde gebaut wird, dem deutschen Hopfen an Qualität keiner gleichkommt. In der That sind denn auch in den 5 letzten Jahren nicht weniger als 1132000 Ctr. Hopfen im Werthe von 155 Millionen Mark in das Ausland gegangen, während in dem gleichen

Zeitraum 312000 Ctr. im Werthe von 50 Millionen Mark eingeführt wurden. Mit den unseligen Zollschranken wird man die andern Staaten nur zu Gegenmassregeln veranlassen und den Export dieses landwirthschaftlichen Produktes weiter einschränken, denn er geht schon an und für sich infolge des grossen Anbaues in andern Ländern, namentlich in den Vereinigten Staaten, zurück. Richtig ist ja, dass andere Länder, wie Amerika, Russland, Frankreich, erheblich höhere Zölle haben, aber im Interesse des deutschen Hopfenbaues liegt es allein, dass diese Länder ihre Zölle ermässigen, keinesfalls, dass die deutschen Zölle erhöht werden. Der deutsche Hopfenbau ist auf den Export angewiesen: von ca. 550000 Ctr. Hopfen, die er in den letzten Jahren durchschnittlich erzeugt hat, sind nur 400000 vom heimischen Markte aufgenommen worden, er hat also 150000 Ctr. nach dem Ausland verkaufen müssen.

Bei der Einfuhr kommt auch nur wieder Oesterreich-Ungarn in Betracht, denn die Einfuhr von Russland war ganz minimal, sie betrug 1899 nur 1770 Ctr., während von Deutschland nach Russland 3060 Ctr. gegangen sind. Es war mir ausserordentlich interessant, dass die Handels- und Gewerbekammer von Mittelfranken mit dem Sitz in Nürnberg, also im Zentralpunkt des deutschen Hopfenbaues und Hopfenhandels, in einer Petition an das Reichsamt des Innern sich sehr energisch gegen eine Erhöhung des Hopfenzolls ausspricht. Sie sagt:

„Die Erschwerung der österreichischen Einfuhr würde eine beträchtliche Schädigung unserer überaus wichtigen Brauindustrie, sowie des heimischen Hopfenhandels bedeuten, dem Hopfenbau gewiss keinen Nutzen, wahrscheinlich aber Schaden bringen. — Zur Herstellung heller, sogenannter Pilsener Biere und zur Herstellung der feinen Spezialbiere sowie der feinen lichten Export- und Tafelbiere, wie solche heute in ganz Deutschland gebraut werden, ist böhmischer Hopfen nothwendig. — Macht man der deutschen Brauindustrie die Produktion dieser Gattung durch den Einfuhrzoll von 100 M. pro 100 kg auf böhmischen Hopfen unmöglich, so wäre wohl die nächste Folge, dass dafür in Oesterreich gebrautes Bier über die deutsche Grenze dringen, also der österreichische Hopfenbau so durch stärkeren Bedarf im eigenen Lande entschädigt, aber gleichzeitig der deutsche Hopfenbau geschädigt wird."

Darüber soll man sich nicht täuschen, weist man den österreichischen Hopfen durch den enormen Zoll von der deutschen Grenze zurück, so wird er sich andere Wege suchen müssen, und der deutsche Hopfen hätte nur einen Konkurrenten mehr auf dem Weltmarkt. Auch der Hopfenbauverein für Elsass-Lothringen, der bittet, dass man wirken möge, die Zollsätze in Amerika, Russland und Frankreich zu ermässigen, verlangt, dass unser jetziger Zollsatz beibehalten bleibe. Wenn dagegen der Ausschuss des deutschen Hopfenbauvereins in Nürnberg beantragt, den Zoll auf Hopfen, der gegenwärtig 14 M. beträgt, auf den Satz von 100 M. zu erhöhen, so zeugt dies jedenfalls von einer Bescheidenheit, die alle Hochachtung verdient. Zuerst hatte der Verein nur eine Steigerung auf 50 M. verlangt, jetzt genügen ihm gerade 100. „Es wächst der Mensch mit seinen grösseren Zwecken." Der kleine Hopfenbauer glaubt schon an der Pforte des goldenen Zeitalters zu stehen. Lassen wir die Finger von solchen Zollerhöhungen und bringen wir ein so wichtiges Produkt deutschen Ackerbaus nicht in die Gefahr, dass es einen grossen Theil seines ihm unentbehrlichen Exports verliert! Vertheuern Sie nicht, und damit möchte ich schliessen, dem deutschen Braugewerbe, das ein so wichtiger Faktor in unserm Erwerbsleben geworden ist, so gewaltige Mengen landwirthschaftlicher Erzeugnisse verarbeitet, die ihm unentbehrlichen Rohstoffe Gerste und Hopfen, lassen Sie die deutschen Brauer ein gutes Bier brauen, das zu mässigen Preisen von der Bevölkerung konsumirt werden kann. Damit dienen Sie dem deutschen Volke und nicht zum wenigsten dem deutschen Ackerbau!

Bing-Nürnberg. Er wolle den interessanten Ausführungen des Referenten, dem er für das dem bayrischen Hopfenbau gespendete Lob seinen Dank ausspreche, nur noch einige Worte über den Hopfenzoll hinzufügen. Das Verlangen nach einem Zoll auf Hopfen datire nicht sehr weit zurück, weil man früher dem Umstande Rechnung getragen habe, dass Deutschland ein hopfenexportirendes Land ist. Die immer weitere Kreise ziehende, ihre Ansprüche immer höher steigernde agrarische Bewegung habe schliesslich aber auch einen Zoll auf Hopfen gefordert. Insbesondere seien die Raffeisenvereine und der Hopfenbauverein in Bayern für einen solchen eingetreten, während der mit etwa 80 000 Centnern, mithin einem Siebentel an der deutschen Hopfenernte participirende elsass-lothringische Hopfenbauverein auch heute noch nichts von diesem Zolle wissen wolle. Deutschland erzeuge 550 000 Centner Hopfen, brauche hiervon aber nur 350—400 000 Centner, sodass sich mindestens ein Ueberschuss über den inneren Bedarf von 150 000 Centner ergebe, für dessen Verwerthung nur der Export ins Ausland übrig bleibe. Gegenüber diesem grossen Export sei die Einfuhr verhältnissmässig unbedeutend, da sie nicht viel mehr als ein Viertel der Ausfuhr betrage. Was würde nun die Folge des agrarischerseits geforderten Hopfen- und Gerstenzolles sein? Zunächst eine Schädigung der deutschen Brauindustrie. Diese würde natürlich die betreffende Mehrbelastung abzuwälzen suchen, indem sie für ihr Produkt einen höheren Preis fordere und damit das Bier, das als allgemeines Volksnahrungsmittel anzusprechen sei, vertheuere. In erster Linie würde natürlich der kleine Brauer unter der aus dem Gersten- und Hopfenzoll resultirenden Mehrbelastung zu leiden haben, die in vielen Fällen zu einer Beschleunigung der Aufsaugung der Kleinen durch die Grossen führen müsste. Werde sich denn nun andrerseits wenigstens die von den Hopfenproduzenten an die Zollerhöhung geknüpfte Hoffnung auf Preissteigerung ihres Produktes erfüllen? Keineswegs. Der vom deutschen Markt ausgeschlossene österreichische Hopfen werde sich alsbald auf dem Weltmarkte als gefährlicher Konkurrent erweisen und dort die Preise drücken und auch einem Theil des einheimischen Hopfens die Absatzmöglichkeit im Ausland nehmen, also auch auf dem innern Markte preisdrückend wirken. Mit Sicherheit sei des weiteren auch anzunehmen, dass auch andere Staaten, wie Russland, Frankreich und die Vereinigten Staaten, dem ihnen von Deutschland gegebenen Beispiele folgen und ihre schon jetzt recht beträchtlichen Zölle noch weiter erhöhen und so den deutschen Hopfen gänzlich von ihren Märkten ausschliessen würden, womit wir denn glücklich so weit wären, im eigenen Fett zu ersticken. Redner ersucht zum Schlusse den Referenten, der Versammlung eine im Sinne seiner Ausführungen gehaltene Resolution zur Annahme vorzuschlagen, wonach sie der Forderung einer Erhöhung des Zolles auf Gerste, Malz und Hopfen entschieden widerspricht.

Nach kurzer Debatte gelangt folgende Resolution zur einstimmigen Annahme:

Die Versammlung verwirft alle Zollerhöhungen auf Gerste, Malz und Hopfen.

Es tritt alsdann eine Frühstückspause ein; um 2 Uhr Nachmittags werden die Verhandlungen wieder aufgenommen.

Dr. C. A. Martius-Berlin: Wir kommen nun zu Punkt 5 der Tagesordnung:

Zollbehandlung von Rohstoffen und Halbfabrikaten.

Ich ertheile zunächst das Wort Herrn Dr. Rödiger-Frankfurt a. M. zu einem Referate über

Zölle auf Rohkupfer und Blei.

Dr. Rödiger-Frankfurt a. M.:

Meine Herren! Zu Position 1228, Abschnitt H, im „Entwurf einer neuen Anordnung des deutschen Zolltarifs, bearbeitet im Reichsschatzamt 1900“:

> Kupfer, roh, in Scheiben oder sogenannten Rosetten, Blöcken (Hartstücken), Barren oder Platten, in Pulverform u. s. w.; Bruch von Kupfer, Abfälle von der

Verarbeitung von Kupfer, (Kupferfeile, Kupferblechabfälle, Schabin und Schliff von Kupfer)

erwarten die betheiligten Kreise in ganz überwiegender Mehrheit die Fortdauer der bisherigen Zollfreiheit.

Es sind indessen vereinzelte Stimmen laut geworden, welche verlangen, dass im Interesse der heimischen Kupferproduktion ein Zoll für das in genannter Position aufgeführte Rohkupfer eingeführt werde. Ein dahingehender Antrag ist entschieden zu verwerfen. Wie aus den „Statistischen Zusammenstellungen der Metallgesellschaft und der Metallurgischen Gesellschaft A.-G., 7. Jahrgang, Seite 20, hervorgeht, stellt sich in Deutschland die Kupferproduktion, der Verbrauch an Rohkupfer und der Bedarf, für welchen Deutschland auf das Ausland angewiesen ist, für die Jahre 1890 bis 1899 wie folgt:

	Produktion	Verbrauch	Nothw. Mindestzufuhr v. Ausland (Berechnet aus der Differenz)
	Tonnen	Tonnen	Tonnen
1890	24427	47407	22980
1891	24092	52027	27935
1892	24781	50681	25900
1893	24011	54949	30938
1894	25722	56145	30423
1895	25777	63813	38036
1896	29319	79438	50119
1897	29408	89798	60390
1898	30695	97014	66319
1899	34626	97656	63030
Zusammen	272858	688928	416070

Wie aus dieser Aufstellung ersichtlich ist, hat die heimische Produktion von Rohkupfer in den letzten 10 Jahren sich von 24427 Tonnen auf 34626 Tonnen gehoben, also um 41,7 pCt., während der Verbrauch von 47407 Tonnen auf 97656 Tonnen, also um 105,9 pCt. stieg. Im Jahre 1899 stellte sich das Verhältniss der heimischen Produktion zum

Verbrauch wie 100 zu 282. Die deutsche Produktion an Rohkupfer vermag demnach nur einen kleinen Theil des deutschen Bedarfs zu liefern. Noch geringer ist der Antheil der deutschen Rohkupfer-Produktion, welcher dem heimischen Bergbau entstammt. Denn was die Statistik nicht hervorhebt, ist die Thatsache, dass heute über ein Viertel der deutschen Kupfer-Produktion aus bereits bearbeiteten Erzen stammt, welche die chemische Industrie aus dem Auslande bezieht. Dabei unterliegt es gar keinem Zweifel, dass die Kupfer-Erzeugung aus einheimischen Erzen eine stabile und nicht wesentlich steigerungsfähige ist. In den letzten Jahren hoher Kupferpreise waren alle einigermassen ertragsfähige Erzgruben in Abbau begriffen, oder haben missglückte Versuche, den Abbau ertragsfähig zu gestalten, hinter sich. Es ist sonach feststehend, dass auch künftig Deutschland mit dem grössten Theil seines Bedarfes an Rohkupfer auf das Ausland angewiesen bleibt. Ein Kupferzoll wird eine Aenderung dieser Sachlage nicht herbeiführen können; denn wenn eine lange Periode hoher Preise die heimische Ausbeute nicht in Einklang mit dem Kupferbedarf zu bringen vermag, dann wird ein Zoll, dessen Betrag gegenüber der Preissteigerung der letzten Jahre unter allen Umständen verschwände, auch nicht Wandlung schaffen können. Ein Rohkupferzoll würde nur dazu beizutragen geeignet sein, einer sehr im Aufsteigen begriffenen Industrie das unentbehrliche Rohmaterial zu vertheuern und ihre Konkurrenzfähigkeit auf dem Weltmarkte herabzusetzen. In dieser Richtung ist darauf hinzuweisen, dass nach den statistischen Ausweisen a. a. O. S. 21 der Weltverbrauch an Kupfer von 288505 Tonnen in 1890 auf 477271 Tonnen in 1899 gestiegen ist. Deutschlands Antheil am Weltverbrauch steigerte sich somit von 16,4 pCt. auf 20,4 pCt.; Hand in Hand mit dieser Steigerung geht die Erhöhung der Ausfuhr an Kupferfabrikaten. Laut Tabelle S. 53 a. a. O. betrug allein der Kupferinhalt in ausgeführten Kupfer- und Messingfabrikaten in 1890 9655 Tonnen, in 1899 23356 Tonnen. Die deutschen Kupferfabrikate, deren hoher Werth natürlich nicht allein nach ihrem Gehalt an Rohkupfer bemessen werden darf, haben sich in verhältnissmässig kurzer Zeit auf dem Weltmarkt die erste Stelle erobert. Sie würden diese aufgeben müssen, wenn sie eine Belastung zu ertragen hätten, die ihre ausländische Konkurrenz nicht kennt.

Neben dem Rohkupferzoll taucht auch die Forderung eines Bleizolles auf. In Betracht kommt die Position 1126 in Abschnitt 16 D:

> Blei, roh, in Blöcken, Mulden oder dergleichen, Bruchblei; Abfälle von der Verarbeitung von Blei (Bleifeile, Bleispäne),

für welche die Interessenten in überwiegender Mehrheit gleichfalls die Fortdauer der bisherigen Zollfreiheit mit Recht fordern.

Auch der Bedarf von Rohblei ist in Deutschland im letzten Dezennium stark gestiegen. Produktion, Einfuhr, Ausfuhr und Verbrauch von Rohblei ergeben sich aus der nachstehenden Tabelle, welche den statistischen Zusammenstellungen der Metallgesellschaft und der Metallurgischen Gesellschaft A.-G., 7. Jahrgang, Seite 41, entnommen ist.

	Produktion Tonnen	Einfuhr Tonnen	Ausfuhr Tonnen	Verbrauch Tonnen
1890	101 781	12766	32115	82432
1891	95615	17625	24972	88268
1892	97742	17500	25647	89595
1893	94659	23857	23945	94571
1894	100753	24280	24355	100678
1895	111058	28449	27855	111652
1896	113792	33016	24828	121980
1897	118881	35092	24075	129898
1898	132742	47497	24867	155372
1899	129225	55635	24491	160369

Die heimische Bleiproduktion ist danach von 101 781 Tonnen in 1890 auf 129 225 Tonnen in 1899, also um 26,9 pCt. gestiegen, der Verbrauch von 82432 Tonnen in 1890 weist dagegen die ungeheure Steigerung auf 160369 Tonnen in 1899 auf; sie beträgt prozentual 94,5 pCt. Während im Anfang des Dezenniums, wie auch in früheren Zeiten, die heimische Produktion den heimischen Bedarf nicht nur voll zu decken vermochte, sondern auch noch erhebliche Mengen für die Ausfuhr übrig liess, hat sich seit einer Stabilitätsperiode in den Jahren 1893 bis 1895 der Verbrauch über die heimische Produktion erhoben und zwar stark fortschreitend so sehr, dass sich für das Jahr 1899 ein Mehrverbrauch von rund 31 144 Tonnen, gleich 24,1 pCt. der heimischen Produktion ergiebt. Mit solchen Mengen wird Deutschland heute selbst dann auf die Einfuhr vom Ausland angewiesen, wenn nicht, wie bisher, ein beträchtlicher Theil der heimischen Produktion ausgeführt werden müsste. Eine Bleiausfuhr ist nämlich, trotzdem die heimische Produktion den Bedarf nicht deckt, in ziemlichem Maasse auch für die Zukunft zu erwarten und nothwendig mit Rücksicht auf die geographische Lage vieler Bleigewinnungsstätten und die Entfernung derselben von den Orten der inländischen Weiterverarbeitung von Rohblei. Es kommen hier in erster Linie in Betracht die bedeutenden fiskalischen Bleihütten in Oberschlesien, die nach den örtlichen Verhältnissen den Bedarf von Oesterreich und Südrussland mit zu versorgen haben. Daneben sind auch einzelne westdeutsche Hütten zu erwähnen, die einen Theil des Bedarfs von Belgien und Frankreich mitzudecken naturgemäss berufen sind.

Es hat sich aus diesem Grunde, trotz des stark gesteigerten Verbrauchs von Rohblei und trotzdem Deutschland aus einem Lande mit Produktionsüberschuss an Blei zu einem solchen mit Bedarfsüberschuss an Blei geworden ist; die Ausfuhr von Rohblei in den letzten neun Jahren vollständig stabil gehalten. Nach Abzug dieser Ausfuhr bleibt im Jahre 1899 für den Verbrauch im Inland ein Quantum übrig von nur 104 743 Tonnen gegenüber einem Bedarf von 160 369 Tonnen. Die Einfuhr dieser Differenz ist daher Bedürfniss. Dabei kommt in Betracht, dass eine noch grössere Einfuhr von Rohblei nöthig gewesen wäre, wenn die deutschen Bleihütten allein auf die Verarbeitung einheimischer Erze angewiesen wären. Nach der Statistik a. a. O. S. 41 sind jedoch in den letzten vier Jahren durchschnittlich je 68600 Tonnen Bleierze eingeführt worden.

Hand in Hand mit dem Mehrverbrauch an Weichblei geht in Deutschland die Steigerung der Ausfuhr von bleiigen chemischen Produkten (Glätte, Bleiweiss, Bleizucker, Bleiessig, Mennige).

Der ungefähre Bleigehalt ausgeführter Produkte dieser Klasse betrug in 1890 17852 Tonnen, in 1899 23612 Tonnen, die Steigerung danach 32,2 pCt. Noch viel grösser ist die Steigerung der Ausfuhr an Bleiwaaren (Walzblei, Bleirohr, Draht, Schrot, feine Waaren), die von dem Jahre 1890 mit 4864 Tonnen bis zum Jahre 1899 mit 12081 Tonnen nicht weniger wie 148,3 pCt. beträgt. Dabei liefert die mächtig aufgeblühte elektrische Industrie, ebenso die Schriftgiesserei-Branche noch grosse Mengen fabrizirten Bleis an das Ausland, die hier nicht einbegriffen sind; die Kabelfabriken exportiren in den armirten Kabeln für elektrische Leitungszwecke ebenso wie die Munitionsfabriken grosse Mengen, die sich dem statistischem Nachweis entziehen.

Alle diese Industrieen würden in der Konkurrenz auf dem Weltmarkt durch eine Vertheuerung des Rohproduktes so sehr geschädigt, dass sie mit Recht die Unterbindung ihrer Lebensader befürchten und damit zugleich an letzter Stelle die schädlichste Rückwirkung auf die deutsche Bleiproduktion selbst voraussehen.

Es ist deshalb ein Antrag auf Einführung eines Rohbleizolles gleichfalls entschieden zu verwerfen.

Sollte die Einführung eines Kupfer- oder eines Bleizolles nur unter Einführung einer Rückvergütung des Zolles auf ausgeführte Kupfer- und Bleiwaaren und chemische Produkte vorgesehen werden, so würden sich der Durchführung einer solchen Rückvergütung so viele Schwierigkeiten in den Weg stellen, dass sie geradezu als ausgeschlossen bezeichnet werden muss. Es genügt in dieser Beziehung darauf hinzuweisen, dass durch Mischungen und Legierungen (man denke nur an die Messing- und Bronze-Industrie), durch Verarbeitung zu Kabeln, zu Munitionskörpern und Farben Kupfer und Blei in einer Form zur Ausfuhr gelangen, in welcher die Feststellung ihrer Mengen den Zollbehörden ganz ausserordentlich schwer, meistens geradezu unmöglich wäre.

Der Vorsitzende eröffnet die Diskussion über das Referat.

Fabrikbesitzer **Otto Mosgau**-Berlin: Meine Herren! Ich bin nur als einfaches Mitglied und Zuhörer hier und daher nicht mit dem umfassenden Zahlenmaterial ausgerüstet, wie mein Herr Vorredner. Wenn ich für einige Minuten Ihre Aufmerksamkeit erbitte, so geschieht dies, weil ich auch für das Rohmaterial meiner Branche — ich bin Silberwaarenfabrikant — einen Zoll fürchte. Wenn, meine Herren, für Kupfer und Blei ein Zoll droht, so liegt die Gefahr nahe, dass auch das Silber einen Schutzzoll erhält. Ich möchte mit aller Entschiedenheit dafür sprechen, dass die Zollfreiheit für dieses Metall, wie bisher, bestehen bleibt. Wenn die Silberindustrie auch keine grosse Weltmarktsindustrie ist, so wird durch dieselbe doch, z. B. in Bergen, Pforzheim und andern Orten, eine grosse Zahl von Arbeitern beschäftigt. Auf dem Weltmarkte konkurrirt die deutsche Silberwaarenindustrie allein mit Frankreich. Eine Vertheuerung unseres Rohstoffes durch einen Zoll wäre ein ausserordentlich grosser Schaden für unsere Industrie.

Dr. Tschierschky-Berlin: M. H. Als Geschäftsführer des Vereins zur Wahrung der gemeinsamen Interessen der Färberei- und Druckerei-Industrie von Rheinland und Westfalen möchte ich auf den Schaden hinweisen, den die deutsche Textilindustrie durch eine Erhöhung der Kupferzölle haben würde. Eine Erhöhung des Zolles auf Rohkupfer würde ja voraussichtlich auch höhere Zölle auf Kupferfabrikate zur Folge haben, also auch für die in den Druckereien gebrauchten Kupferwalzen. Ich habe das bezügliche Material nicht bei der Hand, aber ich glaube recht unterrichtet zu sein, dass Deutschland auf Kupferwalzen einen Zoll von 8 M. erhebt, und zwar merkwürdigerweise gleichmässig auf glatte und gravirte Walzen. Für die Seiden- und Kattundruckerei wäre jede Zollerhöhung auf Kupferwalzen von hoher Bedeutung. Sie ist nämlich genöthigt, einen grossen Theil der nothwendigen Gravirarbeiten in England besorgen zu lassen, weil die deutschen Gravirinstitute zur Zeit nicht in der Lage sind, manche dieser Arbeiten so fein auszuführen, wie es in England geschieht.

Wird nun ein gleichmässig höherer Zoll für gravirte und ungravirte Walzen eingeführt, so werden die deutschen Textilfabriken ohne Weiteres alle Walzen aus England beziehen. Dadurch würde die deutsche Gravirindustrie schwer geschädigt.

Andererseits, wenn nur der Zoll auf gravirte Walzen erhöht würde, würde die Textilindustrie darunter leiden. Es ist bekannt, dass dieselbe schon jetzt nicht auf Rosen gebettet ist, und die Konkurrenz auf dem Weltmarkte wird von Jahr zu Jahr schärfer.

Fabrikbesitzer **Lindgens** jr.-Mülheim a. Rh.: Meine Herren! Ich spreche als Vertreter des Vereins deutscher Bleifarbenfabriken. Die Behauptung, von der die Vertreter des Bleizolles ausgehen, dass nämlich die deutsche Bleierzeugung nicht einmal auf dem Inlandsmarkte mit dem ausländischen Blei konkurriren könne, ist nicht richtig. Die Inlandspreise für Blei sind fast durchweg M. 1,10 bis M. 1,50 höher als die Auslandspreise. Unsere Hütten haben stets einen flotten Absatz gehabt. Durch Einführung eines Bleizolls aber würde die gesammte deutsche Blei verarbeitende Industrie schwer geschädigt werden. Unsere Blei-Walzwerke z. B. würden in ihrem Export lahm gelegt werden. Auch meine Branche, die Bleifarbenfabrikation, welche sieben Achtel ihrer Produktion ins Ausland entsendet, würde durch einen Bleizoll ruinirt werden. Im Namen der deutschen Bleifarbenfabriken protestire ich auf das nachdrücklichste gegen einen Zoll auf Blei.

Generaldirektor **Grässner**-Leopoldshall-Stassfurt: Meine Herren! Man muss die Sache doch auch einmal von der anderen Seite betrachten. Die Frage ist doch die, ob nicht durch Einführung eines Blei- und Kupferzolles die deutsche Produktion von Blei und Kupfer wesentlich gesteigert werden kann. Die Mansfelder Gewerkschaft beispielsweise würde bei Einführung eines Kupferzolles in der Lage sein, den Abbau des Sangerhäuser Reviers, das jetzt brach liegt, wieder aufzunehmen.

Hesse jr.-Heddernheim: Ich glaube trotzdem nicht, dass diese Möglichkeit der Wiederaufnahme des Sangerhausener Reviers der Gewerkschaft einen grossen Gewinn bringen würde. Ich möchte überhaupt bezweifeln, dass die Möglichkeit einer merklichen Produktionssteigerung in Blei und Kupfer bei uns vorhanden ist. Die gestellten Zollanträge für Blei und Kupfer sind nur auf Unkenntniss der wirklichen Sachlage zurückzuführen.

Fabrikbesitzer **Lindgens**-Mühlheim a. Rh.: Der Herr Referent hat am Schlusse seines Vortrages auch der Möglichkeit einer Zollrückvergütung gedacht. Es wäre doch zur Beurtheilung dieser Frage interessant, wenn der Herr Referent uns über die Wirkung der bestehenden Zollrückvergütung für Blei in Frankreich etwas sagen könnte.

Dr. **Rödiger**-Frankfurt a. M.: Die Zollrückvergütung für Blei in Frankreich ist erst 1898 eingeführt worden. Die Verhältnisse haben sich in der kurzen Zwischenzeit noch nicht derartig geklärt, dass die Wirkung der genannten Maassregel bereits zu überschauen wäre.

Dr. **Tschierschky**-Langenberg: Meine Herren! Ich möchte auf das zurückkommen, was über die Mansfelder Gewerkschaft gesagt ist. Es kann doch bei Beurtheilung einer Zollforderung niemals darauf ankommen, einem einzelnen Betriebe eine grössere Rentabilität zu sichern, sondern abzuwägen, was im Interesse der Gesammtheit nothwendig ist.

Generaldirektor **Grässner**-Stassfurt: Meine Herren! Die Mansfelder Gewerkschaft ist zwar ein Einzelunternehmen, aber doch ein recht grosses. Sie beschäftigt 15—18000 Mann und verdient doch wohl eine gewisse Berücksichtigung. Es lag mir indessen nur daran, auch auf die gegentheilige Begründung der Kupferzollfrage hinzuweisen. Man muss doch beide Seiten eingehend prüfen. Ich selbst stehe der Mansfelder Gewerkschaft fern.

Generaldirektor **Kuhlow**-Halle. Die Bedeutung der Mansfelder Gewerkschaft darf in der That nicht unterschätzt werden. Aber man sehe doch nur den Betrieb der Gewerkschaft an. Derselbe geht ausgezeichnet. Die Produktion hat sich gegen früher, verdreifacht. Wozu also noch ein Schutzzoll?

Geh. Kommerzienrath **Goldberger**: Meine Herren! Wir sind am Ende der Diskussion über den Kupfer- und Bleizoll. Herr Mosgau hat sich gegen die Einführung eines Zolles auf Rohsilber ausgesprochen. Ich möchte genannten Herrn bitten, seinen Antrag zurückzuziehen, da die Frage des Silberzolles nicht auf unserer Tagesordnung steht.

Fabrikbesitzer **Mosgau**-Berlin: zieht seinen Antrag zurück.

Geh. Kommerzienrath **Goldberger**-Berlin: M. H. Ich mache Ihnen den Vorschlag, dass wir uns gegen die Einführung eines Zolles auf Rohkupfer und Blei aussprechen: wir würden diesen Antrag dann dem Reichskanzler unterbreiten.

Der Antrag wird einstimmig angenommen.

Dr. C. A. Martius - Berlin. Ich ertheile Herrn Fabrikbesitzer Hönigsberger-München das Wort zu seinem Referat über

Zölle auf Krollhaarsurrogate.

Fabrikbesitzer **Hönigsberger**-München. Meine Herren, bei der Zutheilung des Referats über Zölle auf Krollhaarsurrogate war das Direktorium der Centralstelle für Vorbereitung von Handelsverträgen offenbar der Anschauung, dass Krollhaarsurrogate die eigentlichen Fabrikate der deutschen Rosshaarspinnereien bilden. Da aber in diesem Industriezweig die Verarbeitung animalischer Faserstoffe zu sogenannten Krollhaaren, kurzweg Rosshaare oder Polsterhaare genannt, zur Hauptsache gehört, dagegen die Verarbeitung reiner vegetabilischer Faserstoffe von untergeordneter Bedeutung ist, möchte ich Eingangs meiner Ausführung hervorheben, dass ich es für zweckmässig erachte, über beide Kategorien im Zusammenhang zu referiren.

Die Rosshaarspinnerei wird in Deutschland schon seit Anfang des vorigen Jahrhunderts betrieben und erfreute sich bis zur Gründung des Reiches eines steigenden Umfanges; namentlich waren es die beiden Dezennien vor 1870, die einen wesentlichen Aufschwung brachten. Zu dieser Zeit war sie im Stande, nicht nur nahezu den gesammten Inlandsbedarf zu decken, sondern auch noch grössere Quantitäten, insbesondere nach Frankreich, Oesterreich-Ungarn, Holland, Italien und der Schweiz zu exportiren. Wenn aber trotz dieser in Deutschland gewissermassen eingesessenen Industrie sogar in kaufmännischen und amtlichen Kreisen das eigentliche Wesen der Rosshaarspinnerei nicht genügend bekannt ist, und besonders in letztgenannten Kreisen die Interessen dieser Industrie bisher nicht gebührend gewürdigt wurden, so liegt dies vielleicht in der Eigenart dieser Branche. Als Beweis für die Richtigkeit des Gesagten mag der Umstand dienen, dass in der amtlichen Reichsstatistik des Waarenverkehrs für Krollhaare, d. h. die einer Behandlung unterzogenen, gesottenen, gekrausten, gesponnenen Pferde-, Rinderhaare etc. keineswegs eine eigene Position besteht, sondern dieselben unter der Position „Pferdehaare, roh, gehechelt, gesotten, gefärbt, auch in Lockenform gelegt, gesponnen“, figuriren. Es sind deshalb auch die Zahlenreihen der amtlichen Statistik über die Ein- und Ausfuhr von Krollhaaren für die Beurtheilung der Entwicklung der Produktion und für die Frage der Verschiebung in den Produktionsverhältnissen von äusserst geringer Bedeutung und können nur schätzungsweise benutzt werden. Nach der Schätzung unseres Verbandes hat die Einfuhr von Krollhaaren einschliesslich gezogene Haare in Deutschland in den letzten Jahren ungefähr 3 Millionen Mark per Jahr betragen, doch kann diese Angabe nur unter allem Vorbehalt gemacht werden.

Bis zum Jahre 1870 bestand in Deutschland ein Eingangszoll von 3 M. per 100 kg; von da ab wurde dieser mässige, ca. 1½ pCt. des Werthes betragende Zoll aufgehoben, während sich das Ausland mehr auf diesen Artikel warf, und zwar unter Einführung von Schutzzöllen, die, wie in Frankreich und in der Schweiz nach gewissen Zeitabschnitten sogar wesentliche Steigerungen erfuhren, so dass wir heute auf dem Standpunkt stehen, dass gerade jene Länder, welche früher als Absatzgebiete für die Krollfabrikate in Betracht kamen, theilweise gänzlich, theilweise nahezu für den deutschen Markt verloren gingen und sogar heute zu zu jenen Ländern gehören, welche diesen Markt mit Krollhaaren überschwemmen.

Im Gegensatz zur deutschen Zollfreiheit erhebt aber das Ausland seinerseits namhafte Zölle auf Rosshaarfabrikate, so z B.

die Vereinigten Staaten von Amerika 10 pCt.,
Holland 5 pCt. vom Werth,
Frankreich 15 Frs. Maximal und 10 Frs. Minimal per 100 kg,
Russland 12 Kopeken von Thierhaaren überhaupt und 3 Rubel auf verarbeitete Thierhaare per Pud, Krollhaare 18 Kopeken per Pud.
Italien 10 L. in Gold per 100 kg.
Schweiz 10 Frs. per 100 kg,
Norwegen 0,15 Kr. per 1 kg Minimal, 0,20 Kr. per 1 kg Maximal,
Spanien 2,40 Pesetas per 100 kg Maximal, 2 Pesetas per 100 kg Minimal,
Portugal 300 Reïs per 1 kg,
Schweden 0,20 Kr. per 1 kg.

Es würde zu weit führen, hier die Wandlungen, welche das Geschäft im Laufe der Jahre erfahren hat, eingehend zu besprechen, soviel muss aber gesagt werden, dass die Verhältnisse vom Inlande zum Auslande für Deutschland nach jeder Richtung hin ungleich und ungünstig sind. Dieser Gesichtspunkt und der in Vorbereitung befindliche Zolltarif, sowie der bevorstehende Neuabschluss der Handelsverträge waren die vornehmliche Ursache, dass sich vor einigen Jahren der Verband deutscher Rosshaarspinner konstituirte, dem die grössere Anzahl der in Betracht kommenden ca. 40 Betriebe in Deutschland angehört.

Dieser Verband hat sich daher schon frühzeitig an die Aufgabe bezüglich der Gestaltung des Zolltarifes und der neuen Handelsverträge gemacht und dank dieser frühzeitigen Stellungnahme die handelspolitische Seite unserer Interessen genügend geklärt. Schon von Anfang an war der Verband, den ich vertrete, überzeugt, dass eine günstigere Lage der von ihm vertretenen Industrie durch einen mässigen Schutzzoll von 1 M. per 100 kg Minimal und 10—15 M. per 100 kg Maximal anzustreben sei. Ebenso hat sich die Nothwendigkeit ergeben, dass bei Anordnung des deutschen Zolltarifs zwischen rohen Thierhaaren und sämmtlichen Spinnstoffen einerseits, sowie Krollhaaren (gesponnenen Haaren) und den aus Pflanzenfaserstoffen hergestellten Gespinnsten (Krollsurrogaten) andererseits in scharfer Weise zu unterscheiden sei. Bei den diesbezüglichen Beratungen im Reichsamt des Innern wurden unsere Anträge in nachstehender Weise formulirt und es besteht begründete Annahme, dass denselben bei Herstellung des neuen Zolltarifschemas entsprochen wird.

Die Position 568 soll für die Folge getheilt werden und zwar erhält die von uns vorgeschlagene neue Position, die No. 568 b, folgenden Wortlaut: Krollhaare, aus Rindvieh-, Schweins- und anderen groben Thierhaaren, auch mit anderen thierischen und pflanzlichen Faserstoffen zu Krollhaaren zugerichtet, geltender Zollsatz M. 10,— per 100 kg.

Ferner wird in dem gleichen Unterabschnitt B der Passus „gekraust oder gekraust gekrempelt“ eingeschaltet.

Die in unserer Eingabe vom 20. Februar 1900 bezeichnete Position 658 in Unterabtheilung D ist eine von uns fälschlich angegebene Positionsnummer, die zu streichen ist; dafür muss es heissen 640, und dem analog statt 658b 640b, denn 658, bezw. 658b handelt von Thierstoffen, nicht von pflanzlichen Faserstoffen, welch letztere in Position 640 behandelt sind.

Die Position 640 lautet in der neuen Fassung: „Krollhaar-Ersatzstoffe (mexikanisches Fibre wurde trotz unseres nachdrücklichen Wunsches nicht mit aufgeführt, weil diese Faser durch die Worte „und ähnliche Spinnstoffe" gekennzeichnet ist) aus Manilahanf, Cocosfaser und ähnlichen Spinnstoffen, gekraust oder gekraust gekrempelt,"

geltender Zollsatz M. 10,— per 100 kg.

Position 720 lautet nunmehr „gehechelt, gezogen, gefärbt, gebleicht, auch Abfälle"

geltender Zollsatz: frei.

Position 721 erhält folgende Fassung: „Krollhaare aus Pferdehaaren, auch mit anderen Thierhaaren oder mit pflanzlichen Faserstoffen gemischt"

geltender Zollsatz M. 10,— per 100 kg.

Bei näherer Erwägung, insbesondere durch die oben erwähnten Verhandlungen im Wirthschaftlichen Ausschuss bezüglich der Gruppierung der einzelnen Positionen, hat sich nun gezeigt, dass ein praktischer Erfolg für das System des Doppeltarifs nicht zu erwarten sei, umsomehr, als damals von berufener Seite die Erklärung abgegeben wurde, dass die Einführung eines Doppeltarifs in der Form von Minimal- und Maximalzöllen wenig Aussicht auf Verwirklichung habe. Speziell auch die Anregung, die von der Centralstelle für Vorbereitung Handelsverträgen ausging, wirkte mit bestimmend für uns, diesen Standpunkt zu verlassen. Unser Verband hat daher unterm 13. Juli 1900 seine Wünsche hinsichtlich des neuen Zolltarifes und der neuen Handelsverträge erneut dem Herrn Reichskanzler eingereicht und zwar in nachstehender Weise:

Wir glauben, Ew. Durchlaucht bitten zu sollen, für Krollhaare und Krollhaar-Surrogate einen Einheitszollsatz und zwar in Höhe von M. 10,— in den neuen Zolltarif einzusetzen, von einer Bindung desselben aber abzusehen, damit während der Dauer der Verträge, falls die Lage der Industrie dies erfordern sollte, eine Erhöhung eintreten · könnte. Nur dann könnten wir einer Bindung des Satzes zu M. 10,—, eventl. auch eines reduzirten Satzes zustimmen, wenn seitens der sämmtlichen oder wenigstens der wichtigsten für unseren Export in Betracht kommenden Staaten (Frankreich, Italien, Schweiz, Vereinigte Staaten etc.) eine niedrigere Bemessung der dortigen Krollhaarzölle bewilligt und diese dann ebenfalls gebunden würden. Wir glauben, dass diese Konzession des Auslandes wohl erreicht werden kann, wenn letzteres den Satz von M. 10,— in unserem Tarif bereits findet und weiss, dass auf eine Reduktion desselben nur dann gerechnet werden kann, wenn es auch uns einen niedrigeren Zollsatz einräumt. Wir meinen mit anderen Worten, dass der Zoll von M. 10,— als Basis für die handelspolitischen Verhandlungen benützt werden sollte, dass aber, falls diese Verhandlungen zu keinem für unsere Industrie günstigen Resultat führen, auch für uns kein Anlass bestünde, hinsichtlich dieses Zolles uns zu binden und durch dessen noch immer relativ niedrige Bemessung die ausländische Einfuhr zu erleichtern, denn der Zoll von M. 10,— per 100 Kilo macht nur etwa 5 pCt. des Durchschnittswertes unseres Artikels aus, während die ausländischen Zölle einen prozentual höheren Satz aufweisen, so erheben z. B die Vereinigten Staaten einen Zoll von 10 pCt. ad valorem, Italien L. 17,— in Gold per 100 kg, Schweden Kr. 20,— per 100 kg; die Schweiz, welche bisher Fr. 10,— per 100 Kilo erhebt, beabsichtigt diesen Zoll auf das Doppelte, also Fr. 20,— per 100 ko zu erhöhen und in Oesterreich, welches bisher keinen Zoll erhob, soll ein solcher von Kronen 20,— bis 25,— per 100 kg eingeführt werden.

Hierzu ist ergänzend anzufügen, dass die Wünsche der Rosshaarspinner in Oesterreich weit begehrlicher sind, indem dieselben, wie mir neuerlich bekannt wurde, nicht K. 20,--, sondern Fl. 20,— per 100 kg Zoll beantragen. Wir haben in unserer letzten Petition weiter darum nachgesucht, bei den Verhandlungen mit dem Ausland bezüglich dieser Zölle dem Verband wiederum Gelegenheit zu geben, sich gutachtlich zu äussern und dem Auslande eine definitive Zusage bezüglich einer etwaigen Bindung nicht zu geben, ohne dass wir gehört werden.

Ein Schutz muss unserer bedrängten Industrie umsomehr zu Theil werden, als gerade die bundesräthlichen Vorschriften vom 28. Januar 1899 betr. die Einrichtung und den Betrieb von Rosshaarspinnereien, Haarzu-richtereien, Bürsten- und Pinselmachereien, tief eingegriffen haben. Wenn auch auf der einen Seite diese Leben und Gesundheit der Arbeiter schützenden Maassregeln auch von den Industriellen freudig begrüsst wurden, äussern dieselben ihre nachteiligen Wirkungen auf unsere Industrie andererseits dadurch, dass die Desinfection nicht nur sehr kostspielig ist, Gewichtsverluste erzeugt und auch die Qualität des Rohmaterials nachtheilig beeinflusst, sondern auch das Ausland, welches diese Vorschriften nicht hat, nicht paritätisch behandelt.

Geh. Kommerzienrath **Goldberger**-Berlin: Da keine bestimmten Anträge gestellt werden, werden die Darlegungen des Referenten dem Protokolle einverleibt und von der Centralstelle weiter verarbeitet werden. Ich ertheile das Wort Herrn Fabrikbesitzer Hanff zu seinem Referate über

Zölle auf Leinen, Hanf, Flachs und Rohbaumwolle.

Fabrikbesitzer **Hanff**-Berlin Meine Herren! Mein Referat bezieht sich auf Herrenwäsche und speciell auf die in Deutschland und vorzugsweise in Berlin in grossem Umfange hergestellten Artikel: Kragen, Manchetten, Serviteurs, Oberhemden

Zur Fabrikation dieser Artikel sind Leinen und baumwollene Gewebe erforderlich, letztere werden in Deutschland und dem Reichslande Elsass hergestellt, während die Leinewand aus Irland bezogen werden muss. Der Zollsatz für diese Leinewand ist unter No. 22. g. 2 des Zolltarifs vermerkt und beträgt für mehr als 120 Fäden auf 4 qcm einen Zoll von M. 120,— per 100 kg.

Dass wir gezwungen sind, die erforderliche Leinewand aus Irland zu beziehen, liegt einfach daran, dass die deutschen Leinen-Industriellen trotz aller Mühe, die sie sich gegeben haben, und trotz des Schutzes, den sie seit über 20 Jahren geniessen, ein geeignetes Fabrikat nicht herstellen können.

Die Leinewand muss feinfädig sein, eine grosse Haltbarkeit und vor allem eine vorzügliche Bleiche besitzen. Die irländische Bleiche beruht aber auf klimatischen Methoden, da der feuchte Nebel und die intensive Sonnenhitze das schöne klare Weiss hervorbringen, welches zu diesem Artikel nothwendig ist. Würde dieses klare Weiss auf chemischem Wege hergestellt werden, dann könnte es nur auf Kosten der Haltbarkeit geschehen, denn unter dem Einfluss des chemischen Prozesses leidet die Faser ganz bedeutend.

Bis zum Jahre 1879 ruhte auf dieser Leinewand ein Zoll von M. 60,—, der seit dieser Zeit auf M. 120,— erhöht worden ist, weil man in den beteiligten Kreisen glaubte, dass durch diesen Zollschutz das deutsche Fabrikat als Ersatz für das irische aufgenommen werden würde.

Trotz des guten Willens, den die Berliner Wäsche, fabriken für die deutsche Leinen-Industrie an den Tag legten-war es ihnen dennoch unmöglich, die deutsche Leinewand zu verwenden, und so kam es, dass die Leinen-Distrikte und speciell Bielefeld, die für die Erhöhung des Zolles am kräftigsten eintraten, nachträglich die Kosten mit tragen helfen mussten, indem die in Bielefeld errichteten Wäschefabriken ihre Leinewand selber aus Irland zum genannten Zollsatze beziehen müssen.

Die Schäden, die dadurch entstanden, sind unberechenbar, denn England, das den Continent und die ganze Welt vor 1860 mit Wäsche-Erzeugnissen versorgte, hatte den grossen Vorzug, sich das Material im eigenen Lande billiger beschaffen zu können.

Der deutsche Fleiss, die Ausdauer und zum Theil auch die Anspruchslosigkeit hatten es ermöglicht, nicht nur den deutschen Markt den Engländern zu entreissen, sondern ihnen auch den Weltmarkt streitig zu machen.

Wie aber in allen Industrieen, so auch in der unsrigen, vollzog sich ein Umschwung dadurch, dass das Ausland sich bemühte, die Wäschefabrikation im eigenen Lande einzurichten, hierdurch wurde uns die Versorgung der betreffenden Länder wie Russland, Oesterreich, Italien etc. etc. genommen, und nachdem diese Länder sich kräftig genug fühlten, traten sie mit uns in den Kampf um den Exporthandel ein, der speciell Oesterreich gegenüber zu unseren Ungunsten ausfiel.

Oesterreich hat günstigere Zollbedingungen auf irisches Leinen, hat eine hochentwickelte Baumwollwaaren-Industrie und ein Arbeiter-Material aus Böhmen, das für niedrigere Löhne arbeitet als das unsrige, so dass der Exporthandel für unsere Fabrikate auf ein Minimum herabgesunken ist.

Oesterreich ist heute schon in der Lage, seine Fabrikate in Deutschland einzuführen, und bedarf unsere Branche auch nach dieser Richtung hin des besonderen Schutzes. Das deutsche Fabrikat ist anerkannt das beste in der Welt, aber da, wo der billigere Preis massgebend ist, wird es vom Auslande geschlagen.

Es ist deshalb durchaus nötig, diese Industrie, die in Berlin allein cr. 50000 weibliche Arbeiter beschäftigt, zu stützen und dahin zu wirken, dass die englische Leinewand mit dem früheren Satze von M. 60,— eingeführt wird. Ein Finanzzoll kann der jetzige Zoll nicht sein, da er im ganzen nur M. 360000 einbringt, ein Schutzzoll ist er nicht, da die Leinewand hier nicht hergestellt werden kann, er ist in Wirklichkeit nur eine Beschränkung und Beeinträchtigung der Leistungsfähigkeit der deutschen Industrie.

Die Wünsche, die wir alljährlich in den Jahresberichten und zum öfteren auch in Petitionen an die Regierung zum Ausdruck brachten, hatten nicht den erhofften Erfolg, weil eine Schädigung der deutschen Leinewand-Industrie befürchtet wurde. Nachdem aber festgestellt ist, dass diese Annahme sich nicht bestätigt, erwartet unsere Branche endlich die Aufhebung des Eingangszolles auf solche feine Leinen, die ausschliesslich für unsere Zwecke hergestellt und nur hierzu benutzt werden können.

Dr. C. A. Martius: Ich ertheile Herrn Fabrikbesitzer Bendix Berlin als Korreferenten das Wort.

Fabrikbesitzer **Bendix**-Berlin: Die Landwirthschaftskammer in Wiesbaden hat bei der Reichsregierung einen Zoll von 5 Mk. per dz beantragt für Flachs, Hanf, Rohbaumwolle und für Gespinnstfasern aller Art, also auch Jute, Ramie etc.

Die Begründung des Verlangens ist interessant, und es lohnt, Ihnen einige Sätze aus der Denkschrift mitzutheilen. In der Eingabe wird wörtlich ausgeführt:

Der Anbau von Hanf und Flachs ist bei uns stetig zurückgegangen; „es seien durch die zollfreie Einfuhr von Hanf, Flachs, Hede und allen anderen sonstigen Gespinnstarten wie Baumwolle, Jute, rohe und gekämmte Wolle etc. Verhältnisse geschaffen, die zur Folge haben, dass die Kleiderstoffe mit einer die Hausindustrie völlig ausschliessenden Billigkeit hergestellt würden." Aus diesem Grunde, und weil Flachs als Vorfrucht für andere Getreidearten besonders geeignet sei, verlangt also die Landwirthschaftskammer in Wiesbaden, dass das bisherige Prinzip, wonach alle Rohprodukte für Textil-Industrie zollfrei sein sollen, völlig auf den Kopf gestellt wird.

Sie will der deutschen Industrie eine Last von 22½ Millionen auferlegen, denn unsere Einfuhr an Rohbaumwolle beträgt 3½ Million dz, unsere Einfuhr an Hanf und Flachs je eine ½ Million dz, dabei ist noch nicht berücksichtigt der Zoll auf Jute, Ramie und namentlich auf Schafwolle; für letztere verlangt die Landwirthschaftskammer einen Zoll von 15 Mk. per dz für ungekämmt, für gekämmt entsprechend mehr, und dies Alles nur, weil die Landwirthschaftskammer in Wiesbaden die Kleiderstoffe und die Leinwand nicht mehr so billig haben will wie bisher; oder sollten die Wiesbadener

Herren vielleicht beabsichtigen, an ihren warmen Quellen Baumwollplantagen einzurichten?

Ich glaube nicht, dass die Regierung auf den Antrag der Kammer irgend welchen Werth legen kann, aber dass überhaupt solche Anträge gestellt werden können, ist ein trauriges Zeichen der gegenwärtigen Lage.

Solche Anträge bilden geradezu eine Verhöhnung der Industrie.

Wir können gewiss über die Anträge der Wiesbadener Kammer zur Tagesordnung übergehen. Wir müssen aber die Mahnung daraus entnehmen, gegen derartige agrarische Anmaassungen einmüthig und energisch vorzugehen.

Die Versammlung beschliesst, die Centralstelle mit der weiteren Bearbeitung der Frage zu beauftragen.

Dr. C. A. Martius: Ich ertheile das Wort Herrn Fabrikbesitzer Noa - Berlin zu seinem Referate über

Zölle auf Celluloid und Celluloidwaaren.

Fabrikbesitzer **Noa**-Berlin: Meine Herren! Die Celluloidwaarenindustrie, ich spreche nur von den Betrieben, welche das Celluloid zu fertigen Artikeln verarbeiten, sind gezwungen, den Weltmarkt aufzusuchen, da sie im Inlande nur geringes Absatzgebiet finden.

Diese Industrie hat es durch rastlose Thätigkeit dahin gebracht, das Ausland zu einem Hauptabnehmer ihrer Produktion zu machen, und hat sich auch eines kleinen Vorsprunges gegen die Konkurrenz desjenigen Auslandes, in welchem dieselben Artikel produzirt werden, bisher erfreuen können.

Dass eine Branche, welche mit dem Wohlwollen des Auslandes zu rechnen hat und auf möglichst günstige Zollverhältnisse für ihren Export angewiesen ist, nicht besonders schutzzöllnerisch gesinnt sein kann, ist wohl ganz selbstverständlich, und es wird niemanden überraschen, wenn wir in Erwägung dessen von einer Erhöhung unserer Eingangszölle für Celluloidwaaren nichts wissen wollen.

Wir legen daher auf die Auslandszölle weit mehr Gewicht als auf die des Inlandes.

Eine Erhöhung des Auslandszolles bringt uns um unseren Export, denn unsere Erzeugnisse können höhere Zölle nicht mehr ertragen.

Bedenken Sie, meine Herren, für Celluloidwaaren zahlen wir im Auslande durchschnittlich per 100 Kilo 150 Franks, also 1,50 Franks per 1 Kilo.

Dieser hohe Zollsatz ist zumeist ein solcher, wie er nur für Luxusartikel in Anwendung gebracht wird. Er erscheint infolgedessen nicht mehr gerechtfertigt und erträglich für unsere heutige Celluloidindustrie, welche nicht nur Luxus-, sondern Tausende von Gebrauchsartikeln fertigt, für welche diese hohen Zölle jetzt schon kaum mehr erschwinglich sind.

Die seitens der Regierung vorgeschlagene Rubrizirung der Celluloidwaaren im neuen Zolltarif kann im wesentlichen gutgeheissen werden.

Unsere Branche wünscht, dass 1. bei Position 903 der Zoll für alles polirte Material mit Ausnahme von Elfenbein auf 100 M. per 100 kg festgesetzt wird, 2. für Elfenbein-Imitation, gleichgültig ob gemasert oder ungemasert, der bisherige Zollsatz von 30 M. (Position 832) beibehalten wird, ferner bei Position 904 für fertige Waaren der Zollsatz von 200 M. im Wege der Kompensation mit andern Ländern auf 100 M. herabgesetzt werde, um auf diese Weise auch für unsere Waaren bei den Vertrag schliessenden Ländern billigere Eingangszölle zu erreichen.

Hingegen sind alle Zollerhöhungs-Anträge, welche von Seiten der Fabrikanten des Rohcelluloids gestellt werden, aus den bereits erörterten Gründen abzulehnen.

Hier kreuzt sich unser Interesse mit dem der Herren Rohstoffcelluloid-Fabrikanten. Wir haben indessen, um nachzuweisen, dass den wenigen Rohstoff-Fabrikanten auf der einen, eine viel grössere Anzahl von Celluloidwaaren-Fabrikanten auf der anderen Seite gegenüberstehen, eine schriftliche Enquete angestellt und waren in der Lage, der Regierung 70 Original-Zustimmungen betheiligter Firmen zu überreichen.

Die Herren Celluloidstoff-Fabrikanten, die ja unsere Freunde sind, denn wir sind ihre guten Kunden und ihnen gern gefällig, bitten wir die Sache auch von der Seite betrachten zu wollen, dass was sie von einer Erhöhung des Zolles an Vortheilen erhielten, ihnen andererseitsdadurch verloren ginge, dass die Kaufkraft der Celluloidwaaren-Fabrikanten eine viel geringere werden und der Umsatz nachlassen würde.

Wir bitten daher auch in diesem Sinne die verehrliche Zentralstelle für Vorbereitung von Handelsverträgen um gefällige Unterstützung unserer Anträge.

Die Versammlung beschliesst, die bezüglichen Anträge dem Vorstande zur weiteren Bearbeitung zu überweisen.

Dr. C. A. Martius-Berlin. Ich ertheile das Wort Herrn Oberbergrath Attenkofer - München zu seinem Referate über

Zölle auf Salz insbesondere Siedesalz.

Kgl. Oberbergrath **G. Attenkofer**-München: Meine Herren! Der Verein, den zu vertreten ich die Ehre habe, umfasst sowohl Salzbergwerke, wie auch Salinen, zwei Produktionszweige, die ganz verschieden von einander sind. Im deutschen Zolltarif aber sind die Produkte der Salzbergwerke und der Salinen zusammengefasst; hier giebt es für das rohe Steinsalz und das feinste gemahlene Tafelsalz nur einen Begriff. Die betr. Position lautet: 100 kg Salz 80 Pfg. Zoll.

Die Revision des Zolltarifs, die gegenwärtig vorgenommen wird, hat innerhalb unseres Vereins zu manchen Debatten und schliesslich zu einer reinlichen Scheidung der verschiedenen Produktionszweige geführt. Es wurde gesagt: Das Salzbergwerk liefert ein Rohmaterial, die Saline hingegen liefert einen fertigen Konsumartikel von verschiedenstem Gebrauchswerth, vom grobkörnigsten bis zu den feinsten Tafelsalzen hinauf. Diese beiden Gruppen verdienen eine ganz verschiedene Zollbehandlung.

Die Salinen haben bereits seit Dezennien in zahlreichen Eingaben an den Reichskanzler und den wirthschaftlichen Ausschuss die Verbesserung des Zolltarifes nach der Richtung hin beantragt, dass zwischen Steinsalz und Siedesalz unterschieden werde und auch im Zollsatze eine verschiedene Behandlung eintrete. Thatsächlich sind die Salinen bei uns übel daran. Denn der Konsum von Salz ist beschränkt. Wenn wir das Salz auch noch so billig verkaufen, so wird deshalb doch Niemand seine Suppe versalzen oder seinem Vieh so viel Salz geben, dass es krank wird. Die Möglichkeit des Exports ist aber für die Salzindustrie nur in beschränktem Maasse vorhanden. Die französischen und englischen Salinen machen uns nicht nur auf dem Weltmarkte, sondern auch auf dem Inlandsmarkte grosse Konkurrenz. Einzelne Länder, wie Oesterreich, Rumänien, Italien, verschliessen sich vollständig gegen die Einfuhr von Salz. Nach Belgien, welches keine eigenen Salinen hat, können wir mit unserem Produkte nicht herein, weil Frankreich in diesem Falle uns sofort im Inlande eine erhöhte Konkurrenz machen würde, da der deutsche Zoll von 0,80 M. durchaus kein genügender Schutzzoll ist. Andererseits ist uns der französische Markt durch den Zoll von 3,30 Frcs. völlig verschlossen. Um nämlich der französischen Konkurrenz im Inlande zu entgehen, haben sich die deutschen insbesondere die lothringischen Salinen verpflichtet, auf den Export nach Belgien zu verzichten und den belgischen Markt der französischen Salzindustrie zu überlassen. Ist auch diese Konvention namentlich in den letzten Jahren nicht immer ganz eingehalten, so ist dieselbe doch immer eine lähmende Fessel für die deutschen Salinen.

Ich bitte die Centralstelle um ihre wirksame Unterstützung dahin, dass die deutschen Salinen einen mässigen Schutzzoll für Siedesalz bekommen, und zwar in Höhe von 1,50 bis 2,00 M.

Anders als bei den Salinen ist die Sachlage bei den Salzbergwerken. Der Salzbergbau hat bei uns grosse, konkurrenzfähige Vertreter. Diese werden sich den Zoll, der jetzt gleichzeitig auf Steinsalz liegt, nämlich 80 Pfg., gern fallen lassen, wenn ein höherer Zoll auf Siedesalz gesetzlich wird.

Ein weiterer Wunsch unserer Industrie ist der, dass die Salzsteuer, welche bis jetzt mit im Zolltarif als Zollzuschlag aufgeführt wird, künftig aus dem Zolltarife fortbleibt, da jetzt der Anschein erweckt wird, als sei der deutsche Zoll auf Salz 12,80 M. statt 0,80 M.

Meine Ausführungen mache ich nicht nur im Interesse der Salzbergwerke und Salinen, sondern auch in dem der chemischen Industrie, die bekanntlich einen grossen Verbrauch von Salz hat.

Dr. C. A. Martius: Die Frage eines Zolles auf Salz ist auch im wirthschaftlichen Ausschusse schon zur Sprache gekommen; und so viel ich weiss, haben nicht nur die Salinen, sondern auch die Salzbergwerke mancherlei Zollwünsche.

Kgl. Oberbergrath **Attenkofer**-München: Die Erhöhung des Zolles auf Steinsalz würde m. E. den Export in diesem Artikel schädigen. Ich möchte beantragen, dass Rohsalz frei eingehen darf, während auf Siedesalz ein Zoll gelegt wird.

Dr. C. A. Martius: Die Frage wird wohl am besten dadurch geklärt werden, dass wir die betheiligten Interessentengruppen ersuchen, sich innerhalb unseres Verbandes nochmals eingehend darüber zu äussern. Referent ist hiermit einverstanden.

Generaldirektor **Graessner**-Stassfurt verspricht die Betheiligung des Steinsalzbergbaues an den bezüglichen Verhandlungen.

Der Vorsitzende ertheilt hierauf Herrn Dr. Vosberg-Rekow das Wort zu dem Antrage der Firma E. G. May Söhne, Frankfurt a. M.: auf die Zolltarifgestaltung in Südafrika rechtzeitig entsprechenden Einfluss zu nehmen.

Dr. Vosberg-Rekow: Meine Herren! Die Firma E. G. May Söhne in Frankfurt a. M. hat den soeben genannten Antrag zur Verhandlung auf der Generalversammlung gestellt und er muss daher verhandelt werden, obwohl kein Vertreter der Firma anwesend ist. Ich bin insofern über die Frage nicht genau orientirt, als ich nicht genau weiss, was die direkte Veranlassung zu dem Antrage gewesen ist. Die Herren Antragsteller haben mir bei meinem Besuche in Frankfurt a. M. vor einigen Tagen erklärt, Herr Cecil Rhodes entfalte neuerdings eine besonders lebhafte Agitation, um die Zollgrenzen Südafrikas zu Gunsten Englands gegen das übrige Ausland abzusperren. Dass die Bestrebungen des Herrn Cecil Rhodes auf ein derartiges Ziel hinsteuern, ist ja bekannt, er ist neben dem Minister Chamberlain der eigentliche Träger und eifrigste Förderer der Empire-Politik. Ebenso bekannt ist aber auch, dass der Durchführung ihrer Absichten sehr gewichtige Hindernisse sich in den Weg stellen. Die Differenzirung wird sich das Ausland nicht gefallen lassen, es wird Gleiches mit Gleichem vergelten; die Erfahrungen, welche Kanada mit der Differenzirung der deutschen Einfuhr gemacht hat, reizen nicht gerade zur Nachahmung. Der geschäftliche Vortheil ist eben auch in den englischen Kolonien ein stärkerer Faktor als die Stammesgemeinschaft.

Gleichwohl muss der Fortgang der Bewegung mit gespanntester Aufmerksamkeit verfolgt werden. Die Branche, zu der die antragstellende Firma gehört, ist in Südafrika sehr erheblich interessirt. Bilder, welche die Schlachten des Burenkrieges, die Heerführer auf beiden Seiten und Aehnliches darstellen, werden augenblicklich in grossen Massen bei uns hergestellt und nach Südafrika verkauft.

Zum Schutze der deutschen Interessen jetzt eine Eingabe an die Reichsregierung zu richten, halte ich für verfrüht, wir müssen uns erst über die Thatsachen noch genauer orientiren, ehe wir mit bestimmten Anträgen hervortreten. Ich bitte deshalb von einem Beschluss vorläufig abzusehen, gebe aber die Versicherung, dass wir der Frage unsere volle

Aufmerksamkeit schenken und sorgfältig untersuchen werden, ob die Befürchtungen der antragstellenden Firma in irgend welchen neuerdings hervorgetretenen Thatsachen ihre Begründung finden.

Der Vorsitzende stellt fest, dass hiergegen keine Stimme laut wird; es soll also demgemäss verfahren werden.

Der Vorsitzende ertheilt sodann Herrn Freiherrn von Gienanth-Brüssel das Wort zur Begründung des Antrages der Handelskammer Brüssel auf Beseitigung der verspäteten Ablieferung im internationalen Frachtverkehr durch Festlegung entsprechender Bestimmungen im nächsten Handelsvertrage.

Freiherr von Gienanth-Brüssel: Meine Herren! Seit Jahren werden in Belgien dem internationalen Transitlagerverfahren grosse Schwierigkeiten gemacht; in überaus vielen Fällen sind Waaren verspätet an ihren Bestimmungsort gelangt, und es sind die grössten Unannehmlichkeiten daraus erwachsen. Die deutsche Handelskammer zu Brüssel ist wiederholt um ihre Intervention bei den Behörden angerufen worden. Für kurze Zeit war dann Abhilfe geschaffen, aber es wurde bald wie vorher.

Der Transport der Waaren nach und durch Belgien geschieht auf zweierlei Arten: entweder per Eisenbahn oder per Schiff.

Die Eisenbahnen werden in Belgien in Bezug auf die Zustellungstermine seitens der belgischen Behörden in einer Weise missbraueht, die jeder Beschreibung spottet. Das Eisenbahn- und das Finanzministerium haben hierbei mitzureden, und bei allen Versäumnissen und Verzögerungen schiebt jede dieser Behörden die Schuld auf die andere. Das Eisenbahnministerium entschuldigt sich damit, dass die Zollbehandlung so sehr erschwert sei; das Finanzministerium hingegen beklagt sich, dass die Eisenbahnverwaltung die benöthigten Waggons nicht rechtzeitig gestellt habe. Die Unzulänglichkeit der Zolldeklarationen wird als Handhabe und Vorwand benutzt, um Zeit zu gewinnen. Ein anderes unerlaubtes Mittel der Verwaltung zu demselben Zwecke besteht darin, dass sie die Waaren in Herbesthal oder Verviers zurückhält, angeblich, weil sie keine Wagen zur Verfügung hat; mitunter bleiben die Waaren sogar auf Zwischenstationen liegen. Die zur Beförderung nothwendige Zeit wird doppelt und dreifach in Anspruch genommen, Gegenstände, die zu Festlichkeiten und Ausstellungen rechtzeitig abgeschickt werden, treffen nie zur rechten Zeit ein.

Ich komme nun auf die Schiffahrtsverhältnisse in Antwerpen zu sprechen. Die Missstände, welche dort herrschen, sind vielen deutschen Handelskammern schmerzlich genug bekannt. Wir haben eine Unmenge von Reklamationen bekommen, und haben daraufhin versucht, die deutschen exportirenden Firmen zum Export über Rotterdam zu veranlassen. Speziell in Antwerpen hat diese Maassnahme grosse Wirkungen gehabt. Aber es kann keine durchgreifende Besserung geschaffen werden, weil die belgische Regierung allen Reklamationen theilnahmslos gegenübersteht. Unzählige der über Antwerpen exportirenden Firmen haben den grössten Schaden gehabt. Wenn eine für den Export bestimmte Waare zu spät im Abfahrtshafen eintrifft, wenn das Schiff schon fort ist, muss sie eventuell 2 bis 3 Monate auf dem Quai liegen und verdirbt oft, ehe das nächste Schiff abfährt. Wir haben daher geglaubt, dass es im Interesse der über Belgien exportirenden deutschen Firmen läge, wenn die Zentralstelle sich der Mühe unterziehen wollte, dahin zu wirken, dass bei Abschluss der Handelsverträge eine Pression in dieser Richtung ausgeübt wird.

Dr. **Etienne**: Ich bitte Sie, meine Herren, auch in dieser Angelegenheit heute noch keinen Beschluss zu fassen; wir müssen in dieser Sache ebenfalls das vorhandene Material erst durcharbeiten. Der augenblicklich giltige Handelsvertrag mit Belgien giebt schon gewisse Handhaben für eine Reklamation. Artikel 10 besagt:

„Auf Eisenbahnen soll sowohl hinsichtlich der Beförderungsweise als der Zeit und Art der Abfertigung kein Unterschied zwischen den Bewohnern der Gebiete der vertragschliessenden Theile gemacht werden. Namentlich sollen die aus dem Gebiet des einen Theils in das Gebiet des anderen Theils übergehenden oder das letztere transitirenden Transporte weder in Bezug auf die Abfertigung noch rücksichtlich der Beförderungspreise ungünstiger behandelt werden als die aus dem Gebiete des betr. Theils abgehenden oder darin verbleibenden Transporte."

Auch Anlage D zum Vertrage enthält Bestimmungen auf die eine Reklamation sich eventuell stützen könnte.

Wir werden die Sache in Bearbeitung nehmen; wenn was ich nicht bezweifle, die thatsächlichen Zustände der Schilderung des Herrn Referenten entsprechen, ist die Herbeiführung einer Aenderung dringend geboten. Wir werden bei den Behörden energisch auf Abhilfe dringen und auch durch die Presse die öffentliche Meinung dafür zu interessiren suchen.

Der Vorsitzende theilt mit, dass ausserhalb der Tagesordnung noch ein Antrag der Vereinigten Schmirgel- und Maschinen-Fabriken A.-G. Hannover-Hainholz, betr. „Zoll auf Schmirgelwaaren" vorliegt und ertheilt dem Vertreter dieser Firma das Wort

Buchholz-Hannover-Hainholz: Meine Herren! Wir können auf eine recht ruhige, gleichmässige Entwicklung unserer Industrie während der letzten 40 Jahre zurückblicken. Seit circa drei Jahrzehnten existirt in Deutschland eine grössere Anzahl von Schmirgelfabriken, die sich im Auslande ein ziemlich bedeutendes Absatzgebiet erobert haben. Die deutsche Schmirgelindustrie ist auf den Export angewiesen

In diesem befriedigenden Zustande ist in den letzten Jahren leider eine Wandlung eingetreten Die Vereinigten Staaten erheben auf Schmirgel-Fabrikate einen ausserordentlich hohen Eingangszoll, der bis zu 33⅓ pCt vom Werthe beträgt

Russland ist diesem Beispiele gefolgt und belegt Schmirgelscheiben sogar mit einem Zoll bis 72 pCt. des Werthes. Mit Russland können wir infolgedessen kein Geschäft mehr machen. Die Fabrik, welche ich vertrete, hat allein früher für ca. 300—350000 Mark Schmirgel-Fabrikate nach Russland verkauft, jetzt ist es kaum noch für 50000 Mark: wir stehen in Gefahr, Russland als Absatzgebiet gänzlich zu verlieren, da es sich bei den hohen Eingangszöllen nicht lohnt, eigene Reisende oder Vertreter in Russland zu haben. Es wäre für unsere Industrie sehr wünschenswerth, könnte die Centralstelle dafür wirken, dass die überaus hohen Einfuhrzölle Russlands wenigstens in mässige Grenzen zurückgeführt werden.

Wie ich hörte, sollen die österreichischen Konkurrenten ebenfalls die Absicht haben, den Zoll auf Schmirgelwaaren zu erhöhen, der jetzt 3 Fl. Gold pro 100 kg beträgt.

Die Vereinigten Schmirgel- und Maschinenfabriken richten daher an die Centralstelle die Bitte, ihre Bestrebungen auf Ermässigung der fremden Zölle zu unterstützen und die Frage zum Gegenstand einer Eingabe zu machen, wenn sie es für rathsam hält. Eventuell würde ich veranlassen, dass der Verband deutscher Schmirgelfabriken sich mit der Angelegenheit beschäftigt.

Dr. C. A. Martius-Berlin: Wir werden die Sache im Auge behalten. Der Herr Vorredner hat ja, wie mir bekannt, auch schon im wirthschaftlichen Ausschusse ein grösseres Referat über den beregten Gegenstand gehalten.

Buchholz-Hannover-Hainholz: Mein Referat im wirthschaftlichen Ausschuss beschäftigte sich lediglich mit der Frage des deutschen Zolles für Schmirgelscheiben. Die meisten Staaten der Welt erheben hierauf einen sehr hohen Eingangszoll; Deutschland dagegen verzollt Schmirgelscheiben mit nur 25 Pf. pro Doppelzentner. Mit diesem Zollsatz können wir den andern Staaten nicht Konkurrenz machen

Dr. C. A. Martius: Es hat sich herausgestellt, dass nur sehr wenig Schmirgelscheiben in Deutschland eingeführt werden. Mir ist überhaupt nicht bekannt, unter welche Position des Zolltarifs Schmirgelscheiben fallen.

Buchholz-Hannover-Hainholz: Bisher bilden sie keine eigene Tarifposition; sie wurden als „Sand- und Wetzsteine" mit 25 Pf. verzollt. Die Firma Schuchardt & Schütte u. A verzollen die Schmirgelscheiben unter dieser Bezeichnung.

Der Vorsitzende **Dr. C. A. Martius**: M. H., wir haben nun das Pensum unserer Tagesordnung erschöpft. Gestatten Sie mir, Ihnen für die zahlreiche Betheilung an unserer Generalversammlung und das rege Interesse zu danken, welches Sie alle im verflossenen Jahre unseren Bestrebungen entgegengebracht haben. Ich hoffe und bitte Sie, dass Sie auch im kommenden Geschäftsjahre uns das gleiche Vertrauen und Interesse erzeigen mögen.

Finanzrath **Rose**-Coburg: M. H., Ich glaube wohl in aller Sinne zu handeln, wenn ich den Herren Leitern der heutigen Versammlung für ihre liebenswürdige und umsichtige Thätigkeit unseren herzlichsten Dank ausspreche. Ich knüpfe daran den speziellen Dank für die liebenswürdige Gastfreundschaft unseres Vorsitzenden, Herrn Dr. C. A. Martius, und bitte Sie, m. H., sich zu Ehren desselben von den Sitzen zu erheben.

(Geschieht.)

Der Vorsitzende **Dr. Martius**: M. H., Wenn ich mich nun von Ihnen verabschiede, so geschieht es mit dem Wunsche, dass wir uns in nicht allzu langer Zeit wiedersehen werden. Ich denke, dass wir dieses Jahr noch eine Versammlung werden einberufen müssen, sobald der neue Zolltarif der Regierung vorgelegt ist und die eigentlichen Kämpfe um den Zolltarif beginnen werden.

Der Vorsitzende schliesst die diesjährige ordentliche Generalversammlung Nachmittags um $4^1/_2$ Uhr.

Anlagen.

Abrech

der Centralstelle für Vor

für die Zeit vom 1. Januar

Einnahmen.

	Mk	Pf
An Bestand aus dem Vorjahre .	1 684	97
„ Beiträgen einschl. der Einzahlungen von der Papiervereinigung . .	49 410	25
„ Sonstigen Einnahmen .	364	26
	51 459	48

Der

gez. **Dr. Vosberg-**

Geprüft und

Berlin, den

Die von der Mitgliederversammlung

gez. **Rose.**

Anlage 1.

nung

bereitung von Handelsverträgen

1900 bis Ende Dezember 1900.

Ausgaben.

		Mk	Pf.	Mk.	Pf
	A. Ausgaben.				
Titel I	Bureau-Miethe . . .	3 503	48		
„ II	Bureau-Unkosten:				
	Heizung, Beleuchtung, Copialien,				
	Schreibutensilien . .	2 254	87		
„ III	Portokosten, Telegramme, Telephon	2 871	67		
„ IV	Gehälter . . .	26 086	04		
„ V	Bibliothek	697	64		
„ VI	Zeitungen und Zeitschriften . . .	716	21		
„ VII	Drucksachen	2 284	47		
„ VIII	Schriften der Centralstelle . . .	2 871	55		
„ IX	Reisekosten	3 139	89		
„ X	Verschiedenes	1 901	27	46 327	09
	B. Bestände.				
	Jul Rütgers, hier	1 535	05		
	Cassa-Conto	3 557	34		
	Cautionen	40	—	5 132	39
				51 459	48

Vorstand:

Rekow.

richtig befunden.

20 Januar 1901.

eingesetzte Prüfungs-Commission:

gez **Bendix.**

Anlage 2.

Mitglieder-Verzeichniss.

1. Körperschaftliche Mitglieder.

Börsenverein der Deutschen Buchhändler Leipzig
Deutscher Brauerbund Frankfurt a M
Deutscher Gipsverein. Berlin.
Deutsche Handelskammer zu Brüssel
Gesellschaft Berliner Wäsche-Fabrikanten. Berlin
Gesellschaft der Fabrikanten und Kaufleute Fulda
Handelskammer zu Breslau
Handelskammer zu Cassel
Handelskammer für das Herzogthum Coburg Coburg.
Handelskammer für das Herzogthum Anhalt Dessau
Handelskammer zu Frankfurt a M
Handelskammer für das Herzogthum Gotha Gotha
Handels- und Gewerbekammer zu Leipzig
Handels- und Gewerbekammer für Mittelfranken zu Nürnberg
Handelskammer für das Herzogthum Oldenburg zu Oldenburg
Handelskammer für den Amtsbezirk Pforzheim zu Pforzheim
Handelskammer für die östliche Niederlausitz zu Sorau
Handelskammer zu Trier
Handelsverein Hersfeld.
Handelspolitische Vereinigung des Deutschen Kunstdruckgewerbes. Berlin.

Verband der Brauereien von Bremen und Umgegend. Bremen.
Verband Berliner Spezialgeschäfte. Berlin.
Verband der Deutschen Celluloid-Industriellen. Berlin.
Verband Deutscher Lackfabrikanten. Berlin.
Verband der Deutschen Schuh- und Schäftefabrikanten. Bamberg.
Verband Deutscher Baumwollgarn-Konsumenten. Dresden.
Verband Deutscher Ceresin-Fabriken. Düsseldorf.
Verband Deutscher Rosshaarspinner. Lahr.
Verband Deutscher Stahlflaschen-Fabriken. Düsseldorf.
Verband der Seifenfabrikanten. Berlin.
Verband Süddeutscher Baumwollgarn-Konsumenten. Stuttgart.
Verband Deutscher Parfümerie-Fabrikanten. Offenbach a. M.
Verein Berliner Getreide- und Produkten-Händler. Berlin.
Verein Berliner Kaufleute und Industrieller. Berlin.
Verein der Brauereien von Berlin und Umgegend. Berlin.
Verein der Brauereien von Hannover und Umgegend.
Verein der Knochen verarbeitenden Industriellen Deutschlands. Berlin.
Verein Deutscher Dünger-Fabrikanten. Hamburg.
Verein Deutscher Lederhandschuh-Fabrikanten. Osterwieck a. H.
Verein Deutscher Salinen- und Salzbergwerke. Hannover.
Verein Hamburger Assecuradeure. Hamburg.
Verein Sächsischer Strohhutfabrikanten zur Wahrung gemeinsamer Interessen. Dresden.
Verein zur Wahrung der gemeinsamen Interessen des Handels und der Industrie von Fleisch- und Fettwaaren. Köln.
Verein zur Wahrung der Interessen der chemischen Industrie Deutschlands. Berlin.
Verein zur Wahrung der Interessen der Färberei- und Druckerei-Industrie von Rheinland und Westfalen. Langenberg i. Rhld.
Verein zur Wahrung der wirthschaftlichen Interessen der Eisen- und Stahlindustrie von Elsass-Lothringen und Luxemburg. Metz
Verein Süddeutscher Tricot-Fabrikanten Stuttgart.
Verein Berliner Spediteure. Berlin.

Vereinigung der Deutschen Metall- und Blechwaaren-Fabrikanten zur Wahrung ihrer wirthschaftlichen Interessen. Nürnberg.
Vereinigung der Kalkinteressenten Berlin.
Vereinigung Deutscher Flaschenfabriken Hamburg.
Vereinigung für die Zollfragen des Papierfachs. Berlin.
Verkaufssyndikat der Kaliwerke. Leopoldshall, Stassfurt.
Zentral-Verein zur Hebung der Deutschen Fluss- und Kanalschiffahrt Berlin

2. Einzelmitglieder.

Accumulatoren-Werke, System Pollak Frankfurt a M.
Accumulatoren-Fabrik, Actien-Gesellschaft Berlin
Actien-Brauerei Feldschlösschen, vorm. G H. Schulze. Halle a. S.
Actien-Brauerei zum Löwenbräu München.
Actien-Gesellschaft vorm C H Stobwasser Berlin
Actien-Gesellschaft der chemischen Produkten-Fabrik Pommerensdorf Stettin.
Actien-Gesellschaft für chemische Industrie Schalke i Westf.
Aktien-Gesellschaft fur Handel u Schiffahrt, H A Diseh Mainz
Actien-Gesellschaft für Leder-, Maschinenriemen- und Militäreffekten-Fabrikation, vorm Heinrich Thiele Dresden
Actien-Gesellschaft für Petroleum-Industrie Leyh bei Nürnberg
Actien-Gesellschaft für Theer- und Erdöl-Industrie Berlin W.
Actien-Lagerbier-Brauerei zu Schloss Chemnitz Chemnitz.
Adt, Gebrüder. Ensheim (Pfalz)
Adler-Fahrradwerke, vorm Heinrich Kleyer Frankfurt a M
Amann, B Barmen.
Andernach, A. W Beuel a Rhein
Arens & Co Chemnitz
Arnold, Oskar Neustadt b. Coburg

Arons & Walter. Berlin.
Arzberger, Schöpff & Co Eisenach.
Auerbach, Selig, Söhne. Berlin.

Badische Brauerei. Mannheim.
van Baerle & Sponnagel. Berlin.
Barthels-Feldhoff. Barmen.
Bass & Herz Frankfurt a M.
Bauer, C, Brauerei Halle a S
Bauer & Zeckendorf München
Bauersachs, Emil. Sonneberg
Baumann, Gebr Amberg i Bayern
Beer, Sondheimer & Co Frankfurt a M
Behrens, Dr. C. Osterwieck a. H.
Bemberg, J. P Oehde b. Barmen-Rittershausen.
Bender & Gattmann. Frankfurt a. M.
Bendix & Co. Berlin.
Bendix Söhne, Julius. Berlin.
Bendix, Max Berlin.
Berger und & Wirth. Leipzig-Schönefeld.
Bergischer Bankverein Solingen.
Berliner Bank. Berlin.
Berliner Ceresin-Fabrik, Graab & Kranich. Berlin-Rixdorf.
Berliner Holzcomptoir Charlottenburg.
Berliner Speditions- und Lagerhaus-Actien-Gesellschaft, vorm. Bartz & Co Berlin
Berliner Velvet-Fabrik, Mengers & Söhne. Berlin.
Bethmann, Gebr. Frankfurt a. M.
Bierbrauerei Klein-Crostitz, F. Oberländer. Klein-Crostitz.
Binding'sche Brauerei Frankfurt a M
Bing, Gebrüder, E. u. S Berlin
Blank, Hugo. Berlin
Blaubeurer Cement-Fabrik, E. Schwenk. Ulm a. Donau.
Blech- u. Emaillir-Waren-Fabrik Kirrweiler, Act.-Ges. Kirrweiler (Rheinpfalz).
Bleckmann, J. E Solingen.
Blell, M. d. R Präsident der Handelskammer Brandenburg a. H

Bodenhein, M. B. Cassel.
Böhringer Sohn, C. H. Nieder-Ingelheim
Böhringer & Söhne, C. F Waldhof b. Mannheim.
Bönicke & Eichner. Berlin.
Böttinger, Dr. Henry T. M. d. H. d A. Elberfeld.
Borsig, Ernst, i Fa. A Borsig. Berlin
Brastrup, Carl. Berlin.
Brauerei Paulshöhe. Ostorf b. Schwerin-Meckl
Breslauer Chemische Fabrik, A -G., vorm. Oscar Heymann. Breslau.
Bronzefarbenwerke, A.-G , vorm Carl Schlenk Roth b Nürnberg.
Bucherer, Heinrich Köln.
Buz, C A., Kommerzienrath Augsburg

Cassella & Co., Leopold Frankfurt a. M.
Chemische Fabrik, E Heuer. Cotta b Dresden.
Chemische Fabrik. Griesheim a. M
Chemische Fabrik, Dr Hellringhaus & Heilmann. Güstrow i Mecklenburg.
Chemische Fabrik. Heufeld i Bayern
Chemische Fabrik. Idaweiche, Ober-Schles
Chemische Fabrik. Mügeln b. Dresden.
Chemische Fabrik, Karl Neldert. Tangermünde
Chemische Fabrik, vorm Goldenberg, Geromont & Co Winkel i Rheingau
Chemische Fabrik, Act.-Ges , vorm Moritz Milch & Co Posen.
Chemische Fabrik auf Actien, vorm E Schering Berlin.
Chemische Fabrik Heinrichshall, Act -Ges Heinrichshall bei Köstritz (Reuss)
Chemische Fabrik Helfenberg b. Dresden
Chemische Fabrik, G Ottman & Co Hochspeyer i Rheinpfalz
Chemische Fabrik Petschow, Davidsohn. Danzig
Chemische Fabrik J. E Devrient Zwickau i. Sachs.
Chemische Fabrik von Heyden. Radebeul b Dresden.
Chemische Fabrik, vorm. Hell & Sthamer Billwärder-Hamburg
Chemische Fabrik Gernsheim. Gernsheim a Rh.
Chemische Werke vorm H. & E. Albert Biebrich a Rh
Chemische Werke vorm Dr Heinrich Byk. Berlin.

Cölln, Georg von, Kommerzienrath Hannover.
Commerz- und Diskontobank Frankfurt a. M
Compagnie Laferme. Dresden
Cords, Gustav. Berlin
Crämer, Carl Sonneberg
Curtius, Friedrich. Duisburg.
Cylinder Fass-Fabrik, Gesellschaft m. b. H. Berlin.

Dalton & Co. Frankfurt a. M.
Dammüller, Gebr. Zschertnitz-Dresden
Dampfmolkerei und Milchzucker-Fabrik „Germania" Mölln (Lauenburg).
Dampfschiffahrtsgesellschaft Argo. Bremen.
Dessauer Wollgarn-Spinnerei. Dessau.
Deutsch-Amerikanische Petroleum-Gesellschaft. Berlin.
Deutsch-Amerikanische Maschinengesellschaft. Frankfurt a. M.
Deutsch-Australische Dampfschiffahrts-Gesellschaft. Hamburg.
Deutsche Celluloid-Fabrik Leipzig-Plagwitz.
Deutsche Continental-Gas-Gesellschaft. Dessau.
Deutsche Effecten- und Wechselbank. Frankfurt a. M.
Deutsche Gelatine-Fabriken Höchst a. M.
Deutsche Genossenschaftsbank. Frankfurt a. M.
Deutsche Gold- und Silber-Scheideanstalt. Frankfurt a M.
Deutsche Levante-Linie Hamburg.
Deutsche Vereinsbank. Frankfurt a. M.
Deutsch-Französische Cognac-Brennerei und Weinsprit-Raffinerie. München.
Deutsch-Russische Naphta-Import-Gesellschaft. Berlin.
Dick, Friedrich. Esslingen.
Doctor, A. Liegnitz.
Dollfuss, Edmund. Chemnitz.
Dondorf, B. Frankfurt a. M.
Dortmunder Brauerei-Gesellschaft Dortmund.
Dortmunder Unionsbrauerei Dortmund
Dobrin & Löwenthal, Stettin
Dresdener Gardinen- und Spitzen-Manufaktur, Act.-Ges. Dresden

Dresdener Chromo- und Kunstdruck-Papierfabrik, Krause & Baumann Dresden.
Dressel, Otto, Kommerzienrath Sonneberg.
Dressler, Eduard. Berlin.
Dreyfus & Mayer-Dinkel. Mannheim
Dühren, Max von Danzig.
Duncan, Wm Surr Gross-Schweidnitz.
Düsseldorfer Chamotte- und Tiegelwerke, vorm P J Schorn & Bourdois. Düsseldorf
Düsseldorfer Eisenwerke. Düsseldorf-Grafenberg.
Dynamit-Aktien-Gesellschaft vorm Alfred Nobel & Co. Hamburg

Eibler, Eduard Lindau in Bayern
Eisengiesserei A.-G., vorm Keyling & Thomas Berlin
Eisenwerk Barbarossa A.-G. Sangerhausen.
Eisner & Kirchheim Berlin.
Elektricitäts-Aktien-Gesellschaft vorm Lahmeyer & Co Frankfurt a. M.
Elektricitäts-Aktien-Gesellschaft vorm. Schuckert & Co Nürnberg.
Elkisch, Eduard Berlin
Engelhardt & Biermann Bremen
Erdmann, Kircheis Aue, Sachsen
Erhard & Söhne. Schwäb Gmünd.
Erlanger & Söhne, von. Frankfurt a. M.
Esche, Eugen, Kommerzienrath. Chemnitz.
Escher & Co. Sonneberg

Faber, A W Nürnberg.
Fabrik photographischer Papiere, vorm Carl Christensen Berlin
Fabrik photographischer Apparate auf Aktien, vorm R Hüttig u Sohn Dresden
Fabrik technischer Apparate, Heinrich Stockheim Mannheim
Fabrik zum Watt, W. Berliner Berlin
Fahlberg, List & Co. Salbke b Westerhüsen a Elbe
Falkensteiner Gardinen-Weberei und Bleicherei, vorm G Phorcy Falkenstein i V
Farbenfabriken vor Friedrich Bayer & Co Elberfeld

Farbwerk Mühlheim, vorm. A. Leonhardt & Co. Mühlheim a. M.
Farbwerke vorm. Meister, Lucius & Brüning. Höchst a. M.
Feisenberger, Gebr. Frankfurt a. M.
Feistmann & Söhne Offenbach a. M.
Feuerlein, Carl Feuerbach bei Stuttgart
Filter- und Brautechnische Maschinen-Fabrik, A.-G., vorm. L. A Enzinger. Worms a. Rh
Fikentscher, Fr. Chr., G. m. b H. Zwickau i. S
Fitzner, W., Kommerzienrath. Laurahütte.
Fleischmann, Gebr Sonneberg.
Flersheim & Co Frankfurt a. M.
Flinsch, Ferdinand. Frankfurt a. M
Flinsch, Schriftgiesserei. Frankfurt a. M.
Förster, Ruttmann & Co., Nachfl. G. Woehlke. Berlin.
Folkmar, Eugen. Berlin.
Frankfurter Bank Frankfurt a M.
Frankfurter Bierbrauerei-Gesellschaft, vorm. Heinrich Henninger & Söhne. Frankfurt a. M.
Frankfurter Asbest-Werke, vorm. L. Wertheim. Frankfurt a. M.
Frankfurter Schuhfabrik Act.-Ges., vorm. Otto Herz & Co. Frankfurt a. M.
Freese, Ritter & Hillmann Bremen.
Freyberg, Hermann Halle a. S.
Friedländer, Gebr. Berlin.
Friedländer, Max. Berlin

Gabriel & Bergenthal Warstein i. Westf.
Gail, Gg. Phil Giessen.
Gause, Gebr. Berlin.
Gehe & Co Dresden.
Geisweider Eisenwerke, Act -Ges Geisweid i. Westf.
Gerhard & Hey. Berlin
Gibsone & Co Danzig
Glafey, G A Nürnberg.
Görz, C. P. Berlin-Friedenau
Göhl, F H u Söhne Kempten i. Bayern.
Goldberger, Geheimer Kommerzienrath. Berlin.

Goldschmidt, Mor B Frankfurt a. M.

Goldschmidt & Co. Frankfurt a. M.

Goll & Söhne Frankfurt a. M

Greiner & Söhne Rauenstein, Sachsen-Meiningen.

Gribel, Franz. Stettin

Grosse, Geh Kommerzienrath. Ohlau.

Grossenhainer Webstuhl- und Maschinen-Fabrik, A -G Grossenhain i. S.

Grunelius & Co. Frankfurt a M

Güttler, Kommerzienrath Reichenstein i. Schles

Gulden, Heinrich Chemnitz

Günther, Paul, Hamburg

Haarmann & Reimer Holzminden

Haën, de, Dr E., Geheimer Kommerzienrath. Hannover.

Hänsel, Heinrich. Pirna.

Hagelberg, W Berlin.

Halle'sche Actien-Brauerei Halle a. S.

Hamburg-Amerika-Linie Hamburg.

Hamburg-Südamerikanische Dampfschiffahrts-Gesellsch Hamburg.

Hamburger, Albert Berlin

Hammersen, F H Osnabrück.

Hansa-Brauerei Lübeck

Hartmann & Hauers Hannover.

Hartmann & Braun. Frankfurt a M -Bockenheim

Hartwig & Vogel Dresden

Harzer Werke zu Rübeland und Zorge. Blankenburg a. Harz.

Hatscheck, Dr., Syndikus der Handelskammer zu Frankfurt a M

Haubold jr , C G Chemnitz

Hauck & Sohn, Georg Frankfurt a M

Haubuss, E. Stettin

Hauff & Co. Feuerbach bei Stuttgart

Hauptmann & Volkmar, Emil Hamburg

Hecht, Pfeiffer & Co. Berlin

Heddernheimer Kupferwerk Frankfurt a. M

Heine & Co Leipzig

Heintze & Blanckertz Berlin

Heinz & Co. Neuhaus a. Rennweg. Thür.
Heiden-Heimer & Co. Mainz.
Heitz, Prof. Dr. Hohenstein i. Württbg.
Heckmann, Paul, Kommerzienrath. Berlin.
Henrich, Joh. Gerh. Frankfurt a. M.
Henschel, Leopold. Kattowitz.
Heräus, W. C. Hanau.
Hermania, chemische Fabrik Schönebeck a. Elbe.
Hermsdorf, Louis. Chemnitz.
Heubach, Ernst. Köppelsdorf bei Sonneberg.
Heye, Geh. Kommerzienrath. Hamburg.
Hess, M. u. L. Erfurt.
Hilger, Richard. Düsseldorf.
Hirsch, Elias. Cassel.
Hirsch, Jacob u. Söhne. Mannheim.
Hochstein & Weinberg. Berlin.
Hochstrasser u. Künkele. Frankfurt a. M.
Hoddick & Co. Langenberg i. Rhlnd.
Höllein & Reinhardt. Neuhaus a. Rennweg. Thür.
Hof-Bierbrauerei Hanau, Act.-Ges. Hanau.
Hoffmann, Friedrich. Sebnitz i. S.
Hoffmann, Hefter & Co. Leipzig-Gohlis.
Hoffmann's Stärkefabriken. Salzuflen i. Lippe.
Hoffmann, G. Frankfurt a. M.
Holtz, Dr., J. F., Kommerzienrath. Berlin.
Horn, Heinrich. Sonneberg.
Hülsemann, Kommerzienrath. Altenburg.
Hüssy & Künzli. Säckingen.
Hüstener Gewerkschaft. Bruchhausen b. Hüsten i. Westf.
Hutstoffwerke vorm. C. F. Donner. Frankfurt a. M.

Jacob, Emil, Kommerzienrath, Berlin
Jacob & Richter. Berlin.
Jaffé & Darmstädter. Charlottenburg.
Ilgen-Lindner, Kommerzienrath. Präsident der Handelskammer. Sonneberg.
Joëlsohn & Brünn. Berlin.

Jordan & Berger. Berlin.
Jordan, Hugo, Kommerzienrath. Berlin
Jung Erben, Frankfurt a. M.-Sachsenhausen.
Junghaus, Gebrüder, Schramberg i. Württemberg.

Kahn & Co. Frankfurt a. M.
Kaps, Ernst. Dresden.
Kathreiner's Malzkaffee-Fabriken, G. m. b H. München
Kaufmann, Otto Niedersedlitz b. Dresden
Keibel, Heinrich. Berlin.
Kienzle, J Schwenningen a Neckar.
Klimsch's Druckerei, J. Maubach & Co Frankfurt a. M
Klippgen, Konsul. Dresden.
Knye & Wenzel. Lauscha.
Knoll & Co. Ludwigshafen a. Rh
Knorr & Hirth München.
Knöhr & Burckard Nachfl Hamburg
Kober, Joseph. Breslau,
Koepp & Co. Oestrich i. Rheingau
Königsbrücker Emaillirwerk, Gebr. Reuter Königsbrück i S
Kopp Söhne. Frankfurt a. M
Kolbe, August & Co. Zanow i. Pomm.
Kolbe, Dr. Radebeul b. Dresden.
König, Andreas. Sonneberg.
Kramer & Grätz Dresden
Krause, Max, Kommerzienrath Berlin
Küchler & Buff, G m. b. H. Krefeld.
Krügener, R. Frankfurt a M.
Kuhlow, Julius, Generalkonsul, Präsident der Handelsk Halle a S
Kunheim & Co Berlin.
Kühn, G H. Liegnitz.

Ladenburg, E Frankfurt a M
Landfried, P. J, Kommerzienrath Heidelberg
Laubner, Louis. Frankfurt a. M
Leh, H. Coburg.
Lehfeld & Thiele. Hamburg
Lehmann, Anton und Alfred, Act.-Ges. Berlin

Lehmann, J. M. Dresden-Löbtau.
Leinhaas, E. Freiberg i. S.
Leistner, J. G Chemnitz.
Leyendecker, W., & Co. Cöln-Ehrenfeld.
Leverkus & Söhne, Dr. C. Leverkusen k. Cöln.
Lichtenstein & Co. Düsseldorf.
Liebel, Georg, Kommerzienrath. Nürnberg.
Lindgens & Söhne. Mühlheim a. Rh.
Lindheimer, Leop. Frankfurt a. M.
Löflund & Co. Stuttgart.
Loeser, B, Kommerzienrath Berlin.
Loose, M, Compagnie Francaise du Celluoid. Berlin.
Lubowski Nachf. Liegnitz.
Lucas, Sam. Elberfeld.
Lüneburger Wachsbleiche, J. Borsthing. Lüneburg.

Maas & Co., Adolf. Berlin.
Magdeburger Molkerei und Milchzucker-Fabrik. Magdeburg.
Mahn & Ohlerich, Bierbrauerei-Act.-Ges. Rostock.
Mannheimer, Gustav, Kommerzienrath. Berlin.
Mannheimer Actien-Brauerei. Mannheim.
Mannheimer Lagerhaus-Gesellschaft. Mannheim.
Manskopf & Sarasin. Frankfurt a. M.
Marquart & Schulz. Cassel,
Martius, Dr., C. A., Aeltester der Kaufmannschaft von Berlin
Marwitz, Georg, Direktor der Dresdener Spitzen- und Gardinen-Manufaktur. Dresden.
Maschinen-Fabrik vorm. Gebrüder Guttmann. Breslau.
May, Dr., Roman. Posen.
May Söhne, E. G. Frankfurt a. M.
Mayer, Gebr. Mannheim
Meilicke, A. Berlin.
Merck, Dr, Louis, Geheimer Kommerzienrath, Darmstadt
Metall-Gesellschaft Frankfurt a. M.
Metzler & Co. Frankfurt a. M.
Mey & Edlich Leipzig-Plagwitz.
Meyer, H A Hannover.

Meyer, Paul, Dr Berlin-Rummelsburg
Mineralöl-Werke, Albrecht & Co. Hamburg
Mitteldeutsche Creditbank. Frankfurt a. M.
Mohr & Co Mannheim.
Mouson & Co. Frankfurt a. M.
Mosgau, Franz. Berlin.
Müller, Gebr. Benrath
Müller & Feder Grosssachsen i. Ba
Müller & Heilmann. Berlin.
Müller & Rode, H F Mannheim

Nachod & Maebler Berlin
Nahnsen & Co Hamburg.
Naxos-Union, Julius Pfungst Frankfurt a. M
Nathan & Meyer Frankfurt a M.
Netter, Wolf & Co. Berlin
Netz, Karl Jena
Neue photographische Gesellschaft, A.-G. Steglitz b. Berlin
Neufville, D. & J. de. Frankfurt a M
Neustadt, Gebr. Frankfurt a. M
Norddeutsche chemische Fabrik Harburg
Norddeutscher Loyd. Bremen
Nöther & Co., Joseph Mannheim
Noodt, Allutt & Meyer. Hamburg

Oberschlesische Coakswerke, Act.-Ges Berlin
Oehler, K. Offenbach.
Oesinger & Co. Strassburg
Oettler, F. Weissenfels
Oettler, F, Stadtbrauerei Zeitz
Offermann, L., Geheimer Kommerzienrath Leipzig
Ohlauer Zinkweiss-Fabrik „Marthahütte“. Ohlau i Schl
Ohlert, Anton Berlin.
Oldenburgische Glashütte Oldenburg i. G
Otto, J. F., Frankfurt a O.

Parfümerie- und Toiletteseifen-Fabrik, Gustav Böhm Offenbach.
Papst & Lambrecht. Nürnberg.

Passavant, Gebr. Frankfurt a. M.
Pataky, A. u. W. Berlin.
Penseler & Sohn, Nachfolger. Lüneburg.
Peters & Co., Hugo. Hamburg.
Petroleum-Raffinerie, vorm. Aug. Korff. Bremen.
Pfälzische Bank. Frankfurt a. M.
Pintsch, Julius, Kommerzienrath. Berlin.
Pitsch, Adolf. Berlin.
Pohlmann & Gathmann. Schüttorf.
Poppe & Wirth. Berlin.
Portland-Cementfabrik Stern. Stettin.
Posen & Co., Ed. Offenbach a. M.
Preibisch, C. A Reichenau bei Zittau.
Preussische Hypothekenbank. Berlin.
Prenzlau's Fabrikwerke. Hamburg.
Priester, Hermann. Lauenburg i. P.
Prinz, Heinrich. Gensungen.

Ranniger, Joh. Ludw. & Söhne. Altenburg S.-A.
Raschig, Dr. Ludwigshafen.
Ravené, Louis, Kommerzienrath, Aeltester der Kaufmannschaft von Berlin.
Rechberg, A. Hersfeld.
Recknagel. Alexandrinenthal b. Coburg.
Rehn & Co. Hersfeld.
Reissmann, Carl. Leipzig-Plagwitz.
Remscheider Sägen- und Werkzeugfabrik Dominicus & Söhne. Remscheid.
Renner & Co. Hamburg.
Rheinische Emulsions Papier-Fabrik, Heinrich Stolle. Cöln-Ehrenfeld.
Rheinische Gummi- und Celluloid-Fabrik. Mannheim.
Richter, Ossian. Dessau.
Rickmers, Andreas. Bremen.
Rieger, Wilhelm. Frankfurt a M.
Risler & Co. Freiburg i. B.
Röchling'sche Eisen- und Stahlwerke. Völklingen.
Roeckl, J. München

Roeder, S Berlin.
Roemer, Albert Opladen b. Köln.
Rönisch, Carl. Dresden.
Rösicke, Richard, Kommerzienrath, M. d. R. Berlin.
Rohrmann, Ludwig Krauschwitz b Muskau.
Rolffs & Co. Siegfeld b. Siegburg.
Roscher, C A, Oberlausitzer Webstuhlfabrik Neugersdorf i S.
Rothschild Söhne Stadtoldendorf i Braunschweig
Rosenthal & Co Berlin.
Rosenthal & Neumark Duisburg
Rosenthal & Tobias. Berlin.
Rückert & Co. Steinach, Sachs -Mein.
Rütgers, Julius Berlin.

Sachsse & Co. Leipzig.
Sächsische Emaillirwerke, Gebr Gebler Pirna
Sächsische Gussstahlfabrik Döhlen b. Deuben, Bez. Dresden.
Sächsische Kaolinwerke G m. b H Kemlitz b. Mügeln (Bez Leipzig)
Sächsisch-Thüringische Act -Ges für Braunkohlenverwerthung. Halle a S
Sachtleben & Co Homberg a Rh
Salinenverwaltung Neusulza
Salzwerk Heilbronn.
Schaal, Eugen Dr Feuerbach.
Schäffer, Dr Charlottenburg
Schepeler, Georg Frankfurt a M
Scheurer, Lauth & Co. Tann i. Els
Schippan, A Freiberg i S
Schlieben & Co Berlin
Schlieper, Carl Remscheid
Schmey Nachf., G. Sonneberg.
Schmidt, Gustav. Altenburg
Schmidt & Sohn Nauen.
Schneiders Erben, Carl Gräfenthal i. Thür.
Schramm, F. W Berlin.
Schröder & Stadelmann. Oberlahnstein

Schuster & Wilhelmy. Görlitz.
Schwab & Schwarzschild. Frankfurt a. M.
Schwabingerbrauerei, A.-G. München.
Sedlmayr, Gabriel. Brauerei zum Spaten. München.
Seelig, Jacob. Hersfeld.
Seiffert, H. W. Halle a. S.
Seligmann & Stettheimer. Frankfurt a. M.
Seydel, Kurt Lübeck.
Siegle, Gustav, Geheimer Kommerzienrath. Stuttgart.
Siemens, Friedr. Dresden.
Silesia, Verein chemischer Fabriken. Breslau.
Simon, Gebr. Berlin.
Soennecken's Verlag. Bonn.
Speck von Sternberg, Freiherr Lützschena b. Leipzig.
Speyer-Elissen, L. Frankfurt a. M.
Spielhagen, Franz. Berlin.
Spindler, Georg. Sonneberg.
Spix, Peter. München, Gladbach.
Sprengstoff, A. G. „Carbonit". Hamburg.
Stamme & Co. Hannover.
Stassfurter chemische Fabrik, Act.-Ges. Stassfurt.
Stern, Jacob S. H. Frankfurt a. M.
Stern & Sabat. München.
Stettin-Stolper Dampfschiffahrts-Gesellschaft, Komm.-Ges. a. A. Stettin.
Stechow, von, Carl. Berlin.
Strauss jr., Siegmund. Frankfurt a. M.
Strauss & Co., Untertürckheim, Württemberg.
Strauss, Alex, & Co. Berlin.
Studnitz, Dr. Arthur von, Reg.-Rath a. D. Berlin.
Stucklé, Baron de. Dieuze.
Stuttgarter Telegraphen-Draht- und Kabelfabrik. Stuttgart.
Sulzbach, Gebr. Frankfurt a. M.

Talbot, Romain. Berlin.
Thode'sche Papierfabrik, Act.-Ges. Hainsberg b. Dresden.
Thonindustrie-Zeitung. Berlin.

Thonwaarenwerk Bettenhausen b. Cassel.
Thorbecke, A. H. & Co. Mannheim.
Thorwart, Bankdirektor Frankfurt a M.
Tietz, Gebr Berlin.
Treu & Nuglisch. Berlin.
Trockenplattenfabrik auf Aktien. Frankfurt a M.
Tümmler, Robert. Döbeln

Ullmann & Unna. Frankfurt a. M
Underberg-Albrecht. Rheinberg i. Rhld.

Vereinigte fränkische Schuhfabriken. Nürnberg
Verein für chemische Industrie Frankfurt a. M.
Vereinigte Bautzener Papierfabriken Bautzen.
Vereinigte Brauereien. Frankfurt a. M.
Vereinigte chemische Fabriken, A.-G. Leopoldshall.
Vereinigte Crummendorfer Quarzschieferbrüche. Riegersdorf.
Vereinigte Schmelztiegelfabriken und Graphitwerke. Obernzell.
Vereinigte Chinin-Fabriken. Frankfurt a. M.
Vereinigte Fabriken photographischer Papiere. Dresden.
Vereinigte Köln-Rottweiler Pulverfabriken. Köln.
Vereinigte Schmirgel- und Maschinen-Fabriken, A.-G Hannover-Hainholz.
Vereinigte Ultramarinfabriken. Köln.
Villeroy & Boch. Dresden
Vogtenberger & Föhr. Feuerbach b Stuttgart
Vollmöller, Robert Stuttgart.
Vogler, Hugo. Ravensburg.
Vosberg-Rekow, Dr. Max Berlin

Weber, Julius. Duisburg.
Weese, Gustav. Thorn.
Wegelin & Hübner. Halle a. S.
Weichsel & Co. Magdeburg
Weigang, Gebr. Bautzen.
Weil & Reinhardt. Mannheim
Weissmüller, Gebr Frankfurt a. M.-Bockenheim.

Wertheim, A. Berlin.
Wertheim, Joseph. Bornheim b. Frankfurt a. M.
Wertheimber, L. u. E. Frankfurt a. M.
Westfälische Stanz- und Emaillirwerke. Ahlen.
Wieler, D. Elbing.
Winkler, Friedr. Edm. Sonneberg.
Wirth, Edmund. Frauenmühle b. Sorau.
Wolff, R. von, Dr. jur. Berlin.
Wolf & Glaserfeld. Berlin.
Wollheim, Heinrich. Dresden.
Wolle, S. Aue i. S.
Wünsche, Emil. Reick-Dresden.
Wünsche's Erben. Ebersbach i. S.
Wunderlich, Carl. Eisenharz.
Wuppermann, Herrmann. G. m. b. H. Pinneberg, Holstein.
Wurmbach, Jul. Frankfurt a. M.

Zeltner-Dietz, Kommerzienrath. Nürnberg.
Zeuch & Lausmann. Sonneberg.
Zillibiller, Fr. S. Aschau i. O.-Bayern.
Zimmermann, Carl. Charlottenburg.
Zimmermann, Chn. Apolda.
Zürich, Allgemeine Unfall- und Haftpflicht-Versicherungs-Gesellschaft. Berlin.
Zündhütchen- u. Patronenfabrik vorm. Sellier & Bellot. Schönebeck a. d. Elbe.
Zuntz sel. Ww. Berlin.

---

3. Vereinigung für die Zollfragen des Papierfaches.

Abel, Friedrich Wilh. Magdeburg.
Adt Gebrüder. Ensheim i. Pf.
Benecke, Gust. & Heinr. Löbau i. S.
Bestehorn, H. C. Aschersleben
Blanke, Carl. U.-Barmen.
Dahlem, Franz & Co. Aschaffenburg.

Dittmar, Max, i. Fa. A. Dittmar Berlin.
Dondorf, B Frankfurt a. M
Ernst & Co Berlin
Fiedeler & Bayer Hannover.
Freiberger Papierfabrik, Akt.-Ges. Weissenborn i. S
Friedheim & Sohn Berlin.
Hennessen & Jansen. M.-Gladbach
Hochstein & Weinberg. Berlin.
Hofmann, Carl, Herausgeber der Papierzeitung. Berlin.
Kaufmann, Ernst Lahr i Baden
Klingenberg, Gebr Detmold
Klippgen, Richard & Co. Dresden
König, J C., & Ebhardt Hannover
Krause, Max. Berlin
Krause & Baumann. Dresden-A.
Laiblin, Gebr. Pfullingen
Leinhaas, A Berlin.
Leipziger Buchbinderei, Akt.-Ges, vorm Gustav Fritzsche. Leipzig.
Lithographisch artistische Anst, vorm Gebr Obpacher, Akt-Ges München
Lucas, Sam Elberfeld.
Mey & Edlich Leipzig-Plagwitz.
Merseburger Buntpapierfabrik Merseburg
Möller, Gottfried, Söhne. Neumünster i Holstein.
Müller, Friedr, Söhne. Elberfeld.
Nees, A, & Co Aschaffenburg.
Nister, E Nürnberg
Poensgen & Heyer, Köln
Schleicher, Carl, & Schüll. Düren
Schrödersche Papierfabriken Golzern i Sa.
Sieler & Vogel Leipzig.
Siegesmund, Berthold Leipzig
Steffen, Hermann. Duisburg.
Vereinigte Stralsunder Spielkartenfabr, Act.-Ges. Stralsund
Wezel & Naumann Leipzig-R.
Wilisch, Rob Plaue b Flöha i Sa
Wiskott, C. T Breslau

4. Handelspolitische Vereinigung des Kunstdruckgewerbes.

Aberle, J., & Co. Berlin.
Actiengesellsehaft Berliner Luxuspapierfabrik, vorm. Hohenstein & Lange. Berlin.
Actiengesellschaft F. Priester & Eyck. Berlin.
Adler, C. Hamburg.
Albrecht & Meister. Berlin.
Augustin & Sohn. Berln.
Berliner Kunstdruck- und Verlagsanstalt, vorm. A. u. C. Kaufmann. Berlin.
Berliner Luxuspapierfabrik. Berlin.
Bing, S. Fürth i. B.
Bloll, O. Breslau.
Böhme, Wilhelm. Berlin.
Chromolith. Kunstdruck- und Verlagsanstalt, Berlin.
Dondorf, B. Frankfurt a. M.
Dresdener Etiquetten-Fabrik. Dresden.
Eckstein & Stähle. Stuttgart.
Engel, Adolph. Berlin.
Erste bayerische Blechdruckanstalt Nürnberg. Nürnberg.
Fels, Gebr. Nürnberg.
Finkenrath, Paul. Berlin.
Friedländer, R. Dresden.
Fromman & Morian. Darmstadt.
Garte, Carl. Leipzig.
Gebert & Veigel. Stuttgart.
Glaser, Louis. Leiszig.
Hagelberg, W. A.-G. Berlin.
Hellriegel, Carl. Berlin.
Hesse, Jos., Kunstanstalt. Fürth i. B.
Hochdanz, Emil. Stuttgart.
Huber, Jordan & Körner. Nürnberg.
Illert & Ewald. Gross-Steinheim-Hanau.
Kaufmann, Ernst. Lahr.
Kempner, Leo & Co. Hamburg-Uhlenhorst.
Klingenberg, Gebr. Detmold.

Kühlen, B. M.-Gladbach.
Kühn, Gustav. Neu-Ruppin.
Kunstanstalt, vorm. Etzold & Kiessling, A.-G. Leitelshain bei Crimmitschau.
Kunstanstalt & Druckerei Kaufbeuren. Kaufbeuren.
Kunstdruckerei u. Cigarrenkistenfabrik Actiengesellschaft, vorm Moritz Prescher Nachfolger. Leutzsch, Leipzig
Liebich & Kuntze. Leipzig-Reudnitz.
Littauer & Boysen. Berlin
Lithographisch-artistische Anstalt München, vorm. Gebr. Opacher München.
Löwensohn, G. Fürth.
May, Adolf Dresden
Mai, E G, Söhne. Frankfurt a M
Mayer, Carl Nürnberg.
Metz, J C Frankfurt a. M.
Meisenbach, Riffarth & Co. Schöneberg b. Berlin
Meissner, Julius. Leipzig.
Neuroder Kunstanstalt Act-Ges., vorm. Treutler, Conrad & Taube. Neurode.
Nister, E. Nürnberg.
Nürnberger Abziehbilderfabrik, Troeger & Bücking Nürnberg
Nürnberger Chromolithographische Kunstanstalt, S. Goldschmidt, Nürnberg.
Nürnberger Plakatfabrik, H. Dibbern & Schreller. Nürnberg
Oehmigke & Riemschneider. Neu-Ruppin
Oestreich & Hartmann. Berlin
Pfisterer & Leser. Lahr i B.
Pocher, C. A. Nürnberg
Prager & Lojda. Berlin.
Radicke, A. Berlin.
Ritter & Kloeden. Nürnberg.
Sala, A. Berlin.
Schaller, Carl. Fürth i. B
Schaefer & Scheibe Nachfolger. Berlin
Schauer, C., Nachfolger. Berlin.
Schemm, Franz. Nürnberg.
Schimpf, Carl. Nürnberg.

Schlesinger, Martin. Berlin.
Schneller, Fritz & Co. Nürnberg.
Schoembs, Friedrich. Offenbach a. M
Schött, Hermann, Act.-Ges. Rheydt.
Scholz, Jos. Mainz.
Schüffners Kunstanstalt, H. J. Nürnberg.
Schwertfeger, E. A., & Co. Berlin.
Schreiber, J. F. Esslingen.
Seeger, Max. Stuttgart.
Stange, Ferdinand. Berlin.
Stille, Ed. Nachf. Hannover.
Süss, Paul. Dresden.
Vereinigte Kunst-Institute Act.-Ges., vorm. Otto Troitzsch Berlin
Volk, H. Heilbronn.
Weigang, Gebrüder. Bautzen.
Wendisch, Th. Berlin.
Werner & Schumann. Berlin.
Werner & Winter. Frankfurt a. M.
Wiskott, C. T. Breslau.
Wolfrum & Hauptmann. Nürnberg.

Grosser Ausschuss.

(§ 8 der Satzung.)

Bahn, Rudolf, Kommerzienrath, Präsident der Handelskammer für die östliche Niederlausitz. Sorau.

Bendix, Max, i. F.: Julius Bendix Söhne, Fabrikbesitzer. Berlin.

Berliner, Theodor, Vorsitzender des Vereins der Knochen verarbeitenden Industriellen Deutschlands. Berlin W.

Blank, Hugo, Fabrikbesitzer. Berlin.

Cölln, Georg von, Kommerzienrath. Hannover.

Compes, H., i. F : Compes & Co., Vorsitzender des Verbandes der deutschen Ceresin-Fabrikanten. Düsseldorf.

Craemer, Carl, Fabrikbesitzer, Vicepräsident der Handelskammer. Sonneberg, Sa.-Mein.

Fitzner, W , Kommerzienrath. Laurahütte

Gienanth, von, Präsident der deutschen Handelskammer zu Brüssel.

Goldberger, Geheimer Kommerzienrath, Vorsitzender des Vereins Berliner Kaufleute und Industrieller. Berlin.

Gotheim, Bergrath, M. d. A H, erster Syndikus der Handelskammer zu Breslau

Graessner, Vorsitzender des Vorstandes des Verkaufs-Syndikats der Kaliwerke.

Gugenheim, Fritz, Fabrikbesitzer, Vorsitzender des Verbandes Berliner Spezialgeschäfte Berlin.

Gutmann, Bernhard, Fabrikbesitzer, Vorsitzender des Vereins Süddeutscher Baumwollgarn-Consumenten. Göppingen.

Hatschek, Dr. jur., Syndikus der Handelskammer. Frankfurt a. M.

Koch, Senator, Vorsitzender des Verbandes der Seifenfabrikanten. Rostock i. Mecklbg

Kothe, Generalkonsul, Generaldirektor der deutschen Levantelinie Hamburg.

Krause, Max, Kommerzienrath, Vorsitzender des Vereins der Buntpapier-Fabrikanten Berlin.

Kuhlow, Julius, General-Direktor der Sächsisch-Thüringischen Actien-Gesellschaft für Braunkohlenverwerthung, Präsident der Handelskammer Halle a. S

Kunreuther, Dr., Rechtsanwalt, Syndikus der Handelskammer zu Gotha.

Loeflund, Ed, i. F.: Eduard Loeflund & Co, Fabrikbesitzer Stuttgart.

Lohse, Fabrikbesitzer, Vorsitzender des Verbandes Deutscher Parfumerie-Fabrikanten Berlin

Mann, Louis, Fabrikbesitzer, Vorsitzender des Verbandes deutscher Lackfabrikanten. Berlin

Mans, Kommerzienrath, Vorsitzender des Verbandes deutscher Schuh- und Schäftefabrikanten. Bamberg

Martius, Dr C. A, Mitglied des Wirthschaftlichen Ausschusses, Aeltester der Kaufmannschaft von Berlin

Marwitz, Georg, Direktor der Dresdener Spitzen- und Gardinenmanufactur und Vorsitzender des Verbandes Deutscher Baumwollgarn-Consumenten Dresden

Merck, Dr. Louis, Geheimer Kommerzienrath Darmstadt.

Mettershausen, Dr., Syndikus der Handelskammer zu Kassel

Müller, Th., General-Direktor, Vorstandsmitglied des Vereins zur Wahrung der wirthschaftlichen Interessen der Eisen- und Stahlindustrie von Elsass-Lothringen und Luxemburg. Metz.

Offermann, L., Geheimer Kommerzienrath. Leipzig.

Rágóczy, General-Sekretär des Vereins zur Wahrung der wirthschaftlichen Interessen der Eisen- und Stahlindustrie von Elsass-Lothringen und Luxemburg. Metz.

Ravené, Louis, Kommerzienrath, Aeltester der Kaufmannschaft von Berlin.

Rechberg, Fritz, Fabrikbesitzer, Vorsitzender des Handelsvereins zu Hersfeld. Hersfeld.

Reuver, G., Geschäftsführer des Vereins zur Wahrung der Interessen des deutschen Handels und der Industrie von Fleisch- und Fettwaaren. Köln.

Ribbert, Kommerzienrath, Vorsitzender des Vereins zur Wahrung der Interessen der Färberei- und Druckerei-Industrie von Rheinland und Westfalen.

Röchling, L., i. F.: Röchling'sche Eisen- und Stahlwerke, G. m. b. H. Völklingen a. Saar.

Rose, Albert, Finanzrath, Präsident der Handelskammer für das Herzogthum Coburg. Coburg.

Rumpf, Dr. Gustav, Direktor des Vereins für chem. Industrie. Frankfurt a. M.

Scheckenbach, Valentin, Kaufmann und Marksadjunkt, Mitglied der Handels- und Gewerbekammer für Mittelfranken. Nürnberg.

Schmid, Henry, Fabrikbesitzer, Vorsitzender des Vereins Deutscher Düngerfabrikanten. Hamburg.

Sponnagel, F., i. F.: van Baerle & Sponnagel, Fabrikbesitzer. Berlin.

Schultze, August, Konsul, Vorsitzender der Handelskammer für das Herzogthum Oldenburg.

Thorwart, Direktor der Genossenschaftsbank, Mitglied der Handelskammer. Frankfurt a. M

Tschierschky, Dr., Geschäftsführer des Handelsvertragsvereins. Berlin

Wacker, Alexander, Kommerzienrath, General-Direktor der Electricitäts-Actien-Gesellschaft vorm. Schuckert & Co. Nürnberg.

Wirth, E., Fabrikbesitzer, Mitglied der Handelskammer für die östliche Niederlausitz Sorau.

Wunder, K., Justizrath, Sekretär der Handels- und Gewerbekammer für Mittelfranken Nürnberg.

2. Geschäftsführender Ausschuss.

(§ 9 der Satzung)

Dr. C. A. Martius, Berlin I Vorsitzender

Geheimer Kommerzienrath Goldberger, Berlin, I. Stellvertreter des Vorsitzenden

Generaldirektor Julius Kuhlow, Halle a S, II Stellvertreter des Vorsitzenden

Kommerzienrath Max Krause Berlin

Kommerzienrath Louis Ravené, Aeltester der Kaufmannschaft Berlin

3. Vorstand.

(§ 10 der Satzung)

Vosberg-Rekow, Doktor der Staatswissenschaften. Direktor

— —

4. Verwaltung.

Direktor.

Vosberg-Rekow, Max, Doktor der Staatswissenschaften

Dezernenten

Borgius, Walther, Dr phil. (seit dem 1 December 1900 Geschäftsführer des Handelsvertragsvereins)

Etienne, August, Dr. phil.

Jüngst, Ernst, Dr phil

Hager, Eugen, Referendar a D

Schacht, Hjalmar, Dr phil

Druck von A W Hayn's Erben, Berlin und Potsdam

Schriften

der

Centralstelle für Vorbereitung

von

Handelsverträgen.

16. Heft.

Spanien.

Kulturgeschichtliche und wirthschaftspolitische Betrachtungen

von

Dr. Gustav Diercks.

Berlin 1901.

J Guttentag, Verlagsbuchhandlung,

G. m. b. H.

Spanien.

Kulturgeschichtliche und wirthschaftspolitische Betrachtungen

von

Dr. Gustav Diercks.

Berlin 1901.
J. Guttentag, Verlagsbuchhandlung,
G. m. b. H

Inhalt.

		Seite
I.	Spaniens kultureller Beruf	1
II.	In wie weit hat Spanien seinen kulturellen und wirthschaftlichen Beruf erfüllt?	15
III.	Die heutigen Kulturzustände Spaniens	44
IV.	Spaniens wirthschaftliche Lage	68
V.	Spaniens Zukunft	105

I.

Spaniens kultureller Beruf.

Die iberische Halbinsel war von der Natur sowohl durch ihre günstige geographische Lage wie durch ihre Bodenbeschaffenheit befähigt und berufen, eine bedeutende Rolle im politischen und im kulturellen Leben der Menschheit zu spielen.

Gegen Norden durch die Pyrenäen von dem Körper Europas abgeschlossen, auf den drei anderen Seiten vom Meere umspült, hatte die iberische Halbinsel vor vielen andern Ländern den grossen Vorzug der isolirten Lage, und ihren Einwohnern war die Möglichkeit geboten, unbehindert von lästigen eroberungssüchtigen Nachbarn, ein unabhängiges Leben zu führen, sich individuell zu entwickeln, ihre staatlichen und sozialen Verhältnisse selbständig zu ordnen und zu gestalten.

Die Pyrenäen sind ihrer Natur nach so schwer zugänglich, dass sie als eine vollständige Grenzsperre gegen den europäischen Kontinent betrachtet werden können. Die wenigen Pässe, die den Verkehr über den Hauptstock des ungemein rauhen Gebirges zulassen, sind nur während weniger Monate zu überschreiten und für grosse Menschenmassen wie wandernde Völkerstämme oder bedeutende Heere nicht benutzbar, weil kleine Schaaren ortskundiger Vertheidiger sie ohne grosse Anstrengungen schliessen und das Vordringen fremder Eindringlinge verhindern können. Auch heute noch fehlt es an einer bequemen Verkehrsstrasse durch die mittleren Theile dieser mächtigen Bergkette; eine seit Jahrzehnten geplante und begonnene Eisenbahn, die eine direkte Verbindung zwischen Tarbes und Zaragoza schaffen soll, gehört noch der Zukunft an. Der Landverkehr zwischen dem südlichen Frankreich und Spanien musste sich zu allen Zeiten auf den schmalen natürlichen Küstenstrassen bewegen, die sich im Osten wie im Westen der Pyrenäen an den Meeresufern hinziehen und auf denen allein auch die beiden Eisenbahnlinien hergestellt werden konnten, die seit Jahrzehnten diesen Verkehr vermitteln.

Im Süden erstreckt sich die Halbinsel freilich beinahe bis zur Küste von Afrika, denn die äussersten Ausläufer des spanischen Landes sind von den gegenübergelegenen Marokkos nur wenige Kilometer entfernt, so dass man auch hier mit einigem Recht von einer Landverbindung sprechen könnte, da die Meerenge von Gibraltar selbst für die kleinsten Küstenfahrzeuge mit Leichtigkeit zu passiren ist. Zahlreiche Sagen weisen überdies auf die im Volksgedächtniss vererbte Annahme hin, dass zu einer Zeit, die von der jüngsten prähistorischen Epoche nicht weit entfernt gedacht sein könnte, Iberien thatsächlich mit Afrika verbunden gewesen und dass der Durchbruch des Meeres erst infolge irgendwelcher elementarer Umwälzungen in jener Gegend in verhältnissmässig junger geologischer Periode erfolgt ist. Fauna und Flora, ebenso wie der geologische Charakter beider Ländermassen, sind im Wesentlichen dieselben und ihre Gebirge liegen in der gleichen Streichungslinie.

In historischer Zeit hat freilich zweifellos eine solche Landverbindung nicht bestanden, und sie kommt für die staatliche, kulturelle und wirthschaftliche Entwickelung der iberischen Halbinsel nicht in Betracht.

Erleichterte nun zwar die Meerenge von Gibraltar den Verkehr des südlichen Spanien mit dem nördlichen Afrika, so war sie doch andererseits auch ein starker Schutz gegen feindliche Angriffe, da ihre Küsten in Anbetracht ihrer kurzen Ausdehnung leicht gegen die Einfälle fremder Eroberer und Völker vertheidigt werden konnten. Aus diesem Grunde war und ist die von den beiden Säulen des Herkules, dem Gibraltarfelsen also im Norden und der Sierra Bullones, Abyla, im Süden, flankirte Meerenge für die beiden hier einander so nahe gelegenen Erdtheile als Durchgangspforte aus dem Atlantischen Ozean in das Mittelmeer und umgekehrt von höchster politischer Bedeutung. Das haben die Engländer ja auch sehr richtig erkannt und sich durch Nichts bestimmen lassen, den Calpeberg, ihr festes Gibraltar, wieder an Spanien zurückzugeben. Besässen sie dazu noch Ceuta, so wären sie unumschränkte Herren über den Verkehr zwischen dem Atlantischen Ozean und dem Mittelmeer, und um dies zu sein, streben sie denn auch dahin, als Ersatz für die zweite Säule des Herkules wenigstens Tanger wieder zu gewinnen, das ihnen einst gehörte und das infolge einer seitdem wohl von allen Staatslenkern Englands auf das lebhafteste bedauerten kurzsichtigen Politik 1684 als unfruchtbarer viel zu kostspieliger Besitz aufgegeben wurde.

Mit Ausnahme der von den Pyrenäen gebildeten nördlichen Landgrenze ist Iberien somit von Wasser, von dem offenen Weltmeere einerseits und dem Mittelmeer andrerseits, umgeben und war daher nur seefahrenden Völkern zugänglich. Gerade dieser Umstand war für die Bewohner der Halbinsel von hoher Bedeutung, denn er eröffnete ihnen die Möglichkeit, sich zu einem seetüchtigen Volke auszubilden, sich nach allen Seiten hin auszubreiten und ihre Macht und Herrschaft auf die jenseits der Meere gelegenen Länder auszudehnen. Solange das Mittelmeer das Weltmeer war, im Alterthum und im Mittelalter, hätten die Iberer und die Spanier den Verkehr auf ihm, besonders natürlich in der westlichen Hälfte derselben, monopolisiren können. Wenn dies nur theilweise seitens der phönizischen und griechischen Kolonisten geschah, wenn Iberien und seine eingeborene Bevölkerung im Alterthum keine führende politische Rolle gespielt haben, so lag das zunächst daran, dass die Anfänge des geschichtlichen Lebens der das Mittelmeer umwohnenden Völker von Alters her im Osten lagen, dass auch später, nach dem Abschluss der Kämpfe der Römer gegen die Karthager um die Weltherrschaft, die allgemeinen Interessen stets nach Osten hin gravitirten, nach den uralten reichen Kulturstaaten, deren natürliche Schätze und deren prachtvolle Industrieerzeugnisse die Habgier derer auf sich lenkten, die die Führung der Weltgeschichte in ihren Händen hatten oder übernahmen. Die Iberer dagegen waren bis zur Einverleibung ihrer Heimath in das römische Reich doch nichts anderes als ein rohes Hirtenvolk, das keine glänzende Kultur geschaffen hatte, dessen Ländereien und natürliche Erwerbsquellen nur von fremden Kolonisten und Herrschern ausgebeutet wurden.

Prädestinirte die geographische Lage die iberische Halbinsel zur Unabhängigkeit und Selbständigkeit, indem sie sie von allen Seiten schwer zugänglich machte, so zeigt sich dagegen die überraschende Erscheinung, dass jene Ländergebiete doch von den prähistorischen Zeiten an mit besonderer Vorliebe von Fremdlingen heimgesucht wurden, die mehr oder minder lange Zeit dort verweilten, sich daselbst niederliessen, Kolonien, Staaten gründeten und eine einheitliche selbständige Entwickelung der Urbevölkerung Iberiens vereitelten. Fast alle Rassen und alle Völker, die überhaupt nordafrikanischen und europäischen Boden betreten haben, sind auch nach Iberien gekommen, und aus ihrer Mischung mit den dort eingeborenen Bevölkerungs-Elementen sowie unter einander sind im Laufe der Zeit das spanische und das portugiesische Volk entstanden, in denen man heute noch die Merkmale der verschiedenartigen Völker und Stämme erkennen kann, die aus fernen Ländern einst dort eindrangen, um in der südwestlichsten Ecke des europäischen Festlandes eine neue Heimath zu suchen. Ein flüchtiger Blick in die Bevölkerungsgeschichte Spaniens genügt, um die grosse Verschiedenheit verständlich zu machen, die die einzelnen provinziellen Bestandtheile aufweisen, aus denen sich die Gesammtheit des spanischen Volkes zusammensetzt. Diese Verschiedenheit ist zum Theil so gross wie zwischen Nationen, die durch weite räumliche Entfernungen von einander getrennt sind, und sie hat sich im Laufe des geschichtlichen Lebens Spaniens auch im politischen, materiellen und geistigen Leben der Spanier auf das deutlichste bekundet.

Den historisch ältesten Bevölkerungsfaktor bildeten die Iberer, die zu unbestimmbarer Zeit aus dem Osten dorthin übergesiedelt waren. Die Nachrichten über sie sind sehr dürftig und widersprechend. Die moderne Ethnologie betrachtet sie als die Urväter der Basken, die ihre Eigenart und ihre räthselhafte Sprache vor allen noch so mächtigen Einflüssen ihrer Nachbarn mit eifersüchtiger Treue zu wahren und rein zu erhalten verstanden haben.

Vom Norden her drangen dann keltische Stämme in Iberien ein, verdrängten die Iberer zum Theil, zum anderen Theil verbanden sie sich mit ihnen zu den Mischlingsstämmen der Keltiberer.

Diese ethnischen Elemente hatten den Boden der iberischen Halbinsel inne, als die ersten phönizischen Kolonisten im elften Jahrhundert v. Chr. spanischen Boden betraten. Alte Sagen berichten freilich, phönizische Seefahrer seien schon im 16. oder 17. Jahrhundert bis an die Säulen des Herkules gelangt, die damals noch nicht durch eine Meerenge von einander getrennt gewesen seien, die tyrischen Schiffer aber seien infolge der ungünstigen Zeichen bei den Opfern, die sie in dem dort vorhanden gewesenen Tempel des Melkart dargebracht hätten, wieder umgekehrt ohne zu landen. Tyrische Kaufleute gründeten Gadir, das heutige Cadiz, und in der Folge dann nahezu 200 andere Ortschaften, von denen aus sie lebhaften Handel mit den Produkten des Innern Iberiens trieben.

Zwei Jahrhunderte später erschienen die ersten griechischen Kolonisten an der Ostküste des heutigen Spanien. Ihnen folgten zahlreiche Landsleute, um sich ebenfalls fast ganz ausschliesslich an der Küste der Provinz Valencia niederzulassen.

Als die Karthager die Erbschaft der Phönizier im mittleren Mittelmeer antraten, wurde ihr Interesse auch bald auf Iberien gelenkt; sie bemächtigten sich 501 des grossen phönizischen Stapelplatzes im Westen, Gadirs, und unterwarfen von da aus das Land ihrer Herrschaft. In dem dann folgenden Kampf der Karthager mit den Römern um die Weltmacht wurde zunächst Spanien der Schauplatz desselben, und als die Römer siegreich aus den punischen Kriegen hervorgegangen waren, zögerten sie nicht, auch die iberische Halbinsel ihrem rasch wachsenden Weltreiche einzuverleiben. 200 Jahre aber mussten sie mit den Einwohnern des Landes kämpfen, ehe es ihnen gelang, sie sich vollständig zu unterwerfen, Iberien zur römischen Provinz zu machen.

Unter dem Anprall der Germanischen Völker stürzte das morsche römische Reich zusammen und auch Spanien wurde darauf im fünften Jahrhundert eine Beute germanischer Stämme, der Vandalen, der Sueven, der Westgothen.

Kaum waren drei Jahrhunderte vergangen, da eroberten arabische Heerschaaren mit einem grossen Gefolge nordafrikanischer Berber die iberische Halbinsel, machten mit einem Schlage im Jahre 711 dem Westgothenreich ein Ende.

Fast 800 Jahre dauerte die maurische Herrschaft über Iberien; in demselben Jahre, in dem Columbus die neue Welt entdeckte, 1492, wurden die Mauren erst aus ihrem letzten Stützpunkt Granada vertrieben, und Spanien entvölkerte sich, um die neue Welt zu erobern.

Alle diese, und mit ihnen viele verwandte ethnische Elemente, so im Besonderen die Juden, die bereits mit den ersten Phöniziern nach Iberien gekommen waren, wirkten zusammen, um die Mischbevölkerungen entstehen zu lassen, aus denen das Spanische Volk besteht und unter denen Basken, Aragonesen, Katalanen, Gallegos, Kastilier, Valencianer, Andalusier beinahe selbständige, typisch völlig verschiedene Nationen bilden, von glühender Eifersucht gegen einander erfüllt sind und in partikularistischem Lokalpatriotismus nach Unabhängigkeit von einander streben.

Die Bodenbeschaffenheit der iberischen Halbinsel ist nicht weniger günstig als ihre geographische Lage.

In der gemässigten Zone gelegen, erheben sich ihre Gebirge im Norden und im Südosten, die Pyrenäen und die Sierra Nevada weit über die Schneegrenze. Andrerseits erstrecken sich im Süden bis an das Meer hin weite Ebenen, die, den Luftströmungen von Afrika her ausgesetzt, beinahe afrikanische Temperatur-Verhältnisse aufweisen und völlig subtropischen Charakter besitzen. Das Innere ist von Bergketten von mittlerer Höhe durchzogen und besteht zum grossen Theil aus Hochplateaux. Bei dieser Gliederung des Bodens hat die iberische Halbinsel daher so ziemlich alle Klimate aufzuweisen, und dieser Umstand, verbunden mit dem der Fruchtbarkeit der Humusschicht, die mit Ausschluss der eigentlichen Bergländer im Allgemeinen in beträchtlicher Mächtigkeit die Gesteinmassen bedeckt, ist für die Bodenkultur von sehr hoher Bedeutung, denn er ermöglicht eine überaus grosse Mannigfaltigkeit der Flora, die Pflanzen aller Zonen von der kalten bis zur tropischen aufweist.

Ein empfindlicher Mangel ist allerdings die Wasserarmuth der iberischen Halbinsel. Die wenigen grossen Flüsse, die von den mittleren Bergländern aus nach allen Richtungen, hauptsächlich allerdings nach Westen und Südwesten hin fliessen, sind überaus wasserarm und für die Schiffahrt zum grossen Theil garnicht, zum Theil nur in den Mündungsgebieten benutzbar. Die Flussbetten sind durchweg sehr flach, so dass sie in der trockenen Zeit geradezu als Landstrassen benutzt werden können. Grössere Seen sind nicht vorhanden. Trotz dieser Wasserarmuth hat das Land schwer unter Ueberschwemmungen zu leiden, denn es gehören verhältnissmässig geringe Niederschläge dazu, die ungemein seichten Flussbetten zu überfüllen, und in der Regenzeit treten daher beinahe regelmässig jährlich verheerende Ueberschwemmungen ein, die oftmals riesigen Schaden verursachen, da nichts geschehen ist, die Ueberfülle der Bäche und Flüsse durch gute Kanalisation abzuleiten und für den Ackerbau und die Industrie zu verwerthen.

Die durch den Wassermangel erzeugten Uebelstände haben freilich nicht immer bestanden. Die iberische Halbinsel ist, nach manchen zuverlässigen Nachrichten zu schliessen, wohl in früheren Zeiten nicht so arm an Wäldern gewesen wie heute, und diese haben zu einer gleichmässigeren

Vertheilung der atmosphärischen Niederschläge beigetragen. Später, unter arabischer Herrschaft, wurde durch eine vorzügliche Kanalisation, deren spärliche Ueberreste heute noch eine Vorstellung von ihr geben, für eine ausgezeichnete Ausnutzung der dürftigen Wassermengen gesorgt. Seitdem aber ist die Halbinsel abgeholzt, die meteorologischen Verhältnisse sind infolgedessen völlig verändert worden und der Boden ist im Laufe der Jahrhunderte allmählich unter der tropischen Sonnenhitze so ausgedorrt, dass er zum Theil überhaupt gar nicht mehr aufnahmefähig für die Ueberschüsse der Niederschläge und daher auch unfruchtbar geworden ist. Eine Aufforstung ist unter solchen Umständen heutzutage aber mit ausserordentlichen Kosten und Schwierigkeiten verknüpft, und alle Versuche, die in neuester Zeit zu diesem Zwecke gemacht worden sind, haben bisher ein ganz ungenügendes Resultat ergeben. Allerdings hat es sowohl an der konsequenten Durchführung eines guten Aufforstungsplanes wie namentlich an den dazu erforderlichen riesigen Geldmitteln gefehlt.

Die für grosse Theile Spaniens, im Besonderen für die mittleren Provinzen, charakteristischen schroffen Temperaturwechsel sind ebenfalls nachtheilig. Im Sommer herrscht durchweg eine verhältnissmässig sehr hohe Temperatur, die sich, selbst auf den Hochplateaux des Innern und nicht nur in dem südlichen Valencia und Andalusien, oft zu tropischer Hitze steigert. Im Winter dagegen ist die Kälte in den nördlichen Provinzen und in den Gebirgsgegenden sehr beträchtlich, hat man doch in Burgos in den letzten Jahren bis 23 Grad Celsius unter Null beobachtet; die mittleren Provinzen, namentlich die Hochebenen Kastiliens, aber auch Leon, Estremadura und das nördliche Andalusien zeichnen sich durch grosse Rauhheit des Klimas aus.

Die Temperaturwechsel sind aber nicht bloss in den verschiedenen Jahreszeiten so schroff, sondern sie sind überhaupt eine Eigenthümlichkeit der spanischen Hochebenen. In Madrid sind Temperaturunterschiede von 25—30 Grad Celsius im Laufe von 24 Stunden im Frühjahr und Herbst nichts Seltenes, und die gleiche Wahrnehmung kann man an zahlreichen anderen Orten des Innern Spaniens machen. Nur die Küstenländer weisen eine gleichmässige und im Allgemeinen sehr milde Temperatur auf; sie sind dagegen um so mehr von Erderschütterungen heimgesucht, die wiederholt bedeutenden Schaden verursacht haben.

Temperaturwechsel, wie die vorstehend angegebenen, sind begreiflicherweise weder für die Vegetation noch für die Menschen sehr vortheilhaft und beeinträchtigen die Bodenkultur in hohem Grade. Im Frühjahr und Herbst sterben z. B. in Madrid so grosse Menschenmengen an schweren Krankheiten der Respirationsorgane, dass diese Krankheiten oft epidemischen Charakter anzunehmen scheinen.

Diese im Vorstehenden angedeuteten Nachtheile und Mängel sind allerdings verschwindend gegenüber den Vorzügen, die der Boden, das Klima und die vorzügliche Lage Spaniens darbieten. Die relativ sehr bedeutende Fruchtbarkeit des Bodens, sein unerschöpflicher Reichthum an Schätzen, die er in seinem Innern birgt, sind der alten Welt schon in sehr frühen Zeiten bekannt geworden, und sie sind es vor allem gewesen, die zahllose fremde Kolonisten und viele Völkerstämme veranlasst haben, sich nach der iberischen Halbinsel zu begeben und sich dort niederzulassen.

Die älteste prähistorische Bevölkerung hat sich aber mit der Ausbeutung der natürlichen Schätze des Bodens allerdings zunächst nicht oder nur in sehr geringfügigem Maasse befasst. Der Entwickelungsgang der gesellschaftlichen und staatlichen Verhältnisse ist dort derselbe gewesen wie bei allen Naturvölkern. Jagd und Fischfang mussten die Existenzmittel hergeben, und der erste Schritt zur Civilisation geschah durch die Pflege der Viehzucht. Die ältesten Sagen, so im Besonderen die griechischen von den Thaten und Wanderungen des Herkules, weisen auf die Beschäftigung der Iberer mit Viehzucht hin. Sehr früh scheint sich auch schon die Nothwendigkeit herausgestellt zu haben, Gesetze zu schaffen, durch die alle auf die Viehzucht bezüglichen Streitfragen geregelt wurden; dass aber Kampf und Streit schon in prähistorischer Zeit unter den Stämmen herrschten, die das heutige Spanien bewohnten, das beweisen die zahlreichen Ueberreste festungsartiger Bauten und die Festigkeit der Wohnstätten. Streit um die Weideplätze war jedenfalls der Anlass zu vielen Kämpfen. Gesetzliche Bestimmungen und Gebräuche, die sich namentlich auf die Schafzucht beziehen und die offenbar sehr alten Ursprungs sind, haben nicht nur im Mittelalter eine wichtige Rolle gespielt, sondern haben sich sogar zum Theil noch bis auf den heutigen Tag erhalten.

Nach der Herkulessage zu schliessen, muss die Rinderzucht frühzeitig entwickelt worden sein; prähistorische Denkmäler, die offenbar Rinder darstellen, lassen die Annahme eines Thierkultus zu. Auch die ältesten iberischen Münzen weisen vielfach darauf, wie auf eine besondere Pflege der Viehzucht, hin. Grosse Gebiete der Halbinsel, so die Tiefebenen und Flussthäler des Südens und Ostens, eigneten sich auch ausgezeichnet dazu. In den mittleren gebirgigen Provinzen mussten Schafe und Ziegen gut gedeihen und die Kulturgeschichte bestätigt diese Annahme. In den waldreichen Gegenden Estremaduras, Leons und des ganzen Nordens, wurden auch Schweine in grosser Masse gezüchtet.

Neben der Jagd und der Viehzucht bot der Fischfang den Bewohnern der ausgedehnten Küstenländer reichlichen Unterhalt.

Dem natürlichen Entwickelungsgange gemäss entfaltete sich bei zunehmender Bevölkerung und grösserer Sesshaftigkeit derselben der Ackerbau. In römischer Zeit war Hispanien eine der Kornkammern des Reichs. Der in den Schriften der Alten vorkommende Vermerk über die Vorzüglichkeit der eingemachten Früchte, die einen Exportartikel der Balearen und Ostspaniens gebildet zu haben scheinen, lässt auf eine besondere Pflege der Obstkultur schliessen. Genaues ist darüber, wie z. B. auch über den Weinbau, allerdings nicht bekannt, überhaupt sind die Nachrichten über die Kulturzustände der iberischen Halbinsel in den frühesten historischen Perioden äusserst dürftig.

Einen ganz ausserordentlichen Aufschwung nahm die Bodenkultur unter der Herrschaft der Araber, die zahllose Pflanzen aller Theile des Khalifats dort einführten und, den übereinstimmenden Berichten der Zeitgenossen der Kulturblüthe ihres Reiches gemäss, dieses, Andalusien nämlich, in einen Garten umwandelten.

Die dritte und bei weitem die wichtigste natürliche Erwerbsquelle der Bewohner der iberischen Halbinsel war der Bergbau.

Der Boden Spaniens ist von der Natur in wahrhaft verschwenderischer Weise mit Metallen, werthvollen Gesteinen aller Art und mit Kohlen ausgestattet worden, und diese unschätzbaren Reichthümer sind es vor allen andern gewesen, die die Habgier der Phönizier, Griechen und Karthager geweckt und die Wanderlust derselben nach Iberien veranlasst und befördert haben. Den Hauptanziehungsgegenstand bildeten natürlich in erster Linie die Edelmetalle. Wenn auch Gold wohl in geringerer Menge gefunden wurde und erst durch das mühsame Verfahren des Waschens des Sandes der dasselbe führenden Flüsse gewonnen werden musste, so lag das Silber dafür in vielen Gegenden in grosser Menge offen zu Tage, so dass die Eingeborenen es in prähistorischer Zeit zur Herstellung ihrer einfachsten Gebrauchsgegenstände verwandt hatten. Dieser Umstand verschaffte dem Lande jedenfalls den Weltruf, der auch aus den Nachrichten der Bibel über Tarschisch erhellt. Die Gegend, welche diesen Namen trug, nämlich der südwestlichste Theil Andalusiens, die Provinz Huelva, ist heute freilich hauptsächlich durch die Mächtigkeit seiner Kupferlager bekannt, und Kupfererze wurden ebenfalls seit frühester Zeit in grosser Menge in allen Theilen Spaniens gewonnen und exportirt.

Weniger reich ist das Land an Eisenerzen, und auf sie wurde im Alterthum auch weniger Gewicht gelegt; von den Eingeborenen wurde das Eisen jedenfalls erst sehr viel später in grösserem Maassstabe gewonnen und verarbeitet als das Silber und das Kupfer. Wo letztere nicht Verwendung fanden, bediente man sich hauptsächlich der Bronze.

Ob das Zinn auf iberischem Boden in grossen Mengen gefunden und bearbeitet wurde, ist zweifelhaft. Neuere Forscher haben vielfach die Behauptung aufgestellt, dass die Zinninseln der Alten, die Herkunftsorte dieses wichtigen Metalls, keineswegs die grossbritannischen Inseln gewesen sind, sondern die der Westküste Portugals vorgelagerten kleinen Inselgruppen. Dass Zinn in Spanien überhaupt gewonnen worden, scheint erwiesen.

Blei soll sich in grösseren Massen in dem Boden Spaniens befinden als in irgend einem andern Lande Europas. Mangan, Schwefel, Quecksilber und zahllose andere werthvolle Mineralien wurden im Alterthum nicht beachtet; der Neuzeit war es vorbehalten, sie zu verwerthen, ebenso wie die Steinkohlen.

Salz ist wohl zu allen Zeiten gewonnen worden. In den ausgedehnten Steppengebieten, in den Lagunen der östlichen und südlichen Küstenstriche bedeckte es in einer den Bedarf bei weitem übersteigenden Menge den Boden; aber auch Steinsalz war in grosser Menge vorhanden.

Baumaterial werthvollster Art lieferte der Boden Spaniens in unerschöpflicher Fülle.

So boten die natürlichen mineralischen Reichthümer des Landes seinen Eingeborenen und den Massen fremder Kolonisten eine völlig unerschöpfliche Einnahmequelle. Dass diese auch seit prähistorischen Zeiten ausgebeutet wurde, da der Ertrag sich ungleich lohnender erwies als der des Ackerbaus und der Viehzucht, dafür liefern die Halden und Schlackenhaufen den Beweis, die sich in allen Theilen des Landes vorfinden und die auf uralten Ursprung zurückweisen. Die Tausende von Silbergruben, die in der Neuzeit in Betrieb gesetzt worden sind, wurden überall da angelegt, wo sich die Spuren bergmännischer Thätigkeit aus phönizischer Zeit vorfanden, und heute noch harren Hunderte und aber Hunderte solcher prähistorischer und phönizischer Halden, die im Laufe der Jahrtausende unberührt geblieben sind, der Wiederaufnahme der so lange unterbrochenen Arbeiten.

Erstaunlich ist der Reichthum Spaniens an Mineralquellen aller Art und aller Temperaturgrade. Bekannt sind zur Zeit über 1600, von denen aber noch viele bisher nur oberflächlich auf ihren Werth und Gehalt hin untersucht und nicht in den Dienst der leidenden Menschheit gestellt worden sind.

Die Natur wies die Bewohner der ausgedehnten Küstenländer der iberischen Halbinsel auf das Meer hin. Dieses scheint ihnen aber nicht in ausgedehntem Maasse als Erwerbsquelle gedient zu haben. Sicherlich haben die alten Iberer als Schiffervolk keine hervorragende Rolle gespielt; es ist nicht bekannt, dass sie sich mit Schiffbau beschäftigt hätten. Das Meer diente den Küstenbewohnern nur durch seinen Fischreichthum als ergiebige Nahrungsquelle, und der Fischerei hat man sich jedenfalls auch lebhaft gewidmet. Der stete rege Fischereibetrieb befähigte dann später allerdings die Basken und die Portugiesen, deren unmittelbare in jenen Gebieten seit Jahrtausenden ansässige Vorfahren ihm hauptsächlich obgelegen hatten, sich auch als Schiffer auszuzeichnen und durch ihre kühnen Seefahrten im Atlantischen Ozean die Aufmerksamkeit aller schiffahrttreibenden Völker Westeuropas auf sich zu lenken, sich dann auch an den grossen überseeischen Entdeckungsfahrten des 16. Jahrhunderts stark zu betheiligen.

Die Seefahrten der baskischen und portugiesischen Fischer erstreckten sich bekanntlich schon im 13. Jahrhundert einerseits bis in die höchsten nördlichen Theile des Atlantischen Ozeans hinauf und andrerseits im Süden an der Westküste Afrikas bis über den Aequator hinaus. Diese Seefahrten bildeten den Grund für die Bedeutung, die Spanien und Portugal dann im Mittelalter als Seemächte ersten Ranges erwarben.

Fassen wir alle bisherigen Betrachtungen zusammen, so ergiebt sich, dass die iberische Halbinsel vor allen andern Ländern Europas von der Natur durch geradezu unerschöpfliche und überaus reiche natürliche Erwerbsquellen begünstigt und berufen war, eine grosse leitende Rolle in der Welt zu spielen. Ihre Abgeschlossenheit hätte die Einwohner befähigen müssen, ihre Kräfte nach allen Richtungen hin zu entwickeln, Hervorragendes auf allen Gebieten der Kultur zu leisten, denn sie hatten es nicht nöthig, in schwerem Kampf um ihr Dasein zu ringen.

Sonderbarerweise aber entbehrten die einheimischen Bevölkerungsmassen — gerade vielleicht, weil das Leben für sie leicht war, weil der schwere Kampf ums Dasein ihnen fehlte und daher ihre Fähigkeiten nicht zur Entfaltung gelangten — jener Eigenschaften, die sie zu grossen Eroberern oder zu tüchtigen Arbeitern auf dem Felde der allgemeinen Kultur, im Besonderen der Industrie gemacht hätten. Es fehlte ihnen die Initiative. Sie bedurften anderer Erzieher und Führer, die ihre Kräfte in Dienst nahmen und die sie lehrten, die riesigen unermesslichen Schätze auszubeuten, die ihr Boden barg.

Was hätten sie, dank dem Reichthum ihres Landes an Rohmaterialien aller Art, in gewerblicher Hinsicht schaffen können — aber ihre einheimische Industrie war vor der karthagischen Zeit offenbar völlig bedeutungslos. Die prähistorischen Funde weisen nur einige Geschicklichkeit in der Herstellung roher Töpferwaaren und Waffen auf.

Was die Iberer aus sich heraus leisteten, ist zu allen Zeiten relativ geringfügig gewesen im Vergleich zu den Leistungen anderer von der Natur viel weniger begünstigter Völker, und wenn wir die Kulturgeschichte Spaniens daraufhin sorgfältig prüfen, so ergiebt sich die Thatsache, dass die hier erwähnte Eigenthümlichkeit dem spanischen Volke bis auf die Neuzeit angehaftet hat.

Der kulturelle Beruf der Bewohner Spaniens war: Ausbeutung der reichen natürlichen Erwerbsquellen; industrielle Verarbeitung der unerschöpflichen Mengen einheimischer Rohprodukte; Betrieb der Schiffahrt bis zur Seeherrschaft; Betrieb des Handels bis zur Monopolisirung des See- und Welthandels.

Sehen wir, wie die Spanier diesem ihrem Beruf entsprochen haben.

II.

In wie weit hat Spanien seinen kulturellen und seinen wirthschaftlichen Beruf erfüllt?

Die Sätze, mit denen wir das vorige Kapitel abschlossen, finden ihre volle Bestätigung, wenn wir kurz die Entwickelung der Kultur Spaniens ins Auge fassen.

Die Mittheilungen der Alten über die Lebens- und Kulturverhältnisse der eingeborenen iberischen Stämme sind überaus dürftig; sie beweisen nur, dass man in spätrömischer Zeit selbst an den Sammelstellen aller Gelehrsamkeit nur höchst oberflächliche, jeder sicheren Grundlage entbehrende Vorstellungen über die Zustände und die Bevölkerung Iberiens in prähistorischer und auch in früher geschichtlicher Zeit hatte. Neuere archäologische Forschungen und die — allerdings nur spärlichen — prähistorischen Funde haben erst etwas Licht in das Dunkel gebracht, das über den frühesten Lebensperioden der iberisch-spanischen Bevölkerung ruht.

Zunächst erhellt nun der enge Zusammenhang der Iberer mit der keltischen Bevölkerung Galliens und mit der mauretanischen Nordafrikas. Es kommen hier namentlich die über diese ausgedehnten Ländergebiete verbreiteten prähistorischen Grabdenkmäler in Betracht. Der Inhalt der letzteren lässt für Iberien den Schluss zu, dass bereits in der frühesten, der Steinzeit angehörenden Periode Ackerbau und Viehzucht in gewissem Grade betrieben sein müssen. Dafür zeugen die rohen Werkzeuge, Reste von mehreren Getreidearten, Hülsenfrüchten und anderen Erzeugnissen der Bodenkultur, ferner Geräthschaften, die aus Knochen von Rindern hergestellt worden sind. Die Bewohner, die diese Grabstätten schufen, waren auch sesshaft; davon geben die eigenartigen runden, aus festem Material hergestellten Wohnungen Kunde, die dauerhafter erscheinen, als die in der Uebergangsperiode von der Stein- zur Metallzeit entstandenen. Benutzt wurde an Metallen zuerst das Kupfer, dann das Silber; aber alle aus ihnen hergestellten Gegenstände waren, soweit wir urtheilen können, überaus roh. Die daneben vorkommenden Bronzesachen sind viel feiner ausgeführt und weisen deutlich auf fremden, höchst wahrscheinlich phönizischen Ursprung hin. Wenn dann Bronze später auch im Lande selbst hergestellt und verarbeitet wurde, so geschah dies entweder von fremden Ansiedlern oder gemäss ihrer Anleitung.

In der jüngsten letzten prähistorischen Periode zeigen sich die Spuren eines ausgedehnteren Gewerbebetriebs.

Die Todten werden nicht mehr ausschliesslich in Steinbauten beigesetzt, sondern in grossen Thongefässen, die den heute noch für die Aufbewahrung von Wein, Oel und Wasser in Spanien angewandten nicht unähnlich sind und von denen immer je zwei mit ihren gegen einander gekehrten Hohlräumen übereinander gesetzt wurden. Daneben bediente man sich auch solcher Fässer, die mit Deckeln verschlossen werden. Die Herstellung so grosser Thongefässe setzt eine ziemlich bedeutende Entwickelung der Töpferei voraus, und Töpferwaaren finden sich den auch in grosser Menge in den Gräbern und Häusern dieser Zeit. Zu Geräthschaften wurde überwiegend Silber angewandt. Indessen auch das Eisen fand Verwendung, und es zeigen sich die Anfänge des Gewerbezweiges, den die Eingeborenen Iberiens dann zu allen Zeiten ziemlich eifrig betrieben haben, nämlich der Waffenfabrikation. Die ältesten derartigen Funde weisen dabei schon die Schwertform auf, die später den Römern so praktisch erschien, dass sie sie mit Vorliebe verwandten, die des zweischneidigen, breiten, etwa einen halben Meter langen Dolches.

Damit treten wir nun in die älteste geschichtliche Periode ein, in der die Phönizier sich auf dem Boden des heutigen Spaniens niederliessen.

Diese und ihre jüdische Gefolgschaft waren Kaufleute, denen es hauptsächlich auf Erwerb der überaus schätzenswerthen Mineralien, des Goldes, des Silbers, des Kupfers und sonstiger Naturprodukte des reichen Landes ankam, das ihnen andererseits ein weites Absatzgebiet für ihre einheimischen Industrieerzeugnisse darbot. Von einer eigentlichen Herrschaft der Phönizier über Iberien kann dabei wohl nicht die Rede sein, denn sie erstreckte sich nicht über die Zone der von ihnen angelegten Kolonieen hinaus. Im Interesse der Eingeborenen lag es, die einheimischen Naturprodukte zu gewinnen und den fremden Ansiedlern zu verkaufen. Die grösste Förderung erfuhr dabei der Bergbau, der aber, wie wir uns heute aus den Halden und Schlackenhaufen aus jener Zeit überzeugen können, sehr oberflächlich betrieben wurde; die Fülle der zu Tage liegenden Massen von Edelmetall war so gross, dass es gar nicht nöthig war, die minderwerthigen Gesteine durch sorgfältige Bearbeitung und durch Ausschmelzen auszubeuten. Das Gold wurde durch Schlämmen ebenso gewonnen, wie es in neuester Zeit noch in Kalifornien, Südafrika und Australien zu Anfang geschehen ist.

Dass auch die Viehzucht eifrig betrieben wurde, hauptsächlich die Schafzucht, dafür zeugen die Nachrichten von der Einrichtung von Wollspinnereien, Webereien und Färbereien in Gadir und an anderen Orten des heutigen Spanien, und hier waren es wieder die fremden Ansiedler, die diese Arbeiten ausführten. Dass die Eingeborenen sich in dieser Periode unter dem Einfluss der Kultur in den phönizischen Pflanzstädten zu einem höheren Grade der Civilisation erhoben hätten, davon ist nichts bekannt. Der bedeutendste Stamm des südlichen Iberien, der der Turdetaner, soll ja allerdings nicht nur Ackerbau, Viehzucht und Industrie betrieben, sondern auch eine Literatur gehabt haben; die Nachrichten darüber sind aber so unbestimmt, dass sie sehr vorsichtig aufgenommen werden müssen. Freilich waren die Turdetaner, die im südlichen Andalusien, in den Provinzen Sevilla, Cordova, Granada, Malaga hausten, vor allen andern Eingeborenen befähigt, sich zu bilden, da sie in stetem Verkehr mit den fremden Kolonisten standen und diese wohl auch mit ihren Ackerbauerzeugnissen und sonstigen Produkten unterhalten mussten.

Ungleich grösser als der phönizische war dann sicherlich der Kultureinfluss der Karthager, die iberischen Boden nicht als Kaufleute, sondern als Eroberer betraten und das Land ihrer Herrschaft unterwarfen. Unter ihrer Verwaltung scheinen Ackerbau, Viehzucht und Bergbau einen sehr bedeutenden Aufschwung genommen zu haben; die Eingeborenen mussten ausserdem Heeresdienst leisten, der, nach den Berichten der Alten über den Charakter der keltischen und keltiberischen Stämme der mittleren und der nördlichen Theile der Halbinsel, ihrem Wesen und ihren Interessen besonders entsprochen haben muss. Von einem selbständigen kulturellen Hervortreten der Eingeborenen ist aber auch in der karthagischen Zeit keine Spur zu bemerken, ebensowenig wie in den dem griechischen Kultureinflusse unterworfenen östlichen Gebieten Iberiens. Die grosse Bedürfnisslosigkeit der Einwohner gab diesen keinen Sporn, ihre Fähigkeiten zu höherer Entwickelung zu bringen; ihr Nationalbewusstsein wurde nicht geweckt, ihre Individualität nicht zur Entfaltung gebracht. Sie führten ein vegetirendes Leben, dem höhere Bestrebungen und Ziele abgingen, und sie standen wohl auch in dieser Zeit noch so tief unter dem Kulturniveau der griechischen und karthagischen Ansiedler, dass sie, erfüllt von dem dunklen Empfinden ihrer Inferiorität, es gar nicht wagten, sich den höher geachteten Fremdlingen gleich zu stellen, ihnen gegenüber ihre Menschen- und ihre Besitzrechte auf den Boden des Landes geltend zu machen.

Erst die Hereinziehung der einheimischen Bevölkerung in den weltgeschichtlich epochemachenden Kampf der Karthager gegen die Römer um die Herrschaft über das Mittelmeer weckte sie aus ihrer kulturellen Passivität, und während vorher Fehden zwischen den verschiedenen Stämmen Bewegung in die Bevölkerung des Innern gebracht hatten, verbanden die Eingeborenen sich nun zu gemeinsamem Kampf gegen die Römer, die sich das reiche Erbe der von ihnen unterworfenen Karthager nicht entgehen lassen wollten. 200 Jahre mussten jedoch die Herren der Welt mit den Iberiern kämpfen, ehe sie sie vollständig ihrer Herrschaft zu unterwerfen vermochten. In wie weit diese Bevölkerung nun aber selbst an der Kulturarbeit Theil nahm, die unter römischer Herrschaft und Verwaltung mit grossem Eifer betrieben wurde, darüber fehlen sichere Nachrichten. Ackerbau und Viehzucht blieben zweifellos die hauptsächlichsten Arbeitsfelder der Eingeborenen, und der lohnende Ertrag hat sie auch veranlasst, sich mit so grossem Eifer dieser Thätigkeit hinzugeben, dass Spanien den Beinamen „nutrix", die Ernährerin, erhalten konnte, dass das Land die Kornkammer des kaiserlichen Rom wurde. Im Uebrigen aber beschränkte sich die Thätigkeit der Hispanier auf die Schwerter-Fabrikation, deren Centrum Bilbilis, das heutige Calatayud war; auf die Herstellung von wetterfesten Soldatenmänteln, die die Galläker hauptsächlich anfertigten, und auf die Weberei von Wollenstoffen.

Der unerschöpfliche Reichthum des Landes an Rohmaterialien aller Art veranlasste die Römer, den Gewerbebetrieb an Ort und Stelle soviel als möglich zu heben. Vorzügliche Strassen wurden angelegt, um die Hauptstädte mit einander zu verbinden, die Truppenbewegungen zu erleichtern, den Handelsverkehr zu heben. Tarraco, der Sitz der obersten Regierungsbehörden, soll damals eine Million Einwohner gehabt haben, die Bezirks-Hauptstädte müssen ebenfalls sehr bevölkert gewesen sein, und Spanien hat sich damals eines sehr grossen Wohlstandes erfreut.

Durch Schulen wurde für die Hebung der Bildung gesorgt, und die römische Literaturgeschichte beweist uns, mit welchem Erfolge das geschah, denn eine ganze Reihe der angesehensten Schriftsteller der Kaiserzeit ist aus Spanien hervorgegangen, das auch dem Reiche mehrere Kaiser und viele hohe Staatsbeamte gegeben hat.

Die Fähigkeiten, auf den Gebieten der materiellen wie der geistigen Kultur Bedeutendes zu leisten, waren bei den

Hispaniern vorhanden; es bedurfte nur der guten Leitung und Anregung, um sie zur Entwickelung zu bringen. Das hatten die Römer verstanden, und daher war Spanien unter ihrer Herrschaft zu einer der reichsten Provinzen geworden, und seine Bevölkerung war derart gewachsen, dass man sie — was natürlich übertrieben ist — bis auf 70 Millionen zu jener Zeit hat berechnen können. Sie wird jedoch sicher 30 Millionen niemals überschritten, wohl auch kaum erreicht haben.

Der Sittenverfall, der das römische Reich untergrub, machte sich natürlich auch in den Provinzen, ganz besonders in Spanien bemerkbar. Die höheren Klassen der Eingeborenen waren der römischen Kultur vollständig unterworfen, hatten die Einflüsse derselben auf sich einwirken lassen; sie wetteiferten mit den römischen Beamten in der Pflege dieser Kultur, in der Verfeinerung der Sitten. Als dann der Verfall eintrat, wurden die obersten Stände der eingeborenen Spanier von ihm nicht minder betroffen wie die eigentlichen Herren des Landes, die Römer; die Verweichlichung, die Entnervung erfasste sie unter dem Einfluss des milderen Klimas noch mehr als die Italiker, und als das römische Reich endlich unter dem Anprall der Germanen in Trümmer ging, waren die eingeborenen Hispanier jener Widerstandskraft völlig beraubt, die sie vier und fünf Jahrhunderte früher den Römern gegenüber mit so glänzendem Erfolge aufgeboten hatten, dass sie den grössten Feldherrn derselben, den Scipionen, Pompejus und selbst Caesar grosse Schwierigkeiten zu bereiten, ja sogar empfindliche Schlappen beizubringen im Stande gewesen waren.

Als zu Anfang des fünften Jahrhunderts die Germanen in die iberische Halbinsel eindrangen, fanden sie überhaupt keinen nennenswerthen Widerstand. Die eingeborenen Volksmassen waren unter der Römerherrschaft völlig versklavt und unter dem Jahrhunderte langen schweren Druck derselben so gleichgiltig geworden, hatten die Tapferkeit und den unvergleichlichen Heldenmuth ihrer Vorfahren, jener Krieger des Sertorius, jener Vertheidiger von Numantia, so völlig eingebüsst, dass sie nicht einmal daran dachten, ihren römischen Herren gegen die fremden Eindringlinge Beistand zu leisten oder vollends gegen diese, die sie vielmehr als Befreier von dem drückenden Joch der Römer begrüssten, die Waffen zu ergreifen.

Der Besitzwechsel vollzog sich somit in Spanien ohne grosse Schwierigkeiten; die Vandalen, Sueven und Westgothen traten einfach das Erbe der Römer an, die sie aus Spanien vertrieben, und das Loos der Eingeborenen blieb dasselbe wie zuvor: sie mussten für die neuen Herren den Boden bearbeiten, Vieh züchten und als ihre Pächter, Hörigen und Sklaven alle niederen Dienstleistungen verrichten.

Grosse Massen Römer und romanischer Mischlinge, die als Kaufleute oder Gewerbetreibende oder auch als Grundbesitzer ihre spanische Heimath nicht verlassen konnten odei wollten, blieben auch unter den veränderten Verhältnissen im Lande und bildeten ein Mittelglied zwischen den germanischen Machthabern und den Eingeborenen. Sie blieben theilweise auch die Träger des Handels und der einheimischen Industrie, wenngleich sie die früheren politischen Rechte einbüssten. Streng durchgeführte Rassengesetze verboten bis gegen Ende des siebenten Jahrhunderts bei schweren Strafen den westgothischen Machthabern, Ehebündnisse mit den Romanen oder den Eingeborenen zu schliessen. Erst König Receswinth hob diese Rassengesetze auf, um eine Verschmelzung aller Volkselemente herbeizuführen und dadurch ein Wachsthum der im Vergleich zu der Gesammtbevölkerung verschwindend kleinen Schaar der Westgothen zu erzielen. Die ethnischen Gegensätze blieben trotzdem bis zum Ende der Westgothenherrschaft sehr schroffe. Der stolze Adel namentlich mochte von einer engeren Verbindung mit den Eingeborenen nichts wissen, obgleich einige Könige und Fürsten aus politischen Gründen mit gutem Beispiel vorangingen; aber auch selbst die niederen Klassen der westgothischen Bevölkerung konnten sich nur schwer dazu entschliessen. Erst die gemeinsame

Noth der späteren Zeit führte eine innigere ethnische Verschmelzung herbei.

Die Verhältnisse, welche sich in der letzten Periode der Westgothenherrschaft in Spanien ausgestalteten, wurden maassgebend für die Folgezeit; zu ihrer Ausbildung trugen hauptsächlich auch die kirchlichen Zustände bei.

Die iberische Stammbevölkerung bekundete von jeher eine gewisse Neigung zum Fanatismus. Thatsache ist jedenfalls auch, dass das Christenthum in Hispanien sehr früh Eingang fand, sich sehr rasch verbreitete und mit grossem Eifer vertheidigt wurde. Die Zahl der spanischen Märtyrer und Märtyrerinnen, die mit Freuden für ihren Glauben in den Tod gingen, ist sehr beträchtlich. Im vierten Jahrhundert wurden ferner in Spanien allein drei Kirchenkonzile abgehalten. Der Klerus gewann eine sehr grosse Macht, und da er sich hauptsächlich aus den römisch-iberischen Mischlingen, den Romanen, rekrutirte, so gewann er sehr bedeutenden Einfluss auf die Volksmassen, die unter dem schweren Druck der römischen Herrschaft begreiflicherweise Trost und Hilfe im starken Glauben an die echt menschliche Lehre Christi suchten. Die Macht, die die Geistlichkeit dadurch erlangt hatte, war zu werthvoll, als dass sie ohne Weiteres aufgegeben werden konnte, als die Germanen in Iberien eindrangen. Diese waren Arianer und als solche erbitterte Gegner des katholischen Glaubens, den sie dort vorfanden, aber der romanische Klerus, der an den Franken und verschiedenen anderen Stämmen einen Halt hatte, liess sich nicht beirren durch die Verfolgungen, denen er zunächst ausgesetzt war, und aus den Glaubenskämpfen des fünften und sechsten Jahrhunderts ging er endlich siegreich hervor. 587 trat König Reccared I. zur katholischen Kirche über, die nunmehr die Staatskirche des westgothischen Reiches wurde. Hatten die Synoden von vornherein schon einen gewissen politischen Anstrich gehabt, so wurden sie nach dem Siege des Katholicismus im Laufe der Zeit zu Landtagen, auf denen der Klerus oft genug mit glänzendem Erfolge dem Adel die Stirn bot und sich Einfluss auf die Entscheidungen der Krone, auf die Gesetzgebung, auf die Landesverwaltung zu verschaffen und sich nebenbei auch auf das Aeusserste zu bereichern verstand. Ein sehr grosser Theil des Landes ging als unveräusserlicher lediger Besitz in die Hände der 80 Bischöfe über, die für das Seelenheil der Bevölkerung zu sorgen hatten, und Krone, Adel und Volk wetteiferten mit einander, die Kirche und ihre Diener durch Zuwendungen und Legate aller Art noch immer weiter zu bereichern, ihre Macht immer mehr zu befestigen und den Hochmuth des Klerus immer mehr zu steigern.

Noch ein anderer Umstand kam dazu, den Einfluss der Geistlichkeit und der Kirche auf die staatlichen Angelegenheiten zu erhöhen und ersterer den streitbaren Charakter zu verleihen, den der spanische Klerus seitdem bis auf die Gegenwart bekundet hat.

Unter den Einwirkungen der verfeinerten Kultur der Römer, die die Germanen in Spanien vorfanden, und unter den weiteren der nicht minder raffinirten Kultur und Genusssucht der Byzantiner, griff alsbald eine Verweichlichung unter den Westgothen um sich, die die leitenden Kreise mit Besorgniss erfüllte und sie hauptsächlich auch zur strengen Durchführung der Rassengesetze veranlasste. Diese Verweichlichung bekundete sich namentlich auch in dem Schwinden der Thatkraft, der Freude am Kriege; es trat die Erscheinung der Abneigung gegen den Heeresdienst ein, und strenge Gesetze mussten erlassen werden, um diesem Uebel zu steuern. Die Befürchtung des alten Adels, dass dieses Uebel noch wachsen würde, wenn die Rassengesetze aufgehoben, die Schranken zwischen dem Herrenstande und dem iberisch-romanischen Volke niedergerissen würden, sollte sich bald bewahrheiten. Genusssucht und Lebenslust, gesteigert durch die klimatischen Verhältnisse, wirkten so zerrüttend auf die Westgothen ein, dass ihre Wehrkraft in bedenklicher Weise vermindert wurde, und die Krone sah sich schliesslich genöthigt, auch die Geistlichkeit zur Heeresfolge heranzuziehen. Dadurch aber wurde den Prälaten und in der Folge dem gesammten Klerus eine

Handhabe gegeben, ganz unmittelbar auch an der Berathung der wichtigsten Regierungshandlungen Theil zu nehmen und ihre Ansichten in allen auf das Heerwesen, auf die Kriegführung bezüglichen Fragen sehr nachdrücklich geltend zu machen. Die Geistlichkeit erhielt dadurch überhaupt einen anderen Charakter als sie vorher gehabt hatte, sie erlangte dadurch eine Machtstellung, die sie unter Umständen befähigen konnte, den Staat völlig nach ihrem Willen zu lenken. Das Selbstbewusstsein, das daraus resultirte, äusserte sich nicht allein in dem Verhalten, das der Klerus nunmehr der Krone und dem Adel gegenüber beobachtete, sondern auch in dem, das er der römischen Kurie und dem obersten Kirchenherrn, dem Papst, gegenüber befolgte. Eifersüchtig haben seit jener Zeit die Metropolitane, Bischöfe und Erzbischöfe Spaniens über der Erhaltung eines relativ sehr bedeutenden Grades von Unabhängigkeit von dem päpstlichen Stuhle gewacht und die zahlreichen Konflikte zwischen den Inhabern der letzteren und den hohen Prälaten Spaniens in diesem Jahrhundert, ja gerade in den letzten Jahrzehnten haben bewiesen, dass der hohe spanische Klerus keineswegs gewillt ist, die Selbständigkeit aufzugeben, die er seit anderthalb Jahrtausenden in Spanien gehabt hat.

Diese übertrieben hohe Machtstellung des Klerus in Spanien ist aber alles andere, nur nicht kulturfördernd und vortheilhaft für das Land gewesen; die Geschichte und Kulturgeschichte Spaniens beweisen das auf das Deutlichste.

Das Mönchswesen fand in dieser Periode Eingang in Spanien, und zwar wurde das erste Kloster bereits um 560 in Galäcien gegründet. In schneller Folge entstanden solche dann auch in andern Theilen des Landes und entzogen ihm eine sehr beträchtliche Summe werthvoller Arbeitskräfte.

Die geistige Kultur zeigt während der Herrschaft der Westgothen über Spanien daselbst einen sehr bedeutenden Rückgang; es war das die erste und unmittelbarste Folge der Allmacht, die die Geistlichkeit dort erlangte. Ausser den Sammlungen der Staatsgesetze wurden literarische Werke von irgend welchem Werth nicht geschaffen. Einige Geistliche waren die alleinigen Träger des Geisteslebens; ihre Arbeiten waren natürlich fast ausschliesslich theologischen Inhalts.

Auch die materielle Kultur weist in dieser Periode keinerlei Fortschritte auf. . Die Erleichterung des Steuerdrucks hatte zu Anfang der Westgothenherrschaft zwar ein Steigen der Bodenkultur zur Folge gehabt, und namentlich wurde noch etwas Getreide exportirt. Der Weinbau, die Olivenkultur und die Obstzucht scheinen gleichfalls einen Aufschwung genommen zu haben; die Germanen führten ausserdem die bei ihnen so sehr beliebte Bienenzucht in der neuen Heimath ein. Das übermässige Wachsthum des Klerikalismus und Monachismus entzogen aber dem Ackerbau so viel tüchtige Arbeiter, dass er darunter litt und zurückging.

Das Gewerbe lag ganz darnieder. Waffenfabrikation und Weberei waren so ziemlich die einzigen Industrieen, die betrieben wurden. Die unter den Westgothen um sich greifende Prachtliebe und Genusssucht bedingten dagegen die Förderung des Handels, denn alle werthvolleren Gebrauchsgegenstände mussten vom Auslande, hauptsächlich vom Orient, importirt werden, und das geschah durch die Juden, die dadurch zu grossem Wohlstande gelangten und infolgedessen sehr verhasst waren. Die westgothischen Könige mochten sie aber nicht ganz aus dem Lande vertreiben, denn sie waren es allein, die ihnen aus den Geldschwierigkeiten helfen konnten, in die sie oft genug geriethen. Wurde die Finanznoth zu gross, so wurden die Juden unter schweren Verfolgungen ihrer Habe beraubt.

Der gänzliche Sittenverfall, der im 7. Jahrhundert eintrat, die Thronstreitigkeiten, Parteikämpfe und Bürgerkriege dieser letzten Zeit der Westgothenherrschaft, das Ueberwuchern der Geistlichkeit, die nach unumschränkter Herrschaft und nach möglichst grossem Besitz strebte, zur Befestigung ihrer Macht aber das Volk in Unwissenheit zu erhalten suchte — diese Ursachen wirkten zusammen, um die germanische Wehrkraft völlig zu untergraben und das Reich seiner Widerstandsfähigkeit zu berauben.

So ist es denn erklärlich, dass eine einzige Schlacht genügte, um 711 Spanien den Arabern preiszugeben, die sich, ohne ernstlichen Widerstand zu finden, in wenigen Monaten des ganzen Landes bemächtigten, mit Ausnahme einiger kleiner Gebiete im kantabrischen Gebirge, wo die Ueberreste der versprengten Westgothen sich in schwer zugänglichen Thälern festgesetzt hatten. Die grossen Volksmassen rührten auch nun, ebenso wie 300 Jahre früher bei dem Einfall der Germanen, keine Hand für ihre Herren, die es in Gemeinschaft mit dem Klerus schliesslich nur in schmachvoller Weise unter Belastung mit dem schwersten Steuerdruck ausgebeutet hatten, um für sich die Mittel zur Befriedigung ihrer Prunkliebe und Genusssucht zu gewinnen. Das hierdurch völlig apathisch gewordene Volk konnte eine schlimmere Behandlung nicht mehr befürchten, vielmehr nur Besserung seiner Lage erwarten, und begrüsste daher die Fremdlinge als ihre Befreier von dem schweren Joch, unter dem es so lange geseufzt hatte.

Die Erwartungen des Volkes wurden denn auch nicht getäuscht: es fand in den neuen Ankömmlingen ungleich mildere Herren als ihre bisherigen gewesen waren. Die Araber und die Berbern, welch letztere nach der Eroberung Spaniens seitens der ersteren in ungeheuren Schaaren aus Nordafrika nach dem fruchtbaren Lande übersiedelten, konnten die einheimische Bevölkerung nicht entbehren, in deren Händen selbstverständlich der Betrieb des Ackerbaus und der Viehzucht bleiben musste. Diese bildeten auch unter der Maurenherrschaft die Haupteinnahmequellen der neuen Staatsorganismen, wurden aber sehr wesentlich erweitert und ermöglichten der ibero-romanischen Bevölkerung, rasch zu Lebensverhältnissen und zu einem Wohlstande zu gelangen, die ihre Vorfahren seit der ersten Zeit der Römerherrschaft, seit 600 Jahren, nicht gekannt hatten.

Die Araber, in deren Händen — bei der verschwindenden Geringfügigkeit ihrer Zahl — natürlich nur die Oberleitung des Staats und des Heeres lag und liegen konnte, erkannten mit kundigem Blick die Fruchtbarkeit des Bodens ihrer neuen Heimath und ebenso auch was ihm fehlte, nämlich eine gleichmässige Vertheilung der spärlichen Wassermenge. Unverzüglich wurde daher zur Ausführung eines Kanalisationsnetzes nach dem Vorbild des in Mesopotamien geschaffenen geschritten. Es wurden ausserdem Versuche mit der Akklimatisirnng von Gemüse-, Getreidearten, Küchen-, Farb-, Medizinalpflanzen, Obstbäumen aller Zonen gemacht, und sie ergaben ein glänzendes Resultat, füllten die Staatskassen wie die Beutel der Bauern und Gärtner.

Die Viehzucht wurde ebenfalls erweitert. Die Pferde- die Maulthier- und Kameelzucht wurden eingeführt und die Schafzucht zum Zwecke der Gewinnung grösserer Wollenmassen auf das eifrigste gefördert.

Der Süden und Osten Spaniens gestaltete sich rasch unter der arabischen Verwaltung zu einem fruchtbaren, gutbewässerten Gartenlande um, das sich schnell bevölkerte, auf dem sich tausende von blühenden Ortschaften erhoben und dessen Ertrag sich in kurzer Zeit verzehnfachte; wissen wir doch, dass die Staatseinnahmen des Begründers des Khalifats Cordova Abderrachman I. sich gegen Ende des 8. Jahrhunderts auf etwa 600 000, die Abderrachmans III. um die Mitte des 10. Jahrhunderts sich auf etwa 13 Millionen Dukaten beliefen.

Diese Einnahmen flossen allerdings nicht allein aus den Erträgnissen der Bodenkultur, der Viehzucht und des Bergbaus, sondern auch aus denen der Industrie, die sich nicht minder glänzend entwickelte. Weberei, Töpferei, Färberei, Kunsttischlerei, Gerberei und Lederwaarenfabrikation, Waffenfabrikation, Papierfabrikation und alle Zweige des Kunstgewerbes beschäftigten Millionen fleissiger Arbeiter zur Zeit der Blüthe des Khalifats Cordova um das Jahr 1000 und auch später noch grosse Menschenmassen in dem kleiner und kleiner werdenden arabischen Reiche. Wir dürfen dabei übrigens nicht vergessen, dass die Araberherrschaft in Spanien nahezu 800 Jahre gedauert hat, erst mit der Eroberung Granadas am 2. Januar 1492 ihren Abschluss fand.

Im Einzelnen wissen wir, dass in Cordova allein unter Abderrachman III. 130 000 Menschen von Seidenweberei lebten; dass in Sevilla zur Zeit der Blüthe dieser Stadt 16 000 Seidenwebstühle in Thätigkeit waren. Die Seidengewebe des arabischen Spanien waren berühmt und geschätzt in der ganzen Welt. Nicht minder war dies der Fall mit den Erzeugnissen der Gerberei und der Lederwaarenfabrikation. Die farbigen Schafleder von Cordova, das Corduan, bildeten einen bedeutenden Ausfuhrartikel. Die farbenprächtigsten glasirten Thonwaaren, die Majoliken, namentlich die irisirenden, ferner die reichgemusterten Kacheln, die schönen, mit den zierlichsten Ornamenten versehenen Vasen waren überall hochgeschätzt und standen in hohem Werth. Die Schleiergewebe, Gold- und Silberbrokate konnten mit den besten des Orients rivalisiren. Auch die Teppichweberei machte der orientalischen erfolgreiche Konkurrenz.

Unübertroffen waren die kunstgewerblichen Gegenstände aller Art, sowohl die eingelegten Holzarbeiten wie die Stickereien, als auch vor allem die prachtvollen tauschirten Waffen, Rüstungen und sonstigen Metallarbeiten und Schmucksachen aus Gold, Silber und Stahl.

Seinen monumentalen Ausdruck fand der feine Kunstsinn der spanischen Araber und Mauren in der Baukunst, die dort eine von der in den andern Ländern des Islam wesentlich abweichende und in vieler Hinsicht vollendetere Ausbildung und Form erhielt, wovon wir uns heute noch in der zur Kathedrale umgeformten Moschee von Cordova, in dem Königsschloss von Sevilla und in der Alhambra von Granada, den Repräsentanten der drei Entwickelungsperioden der arabischen Baukunst in Spanien, obgleich sich dieselben nur noch in Ruinen bis auf unsere Zeit erhalten haben, durch den Augenschein überzeugen können.

Die überaus glänzende Entwickelung der einheimischen Industrie bedingte auch eine entsprechende Hebung des Handels. Dieser lag überwiegend in den Händen der Israeliten, die den Verkehr zwischen dem maurisch-arabischen

Spanien und der übrigen Welt vermittelten. In den grossen Bazaren der Hauptstädte waren die Industrieerzeugnisse der fernsten Länder, die Pelzwaaren Sibiriens, die Duftharze Arabiens, der Bernstein der Ostseeküsten, das Linnen Aegyptens, die Straussenfedern Innerafrikas neben den besten Produkten des Inlandes zu finden. Eine starke Handelsflotte diente dem Verkehr zwischen den Häfen Spaniens und denen Italiens, Nordafrikas und des Orients.

Der grosse Wohlstand, den die materielle Kultur in dem Khalifat Cordova und nach dessen Auflösung in allen den kleinen Königreichen und Staaten, die aus ihm entstanden, schuf, ermöglichte auch die Entwickelung einer nicht minder glänzenden Geisteskultur. Das arabische Spanien wurde der Bildungsheerd des westlichen Theils der alten Welt und von seinen 17 Universitäten verbreitete sich das Interesse an den Wissenschaften, der wissenschaftliche Geist allmählich und unmerklich über die Christenheit, in der dann nach und nach Hochschulen entstanden, die nach dem Muster der arabischen eingerichtet und an denen die Lehrbücher der Araber in den von Israeliten veranstalteten Uebersetzungen lange Zeit hindurch angewandt wurden.

Welchen Antheil hatte an diesen grossartigen Kulturleistungen der spanischen Araber und Mauren nun die einheimische romanische Bevölkerung?

Im Wesentlichen erwiesenermaassen ausschliesslich den der arbeitenden Klasse.

Die Regierung, die Verwaltung und die Leitung des Heerwesens Andalusiens lagen in den Händen der arabischen Aristokratie. Die nordafrikanischen Berbern und die maurischen Mischlinge bildeten den Beamtenstand, waren Gewerbetreibende und Kaufleute. Die eigentlichen Träger des Handels waren die Israeliten. Die einheimische romanische Bevölkerung, die übrigens grossentheils den mohamedanischen Glauben angenommen hatte, obgleich sie hierzu keineswegs durch die Gesetze gezwungen war, widmete sich in der Hauptsache dem Ackerbau, überhaupt der Bodenkultur sowie der Viehzucht und dem Bergbau, bildete somit die

Landbevölkerung und in den Städten den Arbeiterstand. Mittelbar nahm sie also Theil an der Entfaltung der glänzenden Kultur des Khalifats Cordova wie der Reiche, die aus ihm entstanden; davon aber, dass sie in dem arabischen Spanien eine leitende führende Rolle gespielt hätten, kann keine Rede sein, wie sehr sich auch spanische Gelehrte in neuerer Zeit bemüht haben, dafür einige Beweise beizubringen. Bei der starken ethnisccher Mischung, die sich im Laufe der 800jährigen Herrschaft der Araber und Mauren im ganzen Süden und Osten Spaniens vollzog, werden nach und nach die Sprösslinge eingeborener romanischer Geschlechter sich und ihren Familien Ansehen verschafft und sich zu einflussreichen Stellungen innerhalb der maurischen Reiche erhoben haben, wir wissen ja auch, dass zahlreiche christliche wie mohamedanische Romanen sich als Schriftsteller, Gelehrte, Baumeister und in anderen Stellungen ausgezeichnet haben, aber sie waren nicht die Urheber und nicht die Täger der maurischen Kultur. Der Geist, aus dem heraus diese entstand, die Weltanschauung, in der sie wurzelte, waren die der Araber. Erlangten, wie das mehrfach im Laufe der langen Dauer der arabischen Herrschaft in Spanien geschah, die rohen, fanatischen, von strengster Orthodoxie beseelten Schaaren der Berbern Marokkos, die Almoraviden und Almohaden, die Oberherrschaft in Andalusien, so erfolgte auch regelmässig eine rückläufige Kulturbewegung, namentlich auf den Gebieten der Wissenschaften und Künste, denn diese konnten nur gedeihen und sich so glänzend entfalten, wenn sie nicht durch religiöse Unduldsamkeit, Strenggläubigkeit und kleingeistige Grundsätze in ihrer Entwickelung behindert wurden.

Ein von der Kulturblüthe des arabisch-maurischen Spanien vollständig abweichendes Bild zeigt sich uns während derselben Zeiten im christlichen Spanien, in den Reichen, die sich allmählich in den nördlichen Gebirgsländern entwickelten und, unter jahrhundertelangen Kämpfen gegen die Glaubensfeinde im Süden, erstarkten und heranwuchsen.

Die Wiege dieser christlichen Staatsorganismen stand in den Gebirgsgegenden des heutigen Asturien. Von dort aus suchten die westgothischen Flüchtlinge Fühlung mit den Franken zu gewinnen und sich mit den übrigen versprengten Resten ihres Volkes im kantabrischen Gebirge und in den Pyrenäen zu gemeinsamem Kampfe gegen die Araber und Berbern zu vereinen. So entstanden im Laufe des achten und neunten Jahrhunderts im ganzen Norden der Halbinsel kleine christliche Staaten, deren Fürsten aus dem germanischen Adel hervorgingen und die nach den westgothischen Grundgesetzen regiert wurden. Letztere erfuhren allerdings viele durch lokale Verhältnisse bedingte Veränderungen.

Beinahe vier Jahrhunderte vergingen, ehe diese kleinen Staatsgebilde, die unter einander in häufiger Fehde lagen und von inneren Parteikämpfen und Thronstreitigkeiten heimgesucht waren, sich zu einer gewissen Bedeutung entwickelten, sich bis in das Thal des Ebro im Osten, bis in das Hochland von Altkastilien im Herzen Spaniens ausdehnten.

In politischer Beziehung ist die Geschichte von Asturien, Navarra, Sobrarbe, Aragon, Leon und Kastilien einerseits, Katalonien und Valencia andrerseits ungemein interessant, denn wir sehen hier die im germanischen Geist wurzelnden germanischen Staatsideen in den verschiedensten Formen zum Ausdruck gelangen. Wir sehen die Wahlmonarchie zur Erbmonarchie sich umgestalten, das Feudalwesen entstehen, aus dem Widerstreit der Stände die Repräsentativverfassung, den Parlamentarismus hervorgehen. Wir sehen den Individualismus der Königsmacht und den Ständerechten gegenüber nach Geltendmachung seiner Rechte streben, den Adel mit dem Klerus um die Macht ringen, jeden einzeln und auch beide vereint die Krone bekämpfen, und schliesslich den Bürgerstand erstarken und in das Parteitreiben gestaltend eingreifen. Das germanische Rechtsbewusstsein kommt in den denkbar verschiedensten Formen zur Geltung; jeder Stand sucht seine Sonderrechte mit Eifersucht zu wahren und auf jede Weise zu erweitern, die Macht der Krone und der andern Stände durch eingenartige Rechtsinstitutionen einzuschränken, z. B., wie dies in Aragon geschah, dem König in dem mit sehr grossen Vollmachten ausgestatteten Oberrichter ein Gegengewicht zu schaffen. Wurden im steten Kampfe gegen die Glaubensfeinde Ortschaften erobert, so mussten diese meist erst durch Heranziehung von Ansiedlern neu bevölkert und es mussten diesen Städten dann Sonderrechte, Fueros, bewilligt werden, die je nach Sachlage der Verhältnisse verschiedenartige Formen erhielten, so dass beinahe jede Stadt ihr eignes von denen aller andren abweichendes Gesetzbuch hatte.

So nehmen wir denn in diesen christlichen Kleinstaaten ein ungemein reges politisches Leben wahr, das sehr stark absticht von der materiellen und geistigen Kultur, die im übrigen in ihnen herrschte.

Der übertriebene Luxus, der in der letzten Periode der Westgothenherrschaft gewaltet hatte, war völlig geschwunden, hatte der bitteren Noth und Armuth weichen müssen. Der Boden der rauhen Gebirgsländer des Nordens gewährte seiner Bevölkerung nur die nöthigsten Existenzmittel, und nur Dank der grossen Genügsamkeit und Bedürfnisslosigkeit derselben konnte sie ihr Leben fristen. Von Industrie war keine Rede, für die gewerblichen Erzeugnisse des Auslandes auch kein Markt, und die Berichte, die über die Lebensverhältnisse der Bewohner der kleinen christlichen Gebirgsländer während der ersten Jahrhunderte ihres Bestehens auf uns gekommen sind, erinnern an die Schilderungen Caesars und Tacitus über die Zustände in Germanien und Gallien zu ihrer Zeit. Den Unterhalt gewährten nur Ackerbau und Viehzucht; den einzigen werthvollen Besitz bildeten die Waffen. Nur in Katalonien herrschten bessere Verhältnisse. Die Katalanen standen in stetem Verkehr mit der provenzalischen Bevölkerung einerseits, mit den Arabern andrerseits; ihre Bodenverhältnisse waren günstiger als die der Bergbewohner; Barcelona war seit karthagischer Zeit eine rege Handelsstadt gewesen, die die Schiffahrt sehr lebhaft betrieb, und auch die Industrie wurde dort eifrig gepflegt. Von Katalonien und später von Valencia aus drang dann auch eine höhere Kultur allmählich in die christlichen Kleinstaaten ein; Katalanen versahen sie mit der erforderlichen Wolle, mit Leder- und Eisenwaaren und sonstigen Gebrauchsgegenständen und Geräthschaften. Natürlich suchten sie auch später, als die christlichen Länder im Westen sich auf Kosten der arabischen Reiche ausbreiteten, den Handel in ihnen zu monopolisiren, und daraus entwickelten sich zum Theil die schroffen Gegensätze, die zu allen Zeiten bis auf den heutigen Tag zwischen den Katalanen und den Kastiliern bestanden haben. Erstere hielten ihr Königreich für das älteste des christlichen Spanien und beanspruchten aus diesem Grunde die Führerschaft. Die Kastilier aber verachteten die Katalanen als Krämer- und Handwerkervolk und machten ihnen die Herrschaft über Spanien schliesslich mit Erfolg streitig, was die Katalanen nie haben verwinden können.

Verachtung der Arbeit, resultirend aus dem Grundsatz, dass die Arbeit entehrt, war überhaupt im christlichen Spanien mit Ausschluss von Katalonien und den baskischen Provinzen von der Zeit der Entstehung christlicher Staaten daselbst an, die in den obersten Ständen herrschende Anschauungsweise. Die Adelsklassen betrachteten das Waffenhandwerk, die Kriegführung, die Uebung ritterlicher Künste als die einzige ihrer würdige Beschäftigung. Der Klerus maasste sich nicht minder grosse Herrenrechte an. Beide Stände waren steuerfrei und suchten sich dieses Vorrecht auch später dauernd zu sichern. Die Feldarbeit wurde von den Leibeigenen, Sklaven und Kriegsgefangenen verrichtet; der Bürgerstand der Städte hatte für den Handwerksbetrieb und Handelsverkehr zu sorgen. Diese arbeitenden Klassen, die auch erst sehr spät in den Cortes Vertretung fanden, waren mit Steuern übermässig belastet und hatten die Pflicht, die Staatskassen zu füllen und den oberen Klassen die Existenzmittel zu schaffen.

In dem Maasse wie die Christen die Mohammedaner zurückdrängten und ihre Reiche vergrösserten, entstand in diesen natürlich allmählich auch eine höhere Kultur, der Einfluss der maurischen musste sich schliesslich bis zu gewissem

Grade geltend machen, wie sehr man auch in christlichen Landen bemüht war, ihm aus fanatischem Hass gegen die Andersgläubigen entgegenzuwirken. Das Wachsen des Wohlstandes erzeugte dann bald wieder Prunkliebe und Genusssucht, wirkte namentlich auf den Klerus derart korrumpirend, dass die geistliche Inquisition zur Aufrechterhaltung einer gewissen Sittenstrenge, die dem geistlichen Stande ziemt, eingeführt werden musste. Luxusgesetze waren andrerseits nöthig, der übertriebenen Prachtliebe der Adligen und der Prälaten zu steuern.

Der Geist, der in christlichen Landen herrschte, war der religiöser Unduldsamkeit, fanatischen Glaubenshasses gegen die Andersgläubigen, kulturfeindlicher Strenggläubigkeit. Erst sehr spät fanden Wissenschaft, Kunst und schöne Literatur von Katalonien und Valencia her ihren Eingang in Kastilien und Leon.

So weit also in dieser 800 jährigen Periode des Kampfes der christlichen Spanier gegen die Araber und Mauren in den Reichen der erstern von einer gewissen Kultur die Rede sein kann, war sie der Betriebsamkeit der Katalanen und der Israeliten zu danken. Die geknechteten, in tiefster Unwissenheit gehaltenen arbeitenden Stände konnten nichts zur Hebung der Kultur beitragen; Adel und Geistlichkeit verachteten Alles, was nicht dem Kriege gegen die Ungläubigen, der Ausbreitung des Christenthums diente. Jede freie Regung wurde als ketzerisch verdammt und durch die Inquisition unbarmherzig unterdrückt.

Die Verbindung der beiden Königreiche Aragon und Kastilien zu einem Einheitsstaat durch die Eheschliessung zwischen Ferdinand V. und Isabella der Katholischen gab den spanischen Verhältnissen eine neue und entscheidende Wendung. Die bisher durch ewige Fehden und Eifersüchteleien zersplitterten Kräfte konnten vereint und zum Vernichtungskampf gegen den König von Granada, den letzten Vertreter der Araberherrschaft, aufgeboten werden. Diesem Anprall konnte das durch innere Parteiung zersplitterte und geschwächte kleine Reich nicht Widerstand leisten, und der Einzug der

Spanier in dem maurischen Königsschloss Alhambra am 2. Januar 1492 bezeichnete das Ende einer für die Geschichte des Landes hoch bedeutsamen Periode. Fast gleichzeitig mit diesem Ereigniss trat ein anderes ein, das den Weltverhältnissen eine völlig veränderte Gestalt gab.

Ein Fremder, ein Italiener, hatte es nach langjährigen Bemühungen am portugiesischen und an anderen Höfen dank einflussreicher Fürsprache und entgegen dem Willen des Königs erreicht, dass ihm für ein, wie es schien, phantastisches Unternehmen: die Auffindung eines Seeweges nach Indien in westlicher Richtung, seitens der Königin die dürftigen Mittel gewährt wurden. Die Verhandlungen darüber waren lange gepflogen worden und hatten oft auf dem Punkte gestanden, abgebrochen zu werden; die Erfolge im Kampfe gegen die Mohammedaner waren dann jedoch in einem gegebenen Augenblick entscheidend gewesen — und die Folge dieses zufälligen Umstandes war die Gewinnung eines Weltreiches in einem bis dahin unbekannten Erdtheil geworden, wozu die Entdeckung Amerikas durch Christoph Columbus den Anlass gegeben hatte.

Dieses eine Jahr 1492 trug Spanien somit eine Weltmachtstellung ein, die es befähigte, fernerhin für alle Zeiten eine die Geschicke der Menschheit bestimmende Rolle zu spielen.

Was hat Spanien für Nutzen aus diesem Glück gezogen, das ihm ein günstiges Schicksal hatte zu Theil werden lassen!

Es ist ausgeschlossen, in dem engen Rahmen dieser Betrachtung eine Geschichte der Kolonial-Politik zu skizziren, deren verhängnissvolle Fehler nur deshalb nicht gleich in die Erscheinung traten, sondern erst nach Jahrhunderten und nach unendlichem Unheil, das sie im Namen der Religion Christi und im Namen Spaniens verursacht hatte, weil der unmittelbare Aufschwung, den die zwei an sich schon sehr grossen, in ihrer Vereinigung aber vollends in der Weltgeschichte vereinzelt dastehenden riesigen Erfolge des Jahres 1492 nach sich zogen, Spanien ein für lange Zeit hinaus wirksames Uebergewicht über die anderen europäischen Staaten gab.

Welche Summe von Gewaltthaten wurde seitens der Conquistadoren Spaniens bei der Eroberung des Kolonialreiches begangen, das diesem Lande gewonnen wurde. Was für Folgen hatte die Anwendung der aus Afrika eingeführten kräftigeren Neger an Stelle der vernichteten Indianer, die der Habgier, dem Golddurst der fremden Bedrücker nicht rasch genug zu entsprechen im Stande waren und die dann hier und da auch, von der unmenschlichen Behandlung der fremden Bedrücker auf das äusserste erbittert, für ihre Menschen- und Besitzrechte eintraten. Columbus, Las Casas und Alle, die menschlichen Grundsätzen huldigten und eine gewisse Milde gegenüber den Eingeborenen walten lassen wollten, wurden bei Seite geschoben und geächtet von denen, die nur ihrer unersättlichen Selbstsucht, dem Drange nach Macht und Reichthum fröhnten. Die Ordnung der Verwaltung der nach Vergiessung von mächtigen Strömen Blutes errungenen Kolonialreiche aber war auf die schmachvollste Ausbeutung derselben gerichtet, damit die Krone und die privilegirten Stände Spaniens, der Adel und der Klerus, eine verschwenderische Pracht entfalten konnten, die der des untergehenden römischen und des byzantinischen Reiches in mancher Hinsicht nahe kamen. Der Handel mit den Kolonien wurde seitens des Mutterlandes monopolisirt, damit kein anderer Staat weder von den Metallschätzen der neuen Welt einen Theil erhalten, noch von der Einfuhr dahin den geringsten Nutzen habe. Und die Folge dieser unglaublich kurzsichtigen, engherzigen Politik war der völlige Staatsbankerott, der schon 70 Jahre nach der Entdeckung Amerikas begann und kaum 100 Jahre später das Mutterland dem vollständigen Verfall preisgab, es — dank dieser unglaublich irrigen Politik der Habsburger — den Bourbonen in den Schooss warf. Diese erst sahen das Verhängnissvolle der bisherigen Kolonial- und Wirthschaftspolitik ein und schlossen, unmittelbar nach ihrer Befestigung, am 11. April 1713 mit England den berühmten Asientovertrag, durch den das monopolistische Ausbeutungssystem der Vorgänger erschüttert, andern Mächten endlich ein — immerhin noch beschränkter — Antheil an dem Handelsverkehr mit den spanischen Kolonien gewährt wurde. Durch diesen Vertrag, der epochemachend für die Wirthschaftspolitik Spaniens wurde, erhielten die Engländer das Privileg der Einführung von Negersklaven auf den Inseln und dem Festlande Amerikas und zur Anlage von Faktoreien in den spanischen Besitzungen. Je ein Viertel des Ertrages vom Sklavenhandel sollte den beiden Vertrag schliessenden Mächten zufallen. England nutzte diese Vereinbarungen aber zu einem ungemein regen Handelsverkehr, zu einer namhaften Einfuhr seiner Industrieerzeugnisse aus, die bis dahin — allerdings in wesentlich geringerer Masse — auf dem Wege des Schleichhandels importirt worden waren. Das Ergebniss dieses Vertrages war, dass im Laufe von wenigen Jahren der Antheil Spaniens am Handel mit seinen Kolonien auf 22 pCt. herabgesunken war, während England mit 224 Mill. Pesos, mit 78 pCt., an dem Handelsverkehr betheiligt war. 1750 löste Spanien daher wieder diesen für ihn so ungünstigen Vertrag, aber das Handelsmonopol war einmal durchbrochen und die ins Riesige gewachsene Seemacht Englands verhinderte Spanien, zu dem früheren starren Monopolsystem zurückzukehren, denn auch Frankreich und Holland hatten längst dem bankerotten Spanien gegenüber ihre Interessen zu wahren verstanden und gegen Ende des 18. Jahrhunderts sah dieses sich gezwungen, die Monopole, die Cadiz und Sevilla bis dahin genossen, ganz aufzugeben und schliesslich den Handel mit seinen Kolonien überhaupt freizugeben.

Inzwischen waren aber die Kolonien Spaniens, namentlich seit der Lossagung der englischen Nordamerikas von ihrem Mutterlande, zu grösserem Selbstbewustsein und zur Erkenntniss der ihnen innewohnenden Macht gelangt und strebten nach Selbständigkeit; immerhin dauerte es aber noch Jahrzehnte, ehe Mexiko, Venezuela, Zentralamerika, Bolivia, Peru, Argentinien und Paraguay nach schweren Kämpfen um ihre Existenz endlich zu Anfang des 19. Jahrhunderts ihre Unabhängigkeit erlangten, so dass Spanien damals nur noch Cuba, Puerto-Rico, und die Philippinen als letzte Reste des Riesenhaften Kolonialreiches übrig blieben, das es im Laufe weniger Jahrzehnte im sechszehnten Jahrhundert erworben hatte und an dessen Grösse das englische gegenwärtig erst beinahe heranreicht.

Welcher Art waren nun die Folgen des siegreichen Abschlusses des 800jährigen Glaubenskampfes sowie der gleichzeitigen Entdeckung der neuen Welt und der Gründung eines Kolonialreichs, in dem die Sonne nicht unterging, für die Kulturentwickelung des Landes?

In politischer Beziehung war zunächst ein sehr bedeutender Aufschwung zu verzeichnen. Erzielt wurde derselbe in erster Linie durch das Waffenglück des durch jahrhundertlange Kriege herangebildeten tüchtigen Wehrstandes und des ihn führenden Adels. Die Staatsbesitzungen waren in Europa weit über die Grenzen der Pyrenäischen Halbinsel ausgedehnt worden. Ganz Süditalien, Sicilien, die Niederlande waren theils durch Waffengewalt, theils durch Erbschaft erworben, selbst in Griechenland und Vorderasien hatten die Aragonier und Katalanen vorübergehend Fuss gefasst. Karl V. vereinte dann auf seinem Haupte die deutsche Kaiserkrone mit der spanischen Königskrone; sein Nachfolger Philipp II. verleibte dem Reiche noch Portugal ein, das sich 1640 wieder lossagte, und unter diesen beiden Fürsten erreichte Spanien den Gipfel seiner Macht und seine grösste Ausdehnung. Die spanischen Heere waren der Schrecken aller Welt; die spanische Marine beherrschte die Meere; spanische Diplomaten hatten an allen Höfen einen mächtigen Einfluss erlangt; der Jesuitenorden und die Inquisition sicherten dem kirchlichen Absolutismus. fanatischer Strenggläubigkeit, finsterer engherziger Unduldsamkeit die Macht über die dem Krummstab unterworfenen Völker. Die enge Verbindung und die gegenseitige Unterstützung des staatlichen und des kirchlichen Absolutismus trugen zwar sehr viel zur Befestigung und zum inneren Ausbau des spanischen Einheitsstaats bei, wie sie die Kirche befähigten, innerhalb des Herrschbereichs Spaniens jede reformatorische

Regung im Keim zu ersticken. Gerade aber diese unselige Verquickung der staatlichen und der kirchlichen Interessen sollte eine der Hauptursachen des raschen Verfalls der spanischen Weltmacht werden, in höchstem Grade kulturschädigend wirken und sehr verderbliche Folgen haben.

Die gerühmte Kulturblüthe Spaniens unter Karl V. und Philipp II. war zwar eine äusserlich sehr glänzende farbenprächtige, aber sie barg in sich den Wurm, der sie zerstörte, ehe sie sich ganz entfalten konnte, sie gar nicht zur vollen Entwickelung gelangen liess. Der äussere gleissende Mantel der Weltmachtstellung verdeckte nur dürftig die innere Leere, die durch eine überaus kurzsichtige fehlerhafte Wirthschaftspolitik erzeugten Schäden. Der Verfall begann, als das Land auf dem Gipfel der Macht zu stehen schien, ungefähr um die Mitte der Regierung Philipps II.

Kaum war Amerika entdeckt, wo man das Eldorado zu finden hoffte, so ergriff das Goldfieber die spanische Nation, und grosse Menschenmassen wurden durch dasselbe bewogen, ihre Heimath zu verlassen, jenseits des Weltmeers dem Phantom schnell zu erringender Macht und unermesslicher Reichthümer nachzujagen. Abenteurerlust verband sich mit der Habgier und trug das ihre dazu bei, die Auswanderung zu befördern; hierzu kam auch noch der Umstand, dass die Söldnerschaaren, die bisher im Dienste der Kronen Aragon und Kastilien den Kampf gegen die Ungläubigen geführt hatten, nach seinem siegreichen Abschluss eine andere Bethätigung suchten, denn das ungebundene Lagerleben aufzugeben, sich sesshaft zu machen, das Schwert mit dem Pfluge, mit Handwerksgeräth zu vertauschen — das war unter der Würde eines jeden Soldaten. Ein beträchtlicher Prozentsatz der Bevölkerung und zwar gerade des kräftigsten, leistungsfähigsten, jüngeren Bestandtheils derselben, verliess somit Spanien.

Andrerseits aber wurden die Araber, die Mauren, die Juden, grösstentheils sogar die zum Christenthum übergetretenen früheren Andersgläubigen, die „Neuchristen“, aus Spanien vertrieben, d. h. gerade die Volkselemente, die fast ganz ausschliesslich die Träger des Gewerbfleisses, der Bodenkultur und des Handels gewesen waren. Zwar wurden Ausnahmen gemacht, einigen Handwerkern wurde gestattet, im Lande zu bleiben, um die Spanier ihr Gewerbe zu lehren; dies geschah hauptsächlich zu dem Zwecke, die einträgliche Seiden- und Lederwaarenfabrikation nicht ganz untergehen zu lassen: es fehlte aber im christlichen Spanien an Arbeitskräften, die überhaupt nur geneigt gewesen wären, sich der gewerblichen Beschäftigung zuzuwenden. Auch den Juden und Marranos gegenüber wurde das Gebot der Austreibung nicht so streng gehandhabt, wie die Inquisition und der Klerus es verlangten, denn in ihren Händen lag der ganze Handelsverkehr, sie besassen grossen Reichthum, und die obersten Staatsbehöden scheuten daher vor der radikalen Durchführung der Konfiskationen alles Habes der Juden und Marranos zurück. Man zog es vor, hie und da durch Genehmigung ehelicher Verbindung armer Grandensöhne mit reichen Jüdinnen den jüdischen Geldbesitz in christliche Hände zu bringen und gleichzeitig das christliche Blut durch fremden Zusatz aufzufrischen. Aber — das waren Ausnahmen. Die Kirche, auf das Thatkräftigste von der Inquisition und später von den Jesuiten unterstützt, machte unumschränkten Gebrauch von ihrer Allmacht im Staate und zwang den Staat und die Krone, ihrem Verlangen zu entsprechen, und die Ungläubigen und des Unglaubens Verdächtigen ohne jede Rücksicht zu vertreiben und zu vernichten, ihr selbst dann aber den Löwenantheil an dem neu erworbenen Besitz zu überlassen. So ging denn schliesslich im Laufe des 16. Jahrhunderts reichlich die Hälfte alles kulturfähigen Bodens des Landes in den Besitz der Kirche und ihrer 300000 Diener über. 10000 Klöster bestanden dort um 1650.

Spanien aber, das, soweit es arabisch gewesen, um das Jahr 1000 mindestens eine Bevölkerung von 25 bis 30 Mill. Seelen besessen hatte, entvölkerte sich im 16. Jahrhundert der Art, dass es um 1550 im Ganzen kaum mehr als 5 Mill. Einwohner zählte. Diese Zahl stieg dann im 17 Jahrhundert wieder auf ungefähr 7 Millionen, um gegen das Ende desselben von neuem auf $5^3/_4$ zu sinken, die es auch noch zu Anfang des 18. zählte.

Diese ohnehin so überaus schwache Bevölkerung bestand obendrein nun grossentheils aus arbeitsscheuen Elementen; denn Adel und Klerus huldigten, wie oben mitgetheilt, dem Grundsatz, dass Arbeit entehrt, und die unteren Stände eiferten ihnen in dieser Beziehung nach, beschränkten sich auf das geringste Maass von Arbeit und suchten Theil zu nehmen an den Schätzen, die aus dem Eldorado Amerikas kamen und in immer grösserer Menge kommen sollten. Diese Schätze blieben aber weit hinter den übertriebenen Hoffnungen der Regierung und der ganzen spanischen Bevölkerung zurück und hatten ausserdem nur die Wirkung, die Lebensmittel und alle Gebrauchsgegenstände im Preise übermässig zu steigern, da ihre Menge den erhöhten Lebensansprüchen und der stark gewachsenen Prachtliebe und Genusssucht kaum entsprach und die meisten gewerblichen Erzeugnisse vom Auslande importirt werden mussten oder nur in sehr geringer Masse im Innern hergestellt werden konnten.

Isabella, die Katholische, hatte Alles aufgeboten, um Ackerbau, Viehzucht, Handel und Gewerbe zu fördern und leistungsfähig zu machen. Karl V. hatte schon mit den schweren Folgen der Entvölkerung und der Vertreibung der arbeitsamsten Volksklassen zu rechnen, stiess bereits auf die grössten Schwierigkeiten, die Gelder für die Bestreitung der gesteigerten Staatsausgaben zu beschaffen, obgleich zu seiner Zeit die Einfuhr von Edelmetallen und werthvollen Kolonialerzeugnissen sehr beträchtlich war. Philipp II. hatte bald nach seinem Regierungsantritt schon mit Finanznöthen zu kämpfen, die sich stetig steigerten und ihn zwangen, das gefährliche Mittel der Einstellung der Zinszahlungen anzuwenden, die Münzwerthe zu erhöhen, die Münzen selbst zu verschlechtern. Die arbeitenden Klassen wurden unter stetiger Anziehung der Steuerschraube zur Verzweiflung getrieben, so dass die Bauern es vorzogen, betteln zu gehen; die Truppen konnten oft Monate lang keinen Sold erhalten und zogen marodirend durch das Land; die stolze Armada wurde vernichtet und dadurch der Seemacht Spaniens ein Schaden zugefügt, der nie wieder hat gut gemacht werden können. Trotzdem die Schulden ins Riesige wuchsen, wurden Unsummen für den Bau von Kirchen und Klöstern, namentlich für den des klösterlichen Palastes, der die Königsgruft in sich schliessen sollte, für den Escorial, verschwendet. Denn der Geist, der den morschen zerrütteten Staatskörper beseelte, den Spanien gegen das Ende der Regierung Philipps II. bildete, war der der kirchlichen Strenggläubigkeit; die Kirche war die Seele desselben, und sie leitete auch sein Haupt: den Träger seiner Krone und seine Räthe nach ihrem Willen, kraft der Allmacht der ihr dienenden Inquisition.

Nur in Katalonien und in den Gebieten, in denen die Mauren viele Jahrhunderte hindurch segensreich geherrscht hatten, in Valencia, Murcia, Granada, erhielt sich eine höhere Kultur. In ihnen wurden die Gewerbe zwar schwach und mangelhaft — denn es fehlte an Arbeitskräften — aber doch immerhin mit einigem Erfolge betrieben, und Barcelona, das schon im 14. Jahrhundert an allen wichtigen Handelsplätzen des Auslandes seine Konsuln gehabt und 1454 in dem Consulado de mar ein im Allgemeinen gültiges Seehandelsrecht geschaffen, die Seeassekuranz eingeführt hatte, erfreute sich eines grossen Wohlstandes und konnte mit manchen grossen Handelsstädten Italiens erfolgreich konkurriren.

Litteratur, Kunst und Wissenschaft konnten allerdings nur innerhalb der engen dogmatischen Schranken, die die Kirche und die Inquisition geschaffen hatten, erfreulichere, glänzendere Blüthen treiben, als es die materielle Kultur vermochte, denn sie wurden von den privilegirten Ständen, von dem Adel und namentlich von dem Klerus, dem die meisten ihrer Vertreter und Förderer angehörten, getragen, und diese Stände waren es allein, in denen grösserer Wohlstand herrschte, während das Volk in seiner Gesammtheit in unsäglicher Noth und bitterer Armuth darbte und nur dank seiner unvergleichlichen Mässigkeit und Bedürfnisslosigkeit sein Dasein fristen konnte.

Die Austreibung der letzten Nachkommen der vertriebenen Mauren, der Morisken, seitens des von der Kirche dazu gedrängten Königs Philipp III. von 1608—1611 gab der Industrie im Süden des Landes den Todesstoss und beraubte Spanien noch der letzten wirklich brauchbaren und arbeitsfreudigen Elemente. Die Fürsten und ihre Berather lernten eben nichts aus der traurigen Erfahrung, die Karl V. und Philipp II. mit ihrer Wirthschaftspolitik gemacht hatten, und Spanien, das an Ausdehnung alle Reiche der Welt bei weitem übertraf, war dank der kulturschädigenden Allmacht der Kirche und ihrer Diener: der Inquisition und des Jesuitismus, zum politischen, finanziellen, wirthschaftlichen und moralischen Bankerott gelangt, aus dem es sich erst gegen Ende des 18ten Jahrhunderts unter der Herrschaft des erleuchteten freigeistigen Königs Karl III. allmählich zu erheben begann.

Ziehen wir nun aus dem Vorstehenden die Summe, so sehen wir, dass die materielle Kultur Spaniens immer nur unter der Anregung und Leitung ausländischer Elemente einen bedeutenden Aufschwung nahm, dass die eingeborenen Spanier — mit Ausnahme der Katalanen und zum Theil der Basken — nur unter dem direkten Einfluss fremder Eroberer, Kolonisten und unternehmender Geister und im Dienste derselben aus ihrer kulturellen Passivität herausgerüttelt wurden, und in sich wieder zurückversanken, wenn diese Einflüsse aufhörten.

III.

Die heutigen Kulturzustände Spaniens.

Der wirthschaftliche Verfall Spaniens hatte — im Allgemeinen — wohl seinen tiefsten Punkt um die Wende des 17. zum 18. Jahrhundert erreicht.

Die habsburgische Dynastie hatte das reiche Erbe, das ihr von Ferdinand und Isabella hinterlassen worden war, nicht auszunutzen verstanden, das Riesenreich nicht vor der inneren Zerrüttung, vor dem gänzlichen Bankerott bewahren können. Der letzte König aus diesem Hause, Karl II., war nicht der Mann, das Land aus der tiefen Gesunkenheit, in der es sich befand, zu erheben; er war schwachsinnig, kränklich und daher der Spielball der Jesuiten und Höflinge. Der Umstand, dass er kinderlos war, machte seinen Hof zum Schauplatz der Interessenkämpfe der europäischen Grossmächte, und sein Tod, 1700, gab den Anlass zu dem spanischen Erbfolgekriege, der erst 1713 durch den Frieden zu Utrecht ssinen Abschluss fand. Ludwigs XIV. Politik hatte den Sieg davon getragen, sein Enkel Philipp von Anjou, den Karl II nach dem plötzlichen Tode des Kurprinzen von Bayern zu seinem Erben eingesetzt hatte, wurde als Philipp V. der Begründer der Bourbonendynastie, die mit kurzen Unterbrechungen bis heute im Besitz der spanischen Krone geblieben ist.

Der starke französische Kultureinfluss, der sich nun geltend machte, übte eine belebende Wirkung auf die spanische Nation aus, rüttelte diese aus ihrer fatalistischen Gleichgültigkeit und kulturellen Passivität wieder ein wenig auf. Allerdings sollte noch ein halbes Jahrhundert vergehen, ehe eine Besserung der Verhältnisse eintrat. Der vom Geist der französischen Aufklärung beseelte König Karl III. war es, der, im Verein mit hochbegabten und gleichgesinnten freigeistigen Männern, die er als seine Berather und Mitarbeiter an die Spitze der Regierung berief, das spanische Volk aus den Banden der römischen Weltanschauung des früheren Mittelalters zu befreien und es dadurch zu befähigen suchte, wieder in die Reihe der Kulturvölker einzutreten. Karl III. und seine Minister erkannten sehr richtig die Grundschäden, an denen ihr Land krankte: die kulturfeindliche Macht der Kirche, der Inquisition und der Jesuiten, die das Volk, um es in unbedingter Unabhängigkeit von sich zu erhalten, vor allen Bildungselementen zu bewahren suchten; ferner die Vernachlässigung der Ausbeutung der natürlichen Erwerbsquellen; daher zogen sie deutsche Kolonisten in das Land, siedelten sie in der Sierra Morena an, damit sie den fruchtbaren, brachliegenden Boden bebauten und durch ihren Fleiss und die daraus resultirenden Erfolge den Eingeborenen ein gutes Beispiel gäben; endlich den Indifferentismus des Volks, das nicht mehr arbeiten wollte, als es unbedingt zur kümmerlichsten Fristung des Daseins brauchte, soweit es nicht durch Bettelei und Raub den Unterhalt erwarb. Die Vertreibung der Jesuiten im Jahre 1767, die Aufhebung der Inquisition waren Kulturthaten von höchster Bedeutung; leider aber trat nach dem Tode Karls III. wieder die Reaktion ein; die Kirche und ihre Diener gelangten von neuem zur Herrschaft, die Inquisition wurde wieder hergestellt, die Jesuiten kehrten zurück; der Hof und die herrschenden Klassen fröhnten der schmählichsten sittlichen Zügellosigkeit, und Bonaparte hatte daher leichtes Spiel mit Karl IV. und seinem Minister Godoy.

Da endlich erwachte der Volksgeist aus dem tiefsten Schlaf, in dem staatlicher und geistlicher Absolutismus ihn Jahrhunderte hindurch erhalten hatten, und unermüdlich hat er in den inneren Wirren und Bürgerkriegen des 19. Jahrhunderts — mit wechselndem Erfolge allerdings — gerungen, sich zu befreien von den unwürdigen Fesseln, in die er solange geschlagen gewesen war. Diese Kämpfe vollzogen sich in der Hauptsache freilich fast ganz ausschliesslich auf politischem Gebiet, und erst in den letzten Jahrzehnten hat man der wirthschaftlichen Entwickelung grössere Aufmerksamkeit geschenkt. Trotz aller Anstrengungen, die wiederholt von verschiedenen Seiten gemacht wurden, den Staat und das Volk aus den Händen des Klerikalismus und des Jesuitismus zu befreien, ist dies noch nicht gelungen, und so lange dies nicht geschehen ist, so lange nicht das volle Licht moderner Bildung und Weltanschauung die Herrschaft erlangt, kann von einer durchgreifenden Besserung der Verhältnisse Spaniens nicht die Rede sein.

Wie weit das Land noch davon entfernt ist, ergiebt ein flüchtiger Blick in die heute dort vorhandenen politischen, wirthschaftlichen, kulturellen Zustände.

Das politische Leben Spaniens in dem verflossenen Jahrhundert bietet ein überaus interessantes Bild und eine unerschöpfliche Fundgrube für jeden, der die Geschichte und Entwickelung der Staatsformen zum Gegenstande seiner Studien wählen will.

Spanien war in dem neunzehnten Jahrhundert gewissermaassen ein politisches Versuchsfeld für Staatsmänner aller nur erdenklichen Schulen und Richtungen. Alle Staatsformen, von dem äussersten monarchischen Absolutismus bis zur socialistischen Republik, wurden dort abprobirt, und alle die Staatskünstler, die sich in diesen Kämpfen ausbildeten, haben das Land doch nicht vor der Katastrophe bewahren können, die kürzlich über dasselbe hereingebrochen ist und es aus der Reihe der Kolonialmächte hat ausscheiden lassen.

Cadiz, mit dessen Geschichte die Spaniens beginnt, das dann im Zeitalter der Entdeckungen Jahrhunderte hindurch das Privileg des Handelsmonopols mit der neuen Welt, mit den Kolonialreichen Spaniens, genossen und später durch den gänzlichen Verfall des Handels und Verkehrs seinen Wohlstand eingebüsst hatte, sollte dann die Wiege der politischen Freiheiten des Landes werden und hat die Fahne des Fortschritts, des Liberalismus, bis auf den heutigen Tag stets hochgehalten. Unter dem Donner der Geschütze der Franzosen, die es belagerten, wurde dort 1812 die Verfassung geschaffen, die den Ausgangspunkt der politischen Kämpfe des ganzen 19. Jahrhunderts gebildet hat und deren Satzungen auch gegenwärtig noch nicht durchweg Geltung erlangt haben. Sie wurzelte in den Anschauungen, die die französische Revolution geweckt hatte, und ihr demokratischer freier Geist machte sie zum Vorbilde der Verfassungen, die sich Portugal und dann die südamerikanischen Republiken gaben, als diese letzteren sich von dem Joch Spaniens befreit hatten.

Ferdinand VII., der ganz von dem Klerus beherrscht war und von diesem in seinen absolutistischen Bestrebungen bestärkt wurde, konnte eine Verfassung nicht anerkennen, die auf die Volkssouveränität gegründet war und neben zahlreichen anderen, in Spanien bis dahin völlig unbekannten Freiheiten, vor allen auch die des Glaubens verlangte und dadurch die Macht der Staatskirche erschütterte. Zwar wurde der König wiederholt gezwungen, die ihm verhasste Verfassuug anzunehmen, er rächte sich dann aber, als seine Herrschaft, dank der Unterstützung der heiligen Allianz und der von ihr entsandten französischen Heere, völlig befestigt war, auf das Furchtbarste an den Verfechtern des Liberalismus. Noch einmal begann die Inquisition ihre schreckliche Thätigkeit, und Staat und Kirche wetteiferten in der Verfolgung der Vorkämpfer für moderne Weltanschauung und Kultur, in dem Streben, das Volk in Knechtschaft und Unwissenheit zu erhalten.

Es würde zu weit führen, die dadurch hervorgerufenen politischen Kämpfe nur in Umrisslinien zu skizziren. Was aber ist das Ergebniss derselben und der 50 Aufstände und Revolutionen, die sie begleiteten?

Spanien hat zwar nachgerade eine Verfassung erlangt, die eines modernen Staates würdig ist und dem Volke den Genuss der wichtigsten Rechte und Freiheiten sichert, die andere Kulturvölker besitzen. Was nützen aber die besten

Verfassungen, wenn ihre Bestimmungen nicht erfüllt werden! Spanien hat früher als irgend ein anderes Land die demokratische Einrichtung der Volksvertretung gehabt, seine Cortes sind viel älter als das englische Parlament, ja, sie gehen zurück bis auf die gothische Zeit, denn sie haben ihre Vorläufer in den Synoden und Reichstagen derselben: diese Cortes aber sind heute der Gegenstand des Gespötts des Volkes geworden. Wohl sind sie der Tournierplatz der glänzendsten Redner der Welt, denn natürliche Begabung und die lange Schule politischen Lebens haben zahllose bedeutende Redner erstehen lassen, deren Ruf sich zum Theil weit über die Grenzen des Landes hinaus verbreitet hat. Diese Redetourniere drehten sich jedoch meist um Prinzipienfragen und Kleinlichkeiten aller Art und haben selten praktischen Werth, denn da die Regierungen in den Cortes stets über eine unbedingt zuverlässige Majorität verfügen, so sind sie immer in der Lage, Alles durchzusetzen, was sie wünschen. Die Politik ist zum Gewerbe geworden, das zur Erreichung hoher Staatsämter dienen soll, denn die Beamten werden — mit Ausnahme der subalternen Klassen — nicht für ihren Beruf, für ihre Aemter geschult, sondern jedesmal von der an der Regierung befindlichen Partei aus den Mitgliedern derselben erwählt: sie sind nicht unabsetzbar, sondern verlieren ihre Aemter, wenn die herrschende Partei die Staatsgeschäfte an eine andere Partei abgeben muss. Aus diesen Zuständen resultirt einerseits die heilloseste Korruption, denn jeder hohe Beamte sucht seine Stellung möglichst vortheilhaft auszunutzen, weil er sie nach Monaten, vielleicht nach Wochen schon, wieder einbüssen kann. Andererseits aber muss jeder Mann, der die Absicht hat, in das öffentliche Leben einzutreten und sich eine einträgliche Stellung zu erwerben, bedacht sein, sich einer Partei anzuschliessen, die die besten Aussichten hat, bald zur Regierung zu kommen und regierungsfähig zu bleiben. Die Schule des Parlamentarismus, die sich gliedert in die politischen Clubs und in die Cortes, ist somit für jeden Streber, ja für jeden, der ein Staatsamt erlangen will, die unbedingte Voraussetzung, und wer sich in den Redeschlachten des Parlaments am meisten auszeichnet, die Aufmerksamkeit der Parteileiter und der Oeffentlichkeit am meisten auf sich zu lenken vermag, der hat die besten Chancen, es rasch zu einer hohen Stellung zu bringen und jedes Mal berücksichtigt zu werden, wenn seine Partei an das Staatsruder gelangt.

Um in die Cortes zu kommen, muss man sich vorher in seinem Heimathsorte und in der Provinz hervorgethan haben, denn bei der ungeheuren Schaar von Strebern, die von den Staatsmitteln leben wollen und die daher in die Parteien eintreten, können die Leiter der letzteren doch auch nur einen kleinen Prozentsatz berücksichtigen. Ist es jedoch jemand gelungen, auf die Liste der Corteskandidaten gestellt zu werden, so sind alle Schwierigkeiten beseitigt, denn die Wahlen werden zwar unter Wahrung der Verfassungsbestimmungen vollzogen, sie werden jedoch so vorbereitet, dass nur diejenigen gewählt werden, die von vornherein für die Abgeordnetenmandate in dem Ministerium des Innern auserwählt worden sind. Bei Neuwahlen zu den Cortes bestimmt die Regierung zunächst auch, wie viele Mandate sie den verschiedenen Oppositionsparteien zu bewilligen geneigt ist, und diese Ziffern werden durch die Presse sogar veröffentlicht. Der Wahlakt selbst vollzieht sich dann genau nach den Vorschriften des Ministeriums des Innern, das die Gruppenführer und die der Regierungspartei ergebenen Machthaber in den Dörfern und in den Städten der Provinzen, die sogenannten Kaziken, entsprechend instruirt hat. Dass in den Wahlurnen dann die Stimmzettel von Todten, von nicht Existirenden erscheinen und sonstige „Unregelmässigkeiten“ vorkommen, war früher etwas ganz Gewöhnliches. Jetzt verfährt man zwar vorsichtiger, aber wie gross auch die Zahl der von den Gegnern beanstandeten Mandate ist, wie viele Gesetzesüberschreitungen ihr auch vorgeworfen werden, die Regierung weiss, dank der Majorität, stets den Nachweis der absoluten Unabhängigkeit zu führen und alle Beschuldigungen der schmachvollsten Wahlbeeinflussungen niederzuschlagen.

Dass unter solchen Umständen sich ganze Parteien zeitenweise von den Cortes zurückziehen, dass das Ansehen des Konstitutionalismus und Parlamentarismus durch die absolutistische Wirthschaft der Regierungen aufs Tiefste herabgesetzt wird, dass das Volk, so weit es sich nicht von den Wahlagenten seine Stimmen abkaufen lässt, sich an den Wahlen nicht betheiligt, von den Cortes nichts erwartet, ihnen Misstrauen und Verachtung entgegenbringt, ist unter diesen Umständen nicht überraschend. Ebensowenig aber, dass die arbeitenden Klassen und die grossen Massen des Volks stets bereit sind, jede aufständische Bewegung zu unterstützen. Daher die grosse Macht, die der Karlismus immer gehabt hat und die heute wieder im Wachsen begriffen ist, denn er wird zum Theil von den Ultramontanen und Jesuiten unterstützt, namentlich, wenn die Liberalen die Regierung in ihren Händen haben, die doch dann und wann einmal einen Anlauf nehmen, den Uebermuth und die Herrschsucht der Klerikalen und im Besonderen der Jesuiten etwas einzudämmen. Neben dem Karlismus finden auch die separatistischen Bestrebungen, wie der Regionalismus, die kräftigste Unterstützuug seitens aller den Regierungen feindlicher Elemente. Die Katalanen haben es niemals verschmerzen können, dass die Kastilier die Hegemonie erlangt und ihnen das Joch ihrer Herrschaft auferlegt haben. Sie haben daher stets alle aufständischen Bewegungen auf das Thatkräftigste gefördert und sie haben nur das eine Ziel im Auge, sich von Kastilien und der spanischen Zentral-Regierung loszusagen, sich unabhängig zu machen, denn sie wollen nicht für das übrige Spanien allein die Arbeit leisten und obendrein für ihren Fleiss schwerer als irgend ein anderes Bevölkerungselement mit Steuern belastet werden, weil ihre Arbeit eben von Erfolg gekrönt ist und in ihrem Lande, in der Provinz Katalonien, einen grösseren Wohlstand erzeugt hat, als im ganzen übrigen Spanien.

Der Katalanismus ist oft mit dem Karlismus verquickt worden, mit dessen legitimistischem Absolutismus er nicht das Geringste gemein hat, denn er wurzelt ganz in der

Demokratie. Innerhalb Kataloniens, das eine sehr starke Arbeiterbevölkerung hat und die einzige Provinz ist, in der von leistungsfähiger Industrie die Rede sein kann — mit theilweiser Ausnahme der baskischen Provinzen — hat auch der Sozialismus ein fruchtbares Arbeitsfeld vorgefunden, und selbst anarchistische Bestrebungen haben sich dort als nicht aussichtslos erwiesen, weil alle Versuche der arbeitenden Klassen, den riesigen Steuerdruck zu mildern, immer fruchtlos gewesen sind.

Sozialistische und anarchistische Agitation ist aber auch mit bedeutendem Erfolg in der Ackerbaubevölkerung entfaltet worden, hauptsächlich in der Andalusiens, soweit daselbst der Boden in Kultur genommen ist. Die Thatsache, dass dort Geheimbünde wie „Die schwarze Hand" entstanden sind, ist auf dieselbe Ursache zurück zu führen, wie die der mächtigen Entfaltung des Karlismus, des Katalanismus, des baskischen Regionalismus und des Sozialismus: auf den unerhörten Steuerdruck, mit dem die arbeitende Klasse dort belastet wird, und der oft genug einzelne Individuen und ganze Gruppen zwingt, entweder die Arbeit aufzugeben und lieber betteln zu gehen, oder nach irgend welchen Mitteln zur Selbsthilfe zu suchen und sich den sozialistischen und anarchistischen Agenten in die Arme zu werfen statt ausschliesslich für den Staat zu arbeiten.

Die riesige Belastung der arbeitenden Klassen Spaniens mit geradezu unerschwinglichen Steuern ist die Folge der trostlosen selbstsüchtigen Interessenpolitik der obersten leitenden Kreise des Staats.

Da kein Beamter wissen kann, wie lange er im Amte ist, so erachtet er es, wie schon oben gesagt, für sein Recht, seine Stellung materiell so weit auszunützen als irgend möglich; aber er hält es auch für seine Menschenpflicht, die augenblickliche Gunst der Verhältnisse für seine Verwandten, Freunde und Gevattern in ergiebigster Weise auszubeuten und diesen ebenfalls Anstellungen im Staats- oder Gemeindedienst zu erwirken. Die Günstlingsherrschaft und der Nepotismus blühen daher in Spanien; familienweise occupiren bei einem Regierungswechsel die neuen Machthaber die freigewordenen Aemter, deren Zahl überhaupt mindestens drei Mal so gross ist als erforderlich, weil die Parteileiter bei der Uebernahme der Regierung eine möglichst grosse Menge ihrer Anhänger befriedigen und sich geneigt erhalten müssen. Alle Bemühungen, in dieser Hinsicht Wandlung zu schaffen, das Beamtenheer zu vermindern, sind stets gescheitert, denn keine regierungsfähige Partei hat es, aus Rücksicht auf die Masse ihrer Anhänger, die sie nicht entbehren kann, bisher wagen dürfen, ernstlich an eine durchgreifende Reduktion der Beamtenzahl zu denken und nur einen Theil der Sinekuren abzuschaffen. Der Verwaltungsapparat war und ist daher ein ausserordentlich grosser, kostet enorme Summen und diese müssen in erster Linie beschafft werden — das bedingt der Erhaltungstrieb der Partei, die nur so ihre Machtstellung wahren kann. Der Beamtenstand will aber nicht nur vegetiren, sondern mit allen ihm anhängenden Verwandten und Freunden glänzend leben und sich obendrein für die mageren Jahre sichern, wenn eine andere Partei am Staatstische sitzt, so muss denn die Steuerschraube thunlichst angezogen werden und jeder Beamte thut — soweit er es kann — das womöglich auch noch innerhalb seines Amtsbereichs aus eigener Machtvollkommenheit. Trotz der Höhe der Steuern reichen unter solchen Umständen, in Anbetracht der numerischen Beschränktheit der arbeitenden Klassen, die Staatseinnahmen kaum weiter, als zur Erhaltung des Beamtenstandes, aber das Heer, die Flotte, die Justiz, das Erziehungswesen, die öffentlichen Arbeiten stellen doch auch bedeutende Anforderungen an die Staatskassen, für deren stetige Ebbe die Beamten nach Kräften sorgen. Daher einerseits die ewige Finanznoth, das Wachsthum der Staatsschulden, der schwindende Kredit, die Vergeblichkeit seiner Aufbesserung, die Zunahme der Bettlerschaaren.

Den Bauern kann man es nicht verargen, wenn sie nicht ganz ausschliesslich für die am Staatstische sitzenden Schmarotzer arbeiten wollen, und sie behalten selbst bei guten Ernten bei aller ihrer notorischen Anspruchslosigkeit meist nicht mehr, als was nothdürftig zur Fristung des Lebens ihrer Familien erforderlich ist. Wird ihnen auch dies genommen, müssen sie zum Betriebe ihrer Arbeit ihre Güter übermässig mit Schulden belasten, können sie die Steuern nicht mehr aufbringen, so verfallen ihre Besitzungen dem Fiskus und sie müssen betteln gehen. So ist es gekommen, dass in manchen Provinzen zur Zeit die Hälfte des früher in Kultur gewesenen Bodens in den Staatsbesitz übergegangen ist und brach liegt, weil es an Arbeitskräften zur Bebauung des Ackers fehlt.

Aehnlich ist die Lage der Gewerbetreibenden, namentlich derjenigen, die nur mit ganz geringen Kapitalien arbeiten; sie gehen unter dem Steuerdruck zu Grunde.

Nicht genug aber mit den schweren Staatslasten, ist die Bevölkerung — und selbstverständlich in erster Linie wieder die arbeitende Klasse — noch von anderer Seite mit Abgaben heimgesucht, nämlich seitens des Klerus.

Wie gross auch der Kirchenbesitz ist, sein Ertrag genügt doch nicht entfernt den Ansprüchen der Geistlichkeit, die unter allen erdenklichen Formen die arme Bevölkerung aussaugt, die sich jeden ihrer Dienste schwer bezahlen lässt und in der Eintreibung der für Taufen, Einsegnungen, Trauungen, Begräbnisse und Seelenmessen übermässig hoch bemessenen Kosten mit grösster Rücksichtslosigkeit verfährt.

Weit schlimmer freilich als dieser materielle Druck, den der Klerus auf das Volk ausübt, ist sein Einfluss auf das Geistesleben desselben. Was für Anstrengungen auch seitens der Liberalen im 19. Jahrhundert gemacht worden sind, die Macht der Geistlichkeit zu brechen oder wenigstens doch zu vermindern, sie sind vergeblich gewesen. Wiederholt richtete sich die Volkswuth gegen die Mönche, mehrmals wurden ihre Klöster gestürmt und die geistlichen Orden aufgehoben, stillschweigend kehrten Mönche und Jesuiten immer wieder zurück, und die letzteren sind jetzt mächtiger als je zuvor. Die Kirche und die Geistlichkeit erkannten, welche Gefahr für sie darin lag, wenn ihnen etwa die Herrschaft über das Geistesleben des Volkes entzogen würde, und sie boten Alles auf, sie sich zu erhalten, der Verbreitung von Bildung entgegen zu wirken, das Volk in tiefster Geistesnacht, im krassesten Aberglauben zu erhalten. Als sie einsahen, dass es unmöglich sei, der modernen Bildung, Weltanschauung und Kultur das Eindringen in Spanien ganz zu wehren, da suchten sie das Erziehungswesen in ihre Hände zu bringen, die Wissenschaften in die Banden des Dogmatismus zu schlagen, denen sie sich zu entziehen drohten, und da waren die Jesuiten willkommene Gehilfen. Diesen ist es denn auch gelungen, ihre Zwecke vollständig zu erreichen, sich die Leitung des Schulwesens fast ganz zu sichern, Seminare und Hochschulen zu errichten, auf denen sie sich Lehrkräfte heranbilden, die den Lehrstoff in ihrem Sinne und Geiste den Massen vermitteln. Eine bequeme Handhabe dazu boten ihnen die trostlosen Schulverhältnisse des Landes. Der Elementarunterricht liegt ganz in den Händen der Gemeindeverwaltungen. Diese verfügen zwar stets über die Mittel, die zum Bau von Stiergefechtsarenen und zur Abhaltung dieser kostspieligen barbarischen Schauspiele, sowie für Wahlzwecke erforderlich sind; für die öffentliche Wohlfahrt, für Herstellung guter Verkehrswege und Verkehrsmittel, vollends aber für Lehrzwecke haben sie immer nur sehr beschränkte Summen übrig. Ihre Lehrer dotiren sie derart, dass diese nur äusserst kümmerlich ihr Leben fristen können. Wissenschaftlich gebildete Männer bleiben daher diesen Stellungen möglichst fern, und der Elementarunterricht liegt somit auf dem Lande und in den kleinen Städten grösstentheils solchen Kräften ob, die für die Lehrthätigkeit wenig qualificirt sind. Damit nicht genug, haben die armen Lehrer aber noch ihre Noth, die kleinen Gehälter, die ihnen bewilligt sind, zu beziehen. Jahrelang bleiben die Gemeindeverwaltungen ihnen die minimalen Summen schuldig und Anfang der achtziger Jahre konnte festgestellt werden, dass sich die Gesammtschulden der Gemeinden an ihre Elementarlehrer auf nahezu 100 Millionen Peseten (80 Millionen Mark) beliefen. In den Cortes sind diese unglaublich erscheinenden Zustände Jahre hindurch erörtert, und es ist dabei seitens der Republikaner und Demokraten das gesammte Unterrichtswesen Spaniens einer vernichtenden Kritik unterzogen worden. Mehrere Regierungen haben sich redlich bemüht, dem Uebelstande abzuhelfen, aber die leeren Gemeinde- und Staatskassen erschwerten die Regelung der Angelegenheit, die noch jetzt nicht völlige Erledigung gefunden hat. Unter solchen Umständen war es für die über grosse Reichthümer verfügenden Jesuiten ein Leichtes, den Gemeinden Lehrkräfte zu stellen, die auf pünktliche Zahlung der Gehälter nicht ängstlich zu sehen brauchten. Unter den Regierungen der Konservativen bot sich überdies dem hohen Klerus und den Jesuiten stets die günstigste Gelegenheit, mit den Errungenschaften der Liberalen immer wieder aufzuräumen und durch Unterrichtsgesetze, wie sie ihnen genehm waren, bestimmenden Einfluss auch auf das höhere Schulwesen und die Universitäten zu gewinnen. Vor Allem freilich waren sie immer darauf bedacht und sind es mehr als je, sich nicht die Mädchenerziehung entreissen zu lassen, denn so lange das weibliche Geschlecht ihrem Einfluss und den Einwirkungen der Ohrenbeichte unterworfen ist, wird auch ihre Machtstellung im Lande nicht erschüttert werden.

Die republikanischen Regierungen haben immer die Nothwendigkeit der Beschränkung der Macht des Klerus als Vorbedingung für die Förderung des Staatswohls anerkannt. Auch die liberalen Regierungen haben sich dieser Einsicht nicht verschliessen können, aber sie haben doch vor durchgreifenden Maassnahmen gegen die Kirche und ihre Diener zurückgeschreckt. Der spanische Klerus hat seine Streitbarkeit nicht eingebüsst und nie verleugnet; hat er oft genug auch in neuester Zeit der römischen Kurie und dem Oberhaupt der katholischen Kirche, dem Papst, Opposition gemacht, so würde er vollends keinen Augenblick zögern, jede gegen eine ihm feindlich gesinnte Regierung gerichtete Bewegung mit aller Energie zu unterstützen; ist es doch bekannt, dass ein grosser Theil der hohen Geistlichkeit immer für die Sache des Karlismus eingetreten ist und dies auch jetzt, allen Ermahnungen des Papstes entgegen, thut. Die schweren Niederlagen, die Spanien nun erlitten hat, die furchtbare Katastrophe, die über das Land hereingebrochen ist, hat auf den Klerus auch nicht nur nicht mildernd gewirkt, sondern im Gegentheil vielmehr seine Unduldsamkeit, seine Feindseligkeit gegen die modernen Bildungs- und Kulturfaktoren noch beträchtlich gesteigert. Der unglückliche Ausgang des spanisch-amerikanischen Krieges muss nun als Strafgericht herhalten, das Gott über das Land verhängt hat, weil es die Einführung liberaler Institutionen geduldet hat und die Liberalen, namentlich aber „die Teufelsanbeter", die Freimaurer, werden verantwortlich gemacht für alles Unheil, das geschehen ist. Haben Universitätsprofessoren im vorletzten Jahrzehnt noch die Inquisition als eine der besten Einrichtungen der katholischen Kirche feiern und vom Katheder aus erklären dürfen, dass ihre Aufhebung der Urquell alles Unglücks ist, das in dem 19. Jahrhundert über Spanien gekommen ist, so kann es nicht überraschen, dass niedere Geistliche jetzt zu den ungebildeten Volksmassen in gleichem Sinne sprechen und sie gegen die modernen Staatseinrichtungen zu fanatisiren suchen.

Leider hat die konservative Regierung, die die Stütze der Klerikalen nicht glaubte entbehren zu können, die agitatorische Thätigkeit der Curas und Jesuiten ruhig hingehen lassen und nicht zugeben wollen, dass dem Staat damit Schaden geschieht, dass vor Allem aber die gesammte Kulturentwickelung des Landes in hohem Maasse dadurch beeinträchtigt wird. Sie hat das Ordenswesen, den Monachismus, den Jesuitismus sich ungehindert entfalten, das Land sich wieder mit Klöstern bedecken lassen, deren 70000 männliche und weibliche Insassen mit den Jesuiten und Geistlichen gewetteifert haben, im Lande die Geistesnacht zu erhalten, die ihre Herrschaft sichert. Aber das Beispiel des Vorgehens der französischen Regierung gegen die geistlichen Orden hat schliesslich auch in Spanien jetzt eine mächtige antiklerikale Bewegung hervorgerufen und diese hat den Sturz der konservativ-ultramontanen Regierung am 25. Februar 1901 herbeigeführt. Es wird nunmehr Alles davon abhängen, ob die Liberalen den Muth haben werden, der antiklerikalen antijesuitischen Geistesströmung im Volke in erforderlicher Weise Rechnung zu tragen, die kulturschädigende Macht der Jesuiten, der Ultramontanen, der geistlichen Orden und der Geistlichkeit zu brechen oder mindestens wesentlich einzuschränken, und vor Allem die Volkserziehung wissenschaftlich gebildeten Laien zu übertragen und staatlicher Regelung und Beaufsichtigung zu unterstellen.

Den äusseren unmittelbaren Anlass zu der Katastrophe, die über Spanien hereingebrochen ist, gab zwar der letzte Aufstand der Cubaner, die eigentlichen Ursachen derselben sind aber in der verhängnissvollen Kolonialpolitik und in den Schäden der ganzen Staats-Verwaltung des Landes zu suchen.

Die Erfahrungen, die die Staatslenker Spaniens während dreier Jahrhunderte in den ungeheuren Kolonialgebieten der Neuen Welt zu machen hatten, waren reich genug, um die Grundlagen für eine gesunde, dem Mutterlande wie den Kolonien in gleicher Weise dienliche Kolonialpolitik zu liefern, aber sie wurden nicht ausgenützt. Zwar war das Monopolsystem, das für den Handelsverkehr zur Anwendung gelangt war, durch den Asientovertrag durchbrochen worden und wenn die Regierungen auch noch nach Aufhebung desselben wiederholt versuchten, dieses System von Neuem in vollem Umfange und in aller Strenge in Kraft zu setzen, so gelang es doch nicht mehr und sie sahen sich zu weiteren Konzessionen und schliesslich zur Freigabe des Handels gezwungen, aber die leitenden Grundsätze der alten Kolonialpolitik wurden doch nicht aufgegeben, die Kolonien wurden nach wie vor als Ausbeutungsobjekte betrachtet und behandelt, die keinen anderen Daseinszweck hatten, als dem Mutterlande die Reichthümer zu spenden, die der Hof, der Adel und der Klerus zur Führung eines übertrieben luxuriösen Lebens beanspruchten. Nur der hochbegabte Minister Karls III., Aranda, erkannte deutlich die Gefahr, die die fortgesetzte rücksichtslose politische Knechtung und wirthschaftliche Aussaugung der Kolonien in sich barg, und er entwarf 1783 den Plan einer vollständigen Umgestaltung der Kolonialverwaltung und einer Neueintheilung der amerikanischen Besitzungen in drei Königreiche, denen vollständige Selbstverwaltung bewilligt werden sollte. Sein Plan fand auch im Prinzip die Billigung des einsichtigen Königs Karl III., der durch die an Intensität stetig wachsenden Unabhängigkeitsbestrebungen der Kolonialbevölkerungen aller Länder Mittel- und Südamerikas mit gerechter Besorgniss erfüllt wurde. Die damals gespannten Beziehungen zu England machten aber den König doch bedenklich; er fürchtete neue internationale Verwickelungen, die Ausführung des sorgfältig ausgearbeiteten Entwurfs seines Ministers unterblieb, und die Folge war der endliche Verlust aller festländischen Besitzungen Mittel- und Südamerikas. Spanien verblieben dort nunmehr nur noch die beiden grossen Antillen-Inseln Cuba und Puerto-Rico. Hatte es sich ausser Stande erwiesen, das grosse Kolonialreich erfolgreich zu verwalten und sich dauernd zu erhalten, so konnte es doch nun seine ganze Aufmerksamkeit dem vergleichsweise verschwindend kleinen Rest seiner überseeischen Besitzungen zuwenden und in ihnen wenigstens, belehrt durch die traurigen Erfahrungen, die es eben gemacht hatte, eine verständige Verwaltung einführen. Wirklich geschah denn auch wenigstens das eine, dass endlich mit dem Monopol des Handelsverkehrs ganz gebrochen und 1817 der Handel der Antillen-Inseln mit der gesammten Welt völlig freigegeben wurde. Das war aber auch so ziemlich die einzige Veränderung, die eintrat; die Verwaltung blieb im Wesentlichen dieselbe, wie sie bisher und in den verloren gegangenen Reichen gewesen war, sie diente dem Zweck der äussersten Ausbeutung der Inseln und der Erhaltung ihrer Einwohnerschaft im Zustande politischer Unmündigkeit. Die hohen und einflussreichen Aemter wurden dauernd ausschliesslich mit Spaniern besetzt, die sich den Kreolen gegenüber als die unumschränkten Herren aufspielten, sie hochmüthig wie Halbbarbaren behandelten und sich ausserdem berechtigt glaubten, ihre unergründlichen Taschen zu füllen, sodass es als eine Seltenheit galt, wenn ein Kolonialbeamter nach einigen Dienstjahren nicht als reicher Mann in die Heimath zurückkehrte.

Die liberale Verfassung von 1812 hatte den Cubanern gleiche Rechte mit den Spaniern zuertheilt, Cuba zu einer Provinz des Mutterlandes gemacht; aber diese Verfassung gelangte dort überhaupt kaum zur Herrschaft, denn Ferdinand VII. hob sie auf, sobald er zur Regierung kam. Die Kreolen wollten sich nun jedoch die einmal zugestandenen politischen Rechte, auf die sie vollen Anspruch hatten, nicht wieder entreissen lassen, und so begann denn um sie der Kampf, der erst vor zwei Jahre seinen Abschluss gefunden hat. Unterstützt von den Liberalen des Mutterlandes, forderten die Kreolen zunächst die Gewährung der allgemeinen Menschenrechte, die Bewilligung der politischen Rechte, die der letzte Spanier geniesst, Betheiligung an der Verwaltung ihres Heimathlandes und Vertretung in den Cortes, also nichts Unbilliges. Da aber alle ihre Bemühungen vergebens waren, so griffen sie 1824 zum ersten Male zu den Waffen. Diese aufständische Bewegung war zwar erfolglos, aber das Mutterland sah doch, dass die Kreolen entschlossen waren, das Aeusserste zu versuchen, um sich auf ihrer Insel ein menschenwürdiges, der modernen Weltanschauung entsprechendes Dasein zu erringen, und die liberalere Verfassung von 1836 sicherte den Antillen wenigstens die Vertretung in den Cortes zu. Als die Abgeordneten aber 1837 in Madrid erschienen, entschieden die Cortes mit allen gegen zwei Stimmen, dass die cubanischen Vertreter nicht zugelassen werden dürften, weil die Kolonien nach Sondergesetzen regiert werden und in dem Parlament Spaniens nicht vertreten sein sollten. Da alle Vorstellungen der Kreolen vergebens waren, so sahen sie sich von Neuem gezwungen, ihre Zuflucht zum Aufstande zu nehmen. In gleicher Weise ging es nun die folgenden Jahrzehnte hindurch. Die cubanischen Patrioten liessen kein Mittel unversucht, um auf friedlichem Wege die Gleichberechtigung mit den Spaniern zu erlangen, erzielten dann wohl auch gelegentlich Erfolge, die schönen Versprechungen der spanischen Regierungen aber blieben unerfüllt, die bestehenden Gesetze wurden seitens der autokratischen, mit übertriebenen Machtvollkommenheiten ausgestatteten General-Gouverneure und obersten Verwaltungsbeamten oft genug schwer verletzt; den Spaniern wurden auf Kosten der Eingeborenen die weitest gehenden Privilegien bewilligt, es wurde die Politik befolgt, den Grossgrundbesitz, die Grossindustrie und den Handel vollständig den eingewanderten Spaniern zu überweisen, die sich ausserdem auch aller politischen Rechte des Heimathlandes erfreuten.

Kein Wunder, dass unter solchen Umständen die Kreolen von dem grössten Hass gegen ihre rücksichtslosen Bedrücker und Aussauger erfüllt wurden und immer grössere Thatkraft aufboten, um auf friedlichem Wege oder mit Waffengewalt endlich ihr Ziel zu erreichen. Allmählich wurde dann auch der Wunsch rege, nicht nur die ihnen zustehenden politischen Rechte zu erzwingen, sondern überhaupt das Joch Spaniens abzuschütteln, sich ganz unabhängig zu machen, denn das Vertrauen zu dem guten Willen der Machthaber des Mutterlandes wurde zu häufig dadurch erschüttert, dass die vertragsmässig festgestellten Bestimmungen nicht erfüllt, die heiligsten Versprechen nicht gehalten wurden, die neuen Gesetzes-Bestimmungen tote Buchstaben blieben.

Die durch die ewigen Unruhen erzeugten Zustände auf Cuba fingen jedoch an, die Interessen der Vereinigten Staaten von Nord-Amerika in empfindlichster Weise zu schädigen. Die Cubaner fanden bei der dortigen Bevölkerung die grössten Sympathien, es bildeten sich in der Union grosse Gruppen, die für Erwerb oder Eroberung Cubas plaidirten und wiederholt wurden Spanien seitens der nordamerikanischen Regierungen bedeutende Kaufsummen angeboten, jedoch immer stolz zurückgewiesen. Die Nord-Amerikaner suchten daher durch private Unterstützung die Cubaner im Kampfe für ihre Freiheit zu fördern, und es kam darüber zu häufigen Konflikten zwischen den beiden Regierungen, namentlich in dem 10jährigen Aufstande von 1868 bis 1878, der mit dem Vertrage von Zanjon endete. In diesem wurden Dank der Vermittelung des Generalfeldmarschalls Martinez Campos den Cubanern die meisten politischen Rechte gewährt, die sie verlangten, auch eine angemessene Vertretung in den Cortes. Wieder aber blieb es beim Alten, die Vertragsbestimmungen wurden entweder überhaupt nicht oder so erfüllt, dass die Kreolen von den so schwer errungenen Rechten keinen Gebrauch machen konnten. Von Neuem legten sie Berufung ein, versuchten auf friedlichem, verfassungsmässigem Wege die Erfüllung der ihnen zugesicherten, von den Cortes sanktionirten Gesetzesbestimmungen, aber Alles war vergebens, und so schritten sie 1895 zu dem Kampfe, der noch in Aller Gedächtniss ist, in den auch die Vereinigten Staaten durch die öffentliche Meinung gedrängt wurden und der, wie bekannt, mit dem Verlust der letzten amerikanischen Kolonien und der Philippinen geendet hat.

Wie man auch über das Eingreifen der Vereinigten Staaten in diesem letzten Aufstand denken mag, es kann jedenfalls nicht geleugnet werden, dass Spanien durch seine verderbliche Kolonialpolitik die Cubaner gezwungen hat, Alles aufzubieten, um sich von dem Joch der spanischen Herrschaft, von diesem schmählichen Ausbeutungssystem zu befreien, das gegen sie angewandt wurde, und es wäre nur eine Frage der Zeit gewesen, dass sie ihre Unabhängigkeit auch ohne das Eingreifen Nord-Amerikas erreicht hätten.

War die Verwaltung Cubas in der Hauptsache in die Hände eines militärischen Diktators gelegt und im Uebrigen verarmten Adligen und Granden überlassen, um diesen dadurch Gelegenheit zu geben, ihre traurigen Vermögensverhältnisse aufzubessern, sei es durch geschickte Ausbeute der ihnen überwiesenen Sinecuren, sei es durch Heirath mit den reichen Töchtern der Kreolen, so lagen die Verhältnisse auf den Philippinen wesentlich anders. Von der Zeit der Entdeckung dieser Inseln an hatten sich dort Missionare und Mönche in grosser Zahl niedergelassen, um die Einwohner dem Christenthum zu gewinnen, und um von dort aus die christliche Mission im Stillen Ozean und in der Südsee zu betreiben. Die Macht dieser Mönche war im Laufe der Jahrhunderte eine so grosse geworden, dass der spanische Beamtenstand neben ihnen nur eine untergeordnete Rolle spielte; sie waren die eigentlichen Herren des asiatischen Kolonialreichs Spaniens und duldeten nur solche Gouverneure und Beamte, die ihnen genehm waren. Wohl wurden wiederholt Versuche gemacht, diese Mönchswirthschaft zu beseitigen, alle derartige Bemühungen waren jedoch vergebens, und der Rath von Indien, wie das später an seine Stelle getretene Kolonialministerium mussten sich vor den Wünschen und Willensäusserungen der Mönche und Geistlichen der Philippinen beugen. Zwar nahmen diese Machthaber für sich den Ruhm in Anspruch, die Tagalen erst dem Christenthum gewonnen und Kultur unter ihnen verbreitet zu haben. Genauer betrachtet haben sich diese so hoch gerühmten Kulturleistungen der Mönche aber als überaus geringfügig erwiesen. Höhere Bildung war von vorn herein von den Philippinen ausgeschlossen, und erst der regere Handelsverkehr der Inseln mit dem Auslande bahnte den Weg, auf dem wirkliche Bildungskeime dort eindringen, als Ferment wirken, höhere Interessen wecken und die oberen Bevölkerungsklassen schliesslich aus der mittelalterlichen finsteren Geistesnacht herausreissen konnten, in der die Geistlichen und die Mönche sie geflissentlich gehalten hatten. Da diese aber sorgfältig darüber wachten, dass freigeistige Bestrebungen nicht um sich griffen, so waren die Liberalen wie die Freidenker genöthigt, ihre Propaganda im Geheimen zu betreiben, und das geschah durch die vielen Geheimgenossenschaften, die dort nach dem Vorbilde der Freimaurerbünde geschaffen wurden. Wie furchtbar sie auch verfolgt wurden, sie waren nicht zu unterdrücken, nachdem sie die eingeborene Bevölkerung zur Erkenntniss ihrer Menschenrechte erzogen hatten. Die von ihnen verbreiteten Bildungskeime fielen überall auf fruchtbaren Boden und weckten das Streben nach Befreiung von dem schmählichen geistigen Druck, den die Mönche ausübten, und nach politischen Rechten und Freiheiten, die ihnen seitens des Mutterlandes versagt wurden. Das Beispiel der Cubaner fand daher schliesslich auch auf den Philippinen bei den Tagalen und Kreolen Nachahmung, und die Erhaltung der Herrschaft über diese Inseln würde den Spaniern in Zukunft nicht geringere Schwierigkeiten gemacht haben wie die Erhaltung des Besitzes Cubas in dem verflossenen Jahrhundert. Früher oder später würden auch die Philippinen ihre Unabhängigkeit errungen haben, wenn die Vereinigten Staaten hier nicht ebenfalls jetzt eingegriffen hätten.

In diesen letzten Kämpfen Spaniens um seinen Kolonialbesitz traten nun aber die verhängnissvollen Schäden der Politik und der Verwaltung des Mutterlandes deutlicher als je zuvor in die Erscheinung.

Bei den völlig zerrütteten Finanzen fiel es den Madrider Regierungen zunächst schwer, die Mittel zur Bekämpfung der Aufstände auf Cuba und den Philippinen zu beschaffen, denn neben den grossen Summen, die der korrumpirte Verwaltungsapparat in Anspruch nimmt, verschlingen die Zinszahlungen für die riesigen Staatsschulden einen sehr beträchtlichen Theil der Einnahmen, nämlich ungefähr 40 pCt. Der Kredit Spaniens ist bei seiner stetig wachsenden schwebenden Schuld und bei seiner ganzen Finanzwirthschaft seit Jahrzehnten der Art gesunken, dass alle Bemühungen der Finanzminister, grössere Anleihen im Auslande aufzunehmen, an dem Misstrauen der Banken desselben und an der Höhe der von diesen daher geforderten Sicherheiten und des verlangten Zinsfusses gescheitert sind. Frankreich, das sowohl im Mutterlande Spanien wie auch in Cuba finanziell sehr stark engagirt ist, war wohl wiederholt bereit, die Summen vorzustrecken, die Spanien zur Führung des Krieges auf Cuba brauchte, aber die Verhandlungen zerschlugen sich schliesslich auch, weil die Garantien, die Frankreich beanspruchte, unerschwinglich waren. Zu der Haltung der grossen Finanzinstitute des Auslandes gegenüber Spanien trugen allerdings auch noch andere Umstände bei, so namentlich die ungeschickte äussere Politik, die Spanien in den letzten Jahrzehnten verfolgt hat. Die gänzliche Isolirung, die die Folge dieser Politik war, hat sich dann auch bitter in dem Kriege gerächt, in den Spanien mit den Vereinigten Staaten verwickelt wurde.

Während Spanien, das heute immer noch von dem Ruhm seiner grossen Vergangenheit lebt und in der Selbsttäuschung über seine Leistungskraft und Bedeutung jetzt noch die Rolle spielen möchte, die es einst spielte, in neuester Zeit besonders wieder dahin strebte, als Grossmacht ersten Ranges anerkannt zu werden, daher einen entsprechenden grossen Aufwand trieb und sich oft genug gekränkt zeigte, wenn es bei internationalen Fragen, die es nichts angingen, nicht zu Rathe gezogen wurde, hat es doch eine äussere Politik betrieben, die keineswegs geeignet war, ihm die Sympathien der Grossmächte zuzuwenden oder es zu befähigen, Einfluss auf die Gestaltung der europäischen oder der Weltverhältnisse zu gewinnen.

Mit Portugal hat Spanien stets auf gespanntem Fuss gelebt und die Abneigung beider Länder gegeneinander beruht allerdings auf Gegenseitigkeit. Eingedenk der Zeiten, in denen es schon einmal von Spanien annektirt war, und der Politik des grossen Nachbarn misstrauend, weil es dessen geheimen Wunsch kennt, Portugal sich einzuverleiben, verhält dieses sich stets allen Annäherungsversuchen Spaniens gegenüber schroff ablehnend, um so mehr in neuester Zeit, da der Gedanke eines iberischen Bundes sehr lebhaft erörtert worden ist und nach der Bildung eines solchen allerdings das Streben nach einem iberischen Einheitsstaat sehr nahe liegen würde. Spanien aber beschuldigt Portugal, im Geheimen alle Umsturzbewegungen in seinem Innern zu unterstützen, um es dadurch zu schwächen. Diese Anklage ist zwar unbegründet, sofern sie sich gegen die Regierung und die Politik des portugiesischen Staats richtet.

Nähere Beziehungen zu England hat Katalonien stets zu hintertreiben gewusst, das für seine Industrie und seinen Handel fürchtet, wenn die beiden Staaten in ein engeres freundschaftliches Verhältniss treten. Ausserdem bilden Gibraltar und die Marokkopolitik Englands für Spanien Hindernisse zur Verständigung mit Grossbritannien.

Gegen Frankreich herrschte bis 1870 eine lebhafte Abneigung wegen der vielen Eingriffe, die es zu Anfang des 19. Jahrhunderts in die spanischen Verhältnisse gethan hat; dieses Gefühl waltete hauptsächlich bei den Demokraten, den Liberalen aller Schattirungen vor, die dagegen grosse Sympathien für Deutschland hegten. Seitdem letzteres aber Frankreich geschlagen hat, zu einer dominirenden Weltmachtstellung emporgestiegen ist, hat es die Sympathien der liberalen Spanier völlig eingebüsst, die nun ihre Zuneigung durchaus Frankreich zuwenden. Die Beseitigung der Monarchie in dem Nachbarlande hat aber die Konservativen aller Richtungen zu entschiedenen Gegnern eines etwaigen Bündnisses mit Frankreich gemacht. Letzteres ist ausserdem, wie schon bemerkt, in Spanien finanziell stark engagirt, hat in seinem Besitz einen sehr grossen Theil der spanischen Staatspapiere und könnte jeden Augenblick als Gläubiger äusserst unbequem werden, daher ist die Neigung zu einem zu engen Verhältniss mit Frankreich nicht gross. Auch in Afrika berühren sich die Interessen beider Länder sehr schroff.

Von einem Bündniss mit Deutschland wollte man in ganz Spanien nie etwas wissen, vollends nicht, seitdem dieses vermocht hat, die romanische Vormacht, Frankreich, so vollständig aufs Haupt zu schlagen, wie es geschah. Die grosse Zuneigung, die der deutsche Hof für den jungen König Alfons XII. bekundete, und seit dessen Tode auch für die Königin-Regentin und ihren Sohn, war den Liberalen und besonders den Republikanern verhasst, aber auch den Konservativen verdächtig, und mit Rücksichtslosigkeit wurden manche Freundlichkeiten Deutschlands zurückgewiesen, bis der Karolinenkonflikt eine vollständige Erkältung in Spanien erzeugte und jede Möglichkeit eines politischen Zusammenwirkens beider Mächte bis auf Weiteres ausschloss.

Eine Annäherung an Italien verhinderte der allmächtige Klerus Spaniens vollständig.

So blieb Spanien völlig isolirt, lehnte hochmüthig auch alle Bemühungen anderer Mächte um seine intimere Freundschaft ab, und das rächte sich in dem Konflikt mit den Vereinigten Staaten. Vergebens versuchte es seine Diplomatie, die europäischen Grossmächte zu bewegen, es wenigstens moralisch gegen Nord-Amerika zu unterstützen.

Hatte schon die Art, wie Spanien die Aufstände in Cuba und auf den Philippinen bekämpfte, den Beweis geliefert, wie schlecht es mit seinem Heer und seiner Flotte bestellt war, so zeigte sich dies vollends, als Amerika in die Schranken eintrat und den Krieg begann.

Welche riesigen Summen waren noch zu Lebzeiten Alfonsos XII. von den Cortes für den Ausbau der Flotte bewilligt worden, und wo sind die Hunderte von Millionen Peseten geblieben, was ist mit ihnen erzielt worden? Der unverhältnissmässig grosse Verwaltungsapparat, die zahllosen Kommissionen und sonstigen Aemter und Institutionen, die geschaffen wurden, um hungernden Parteigängern und verarmten Adligen aufzuhelfen, beanspruchten enorme Summen. Um die nationale Arbeit zu fördern, sollten die Kriegsschiffe im Lande gebaut werden; das bedeutete Verdreifachung der Baukosten zum Mindesten bei dreifacher Dauer der Herstellungszeit, und dann erschienen Fahrzeuge, die nicht das nöthige Gleichgewicht hielten, deren Maschinen unbrauchbar waren, die zu kentern drohten, wenn die grossen Geschütze heraufgebracht werden sollten und dergleichen mehr. Unter den Sachverständigen war es bekannt und in den Cortes, wo unaufhörlich über die Misswirthschaft in der Marineverwaltung die beschämendsten Enthüllungen gemacht wurden, nicht minder, dass die ganze Kriegsflotte kampfuntüchtig, unfertig, ungerüstet war.

Was das Heer anbetrifft, so stimmen die fremden Militärattachés darin überein, dass der spanische Soldat ausserordentlich leistungsfähig, bei seiner grossen Mässigkeit und Nüchternheit sehr brauchbar ist. Aber die Heeresverwaltung hat stets zu vielen Einwänden Veranlassung gegeben, und diese haben sich in dem letzten Kriege grossentheils als richtig erwiesen. Die Liberalen und Republikaner haben ausserdem immer gegen das Loskaufsystem geeifert — der Staat hat indessen geglaubt, die sich daraus ergebenden Summen nicht entbehren zu können, und die allgemeine Wehrpflicht ist noch immer nicht eingeführt. Was für Truppen wurden nun aber nach Cuba hinübergeschickt; zum Theil ungeschulte ganz junge Rekruten, die für den dortigen Guerillakrieg nicht brauchbar waren und bei der elenden Nahrung zu Zehntausenden den Fiebern und klimatischen Krankheiten zum Opfer fielen. Da konnte der Ausgang des Krieges kein anderer sein als er war.

Wurde die Politik Spaniens durch das Streben bestimmt, dem Lande eine Grossmachtsstellung zu sichern oder zu erringen, wie es sie im 16. Jahrhundert besass, so stand und steht das sociale Leben unter dem Einfluss der Grossmannssucht. Prunksucht, Genusssucht, Entfaltung grossen Glanzes und Wahrung des äussern Scheins des Reichthums bedingen in allen Schichten des Volks eine Lebensführung, die meist über die verfügbaren Mittel beträchtlich hinausgeht.

Das geistige nnd künstlerische Leben nahm nach der Wiedererrichtung des Bourbonenthrones einen sehr bedeutenden Aufschwung. Die ungünstigen Verhältnisse des Landes, die traurige wirthschaftliche Lage, die seit Jahren nicht weit von dem Bankerott entfernt ist, und das ganze nationale Leben nachtheilig beeinflusst, sind auch der Fortentwickelung der Geisteskultur nicht vortheilhaft gewesen.

Werfen wir nun einen Blick auf die wirthschaftlichen Verhältnisse des Landes und seine wirthschaftliche Leistungsfähigkeit.

IV.

Spaniens wirthschaftliche Lage.

Der völlige kulturelle Verfall Spaniens im 17. und 18. Jahrhundert war im Wesentlichen durch den der wirthschaftlichen Verhältnisse bedingt worden, freilich hatten die Kolonialpolitik und die Grossmachtspolitik der Habsburger durch den furchtbaren Steuerdruck, den sie nach sich zogen, das wirthschaftliche Leben völlig erstickt, eine gesunde, kräftige Entwickelung der nationalen Arbeit ganz unmöglich gemacht. Karl III. und seine Räthe hatten sich wohl bemüht, die wirthschaftliche Lage des Landes wieder zu bessern, aber im Laufe der Jahre oder selbst Jahrzehnte konnten keine durchschlagenden günstigen Erfolge erzielt, konnten nicht die Schäden einer jahrhunderteiangen unheilvollen Wirthschaftspolitik ausgeglichen, konnten nicht heilsame Reformen durchgeführt werden; unter seinem Nachfolger aber trat eine traurige Reaktion ein, die das wenige Gute und Bedeutende, was unter Karl III. erzielt worden, wieder beseitigte. Das Eingreifen Napoleons I in die spanischen Verhältnisse war ebensowenig geeignet, eine Besserung der wirthschaftlichen Lage herbeizuführen, denn die allgemeine Unsicherheit, die dadurch erzeugt wurde, war sicherlich der Pflege der Industrie, der Förderung der nationalen Arbeit in keiner Weise dienlich. Die Zeit von der Erhebung der Spanier gegen die Fremdherrschaft Bonapartes, dem 2. Mai 1808, bis zur Vertreibung der Königin Isabel II., 18. September 1868, war ebensowenig für ruhige, friedliche Arbeit geeignet, denn die beständigen, von Revolten, Pronunciamientos und Aufständen begleiteten inneren politischen Kämpfe hielten alle

Kreise der Bevölkerung beständig in Unruhe und Aufregung. Die Ermüdung und Erschlaffung, die dieser langen Zeit der ununterbrochenen Wirren folgte, die Unsicherheit der Verhältnisse, die die verschiedenen Versuche der Republikaner und Demokraten, dem Lande eine ihren Idealen entsprechende Verfassung zu geben, mit sich brachten, konnte wohl die Geister anregen, nicht aber das Kapital veranlassen, aus seiner Reserve hervorzutreten und zur Hebung des wirthschaftlichen Lebens beizutragen. Erst nach der Restauration des Bourbonenthrones gestalteten sich die politischen Verhältnisse solcher Art, dass eine gewisse Sicherheit für den Eintritt einer längeren Ruheperiode gewährleistet schien, und nun endlich begann der Unternehmungsgeist der Gewerbetreibenden Klassen sich mehr und mehr zu regen und von den beiden Centren gewerblichen Lebens, von Katalonien und den baskischen Provinzen aus, sich auch in die anderen Provinzen allmählich auszubreiten.

Es zeigte sich dann allerdings sehr bald, dass die Spanier überhaupt erst zur Arbeit erzogen werden mussten. Im Dienste der Karthager, der Römer, der Araber, hatten sie wohl den Boden bearbeitet, Viehzucht und Bergbau betrieben, so lange es sich lohnte, diese Arbeiten auszuführen. Hörte die fremde Anregung auf, so sank auch die Arbeitslust, und die sesshaften Eingeborenen beschränkten sich darauf, gerade nur soviel zu thun, als erforderlich war, um die nothdürftigsten Mittel zur Fristung des Daseins zu beschaffen, und dazu gehörte bei ihrer Anspruchslosigkeit und der verschwenderischen Freigiebigkeit der Natur und des fruchtbaren Bodens Spaniens sehr wenig. In der Zeit der sogenannten Kulturblüthe des Landes, unter Philipp II., reichte doch nicht einmal der Ertrag der Feldarbeit hin, um das Getreide für den Unterhalt der auf kaum 6 Millionen zusammengeschwundenen Bevölkerung herzugeben, das zum Theil vom Auslande importirt werden musste. Die Spanier wollten eben nicht arbeiten, und sie wollten dies vollends nicht, wenn sie für sich selbst keinen Vortheil von ihrer Mühe hatten, wenn sie mit Steuern derart überbürdet wurden, dass für sie selbst im günstigsten Fall kaum soviel abfiel, dass sie und ihre Familien ihr Leben nothdürftig fristen konnten. Tüchtig gearbeitet wurde zu allen Zeiten immer nur in Katalonien; nur in diesem ältesten christlichen Staatsorganismus Spaniens war auch allein von Industrie und Handel in nennenswerthem Maassstabe die Rede, und das halten die Katalanen den Kastiliern und den übrigen Spaniern jetzt vor allem auch beständig und allerdings mit gutem Grunde vor, dass sie es hauptsächlich sind, die die Arbeit für das ganze Spanien verrichten müssen und, bei der übermässigen Belastung der Arbeit durch Steuern, obendrein gerade infolge ihres Fleisses bei weitem am stärksten zu den Staatseinnahmen beizutragen haben, jedenfalls verhältnissmässig ganz ungleich mehr als die Bevölkerung irgend einer anderen Provinz.

Die natürlichen Verhältnisse Spaniens haben sich im Laufe der $2^1/_2$ Jahrtausende seines geschichtlichen Lebens nicht geändert, sie sind heute ebenso günstig wie damals, als die Phönizier sich dort niederliessen. Wo nur das vorhandene Wasser vernünftig ausgenutzt wird, da ist der Boden von grösster Fruchtbarkeit, und es bedarf nur ganz geringer Nachhilfe des Menschen, um einen riesigen Ertrag zu erzielen. Die Mineralschätze sind noch völlig unerschöpflich, und bei den heutigen technischen und wissenschaftlichen Hilfsmitteln bietet ihre Hebung ungleich weniger Schwierigkeiten als in den Zeiten der Phönizierherrschaft. Die Wirthschaftspolitik der Regierungen des christlichen Spanien ist leider immer darauf gerichtet gewesen, die arbeitenden Klassen zu Gunsten der privilegirten, ausschliesslich geniessenden und nicht erwerbenden Klassen der Bevölkerung zu bedrücken, auszusaugen und in ganz ungebührlicher Weise durch Besteuerung zum Unterhalt des Staats und der hohen Stände, des Hofes, des Adels, der Geistlichkeit, des Beamtenstandes heranzuziehen und die Freude an der Arbeit dadurch zu ersticken. Durch Ausfuhrverbote für das heimische Rohmaterial, durch Prohibitivzölle gegen ausländische Industrieerzeugnisse sollte die nationale Arbeit gefördert werden — doch immer nur zu dem Endzwecke, dem Staat grössere Einnahmen, dem Adel, dem Klerus und den Beamten mehr Mittel zur Befriedigung ihrer Genusssucht und Prunkliebe zu verschaffen. Bei dem geradezu unerschöpflichen Reichthum Spaniens an Naturprodukten aller Art, deren Kreis übrigens noch wesentlich erweitert werden könnte, hätte Spanien ein Ackerbau- und Industriestaat ersten Ranges werden können, wenn eine vernünftigere Wirthschaftspolitik zur Anwendung gelangt wäre. Beweis dafür ist vor Allem Katalonien, das keineswegs etwa die günstigsten natürlichen Vorbedingungen für Ackerbau und Industrie hat, sondern in vielen Beziehungen in dieser Hinsicht hinter Aragonien, Andalusien, Estremadura, Leon, Kastilien zurücksteht. Dasselbe gilt von den baskischen Provinzen. Auch dort ist immer der Beweis geliefert worden, was durch tüchtige, fleissige Arbeit erzielt werden kann, und die natürlichen und Bodenverhältnisse sind dort noch ungünstiger als in Katalonien und in vielen anderen Theilen des Landes. Trotz riesigem Steuerdruck haben es die Bevölkerungen dieser beiden Provinzen aber zu grossem Wohlstand gebracht — und dasselbe könnte in dem grössten Theil Spaniens geschehen, wenn die arbeitenden Klassen nicht in so unverantwortlicher Weise mit Steuern bedrückt würden. Derartigen Ausführungen wird entgegengehalten, dass die klimatischen Verhältnisse des inneren Spaniens der Arbeitsamkeit nicht günstig seien. Die furchtbare Sommerhitze, die Rauhheit des Winters, die beständigen schroffen Temperaturwechsel, denen die Bevölkerung der Hochplateaux des Innern ausgesetzt ist, beeinträchtigen vielleicht etwas die Arbeitslust, aber doch sicherlich nicht die natürliche physische Beschaffenheit und die Arbeitsfähigkeit der Bewohner dieser Gebiete. Weshalb gedeihen Katalanen, Basken, Gallegos auch im Innern des Landes überall ausgezeichnet, weshalb sind sie und zahlreiche Ausländer da fast durchweg die Träger der Industrie, wenn sie doch unter denselben klimatischen Verhältnissen leben wie die Eingeborenen? Diese Einwände sind völlig grund- und haltlos. Der Hauptgrund der gänzlichen Arbeitsunlust, Energielosigkeit und des Mangels an Initiative ist die seit Jahrhunderten befolgte verderbliche Wirthschaftspolitik. Von Natur ist der Mensch überhaupt nicht arbeitsam, und wo die Lebensbedingungen günstig sind, wo die Natur freigebig Alles gewährt, was er zum Leben braucht, wird er nicht daran denken, sich durch Arbeit mehr anzustrengen, als unbedingt erforderlich ist. Wo er vollends zum Arbeitssklaven für einige privilegirte Stände gemacht wird, wo ihm der mühsam errungene Ertrag seiner Arbeit unter allen möglichen Vorwänden und Formen genommen wird, da kann man es ihm nicht verdenken, wenn er sich mit dem begnügt, was die Natur ihm ohne Weiteres an Genüssen und Früchten bietet, oder wenn er es vorzieht, sich durch Bettelei und Räuberei die nöthigen Existenzmittel zu beschaffen, statt sich anstrengender Arbeit hinzugeben, die doch in jedem Fall für ihn selbst und seine Familie fruchtlos ist.

Die natürlichen Grundlagen des nationalen Reichthums und Erwerbs sind dieselben geblieben, die sie immer waren; es sind auch heute noch wie vor 2500 Jahren Ackerbau, Viehzucht und Bergbau. Sehen wir, was sie zur Zeit für einen Ertrag liefern.

Da fällt uns denn zunächst auf, dass von dem kulturfähigen Boden des Landes kaum die Hälfte wirklich in Kultur genommen ist — und davon steht auch vieles nur auf dem Papier.

Nach dem am 31. Dezember 1897 aufgestellten Census hat Spanien zur Zeit 18 089 500 Einwohner, die sich auf 504 552 qkm vertheilen, sodass ungefähr 36 Einwohner auf den Quadratkilometer kommen. Von der gesammten Bodenfläche besteht ca. 20 pCt. aus unproduktivem Land, aus Gebirgen, und ca. 27 pCt. sind Steppen und Oedland. Die übrigen 52 pCt. sind produktiv, und zwar ungefähr die Hälfte, also ca. 26 pCt. als Ackerland, ca. 3 pCt. als Weinland, 0,2 pCt. als Wiesen, 1,6 pCt. ist für Olivenbau in Anspruch genommen, ca. 13 pCt. sind Weideland, ca. 8,2 pCt. sind mit Wald bestanden. Wäre von den 27 pCt. Oedland mindestens die Hälfte für die Bodenkultur zu gewinnen, so ist es andererseits eine Thatsache, dass ein sehr bedeutender Theil des kulturfähigen Bodens gegenwärtig völlig brach liegt; dabei dienen übrigens nur ungefähr 3 pCt. der Bodenfläche Garten- und Parkanlagen. Man darf mit Sicherheit sagen, dass von der kulturfähigen Bodenfläche von 52 pCt. keinenfalls gegenwärtig mehr als höchstens 30—35 pCt. wirklich und einigermaassen rationell ausgebeutet werden, denn der letzte Kolonialkrieg hat gerade der Landwirthschaft sehr grossen Schaden durch die Dezimirung der ohnehin nicht grossen agrarischen Bevölkerung zugefügt, und da die jetzige Regierung keineswegs geneigt scheint, die Landwirthschaft wesentlich zu entlasten, ihre Lebensbedingungen zu verbessern, so fehlt es zur Zeit in der ländlichen Bevölkerung nicht nur an Arbeitskräften, sondern hauptsächlich auch an Arbeitslust, und gerade aus ihr rekrutiren sich die Massen derer, die es jetzt vorziehen, nach Südamerika, nach den früheren Kolonien Spaniens, nach Cuba, Puerto-Rico und selbst nach Afrika auszuwandern, als unter dem völlig erdrückenden Joch der herrschenden Steuerwirthschaft auszuharren.

Was einer der gründlichsten Kenner der wirthschaftlichen Verhältnisse Spaniens, der Marques von Riscal, vor nahezu 20 Jahren hierüber in seinem Buche „Feudalismo y Democracia“ und in zahlreichen Zeitungsartikeln aussprach, ist auch für die Gegenwart so vollständig zutreffend, als ob es gestern geschrieben wäre. Es dürfte daher nicht unzweckmässig sein, gerade dieses Urtheil eines hochgebildeten Spaniers heranzuziehen; nur ist es erforderlich, jetzt noch einen dunkleren Schleier über dieses Bild zu ziehen, denn wenn in der Zwischenzeit von 1881 bis 1900 auch eine Periode eines bedeutenden Aufschwungs liegt, so ist diese doch leider jetzt und vollends nach dem vierjährigen Kriege längst vorbei.

Der Marques de Riscal sagt zunächst über die Landwirthschaft: „In einzelnen Distrikten, wie in den baskischen Provinzen, um Valencia und Murcia, sowie in gewissen

Küstenstrichen am Mittelmeer, ist die Landwirthschaft allerdings weit vorgeschritten, aber selbst, wenn man diese Gebiete zusammenfasst, repräsentiren sie nur eine unbedeutende Fläche im Verhältniss zur Totalität des Landesterritoriums. In allen übrigen Gegenden wird der Landbau geschäftsmässig und ärmlich betrieben, eine über Kapital, Intelligenz und Unternehmungsgeist verfügende industrielle Landwirthschaft ist nirgends bemerkbar. Die Arbeiter, Pächter und Kleinbesitzer sind unwissend, die reichen Grundherren dagegen indolent, meiden den Kontakt mit ihren Pächtern und beschränken sich im Allgemeinen darauf, den Pachtzins einzutreiben oder in Jahren des Mangels und der Missernten zu stunden.

Die Grundsteuer ist in Frankreich seit 1790 fast unverändert geblieben, in Spanien aber seit 1845 um 120 pCt. erhöht worden, und es kann daher nicht überraschen, wenn man erfährt, dass augenblicklich hier über 175 000 Grundstücke von der Steuerbehörde beschlagnahmt sind."

Hierzu sei bemerkt, dass am 1. Januar 1882 die Grundsteuer allerdings durch bezügliches Gesetz von 21 auf 16 pCt. herabgesetzt wurde. Damals schon kamen sehr bald berechtigte Klagen, dass diese Verminderung nur eine scheinbare sei, denn da die Ayuntamientos berechtigt blieben, diese Steuerquote um einige Prozente für städtische Verwaltungsbedürfnisse zu erhöhen, so stellte sich der Gesammtbetrag der Grundsteuer immerhin mindestens auf 25 pCt., und diese Ziffer dürfte heute thatsächlich gar nicht ausreichen. Jedenfalls bringen die Grundbesitzer ihren Pächtern gegenüber eine Steuerquote von 25 bis 30 pCt. in Anrechnung. Nun kommt dazu aber noch die Pachtsteuer, die nicht viel geringer ist; ausserdem müssen die Pächter für das Inventar sorgen, die Tagelöhner bestellen, für Fuhrwerk sorgen, und selbst bei den günstigsten Ernteergebnissen bleibt den Pächtern nur ein ganz geringer Ertrag, und wie viel schwieriger ist nun noch die Lage der armen Bauern und Tagelöhner! Dabei muss nothwendigerweise der Getreidepreis ein ziemlich hoher sein, und daraus wird es erklärlich, dass Spanien, das unter den Römern eine der besten Kornkammern Roms war und dessen Boden heute auch notorisch vierzigfältige Frucht selbst in wenig günstig gelegenen Gebieten ergiebt, genöthigt ist, einen grossen Theil des erforderlichen Getreides vom Auslande zu importiren. Im Allgemeinen wird der Ackerbau überdies in völlig primitiver Weise betrieben; der ausgedörrte Boden wird mit den veralteten Pflügen nur oberflächlich aufgeritzt; von den modernen Düngemitteln haben die Bauern keine Kenntniss und würden sie auch nicht anwenden, wie sie überhaupt für Neuerungen nicht zugänglich sind, da ja der Klerus alle Erfindungen und Errungenschaften der Neuzeit den rohen Massen, die er absichtlich in Unbildung zu erhalten sucht, als Erzeugnisse des Teufels darstellt. Was nützen da die Ackerbauschulen, die Musterfarmen, die die Regierungen in anerkennenswerther Weise zur Hebung der Landwirthschaft eingerichtet haben; was nützt es, dass die Liga agraria, der Agrarierbund, sich die Förderung und Hebung des Ackerbaus angelegen sein lässt, sich auch bemüht, Bildung unter der Landbevölkerung zu verbreiten, wenn Kirche und Klerus im Lande unumschränkt herrschen, wie es unter der Regierung des konservativ-klerikalen Kabinets Silvela wieder der Fall war, und wenn diese Faktoren zum Zwecke der Erhaltung und stetigen Ausdehnung ihrer Macht allen Bildungselementen entgegenwirken. Die Bodenkultur könnte mit Leichtigkeit den vierfachen Ertrag liefern, wenn geordnete Verhältnisse herrschten, wenn gute Verkehrsmittel vorhanden wären, wenn sie von den erdrückenden Steuern befreit würden, wenn die Massen der Landbevölkerung gebildet, die Macht der Kirche und des Klerus gebrochen würden, wenn nicht heute noch nahezu 70 pCt. der Bevölkerung Analphabeten wären.

An Getreide wurde im Jahre 1897 produzirt 35 1/2 Millionen Hektoliter Weizen, 11 1/2 Millionen Hektoliter Roggen, 5 1/2 Mill. Hektoliter Gerste, 2 1/2 Mill. Hektoliter Hafer.

Sehr stark wird der Kartoffelbau betrieben. 1897 wurden 18 1/2 Millionen Hektoliter gewonnen. Die Maisernte belief sich auf $6^1/_2$ Millionen Hektoliter. Sehr geschätzt ist ferner der Reis, namentlich der von Valencia, dessen Vega nach der arabischen Art bewässert wird und wo zum Theil heute noch die Wasserleitungsröhren liegen, die die Araber dort vor 1000 Jahren gelegt haben. Gemüse wird in grosser Menge gebaut, Kichererbsen, Zwiebeln werden auch exportirt. Von Handelsgewächsen sind Hanf, Flachs, Krapp, spanischer Pfeffer, Kümmel, Zuckerrohr zu nennen; Saffran wurde 1897 im Werthe von $7^1/_2$ Millionen Peseten gewonnen.

Südfrüchte bilden einen der hauptsächlichsten Handelsartikel Spaniens, Orangen, Citronen, Granatäpfel, Traubrosinen, Datteln, Mandeln, Feigen, Johannisbrot, Melonen, Kürbisse, die verschiedensten Arten von Nüssen werden in grossen Mengen exportirt. Der Ertrag ihrer Ernte belief sich 1897 auf über 106 Millionen Peseten. Von den Apfelsinen sind die schönsten die von Valencia; 1889/90 wurden allein ca. 207 Millionen Kilogramm im Werthe von nahezu 28 Millionen Peseten exportirt. Aepfel gedeihen im ganzen Lande ausgezeichnet, und sie werden in grossen Mengen zur Herstellung von Apfelwein verwendet. Olivenpflanzungen sind ebenfalls in allen Provinzen Spaniens vorhanden; der Ertrag an Olivenöl war 1897 über 12 Millionen Peseten: er könnte jedoch ganz ungleich grösser sein und die Olivenkultur könnte dem Lande bedeutende Summen eintragen, wenn die Spanier ein gutes Oel herstellen wollten, das mit dem Süd-Frankreichs auf dem Weltmarkt erfolgreich zu konkurriren im Stande wäre, was bisher nicht der Fall ist.

Ein wichtiges Boden-Erzeugniss, das fast gar keine Pflege erfordert, ist das Espartogras, das für industrielle Zwecke, für Papierfabrikation, für Flechtereien aller Art verwandt und auch exportirt wird; es gehen davon durchschnittlich 400 000 Doppelzentner jährlich ins Ausland.

Zu den Haupterzeugnissen der Bodenkultur gehört aber vor allem der Wein, dessen Ertrag sich 1898 auf 340 077 819 Hektoliter belief. Der Weinbau hat in den letzten Jahren stark unter dem Einfluss des Kriegs, der Zollerhöhungen Frankreichs auf Wein und den Verheerungen der Reblaus gelitten. Aus diesen Gründen sind an vielen Orten in jüngster Zeit grosse Strecken, die früher dem Weinbau dienten, nämlich 1 706 501 ha, wovon 104 412 ha künstlich bewässert sind, in anderer Weise verwendet worden.

Der Krieg mit Amerika hat die Einfuhr von amerikanischen Fassdauben und Fässern verhindert und den Weinproduzenten dadurch manche Schwierigkeiten bereitet, die dadurch erhöht worden sind, dass in England mit Vorliebe Sherryweinfässer zur Lagerung von Whisky verwendet werden, der dadurch einen sehr angenehmen Geschmack erhält.

Die Weinbergsbesitzer von Jerez haben in den letzten Jahren stark von der Reblaus zu leiden gehabt; sie haben, ebenso wie die Weinbauern von Tarragona, mit gutem Erfolg amerikanische Reben importirt und zum Aufpfropfen verwendet. Der neueste Jerezwein geht als Sherry nach England. Die Ausfuhr desselben im Jahre 1898 belief sich auf 274 090 Hektoliter gegen 252 011 Hektoliter im Jahre 1897.

Das Areal der Waldländereien umfasst ungefähr 8 500 000 Hektar; es ist in 10 Forstdistrikte eingetheilt. Der werthvollste Waldbaum ist die Korkeiche, die 255 000 Hektar in Anspruch nimmt. Den grössten Bestand weist die Provinz Gerona mit ca. 80 000 Hektar auf; sie ist auch der Hauptheerd der sehr entwickelten Korkindustrie, deren Produkte zum grossen Theil über den Hafen von San Feliú de Guixols verschifft werden. Die Gesammtausfuhr von katalanischen Korken im Jahre 1898 wurde auf ungefähr 45 000 dz im Werthe von 18 Millionen Mark veranschlagt. Sehr bedeutend ist namentlich auch die Ausfuhr von Korkabfällen. Der Gesammtertrag der Produktion von Kork und Stöpseln werthete 1897 auf beinahe 34 Millionen Peseten.

Tabak war bisher in Spanien zu bauen verboten. Seitdem das Land die Antilleninseln verloren hat, wird die Tabakkultur jedenfalls auf jede Weise gefördert werden, denn Spanien eignet sich sehr gut dafür. Auch die Kultur des Zuckerrohrs wird nach dem Verlust aller Kolonien Amerikas jetzt mit Eifer betrieben werden (im Jahre 1898 wurden 95 000 Tonnen produzirt), ebenso die der Runkelrübe, die an Stelle der Weinrebe jetzt häufig gebaut wird, da der Weinbau neuerdings durch die starke Konkurrenz Italiens und seitdem in Frankreich die Schäden, die die Reblaus verursacht hatte, einigermaassen überwunden sind, sich nicht mehr in gleicher Weise rentirt wie früher.

Ackerbau, und überhaupt die gesammte Bodenkultur, sind noch ausserordentlich entwickelungsfähig und können Spanien, wenn andere wirthschaftliche Grundsätze zur Geltung gelangen, einen Ertrag liefern, der den gegenwärtigen vielfach übertreffen würde.

Von der Viehzucht gilt dasselbe. Sie ist nicht das, was sie für Spanien sein könnte und was sie in früheren Zeiten gewesen ist. Ein grosser Theil der jetzt völlig unkultivirten und der vorübergehend brach liegenden Ländereien könnte sehr gut in Weideland umgestaltet werden. Die spanische Wolle war einst in aller Welt berühmt; spanische Merinoschafe wurden vom Auslande zum Zwecke der Hebung der Schafzucht ausgeführt, jetzt haben spanische Wolle und ihre Träger ihren alten Ruf eingebüsst infolge der Vernachlässigung, die die Schafzucht hier erlitten hat. Die einheimische Wolle deckt nicht annähernd den Bedarf der Textilindustrie des Landes.

Die andalusischen Pferderassen waren unter der Araberherrschaft beinahe ebenso geschätzt, wie die echten arabischen Grosse genealogische Werke wurden über sie geschaffen — jetzt ist das spanische Pferd so gut wie werthlos, völlig degenerirt. Dagegen ist die Maulthierzucht seit lange gefördert worden, und sie hat ausgezeichnete Resultate ergeben. Das spanische Maulthier zeichnet sich durch grosse Leistungsfähigkeit aus, wird im Heere vielfach verwendet und ist das hauptsächlichste Lastthier des heutigen Spaniers.

Der Bestand an Pferden, Maulthieren und Eseln erreichte 1895 nicht die Ziffer von 2 Millionen; das Hornvieh die von 2 218 000; Schafe und Ziegen wurden 19 473 000 gezählt; Schweine 1 928 000; Kameele ca. 1600.

Die Fischerei wird hauptsächlich an der Küste der baskischen Provinzen und Galiziens eifrig betrieben. Hier werden besonders Sardinen gefangen und konservirt. Ausserdem ist es der Thunfisch, der dort und auch im Mittelmeer in grossen Mengen angetroffen und meist in getrocknetem Zustande in den Handel gebracht wird. Bis vor kurzem fehlte es noch an allen Einrichtungen für den raschen Transport frischer Seefische in das Innere des Landes, wie denn überhaupt die Verkehrsstrassen und Verkehrsmittel unendlich viel zu wünschen übrig lassen. Den überaus mangelhaften Verkehrseinrichtungen ist es zuzuschreiben, dass z. B. die Fleischpreise innerhalb des Landes so sehr differiren. Während das Rind- und Kalbfleisch in Galizien zeitweise fast werthlos ist und mit 15 und 20 Pfennig pro Pfund kaum abzusetzen ist, muss es in Madrid oft mit 1 1/2 bis 2 Mark pro Pfund bezahlt werden und ist in den kleinen Städten der inneren Provinzen und auf dem Lande überhaupt nicht zu haben, weil es verdorben ist, ehe es z. B. aus Vigo nach Madrid und anderen Orten Kastiliens gelangt. So konnte es früher auch vorkommen, dass in einem Theile des Landes der grösste Nothstand und Hungersnoth herrschte, dass die Lebensmittel unerschwingliche Preise hatten, während in den Nachbarprovinzen eine Ueberfülle an Getreide, Gemüse und Fleisch vorhanden war.

Der Bergbau endlich liegt, kann man sagen, noch beinahe ganz darnieder, und es sind überwiegend Ausländer, die ihn mit ausländischen Kapitalien betreiben.

Es ist in den früheren Kapiteln ausgeführt worden, wie ausserordentlich reich der Boden Spaniens an Mineralschätzen ist und dass dort so ziemlich alle Mineralien und Metalle, die von irgend welchem Werth sind, in mehr oder minder grossen Mengen vorkommen. Weniger als auf irgend einem anderen Gebiete der materiellen Kultur geschieht bisher auf diesem, die Reichthümer des Bodens zweckmässig auszubeuten. Dass Spanien sehr grosse Kohlenlager besitzt, davon hat man erst 1858 erfahren, und zwar zeigte sich, dass dieselben über das ganze Land verbreitet sind, und seitdem sind Gruben in Katalonien, Leon, Teruel, Cuenca, Cordova, Sevilla, Cartagena in Betrieb gesetzt worden. Es bedarf jedoch bis jetzt eigentlich erst überall des Eingreifens ausländischer Kräfte und Kapitalien, um den Bergwerksbetrieb fruchtbringend zu machen. Ein schlagendes Beispiel hierfür bieten die Kupferminen von Rio Tinto. Sie sind so alt, wie die Geschichte Spaniens, denn sie wurden von den ersten phönizischen Einwanderern von Gades in Betrieb gesetzt, und der Ruf der Bergwerke von Tartessus, Tharsis oder Tarschisch verbreitete sich, wie die Bibel bezeugt, über alle Welt. Zu allen Zeiten ist dort seitdem das unermessliche Erzlager abgebaut worden, das ein Metall liefert, das zu dem besten und reinsten der Welt gehört. Unter christlich-spanischer Herrschaft liess der Betrieb immer mehr nach und schliesslich, zu Anfang der zweiten Hälfte des 19. Jahrhunderts, waren diese fiskalischen Gruben so gut wie bankerott; der Ertrag deckte kaum mehr die Betriebskosten. Da kamen Anfang der siebziger Jahre deutsche und englische Unternehmer, erwarben für 3 850 000 £ die Distrikte von Rio Tinto, bauten eine Eisenbahn nach dem Meere, einen eisernen Pier daselbst, der die Ueberführung der Erzmassen aus den Minen direkt in die Schiffe ermöglichte, und im Laufe weniger Jahre wurden Erzmassen gebrochen, die einen Reinertrag von Millionen gewähren. Nun aber kamen die spanischen Regierungen, die nachträglich bedauerten, sich diese Einnahmen haben entgehen zu lassen, und bereiteten der Rio Tinto-Gesellschaft die grössten Schwierigkeiten, und es kamen die neidischen Nachbarn und boten — im Geheimen von politischen Agitatoren der verschiedenen Parteien aufgehetzt und unterstützt — alles auf, um die fremden Geschäftsleiter zu schädigen, sie in dem Betriebe der Röst- und Schmelzarbeiten auf jede nur mögliche Weise zu behindern. Bis jetzt hat aber die kapitalkräftige englische Gesellschaft allen diesen Machenschaften erfolgreich die Stirne geboten und wird dies voraussichtlich auch in Zukunft thun.

Zahlreiche andere Beispiele ähnlicher Art könnten hier angezogen werden. Spanische Misswirthschaft richtet gesunde Unternehmungen zu Grunde, und wenn dann Fremde ihre Kraft und ihre Kapitalien einsetzen und glänzende Erfolge erzielen, so wird gegen sie zum Zwecke ihrer materiellen Schädigung intriguirt oder sie werden mit Steuern derart bedrückt, dass sie schliesslich das Feld räumen müssen.

Die Kohlengewinnung ist bei 2467 Millionen Kilogramm 1898 weit entfernt, den einheimischen Verbrauch zu decken, sodass noch grosse Massen vom Auslande eingeführt werden müssen. Da englische Kohle vor jeder anderen bevorzugt wird, diese aber im vorletzten Jahre wegen des grossen Kohlenarbeiterstreiks in England und wegen des spanisch-amerikanischen Krieges knapp und theuer waren, so hat dieses für die Industrie unentbehrliche Material mit grossen Opfern beschafft werden müssen, während man es im eigenen Lande in unerschöpflicher Fülle gewinnen könnte.

Die gesammte Eisenerzförderung belief sich 1897 auf 7 419 768 t, 1898 auf 7 125 600 t, wovon der grösste Theil ins Ausland gegangen ist, nämlich 1897 6 884 588 t und 1898 6 558 060 t. Ungefähr fünf Sechstel des ganzen Erzexports erhält England; Deutschland ist 1898 mit 58 000 t daran betheiligt gewesen. Die gesammte Eisenfabrikation Spaniens belief sich 1898 auf ca. 380 000 t.

Silber, Blei, Kupfer, Zink, Mangan, Antimonerze, Quecksilber, Schwefelkies sind die hauptsächlichsten Mineralien, die ausserdem gewonnen werden.

Haben wir es im Vorstehenden mit den natürlichen Erwerbsquellen des Landes und den Rohprodukten zu thun gehabt, so ist es nun erforderlich, einen Blick auf die Industrie zu werfen, die die Aufgabe hätte, diese Rohmaterialien, deren Gewinnung vervielfacht werden könnte, zu verarbeiten und dem Lande weitere grosse Einnahmequellen zu eröffnen. Wiederholt haben wir aber schon darauf hinweisen müssen, dass die spanische Industrie noch sehr weit davon entfernt ist, zu sein, was sie unter anderen politischen Verhältnissen sein könnte, dass von einheimischer

Industrie eigentlich nur in Katalonien und den baskischen Provinzen gesprochen werden kann. Im übrigen Lande liegt der geringe Gewerbebetrieb in der Hauptsache in den Händen von Katalanen und Basken oder von Ausländern, die auch die Eisenbahnen besitzen und die die Hauptgläubiger des Staats sind.

Ehe wir in einige Einzelheiten eingehen, wollen wir auch wieder den schon oben erwähnten Marques de Riscal zum Worte gelangen lassen, dessen Ausführungen über die Industrie und den Handel nicht minder für die heutigen Verhältnisse zutreffend sind wie die vorher mitgetheilten über den Landwirthschaftsbetrieb.

Marques de Riscal sagt:

„Die Industrie befindet sich in ähnlicher Lage wie die Landwirthschaft; sie beschränkt sich auf wenige Distrikte, die jedes Kommunikationsmittels entbehren, und erwartet Alles von hohen Schutzzöllen, die sie von der Regierung fordert, anstatt ihre eigenen Kräfte zu entwickeln und zur Geltung zu bringen. Im Innern des Landes wird der Handel nach wie vor in primitivster Weise betrieben; und selbst die vorhandenen Eisenbahnen haben keine wesentlichen Fortschritte herbeigeführt, da sie der verbindenden Abzweigungen entbehren. Bezüglich des Handels nach Aussen ist nur eine Zunahme der Wein- und Mineralien-Ausfuhr bemerkbar, während die Einfuhr sich vorzugsweise auf Kolonialwaaren und Luxusartikel erstreckt, welche für die besitzenden Klassen bestimmt sind und deren Verbrauch daher nur ein geringfügiger sein kann. In allem Uebrigen ist der Handel wie die Landwirthschaft und Industrie lokalisirt, zusammenhanglos und ohne jegliche Initiative. Dasselbe gilt auch von der Landesbank, die sich auf der niedrigsten Entwickelungsstufe befindet. Die „Spanische Bank" regulirt weder den Umsatz, noch fördert sie irgendwie Handel und Industrie; sie beschränkt sich allein auf Geschäfte mit der Regierung, welche die ihr erwiesenen Dienste gar theuer bezahlen muss; ihre Bankscheine werden nicht überall in Spanien in Zahlung genommen und selbst in Madrid ist das Einlösen derselben in den Zweiggeschäften mit Schwierigkeiten verknüpft. Desgleichen können in Spanien Wechsel, welche in allen kommerziellen Ländern gewissermaassen als Papiergeld dienen und Baarzahlungen vertreten, nur hier und da diskontirt werden; sie repräsentiren hier lediglich eine engbegrenzte Transaktion zwischen Zahler und Empfänger und besitzen daher fast gar keinen Werth.

Die Staatslotterie, von den übrigen autorisirten Verloosungen abgesehen, entzieht jährlich der Ersparniss eine Summe (durchschnittlich über 60 Millionen Pesetas), welche, allmählich angelegt, immerhin zur Begründung eines nicht unbeträchtlichen Nationalvermögens führen würde. Uebrigens ist es nicht dieses Unwesen allein, an dem alle Vorsichtsinstinkte scheitern; letztere können sich schon deshalb nicht entwickeln, weil Sparkassen hier nur in wenigen grösseren Städten vorhanden, in kleineren Ortschaften aber gänzlich unbekannt sind. (26 Sparkassen mit 79000 Einsätzen im Werthe von 57 Millionen Pesetas.)

Zudem würde selbst im Falle des Vorhandenseins zahlreicher Sparbanken die Gelegenheit fehlen, sie in fruchtbringender Weise zu verwerthen; in einem Lande, in dem bezüglich der Depositenkassen und Kreditgesellschaften so trübe Erfahrungen gemacht worden, ist die Möglichkeit ausgeschlossen, jenen universellen Reichthum zu schaffen, der beispielsweise in Frankreich in unwiderstehlicher Weise die Steigerung der öffentlichen Fonds beeinflusst und jeder nützlichen Unternehmung die erforderlichen Kapitalien liefert. —

Endlich entbehrt die Produktion in Spanien ausser dem Kapital auch der nöthigen Verkehrsmittel, und selbst die Demokraten, die hier so voll von wissenschaftlich-wirthschaftlichen Prätensionen auftraten, haben nicht allein das Volk über diesen wichtigen Faktor, der mit zur Ausrottung des Räuberunwesens beitragen könnte, völlig im Dunkeln gelassen, sondern dieses dringende Bedürfniss sogar gänzlich verkannt; sie überliessen die Erhaltung und Pflege der vorhandenen Landstrassen den Lokalbehörden, die sie allmählich gänzlich dem Verfall und der Zerstörung preisgaben. Daher denn auch Wälder unbenutzt vorkommen, Ländereien brach liegen und in manchen Distrikten zeitweise Nothstände herrschen, obgleich in den benachbarten Bezirken grosser Ueberfluss vorhanden. Im Juli 1879 ereignete es sich, dass an einzelnen Orten das Hektoliter Korn 38,83 Pesetas kostete, während für dieselbe Quantität anderswo nur 13 Pesetas gezahlt wurden. (Amtlichen Angaben zufolge beliefen sich im September 1881 die Kornpreise in Pontevedra und Cáceres auf 30,87 bezw. 11,20 Pesetas, die Gerstepreise in Santander und Cáceres auf 24 bezw. 5,20 Pesetas pro Hektoliter.)

Es unterliegt eben keinem Zweifel, die wirthschaftliche Arbeit — Produktion, Umsatz und Austausch — ist hier noch völlig unentwickelt; auch ist die praktische Geschäftskenntniss fast Null. In den Jahren 1846 und 1860 handelte es sich darum, grosse finanzielle und industrielle Gesellschaften zu gründen, und zu beiden Malen scheiterte das Unternehmen, denn die Verluste, welche die Betheiligten alsbald erlitten, erregten begründetes Misstrauen. Die Mehrzahl jener Geschäfte war schlecht organisirt; andere, die den äussern Anstrich solider und wohlthätiger Unternehmungen hatten, waren im Grunde lediglich auf Ausbeutung der Landsleute angelegt; auch vermochte die Gegenwart von Regierungsbeamten, welche diese „Gründungen" beaufsichtigen sollten, in Wahrheit aber für alle Fälle durch die Finger sahen, kein Vertrauen zu erwecken. Die spanische Bank, die allein sich erhalten hat, verdankt ihre vortheilhafte Lage ausschliesslich ihren Geschäften mit der Regierung; denn letztere bedarf der Unterstützung dieser Anstalt, wofür sie andererseits alle vorkommenden Ueberschreitungen der Statuten aufs Nachsichtigste beurtheilt. Wenn daher, ungeachtet der reichlichen Subventionen, die den Eisenbahnen von Seiten des Staats zu Theil werden, noch keine spanische Gesellschaft zur Anlage grösserer Schienenwege zusammengetreten ist — die von Bilbao—Tudela und Malpartida ausgenommen — so kann dies Niemand in Staunen versetzen. Die Unternehmer, welche hier Bewässerungskanäle konstruiren, sind Ausländer. Die so unendlich ergiebigen Quecksilbergruben von Almaden sind dem Hause Rothschild verpfändet; die Bleigruben von Linares, die Kupferbergwerke von Rio Tinto werden gleichfalls von Fremden ausgebeutet. An der Madrider Börse werden die inländischen finanziellen und industriellen Werthpapiere allerdings konsignirt, aber da eben Niemand in ihnen spekulirt, so werden auch die bezüglichen Course nicht weiter notirt, während an der Pariser Börse täglich über 25 spanische Papiere kotisirt werden.

Die Schuld dieser Verhältnisse liegt nicht, wie man für gewöhnlich anzunehmen geneigt ist, an gewissen aristokratischen und „ritterlichen" Ideen und Auffassungen, welche heute noch in Spanien eine gewisse Rolle spielen. Was hier viele energische Personen, die unter anderen Umständen sich selbst und das Land bereichern könnten, zu passiver Unthätigkeit zwingt, ist die geringe Sicherheit der Person und des Eigenthums, die träge Verwaltung und Justizpflege, die durch den Mangel an Verkehrsmitteln verursachte Erschwerung der Geschäfte, sowie endlich der Umstand, dass infolge der übermässigen Zinsen, die der Staatsschatz zahlt, der Werth des Kapitals ein übertriebener ist.

Die Thatsache, dass in neuerer Zeit in Madrid selbst sehr bedeutende Vermögen erworben worden sind, kann keineswegs als Beweis für das Vorhandensein praktischer Geschäftskenntnisse gelten. Was hier gewonnen wurde, waren lediglich die Früchte von Vorschüssen an die Staatskassen und Abkommen mit der Regierung, und zu dergleichen Geschäften bedarf es weder anstrengender intellektueller Arbeit, noch besonders hervorragender Erfindungsgabe; ebensowenig wie die solcher Art gewonnenen Summen jenen Reichthum repräsentiren, welcher sich unter Arbeitgeber und Arbeitnehmer, kurzum auf das Land im Allgemeinen vertheilt. Die in Rede stehenden Geschäfte wurden zudem ausschliesslich von einflussreichen Persönlichkeiten gemacht, welche auf Kosten der ärmeren Steuerzahler stets die günstigsten Vertragsbedingungen durchzusetzen wussten. Endlich entbehrt der Associationsgeist aller praktischen Eigenschaften, um hier irgendwelche dauernde und stabile finanzielle oder industrielle Etablissements zu begründen. Die Programme zu dergleichen Unternehmungen wurden stets mit einer Weitschweifigkeit und Magnificenz aufgestellt, welche die Organisation und Realisirung zur Unmöglichkeit machen. Zwischen den vorhandenen Mitteln und den gesteckten Zielen bestehen nie die richtigen Proportionen; und handelt es sich endlich um die Ausführung der Pläne, so weiss man nie den richtigen Anfang zu finden. Vor einigen Jahren konstituirte sich eine landwirthschaftliche Gesellschaft, welche gleich von vornherein sich mit Aufgaben überbürdete, deren Lösung in jedem anderen Lande nur von einer ganzen Reihe ähnlicher Vereinigungen hätte bewerkstelligt werden können; und das nicht allein, die fragliche Gesellschaft war kaum ins Leben getreten, als sich schon ein zweiter ähnlicher Konkurrenzverein bildete, dessen Bestrebungen noch grossartiger waren als die des ersteren. Schon nach kurzer Zeit überzeugte sich die Oeffentlichkeit, dass man beide „Gründungen" in aller Stille zu Grabe getragen hatte."

Die Kolonialkriege und der spanisch-amerikanische Krieg haben der spanischen Industrie, die in den letzten 20 Jahren immerhin einen — verhältnissmässig – grossen Aufschwung genommen hatte, allerdings im Allgemeinen immer nur in Katalonien und den baskischen Provinzen, sehr grossen Eintrag gethan.

Die älteste und entwickeltste ist die Textilindustrie, deren Centrum immer Barcelona war und neuerdings daneben auch Sabadell ist.

Nach einem im „Export" von 1899 mitgetheilten Handelsbericht werden in den Fabriken von Baumwollwaaren Dampf- und Wasserkraft von insgesammt 19 500 Pferdekräften verwandt. Der Verbrauch an Kohlen beträgt 94 600 t, die Zahl der beschäftigten Arbeiter 38 860. An Spindeln sollen 2 614 525, an Webstühlen 68 360 vorhanden sein. Das investirte Kapital wird auf ungefähr 300 Millionen Pesetas veranschlagt. In der Provinz Barcelona bestehen 71 Fabriken für Bänder, Gurte etc., 104 Spinnereien und 437 Webereien aller Art.

Die Wollwaarenindustrie ist wohl von Alters her die entwickeltste des Landes. Sabadell ist ihr Mittelpunkt und der Sitz des seit 1550 daselbst bestehenden Fabrikantenvereins, der an 145 Mitglieder zählt. Zur Zeit sind (nach dem Export) 602 000 Spindeln, 5600 gewöhnliche, 1200 Jacquard- und 2000 mechanische Webstühle im Betrieb. Bei Sabadell befinden sich 80, in Tarragona 50 Fabriken. Das Rohmaterial muss fast ganz aus dem Auslande bezogen werden, denn nur 10 pCt. der in Spanien verarbeiteten Wolle ist einheimischen Ursprungs, wohl das beredteste Zeugniss für die Vernachlässigung der Schafzucht. Etwa 70 pCt. der erforderlichen Wolle kommt aus Argentinien, 20 pCt. aus Australien.

Die Seidenindustrie hat sich nie von dem Schaden erholen können, der ihr durch Vertreibung der Mauren zugefügt worden ist. Sie hat in jüngster Zeit nach einem kurzen bedeutenderen Aufschwung in den 80er Jahren schwer unter Krankheiten der Seidenwürmer zu leiden gehabt; auch die Menge der Maulbeerbäume ist nicht ausreichend, sodass es wiederholt infolge ungünstiger klimatischer Verhältnisse den Würmern an der nöthigen Nahrung gefehlt hat; ausserdem haben die politischen Zustände und die Kriege nachtheilig eingewirkt. Nach einem Bericht von 1896 waren die in dem Jahre ausgesetzten Eier fast ausschliesslich von Frankreich importirt, und sie hatten einen guten Ertrag von ungefähr 1 280 000 kg Kokons ergeben.

Von diesen wurden gekauft:

Von franz. Spinnern, die in Spanien arbeiten	780 000 kg
„ „ „ „ „ Frankreich arbeiten	120 000 „
„ spanischen Spinnern	300 000 „
Zur Anfertigung von Garnen für die Fischerei	80 000 „

„Aus vorstehenden Ziffern erhellt, dass die französische Seidenspinnerei-Industrie, die die spanische Ernte grösstentheils gleich in Spanien verarbeitet, ein bedeutendes Uebergewicht über die einheimische Fabrikation besitzt, hauptsächlich infolge ihrer viel besser eingerichteten und organisirten Fabriken."

Es heisst dann weiter:

„Die spanische Regierung hat eine Reihe von Maassregeln ergriffen, um die Seidenzucht und -Industrie zu heben. So hat sie eine Abgabe von 75 Centesimos für 1 kg auf Seidenkokons gelegt, die ausgeführt werden, und den Ertrag derselben für Prämien bestimmt, die unter gewissen Voraussetzungen an die Seidenwurmzüchter und Pflanzer von Maulbeerbäumen zu gleichen Theilen vertheilt werden sollen.

Man hofft auf diese Weise die Seidenzucht durch Vertheilung von Prämien zu heben und die Spinnereiindustrie dadurch zu fördern, dass die spanischen Kokons für die ausländischen Spinner, abgesehen von den Transportkosten, um 75 Centesimos für 1 kg theurer zu stehen kommen, als für den inländischen Spinner. Die Kokonausfuhr hat jedoch trotz des Ausfuhrzolles in den letzten Jahren nicht abgenommen, sondern beträgt ungefähr jährlich 50 000 bis 55 000 kg."

Nach dem Export ist die Gesammtproduktion seit 1896 wieder zurückgegangen, denn 1897/98 wurde nur ein Rohmaterial von etwa 700 000 kg gewonnen und zwar:

450 000 kg von französischen in Spanien eingerichteten Filaturen,
105 000 „ von Seidenzüchtern zur Ausfuhr,
120 000 „ von spanischen Filaturen,
25 000 „ die in der Hausindustrie Verwendung fanden.

Die chemische Industrie zeigt, dem Export zufolge, eine sehr geringe Entwickelung. Ihre Erzeugnisse sind grösstentheils für den Bedarf des Landes bestimmt. Es heisst da:

„In Spanien werden folgende Erzeugnisse fabrikmässig hergestellt (die eingeklammerte Zahl bezeichnet die Anzahl der Fabriken): Schwefel-, Salz- und Salpetersäure (7), Eisenvitriol (3), Bleiweiss und Farben (19), Alaun (4), Stärkezucker und Glycerin (2), Scheidewasser (3), Bleisäure (1), Spodium (4), Minium (2), Lakritzensaft (7), Grünspan (3), Königswasser (5), Phosphor-Produkte, Zündhölzer (19), Siegellack (2), Buchdruckerschwärze (8), Salpeter (1), Parfümerien u. Essenzen (11), Kunstdünger (6), Schiesspulver (25). Ferner giebt es mehr als 200 Seifensiedereien und über 100 Fabriken zur Erzeugung von Stearinkerzen."

Die Papierindustrie ist sehr alten Ursprungs in Spanien, sie wurde und wird hauptsächlich in Katalonien betrieben. Die Zahl der grösseren Fabriken, in denen Schreib-, Druck- und Packpapier hergestellt wird, beläuft sich auf 120; Cigarettenpapier wird in 24 Fabriken angefertigt. Der Rohstoff wird hauptsächlich aus Norwegen, Schweden, Deutschland und Oesterreich-Ungarn bezogen.

Die Glasindustrie vermag nur einen kleinen Theil des Bedarfs des Landes an Glas- und Krystallwaaren zu liefern. In 84 Fabriken werden Flaschen und gewöhnliche Glaswaaren, in 7 Tafelglas, in 27 Spiegelglas und feinere Glaswaaren hergestellt.

„Die Maschinenindustrie Spaniens befindet sich noch in ihren Anfängen", sagt der erwähnte Exportartikel. „Eigentlich grössere Werkstätten giebt es im ganzen Lande nur drei, die sich bei Barcelona befinden. Man ist daher zur Deckung des Bedarfs auf das Ausland angewiesen; Hauptbezugsländer sind Grossbritannien, Frankreich und Deutschland. Von festen Motoren zählte man nach den letzten statistischen Erhebungen in Spanien:

	a) in der Grossindustrie:		
10 022	Maschinen mit	100 070	Pferdekräften
	b) im Bergbau:		
494	Bohr- und Grabmaschinen mit	12 355	"
302	Verarbeitungsmaschinen mit .	7 781	"
	c) in der Kleinindustrie:		
2 160	Gasmotoren mit	7 500	"
86	Dampfmaschinen mit	140	"

Eisenbahnlokomotiven gab es 1466 mit 455 227 Pferdekräften, und hydraulische Motoren waren 3300 mit 75 401 Pferdekräften in Betrieb."

Von weiteren Industrieerzeugnissen wären zu nennen: Eisen- und Stahlwaaren, die jedoch mit denen des Auslandes auf dem Weltmarkte kaum konkurriren können und auch nur zum kleinsten Theil den inneren Bedarf decken. Von sonstigen Metall-, namentlich Kupfer- und Bronzewaaren, gilt ungefähr dasselbe. Guitarren und andere einheimische Musikinstrumente werden in allen Grossstädten des Landes angefertigt. Aus arabischer Zeit hat sich die Herstellung gemusterter Kacheln und Fliesen, sowie überhaupt von Töpferwaaren aller Art erhalten. Die Lederwaaren, namentlich Schuhwaaren und Handschuhe, Saffian- und Korduanleder, erfreuten sich guten Rufes. Fisch- und Fleischkonserven werden zum Theil exportirt. Die grossen Tabakfabriken von Madrid, Sevilla, Valencia, Santander, Gijon, Coruña und Alicante beschäftigen Zehntausende von Mädchen und Frauen.

Im Allgemeinen ist das Bild, das die spanische Industrie zur Zeit bietet, ein überaus trübes und es steht somit der nationalen Arbeit noch ein unermessliches Feld zur Bethätigung ihrer Kräfte offen. An Geldmitteln zur Pflege und Förderung der Industrie würde es nicht fehlen, wenn die besitzenden Klassen, wenn die reichen Kapitalisten mehr Patriotismus, mehr Vertrauen zu den arbeitenden Klassen des eigenen Landes bekunden, ihre Gelder nicht im Auslande hauptsächlich anlegen wollten. Die geringfügige vorhandene Industrie wird zum grossen Theil mit ausländischem Gelde betrieben, wie dies z. B. deutlich aus den obigen Angaben über die Seidenindustrie erhellt.

Bis auf Weiteres wird Spanien somit für lange Zeit ein einträgliches Absatzgebiet für ausländische Industrieerzeugnisse sein — für die es selbst grossentheils die Rohmaterialien liefert. Das Land ist so überaus reich an Eisenerzen; es vermag diese aber nicht zu verarbeiten, zur Herstellung von Stahl zu verwenden. Statt die Eisen-, die

Stahlindustrie in grossem Maassstabe zu betreiben, statt dieses werthvolle Gut selbst zu bearbeiten, lässt Spanien es zum allergrössten Theil ins Ausland gehen, um es dann von da für schweres Geld in Gestalt von Werkzeugen, Geräthschaften, Maschinen, Stahlschienen, Panzerplatten und Geschützen wieder zu importiren. Dies ist ein Beispiel für viele, die sich anführen liessen. Die Handelsstatistik beweist, dass Spanien in der Hauptsache nur Rohmaterialien auf den Weltmarkt liefert, vom Auslande dagegen Industriewaaren bezieht und darunter selbst viele der einfachsten Gebrauchsartikel des gewöhnlichen Lebens.

Der spanische Handel hat in den letzten Jahren viele Schwankungen durchgemacht und unter den Kriegen in den inzwischen verloren gegangenen Kolonien, wie gegen die Vereinigten Staaten, hauptsächlich aber auch unter der unsicheren Wirthschafts- und Handelspolitik, sowie unter den geradezu trostlosen Finanzverhältnissen schwer zu leiden gehabt. Der Gesammtumsatz hat sich allerdings im Laufe der letzten 25 Jahre ungefähr verdoppelt; vor der Hand dürfte er jedoch nun die Grenze seiner Steigerungsfähigkeit erreicht haben, wenn nicht eine durchgreifende Reform der ganzen Staatswirthschaft ganz andere Verhältnisse schafft und die Kulturentwickelung des Landes in neue Bahnen lenkt.

Der spanische Handel weist als Durchnittsziffern für die Jahre 1866—1870 die Summen auf: 453,2 Millionen Pesetas für die Einfuhr, 309,7 für die Ausfuhr. 1875 bezifferten sich die Einfuhr auf 482,9 Millionen, die Ausfuhr auf 316,5 Millionen Pesetas. Die der letzten Jahre, von 1891 bis einschliesslich 1897, zeigen die nachstehenden Zahlen:

	1891	1892	1893	1894	1895	1896	1897
Einfuhr	1018,7	850,5	770,7	804,7	838,5	909,5	909,5
Ausfuhr	932,2	759,5	709,7	672,8	805	1023,2	1074,8:

Es zeigen sich in diesen Ziffern starke Schwankungen, so namentlich zwischen denen für 1891 und 1893; sie sind auf das Experimentiren mit einem theilweise bis zum Prohibitsystem gesteigerten Schutzzollsystem zurückzuführen. Der Kolonialkrieg brachte dagegen eher noch eine Steigerung.

des Gesammtumsatzes; der spanisch-amerikanische Krieg aber und der endliche Verlust der Kolonien blieben nicht ohne Einfluss auf den Handelsverkehr.

Die Einfuhr in den ersten 10 Monaten des Jahres 1898 belief sich nach den kürzlich veröffentlichten statistischen Zusammenstellungen auf 455 254 173 Pesetas gegen 680 707 649 im Jahre 1897. Diese Summen vertheilen sich folgendermaassen.

	1897	1898
Rohmaterialien	253 942 649	210 740 683
Fabrikate	165 098 920	132 454 892
Nahrungsmittel	128 644 409	71 492 571
Gold in Barren und gemünzt .	988 244	1 839 938
Silber in Barren und gemünzt	134 033 427	38 726 089
	680 707 649	455 254 173

Die Ausfuhrziffern stellen sich so:

	1897	1898
Rohmaterialien	224 768 610	231 907 244
Fabrikate	160 276 401	137 614 594
Nahrungsmittel	252 601 660	322 774 512
Gold in Barren und gemünzt .	1 242 120	2 572 190
Silber in Barren und gemünzt	147 717 350	14 493 070
	786 606 141	709 361 610

Der starke Rückgang der Ausfuhr von Fabrikaten kommt wohl hauptsächlich auf den Verlust der kolonialen Absatzgebiete, dagegen zeigt sich eine bedeutende Zunahme des Exports von Rohmaterialien und Nahrungsmitteln, die ja wohl fernerhin vorerst überhaupt die wichtigsten Ausfuhrartikel bleiben werden.

Zur Charakterisirung des Handelsverkehrs seien im Nachstehenden die statistischen Daten über denselben vom Jahre 1897 herangezogen.

Hauptartikel in Tausenden Pesetas.

Einfuhr		Ausfuhr	
Baumwolle .	85 075	Wein	127 346
Kohle . .	51 883	Eisen	80 601
Holz . . .	41 481	Baumwollwaaren	61 877

Einfuhr		Ausfuhr	
Weizen . .	34 015	Orangen . . .	58 124
Maschinen .	30 361	Kupfer	57 369
Chemikalien	25 881	Blei	53 236
Stockfisch .	24 267	Kork	33 864
Häute, Felle	23 197	Thiere	24 065
Thiere . .	23 105	Schuhwaaren .	23 259
Eisen . . .	20 764	Weizenmehl . .	19 856
Tabak . .	19 394	Rosinen . . .	15 926
Schiffe . .	17 285	Wolle	14 705
Kaffee . .	15 639	Häute, Felle . .	14 155
Zucker . .	13 216	Mandeln . . .	12 903
Wolle . .	11 336	Olivenöl . . .	12 117
Kakao . .	10 202	Reis	9 951
Seidenwaaren	10 005	Quecksilber . .	9 463
Leinengarn .	8 403	Papier	8 520
Wollwaaren	8 117		
Seide . . .	8 016		

Nach Verkehrsländern geordnet vertheilt sich der Handel 1897 folgendermaassen, in Millionen Pesetas:

	Einfuhr	Ausfuhr
Frankreich	146,9	254,5
Grossbritannien . . .	161,3	272,9
Deutschland	52,6	21,5
Belgien	27,5	19,2
Portugal	37,6	34,6
Schweden und Norwegen	24,0	2,2
Russland	52,7	1,1
Rumänien	4,9	—
Italien	22,9	10,2
Türkei	6,6	—
Niederlande	4,9	18,9
V. St. v. Nord-Amerika .	99,4	12,3
Cuba und Portoriko . .	145,3	286,1
Argentinien	16,7	79,4
Marokko	6,4	1,3
Andere Länder	86,9	49,2

Eine Prüfung der ersten Tabelle bestätigt die Annahme, dass zur Ausfuhr hauptsächlich Rohprodukte gelangen, zur Einfuhr dagegen gewerbliche Erzeugnisse und zwar solche gewöhnlichster Art, wie die Spezial-Verzeichnisse beweisen.

Die Ziffern für den deutsch-spanischen Handelsverkehr lassen 1897 noch die Folgen des mehrjährigen Zollkrieges erkennen, der zwischen beiden Ländern bestand.

Der deutsch-spanische Handelsvertrag von 1883 war für Deutschland ziemlich günstig gewesen: der Absatz, den deutscher Sprit auf Grund derselben in Spanien fand, war ein sehr starker geworden. Der Karolinenkonflikt hatte in Spanien jedoch eine nachhaltige Verstimmung erzeugt und den zahlreichen Gegnern Deutschlands einen willkommenen Anlass zu lebhafter Agitation gegeben, die sich auch gegen die Einfuhr deutscher Waaren und im Besonderen des deutschen Alkohols richtete. In Katalonien, wo man von je her unzufrieden mit dem deutsch-spanischen Handelsvertrage gewesen war, wo man von solchen Verträgen überhaupt nicht viel wissen wollte, sondern im Interesse der dortigen Industrie den weitgehendsten Schutz durch hohe Zölle verlangte, wünschte man auch die Spritfabrikation zu fördern und der deutsche Sprit wurde daher als gesundheitsschädlich in Verruf erklärt. Da der Weinhandel infolge starker Einfuhr italienischer und portugiesischer Produkte in Frankreich sehr benachtheiligt war, so hoffte man durch Verwendung der grossen Ueberschüsse an spanischem Wein für die Herstellung von Spiritus einen gewissen Ersatz zu schaffen. 1892 kündigte Spanien den bisherigen Vertrag und erhöhte seinen Zolltarif, wodurch zunächst die deutsche Spriteinfuhr vollständig verhindert wurde. Die Gefahr, dass der Ausfuhr von spanischen Südfrüchten und Wein nach Deutschland Schwierigkeiten bereitet werden würden, bewog jedoch die liberale spanische Regierung, dem Drängen der betheiligten Kreise nachzugeben und sich um Gewährung der seitens Deutschlands verschiedenen anderen Staaten bewilligten Meistbegünstigung zu bewerben und sie zu erreichen. Gleichzeitig wurden Verhandlungen über den Abschluss eines neuen Handelsvertrages eingeleitet und ein solcher am 8. August 1893 abgeschlossen und von dem Reichstag am 14 Dezember desselben Jahres angenommen. Die spanischen Konservativen und die Schutzzöllner, namentlich die katalanischen und baskischen, suchten jedoch die Annahme des Vertrages seitens der Cortes zu hintertreiben, zu welchem Zwecke auch die arbeitenden Klassen aufgehetzt wurden, sodass die deutsche Regierung sich schliesslich veranlasst sah, den Vertrag aufzuheben, und im Mai 1894 begann der Zollkrieg, der bis zum 25. Juli 1896 dauerte, zu welcher Zeit Spanien, in der Erkenntniss der eigenen schweren Schädigung durch diesen Zustand, Deutschland die Anwendung seines Minimaltarifs gewährte und dieses dadurch zur Aufhebung seiner Zuschlagszölle bewog.

Im Anschluss an den Vertrag zwischen Deutschland und Spanien über die Abtretuug der Karolinen, Palau und Marianen wurde auch das folgende Abkommen getroffen, dessen günstige Wirkungen auf den Handelsverkehr zwischen beiden Staaten nicht ausbleiben und denselben wieder beleben werden.

Notenwechsel,

betreffend die Handelsbeziehungen zwischen dem Reich und Spanien, vom 12. Februar 1899.

Madrid, den 12. Februar 1899.

Herr Herzog!

In Ergänzung des heute unterzeichneten Abkommens über die Abtretung der Inseln im Stillen Ozean bin ich ermächtigt, Euer Excellenz Namens meiner Regierung zu erklären, dass diese sich verpflichtet, bei dem Bundesrath und dem Reichstage die Ermächtigung nachzusuchen, Spanien für seine Einfuhr nach Deutschland und in Gegenleistung für seinen Konventionaltarif die Rechte der meistbegünstigten Nation einzuräumen, und dass, wie Einverständniss besteht, diese Ermächtigung der Ratifikation des in Frage stehenden Abkommens vorausgehen muss.

Falls nicht inzwischen ein neues Abkommen über die Handelsbeziehungen zwischen den beiden Ländern vereinbart wird, sollen diese gegenseitigen Zugeständnisse fünf Jahre in Kraft bleiben und nach Ablauf dieser Frist als von Jahr zu Jahr verlängert gelten, so lange nicht von einem der vertragschliessenden Theile Widerspruch erhoben werden wird.

Genehmigen Sie, Herr Herzog, den wiederholten Ausdruck meiner ausgezeichneten Hochachtung.

Radowitz.

An Seine Excellenz den Herzog von Almodóvar del Rio, Königlichen Staatsminister, etc. etc. etc.

Staatsministerium.

Schloss, den 12. Februar 1899.

Excellenz!

In Ergänzung des heute unterzeichneten Abkommens über die Abtretung der Inseln im Stillen Ozean bin ich ermächtigt, Euer Excellenz Namens meiner Regierung zu erklären, dass diese verspricht, in Gegenleistung für die Behandlung als meistbegünstigte Nation den deutschen Importen bei ihrem Eintritt in Spanien den Konventionaltarif unseres Zolltarifs zu gewähren, und zwar sobald das erwähnte Abkommen ratifizirt ist.

Falls nicht inzwischen ein neues Abkommen über die Handelsbeziehungen zwischen den beiden Nationen vereinbart wird, sollen die besagten gegenseitigen Zugeständnisse fünf Jahre in Kraft bleiben und nach Ablauf dieser Frist als von Jahr zu Jahr verlängert gelten, so lange nicht einer der beiden vertragschliessenden Theile hiergegen Widerspruch erhebt.

Ich benutze diesen Anlass, um Euer Excellenz die Versicherung meiner ausgezeichneten Hochachtung zu erneuern.

Herzog von Almodóvar del Rio.

An den Herrn Botschafter des Deutschen Reichs, etc. etc. etc.

Die im vorstehenden Notenwechsel getroffene Vereinbarung wird, nachdem sie die verfassungsmässige Genehmigung gefunden hat und das im Notenwechsel erwähnte Abkommen über die Abtretung der Inseln im Stillen Ozean ratifizirt worden ist, mit Beginn des 1. Juli 1899 in beiden Ländern in Kraft treten.

Die wesentlichen Ermässigungen der bisherigen spanischen Zolltarifsätze für Textilwaaren aller Art, für Stickereien, Haushaltungsgegenstände, namentlich emaillirte Metallwaaren, für Farbwaaren, Maschinen, Kabel für elektrische Leitungen und sonstige für elektrische Anlagen erforderliche Materialien, für Personenwagen, Güterwagen, Lowries für Eisenbahnen, ferner für Pferdebahnwagen und ihre Bestandtheile, für Taschenuhren, für Nudeln und andere Nahrungsmittel eröffnen der deutschen Industrie in Spanien ein breites Feld für den Wettbewerb mit der anderer Völker. Für den deutschen Sprit hat Spanien eine Herabsetzung des Prohibitivzolls von 160 Pesetas pro Hektoliter allerdings nicht bewilligt mit Rücksicht auf die starke Entwickelung der Spiritusbrennerei in jenem Lande.

Mit dem 1. Januar 1900 ist nun das neue spanische Zollgesetz in Kraft getreten. Es wird darüber Folgendes gemeldet:

Nur die bereits vom Auslande nach Madrid expedirten und mit Ursprungszeugnissen vom spanischen Konsul visirten Waaren können noch ohne die neuen Zuschläge passiren. Tarif I findet auf Waaren aus solchen Staaten Anwendung, die mit Spanien keine Verträge bezüglich der Zollbehandlung abgeschlossen haben. Der Tarif II kommt für alle diejenigen Staaten zur Anwendung, die Spanien gegenüber ihre Minimaltarife gewähren, sofern dies seitens der spanischen Regierung als hinreichende Reziprozität angesehen wird. Laut königlicher Verordnung vom 29. Juni 1892 gehört hierzu auch Deutschland, doch geniessen keinesweges alle Erzeugnisse der deutschen Industrie die Meistbegünstigung. Aus dem Gesetz dürften für Deutschland folgende Punkte von Interesse sein. Die bedeutendsten Abänderungen treffen Elektrizitätsartikel (fast auschliesslich deutscher Import), Schreibmaterialien, wissenschaftliche Instrumente und einige koloniale Produkte. Jede incandescente (weissglühende) Lampe zahlt nach dem neuen Gesetz nach Tarif I 25 Cts. pro Stück, nach Tarif II 20 Cts. Die übrigen für elektrische Beleuchtung nothwendigen Gegenstände zahlen pro kg 2 Pes. 40 Cts. resp. 2 Pes. Die telephonischen Apparate und Zubehör zahlen 1 Pes. 80 Cts. resp. 1 Pes. 50 Cts. Zoll per kg, Schreibmaterialien und wissenschaftliche Instrumente 2 Pes. 50 Cts. (Tarif I) resp. 2 Pes. (Tarif II) per kg. Bedeutend herabgesetzt ist der Importzoll für Thee und Petroleum, hingegen erhöht für Zucker, Kakao, Kaffee, Kaneel, Pfeffer etc Deutsches Bier zahlt jetzt 12 Pes. 50 Cts. per hl, Liqueure und Cognac 260 Pes. für dasselbe Maass, Rum und Gin aber nur ebenso wie gewöhnlicher Alkohol 160 Pes. pro hl. Beim Kaffee, Kakao etc. ist der Importzoll erhöht worden, um der nationalen Produktion in Fernando Po die Konkurrenz zu gestatten.

Andererseits sichert der deutsche Zolltarif den hauptsächlichsten spanischen Ausfuhrartikeln, als Eisenerzen, Schwefelkies, Manganerzen, Korkstöpseln, Obst, Südfrüchten, Tischwein und Verschnittwein theils sehr bedeutende Ermässigungen, theils Zollfreiheit zu.

Ehe noch das neue Handelsabkommen getroffen war, hatte die deutsche Telegraphenverwaltung schon, allerdings erst nach jahrelangen Verhandlungen, einen nicht zu unterschätzenden Erfolg erzielt, der für den gesammten Verkehr zwischen Deutschland und Spanien von grossem Vortheil sein wird. Anfang 1897 wurde nämlich eine direkte Kabelverbindung zwischen Emden und Vigo hergestellt, die den telegraphischen Verkehr zwischen beiden Ländern unabhängig sowohl von den französischen wie von den englischen Telegraphenlinien und Kabelverbindungen macht und den früher sehr zeitraubenden umständlichen Verkehr ganz wesentlich erleichtert. Da in Vigo der Dienst von der für die Herstellung dieses Kabels gebildeten Deutschen See-Telegraphen-Gesellschaft versehen wird, so ist auch für Pünktlichkeit in der Beförderung der Depeschen gesorgt Eine Weiterführung dieses Kabels nach den Azoren und Amerika dürfte nur eine Frage der Zeit sein.

Das öffentliche Verkehrswesen lässt in jeder Beziehung in Spanien sehr viel zu wünschen übrig. Ein Blick auf das Eisenbahnnetz des Landes genügt, um zu erkennen zu geben, wie viel dort noch zur Förderung des Verkehrs, zur Erschliessung grosser, bisher ausser aller Verbindung mit den Verkehrsstrassen und dem Meere stehender Distrikte, geschehen muss; existirt doch nicht einmal eine direkte Verbindung zwischen Madrid und Valencia. Innerhalb der Provinzen fehlt es an den nothwendigsten Eisenbahnverbindungen zwischen den grösseren Ortschaften. Die wirthschaftlichen Nachtheile so mangelhafter Verbindungen liegen auf der Hand und sie sind oben schon hervorgehoben. Das ganze Eisenbahnnetz Spaniens umfasste 1897 12916 km.

Der Betrieb der Eisenbahnen ist vollends im höchsten Grade mangelhaft. Zwar sind Luxuszüge eingerichtet, die einen Schnellverkehr zwischen Paris, Madrid, Lissabon, Sevilla und Cadiz und andererseits mit Barcelona herstellen. Ausser diesen wenigen Zügen, die doch nur für sehr wohlhabende Reisende benutzbar sind, sind die Verkehrseinrichtungen auf den spanischen Eisenbahnen völlig unzureichend. Die Fahrgeschwindigkeit ist sehr gering; der Mangel direkter Verkehrswege bedingt einen häufigen Zugwechsel selbst auf kleinen Strecken; für Bequemlichkeit der Reisenden ist in ungenügender Weise gesorgt, dabei ist der Betrieb ein unsicherer, wenig Gewähr für den Schutz des Eigenthums bietender. Der Werth der Zeit wird in dem Lande, in dem man gern alles auf „mañana“, auf „morgen“, verschiebt, noch sehr gering geschätzt; es erscheint unglaublich, dass man z. B. von Valencia bis Sevilla nahezu anderthalb Tage braucht.

Die Eisenbahnen sind übrigens auch keineswegs mit den besten Materialien hergestellt. Sie sind fast durchweg von französischen Gesellschaften gebaut, und es geschieht trotz ihrer Rentabilität zu ihrer Instandhaltung nicht annähernd das, was erforderlich wäre.

Post und Telegraphie kranken an demselben Uebel wie das Eisenbahnwesen. Der Betrieb ist langsam, überaus umständlich und unzuverlässig, den heutigen, in anderen Kulturländern herrschenden Anforderungen an diese Verkehrsinstitute in keiner Weise entsprechend. Dabei fehlt es keineswegs an Beamtenpersonal. Dieses ist vielmehr, wie in allen öffentlichen Aemtern, in einer den Bedarf um ein Beträchtliches übersteigenden Masse vorhanden. Die Gründe hierfür sind früher erörtert. Die höheren Beamten betrachten, wie alle ihre Kollegen, ihre Stellungen doch nur als Sinekuren: die eigentliche Arbeit lastet daher auf den Schultern der übermässig überbürdeten und entsetzlich schlecht bezahlten Subalternen.

Die Zahl der Postbureaux war 1898 3145: die der Telegraphenbureaux 1428, von denen 920 staatlich sind. Die Länge der Linien beträgt 31 992, die der Drähte 73 737 km.

Der Telephonverkehr ist verhältnissmässig stark entwickelt, aber allerdings nur in den grössten Städten des Landes. Es waren 1897 11 674 Sprechstellen vorhanden: die Länge der Linie betrug 9628, die der Drähte 44 511 km.

Elektrische Beleuchtung hat sehr schnell Eingang gefunden und sie breitet sich auch in den Provinzen rasch überall da aus, wo es bisher an Gas fehlte und wo entsprechende Kraftquellen vorhanden sind. Auf diesem Felde bietet sich namentlich der deutschen Industrie die Möglichkeit reger Bethätigung.

Der Staatshaushalt endlich ist das Spiegelbild der öffentlichen, politischen und wirthschaftlichen Verhältnisse des Landes. Eine enorme Schuldenmasse lastet auf dem Lande, dessen Einnahmen nicht mehr ausreichen, um die Ausgaben zu decken. 1884, als diese Verhältnisse unhaltbar geworden waren, die Schuldenlast die Summe von nahezu 12 Milliarden erreicht hatte, sodass der Bankerott drohte, hat man durch Finanzoperationen, die euphemistisch „Konversionen“ genannt werden, die Katastrophe abgewandt und die Schuldsumme ungefähr auf die Hälfte reduzirt. Die letzten Kolonialkriege und der spanisch-amerikanische Krieg haben dem Lande wieder neue Lasten auferlegt, die 2 Milliarden übersteigen; auch die Schulden seiner früheren Kolonien sind ihm aufgebürdet worden, und die Regierung steht nun vor der schwierigen Aufgabe, den finanziellen Zusammensturz zu verhüten, den Staat zu befähigen, seinen Verpflichtungen gegen seine Gläubiger nachzukommen und ausserdem die nothwendigsten Mittel zu gewinnen, um den Haushalt zu betreiben. Hier wäre es nun in erster Linie geboten, die Ausgaben zu vermindern, die Tausende und Abertausende von Schmarotzern zu entfernen, die von den schwer erworbenen schmalen Einkünften des Staats zehren; rücksichtslos die Tausende von Sinekuren zu streichen, die die Parteiregierungen ihren politischen Freunden, Verwandten und Gevattern bisher gewährt haben; die Verwaltungsmaschinerie zu vereinfachen und billiger zu machen; den veränderten Verhältnissen Rechnung zu tragen. Sparsamer und vor Allem bescheidener zu wirthschaften. Leider aber können die spanischen Politiker sich nicht daran gewöhnen, das Traumleben der Erinnerung an die einstige Grösse und Machtstellung Spaniens aufzugeben, sich auf den Boden der Wirklichkeit zu stellen und durch ernste Arbeit zu versuchen, den gesunkenen Staat wieder zu Macht und Ansehen zu bringen; sie können sich nicht entschliessen, sich selbst und ihren Freunden und Anhängern persönliche Opfer aufzuerlegen; sie wollen den Schein der Grossmachtstellung Spaniens auch nach aussen hin durch Aufrechterhaltung alles äusserlichen Glanzes und Prunkes wahren. Innerhalb des letzten konservativ-klerikalen Kabinets haben erbitterte Kämpfe um die von dem Finanzminister gestellten vernünftigen Forderungen der Verminderung der Ausgaben in den einzelnen Ressorts stattgefunden, und der Kriegsminister hatte nicht nur nicht in Streichungen gewilligt, sondern Mehrforderungen gestellt, die durch die Verhältnisse nicht gerechtfertigt waren.

Unter solchen Umständen ist es denn natürlich schwierig, den Staatshaushalt derart zu ordnen, dass die Gefahr des Bankerotts vermieden wird. Das Volk, d. h. die arbeitenden Klassen, ist bereits in solcher Weise mit Steuern belastet, dass eine Erhöhung und Vermehrung derselben nur nachtheilig auf die nationale Arbeit wirken kann, die Industrie schliesslich ganz lähmen muss. Die Einnahmen zu steigern ist nur möglich, wenn die Lust zur Arbeit erhöht wird, wenn die natürlichen reichen Hilfsquellen rationeller ausgebeutet werden, was nur durch Entlastung der arbeitenden Klassen von dem unerträglichen Steuerdruck, durch die Zusicherung einer grösseren Betheiligung der arbeitenden Klassen an dem Ertrage ihrer Arbeit geschehen kann. Zur Zeit wird nahezu die Hälfte der gesammten Staatseinnahmen zur Deckung der Zinsbeträge für die Staatsschulden verbraucht, die, bei der jetzigen Höhe der schwebenden Schuld von 600 Millionen, die Summe von 6 Milliarden überstiegen hat, und für die Staatsgläubiger ist es im Augenblick eine wichtige Frage, ob der Staat im Stande sein wird, die Zinsen fernerhin ohne Reduktion und ohne Besteuerung zu zahlen. Die ausländischen Gläubiger erhielten diese Zinsen bisher in Gold; sollten die Zahlungen fernerhin nach dem Kurs des spanischen Silbers erfolgen, so würde diese Maassnahme für sie sehr schädigend, für den Staat, der seinen inländischen Gläubigern die Zinsen überhaupt nur in Silber zahlt, aber von grossem Vortheil sein, und es scheint, dass man zunächst wenigstens zu diesem Auskunftsmittel greifen wird.

Die grossen Reformen, die der Finanzminister in dem Voranschlage für 1899/1900 vorgesehen, die Mittel, die er zur Erhöhung der Einnahmen angegeben hatte, waren in den Cortes auf den grössten Widerstand gestossen, und die Regierung hatte sich genöthigt gesehen, über den 1. Januar 1900 hinaus das Budget des vorigen liberalen Kabinets vom Vorjahre in Kraft zu lassen. Die neuen Steuervorlagen haben dann im ganzen Lande den grössten Unwillen erregt und wiederholt zu Ruhestörungen Veranlassung gegeben, weil sie von den Handel und Gewerbe treibenden Klassen als im höchsten Grade nachtheilig für sie betrachtet wurden und diese Annahme ist inzwischen auch vielfach als richtig bestätigt worden.

Zur Charakterisirung des spanischen Haushalts seien hier die Ziffern des Budgets des Jahres 1898/99 mitgetheilt, denen wir die des von dem Kabinet Silvela den Cortes vorgelegten Voranschlages für 1899/1900 zum Vergleich an die Seite stellen, das auch für den Augenblick noch in Kraft ist.

Einnahmen	1898/99 Pes.	1899/1900 Pes.
Direkte Steuern	297 360 810	391 342 990
Indirekte Steuern u. Zölle	305 273 000	359 000 000
Stempel u. Staatsmonopole	132 696 024	156 150 024
Einnahmen aus den Nationalgütern	24 787 050	21 598 254
Staatsschatz	105 700 000	9 755 000
Fernando Po	—	84 147
Summa	865 816 890	937 930 415

Ausgaben	1898/99 Pes.	1899/1900 Pes.
Zivilliste	9 250 000	9 250 000
Gesetzgebender Körper	1 638 085	1 638 086
Oeffentliche Schuld	399 236 677	427 923 882,29
Gerichtsausgaben	1 614 651	1 638 177,82
Verbindlichkeiten des Staats und Pensionen	61 749 730	71 675 889,—
Präsidium d. Ministerraths	980 883	812 883,32
Auswärtiges	4 935 919	4 754 289,93
Justiz und Gnade	54 748 649	54 453 918,49
Krieg	145 929 521	174 329 539,05
Marine	25 190 539	28 341 613,19
Inneres	28 381 198	24 518 861,71
Oeffentliche Arbeiten und Unterricht	80 728 570	88 038 104,23
Finanzen	18 659 467	19 152 019,26
Verwaltung der Steuern	34 560 528	29 951 019,47
Fernando Po	875 000	699 851,10
Summa	868 479 417	937 178 133,89

Angeblich soll nun das vorige Jahr mit einem beträchtlichen Ueberschuss der Einnahmen abgeschlossen haben. Es bleibt indessen das Ergebniss der genauen Rechnungen abzuwarten und zu prüfen, ob dieses günstige Resultat nicht, wie so häufig, nur durch geschickte Rechenkünste herbeigeführt worden ist.

Das Bild, das das wirthschaftliche Leben Spaniens darbietet, ist ein wenig erfreuliches und man darf gespannt sein, wie sich die Verhältnisse dort weiterhin gestalten werden. Geradezu trostlos sind sie nicht, da das Land, wie wir wissen, über unermessliche natürliche Einnahmequellen verfügt, die noch lange nicht erschöpft sind. Bisher wurden sie überwiegend von Ausländern und von ausländischem Kapital ausgebeutet. Ausländer mussten auch Spanien mit Eisenbahnen, mit elektrischem Licht versehen; ausländisches Kapital und ausländische Kräfte beherrschten grossentheils bisher die Industrie und den Handel, gaben Anregungen zur Bethätigung der Eingeborenen Es käme nun darauf an, diese zu selbstthätiger Arbeit zu erziehen.

V.

Spaniens Zukunft.

Die trüben Erfahrungen der Vergangenheit sollten den Menschen als gute Lehren für die Zukunft dienen, sie sollten sie aufklären über die gemachten Fehler und sie veranlassen, dieselben fernerhin zu vermeiden.

Ueber Spanien ist am Schlusse des 19. Jahrhunderts ein schweres Verhängniss hereingebrochen. Es hätte verhütet werden können, wenn die Organe, welche in dem vergangenen Jahrhundert berufen waren, die Geschicke des Landes zu leiten, aus den geschichtlichen Thatsachen die vernunftgemässen Schlüsse gezogen und sie für die Praxis des Staatslebens verwendet hätten. Es geschah jedoch nichts dergleichen. Der Abfall der einstigen reichen Kolonien von dem Mutterlande belehrte sie nicht über die Schäden der bisherigen Kolonialpolitik und -Verwaltung. Sie fuhren fort, die übriggebliebenen kleinen kolonialen Besitzreste in nahezu gleicher Weise nach den gleichen Grundsätzen zu behandeln und auszubeuten, wie dies mit den verschiedenen Bestandtheilen des früheren grossen Kolonialreiches geschehen war. Das Ende musste daher schliesslich die früher oder später erfolgende Erhebung der letzten Kolonien gegen das Mutterland und die Abschüttelung des unerträglichen Jochs seiner Herrschaft sein. Dieses Ereigniss trat ein, ehe das 19. Jahrhundert zu Ende war, dieses Jahrhundert, das für Spanien überhaupt an Ereignissen so unendlich reich war, die ihm Lehren sein könnten für die Gestaltung seiner Zukunft.

Wird Spanien nun aus den schweren Schicksalsschlägen, von denen es betroffen worden, die Lehren ziehen, wird es sie benutzen? -- Bisher ist es nie geschehen.

Kolonien besitzt Spanien kaum mehr, in dieser Hinsicht hat also die Geschichte der Vergangenheit keine praktische Bedeutung mehr für die Leiter des Staates. Anders aber verhält es sich mit der schweren Schule der inneren Kämpfe, und die Lehren, die aus ihrer Geschichte gewonnen werden könnten, sollte Spanien nicht missachten. Die Schäden, die dem Staatsorganismus des Landes anhaften, sind von vielen seiner hervorragendsten Söhne richtig erkannt worden — es hat diesen Männern im entscheidenden Augenblick aber stets an dem nöthigen Muth gefehlt, die Ergebnisse ihrer Erkenntniss in Thaten umzusetzen; sie haben nicht gewagt, das Sezirmesser da anzuwenden, wo sie die Operation beginnen mussten, an den Gliedern der ihnen Nächststehenden, nämlich ihrer Parteien. Generationen von Einsichtigen und in jeder Beziehung hochbegabten Staatsmännern und Politikern sind einander gefolgt; sie haben gegen die von ihnen und ihren Vorfahren erkannten Krebsschäden der Verwaltung, der Finanzwirthschaft, der Wahlmachenschaften, der Kolonial-, der Wirthschafts-, der Handelspolitik, des Unterrichtswesens mit grösster Energie gekämpft und selbst unter Anwendung der Waffen, der Gewaltmittel der Aufstände, der Pronunciamientos, der Revolutionen — so lange sie jung waren, so lange sie sich in der Opposition gegen die Regierungen befanden, so lange sie von Begeisterung für die Heilmittel erfüllt waren, die sie als Vorbedingung und Voraussetzung für die sittliche und körperliche Gesundung des Staatswesens, für seine fortschreitende kräftige Entwickelung erkannt hatten. War es ihnen dann endlich gelungen, Siege zu erzielen, sich Machtstellungen zu erringen, zu Leitern des Staats zu werden — da zeigten sich die grossen Schwierigkeiten, die Ideale und Theorien der früheren Kampfperiode zu verwirklichen, die hohen Grundsätze der Moral im politischen Leben zur Anwendung zu bringen — zunächst ihren Freunden und Anhängern gegenüber, die mit ihnen gekämpft, ihnen zur Macht verholfen hatten — sie erlahmten — und es blieb Alles beim Alten.

Im vorletzten Jahre ist nun von vielen angesehenen Politikern und von den Organen der öffentlichen Meinung eine Art von Befriedigung darüber kundgegeben worden, dass das Land nun endlich seine Kolonien verloren habe, die ihnen schliesslich nur eine schwere Last gewesen seien und mehr Kosten verursacht hätten, als ihr Besitz und ihr Ertrag werth gewesen seien. Unzählige Male ist dann ferner von hervorragenden Männern, die mitten im öffentlichen Leben stehen und in ihm leitende Stellen einnehmen, die Ansicht ausgesprochen worden, dass Spanien nun endlich in der Lage sei, in seine inneren Verhältnisse Ordnung zu bringen, und dass dies unbedingt erforderlich sei, wenn der Staat, der aufgehört hat, eine Kolonialmacht zu sein, und der seine einstige hohe weltgebietende Stellung eingebüsst hat, vor dem gänzlichen Verfall bewahrt werden soll.

Diese Erkenntniss, die alle besseren Elemente der Bevölkerung theilen, ist richtig und achtungswerth. Wird aber nun in Gemässheit mit ihr gehandelt werden? Werden jetzt endlich die politischen Führer den moralischen Muth haben, die durchgreifenden Reformen auszuführen, die nothwendig sind, um den Staat vor dem politischen und finanziellen Verfall zu bewahren?

Bis jetzt aber hat es leider nicht den Anschein. Mehrere Jahre sind vergangen, ohne dass auch nur das Geringste geschehen ist, um die als unbedingt erforderlich erkannten Reformen anzubahnen. An glänzenden Versprechungen, an hochtönenden Reden, an schönen Morallehren hat es seitens der Konservativen nicht gefehlt — wohl aber an allen Beweisen persönlicher Selbstzucht und entsprechender Opferwilligkeit, an der Neigung der Einzelnen und einzelner Gruppen und Parteien, sich selbst den Pflichten zu unterwerfen, die sie Anderen auferlegen wollen.

Die Liberalen, unter deren Herrschaft sich der Schluss der Katastrophe vollzog, die über das Land hereinbrach, hatten abgewirthschaftet, mussten zurücktreten, weil sie sich nicht über ein festes Programm einigen konnten, das Gewähr für die rasche Besserung der trostlosen politischen und wirthschaftlichen Verhältnisse des Landes geboten hätte. An ihre Stelle traten die Konservativen und zwar unter der Führung eines Mannes, der in den langen Jahren seines öffentlichen politischen Wirkens die öffentliche Meinung für sich eingenommen, gute Hoffnungen für sich geweckt, der die glänzendsten Versprechen gemacht, die Durchführung gründlicher Verwaltungsreformen als unbedingte Voraussetzung für die Gesundung des Staatswesens zugesichert, der sich von Canovas del Castillo getrennt hatte, weil er die von diesem geduldete Immoralität der städtischen Verwaltung Madrids nicht billigte, der sich endlich als gemässigt Konservativer, sogar in vieler Hinsicht stark zum Liberalismus Neigender und kirchlich nicht sehr strenggläubig gezeigt hatte.

Als Silvela am 4. März 1899 die Regierung antrat, wiederholte er feierlich alle die schönen Versprechen; er versicherte, es sei zuerst nöthig, den Augiasstall der Misswirthschaft zu reinigen, die die Ursache des gänzlichen Verfalls Spaniens sei, und die Liberalen erklärten sich bereit, ihm darin zu unterstützen.

Und was ist dann geschehen?

Silvela hat zunächst der herrschsüchtigen Kirche den Tribut gezollt, sich mit den schwärzesten Gruppen der Klerikalen und Ultramontanen verbündet und damit den Jesuiten das breiteste Feld zur Bethätigung ihrer Herrschgelüste eröffnet. Er hat dann den Cortes einen Voranschlag für den Staatshaushalt vorgelegt, der zwar auch die Versicherungen durchgreifender Reformen enthielt, sogar einige bezügliche Vorschläge machte, der aber im grossen Ganzen bewies, dass die traurigen Erfahrungen der Vergangenheit und im Besonderen der letzten Jahre keinen tiefen, gestaltenden Eindruck auf die Denkweise und die Grundsätze der klerikal-konservativen Partei und ihrer Führer gemacht haben. Es wurden alle möglichen Vorschläge gemacht, die Einnahmen zu erhöhen und zwar durch übermässige weitere Anziehung der Steuerschraube; es wurden zahlreiche Entwürfe für Schaffung neuer Monopole, neuer Steuern vorgelegt; jeder dieser Pläne bedingte aber die wirthschaftliche Schädigung grosser Interessentenkreise, die alle doch nur den arbeitenden, den erwerbenden Klassen der Bevölkerung angehörten. Alle neuen Steuervorlagen konnten daher nur die Industrie und den Handel benachtheiligen, das wirthschaftliche Leben nicht erleichtern, nicht fördern, sondern erschweren. Und zu welchem Zwecke geschah das Alles? Nur, um die trostlose Finanzlage zu beseitigen? Es muthete sonderbar an, als man sah, dass das Ausgabenbudget d. J. 1898/99 von 868 1/2 Millionen Peseten in dem des folgenden auf über 937 Millionen erhöht war, und wenn man bei näherer Prüfung dieser letzten Veranschlagung und ihrem Vergleich mit der vorjährigen zwar einige Abstriche fand, sie sich bei genauer Untersuchung aber als Schädigungen der subalternen Beamtenkategorien, des Unterrichts-, des Gerichtswesens herausstellten. Der Heeresetat, der Marineetat waren beträchtlich erhöht, ebenso hatten die für mehrere andere Ressorts ausgeworfenen Summen eine Steigerung erfahren. Die riesigen Summen für die hohen Beamten, für alle die zahllosen Sinekuren, die vielen Ausschüsse und ähnliche Körperschaften, die bei dem vorhandenen grossen Beamtenheer ganz überflüssig sind und im Grunde doch nur dazu dienen, bedürftigen Parteigenossen noch weitere einträgliche Stellungen zu gewähren — diese beträchtlichen Summen hatten kaum irgendwelche Abstriche erfahren. Das bedeutete also: die geniessenden privilegirten Stände sollten keinerlei Benachtheiligungen erfahren, ihnen sollten keine Opfer auferlegt werden, nur die arbeitenden, erwerbenden Klassen sollten in immer steigendem Maasse zum Unterhalt der hohen Stände und zur Bestreitung des Staatshaushalts herangezogen werden.

Die eigentlichen Ursachen alles Elends, des gänzlichen Verfalls des Staats, seiner wirthschaftlichen Verhältnisse, der Finanzen, der gesammten Kultur des Landes — blieben fast völlig unberücksichtigt: das Wenige, was in dieser Beziehung versprochen wurde, ist seit Jahrzehnten von allen Parteien, so lange sie in der Opposition waren, verlangt worden, als z. B. Unvereinbarkeit hoher Verwaltungsposten mit dem Abgeordnetenmandat, Verhinderung der Wahlbeeinflussungen und dergleichen mehr.

Vage Versprechen können jetzt nichts mehr nützen und es ist begreiflich, dass die grossen Massen der Bevölkerung, dass die erwerbenden und arbeitenden Klassen in dem Maasse, wie sie von den Einzelheiten des 160 grosse Folio-Seiten des Staatsanzeigers füllenden Haushaltsvoranschlages erfuhren, mehr und mehr von Unwillen gegen die Regierung erfüllt wurden, von der man eine vollständige Sanirung des Staatswesens, radikale Beseitigung aller Krebsschäden der Verwaltung erwartet hatte.

Inzwischen haben die Konservativen ihre Kräfte völlig erschöpft und die Regierung hat durch die Art ihrer Geschäftsführung, hauptsächlich aber durch die Bevorzugung der Klerikalen, der Jesuiten und Ultramontanen ihren Sturz herbeigeführt, und am 5. März 1901 haben die Liberalen von neuem die Regierung übernommen. Ob es Sagasta nun gelingen wird, mit dem wenig versprechenden Kabinet, das er gebildet hat, eine Besserung der Verhältnisse herbeizuführen, das ist noch nicht abzusehen. Man kann es Spanien nur auf das Wärmste wünschen.

Soll der spanische Staat vor weiterem Verfall bewahrt, soll er einer besseren Zukunft entgegengeführt werden, so bedarf es dazu der unerbittlichen Unbestechlichkeit und der eisernen Thatkraft solcher Männer, denen das Staatswohl über allen Sonderinteressen der privilegirten Stände steht und die auf Grund der Geschichte und der Erfahrung des vorigen Jahrhunderts rücksichtslos aufräumen mit der ganzen bisher in Anwendung gewesenen Verwaltungsmaschinerie und eine vollständige Neuordnung der Verwaltung herbeiführen, wie sie den gänzlich veränderten Machtverhältnissen des heutigen Spanien und der Steuerfähigkeit seiner 18 Millionen Einwohner entspricht. Die Zeit dazu hat der

Staat jetzt; seine leitenden Organe können sich dieser Aufgabe der gänzlichen Reform ungestört hingeben, wenn sie nur wollen.

Wo der Hebel anzusetzen ist, ergiebt sich von selbst. Die politischen Grundsätze der Staatsverwaltung bedürfen zunächst der Umgestaltung. Sie datiren aus jener Zeit, in der Karl V., im Vollgefühl seiner Machtstellung, dem Staatswappen die Devise „Plus ultra" aufprägen konnte. Es hilft nichts, sich darüber täuschen zu wollen, dass Spanien aus der Reihe der ersten Grossmächte längst geschieden ist; thöricht aber ist es, nach aussen hin noch den Schein der Grossmachtstellung wahren zu wollen und diesem vergeblichen Bemühen kostspielige Opfer darzubringen. Das Budget für die staatliche Vertretung im Auslande könnte wesentlich vermindert werden. Spanien brauchte darum, dass es heute nicht mehr über die Geschicke Europas und der Welt entscheidet, keineswegs aus dem Rath der Völker Europas auszutreten. Im Gegentheil, seine Leiter sollten nicht vergessen, dass es durch seine unvergleichlich günstige Lage gewissermaassen prädestinirt war und ist, als Beherrscher der Meerenge von Gibraltar, eine sehr wichtige Rolle im westlichen Mittelmeer und in Nordafrika zu spielen. Aus Hochmuth hat sich Spanien völlig isolirt, hat sich freiwillig von der Berathung vieler internationaler Fragen ferngehalten, die es nahe angingen; es könnte ein sehr wichtiger Faktor in der Erhaltung des politischen Gleichgewichts im Mittelmeer sein, es könnte England wie Frankreich und Italien dort im Schach halten. Ein auf freundschaftlichen Grundlagen ruhendes gutes Verhältniss oder ein förmliches Schutz- und Trutzbündniss mit Portugal würde beiden Mächten zu Gute kommen, Portugal verhindern, in völlige Abhängigkeit von England zu gerathen und Spanien bei internationalen Konflikten oder bei Entfaltung einer kräftigen Mittelmeerpolitik Rückhalt schaffen. Für Spanien böte sich endlich in Nordafrika ein breites Feld politischer Thätigkeit. Wohl haben seine Politiker oft die Ansicht ausgesprochen, Marokko gehöre naturgemäss zu Spanien, wenn es seine Selbständigkeit verlöre, aber Spanien hat es ruhig geschehen lassen, dass England und Frankreich im Scheriffenreiche dominirende Stellungen und Einfluss erlangten, dass Italien, Deutschland, ja selbst Belgien sich dort ein grosses wirthschaftliches Arbeitsfeld erobert, einen grossen Markt für ihre Industrieerzeugnisse eröffnet haben. Indolent hat Spanien dies Alles geschehen lassen und keinen energischen Schritt zur Unterstützung seiner eigenen Industrie gethan, die doch in Marokko ein grosses und einträgliches Absatzgebiet hätte finden können. Spanien hat nicht einmal den ihm im Frieden von Tetuan bewilligten Hafen Ifni an der atlantischen Küste in Besitz genommen.

Eine geschickte äussere Politik könnte binnen kurzer Zeit Spanien sehr grosses Ansehen verschaffen, seine Freundschaft sehr begehrenswerth machen und durch zweckmässige politische wie Handelsverträge seiner Industrie, seinem Handel, seinen Finanzen, kurz seinem wirthschaftlichen Leben zu sehr bedeutendem Aufschwung verhelfen. Nur müsste von vornherein der bisher stets herrschend gewesene Grundsatz aufgegeben werden, die anderen Völker, mit denen Spanien in Beziehung träte, nur als Ausbeutungsobjekte zu betrachten und demgemäss zu behandeln.

Eine sichere und wohlerwogene Mittelmeerpolitik würde allerdings die Bildung einer angemessenen Kriegsflotte bedingen. Nachdem Spanien aber seine Kolonien verloren hat und, bei der Geringfügigkeit seines Aussenhandels, auch im Auslande keine grosse Macht zu entfalten braucht, würde die Flotte zunächst nur dem Zwecke der Küstenvertheidigung und der Wahrnehmung spanischer Interessen im Mittelmeer und an der afrikanischen Küste zu dienen haben. Andererseits wäre für die Befestigung der Küsten, der Häfen und der Presidios an der marokkanischen Küste zu sorgen, eine Aufgabe, die bisher so gut wie ganz vernachlässigt worden ist, deren Erfüllung aber auch nicht eilt, sondern langsam ausgeführt werden könnte. Etwas anderes freilich ist es mit den Regulirungen der Handelshäfen. Hier thut Eile

Noth, wenn man ernstlich eine Hebung der Schiffahrt, einen regeren Handelsverkehr zwischen dem Auslande und Spanien erstreben will. Selbst manche der grössten und frequentirtesten Häfen — wie der von Bilbao z. B. — lassen sehr viel sowohl hinsichtlich der Sicherheit der Zugänge und der Ankergründe, wie bezüglich der Beleuchtung und der Einrichtung zu wünschen. Die Belichtung der Küsten durch Leuchtthürme ist zur Zeit ganz unzureichend, und statt der Vergrösserung des stehenden Heeres würde es zweckmässiger sein, einen Theil der dafür erforderlichen Gelder der Ausführung von Kulturarbeiten zuzuwenden, die einer allgemeinen wirthschaftlichen Hebung des Landes und damit der Erhöhung des Nationalreichthums und der Steuerfähigkeit des Volkes dienlich sein würden.

Die fernere Erhaltung der drei grossen Staatsarsenale in Ferrol, Cartagena und La Carraca bei Cadiz ist eine vollständig zwecklose Belastung des Budgets. Die Verwaltung derselben, ihre Leistungsfähigkeit und ihre Leistungen sind seit Jahrzehnten Gegenstand der schärfsten Kritik gewesen und mehr als je wird jetzt das Verlangen laut, sie entweder alle drei oder doch mindestens zwei aufzugeben und die erforderlichen Schiffsbauarbeiten der Privatindustrie zu übertragen. Denn was bei den Versuchen herausgekommen ist, in diesen Arsenalen Kriegsschiffe herzustellen, die den Anforderungen des modernen Seekrieges auch nur annähernd entsprechen, das ist noch in Aller Erinnerung. Die im Inlande hergestellten Kriegsschiffe sind mehr oder minder untauglich und kommen so theuer zu stehen, dass für dieselben Preise in einem Drittel der Herstellungszeit zwei und drei Mal soviele Fahrzeuge im Auslande hätten gebaut werden können.

Die hohe Politik Spaniens hat, befangen in dem traditionellen Grossmachtsstolz, in neuerer Zeit stets an Mangel an Weitblick und Umsicht gelitten, da sie hauptsächlich auch immer in erster Linie darauf bedacht war, nach aussen hin dem Lande den Schein seiner einstigen Grossmachtstellung zu wahren und da sie sich darüber oft genug in Kleinlichkeiten aller Art verlor. Eine enge beschränkte Weltanschauung ist überhaupt eines der charakteristischen Merkmale der spanischen Denkweise, und sie macht sich im öffentlichen, im privaten wie im gesammten Kulturleben Spaniens bemerkbar.

Die ganze Verwaltung krankt in allen ihren Theilen und Zweigen an den Schäden, die dem Beamtenwesen anhaften. Die Beamten werden, wie das schon früher ausgeführt wurde, mit Ausnahme der Subalternen, nicht für ihre Aemter ausgebildet, sondern letztere werden den angesehenen Mitgliedern der zur Regierung gelangten Partei übertragen, als Lohn für die der Partei und den Parteileitern bisher geleisteten Dienste wie zur Sicherung ihrer weiteren Unterstützung. Nepotismus und Günstlingswirthschaft blühen daher in Spanien wie kaum in irgend einem anderen Lande: jede Vernachlässigung der Ansprüche einzelner Parteigenossen kann der Regierung sehr unbequem werden, denn sie zieht oft den Abfall ganzer Gruppen von einflussreichen Männern nach sich. Da die Beamten, mit Ausnahme der durch ihre Geschäftskenntniss unentbehrlich gewordenen Subalternen, auf denen alle Arbeit lastet, ihre Stellungen verlieren, wenn die Regierung wechselt, so sind Unzuverlässigkeit und Immoralität die leider nur zu häufig in die Erscheinung tretenden Folgen einer solchen Verwaltungsordnung, denn jeder Beamte sucht die unberechenbare Dauer seiner Thätigkeit soweit als möglich zu seinem Vortheil auszubeuten. Seit Jahrzehnten ist daher das Verlangen aller Politiker, denen das Staatswohl am Herzen gelegen hat, gewesen, diesen unhaltbaren Zuständen ein Ende zu machen. Sie haben die Ausbildung tüchtiger Beamten für ihre Aemter, die Verminderung der Zahl der letztern auf das erforderliche Maass von zwei Drittel oder der Hälfte der jetzigen und Unabsetzbarkeit der Beamten als Vorbedingungen für die Sanirung der Verwaltung, als Voraussetzung für geordnete Zustände und Beseitigung der Misswirthschaft aufgestellt. Bisher sind alle Bemühungen, diese Grundsätze zur Geltung zu bringen, vergeblich gewesen. Es bleibt abzuwarten, ob Sagasta und seine Nachfolger nun endlich den Muth haben werden, eine vollständige Umgestaltung der Verwaltungsmaschinerie, eine Verminderung des übermässig grossen Beamtenheeres und die Beseitigung der Tausende von Sinekuren durchzusetzen. Der letzte von den Cortes berathene Voranschlag der inzwischen zurückgetretenen konservativen Regierung zeigt noch keine Spur von einer solchen Absicht.

Nur eine Maassnahme ist in Aussicht gestellt, und es wäre zu wünschen, dass sie durchgeführt würde. Die Verwaltung hoher Staatsämter soll fernerhin unvereinbar mit dem Mandat des Volksvertreters sein; diese Verfügung soll dann auch auf die Kommunal- und Zivilbeamten sowie auf Offiziere der Armee und der Flotte ausgedehnt werden, die sämmtlich aus ihren Aemtern für die Dauer ihrer Abgeordnetenmandate auszuscheiden haben. Ausgenommen sollen von den Wirkungen eines solchen Gesetzes nur die Minister, die Unterstaatssekretäre, die obersten Verwaltungschefs, die Gouverneure der Provinzen, die Direktoren der Banken und grosser Gesellschaften, die Professoren der Universität Madrid, die Bürgermeister und Stadträthe der Hauptstadt sein.

Dass man bezüglich der Direktoren der Banken und Gesellschaften eine Ausnahme machen will, ist allerdings wiederum bedenklich, und mit Recht hat man auch schon seit Jahrzehnten gegen die Vereinbarkeit solcher Stellungen mit dem Abgeordnetenmandat Einspruch erhoben, denn das letztere verleiht den Direktoren der Eisenbahnen, grosser industrieller Gesellschaften und Bankinstitute einen Einfluss und ein Uebergewicht, die unter Umständen für grosse Kreise von Gewerbetreibenden äusserst schädigend werden können. Wir sehen also auch in diesem Fall wieder eine halbe und daher ungenügende Maassnahme vorbereitet.

In engstem Zusammenhange mit den Schäden, die der Verwaltung und dem Beamtenwesen anhaften, stehen die Wahlbeeinflussungen; denn die Beamten und die Kaziken haben die Pflicht, die Cortes- und die Gemeindewahlen zu Gunsten der Regierung zu leiten. Was für „Unregelmässigkeiten“ und Ungesetzlichkeiten dabei vorkommen, davon geben die Anklagen der oppositionellen Abgeordneten und Senatoren gegen die Regierungen nach jeder Neuwahl bei Prüfung der Mandate ein ergötzliches Bild. Danach aber wird es auch begreiflich, dass die Achtung vor dem Parlamentarismus, vor den Cortes und vor der ganzen Staatswirthschaft im Volke sehr gering geworden ist, und dass daher der Karlismus, der Sozialismus und der Anarchismus so unendlich viele Anhänger finden, namentlich seitdem die Republikaner in zahlreiche Gruppen und Parteien gespalten sind, sich nicht einigen können und das auf sie von der grossen Masse des Volkes gesetzte Vertrauen ebenso getäuscht haben, wie alle anderen politischen Parteien.

Das Misstrauen des Volkes richtet sich auch gegen die Justizverwaltung, nachdem es in den letzten anderthalb Jahrzehnten wiederholt vorgekommen ist, dass die Regierungen, und zwar im Besonderen die konservativen, im Interesse von Parteigenossen, gegen deren Amtsführung Klage erhoben wurde, ihren Einfluss geltend gemacht haben. Die öffentliche Meinung hat sich mehrfach veranlasst gesehen, gegen derartige Beeinflussungen der Rechtsprechung mit aller Energie einzutreten.

Die Prozesse gegen oppositionelle Politiker, gegen die Anarchisten haben oft genug Stürme der Entrüstung hervorgerufen und die Cortes zu scharfen Anklagen gegen die Regierungen und ihre Gerechtigkeitspflege bewogen. Im Volke ist das Vertrauen zu den Gerichten völlig erschüttert, überdies haftet dem Verfahren und der Behandlung der Gefangenen soviel Veraltetes und Grausames an, wie sich nur vor wenigen Jahren in dem Prozess gegen die Anarchisten von Barcelona ge eigt, dass Jeder eine Scheu vor den Tribunalen hat. Gewerbetreibende, Kaufleute ertragen lieber grosse materielle Verluste stillschweigend, als dass sie die Hilfe der Gerichte in Anspruch nehmen, da Richter und Advokaten die Prozesse nur zu oft aus selbstsüchtigen Gründen übermässig in die Länge ziehen und sie so kostspielig machen, dass der verlierende Theil gelegentlich durch die Höhe der Prozesskosten ganz ruinirt wird.

Das Vertrauen zur Rechtsprechung muss wieder hergestellt, sie muss den Beeinflussungen seitens der Regierung, der Kirche, der obersten Militärbehörden unbedingt entzogen und das tief erschütterte Rechtsbewusstsein muss wieder gehoben werden.

Die Schäden der Heeresverwaltung haben sich in den vergangenen Kriegsjahren deutlich gezeigt. Hier sei jedoch nur eine Forderung hervorgehoben, die von den Demokraten und Republikanern seit lange gestellt worden ist und auf deren Erfüllung diese Volksparteien jetzt mehr als je dringen werden: die Einführung der allgemeinen Wehrpflicht und die Abschaffung des Loskaufsystems. Manche Regierungen sind ja geneigt gewesen, das letztere aufzugeben, die ewige Finanznoth aber hat sie vor der Beseitigung dieser einfachen, bequemen und sehr ergiebigen Einnahmequelle zurückschrecken lassen. Die letzten Kriege haben jedoch den niederen Volksmassen einen zu grossen Blutzoll auferlegt, zu viel Elend mit sich gebracht, als dass die Regierung sich noch lange dem Verlangen der Republikaner nach Abschaffung des Loskaufrechts und nach Einführung der allgemeinen Wehrpflicht wird widersetzen können. Die Massenauswanderung junger dienstpflichtiger Bauern und Arbeiter würde die Wehrkraft des Landes und die nationale Arbeit mehr schädigen, als der Verlust der Loskaufsummen.

Das Fomentoministerium bedurfte einer vollständigen Umgestaltung. Es hatte bis vor 2 Jahren noch die Ordnung beibehalten, die den mittelalterlichen Verhältnissen entsprach, für die heutige Zeit aber nicht mehr geeignet ist. Es umfasste neben dem ganzen wirthschaftlichen Leben des Staats die öffentlichen Arbeiten und Bauten und das Unterrichtswesen. Nun sollte man annehmen, dass ein so riesiger Ressort wenigstens immer der Verwaltung sehr erfahrener fachmännisch gebildeter Minister, Unterstaatssekretäre, Sektionschefs etc. unterstellt worden sei, meist aber wurde das Portefeuille des Fomento den zum ersten Mal in die oberste Regierungsbehörde eintretenden Männern, den jüngsten Ministern übertragen, die überdies ohnehin der für ein so riesig verzweigtes Thätigkeitsgebiet erforderlichen Fachkenntnisse meist ganz entbehrten, es aber als Versuchsfeld für ihre staatsmännischen Künste und Bestrebungen betrachteten und behandelten.

Schon oft war das Verlangen gestellt worden, dieses Ungethüm von Ministerium in mindestens drei, aber auch in vier oder fünf aufzulösen. Das Budget brauchte dabei keine Belastung zu erfahren, denn die grosse Beamtenmasse, über die das Fomentoministerium verfügte und die doch meist aus Unthätigen bestand, die nur ihre fetten Gehälter einzunehmen hatten, würde auch für vier daraus gebildete Ministerien noch zu gross gewesen sein. Es müsste ein Ministerium des öffentlichen Unterrichts, eines für öffentliche Arbeiten und eines für Ackerbau, Viehzucht, Bergbau, Industrie und Handel gebildet werden und dies letztere wäre noch einer weiteren Theilung fähig. In seiner bisherigen Organisation konnte das Fomentoministerium nicht so leistungsfähig sein, wie es der moderne Kulturstaat erfordert. Inzwischen hat ja nun Silvela vor 1 1/2 Jahren der dringlichen Forderung nach Reform des Fomentoministeriums wenigstens so weit entsprochen, dass er es in zwei Theile zerlegt, das Ministerium des Unterrichts von dem des Ackerbaus und der öffentlichen Arbeiten getrennt hat. Damit ist aber nur der erste Schritt zu den nothwendigen durchgreifenden Reformen aller dieser Verwaltungszweige gethan, und diese bleiben nun der neuen liberalen Regierung vorbehalten. In erster Linie bedarf es jetzt aber einer gänzlichen Umgestaltung des Unterrichtswesens in liberalem den modernen Verhältnissen der Kulturländer einigermassen entsprechenden Sinne. Das Unterrichtswesen ist ja gewissermaassen das Stiefkind der spanischen Staatsverwaltung, und wir haben schon gesehen, dass es auch in dem letzten heute noch gültigen Voranschlag für den Staatshaushalt wieder als solches behandelt worden ist.

Der moderne Staat sollte doch vor Allem die Pflicht erkennen, gerade das Unterrichtswesen so hoch zu entwickeln, so viel Bildung zu verbreiten, als überhaupt nur möglich ist.

Da ist aber einer der wundesten Punkte des spanischen Staatswesens: Der Staat glaubt, die Kirche nicht als Bundesgenossen in der Herrschaft über das Land entbehren zu können und die Folge davon ist, dass die Kirche thatsächlich den Staat unter ihrer Botmässigkeit zu erhalten sucht. Dazu ist es aber erforderlich, dass sie das Unterrichtswesen unter ihrem unumschränkten Einfluss behält, dass dieses in den Banden ihres starren Dogmatismus bleibt. Die moderne Weltanschauung ist schon so tief in das Erkenntnissvermögen der grossen Volksmassen eingedrungen, dass die kirchliche Macht des Klerus, dass ihre Herrschaft durch den Beichtstuhl — auf die Männerwelt zum mindesten — sehr erschüttert sind. Es ist daher für die Kirche geboten, alle Mittel aufzuwenden, um vor Allem wenigstens den weiblichen Theil der Gesammtbevölkerung des Landes in unbedingter Abhängigkeit von ihr zu erhalten, ihn vor der Berührung mit der heutigen Aufklärung streng zu bewahren. Aber überhaupt das ganze Unterrichtswesen muss somit dem Einfluss der Kirche unterworfen bleiben, und sie verlangt deshalb, dass auf den Universitäten nur gelehrt wird, was mit der Bibel und dem katholischen Dogma übereinstimmt; sie sucht dem Streben entgegenzuwirken, den Unterricht fachmännisch wissenschaftlich gebildeten Männern und Frauen zu überlassen und unterstützt die Bemühungen der Jesuiten, das Unterrichtswesen in ihren Händen zu konzentriren.

Auf dem Lande, in den Provinzen ist es für die Diener der Kirche ein Leichtes, dieses Programm derselben zu befolgen, das Eindringen von Bildung entweder ganz zu verhüten oder nach ihren Wünschen zu regeln, denn der Elementarunterricht gehört überhaupt nicht in den Ressort der Staatsbehörden, sondern ist Gemeindesache, und die Gemeinden kümmern sich nicht viel darum. In den Städten hingegen ist es schwerer, die leitenden Grundsätze der Kirche bezüglich des Unterrichtswesens zur Herrschaft zu bringen, aber sie und die Jesuiten verfügen doch über Macht und Mittel genug, um in der Hauptsache immer noch allen Bestrebungen der Liberalen, Demokraten und Republikaner, das Unterrichtswesen der Aufsicht und dem Einfluss der Kirche und den Jesuiten zu entziehen, erfolgreich entgegenzuwirken.

Die Forderung aller für das Wohl und die Hebung Spaniens besorgten liberalen Faktoren ist daher: Zentralisirung des Unterrichtswesens, völlige Verstaatlichung desselben in allen seinen Zweigen, seine Unterstellung unter eine Staatsbehörde und vor Allem seine Befreiung von jeder Art von kirchlicher, geistlicher, mönchischer und jesuitischer Beeinflussung.

Wird die jetzige liberale Regierung den Muth haben, der Kirche gegenüber ein solches Programm durchzuführen? Die starke antiklerikale und antijesuitische Strömung gäbe ihr zur Zeit die beste Gelegenheit dazu, aber es ist zu befürchten, dass auch Sagasta und seine Minister es nur bei halben und ungenügenden Maasnahmen bewenden lassen werden.

Das Verlangen der ultra-demokratischen und der republikanischen Parteien geht ja überhaupt auf völlige Trennung von Staat und Kirche, auf Befreiung des ersteren von allen Einflüssen der letzteren hin, denn die Geschichte und Kulturgeschichte Spaniens haben allerdings zahllose Beweise für die Schädlichkeit der engen Verbindung des Staats mit der nach unumschränkter Macht strebenden Kirche erbracht, und wenn der Staat sich aus dem tiefen Verfall, in dem er versunken ist, wieder erheben, wenn er eine angesehene Stellung in der Reihe der Kulturstaaten einnehmen will, so muss er die Fesseln zerreissen, mit denen die Kirche und die Jesuiten den Volksgeist an der freien Entfaltung zu verhindern gewusst haben. Er muss dafür sorgen, dass Licht und Bildung verbreitet, der unwürdige Zustand aufgehoben wird, in dem die Ultramontanen das Volk bisher erhalten haben.

Die Demokraten und Republikaner verlangen ferner, dass die unermesslichen Güter todter Hand endlich von dem Staat eingezogen und in modernem Sinne nutzbar gemacht werden, dass der Besitz der kulturfeindlichen Gesellschaft

Jesu, die aus Spanien zu vertreiben wäre, ebenfalls mit Beschlag belegt würde. Die Finanznoth würde durch eine solche Maassregel mit einem Schlage beseitigt und der Staat in den Stand gesetzt werden, das Uebermaass von Schulden zu tilgen, das nun lähmend und erdrückend auf ihm lastet, die Kulturentwickelung hemmt.

Zum Zwecke der Aufbesserung der Finanzen wäre, ausser den schon früher erwähnten Mitteln der Reduktion des Beamtenheeres, der Beseitigung aller Schmarotzer, der Beschränkung der Zahl der Pensionäre, der Bekämpfung der Immoralität des Beamtenstandes, der Einziehung der Güter todter Hand und der Jesuiten, gegen die hohen Steuerhinterzieher vorzugehen, und überhaupt wären die privilegirten Klassen, der hohe Adel, die Wohlhabenden, die Geistlichkeit in ungleich höherem Grade zu besteuern, als es bisher geschehen ist. Endlich könnte der Staat die unter dem Namen der „montes" bekannten Ländereien einziehen und veräussern oder in Kulturland umgestalten und für sich ertragsfähig machen. Diese „montes" sind grossentheils Güter, die die Gemeinden sich in der allgemeinen Misswirthschaft im Laufe der Zeit unrechtmässiger Weise angeeignet haben oder die den Kaziken, den regierungsgetreuen Wahlmachern stillschweisend überlassen worden sind.

Der Staat hätte im Uebrigen zur Sanirung seiner Finanzen dahin zu wirken: Die Einnahmen zu erhöhen, jedoch unter Entlastung der nationalen Arbeit von dem Uebermaass von Steuern, unter deren Druck sie jetzt leidet, und andererseits die Ausgaben auf das äusserste Maass zu beschränken.

Was die Schäden des gesammten wirthschaftlichen Lebens und die Mittel zu ihrer Beseitigung anbetrifft, so ist das Wichtigste darüber in dem vorigen Kapitel mitgetheilt worden.

Das Volk besitzt gute Geistesgaben, seine Kraft ist ungeschwächt; es könnte Bedeutendes leisten und sich grossen Wohlstand erringen, wenn es, in die richtigen Bahnen gelenkt, zu erspriesslicher Arbeit angeleitet, wenn es nicht um den Ertrag derselben stets betrogen, wenn es von der Geissel der Spielwuth befreit und wenn die Stiergefechte beseitigt würden, die es seelisch verrohen. Der Trägheit, der Passivität, dem fatalistischen Zuge ihres Wesens einerseits und der Impulsivität und Leidenschaftlichkeit andererseits könnte nur durch Erziehung und Bildung entgegengewirkt werden.

Der Boden ist heute noch unermesslich reich an Mineralien aller Art, ist jetzt noch so fruchtbar wie vor 1000 und 2000 Jahren. Zu vortheilhafterer wirthschaftlicher Ausbeutung desselben ist aber in erster Linie eine bessere Ausnutzung des Wassers geboten. Die Wasserläufe müssen regulirt, durch Kanalisation, Anlage von grossen Reservoirs, Dammbauten, Vertiefungen der Flussbetten muss eine gleichmässige Vertheilung des Wassers erzielt und der Möglichkeit verheerender Ueberschwemmungen vorgebeugt werden. Daneben sollte eine planvolle Aufforstung überall da angebahnt werden, wo der Boden sich dafür eignet. Was er zu liefern vermag, das wissen wir aus den Berichten über den Ertrag seiner Kultur unter der Araberherrschaft.

Ackerbau, Viehzucht, Bergbau könnten bei rationellem Betriebe das Vielfache von dem eintragen, was sie heute gewähren. In gleicher Weise wäre die Industrie ausserordentlich entwickelungsfähig. Das Verkehrswesen müsste aber daneben auf eine ungleich höhere Stufe der Ausbildung gebracht werden. Das Eisenbahnnetz muss beträchtlich erweitert, gute Landstrassen müssen geschaffen, Kanäle müssen angelegt, die Schiffahrt muss gehoben werden, um schnellere Waarenbeförderung, einen besseren Austausch der Erzeugnisse der Provinzen zu erzielen.

Die Möglichkeit, sich aus dem tiefen politischen und kulturellen Verfall, in den sie versunken sind, zu erheben, ist dem Staate Spanien und seinem Volke somit keineswegs verschlossen. Es bietet sich ihnen ein unermessliches Feld der Thätigkeit dar; es kommt nur darauf an, dass die

Männer, die jetzt berufen sind und in Zukunft berufen werden, die Geschicke Spaniens zu lenken, die Mittel anwenden, die Reformen durchführen werden, die erforderlich sind, um das Vertrauen der arbeitenden Klassen des Landes und um den Kredit des Auslandes zu gewinnen.

Eine Fortdauer der jetzigen Zustände, der bisherigen Misswirthschaft — würde zum gänzlichen politischen, wirthschaftlichen und moralischen Bankerott führen.

Druck von A. W. Hayn's Erben, Berlin und Potsdam.

Schriften

der

Centralstelle für Vorbereitung

von

Handelsverträgen.

---

17. Heft.

Die Handelsbilanz der Vereinigten Staaten von Amerika

von

A. Sartorius Freiherrn von Waltershausen,
o. Professor der Nationalökonomie an der Universität Strassburg

Berlin 1901.
J. Guttentag, Verlagsbuchhandlung,
G. m. b. H.

Die Handelsbilanz

der

Vereinigten Staaten von Amerika.

Von

A. Sartorius Freiherrn von Waltershausen,

o Professor der Nationalökonomie an der Universität
Strassburg.

Berlin 1901.

J. Guttentag, Verlagsbuchhandlung,

G. m. b. H.

Vorwort.

In der Sammlung der Schriften der Centralstelle für Vorbereitung von Handelsverträgen ist als zweite eine von mir verfasste Brochüre unter dem Titel: „Deutschland und die Handelspolitik der Vereinigten Staaten“ erschienen, in welcher auf die Doppeleigenschaft des nordamerikanischen Wirthschaftsgebietes, sowohl exportirendes Agrikulturland als auch hochentwickeltes Industrie- und Handelsland zu sein, hingewiesen und in welcher die daraus folgende wirthschaftliche Ueberlegenheit über die einzelnen westeuropäischen Grossstaaten betont worden ist. Seit dieser Veröffentlichung sind nun drei Jahre verflossen, der siegreiche Krieg gegen Spanien hat zu der wirthschaftlichen Expansion der Amerikaner die politische hinzugefügt, ein ausserordentlicher Aufschwung hat auf allen Gebieten ihres Geschäfts eingesetzt und damit eine Exportfähigkeit ausgebildet, welche im Lande selbst die dort üblichen optimistischen Meinungen von der eigenen Zukunft weit übertroffen hat.

In einer Zeit, in welcher wir in Deutschland uns anschicken unsere äussere Handelspolitik neu zu ordnen, erscheint es mir daher geboten, auf die gegenwärtige weltwirthschaftliche Stellung der Vereinigten Staaten aufmerksam zu machen, welche wir deshalb, weil sie weltwirthschaftlich ist, nicht nur bei dem ihnen gegenüber einzuschlagenden Verhalten, sondern auch bei unseren eventuellen Abmachungen mit andern Staaten zu berücksichtigen haben.

Die Handelsbilanz ist mir bei dieser Aufgabe sowohl als ein unverkennbares Symptom der gegenwärtigen Lage erschienen, als auch ein statistischer Leitfaden gewesen, an dessen Zahlenmaterial sich die einzelnen Ausführungen anknüpfen. Es sind überwiegend die offiziellen amerikanischen Veröffentlichungen benutzt worden, obwohl mir wohl bekannt ist, dass sie nicht selten von denen anderer Länder abweichen und einer Korrektur bedürftig sind. Indessen war ein anderer Weg nicht gangbar, da nicht die Beziehungen zu einem Lande, sondern zu allen Ländern untersucht werden sollen, mit denen die Union im Handelsverkehr steht. Einige derselben führen überhaupt keine beachtenswerthe Statistik, andere gehen bei ihren Feststellungen nicht von den gleichen Grundsätzen aus wie jene. Da es mir wesentlich auf zeitliche und räumliche Vergleiche ankommt, so war die Einheitlichkeit und Vollständigkeit der statistischen Erhebung eine unumgängliche Voraussetzung für jede Schlussfolgerung. Die Fehler in den amerikanischen Angaben über Export und Import rühren vor allem davon her, dass Waaren, welche nach einem ausländischen Hafen, z. B. Antwerpen, gehen oder von dort kommen, ohne hinreichende Kritik als Ausfuhr oder Einfuhr für den Staat notirt werden, welcher diesen Hafen besitzt, in unserem Falle also für Belgien, während es doch möglich ist, dass sie nur Transitgut gewesen oder aus der zollfreien Niederlage wieder ausgeführt worden sind. Diese Mängel haben bei den nachfolgenden Betrachtungen insofern nur geringe Bedeutung, als die uns wesentlich interessirenden Handelsbeziehungen der Vereinigten Staaten zu den einzelnen Erdtheilen dadurch kaum einen falschen Zahlenausdruck erhalten können, sie haben gar keinen Einfluss, wenn die Gesammtziffern ins Auge gefasst werden, um den Gang der Produktionsentwickelung anschaulich zu machen.

In dem letzten Abschnitt wird kein eingehender positiver Vorschlag zu einer deutsch-amerikanischen Handelspolitik gemacht, sondern es sollen nur die verschiedenen Möglichkeiten für eine solche im Allgemeinen geprüft werden. Soweit hierbei die Hinneigung nach bestimmten Richtungen hervortreten sollte, so ist diese, wenn sie auch in den Schriften der Centralstelle eine Darstellung gefunden hat, nur als die rein persönliche Ansicht des Verfassers anzusehen, für welche derselbe ausschliesslich verantwortlich ist.

Inhalts-Verzeichniss.

Seite

Vorwort V

I. Die Handelsbilanz im Ganzen und die Ausfuhr landwirthschaftlicher Produkte 1

II. Der Export von amerikanischen Industriewaaren 11

III. Die Gestaltung des Importes 34

IV. Die Vereinigten Staaten als Gläubiger innerhalb der Weltwirthschaft 39

V. Schutzmassregeln der europäischen Länder, insbesondere Deutschlands 56

I.

Die Handelsbilanz im Ganzen und die Ausfuhr landwirthschaftlicher Produkte.

Eine lange Reihe von zuverlässigen, nach derselben Methode erhobenen Handelsbilanz-Ziffern, welche von Jahr zu Jahr fortlaufen, giebt in wenigen aber markanten Strichen ein geschichtliches Bild von dem äusseren Handel eines Landes. In die Ursachen der Grössen-Veränderung kann man jedoch unter Benutzung dieses Zahlenmaterials nur bis zu einem gewissen Grade eindringen, indem man die Zusammensetzung der Ein- und Ausfuhr nach Waarengruppen oder gar nach einzelnen Produkten untersucht; zu einem abschliessenden Urtheil über sie wird nur der gelangen, welcher über die Wirthschaftsgeschichte des betreffenden Landes und der andern Länder, welche mit diesem Handelsbeziehungen unterhalten, unterrichtet ist. Dass eine Selbstbewegung und Selbstregulirung der ein- und ausgeführten Massen oder „eine natürliche Dialektik der Dinge" in der Handelsbilanz enthalten sei, ist eine sehr gewagte Annahme. Denn nur unter bestimmten Voraussetzungen folgt bei der heutigen Möglichkeit der internationalen Kapitalverschuldung einem vergrösserten Export ein ihm entsprechender Import.

In den Statistical Abstracts of the United States, welche seit 1878 jährlich erscheinen, werden die Bilanzzahlen bis zum Jahre 1835 zurückgeführt. [1])

[1]) Die Jahre werden bis 1842 bis zum 30. September, dann bis zum 30. Juni gerechnet.

Es werden Waaren und Edelmetalle unterschieden und bei den ersteren wieder zahlreiche Unterabtheilungen, welche sowohl einzelne Arten derselben als auch Gruppen von solchen umfassen. Die grosse Zunahme der Waarenziffern, welche im Allgemeinen mit dem Aufschwung der nordamerikanischen Produktion zusammenfällt, lässt sich übersichtlich aus den nachfolgenden Angaben ersehen:

Jahre bis zum 30. Juni	Einfuhr Dollars	Ausfuhr Dollars
1840	98 258 706	123 668 932
1850	173 509 526	144 375 726
1860	353 616 119	333 576 057
1870	435 958 408	392 771 768
1880	667 954 746	835 638 658
1890	789 310 409	857 828 684
1900	849 941 184	1 394 483 082

Dieses Anwachsen des auswärtigen Handels in 60 Jahren von über 1000 pCt. wird erst in voller Weise gewürdigt, wenn wir andere Länder, die anerkannt rasche wirthschaftliche Fortschritte zu verzeichnen haben, zum Vergleiche heranziehen. In Grossbritannien betrug 1840 der auswärtige Handel 114 Mill. £ und 1898 764,[1]) das bedeutet eine Zunahme von 670 pCt. Für Frankreich lässt sich in der gleichen Periode nur eine solche von 453 pCt. nachweisen Der gesammte europäische Aussenhandel hat sich während der Jahre 1840—1889 nicht ganz versechsfacht, der der Vereinigten Staaten aber verachtfacht.[2]) Der Ausfuhrhandel der letzteren ist im Kalenderjahr 1900 so gestiegen. dass er jetzt in der Rangliste der exportirenden Länder der ganzen Welt die erste Stelle inne hat. Der Werth der in den ersten elf Monaten ausgeführten Waaren betrug 5481 Mill. Mark, das

[1]) Nach Mulhall, The Dictionary of Statistics und nach dem Statistical Abstract of the United Kingdom 1899

[2]) Nach Mulhall a. a. O.

sind über 20 Mill. M. mehr als die Ausfuhr Grossbritanniens in der gleichen Zeit betragen hat. [1]) Die Ausfuhr des deutschen Reichs hat sich in den fünf Jahren 1896—1900 ungefähr um 50 pCt. vermehrt, die der Vereinigten Staaten jedoch um 80 pCt., welche damit zugleich die erstere auch an absolutem Wachsthum überholt hat.

Wir wollen nun die Grössenverhältnisse der Produktengruppen, aus denen sich der amerikanische Ausfuhrhandel zusammensetzt, untersuchen. Die prozentuellen Zusammenstellungen der Statistik gehen bis zu dem Jahre 1860 zurück.[2])

Jahre	Export von Waaren, die nicht Fabrikate sind					Total	Export von Fabrikaten
	1 Landwirthschaft	2 Bergbau	3 Wald	4 Fischerei	5 Verschiedenes	1—5	
1860	81.13	0.31	3.26	1.31	1.23	87.24	12.76
1870	79.35	1.10	3.27	0.62	0.66	85.00	15.00
1880	83.25	0.71	2.11	0.64	0.81	87.52	12.48
1890	74.51	2.64	3.49	0.88	0.61	82.13	17.87
1895	69.73	2.33	3.61	0.67	0.52	76.86	23.14
1896	66.02	2.32	3.91	0.97	0.48	73.52	26.48
1897	66.23	2.01	3.92	0.63	0.34	73.13	26.87
1898	70.54	1.60	3.13	0.45	0.26	75.98	24.02
1899	65.19	2.34	3.49	0.50	0.27	71.79	28.21
1900	60.98	2.76	3.81	0.46	0.34	68.35	31.65

Wir ersehen aus diesen Angaben, dass die Rohstoffausfuhr, resp. die landwirthschaftliche noch sehr überwiegt, dass sie aber relativ, d. h. im Vergleich zu derjenigen der Fabrikate in der Abnahme begriffen ist. Stellen wir die absoluten Zahlen des gesammten Rohstoffexportes neben die prozentuellen, so haben wir eine gewaltige Werth-Zunahme:

[1]) Nach der Berliner Börsenzeitung vom 14. Januar 1901.

[2]) Die Waaren, welche nicht Fabrikate sind, sind Rohstoffe oder nur gering im Werthe durch Verarbeitung erhöht.

1860 275,9, 1890 694,1, 1897 754,7, 1898 919,6, 1899 864,3, 1900 936,9 Millionen Dollars. Bei weitem die meisten dieser Rohstoffe stammen, wie die erste Tabellenreihe zeigt, aus der Landwirthschaft und, wenn wir den Durchschnitt der Jahre 1895—99 nehmen, entfallen von ihnen auf Baumwolle 30,71 pCt., Brotstoffe 30,56 pCt., Fleischwaaren 20,36 pCt., lebende Thiere 5,91 pCt., Tabak 3,53 pCt., Oelkuchen und Oelkuchenmehl 1,40 pCt., Pflanzenöl 1,38 pCt., Meiereierzeugnisse 1,13 pCt.

Die Produktion von Rohbaumwolle hat seit dem Sezessionskrieg einen nicht erwarteten Aufschwung genommen. Die Ernte hatte 1874 ein Bruttogewicht von 1940, 1884 von 2757, 1894 von 3769, 1897 von 4397 Millionen Pfund, hat sich also in diesen 27 Jahren mehr als verdoppelt. Die grosse Zunahme entfällt in den neunziger Jahren vor allem auf die Staaten und Territorien westlich vom Mississippi, an erster Stelle auf Texas; aber auch Oklahoma und das Indianer-Territorium haben sich für den Anbau sehr günstig erwiesen. Im Jahre 1890 umfassten die westlichen Staaten 35 pCt. der mit Baumwolle bepflanzten Bodenfläche, um 1900 beträgt ihr Antheil schon über 43 pCt. Noch grösser ist ihr Antheil am Ertrage, „und es unterliegt keinem Zweifel, dass schon in wenigen Jahren das alte Verhältniss sich verkehrt und der Westen den Osten in diesem wichtigsten Zweige der südlichen Landwirthschaft überflügelt haben wird.“[1] Aber auch östlich vom Mississippi ist in dieser Dekade die angebaute Fläche um 1029854 Acres grösser geworden, und man erwartet auf dem hier vielfach erschöpften Boden in dem Maasse steigende Ernten, als die Viehhaltung zunehmen wird, welche hier seit der Einführung der Verfütterung der Baumwollhülsen, des Baumwollmehles und der Pressrückstände der Baumwollölfabriken Fortschritte aufweist. Noch vor 20 Jahren warf man in vielen Gegenden des Landes etwa ²/₃ des Baumwollsamens weg, weil man keine Verwendung dafür

[1]) Illinois Staatszeitung vom 9 Januar 1901 Landwirthschaftliche Beilage

kannte und bewahrte nur $1/3$ für die Aussaat auf. Gegenwärtig ist seine Verarbeitung zu Speiseöl, feinen Seifen, Kunstbutter und Viehfutter so bedeutend geworden, dass der Farmer etwa 30 cts. für den Bushel oder 20 Dollars für die Tonne erhält.

Es ist daher nicht anzuzweifeln, dass die amerikanische Produktion an Rohbaumwolle in den nächsten Jahrzehnten noch stark zunehmen wird, und auch als Exportgut wird sie ihre Rolle nicht einbüssen. Die Fabrikation von Baumwollwaaren hat seit 1865 in den Vereinigten Staaten erhebliche Fortschritte aufzuweisen, aber Dank der zunehmenden landwirthschaftlichen Produktion hat sich der Export von Rohprodukt seit 1874 auf etwa 70 pCt. der Ernte gehalten. Die Konkurrenz Aegyptens, Indiens, Südamerikas hat der amerikanische Farmer bisher nicht ernstlich zu fürchten gehabt, denn sie hat sich in den Jahren 1898, 1899, 1900 nicht einmal auf ein Fünftel der amerikanischen beziffert und zudem ist die Faser ägyptischer oder peruanischer Herkunft von einer besonderen Qualität, aus der besondere Stoffe hergestellt werden und welche daher die Amerikaner selbst einzuführen genöthigt sind.[1])

Ob die Brotfrucht in der amerikanischen Handelsbilanz der Zukunft die gleiche Stelle wie in der Gegenwart einnehmen wird, ist streitig. Die rasche Bevölkerungszunahme, meint man, stellt immer wachsende Ansprüche an die inländische Ernte, so dass fortgesetzt weniger Getreide zur Ausfuhr übrig bleiben werde. Seit dreissig Jahren hat sich jedenfalls für Weizen durchaus das Gegentheil gezeigt. Die mit der Bevölkerung zunehmende Produktionskraft hat im Allgemeinen wachsende Zahlen 1. für die Ernten, 2. für die Ausfuhrmengen, 3. für den Antheil der Ausfuhr im Verhältniss zur Produktion ergeben.

Die Weizenerzeugung betrug im Durchschnitt der Jahre 1866—1871 219 Millionen Bushels, von 1872—1880 362,6,

---

[1]) R. E. May: Die Wirthschaft in Vergangenheit, Gegenwart und Zukunft, Berlin u. Bern 1901. S 153.

von 1881—1890 439,7, von 1891—1896 480, von 1897—1900 545, und während in der ersten Periode der Prozentsatz der Ausfuhr 15,56 der Produktion betrug, stieg er in der zweiten auf 28,89, in der dritten auf 27,00, in der vierten auf 34,58, in der fünften auf 35,45.[1])

Es ist Grund vorhanden anzunehmen, dass die Ausdehnung der Weizenerzeugung in dem nächsten Jahrzehnt noch fortschreiten wird, und vermuthlich ungefähr in demselben Tempo, welches die Jahre 1890—1900 gekannt haben. Dafür spricht, dass noch viel unkultivirtes Land vorhanden ist,[2]) wenn auch das beste dem Pflug bereits unterworfen ist, dass mit der Zunahme der Gesammtbevölkerung auch die ländliche erheblich angewachsen ist, und dass die Transportmittel, welche durch Ermöglichung des Absatzes eine Voraussetzung des Anbaues sind, rastlos verbessert werden. Die Censusergebnisse von 1900, welche für den Zeitraum von 1890—1900 eine Vermehrung der ganzen Bevölkerung um 21 pCt. verzeichnen, bringen den Nachweis, dass die städtische Bevölkerungszunahme nicht in der Weise die ländliche übertroffen hat, wie in dem vorausgehenden Jahrzehnt. Sie lassen ferner ersehen, dass die Zahl der Farmer während der letzten Dekade um über eine Million, d. h. um 20 pCt. gewachsen ist, von denen mehr als ein Drittel in dem Westen, besonders in Oklahoma und dem Indianer-Territorium auf Neuansiedlungen bisher unbebauten öffentlichen Landes entfällt.

Die Ursache der gleichmässigeren Entwickelung von Stadt und Land wird man zum geringeren Theil in dem Nachlassen der Einwanderung finden können, zum grösseren darin, dass die Beschäftigung in der Landwirthschaft in Folge

[1]) Die Produktion ist für das Kalenderjahr angegeben, der Export fur Fiskaljahre, welche mit dem 30 Juni enden. Bei der Ausfuhr ist das Weizenmehl in Weizen umgerechnet: 1 Barrel Weizenmehl = $4^1/_2$ Bushel (à 35 238 Liter) Weizen.

[2]) Vgl. meine Schrift: Deutschland und die Handelspolitik der Vereinigten Staaten, Berlin 1898, S. 6; ferner Carl Ballod: Die deutsch-amerikanischen Handelsbeziehungen, Schriften des Vereins für Sozialpolitik, B. 91, S. 201.

mehr rationellen Betriebes lohnender geworden ist, dass manche verlassene, durch Raubbau früher erschöpfte Farm somit wieder in Stand gesetzt werden konnte, dass überall Milchereien, Käsefabriken, Oelpressen, Viehzüchtereien mit Stallfütterung als Grossbetriebe entstanden sind. Die intensivere Landwirthschaft macht sich in den Vereinigten Staaten bei dem immer im Allgemeinen noch niedrig bewertheten Land, bei dem zunehmenden Kapitalreichthum und sinkenden Zinsfuss sehr wohl bezahlt. In der alten Welt fällt mit dem Fortschritt der Intensität in der Landwirthschaft in Folge der starken Nachfrage nach Grundbesitz, dessen Angebot nicht vergrössert werden kann, eine solche Erhöhung des Bodenwerthes zusammen, welche dem zunehmenden kapitalisirten Reinertrag in der Regel vorauseilt. So kommt es, dass, wenn der Ertrag auf einem Landgut steigt, er doch auf das in diesem landwirthschaftlichen Betrieb angelegte Gesammtkapital vertheilt, einen verminderten Prozentsatz als Rente darstellt. In den Vereinigten Staaten hingegen richtet sich, wegen des verhältnissmässig grossen stets vorhandenen Angebotes an Land, der landwirthschaftliche Bodenwerth weit mehr nach dem Ertrag. Jede erfolgreiche und erhebliche Verbesserung der Produktionstechnik äussert sich daher hier in einer prozentualen Vermehrung der Einnahme des Farmers, so dass ein etwaiges nachfolgendes Sinken des Preises landwirthschaftlicher Erzeugnisse weniger hart empfunden wird. Selbst zu einem Verzicht auf einen Theil seines Einkommens wird sich der Farmer dann entschliessen können, wenn er nur sicher ist, seine ganze Ernte absetzen zu können, also eventuell seine Konkurrenten in anderen Ländern mit Erfolg unterbieten. Es kommt hinzu, dass der amerikanische Landwirth heute Geld zu erheblich niedrigeren Zinsen leihen kann als vor zehn oder zwanzig Jahren, mithin auch in die Lage gesetzt ist, rascher den Uebergang zum kapital-intensiveren Betrieb zu bewerkstelligen als früher, womit keineswegs gesagt ist, dass die Produktionskosten des Getreides zugleich steigen werden, da sowohl an theueren Arbeitslohn mit Anwendung besserer Maschinen gespart werden, als auch der Betrieb vergrössert werden kann, wenn der Farmer von seinem Besitz eine grössere Quote bestellt.

Es ist daher als eine Illusion zu bezeichnen, dass die Erzeugung von Körnerfrucht in den Vereinigten Staaten zu einem baldigen Stillstand kommen werde. Das ist nun auch noch um so weniger der Fall, als durch die nicht nachlassende Verbesserung der Transport- und Handelseinrichtungen[1]) eine stete Anregung zum Anbau von Cerealien gegeben wird. Nachdem die kanadischen Kanäle, welche die grossen Seen mit einander und mit dem St. Lorenzstrom verbinden, auf eine gleichmässige Tiefe von 14 Fuss englisch gebracht worden sind, ist es nicht mehr nöthig, das von Chicago oder Duluth in Leichterfahrzeugen abgehende Getreide in Montreal in die Seeschiffe umzuladen. Der Verkehr kann jetzt direkt in seetüchtigen Dampfern, die 75000 Bushel Getreide laden können, von dem Innern der Vereinigten Staaten nach England bewerkstelligt werden, und in Chicago plant man bereits den Bau einer ganzen Flotte solcher kleiner Dampfer, der vermuthlich eine bundesstaatliche Subvention nicht fehlen wird.

Dass der heimische Konsum der Amerikaner an Weizen noch um einiges per Kopf der Bevölkerung verringert werden kann, ohne dass die allgemeine Lebenshaltung verschlechtert wird, halte ich auch für wahrscheinlich. Er betrug im Durchschnitt der Jahre 1867—76 4,89 Bushel, 1877—86 5,63 und 1887—97 4,92 Rechnen wir 1 Bushel = 60 englische Pfund und 112 engl. Pfund = 50$^3/_4$ Kilogramm, so ist er zuletzt mehr als das Doppelte von dem, was er 1879—94 im Durchschnitt in Deutschland betragen hat (62,9 kg), was sich ja unschwer aus dem starken Roggenverbrauch bei uns erklärt, er wird aber auch von dem der französischen Bevölkerung nur um weniges und von dem der englischen nur um etwa ein Sechstel übertroffen, d. h. in zwei Ländern, in

[1]) Ueber die letzteren vergl Carl Simon: Der Export landwirthschaftlicher und landwirthschaftlich-industrieller Artikel aus den Vereinigten Staaten Leipzig 1899

denen aus dem Weizen das Volksbrot hergestellt wird. In den Vereinigten Staaten wird sehr viel Mais als menschliche Nahrung verbraucht, und daher ist der starke Weizenkonsum zum Theil durch die Verwendung des Weizens als Viehfutter zu erklären. In demselben Maasse nun der Versand von Weizen leichter wird und zugleich die Maisproduktion fortschreitet — was thatsächlich der Fall ist —, also einen Ersatz für Weizen als Viehfutter bietet, um so weniger Weizen wird für den heimischen Verbrauch zurückbehalten werden, um so grösser wird die Quote der Exportmenge von der Produktion sein. Wir kommen daher auf Grund verschiedener Betrachtungen zu dem Schluss, dass in der zukünftigen Handelsbilanz der Vereinigten Staaten Weizen und Weizenmehl gewiss eher eine grössere als geringere Rolle als jetzt auf der Seite der Ausfuhrwerthe und Mengen spielen wird.

Andere landwirthschaftliche Produkte, namentlich Mais und Fleisch, werden nicht anders zu beurtheilen sein. Die Maiserzeugung betrug 1875 850, 1885 1795, 1895 1212, 1897 2383, 1898 1902, 1899 1924, 1900 2078 Millionen Bushels, hat also auch eine erhebliche Vermehrung aufzuweisen. Der Export von Mais hat seit 1875 ausserordentlich geschwankt, hat sich aber in den letzten Jahren einen erheblich grösseren Markt erobert. Er betrug im Durchschnitt der Jahre 1870—1890 55 Millionen Bushels, und 1891—1900 113,8.

Mit der Zunahme der Maiserzeugung geht zusammen die steigende Produktion von Vieh und Fleisch zum Export. Die Ausfuhr von lebendem Vieh ist von 1888 bis 1900 von 12,8 Millionen Dollars bis auf 43,5 gewachsen und diejenige von sonstigen animalischen Lebensmitteln von 93 bis zu 184.

Nach unsern bisherigen Ausführungen muss es als sicher erscheinen, dass die Vereinigten Staaten noch für eine lange Reihe von Jahren grosse Beträge von landwirthschaftlichen Produkten exportiren werden, und zunächst dürften die Ziffern sich noch in einer aufsteigenden Linie bewegen. Um so auffälliger ist, dass, wie die Tabelle auf Seite 3 zeigt, von

1860 — 1900 der Antheil dieser Produkte an der Gesammtausfuhr immer kleiner geworden, von 81,13 pCt. auf 60,98 pCt. zurückgegangen ist. Es erklärt sich dies ausschliesslich daraus, dass die Ausfuhr von Fabrikaten rascher zugenommen hat, so bedeutend namentlich in den letzten Jahren, dass dadurch die europäischen Industrieländer heftig alarmirt worden sind. Die absoluten Zahlen sind folgende:

Jahre	Export an Fabrikaten (auch Halbfabrikaten) in Millionen Dollars
1860	40,3
1870	68,2
1880	102,8
1890	151,1
1895	183,5
1896	228,5
1897	277,2
1898	290,6
1899	339,5
1900	433,8

Also in 40 Jahren mehr als eine Verzehnfachung, während die genannten Rohstoffe eine Verdrei- bis Vervierfachung aufweisen.

II.

Der Export von amerikanischen Industriewaaren.

Die Ausbildung der nordamerikanischen Industrie kann an sich nicht überraschen. Von einem Lande, das mit allen natürlichen Hilfskräften reichlich ausgestattet ist, welche die Voraussetzung einer grossen Industrie bilden, das seit vierzig Jahren eine konsequente Schutzzollpolitik treibt und von einem Volke bewohnt wird, dessen angeborener Unternehmersinn in unserer Zeit fast sprichwörtlich geworden ist, konnte man nicht erwarten, dass es in dem Zustande eines Agrikulturstaates, wohin es die englische Freihandelsdoktrin zu Careys Zeiten in der ersten Hälfte des neunzehnten Jahrhunderts gern dauernd verweisen wollte, beharren werde. Inzwischen hat sich der industrielle Fortschritt viel gewaltiger und vielseitiger vollzogen, als nur die kühnsten Muthmaassungen zu äussern gewagt haben.

Die Bedingungen für die Entfaltung einer Exportindustrie sind in den Vereinigten Staaten noch günstiger, als sie es in England gewesen sind. Vor allem ist der absolute Reichthum an Steinkohlen, Eisen, Kupfer und Holz ein unvergleichlich viel grösserer und garantirt daher ein viel nachhaltigeres und progressiveres Anwachsen der auf diese Stoffe angewiesenen Produktion. Die Vereinigten Staaten sind heut zu Tage das Land der billigen Rohprodukte, und wenn Kohlen, Erze, Holz in der Ausfuhr nicht besonders hervortreten, so hängt dies nur damit zusammen, dass die Transportspesen für diese am Herstellungsorte billigen, schweren und voluminösen Gegenstände noch zu gross sind. Als Grundlage der Industrie leisten diese wohlfeilen Rohstoffe aber Hervorragendes. Die Techniker, welche von Europa ausgeschickt werden, um die Industrie jenseits des Ozeans zu studiren, wundern sich nicht wenig, welch' geringen Werth man hier auf die möglichst vollständige Ausnutzung der vielmehr geradezu oft vergeudeten Rohstoffe legt. In Europa ist man hingegen in nichts sparsamer als mit diesen, da sie so theuer sind, und daher werden immer neue Erfindungen auf chemischem und metallurgischem Gebiete angestrebt.[1]) Zum Theil mag im internationalen Wettkampf der bestehende Mangel durch eine solche verbesserte Technik ausgeglichen werden, aber man darf nicht vergessen, dass dieselbe doch auch in Amerika eine gewisse Nachahmung findet und somit die Ueberlegenheit des billigen Rohstoffes immer von Neuem hervortritt.

Man hat, allerdings nicht ohne Uebertreibung, die rasche Ausdehnung der englischen Eisenindustrie im 19. Jahrhundert auf die Thatsache zurückgeführt, dass Kohlen und Eisen nahe zusammen gelagert sind, so dass die Hochöfen über billiges Brennmaterial verfügen können. Auch die Vereinigten Staaten sind in dieser Hinsicht an vielen Orten begünstigt. Die lange Kette von Magneteisenlagern in den Alleghanies hat durchweg die Nachbarschaft des appalachischen Kohlenlagers, innerhalb dessen sich auch zahlreiche Lagerstätten von Eisenerzen befinden. Insbesondere verdankt die Eisenindustrie von Alabama ihr rasches Aufblühen dem Umstand, dass mächtige Brauneisensteinlager von Kohlenflötzen umgeben sind.[2])

Wo die Industrie hingegen auf die Versendung von Kohlen oder Eisen angewiesen ist, haben die Unternehmer durch eine praktische Lösung der Transportfrage sich zu helfen gewusst. Hauptsächlich haben es die grossen Kartelle verstanden, sei es durch Spezialtarife, sei es durch den Besitz

---

[1]) Vergl Kölnische Zeitung vom 28. Oktober 1900.

[2]) Näheres bei Fr. Ratzel: Die Vereinigten Staaten von Amerika, B. II, zweite Auflage, S 486 ff. und auf der beigegebenen Kulturkarte Interessante Einzelheiten und ein Vergleich mit den deutschen Verhältnissen, bei C Ballod a. a. O., S. 184 ff.

eigener Linien, Schiffe und Eisenbahnwagen, sich für die Rohstoffe bis zu ihren Werken niedrige Frachten zu sichern, welche auch meistens nach dem Export-Hafen für Ganz- und Halbfabrikate gelten. Während der Jahre 1898 bis 1900 ist von der nordamerikanischen Eisen- und Stahl-Konkurrenz in Europa viel gesprochen worden. In den zahlreichen Gutachten von Sachkennern wird übereinstimmend auf diese beispiellose Ermässigung der Frachtkosten aufmerksam gemacht, wodurch der augenblickliche Vorsprung der transatlantischen Industrie allein schon seine Erklärung finde.[1])

Doch haben wir uns mit diesem letzten Hinweis auf gegenwärtige und vielleicht vorübergehende Zustände von unserem Vergleich der englischen und amerikanischen Vorbedingungen für die Schaffung einer grossen Industrie entfernt. Zu Gunsten der letzteren ist weiterhin geltend zu machen die viel grössere Vielseitigkeit der Rohstoffe, welche aus der Grösse und Vielgestaltigkeit des Wirthschaftsgebietes folgt, wobei nur an Gold, Silber, Baumwolle und Petroleum erinnert sei.[2]) Einen Ersatz kann Grossbritannien in seinen Kolonien nur theilweise finden, weil diese vom Mutterlande räumlich getrennt sind und zudem eine, wenn auch je nach ihrer Verfassung verschiedene, selbständige Handelspolitik treiben können, welche die Einheit des Wirthschaftsgebietes stört.

Die Grundlage für den Absatz industrieller Produkte ist der Konsum innerhalb der heimischen Volkswirthschaft. Die steigende Bevölkerung Grossbritanniens, wenn auch selbst nur eine Folgeerscheinung des wirthschaftlichen Aufschwunges, welche 1811 18,5 und 1891 38,1 Millionen Menschen umfasste, hat stetig dazu beigetragen, der englischen Industrie einen wachsenden Markt zu schaffen. Aber die Bedingungen für die Bevölkerungszunahme sind in den Vereinigten Staaten, welche ohne Alaska eine Fläche von 7 836 000 qkm haben, un-

[1]) Centralblatt der Walzwerke, September 1898. Jahresbericht der Bochumer Handelskammer 1898. James M. Swank, The american and foreign iron trades 1899.

[2]) Deutschland und die Handelspolitik der Vereinigten Staaten. Kap. I.

vergleichlich günstiger als in England, dessen Gebiet nur 314 628 qkm misst. Die Menschenmenge ist gegenwärtig in dem ersteren Lande fast doppelt so gross als in dem zweiten und hat sich in hundert Jahren verachtzehnfacht. Allerdings geht, wie die Censusaufnahmen nachweisen, das Verhältniss der Zunahme nach und nach zurück. Es betrug von 1800—1810 36,38 pCt., 1850—60 35,11 pCt., 1880—90 24,80 pCt. und 1890—1900 21 pCt. Wenn demnach, insofern die während der letzten zehn Jahre stattgefundene Bevölkerungszunahme die kleinste im Jahrhundert gewesen ist, so war sie doch, absolut genommen, die grösste mit einem Zuwachs von 13 Millionen. Ein solcher in zehn Jahren ist für eine aufstrebende Industrie von unschätzbarer Bedeutung, ermöglicht ihr die Konzentrirung von Arbeitermassen, die Ausdehnung des Grossbetriebes, den Fortschritt der Arbeitstheilung.

Man hat Englands kommerzielle und industrielle Grösse auch auf seine Weltstellung zurückgeführt, darauf dass die Jnsel einen Kreis von Absatzländern um sich herum liegen gehabt habe, die alle auf dem billigsten Wege, dem Wasser, zu erreichen gewesen wären, ferner darauf, dass die aussereuropäischen Rohstoffe für die Industrie vor allem Baumwolle und Wolle zuerst den Liverpooler Hafen hätten aufsuchen müssen und so dem Spinner zur Auswahl und je nach seinem Bedarf an erster Stelle zur Verfügung gestanden hätten. Die nordamerikanische Union hat aber die Baumwolle, welche in den Südstaaten vor den Thüren der Fabriken wächst, im eigenen Lande. Dieser Umstand, der zur Zeit noch durch die dort billige Arbeitskraft unterstützt wird, hat von 1890—1895 in den 14 Staaten des Südens, Texas mit eingerechnet, die Zahl der Spindeln von 1,6 auf 3 Millionen, der Webstühle von 38 000 auf 70 800 anwachsen lassen,[1]) und der Export nach Westindien, Zentralamerika, Mexiko ist seitdem in stetiger Zunahme begriffen. Der Sezessionskrieg brachte durch die Stockung der Baumwollausfuhr die englische

[1]) The Tradesman, Chattanoga, April 1895

Industrie an den Rand des Ruins, ein europäischer Krieg kann den amerikanischen Spinnern niemals ihr Rohmaterial abschneiden, und wenn auch derselbe bei der heutigen Weltwirthschaft sich durch sein Gefolge, den Absatzmangel, fühlbar machen würde, so bliebe doch der Verkauf über das westliche Weltmeer offen.

Die Weltstellung Englands ist in der Hauptsache eine europäische Stellung. Die Insel ist der westeuropäischen Küste vorgelagert, ähnlich wie Japan der chinesischen. Eine fächerförmige Ausstrahlung von Waaren trifft die Häfen der pyrenäischen Halbinsel, von Frankreich, Holland, Belgien, Deutschland, Dänemark und Skandinavien und mit Hinzurechnung des Ostseeweges auch von Russland. Nach Westen hin liegt allerdings auch eine Wasserstrasse, die direkt nach Nordamerika führt, aber in dieser Hinsicht sind Frankreich, Spanien und Portugal nicht schlechter gestellt, und Holland, Belgien, Deutschland stehen von Natur nicht viel ungünstiger da. Die Ueberlegenheit des englischen Handels mit der neuen Welt über den kontinentalen war daher wesentlich dem Zusammenwirken verschiedener wirthschaftlicher, geschichtlich-vergänglicher Faktoren zu verdanken, welche sich die Konkurrenten mehr und mehr angeeignet haben. Der Handel der Vereinigten Staaten (Ex- und Import) lässt diese Thatsache ersehen. Er betrug: [1])

in den Jahren	mit England	mit anderen Ländern
1790	55 pCt.	45 pCt.
1830	50 „	50 „
1870	46 „	54 „
1889	37 „	63 „
1897	35 „	65 „
1900	26 „	74 „

In Bezug auf den Handel mit Asien und Australien sind die Engländer durch eine geographische Lage nicht bevor-

[1]) Nach Mulhall, Dictionary; die beiden letzten Ziffern sind nach dem Statistical Abstract of the United States berechnet.

zugt. Man hat daher mit Recht gesagt, dass von dem Suezkanal dereinst die Häfen des Mittelmeers, Triest, Venedig, Genua mehr profitiren könnten als Liverpool und London. Das hat sich zwar bis jetzt nicht bewahrheitet, da die englische Handelsmarine so leicht nicht aus ihrer Stellung zu vertreiben war, aber darum ist der Satz doch wahr, dass die Lage der einzelnen Volkswirthschaft innerhalb der Weltwirthschaft von nicht zu unterschätzender Bedeutung ist.

Eine wahrhaft dominirende Weltstellung in Folge geographischer Lage haben die Vereinigten Staaten. Sie liegen sowohl am atlantischen wie am stillen Ozean, also zwischen Europa-Afrika einerseits und Asien-Australien andererseits. Eine der grössten historischen Thatsachen der neueren Zeit ist der Friedensvertrag von Guadalupe-Hidalgo, der vielleicht, als selten genannt, einigen meiner Leser dem Namen nach nicht bekannt ist. In ihm trat 1848 Mexico ein grosses Stück der pacifischen Gebiete an die Union ab, welche damit ihr Doppelantlitz erhalten hat, die Fähigkeit, zugleich nach Westen und Osten zu blicken, die Möglichkeit, im Weltverkehr und in der Staatenpolitik nach beiden Seiten hin ein entscheidendes Wort mitzusprechen. Auch Canada und Mexico sind Staaten, welche mit beiden Weltmeeren rechnen können, und wenn sie unabhängig bleiben, werden sie dereinst aus dieser Lage grossen Gewinn ziehen. Allein der Schwerpunkt der nordamerikanischen Machtentfaltung liegt in den Vereinigten Staaten, dem breiten Landgürtel mit gemässigtem Klima, welches die kaukasische Race, um zur vollen Bethätigung ihrer Arbeitskraft und ihres Genius zu gelangen, nicht entbehren kann.

Von den amerikanischen Industrien hat in den letzten drei Jahren die von Eisen und Stahl in Europa die grösste Aufmerksamkeit erregt. Die Roheisen-Produktion, welche in 21 Staaten betrieben wird, betrug noch im Jahre 1880 2 741 853 Tonnen (à 1016 Kilogramm), 1890 bereits 9 157 000, 1898 11 773 934, 1899 13 620 703, 1900 13 789 242 [1]. Die Ver-

[1]) Nach den Jahres-Berichten der American Iron and Steel Association.

einigten Staaten marschiren mit diesen Zahlen an der Spitze der Weltproduktion, von der auf sie 1899 rund 34 pCt. kamen. Grossbritannien folgte mit 23, Deutschland mit 20, Russland mit fast 7, Frankreich mit $6^1/_2$, Belgien mit $2^1/_2$ pCt. Auch in Bezug auf die Steinkohlenerzeugung hat in demselben Jahre die nordamerikanische Union (34 pCt. der Weltproduktion) England (33 pCt.) überflügelt, die dritte Stelle nimmt auch hier Deutschland (20 pCt.) ein.

Die Ausfuhr nordamerikanischen Roheisens ist wegen der im Verhältniss zum Werthe hohen Transportkosten noch gering, aber auch im Steigen begriffen. Sie belief sich 1890 nur auf 18 458 Tonnen, hat dann aber 1900 den Betrag von 160 690 Tonnen erreicht. Um so gewaltiger hat sich diejenige von Eisen- und Stahlwaaren gestaltet. Ueber diesen Geschäftszweig mit Einschluss des Roheisens giebt das statistische Bureau des Schatzamtes in Washington folgende Auskunft: 1880 wurden für 71,2 Mill. Dollars importirt, für 14,7 exportirt, 1890 für 41,6 und 25,5, 1892 ist ein Gleichgewicht mit 28,8 gegeben, 1895 überwiegt bereits die Ausfuhr um 10 Mill., 1897 um 49,4, 1898 um 70,3, 1899 um 81,6, 1900 um 101,5, in welchem Jahre die Einfuhr nur noch 20,4 ausmacht.

Die wichtigsten Gegenstände dieser ganzen Gruppe sind Stahlschienen, Strukturstahl und Eisen, Stahlblech und Platten, Blöcke, Stäbe, Röhren, Draht, Stifte, Nägel, Lokomotiven, Lokomobilen und vielerlei Art sonstiger Maschinen.

Der rapide Aufschwung der Stahl- und Eisenindustrie seit 1897 hängt natürlich mit der äusserst günstigen Konjunktur des heimischen und des Weltmarktes zusammen. Die hohen Preise in Europa, welche in engstem Zusammenhang mit der dortigen Kohlen- und Kokesnoth standen, erleichterten den Amerikanern die Konkurrenz auf südamerikanischen, asiatischen und anderen dritten Märkten und liessen die Zufuhr in die europäischen Industriestaaten ebenfalls anwachsen. Man wird daher auch vermuthen dürfen, dass mit dem Eintritt normaler Preise für Rohmaterialien in Europa die Ueberlegenheit der amerikanischen Konkurrenz nicht unerheblich zurückgedämmt wird. Indessen wird dies für die Dauer schwerlich der Fall sein [1]. Es ist nicht zu vergessen, dass in Amerika der Fortschritt der Technik keinen Augenblick ruht, soweit es sich um das Ersparen von Arbeitskraft handelt. Auf diesem Gebiete sind seit langem die Amerikaner als Spezialisten berühmt, ihre Arbeitsmaschinen leisten in den heimischen Gewerben immer vollkommeneres und gehen als Waaren in alle Welt. Neue Ergebnisse der angewandten Mechanik bringen fortwährend Einrichtungen zum Einladen und Umladen von Massenprodukten. So hat z. B. die Calumet- und Hekla-Minen-Gesellschaft 1898 mit einem Aufwande von 80 000 Dollars fünf hydraulische Kohlenaufzüge bauen lassen, wodurch sich die Kosten der Kohlenumladung von 27 Cts auf weniger als 1 Ct. pro Tonne vermindern. In den Hochöfen zu Duquesne lässt man das geschmolzene Eisen, statt es in Blöcke zu giessen und nach erfolgter Abkühlung zu verladen, in feuerfeste, innen glasirte Eisenbahnwagen laufen, welche in Zügen nach dem 5 Meilen entfernten Homestead fahren und dort mit ihrem immer noch flüssigen Inhalt direkt in die Stahlpuddelöfen entleert zu werden. [2]

Unter den vielen Neuerungen, welche aus technisch-ökonomischen Gründen versucht werden, sind auch manche, die sich nicht bewähren und dann wieder abgeschafft werden. Aber trotzdem ist der amerikanische Unternehmer immer leicht dazu geneigt, seine Kapitalien zu neuen Einrichtungen, bei denen Arbeit erspart werden kann, zu riskiren. Es ist dies ein Wagemuth, der sich volkswirthschaftlich bezahlt

[1]) Der amerikanische Konsul in Edinburgh befasst sich in seinem letzten Berichte mit dem Rückgang der britischen Metallindustrie und führt Aeusserungen Edinburgher Zeitungen darüber an. Z. B.: „Das Eisen- und Stahlgeschäft beginnt sich unserer Kontrolle zu entziehen und die Aussichten sind besorgnisserregend. Die Frage der ausländischen Konkurrenz schliesst eines der ernstesten, sich dem Lande im neuen Jahrhundert darbietenden, industriellen Probleme ein."

[2]) Illinois Staatszeitung von 29 Juni 1898.

macht, wenn auch Mancher in dem rastlosen Vorwärtsstürmen von hunderten oder tausenden erdrückt wird.

Die Verfügbarkeit über einen grossen Kapitalreichthum, welcher die Voraussetzung aller Versuche ist, ist in den letzten 20 Jahren entstanden. Sie ist ungemein erleichtert worden durch die Kapitalassociation in der Form des Trusts, dieser Sphinx, welche den Politikern und Nationalökonomen die schwierigsten Räthsel zu lösen aufgiebt, und von der Niemand weiss, ob sie nicht einmal die viel gerühmte Demokratie in den Abgrund hinabstürzen wird.

Es ist hier nicht der Ort, auf die Entstehung, den volkswirthschaftlichen Nutzen und die politischen Gefahren der Trusts einzugehen, wir wollen sie als gewichtige Thatsachen der gegenwärtigen nordamerikanischen Volkswirthschaft voraussetzen und nur kurz untersuchen, welche Bedeutung ihnen im internationalen wirthschaftlichen Wettkampf zukommt, wobei wir die vorübergehenden Spekulantenringe ausschliessen und an die Konzentration grosser Industriezweige allein denken. Auf der Trust-Konferenz, welche vom 13. bis 16. September 1899 in Chicago tagte, und welche, besonders weil auf derselben von den Leitern und Beamten der grossen Gesellschaften kein einziger anwesend war, als Anti-Trust-Konferenz bezeichnet worden ist, wurde die Frage, ob die Trusts die Produktionskosten der Waaren verbillige, allgemein im zustimmenden Sinne beantwortet. Als Grund davon sind anzusehen die bedeutenden Ersparnisse, welche durch den Fortfall der Bezahlung einer grossen Menge von Zwischengliedern, Agenten, Buchhaltern etc. entstehen; die vielen technischen und ökonomischen Vortheile, welche dem Grossbetrieb an sich eigen und welche hier in verstärktem Maasse wirksam sind: das Aufgeben von Betrieben an wenig für Transport und Absatz geeigneten Orten und die Verstärkung der Betriebe an von Natur begünstigten. Eine Verbesserung des Produktes wird in Verbindung mit dem Gesagten verschiedenen Trusts nachgerühmt, wie z. B. des Petroleums, des Zuckers, des Weissbleches, der gusseisenen Röhren und der Stahlschienen.

Ausser dieser Ersparniss an volkswirthschaftlichen Produktionskosten, in welcher sich die gesteigerte Macht des menschlichen Geistes über die Stoffe der Aussenwelt äussert, giebt es noch eine zweite, die ebenso angefeindet, wie die erste gelobt wird. Sie folgt aus der sozialen Uebermacht und dem faktischem Monopol der Kapitalassociation. Dahin gehört der billige Einkauf von untereinander konkurrirenden Rohstofffabrikanten, deren Verdienst durch den Zwang ihres oft alleinigen Abnehmers geschmälert wird, die Herabsetzung der Arbeitslöhne und Verschlechterung sonstiger Arbeitsbedingungen, die günstigen Differentialtarife bei den Eisenbahnen, deren übele Folgen für die Kasse der Bahngesellschaften dem Publikum aufgebürdet werden.

Die Verringerung der Produktionskosten, was auch immer die Ursache sein mag, ist an sich kein Grund fur die Trusts, die Preise der Waaren im Inland herabzusetzen, da die dazu eventuell zwingende Konkurrenz fehlt. Im Gegentheil, die monopolistische Stellung dieser grossen Unternehmungen hat nicht selten dahin geführt, die Waarenpreise zu erhöhen. Wenn auch in verschiedenen Fällen Preisminderungen nachweisbar sind, so hat dies seinen Grund wesentlich darin, dass die Verstärkung des Massenabsatzes zu geringeren Preisen zur Zeit gewinnbringender war, als eine Preiserhöhung, welche die Zahl der Abnehmer einschrankt Im Allgemeinen ist das Konsumenteninteresse durch die Trusts in den Vereinigten Staaten geschadigt worden, ohne welchen Vorgang die heftige Opposition gar nicht zu verstehen wäre, welche sich in dem letzten Jahrzehnt gegen sie erhoben hat. [1])

Ganz anders liegen aber die Dinge bezuglich des Verkaufes im Auslande. Da hier mit einer Konkurrenz zu rechnen ist, werden die Preise niedriger gesetzt als die dortigen, und bei der hier uberhaupt dauernd moglichen Unter-

[1]) Das Wesen der amerikanischen Trusts ist von mir genauer analysirt worden in: „Der moderne Sozialismus in den Vereinigten Staaten von Amerika“ Berlin 1890 S. 393-407

grenze sind die ermässigten Produktionskosten mitbestimmend. Zeitweise wird, um Absatzbeziehungen zu gewinnen, noch unter den Kostensatz herabgegangen, was von dem Trust um so länger ausgehalten wird, je mehr er seine Monopolstellung durch entsprechende Aufschläge in den Vereinigten Staaten ausgleichen kann. Das wird also um so mehr der Fall sein, je volkreicher und wohlhabender das Wirthschaftsgebiet wird, ein wichtiger Faktor, der bei der Beurtheilung der Zukunft der Trusts nicht zu übersehen ist. Die Preise von amerikanischen Waaren wie von Blei, glattem Draht, Stacheldraht, Nägeln, Soda, Portland-Cement waren im Sommer 1900 trotz der aufzuwendenden Transportkosten in England 20—25 pCt. niedriger als auf dem Markte des Ursprunglandes, und ähnliches gilt von andern Absatzländern. Sobald jedoch die Konkurrenz auf einem auswärtigen Markte von ihnen gebrochen ist, werden die Trusts nicht zögern, ihre Preise nach ihrem Ermessen zu erhöhen.

Ohne Zweifel hängt diese Erscheinung der Verschiedenheit der In- und Auslandpreise mit dem Schutzzollsystem der Union zusammen. Dasselbe hat manche Trustgründungen erleichtert und ermöglicht für sie die Aufrechterhaltung hoher Inlandpreise. An eine vollständige Aenderung der Zollpolitik ist vorläufig nicht zu glauben, da mit der fortschreitenden Ausdehnung der Kartelle auch die soziale Macht anwächst, welche im Kongress politisch zu Gunsten eines hohen Tarifes nutzbar gemacht wird. Indessen darf man die Bedeutung eines solchen für das Gedeihen des Trustwesens auch nicht zu hoch veranschlagen. Viele von den grossen Associationen verkaufen Lebens- und Genussmittel, z. B. Fischereiprodukte, Austern, Käse, Kandies, Obstkonserven, Mehl, Bisquit: andere produziren und handeln mit Waaren, welche als Spezialitäten des nordamerikanischen Wirthschaftsgebietes gelten können, wie raffinirtes Petroleum, Baumwollöl für den menschlichen Konsum, verarbeiteter Virginia-Tabak. Alle diese Produkte haben unter der fremden Konkurrenz nicht oder nur wenig zu leiden, werden aber in das Ausland gesandt. Bei einem mehr freihändlerischem Tarif würde die Kartellbildung in diesen Geschäftszweigen nur wenig berührt werden und die in der Trustform liegende Ausfuhrerleichterung würde fortbestehen.

Wir kommen zu dem Schluss, dass die Exportfähigkeit der Vereinigten Staaten durch die dort verbreitete Monopolisirung vieler Betriebe eine sehr wirksame Anregung erhalten hat, welche sich in dem Maasse verstärken dürfte, in welchem die Trustbildung fortschreitet. Bis zum Jahre 1899 waren nur im Staate New-Jersey, welcher der Gründung solcher Verbände keine juristischen Schwierigkeiten entgegensetzt, Trusts mit einem Kapital von über 1200 Millionen Dollars inkorporirt worden und in den letzten zwei Jahren verging fast keine Woche, in der nicht amerikanische Zeitungen von Neugründungen im Osten oder im Westen des Landes zu berichten wussten. Das Neueste ist die Schaffung der United States Steel Corporation, in welcher die grössten Eisen- und Stahlwerke des Landes vereinigt und dessen gesammtes Kapital auf 1100 Millionen Dollars geschätzt wird. Als Zweck der Gesellschaft ist die Erzeugung von Stahl, Eisen, Kupfer und anderen Materialien angegeben, die Erschliessung von Bergwerken und der Besitz von Transportmitteln

Die Konkurrenten dieser associirten Fabrikanten in anderen Ländern, wie in Deutschland, Oesterreich, Frankreich, Russland werden eine Erhöhung von Schutzzöllen fordern, um sich gegen eine sie ruinirende Preisbildung zu wehren und dann dem amerikanischen Vorbilde der Kartellgründung möglichst nachzueifern streben. Noch über eine Zollerhöhung hinaus kann die Gesetzgebung der bedrohten Länder gehen, wenn sie, wie dies anlässlich des kürzlich ausgebrochenen Zollkrieges zwischen Russland und den Vereinigten Staaten von russischer Seite ausgesprochen worden ist, den Tarif zu einem beweglichen macht und eine Erhöhung in der Weise durchführt, je nachdem die Trusts ihre Auslandpreise unter die Inlandpreise herabdrücken. Dass es dann bei der Zollerhebung nicht ohne Willkürlichkeiten abgehen wird, ist selbstverständlich; dass es durchführbar ist, haben die Amerikaner selbst gezeigt, indem sie zu dem vorhandenen Zuckerzoll Zuschläge erhoben haben, welche nach den vom Exportlande gewährten, vielfach schwankenden und in ihrer Höhe bestrittenen Exportprämien bemessen wurden.

Wir haben bisher von den einzelnen Fabrikaten, welche die amerikanische Ausfuhr enthält, nur diejenigen der Eisenindustrie genannt. An zweiter Stelle müssen wir auf das Kupfer aufmerksam machen, welches vor allem in Montana, Michigan und Arizona gewonnen wird. Von der Weltproduktion kam nach einer Schätzung auf die Vereinigten Staaten in dem Jahrzehnt 1870—80 ein Sechstel, von 1880—90 ein Drittel, von 1890—1900 etwa die Hälfte, und gleichzeitig war die erzeugte Menge in der letzten Dekade gegenüber der ersten verzehnfacht worden. An Kupferfabrikaten (alles mit Ausschluss des Kupfererzes) fand folgende Ausfuhr statt: 1890 (Fiscaljahre) für 2 349 392 Doll., 1895 für 14 468 703, 1899 für 35 983 529, 1900 für 57 851 707. Das gewaltige Anschwellen der Zahlen in den letzten Jahren hängt mit der Ausführung von grossen elektrischen Anlagen in Europa zusammen, zeigt aber zugleich auch die gegenwärtige Abhängigkeit dieses Erdtheiles von dem westlichen.

Werfen wir einen Blick auf die Fortschritte der Textilindustrie, über welche uns folgende statistische Zahlen mitgetheilt worden sind:

Zahl der	1900	1890	Zunahme in pCt.
Baumwollspindeln	21 057 983	14 188 103	48.4
Baumwollwebstühle	490 398	324 866	50.9
Wollkratzen	7 806	7 245	7.9
Wollkämme	1 510	855	76.6
Woll- u. Kammgarn-Webstühle	80 759	67 817	19.0
Streichmaschinen	75 721	36 462	107.6
Seidenspindeln	1 426 245	718 360	98.5
Seidenwebstühle	48 246	20 822	131.7

Von dem gegenwärtig in Gebrauch befindlichen Baumwollspindeln entfallen 15,2 Millionen auf die nördlichen, 5,8 auf die südlichen Staaten; in zehn Jahren haben die letzteren, begünstigt durch die geringen Transportkosten der Rohbaumwolle und durch billige Arbeitskräfte ihre Spindelzahl um 217 pCt. vermehrt.[1]) während die Nordstaaten nur eine Zunahme von 19,8 pCt. aufwiesen. Das Ideal des amerikanischen Nationalökonomen Carey, das Nebeneinanderarbeiten von Ackerbauern und Manufakturisten, scheint sich jetzt, fünfzig Jahre, nachdem er in seinen Werken dafür eingetreten war,[2]) zu verwirklichen, wenn auch von den günstigen Folgen dieser „Association“ nur die für die Konsumenten und die Fabrikanten eingetreten sind, während die Farmer von den Preisschwankungen des Weltmarktes nicht befreit worden sind. Die Ausfuhr an Baumwollzeugen ist an sich schon beträchtlich und auch im raschen Wachsen begriffen. Die gefärbten und ungefärbten Stoffe zusammen machten 1880 106.5 Millionen Yards aus, 1890 118,0, und 1900 418,5

Sehr auffallend ist auch der Fortschritt der Seidenindustrie. Zum Verständnis der oben angeführten Zahlen mag aus dem Bericht mitgetheilt werden, welchen der amerikanische Konsul in Lyon dem Staatsdepartement in Washington erstattet hat,[3]) dass während der letzten drei Jahre der Verbrauch von Rohseide in Amerika den von Frankreich übertroffen hat. Im Jahre 1899 wurden im ersteren Lande 19 Seidenfabriken mit Dampfbetrieb errichtet und 13 zur Fabrizirung von Seidenbändern und anderen Seidenartikeln. Der Bericht schliesst mit den Worten:

„Frankreich steht zwar als Produzent in erster Linie, aber die Vereinigten Staaten streben thatkraftig nach diesem Platz.“

Wir beendigen unsere Ausführungen uber die rapiden Fortschritte der nordamerikanischen Industrie mit einer

---

[1]) In den letzten Jahren haben sich die südlichen Fabriken auch auf die Herstellung feinerer Garnnummern verlegt: vergl. Deutsche Exportzeitung vom 20. März 1901.

[2]) Die Grundlagen der Socialwissenschaft II. S 371, deutsche Uebersetzung von 1863

[3]) Im Auszug in der Illinois Staatszeitung vom 27. II 1901.

Ausfuhrtabelle, welche diejenigen Artikel umfasst, welche über den Betrag von einer Million Dollars hinausgehen:

Waaren	Fiskaljahre 1890 Dollars	1895 Dollars	1900 Dollars
Eisen und Stahlprodukte	25 542 208	32 000 989	121 858 344
Raffinirtes Petroleum . .	44 658 854	41 498 372	68 246 949
Kupferartikel	2 349 392	14 468 703	57 851 707
Leder und Lederartikel .	12 438 847	15 614 407	27 288 808
Baumwollwaaren	9 999 277	13 789 810	23 890 001
Landwirthschaftl. Geräthe	3 859 184	5 413 075	16 094 886
Chemikalien und Droguen	5 424 279	8 189 142	13 196 638
Holzwaaren	6 509 645	6 249 807	11 230 978
Paraffin und Paraffinwachs	2 408 709	3 569 614	8 602 723
Künstliche Düngstoffe . .	1 618 681	5 741 262	7 218 224
Wissensch. Instrumente .	1 429 785	1 912 717	6 431 301
Papier und Papierwaaren	1 226 686	2 185 257	6 215 559
Tabakfabrikate	3 876 045	3 953 165	6 009 646
Seilerwaaren	2 094 807	1 722 559	4 438 285
Fahrräder	—	—	3 551 025
Bücher, Karten und Stiche	1 886 094	2 316 217	2 941 915
Wagen etc.	2 056 980	1 514 336	2 809 784
Stärke	378 115	366 800	2 604 362
Eisenbahnwagen	2 689 698	868 378	2 554 907
Gummiwaaren	1 090 307	1 505 142	2 364 157
Gebrannte Getränke . . .	1 633 110	2 991 686	2 278 111
Vegetabilische Oele	326 227	491 436	2 162 759
Biere	654 408	558 770	2 137 527
Uhren	1 695 136	1 204 005	1 974 202
Musikal. Instrumente . . .	1 105 134	1 115 727	1 955 707
Glaswaaren	882 677	946 381	1 933 210
Oelfarben und Farbstoffe	578 103	729 706	1 902 058
Schiesspulver und Explosivstoffe	868 728	1 277 281	1 888 741
Messingwaaren	467 313	784 640	1 866 727
Seife	1 109 017	1 092 126	1 773 921

Waaren	Fiskaljahre 1890 Dollars	1895 Dollars	1900 Dollars
Marmor und Steinhauerarbeiten	729 111	885 179	1 677 169
Zinkartikel	156 150	237 815	1 668 202
Raffinirter Zucker	2 080 662	1 119 476	1 569 317
Wollwaaren	437 479	670 226	1 253 602

Zum Verständniss des amerikanischen Exports von Fabrikaten sind noch zwei Bemerkungen hinzuzusetzen, welche bei der künftigen Handelspolitik der europäischen Industriestaaten nicht zu übersehen sind:

1) Während man noch vor wenigen Jahren glaubte, dass die amerikanische Industrie nur bezüglich gröberer Waaren, besonders schwerer Metallprodukte, ferner bezüglich einiger Maschinen und Werkzeuge auf fremden Märkten eine Zukunft habe, hat sich jetzt herausgestellt, dass in steigender Weise feinere Artikel und immer mehr Arten von Maschinen hier ihre Kundschaft gefunden haben. Es sind nicht allein Stahlschienen, Stahlbleche, Panzerplatten, eiserne Bestandtheile für den Häuserbau, welche ins Ausland versandt werden, sondern auch Stahlschrauben, Bolzen, Fahrradbestandtheile, wissenschaftliche Instrumente einschliesslich der telephonischen und telegraphischen (Export dieser Instrumente im Kalenderjahr 1900 für 6 788 938 Dollars), Fahrräder, elektrische Einrichtungen, Eisenbahn- und Trambahnwagen, Taschen- und Wanduhren. Von den Maschinen seien erwähnt: Lokomotiven, Lokomobilen, Nähmaschinen (Export 1900 für $4^1/_2$ Millionen), Schreibmaschinen (Export 1900 für 2,7 Millionen), elektrische Maschinen, Mäh-, Dresch-, Häcksel-, Säe-Maschinen und Garbenbinder, Wasch- und Pumpmaschinen und Pressen, Werkzeugmaschinen zur Herstellung von Holzwaaren, von Schuhwerk, von Messing- und Stahl-Schrauben. Da die Arbeitskraft in Nordamerika erheblich theuerer ist als in Europa, so hat man hier eine Konkurrenz solcher Waaren nicht gefürchtet, für deren Her-

stellung viel und mühsame Arbeit erforderlich ist. Man hatte aber dabei die Rechnung ohne den Wirth gemacht. Es wurden zahlreiche Werkzeugmaschinen erfunden, welche schneller und exakter arbeiteten, als die best geschulte Hand, und die Arbeitstheilung innerhalb der Betriebe ist so fortgeschritten, dass der Spezialismus der Arbeitsleistungen gegenüber dem der achtziger Jahre noch verstärkt worden ist.

2) Die amerikanischen Fabrikate haben ihren Markt nicht nur in Ländern mit wenig ausgebildeter Industrie, wie etwa in Kanada, Mexiko, Westindien, sondern auch in den industriell an der Spitze stehenden des westlichen Europas, in England, Deutschland, Frankreich, Oesterreich, Belgien. Wir bringen auch hier einige Zahlen des Kalenderjahres 1900.

Ausfuhr aus den Vereinigten Staaten in Dollars:

Länder	Näh-maschinen	Schreib-maschinen	Wissensch. Instrumente
Grossbritannien	1 071 903	1 081 307	1 623 426
Frankreich	134 598	188 497	937 948
Deutschland	1 019 300	503 934	500 316
Andere europ.. Länder	393 807	496 339	830 004
Alle Länder der Erde	4 510 221	2 736 435	6 788 938

Von der Gesammtausfuhr an Eisenwaaren für das Baugewerbe, die sich auf 9 787 402 Dollars stellt, gingen für über zwei Millionen nach Grossbritannien, etwa für eine nach Deutschland, für eine halbe nach Frankreich und für eine weitere nach dem übrigen Europa. Nach England gingen ferner, um noch einige wichtige Beispiele anzuführen. Stahlbleche, Stahlschienen, Panzerplatten, Stahlschrauben, Stahlmuttern, eiserne Bolzen, Fahrradbestandtheile, nach Frankreich Eisenröhren, elektrische Maschinen, Holz- und Messingbearbeitungsmaschinen, Transmissions- und Waschmaschinen, nach Deutschland Zweiräder, landwirthschaftliche und elektrische Maschinen, Uhren, Tischlerarbeiten und Möbel, musikalische Instrumente, Papierwaaren.

Von den Stahlschienen, deren Exportwerth ungefähr elf Millionen Dollars umfasste, — 1890 betrug er erst 315 000

— entfielen etwa $^1/_{10}$ auf Europa, auf Südamerika $^2/_{10}$, auf Britisch Nordamerika $^4/_{10}$, auf Asien und Ozeanien $^2/_{10}$. Hiernach scheint Europa in diesem Geschäftszweig zunächst nicht gefährdet zu sein, allein man wird nicht zu übersehen haben, dass die europäische Industrie auf den fremden Märkten einem Wettbewerb gegenübersteht, der von Jahr zu Jahr kraftvoller und siegreicher vordringt.

Dass von Seiten der europäischen Länder amerikanische Fabrikate und zwar in progressiver Weise aufgenommen werden, würde dann kein Bedenken erregen können, wenn die Vereinigten Staaten ein Industriestaat wie sie wären und für ihre Fabrikation andere Waaren aus jenen Austauschländern bezögen. Es bestände dann eine internationale industrielle Arbeitstheilung, bei welcher beide Parteien ihren Vortheil haben würden. Nun liegen aber die Dinge geschichtlich betrachtet so, dass das amerikanische Wirthschaftsgebiet für Europa nur der Lieferant von Rohstoffen, besonders von landwirthschaftlichen, durch neunzehntel des letzten Jahrhunderts gewesen ist und dass sich die alte Welt genug anzustrengen hatte, um das, was ihr nicht als Zins oder Dividende auf Grund der Kapitalverschuldung aus der neuen in Form von Waaren zufloss. mit Fabrikaten auszugleichen. Es bestand also eine Arbeitstheilung ganz anderer Art, mit der Europa nicht unzufrieden zu sein brauchte. Nun aber haben sich die Verhältnisse sehr erheblich verändert. In Europa ist man mehr als je auf die Baumwolle, Weizen, Mais, Petroleum u. s. w. aus Amerika angewiesen, während jenseits des Oceans die Industrie immer mehr erstarkt und den heimischen Markt für sich in Anspruch nimmt. Aber damit nicht genug. Indem es den alten Industrieländern immer schwerer wird, ihre importirten Nahrungsmittel und Rohstoffe mit Fabrikaten zu bezahlen, wird ihr Markt mit mancherlei industriellen Gegenständen überfüllt, und für die letzten müssen auch noch Gegenwerthe beschafft werden. Die Vereinigten Staaten sind Agrikulturland ersten Ranges und bald auch Industrie- und Handelsland ersten

Ranges. In dieser Doppeleigenschaft hat die heutige amerikanische Konkurrenz ihren Schwerpunkt.

Bliebe zu Gunsten der europäischen Industriestaaten die übrige Welt von dieser Konkurrenz unberührt, so könnten sie den Ausfall durch einen hier vermehrten Absatz ausgleichen. Allein in allen Erdtheilen schreitet der nordamerikanische Verkauf von Industrieprodukten rüstig vorwärts.

In der Gegenwart erregt die künftige Gestaltung des ostasiatischen, vor allem des chinesischen Handels ein allgemeines weltwirthschaftliches Interesse.

Wenn von dem überseeischen Handel gesprochen wird, so denkt man fast ausschliesslich an denjenigen, dessen Weg durch den atlantischen Ocean und über Suez oder das Cap nach Asien und Australien führt. Der grosse Ocean als Verkehrsweg wird dem gegenüber nur wenig gewürdigt. Und doch wird eine Zeit kommen und wohl schon im zwanzigsten Jahrhundert, in der er ein Glied in der Kette des genannten Verkehrs der Erde sein wird, welches an Stärke dem früher von dem menschlichen Unternehmungsgeist geschmiedeten nicht nachstehen wird. Vergleichen wir das Becken des atlantischen mit dem des pacificischen Weltmeers, so ist die reichere Küstengliederung und die geringere Breite des ersteren als ein von der Natur gegebener Vortheil für den Verkehr nicht zu unterschätzen, allein da die Dampfschifffahrt heute entscheidend ist, sind die grossen Entfernungen schnell und pünktlich zu überwinden, und die vielen Inseln des stillen Meeres machen dasselbe vor allen andern zur Anlage von Kohlenstationen geeignet. Denken wir es uns als grossen Binnensee, als Vermittler der es umgebenden Küstenländer.[1]) Vor 60 Jahren konnte die langgestreckte amerikanische Küste nur einen unbedeutenden Handel von Ort zu Ort, und es war ein grosses Ereigniss in den Häfen des spanisch redenden Amerikas wenn ein europäisches

[1]) Vergl des Verf. Aufsatz: der Krieg in China u die weltwirthschaftlichen Interessen, No XV. Die Pariser Weltausstellung in Wort und Bild. Berlin 1900

Segelschiff in sie einlief. Auf einer höheren wirthschaftlichen Stufe standen zwar China und Japan, die sich aber von der Aussenwelt abschlossen und nur spärliche Beziehungen zu Europa unterhielten. Ostsibirien und Alaska waren nur Pelzhändlern bekannt, Australien hatte erst eine ganz geringe Einwanderung, die Inseln des Oceans waren fast nur von Eingeborenen bewohnt. Wie hat sich alles dies seitdem verändert. Queensland, Neu-Süd-Wales, Victoria, New-Seeland sind blühende englische Kolonien geworden. Japan hat sich der westlichen Kultur erschlossen. die Russen haben durch Sibirien eine Bahn gelegt, welche in kurzer Zeit Wladiwostok mit Moskau verbinden wird, von China haben Franzosen, Deutsche, Engländer, Russen Gebietstheile in Besitz genommen. Im Osten des stillen Oceans haben die Nordamerikaner das meiste geleistet. Auf den Erwerb Kaliforniens im Jahre 1848 ist oben bereits hingewiesen worden. Das erste Ereigniss, welches diesem neuen Besitz zu einem raschen wirthschaftlichen Aufschwung verhalf, war die Entdeckung der Goldlager. San Francisco wurde eine grosse Stadt, der Waarenverkehr und der Kulihandel mit Ostasien wurde geschaffen Die zweite wichtige Thatsache für die pacifischen Staaten der Union war der Bau einer Eisenbahn uber die Landenge von Panama, welche 1855 vollendet wurde. Weit bedeutungsvoller wirkte als drittes Moment die Anlage der Pacificlinien, durch welche der Agrar- und Industriekraft des ganzen Kontinents ein Ausgang zum westlichen Weltmeer eroffnet wurde. Welches Gewicht die Amerikaner auf ihre wirthschaftliche und politische Machtstellung im grossen Ocean legen, hat dann in der neuesten Zeit die Festsetzung auf den Hawai- und Samoainseln, die Eroberung der Ladronen und Philippinen gezeigt Staatliche Kohlen-Stationen, z. T. mit modernen maschinellen Einrichtungen zum Einladen der Kohlen ausgestattet, sind auf der Insel Sitka, am Pudget Sound, in San Francisco, in La Paz auf mexikanischem Gebiete Niedercaliforniens, ferner in Honolulu, Yokohama, auf den Philippinen- und Samoainseln angelegt

Der Bau des Nicaraguakanals ist ein weiterer entscheidender Schritt in der gleichen Richtung. Die Union erstrebt, darüber darf man sich in Europa keiner Täuschung hingeben, die wirthschaftliche Suprematie in dem ihr westlich gelegenen Weltmeer, und die Vorbedingungen dafür sind nicht ungünstig. Von San Francisco bis Honkong ist die Entfernung um ein Drittel kürzer wie von London aus, bis nach Yokohama ist es nicht einmal halb so weit als von Japan nach England. Von New Orleans wie Nicaraguakanal nach Auckland ist die halbe Strecke, wie von dieser neuseeländischen Hafenstadt nach Liverpool und von Seattle in Washington nach Wladiwostok ist ein Drittel der Seefahrt von Petersburg dorthin. Schliesslich sei noch erwähnt, dass es von New York via Nicaraguakanal nach Valparaiso halb so weit ist wie von Hamburg nach diesem chilenischen Hafen mit Umschiffung von Südamerika.

Die berühmte Monroedoktrin hat durch die Einverleibung der Philippinen einen schweren Stoss erhalten, von dem sie sich wohl nur zu erholen vermag, wenn die Vereinigten Staaten auf ihren asiatischen Besitz Verzicht leisten. Verlangen dieselben, dass aussereuropäische Staaten in Amerika keine Landerwerbungen machen, so können auch letztere beanspruchen, dass sich die Amerikaner auf ihren Kontinent beschränken. Die Doktrin ist an sich schon anmassend genug, aber sie müsste dem Fluch der Lächerlichkeit anheimfallen, wenn sie dahin erweitert würde: Amerika für die Amerikaner und die anderen Erdtheile auch für die Amerikaner.

Die grossen Anstrengungen, welche gemacht wurden, die Philippinen zu halten, den Handel in China zu beleben, dort Eisenbahnconcessionen zu erlangen, die von San Francisco auslaufende Handelsflotte zu vergrössern und zu subventioniren, machen es wahrscheinlich, dass die nordamerikanischen Staatsmänner eher die etwas altmodisch gewordene Doktrin als die moderne Expansionslust fallen lassen werden, zumal durch den Krieg von 1898 die Stellung in Westindien ziemlich gesichert und in Südamerika, politisch betrachtet, zur Zeit nichts zu holen, die wirthschaftliche Eroberung dort aber auch ohne Monroedoktrin möglich ist. In Cuba vertritt die nordamerikanische Exportpolitik das Prinzip der Einflusssphäre, in Ostasien das der offenen Thür, da man dort zunächst genug zu thun hat, um die neuen Besitzungen sich zu assimiliren.

Die Ausfuhr aus den Vereinigten Staaten nach Japan, China und Hongkong betrug 1895 erst 12,4 Millionen Dollars, sie wuchs aber schnell, im Jahre 1896 auf 19,3, 1897 auf 31,2, 1898 auf 36,6, 1899 auf 39,5. Es sind fünf Hauptartikel, welche verschifft werden: Rohbaumwolle, Baumwollwaare, Petroleum, Weizenmehl, Eisen- und Stahlfabrikate. Auf diese fünf entfielen 1898 80 pCt. der Ausfuhr, in dem Rest machen sich bemerkbar Papier, Uhren, Leder, wissenschaftliche Instrumente.[1]) Von den Hauptgruppen ist die europäische Konkurrenz nur bezüglich der Baumwoll- und Metallwaaren betroffen

Die amerikanischen Fabrikate haben auch im asiatischen Russland seit 1898 Anklang gefunden. Der Export dorthin ist nach der amtlichen Statistik von 1898—1900 von 618 000 auf 3 050 000 gestiegen, und nach einem Bericht der Nowoje Wremja, dem bekannten St. Petersburger Blatt, sind es namentlich Maschinen, Werkzeuge, Eisen- und Kupferwaaren, Haushaltungsgeräthe und Mehl, welche in Sibirien Eingang gefunden haben. Nach amerikanischer privater Angabe hat die transsibirische Bahn 250 amerikanische Lokomotiven in Gebrauch, und in den letzten Monaten sind grosse Bestellungen gemacht in Maschinen zur Erschliessung der Goldbergwerke und in Ausrüstungen für elektrische Lichtanlagen. An Klagen solcher sibirischen Kaufleute, welche aus dem europäischen Russland ihre Waaren beziehen, hat es auch nicht gefehlt, und der rasche Entschluss der Regierung im Februar 1901, auf amerikanische Eisen- und Stahlfabrikate den Maximaltarif anzuwenden als Vergeltuug dafür, dass russischer Zucker wegen der ihm zukommenden Export-

[1]) Export 1900 No 14

prämie in den Vereinigten Staaten mit einem Zuschlagzoll belegt worden ist, dürfte in demselben seine theilweise Erklärung finden.

Auch in Australien, im holländischen und in dem englischen Ostindien selbst hat die amerikanische Waare einen guten Eingang gefunden, wie aus den folgenden Zahlen zu ersehen ist:

Ausfuhr nach	1897	1898	1899	1900
engl. Australasien	17 460 283	15 609 863	19 777 129	26 725 702
holl. Ostindien	2 094 109	1 202 416	1 548 973	1 534 149
engl. Ostindien	3 844 911	4 696 013	4 341 936	4 892 323

Auf den australischen Markt gehen vor allem Eisen- und Papierwaaren, landwirthschaftliche und Nähmaschinen, Werkzeuge und Cigaretten.

Wir fassen schliesslich für ganz Asien und Ozeanien die Handelsziffern zusammen:

Ausfuhr nach	1890	1895	1897	1899	1900
Asien	19 696 820	17 325 057	39 274 905	48 360 161	64 913 807
Ozeanien	16 460 269	13 109 231	22 652 773	29 875 015	43 391 275
Einfuhr von					
Asien	67 506 833	77 626 364	87 294 597	107 091 214	139 842 330
Ozeanien	28 356 568	17 450 926	24 400 439	26 897 877	34 611 108

III.

Die Gestaltung des Importes.

Eine vulgäre Vorstellung über den Handel Europas mit den Vereinigten Staaten geht dahin, dass die alte Welt die neue mit konsumfähigen Fabrikaten versehe und dafür im Austausch Rohstoffe und Lebensmittel empfange. So ist es in der That auch lange Zeit hindurch gewesen, aber heutzutage liegen die Verhältnisse doch wesentlich anders. Das englische Kolonialsystem, welches bis 1776 auf die nordamerikanischen Kolonien angewandt wurde, machte diese Art des Austausches zum bewussten und ausdrücklichen Ziele seiner merkantilistischen Handelspolitik. Die Schroffheit, mit der es das Entstehen der Manufakturen in Neuengland, New York und Pennsylvanien verhinderte, war einer der hauptsächlichsten Gründe, welche zum Abfall der Kolonien vom Mutterlande führten. Dann folgte in dem neugegründeten Freistaat die Aera der Rivalität des sklavenhaltenden Südens mit dem Norden, während welcher der erstere es als eine naturgemässe wirthschaftliche, der internationalen Arbeitstheilung entsprechende Lehre bezeichnete Fabrikate aus Europa, besonders aus England zu beziehen und diese mit Ballen von Rohbaumwolle zu begleichen. Nicht durchweg hatte diese Doktrin in der praktischen Handelspolitik einen Erfolg, aber sie führte doch dahin, dass sich die amerikanische Industrie bis 1860 nur in bescheidenem Maasse ausdehnen konnte und der starke Konsum fremder Fabrikate fortdauerte. Mit dem Sieg der Nordstaaten über die Secession wird der Wunsch der ersteren, eine grosse Industrie auszubilden durch die Vermittelung eines nunmehr vierzig Jahre wirkenden Schutzzolles erfüllt, aber die in diesem Zeitraum vollendete Kolonisation des Westens führte zugleich zu einer Getreideproduktion im grossen Stile, durch welche die Ausfuhr von landwirthschaftlichen Rohstoffen einen neuen Impuls erhielt. Die Einfuhr von unmittelbar verbrauchsfähigen Industrieprodukten — im engeren Sinne gemäss der amerikanischen Statistik — nimmt in den letzten zwei Dekaden des Jahrhunderts jedoch nicht mehr zu und dem entsprechend procentuell innerhalb der gesammten steigenden Einfuhr ab.

Die offizielle Import-Statistik unterscheidet fünf Abtheilungen: 1. Lebensmittel und Thiere; zu den ersteren gehören auch: Zucker, Kaffee, Obst und Nüsse, Thee und Spirituosen. 2. Rohstoffe für die heimische Industrie. Dahin sind solche zu rechnen, welche im Lande gar nicht oder nur in geringen Mengen hergestellt werden, wie Gummi, Jute, Hanf, Zinn, Farbhölzer, gewisse Arten von Wolle und Baumwolle und ferner diejenigen, welche wohl produzirt werden, aber für den industriellen Bedarf nicht ausreichen, wie Rohseide, Häute, Felle. 3. Verarbeitete Stoffe, welche ebenfalls der Industrie als Material oder Hülfsstoffe dienen, z. B. vielerlei Arten von Chemikalien, Blech, Holzbretter. 4. Konsumfähige Fabrikate, wie Woll-, Baumwoll-, Seiden-, Faserstoffe, Eisen- und Stahlwaaren, Glas- und Porzellanwaaren, Kleider und Wäsche. 5. Luxusgegenstände, wie Kunstprodukte, Putzwaaren, Delikatessen, feine Weine, Schmucksachen.

Die vierte Gruppe (Fabrikate im engeren Sinne) enthält seit 1882 folgende absolute Zahlen:

1882	158 166 708	Dollars
1887	136 038 771	„
1892	142 074 936	„
1897	165 021 884	„
1898	94 709 211	„
1899	110 735 447	„
1900	130 577 155	„

Bedenken wir, dass die Bevölkerung der Union von 1880 bis 1900 von 50 auf 76 Millionen angewachsen ist und dass der Wohlstand ausserordentlich zugenommen hat, so zeigen diese Zahlen, dass die amerikanische Industrie den heimischen Markt fortschreitend erobert hat, und dass die Konsumenten immer weniger auf den Import vom Auslande angewiesen gewesen sind.

Die prozentuelle Zusammensetzung der fünf Gruppen gestaltete sich wie folgt:

Jahre	1	2	3	4	5
1882	32.13	22.91	11.06	22.08	11.82
1887	30.94	24.28	11.66	19.90	13.22
1892	36.83	24.32	9.89	17.46	11.50
1897	32.27	26.26	8.85	20.91	11.72
1898	29.08	32.16	9.91	16.15	12.70
1899	30.27	31.82	8.76	16.15	13.00
1900	26.02	36.04	9.70	15.72	12.51

Das heisst also, dass in dieser neunzehnjährigen Periode der Import-Antheil von Lebens- und Genussmitteln, verarbeiteten Hilfsstoffen zur Industrie, konsumfähigen Fabrikaten des grossen Verbrauches zurückgegangen, von Luxuswaaren ziemlich gleich geblieben, von Rohstoffen für die Industrie auffällig gewachsen ist. Es ist dies sehr charakteristisch für den im vorigen Kapitel geschilderten Entwickelungsgang des transatlantischen Wirthschaftslebens, welcher von dem Standpunkte der Einfuhr noch viel zu wenig gewürdigt worden ist. Dieselbe hat sich seit 1882 um einiges gehoben, und der Zuwachs entfällt ganz überwiegend auf die Rohstoffe zur Fabrikation von Waaren, welche dem inländischen Verbrauch dienen. Unter diesen Umständen wird es verständlich, dass die Einfuhr von Fabrikaten fur den Massenbedarf relativ und auch absolut (vergl. die vorletzte Tabelle) in der Abnahme begriffen ist. Nur für die Luxusbedürfnisse der oberen Klasse ist die Einfuhr, wenigstens absolut betrachtet, gestiegen, aber ein genügender Ersatz ist damit für das Ausland nicht geschaffen worden, da diese Waarenmenge innerhalb der Gesammteinfuhr ihre Quote gerade nur behauptet hat. Wie lange dieser letztere Zustand noch andauern wird, ist schwer zu sagen. Jedenfalls dürfen wir nicht übersehen, dass die amerikanische Industrie einen durchaus normalen vernünftigen Bildungsgang zurückgelegt hat: Sie hat sich zuerst an die Herstellung der gröberen Massen-Produkte gemacht, die Verkehrsmittel geschaffen und den einfachen Lebensbedarf des Volkes gedeckt, dann die Erzeugung der feineren Lebens- und Genussmittel und der Waaren für die sonstigen höheren Ansprüche des Mittelstandes erfolgreich angestrebt. Auf dieser breiten Basis der Produktion wird sich mit dem rapid wachsenden Wohlstande und der Verfeinerung der Arbeitsleistungen, welche mit der Verdichtung der Bevölkerung nicht ausbleiben kann, auch das Luxus- und Kunstgewerbe erheben, welches auf europäischen Ausstellungen der letzten Jahre schon (Glaswaaren, Zimmereinrichtungen, Musikinstrumente) Beachtung gefunden hat.

Der gesammte Import ist in der Periode 1882—1900 von 716 Millionen Dollars nur auf 830 gewachsen, das will nicht sehr viel besagen, und dazu kommt, dass das Jahr 1900 für die Importeure ein recht günstiges gewesen ist. Wenn man den Durchschnitt der 19 Jahre berechnet, so kommt man nur zu der Ziffer von 721 Millionen, also auf einen mit dem Anfangsjahr fast übereinstimmenden Satz. Auch wenn wir die ganze Periode in zwei Abtheilungen von 10 und 9 Jahren zerlegen und den Durchschnitt berechnen, so erhalten wir nur einen mässigen Fortschritt zu Gunsten der Einfuhr:

1882—1891	705	Millionen Dollars,
1892—1900	739	„ „

Derselbe fällt, wie bereits bemerkt wurde, auf die Vermehrung der zu der Industrie dienlichen Rohstoffe. Der Import derselben betrug:

1882—1891	159,5	Millionen Dollars
1892—1900	205,1	„ „

Während demnach in der zweiten Abthelung die Zunahme dieser Rohstoffe durchschnittlich 45,6 Millonen Dollars betragen hat, hat die gesammte Einfuhr nur eine solche von 34 Millionen aufzuweisen, was sich allein aus der gleichzeitigen Abnahme der Zufuhr konsumfähiger Fabrikate aus dem Ausland erklärt

IV.

Die Vereinigten Staaten als Gläubiger innerhalb der Weltwirthschaft.

Die Grundlage des Werthverkehrs zwischen zwei Ländern bildet der Waarenhandel, zu dem der Edelmetallhandel — der nicht mit internationalen Metallgeldzahlungen zu verwechseln ist — hinzugerechnet werden kann. Es entstehen durch den Waarenaustausch in jedem Lande Forderungen für ausgeführte Lieferungen, denen sich unmittelbar Forderungen für geleisteten Transport anschliessen können. Die Gegenüberstellung der gegenseitigen Ansprüche bildet die Handels- und Transportbilanz Soweit eine Kompensation nicht stattfindet, ist für das eine Land eine Ueberschuss-Forderung vorhanden, welche in sehr verschiedener Weise beglichen werden kann. Erstens in Metallgeld. Die Ausgleichung in dieser Form kann sich, falls die Differenz grosse Summen umfasst, immer nur auf eine mässige Quote derselben erstrecken, da einerseits der grösste Theil des Metallgeldes in der inländischen Zirkulation gebunden ist, andererseits die Banken durch Diskonterhöhung dem Entziehen aus derselben entgegenarbeiten. Daher ist, wenn es sich um umfangreiche internationale Verpflichtungen handelt, die zweite Art des Ausgleiches viel wichtiger, nach der die Schuld im Auslande stehen bleibt. Das kann so vor sich gehen, dass die Gläubiger den Banken des Auslandes, welche ihre Wechsel einkassirt haben, Kredit gewähren und von ihnen Zinsen beziehen, oder dass sie ihre zu fordernden Kapitalien in Unternehmungen des Schuldenstaates hineinstecken, in der Form der Konsortialgeschäfte, des Kaufes von Aktien u. s. w., oder endlich dadurch, dass sie ihr Guthaben in staatliche oder gemeindliche Schuldverschreibungen, oder in sonstige Obligationen und Hypotheken fest anlegen. In Folge solcher Vorgänge hat das verschuldete Land regelmässig Dividenden, Zinsen, Amortisationssummen zu zahlen und das muss geschehen in Waaren oder Metall, falls nicht aus ihnen von neuem eine dauernde Geld-Kapitalschuld werden soll.

Solche internationale Schuldverhältnisse können nun auch ohne direkten Zusammenhang mit der Handels- und Transportbilanz geschaffen werden, indem der Staat oder die Privaten im Auslande Obligationen emittiren, Aktien und andere Effekten verkaufen, ausländische Kapitalbetheiligung in Konsortien zulassen u. s. w. Da nun diese Kapitalien vor allem in Waaren von Seiten des Gläubigerlandes oder auch von dritten Ländern im Auftrag desselben geliefert werden müssen, so setzt auch diese Form der Verschuldung voraus, dass Ansprüche für eine geleistete Ausfuhr vorhanden sind oder bei den bestehenden Handelsbeziehungen zu erwarten sind. Wenn also z. B. Deutschland im Jahre 1900 eine Anleihe von 80 Millionen in New York aufnahm, so wurde diese von den Amerikanern entweder mit Forderungen für bereits gelieferten oder demnächst zu liefernden Import der deutschen Regierung ausgezahlt.

Auf Grundlage solcher internationalen Verpflichtungen wird im Verlaufe einer geschichtlichen Entwickelung der Handelsbeziehungen die Handels- zu einer vielerlei umfassenden Zahlungsbilanz erweitert, in welcher als untergeordnete Faktoren noch andere internationale Geldverpflichtungen, wie Auszahlungen von Erbschaften, Legaten, Zahlungen an reisende Fremde u. s. w. hinzukommen können. Die Zahlungsbilanz ist in fortwährender Bewegung, welche durch mancherlei Ursachen hervorgebracht sein kann. Ihre grossen, durch längere Perioden nachweisbaren Schwankungen sind aber stets nur aus dem Handelsverkehr zu begreifen. Denn alles Werthvermögen, welches innerhalb der Weltwirthschaft ausgeliehen wird, mag es auch im Verkehr mehrmals in

Geld zur Auszahlung kommen, hat doch nur seine Realität in vorhandenen Waaren, welche von einem Lande in ein anderes nur dann verschickt werden können, wenn sie zu einem bestimmten Preise in dem letzteren brauchbar sind.

Wenn wir nach dem Gesagten daran festhalten, dass sich die Folgen einer dauernd ungünstigen Handels- resp. Zahlungsbilanz für ein Land in internationalen Kapitalverschiebungen äussern, so wird es auch verständlich sein, dass die Kurse für ausländische Wechsel nicht von der Zahlungsbilanz unmittelbar bestimmt werden, soweit dabei überhaupt die Schwankungen von Angebot und Nachfrage in Betracht kommen, und soweit sie nicht von andern Momenten wie Valutenverschiebungen oder Diskontänderungen abhängig sind. Denn, wenn die aus einer Zahlungsbilanz fälligen Werthsummen nicht in Anspruch genommen, sondern im Schuldnerland gelassen resp. gegen Effekten dort umgetauscht werden, so entsteht dadurch gar keine Nachfrage nach Wechseln auf das Gläubigerland, und der Wechselkurs wird nicht berührt. Derselbe richtet sich nach den Zahlungsverbindlichkeiten, welche dem Auslande gegenüber gegenwärtig in baar erfüllt werden müssen, und die wohl in einer mittelbaren Beziehung zur Zahlungs- und Handelsbilanz stehen können, aber es keineswegs immer müssen. [1])

Wir können die Handelsbilanz der Vereinigten Staaten durch das neunzehnte Jahrhundert hindurch verfolgen. Bis zum Jahre 1873 ist sie ganz überwiegend für sie passiv, in

---

[1]) Obgleich die amerikanischen Forderungen von 1899—1901 auf Grund nach Deuschland gesandter Waaren bedeutend waren, ist der Wechselkurs auf New York keineswegs sehr hoch gewesen, noch hat er stark geschwankt: 1899 Januar 4,21 1/4, März 4,19 1/2, Juli 4,18 1/2, September 4,20 5/8, November 4,19 1/2, Dezember 4,20. 1900 Januar 4,20 1/2, so annähernd bis April, Mai 4,19 7/8, Oktober 4,20 5/8, November 4,22 1/4, Dezember 4,20 3/4. 1901 Januar 4,19 7/8, Februar 4,19 3/8, März 4,19 3/4. — Die amerikanischen Forderungen wurden zum Theil mit amerikanischen und deutschen Effekten ausgeglichen, so dass ein Steigen des Wechselkurses nicht einzutreten brauchte.

der Zeit von 1821 an nur in den Jahren 1829, 39, 43, 44, 47 und 62 aktiv, und zwar sind die vorhandenen Forderungen nur geringfügig In den vierzig Jahren vor dem Bürgerkriege 1821—1861 betrug der Import 6626 Millionen Dollars und der Export 5633 Millionen, die Edelmetallversendungen mit eingerechnet [1]) Der erstere wächst schneller an als der letztere. Er überschreitet hundert Millionen zuerst 1830, 200 1851 und 300 1856 Die Ausfuhr kommt auf die entsprechende Höhe 1833, 1853, 1860. Von 1862 bis 1873 dehnt sich besonders nach dem Kriege der auswärtige Handel rasch aus. Er beträgt in Einfuhr und Ausfuhr zusammen 1862 380, 1865 404, 1868 639, 1870 828 und 1873 1 164 Millionen. Die Importüberschüsse in einzelnen Jahren sind erhebliche, z B. 1864 157 Millionen, 1867 101, 1869 131, 1872 182, 173 119.

Die passive Handelsbilanz in dieser ganzen Periode wird erstens hervorgebracht durch die Einfuhr von Genussmitteln aus den Tropen, vor allem von Zucker, Thee und Kaffee, und zweitens durch die Einfuhr europäischer Waaren, besonders von Fabrikaten aus England. Mit dieser Passivität zusammen vollzieht sich eine Kapitalverschuldung den europäischen Industrieländern gegenüber, für deren Verzinsung regelmässig Waaren und Edelmetall exportirt werden. Die Verschuldung findet auch dann statt, wenn diese Industrieländer mehr Waaren von der Union nehmen als dorthin versenden. Denn die Nordamerikaner lassen, da sie ihre Rohstoffe nur zum Theil, ihre Fabrikate fast gar nicht in Cuba, Ostindien oder China anbringen können, um den Import von dort zu bezahlen, ihre Schulden mit dort nöthigen europaischen Fabrikaten begleichen, für welche sie wieder mit ihren in Europa verwendbaren Rohstoffen Deckung gewahren. Unter diesen Verhältnissen müssen sie, da sie zugleich vielerlei europaische Waaren nöthig haben, diese zum

[1]) The american annual Cyclopaedia 1861 Die Ziffern des statistical Abstract gehen bis 1844 zuruck

Theil schuldig bleiben, womit ihre Gläubiger bei dem vorhandenen Reichthum an Leihkapital ganz zufrieden sind. Von den sechziger Jahren an verschulden sich die Vereinigten Staaten stark durch die Ausgabe von Staatsschuldverschreibungen, von städtischen und Eisenbahnobligationen. Von allen diesen befanden sich vor dem Sezessionskriege mässige Beträge in dem europäischen, u. a. auch in deutschem Besitz.[1]) Derselbe wurde nun, als die grossen Kriegsanleihen aufgelegt wurden, vom Jahre 1862 an bedeutend erweitert und durch die Börsen von London, Amsterdam und Frankfurt a. M. vermittelt. Als der Friede wieder hergestellt worden war, wurde im Westen der Vereinigten Staaten im grossen Maassstabe das Eisenbahnnetz ausgebaut, und seitdem datirt die Uebernahme von Bahnobligationen durch das europäische Publikum, welche in erheblichen Beträgen durch die sechziger, siebenziger und achtziger Jahre fortgesetzt wurde.

Die in Europa ersparten Kapitalien wurden ganz überwiegend als Waaren exportirt. „Ein Theil des akkumulirten verleihbaren Geldkapitals", schreibt Karl Marx,[2]) „ist blosser Ausdruck von industriellem Kapital. Wenn z. B. England um 1857 in amerikanischen Eisenbahnen und andern Unternehmungen 80 Millionen angelegt hatte, so wurde diese Anlage fast durchweg vermittelt durch Ausfuhr englischer Waaren, wofür die Amerikaner keine Rückzahlung zu machen hatten. Der englische Exporteur zog gegen diese Waaren Wechsel auf Amerika, die von den englischen Aktienzeichnern aufgekauft und nach Amerika zur Einzahlung der Aktienbeträge gesandt wurden."

---

[1]) Die im Folgenden mitgetheilten positiven Angaben über das Einströmen amerikanischer Werthpapiere nach und die Rückkehr von Deutschland verdanke ich der freundlichen Mittheilung des Herrn Georg Speyer in Frankfurt a. M.

[2]) Karl Marx. Das Kapital III. Band 2. Theil S. 15. Was hier von Aktien gesagt ist, wird sich wohl mehr auf Obligationen bezogen haben, durch welche die Eisenbahnunternehmer vor allem die Kapitalien in Europa aufnehmen.

Der überwiegende Import in der amerikanischen Bilanz während der geschilderten Periode findet somit eine richtige Beleuchtung darin, dass er zum Theil geborgt war. Die Voraussetzung war aber, dass die Amerikaner europäische Produkte gebrauchen konnten, z. B. beim Eisenbahnbau, die sie selbst nicht oder nicht in genügender Menge herstellten. Mit der Kapitalübertragung ist nun eine fortlaufende Zahlung von Zinsen verbunden, welche bei der Beurtheilung des amerikanischen Waarenexports der Folgezeit nicht zu übersehen ist. Diese Zahlung erfolgte jedoch erst in der gleich zu besprechenden zweiten Periode nach 1873 überwiegend in Rohstoffen, in der Zeit von 1850--1873 sind auch erhebliche Zahlungen in Gold und Silber gemacht worden, mit dem ersteren hauptsächlich in der Zeit von 1851—66, in welcher die kalifornischen Goldfelder abgebaut wurden. Die Ausfuhr von Silber spielt seit 1867 eine Rolle.[1])

Vertreter der merkantilistischen Handelsbilanztheorie müssten an diesen amerikanischen Ziffern eine rechte Freude haben, wenn sie sehen, wie die Amerikaner ihr Passivum im auswärtigen Handel zum Theil mit Edelmetall beglichen haben. Wenn wir aber der Sache auf den Grund gehen, so wird sich schwerlich eine aus der Bilanz folgende Nöthigung der Amerikaner nachweisen lassen, ihre Handelsschuld in Edelmetall zu bezahlen. Denn sie gaben sehr freiwillig ihre im Schwemmlande und in den Bergwerken gewonnenen Produkte her, welche in andern Erdtheilen, besonders in Europa, in der Zeit des mit dem Eisenbahnbau verbundenen Aufschwunges des Wirthschaftslebens, gesucht waren, und die sie selbst bei ihrer Papiergeldwirthschaft nur zum Theil gebrauchen konnten. In der Zeit von 1848—73 wird übrigens die Kapitalverschuldung der Amerikaner noch grösser gewesen sein, als sich aus dem starken Waarenimport vermuthen lässt. Denn erstens war schon damals ein sehr

---

[1]) Da bei Gold und Silber auch eine Einfuhr vorhanden war, z B aus Mexico, so ist der Ueberschuss der Ausfuhr uber dieselbe bei diesen Zahlungen zu berucksichtigen

erheblicher Theil des Transportgeschäftes auf dem atlantischen Ocean in europäischen, besonders englischen Händen, wofür zu bezahlen war, und zweitens sind die Beträge nicht zu übersehen, die infolge Passivhandels von deutschen und englischen Häusern besonders in Effekten angelegt und in die Heimath als Geschäftsgewinn remittirt wurden. Wenn also die Handelsbilanz schon für die Vereinigten Staaten passiv war, so musste es nach dem Gesagten die Zahlungsbilanz erst recht gewesen sein.

Eine zweite Periode rechne ich von 1874 bis 1897. Die Handelsbilanz ist für Amerika aktiv geworden, nur die Jahre 1875, 1888, 1889, 1893 machen eine Ausnahme, welche aber verhältnissmässig niedrige passive Zahlen aufweisen. Gleichzeitig ist die Ausfuhr von Silber in Barren und Münzgestalt erheblich angewachsen. Ihr steht jedoch ein Import gegenüber, der ungefähr 50 pCt. davon ausmacht. Die Angaben über das Gold zeigen in diesen 24 Jahren für 10 derselben eine Mehreinfuhr und für 14 eine Mehrausfuhr, und, in Beträgen berechnet, kommt auf die ersteren $^2/_5$ und auf die zweiten $^3/_5$ der Ueberschusssumme.

Wir haben also in dieser Periode für die Vereinigten Staaten sowohl ein Ueberwiegen des Waaren-Exportes, welches die stattliche Summe von 2645 Millionen Dollars ausmacht, als auch einen solchen von Gold, welcher 148 Millionen Dollars und von Silber, [1]) welcher 370 Millionen Dollars beträgt. Es erscheinen somit die Vereinigten Staaten nicht mehr als ein Land, welches einen Theil seiner Einfuhr mit Edelmetall bezahlt, sondern als ein solches, welches das letztere noch in grossen Beträgen hergiebt, nachdem seine Bilanz aktiv geworden ist. Verständlich wird diese Thatsache durch die grossen Exporte nach Europa, über welche die nachfolgende Tabelle für die letzten zehn Jahre dieser Periode Auskunft giebt:

---

[1]) In den Jahren 1895—97 ist Silbererz mit in Rechnung gezogen worden.

Erdtheile	1888	1889	1890	1891	1892	1893	1894	1895	1896	1897
Europa										
Einfuhr	407,0	403,4	449,9	459,3	391,6	458,4	295,0	383,6	418,6	430,1
Ausfuhr	542,7	578,9	683,7	704,7	850,6	661,9	700,8	627,9	673,0	813,3
übriges Nordamerika										
Einfuhr	139,8	150,8	148,3	163,2	174,0	183,7	166,9	133,9	126,8	105,9
Ausfuhr	79,9	80,5	94,1	96,5	105,5	119,7	119,6	108,5	116,5	124,9
Sudamerika										
Einfuhr	84,3	92,1	90,0	118,7	150,7	102,2	100,1	112,1	108,8	107,3
Ausfuhr	29,5	35,0	38,7	33,7	33,1	32,6	33,2	33,5	36,2	33,7
Asien										
Einfuhr	61,6	63,6	67,5	72,2	80,1	87,6	66,1	77,6	89,5	87,2
Ausfuhr	18,9	18,4	19,6	25,5	19,5	16,2	20,8	17,3	25,6	39,2
Ozeanien										
Einfuhr	26,4	29,6	28,3	25,6	23,1	25,9	21,4	17,4	24,6	24,4
Ausfuhr	14,7	16,2	16,4	18,6	15,5	11,1	11,9	13,1	17,1	22,6
Afrika										
Einfuhr	3,3	3,6	3,3	4,2	5,3	5,8	3,4	5,7	11,7	9,5
Ausfuhr	3,1	3,4	4,6	4,7	5,0	5,1	4,9	6,3	13,8	16,9
alle übrigen Länder										
Einfuhr	1,2	1,8	1,7	1,5	2,4	2,5	1,6	1,4	—	—
Ausfuhr	0,5	0,7	0,4	0,5	0,7	0,6	0,6	0,7	—	—

Wir ersehen aus dieser Zusammenstellung, dass die Vereinigten Staaten aus den amerikanischen, asiatischen, ozeanischen Gebieten Jahr für Jahr erheblich mehr Waaren beziehen als dorthin versenden, dass der afrikanische Handel gering ist, so dass der in den letzten Jahren überwiegende Export nach Afrika ohne Bedeutung für die Gesammtbilanz ist. Hingegen überwiegt die Ausfuhr nach Europa schon 1888 recht erheblich und bewegt sich in aufsteigender Linie, während die Einfuhr sogar mehrfach einen erheblichen Rückgang zeigt. In den 5 Jahren 1888—92 ist durchschnittlich der Import 422,2 Millionen Dollars gewesen und in der Zeit von 1893—97 nur 397,1. Hingegen ist die durchschnittliche Ausfuhr in den beiden Perioden von 672 auf 691,4 gewachsen. Der Exportüberschuss der nordamerikanischen Union wird also durch den Handel mit Europa hervorgebracht und, wenn wir diesen allein betrachten, so ist seine Bilanz für sie noch weit mehr aktiv, als es der Gesammthandel anzeigt.

Wir haben auch in dieser Periode zu Gunsten der europäischen Zahlungsbilanz die Einnahmen des europäischen Transportgeschäftes zu berücksichtigen, welche sich aus dem Personenverkehr der Amerikaner nach Europa und aus dem direkten und indirekten Importhandel ergeben. Zu dieser Forderung kommt hinzu die Summe von Zinsen und Dividenden für ausgeliehene Kapitalien und remittirte Werthsendungen europäischer Unternehmer, die sich in den Vereinigten Staaten niedergelassen haben. Endlich ist zu bemerken, dass seit der Mitte der siebziger Jahre der Rückfluss der staatlichen Schuldverschreibungen begann, welche mit dem wachsenden Kredit der Union an der Börse im Kurs stiegen und besonders in dem Anfang der achtziger Jahre in New York über die Parität aufgenommen worden. Danebenher ging die schrittweise Kündigung der 6 pCt. Staatsschuld, so dass am Ende der achtziger Jahre der grösste Theil der staatlichen Obligationen in die Union zurückgewandert war. Allerdings dauerte, wie schon oben bemerkt wurde, der Verkauf amerikanischer Eisenbahnobligationen bis in diese Zeit noch fort, brachte aber wohl nur einen theilweisen Ersatz für die zurückgegebenen staatlichen Effekten.

Die grossen Exporte an Getreide, Mehl, Fleisch, Baumwolle, Petroleum sind die Form gewesen, in denen die Nordamerikaner ihren Verbindlichkeiten nachgekommen sind. Die Zinszahlung und Schuldzurückerstattung ist ihnen deshalb leicht geworden, weil sie zur Deckung Gegenstände produzirt haben, für die in Europa mit der dort steigenden Bevölkerung und mit der Ausbildung des einseitigen Industriesystems ein wachsendes Bedürfniss bestand, und für die zugleich die Natur ihres Wirthschaftsgebietes durchaus passend war. Jedes Land sucht seinen internationalen Verpflichtungen nachzukommen mit der Versendung derjenigen Waaren, welche in ihm entbehrlich sind und in dem Gläubigerstaat gebraucht werden. Die Leichtigkeit, Schuldzinsen zu zahlen, ist daher auch eine Frage der Entwickelung der Güterproduktion für die Ausfuhr. Wenn Staaten wie Spanien, Portugal, Griechenland den ausländischen Gläubigern die Zinsen nicht entrichten können, so ist das nicht allein eine Folge schlechter Finanzwirthschaft oder ungenügender Steuerkraft, sondern auch des Mangels an geeigneten Exportgütern in genügender Masse. Grosse und steigende Forderungen für ins Ausland gelieferte Waare erscheinen oft, wenn auch nicht regelmässig, in günstigen Wechselkursen, welche ihrerseits maassgebend sind für den Rückgang des Disagios der inländischen Papiervaluta, und dieser hat seinen nachweisbaren Einfluss wieder auf die finanzielle Lage des Staates.

Die nordamerikanische Währung ist durch die überreichliche Ausprägung von Silberdollars in den letzten Jahrzehnten wiederholt gefährdet gewesen. Dass diese Gefahren immer wieder beschworen wurden, bis es möglich war, das Geldwesen auf eine völlig solide Basis zu stellen, scheint mir nicht zum wenigsten dem Umstand zu danken gewesen zu sein, dass die Vereinigten Staaten über die geeigneten Produkte in ausreichender Menge verfügten, mit denen sie einen grossen Theil ihres Defizits in ihrer internationalen Zahlungsbilanz begleichen konnten.

Neben dem Waarenexport haben wir, wie oben bereits erwähnt wurde, auch in der zweiten Periode der Handelsbilanz von 1874—97 noch eine Ausfuhr von Gold und Silber. Verfolgen wir dieselbe auch bis 1888 zurück und ermessen den speziellen Antheil, welcher auf Europa entfallen ist.

(In Millionen Dollars.)

	1888	1889	1890	1891	1892	1893	1894	1895	1896	1897
Goldausfuhr nach Europa .	10,1	51,7	9,4	79,3	38,8	92,5	60,0	52,0	97,8	34,1
Einfuhr von Europa	32,1	3,2	4,5	5,8	32,7	6,4	56,8	23,3	15,5	60,3
Silberausfuhr nach Europa .	12,7	17,1	20,8	15,4	21,1	25,6	35,4	32,1	46,8	51,8
Silbereinfuhr von Europa	0,6	0,1	2,2	1,2	0,7	0,0	0,0	0,1	0,0	0,1
Mehrausfuhr an Gold und Silber nach Europa . .	—	65,5	23,5	87,7	25,5	111,7	37,6	80,8	129,1	25,6
Mehrausfuhr an Gold und Silber uberhaupt	—	67,7	18,1	72,6	13,3	105,1	41,7	68,7	120,7	—

Abgesehen von dem Jahre 1888, in welchem eine Mehreinfuhr von Edelmetall stattgefunden hat, wird die Mehrausfuhr der Jahre 1889 und 1894 ganz überwiegend durch Versendungen nach Europa hervorgebracht, in den Jahren 1890, 91, 92, 93, 95, 96 ist die Mehrausfuhr nach Europa überhaupt grösser als die allgemeine, wird mithin durch den starken Import von den übrigen Erdtheilen abgeschwächt, im Jahre 1897 überwiegt im allgemeinen der Import, während für die europäischen Länder noch ein Mehrexport verzeichnet ist. Aus alledem ist abzuleiten, dass die Vereinigten Staaten zum Ausgleich der Zahlungsbilanz nicht nur Waaren, sondern auch Edelmetall hinaus geschickt haben. Ausserdem mögen auch jetzt wie früher Wechsel auf Mittel- und Südamerika und auf Asien mit dem Export nach Europa gekauft worden sein, um die Einfuhr aus jenen Ländern zu begleichen.

Mit dem Jahre 1898 können wir den Anfang einer dritten Periode der amerikanischen Handelsbilanz ansetzen. Wir blicken allerdings bisher nur auf einen kaum vierjährigen Zeitraum in derselben zurück, so dass die Kürze der Vergangenheit unserm Urtheil eine gewisse Reserve auferlegt. Wir geben zunächst die bedeutungsvollen Ziffern:

Jahre endend mit dem 30. Juni	Waareneinfuhr in die Ver Staaten	Waarenausfuhr aus den Ver. Staaten	Ueberschuss des Exportes
1898	616 049 654	1 210 291 913	594 242 259
1899	697 148 489	1 203 931 222	506 782 733
1900	849 941 184	1 370 763 571	520 822 387
Gesammtsumme in den 3 Jahren	2 163 139 327	3 784 986 706	1 621 847 379

Die Ueberschusssumme dieser drei Jahre im Betrage von 1621 847 379 Dollars ist eine so ungeheuere. dass sie das europäisch-amerikanische Verschuldungsverhältniss gänzlich umgestalten musste. Betrachten wir zu dem Zweck noch ausserdem den europäisch-amerikanischen Handel dieser Zeit:

Jahre endend mit dem 30 Juni	Waareneinfuhr in d Ver Staaten aus Europa	Waarenausfuhr a d Ver Staaten nach Europa	Ueberschuss zu Gunsten der Ver Staaten
1898	305 933 691	973 806 245	667 872 554
1899	353 884 534	936 602 093	582 717 559
1900	440 567 314	1 040 167 763	599 600 449
Gesammtsumme der drei Jahre	1 100 385 539	2 950 576 101	1 850 190 562

In drei Jahren also hat die Union aus ihrem auswärtigen Handelsverkehr mit Europa eine Ueberschussforderung von 7863,1 Millionen Mark gezogen, also fast das Doppelte der Kriegsentschädigung, welche 1871 Frankreich an Deutschland gezahlt hat. Dazu kommt noch nach Europa eine Mehrausfuhr von Silber und Gold zusammen gerechnet im Betrage von 84 707 669 Dollars.

Zur Deckung dieser gewaltigen Summen strömen jetzt amerikanische Aktien und Obligationen in das Emmissionsland zurück, und weiterhin sind die Vereinigten Staaten jetzt im Stande, als Kreditgeber aufzutreten, nachdem sie das ganze vorausgehende Jahrhundert Kreditnehmer gewesen waren Noch wenige Jahre vor dem Beginn der dritten

Periode betheiligte sich die Deutsche Bank mit einem Viertel an einer 100 Millionen Dollars Anleihe, welche unter der Präsidentschaft Clevelands gemacht wurde, um den aus Währungsschwierigkeiten hervorgehenden Geldmangel zu beseitigen.

Im Herbst 1898 konnte man die Thatsache des Umschwunges bereits feststellen. Damals erklärten Londoner Häuser, die bedeutenden Mengen deutscher, in englischer Währung gezogener Wechsel, die sie bisher gehalten hatten, nicht erneuern zu können. An ihre Stelle traten New Yorker Firmen, die seither diese Vorschüsse beständig aufrecht erhalten haben, und auch in London wurden grössere Summen in dieser Weise placirt.[1]) Genaue Zahlen über die seitens Amerikas in Europa aufgekauften Effekten sind nicht aufzustellen. Nach einer Zuschrift der Berliner Börsenzeitung aus New York[2]) sind nach einer Berechnung von sieben leitenden internationalen Häusern im Jahre 1898 260000000 Dollars und vom 1. Januar bis zum 1. August 1899 115000000 Dollars Securitäten von Europa nach den Vereinigten Staaten zurückgegangen, zu denen noch $^1/_3$—$^1/_2$ des Betrages an Aktien hinzugekommen ist. Seitdem sind nun wieder $1^3/_4$ Jahre verflossen, in welchen die Rückwanderung amerikanischer Papiere fortgedauert hat, wenn auch vielleicht wegen der inzwischen gestiegenen Kurse, und weil das aufzunehmende erstklassige Material so verringert worden ist, in einem verlangsamten Tempo. Nach einer Frankfurter Schätzung sind in den letzten 3—4 Jahren aus Deutschland 60—80 pCt. der amerikanischen Werthpapiere in amerikanischen Besitz übertragen worden.

In dieser Zeit sind zugleich zwei andere wichtige Erscheinungen aufgetreten, welche für die Leistungsfähigkeit des neuen Weltgläubigers Zeugniss ablegen: Erstens die Aufnahme von Anleihen in New York seitens auswärtiger

---

[1]) Nach der Neuen Züricher Zeitung 1900. Die Vorschüsse wurden bereits Anfang 1899 von Raffallovich auf 100—150 Mill. Dollars geschätzt.

[2]) Vom 16. August 1899, wo auch ein Theil der Effekten genannt ist

Staaten und zweitens der Aufkauf ausländischer Effekten. Als im Sommer 1899 die 6 pCt. und 5 pCt. mexikanischen, überwiegend in Europa plazirten Goldanleihen in eine einheitliche 5 pCt. umgewandelt wurde, wurden 25 Millionen Dollars in New York aufgelegt und dort gezeichnet. Im März 1900 wurde ein Theil der englischen Kriegsanleihe im Betrage von 10 Millionen Lstrl. in New York begeben, eine schwedische Emission im Werthe von 10 Millionen Dollars folgte im Oktober. Dann ist zu nennen die 4 pCt deutsche Anleihe in Reichsschatzscheinen von 80 Millionen Mark. Zu diesen Staatsanleihen ist noch die städtische von Montreal mit 3 Millionen Dollars hinzugekommen. Auch russische Versuche[1]) sind in New York geglückt und dürften bei günstiger politischer Konstellation wiederholt werden, und wenn China seine Kriegsentschädigung zu zahlen hat, wird es wohl auch in New York anklopfen müssen. Bei dem amerikanischen Bestreben, den chinesischen Markt zu erobern, wird es sich dann nicht blos um vier oder fünf Prozent handeln, sondern auch um garantirte Sicherstellung der künftigen Waareneinfuhr nach China

Die zweite wichtige Erscheinung auf dem Kapitalmarkt ist der Ankauf europäischer Effekten durch Bürger der Vereinigten Staaten In dem letzten Jahre sind grosse Beträge von allen neu emittirten deutschen Staats- und Stadtanleihen z B. der Stadte Köln und Hamburg über den Ocean gegangen, und nach einer Notiz der Evening Post vom März 1901 denkt man daran, ausländische staatliche und städtische wie z. B. die neue Frankfurter an der New Yorker Fondsbörse Eingang zu verschaffen. Der Betrag dieser von Amerika gekauften deutschen Effekten wird mit 200 Millionen Mark keineswegs zu hoch gegriffen sein

Wallstreet wird durch die europäische Verschuldung noch einen grösseren Einfluss auf die Börsen von London, Paris, Berlin und Amsterdam ausüben, als es jetzt schon

---

[1]) Jahrbücher für Nationalokonomie und Statistik, Volkswirthschaftliche Chronik, Jahresbericht 1900, III. Folge 21 B. S 516

geschieht. Derselbe ist dem europäischen Kapitalisten-Publikum zum vollen Verständniss bereits gebracht worden. Die Erregungen des New Yorker Effektenmarktes pflanzen die verursachten Wellenbewegungen bis zu den entferntesten und kleinsten Börsen durch den Telegraphen tagtäglich fort. Hiergegen Widerstand zu leisten ist eine nationale Wirthschaftspolitik berufen, welche sich ihrer Aufgaben innerhalb der Weltwirthschaft bewusst ist. Die gesetzlich angestrebte Einengung der deutschen Börsen ist daher auch vom Standpunkt des Schutzes gegen die transatlantische Konkurrenz zu kritisiren. Es kann dem Reiche nicht gleichgiltig sein, wenn grosse Summen deutscher Anleihen sich in New York befinden und dort bei ernsten Differenzen der amerikanischen und deutschen auswärtigen Politik im Preise geworfen werden, um den öffentlichen Kredit in Deutschland zu erschüttern. Ist hingegen die Berliner Börse in hohem Maasse aufnahmefähig, so wird sie die im Kurs gefallenen deutschen Effekten sofort kaufen können, den Preis wieder heben und ihre eigenen Geschäfte zum Wohle des Vaterlandes besorgen.

Ein starker Halt ist dem New Yorker Geldgeschäft durch die Festigung der amerikanischen Goldwährung mit dem Gesetz vom 14. März 1900 verliehen worden. Das gegenwärtige allgemeine System der amerikanischen Politik, welches von der republikanischen Partei vertreten und von Mac Kinley ausgeführt wird, verdient den Namen der Einheitlichkeit: Der innere Markt soll vollständig beherrscht werden, und auf dem Weltmarkt soll der Amerikaner der erste sein. Die politische Expansion ist ein Mittel zu dem letzteren Zwecke, nicht minder aber auch die Goldwährung, welche dem Kaufmann für seine aus wärtigen Spekulationen die verhältnissmässig grösste Sicherheit von allen Währungsarten bietet. Zugleich sind die Vereinigten Staaten ein Gläubigerland geworden und mit jeder Ausdehnung ihrer Forderungen wächst auch das Interesse derselben, die unantastbare Basis der Goldvaluta zu erhalten. Die Doppelwährung hat jenseits des Ozeans kein Prestige mehr, seit dem man dort gewöhnt worden ist, nicht mehr mit

Millionen, sondern mit Milliarden zu rechnen. Der Farmer des Westens, diese Stütze des Bimetallismus. wird zufriedengestellt, dadurch dass der hypothekarische Zinsfuss sinkt, was in einem Lande, das die Rolle des Weltbankiers zu übernehmen sich anschickt, nicht ausbleiben konnte.

Die Goldwährung ist das Gebiet der Gläubigerstaaten. Stark verschuldete Länder hingegen, welche im Innern die Goldzahlung aufgenommen haben, stehen immer vor der Gefahr, dass ihre im Auslande befindlichen Effekten auf den heimischen Markt zum Zweck des Goldentzuges geworfen, wogegen mit der geschicktesten Diskontopolitik wenig auszurichten ist. Diese Störung der Valuta von Seiten der Vereinigten Staaten wird man vielleicht heute in den europäischen Goldwährungsländern noch nicht erwarten, aber eine weitere Verschuldung derselben rückt die Gefahr immer näher, und die New Yorker Bankiers sind mit Ueberraschungen leicht bei der Hand.

Neben den gewissermassen öffentlichen Symptomen für diesen Vorgang der internationalen Kapitalverschuldung, wie die Emission auswärtiger Anleihen eines ist, giebt es auch noch andere mehr privaten Charakters, die weniger Aufsehen machen, aber darum keineswegs zu unterschätzen sind. Dahin sind zu rechnen die Betheiligung amerikanischer Kapitalisten an auswärtigen privaten Unternehmungen, der Bau von Fabriken, Eisenbahnen, Stadtbahnen im Auslande. So ist, um nur einige Beispiele[1]) anzuführen, in St. Petersburg eine Filiale der Westinghouse-Gesellschaft zur Herstellung von Luftbremsen mit $2^1/_2$ Millionen Dollars begründet worden, eine Pumpen- und eine Nähmaschinen-Fabrik werden in Moskau errichtet, geplant sind in Russland ferner Fabriken für die Herstellung von Lokomotiven, Werkzeugmaschinen, Eisenbahnwagen und Gegenständen des Brückenbaues. Alle diese Etablissements gehen von amerikanischen Grossfirmen aus, welche auf diese Weise der deutschen Konkurrenz zu begegnen hoffen. Ob mit russischen Arbeitern dasselbe zu

[1]) Export 1900 No 6

leisten sein wird wie mit amerikanischen, ist nun freilich eine andere Frage, immerhin haben wir in Deutschland Grund genug, solche Vorgänge nicht stillschweigend zu übergehen.

Aus Südamerika wurde erst kürzlich berichtet, dass in Ecuador eine Bahn mit überwiegend nordamerikanischem Kapital finanziirt worden sei, dass in Para eine elektrische Bahn, eine Telephonanlage, Hôtels und Fabriken von Nordamerikanern eingerichtet würden. Dass in Mexiko bedeutende Kapitalien des Mutterlandes investirt sind, ist bekannt, und in Centralamerika werden sie sich in dem Maasse vermehren, als der Bau des Nikaraguakanals mehr gesichert erscheint.

Es ist ein Zug des nordamerikanischen Nationalcharakters, gern gross aufzutreten, um sich in der eigenen Grösse zu bewundern. Dass im heutigen Wirthschaftsleben der Union mit zehn- oder elfziffrigen Zahlen gerechnet wird, thut ihren Bürgern entschieden wohl. Die Geldzirkulation wurde am 1. Februar 1900 auf 2 003 149 355 Dollars eingeschätzt, der Dezemberausweis der Nationalbanken von 1899 gab für dieselben ein Gesammtvermögen von 4 475 343 924 Dollars an, die Einlagen in den Sparbanken waren zu derselben Zeit 2 230 366 954 Dollars, und nach Bradstreets Journal betrug der Clearinghouse-Umsatz für 1899 93 504 000 000 Dollars. Solche Zahlen-Zusammenstellungen haben etwas Verblüffendes an sich. Beziffern sich die auswärtigen Forderungen auch auf Milliarden, dann dürfte das Erstaunen in den Schuldnerstaaten zu spät kommen, um noch eine Veranlassung zu werden, über die Ursachen dieser Zahlenanschwellungen nachzudenken.

V.

Schutzmassregeln der europäischen Länder insbesondere Deutschlands.

In den bisherigen Ausführungen sind die Gefahren im Einzelnen geschildert worden, welche dem westlichen Europa auf wirthschaftlichem Gebiete von der nordamerikanischen Union drohen Dass sie vorübergehender Natur sind, wird Niemand glauben können. Vielmehr werden sie nicht blos fortbestehen, sondern mit dem Wachsen der Bevölkerung, der Zunahme des Kapitalreichthums, der Verbesserung der Transportmittel, der Ausbildung der Trusts, was alles mit Sicherheit zu erwarten steht, noch zunehmen. Die Vereinigten Staaten sind ein grosses, einheitlich zusammenhangendes Wirthschaftsgebiet, entwickelt zu der keinem andern Lande verfügbaren Eigenschaft, sowohl Lebensmittel und vielerlei Rohstoffe als auch Fabrikate in grossen Mengen ausführen zu können. Nachdem diese zweifache Kraft wirksam geworden ist, ist von ihnen ein weiterer Schritt zur wirthschaftlichen Weltsuprematie gethan. Sie sind Gläubigerstaat geworden und sind im Besitze dieser Errungenschaft gesonnen, Weltbankier zu werden

Von den europäischen Grossstaaten wird in absehbarer Zukunft kein einzelner auf dem Gebiete der industriellen Massenproduktion und bezüglich des Gesammtexportes mit dem jungen Riesen des Westens konkuriren können. England als mächtigster Rivale bildet mit seinen Kolonien weder ein in sich geschlossenes Ganzes noch einen Staat mit einem einheitlichen Nationalgefühl, Russland leidet unter diesem Mangel weniger, steht aber wirthschaftlich und allgemein kulturell noch auf einer relativ niederen Stufe, Deutschlands Weltstellung kann sich, wenn das Reich in Europa bleibt, was es ist, nur nach Englands Vorbild richten, seine industrielle Ausfuhr heben, seine Handelsflotte vergrössern und mehr Kolonien erwerben. Frankreichs Bevölkerungszunahme hält mit der Zunahme des Kolonialbesitzes nicht Schritt und kann auf eine harmonische Ausgestaltung eines Weltreiches daher nicht rechnen, Oesterreich-Ungarn, Italien, Spanien werden über die politische Gährung oder die finanzielle Unordnung im Innern nicht Herr, die andern sind so erheblich kleiner, dass sie erst an zweiter Stelle in Frage kommen können.

Stellen wir uns vor, welches Gepräge die Weltwirthschaft in zwanzig Jahren tragen wird, falls die produktiven Kräfte in Amerika weiter wachsen wie bisher und die Handelsbilanz in ähnlicher Weise günstig für die Amerikaner bleibt, wie in den letzten drei Jahren, so sind die Aussichten für die europäischen Staaten wenig erfreulich. Die Forderungen der Amerikaner für gelieferte Lebensmittel werden mit der Zunahme der europäischen Bevölkerung noch grösser werden, ihre Schulden hingegen an auswärtige Gläubiger werden verschwinden, und Ansprüche an Zinsen und Gewinnantheile für exportirte, Kapitalien werden an deren Stelle treten. Womit soll West-Europa dann in Zukunft seinen Verpflichtungen nachkommen? Man kann darauf erwidern, dass sich das schon von selbst machen werde, ebenso wie es den Vereinigten Staaten bevorstehe, habe von 1840 bis 1890 England prosperirt, habe immer mehr Fabrikate exportirt, sei ein immer mächtiger Gläubiger geworden und schliesslich habe dies der Weltwirthschaft nur genützt. Bei diesem Vergleiche wird aber übersehen, dass in derselben Weise als Englands Forderungen an das Ausland wuchsen, auch die Nachfrage nach Lebensmitteln und andern landwirthschaftlichen Rohstoffen stieg, mithin für das Ausland immer ein bequemes Zahlungsmittel für empfangene englische Waaren vorhanden war. Eine analoge Nachfrage wird sich in Nordamerika voraussichtlich nicht herausbilden. Europa mag seine Technik bei der Herstellung von Fabrikaten erheblich verbessern, Spezialitäten ausbilden, Luxusgegenstände und Kunstprodukte in grösster Ueberlegenheit schaffen, alles das wird vielleicht gerade ausreichen, die amerikanischen Fabrikate, welche als Spezialität ebenfalls gepflegt werden, zu begleichen. Aber worin sollen die Lebensmittel und Rohstoffe ihre Gegenwerthe finden? Von den aus Europa ausgeführten Lebensmitteln ist das wichtigste der Zucker. Wie lange noch die Union ein starker Konsument davon bleiben wird, ist schwer zu sagen, kein Zweifel kann darüber sein, dass sie mit ihrer Handelspolitik sich aufs entschiedenste bemühen wird, die Produktion sowohl auf dem Kontinent als auch auf Hawaii und Puertorico zu steigern, und dass sie im Uebrigen auf Cuba rechnet,[1]) wo schon vor dem Kriege von 1898 ihre Bürger so bedeutende Kapitalien in Zuckerfabriken angelegt hatten, dass dieselben als eifrige Kriegsschürer öffentlich bezichtet worden sind.

Es mögen noch mancherlei Halbfabrikate und Genussmittel in Europa erzeugt werden, welche jenseits des Ozeans gebraucht werden können, aber es ist nicht denkbar, dass ein ansehnlicher Theil der ausgeführten Lebensmittel damit beglichen werden kann. Schliesslich bleiben immer noch die Zinsen und Dividenden, welche für die von Amerika empfangenen Kapitalien von Jahr zu Jahr ausgezahlt werden müssen. Mit Edelmetall kann die Differenz natürlich auch nicht beseitigt werden, denn erstens kann es Europa nur in beschränktem Maasse entbehren, und zweitens kann es Amerika nicht gebrauchen, da es soviel selbst produzirt, dass es noch davon auszuführen ein Interesse hat. Der Schluss, den wir nach alle dem Gesagten zu ziehen genöthigt sind, ist der: Es wird nicht alles bezahlt werden, es wird schuldig geblieben. Das macht bei der heutigen internationalen Effektenbewegung keine formellen Schwierigkeiten. Die Amerikaner erwerben

---

[1]) Zu vergl Carl Ballod, Die deutsch-amerikanischen Handelsbeziehungen S. 209

fortgesetzt einen neuen Besitz von europäischen Staatsschuldverschreibungen, städtischen industriellen und Eisenbahnobligationen, Pfandbriefen, Aktien u. s. w. Die Forderungen Amerikas werden von Jahr zu Jahr grösser. Ein wachsender Antheil des europäischen Einkommens muss als Tribut dem wirthschaftlich Stärkern Jahr für Jahr entrichtet werden, und das muss um so mehr empfunden werden, als unter den in die Fremde fortgehenden staatlichen und kommunalen Obligationen sehr erhebliche Beträge nicht für wirthschaftlich produktive Zwecke ausgegeben sind, die also die Kapitalkraft des Landes nicht erhöhen, sondern nur eine Belastung der Steuerkasse darstellen. Die sich aus einer solchen anwachsenden Verschuldung ergebenden Wirkungen werden mannigfaltiger Art sein. Sie werden sich auf finanziellem Gebiete durch Schwächung der Steuerkraft, durch Fortsetzung der unproduktiven Verschuldung, vielleicht sogar durch die Papiergeldemission äussern; auf wirthschaftlichem durch die ungenügende Ausdehnung der Produktivkräfte wegen Mangel an Kapital und wegen unzureichender Nachfrage im Innern, durch Auswanderung von Unternehmern und geschickten Arbeitern, durch Uebersiedelung von Fabriken in andere Länder; auf sozialem durch Arbeitslosigkeit, Stockung der sozialen Reform, endlich auf nationalpolitischem durch Schwächung der Wehrkraft. Umgekehrt werden die Vereinigten Staaten mit der fortgesetzten Vergrösserung der weltwirthschaftlichen Macht zugleich an politischer gewinnen. Sie vermehren schon gegenwärtig ihr Landheer und ihre Flotte bedeutend. Sie werden in Zukunft erobern, Kolonien erwerben, den pacifischen Ozean ihren Ozean nennen und ihr Ideal der internationalen Schiedsgerichte verwirklichen, allerdings mit dem Beding, die alleinigen Schiedsrichter zu sein.

Bei dieser für uns wenig erfreulichen Perspektive darf man das eine nicht vergessen, dass die heutige Weltwirthschaft durch die Verkehrsmittel, wenn auch nicht zu einer Art von organischem Ganzen wie die Volkswirthschaft geworden ist, so doch bereits eine starke Abhängigkeit eines

Gliedes von allen anderen kennt. Daher kann auch kein Theil dauernd auf Kosten des anderen gedeihen, es giebt vielmehr eine Linie bei der Ausbeutung, die nicht überschritten werden kann oder einen Punkt der Entwickelung, über den hinaus das eigene Wohl eines Landes nur durch dasjenige anderer gefördert werden kann. Im innern Verkehr eines Landes können die Steuern nur bis zu einer gewissen Höhe hinaufgeschraubt werden, wenn sie ergiebig bleiben sollen. Keine herrschende Klasse, mag sie sich auf Grundbesitz oder Kapitalmacht stützen, kann einer beherrschten über ein bestimmtes Maass zu leisten zumuthen, ohne selbst zu verkümmern, kein Monopolist kann die Waarenpreise über die Zahlungsfähigkeit seiner Abnehmer hinaus erhöhen, wenn er weiterhin verkaufen will.

Im auswärtigen Handel zeigt uns die Geschichte Englands einen analogen Vorgang. Nicht aus liberal doctrinären Gründen ist die Insel zum Freihandel übergegangen, sondern allein deshalb, weil man sich dort sagte, dass man die Suprematie im industriellen Export auf die Dauer nur dadurch aufrecht erhalten könne, dass man seine Käufer in die Lage versetze, möglichst viel Gegenwerthe zu verkaufen. Diese Maxime hat sich durch mehr als dreissig Jahre bewährt, sie muss aber unbrauchbar werden, sobald England genöthigt ist, von der Stelle des ersten Industrielandes der Welt zurückzutreten.

Wenn nicht alles täuscht, werden die Vereinigten Staaten in vielleicht schon zehn Jahren für Metallwaaren, Maschinen und verschiedene Textile das erste industrielle Land der Erde sein. Dann muss auch für sie der Zeitpunkt kommen, wo es ihr Interesse sein wird, die Exportfähigkeit ihrer Abnehmer mit allen Kräften zu ermuthigen. Sie werden den freien Waarenhandel als Humanität verherrlichen, die Thür ihres Hauses offen halten und sie auch nicht schliessen, wenn andere ihrem Vorbild nicht folgen wollen.

Einstweilen sind wir aber noch nicht so weit, und wir haben mit der Thatsache zu rechnen, dass vorläufig Amerika seine bisherige Handelspolitik fortsetzen wird. Wir wollen daher die Möglichkeiten prüfen, welche den europäischen Staaten, insbesondere Deutschland, zur Verfügung stehen, der gegenwärtigen Uebermacht der amerikanischen Konkurrenz entgegenzutreten.

Wir müssen leider von vornherein bekennen, dass diejenigen Mittel, welche den besten wirthschaftlichen Erfolg verbürgen könnten, aus Gründen der politisch-nationalen Rivalität der europäischen Staaten, nur wenig Aussicht zu einer baldigen Verwirklichung haben. Dem Gedanken eines mitteleuropäischen Zollvereins ist man, so oft er auch schon wegen der Gemeinsamkeit vieler wirthschaftlicher Interessen der in Frage stehenden Länder empfohlen worden ist, keinen Schritt in der Richtung der Ausführung näher gekommen.[1] Der Weg, der dahin führen könnte, ist überhaupt nicht die Einberufung eines Kongresses, auf dem eine zu schaffende Verfassung und Verwaltung eines solchen umfassenden Vereins zu berathen wäre, sondern allein das Einzelabkommen zwischen zwei Ländern. Es sei in dieser Beziehung z. B. an die Zollunion von Deutschland und Holland erinnert, die im Herbst 1899 vor dem Ausbruch des südafrikanischen Krieges in der holländischen und deutschen Presse eifrig diskutirt wurde.[2] Ob damals das Aufwerfen der Zollvereinsidee von holländischer Seite ein Mittel gewesen ist, um in Deutschland Sympathien für die afrikanischen Holländer zu werben, muss ich dahingestellt sein lassen, jedenfalls ist bei unsern Nachbarn die Begeisterung für den wirthschaftlichen Zusammenschluss mit dem Reiche, für den übrigens sehr gewichtige ökonomische Gründe sprechen, sehr rasch verraucht,[3] nachdem die deutsche Regierung jede Intervention zu Gunsten der Buren ablehnte und der Kaiser aus seiner freund-

---

[1] Die Versuche auf diesem Gebiete in Theorie und Praxis sind eingehend geschildert und kritisirt von E. Francke in den Schriften des Vereins fur Socialpolitik B 90 No. III: Zollpolitische Einigungsbestrebungen in Mitteleuropa

[2] Ein deutsch-niederländischer Zollverein, Zeitschrift für Socialwissenschaft 1900 Heft 7 bis 8

[3] Amsterdamsche Courant vom 14. 20. 30. Aug 1900.

lichen Gesinnung England gegenüber kein Hehl machte. Die Erkämpfung einer vollen Unabhängigkeit seitens der afrikanischen Republiken würde übrigens in den europäischen Niederländern das Bewusstsein einer nationalen Machtverstärkung erzeugt und den Keim der wirthschaftlichen oder politischen Anschlussideen eher zerstört als gepflegt haben.

Wir haben hier auf diese Angelegenheit hingewiesen, um an einem Beispiele kurz zu erläutern, welche nationalen Schwierigkeiten sich schon der Zollunion von nur zwei Ländern entgegenstellen, deren unmittelbaren materiellen Bedürfnisse eine gewisse Befriedigung in der Gemeinsamkeit finden können. Um wie viel mehr Hindernisse hätte ein Europa umspannender Bund zu überwinden, indem die Solidarität der wirthschaftlichen Interessen zudem eine weit lockere wäre.

Die amerikanische Waareninvasion wird keineswegs von allen Ländern als ein gleiches Uebel empfunden. Nehmen wir z. B. Deutschland und Italien. Dem letzteren Lande kann es nur erwünscht sein, Kohlen aus den Vereinigten Staaten zu beziehen, wenn sie billiger sind als die deutschen oder englischen, dem ersteren hingegen müsste es höchst bedenklich erscheinen, wenn amerikanische Steinkohlen in solchen Mengen Rheinaufwärts kämen, dass die heimischen Gruben ihren Betrieb einstellen müssten. Aber gemeinsam empfinden beide Länder den Druck der Brotfrucht- und Metallwaaren-Konkurrenz. Oder vergleichen wir Frankreich und Oesterreich. Eine starke Preisminderung des amerikanischen Petroleums bedeutet für jenes ausschliesslich einen Vortheil zu Gunsten der Konsumenten, für dieses aber, welches in Galizien eigene Quellen hat, eine Sorge für einen aufblühenden Produktionszweig. Hingegen sind französische wie österreichische Schutzzöllner darin einig, dass Industrie und Landwirthschaft jenseits des atlantischen Meeres einen gefährlichen Gegner haben. Graf Goluchowsky hat im Hinblick auf ihn von einem mitteleuropäischen Zusammengehen gesprochen, und wenn bei den politisch beweglichen

Franzosen diese Idee noch wenig gepflegt worden ist, so hat dies wesentlich darin seinen Grund, dass man dort zu einem wirthschaftlichen Anschluss an Deutschland wenig Neigung verspürt.

Etwas wesentlich anderes als ein Zollverein ist ein gemeinsames Vorgehen europäischer Staaten gegen den transatlantischen wirthschaftlichen Vorstoss vermittelst einer gewissen gleichartigen Ausgestaltung der Zolltarife, wobei den Sonderheiten der betroffenen Länder sehr wohl entsprochen werden könnte.

Ich habe bereits in dem zweiten Heft der Schriften der Centralstelle für Vorbereitungen von Handelsverträgen [1]) auf eine solche Schutzmassregel hingewiesen, und seitdem ist im Hinblick auf den Ablauf der mitteleuropäischen Handelsverträge der gleiche Gedanke öfter ausgesprochen und begründet worden [2]). Diejenigen Staaten, welche eine gemeinsame Abwehr gegen die Nordamerikaner planen, hätten sich untereinander zu verpflichten, ein natürlich nicht niedrig bemessenes Zollminimum bei einer Anzahl Waaren gegen sie unter allen Umständen für eine Reihe von Jahren zur Anwendung zu bringen und die Meistbegünstigungsklausel zu Gunsten der Vereinigten Staaten auszuschliessen. Jeder könnte über die verabredeten Zollsätze hinausgehen, wenn die Bedürfnisse seiner Gewerbe dies verlangen sollten. Im Uebrigen hätte er die Freiheit, mit anderen Ländern Tarifverträge abzuschliessen, welche aber die gegen die Vereinigten Staaten anzuwendenden Sätze niemals überschreiten dürften. Die praktische Durchführung einer solchen Einigung wäre so zu denken: Jeder Staat erlässt einen Generaltarif, welcher das erwähnte Minimum enthält, bringt ihn gegen die Union zur Geltung und schliesst je nach seinem Bedarf mit andern Ländern Tarifverträge ab, welche im Prinzip niedrigere Zollsätze enthalten, als die des allgemeinen Tarifs. Wer Zölle über das Minimum hinaus fixirt, hat natürlich auch das Recht, sie im Wege des Vertrages mit den Ver-

---

[1]) Seite 79 ff.
[2]) z. B. vom Centralverband der Industriellen Oesterreichs

einigten Staaten zu ermässigen. Um auf einen Zollkrieg gerüstet zu sein, müssten alle Zollgesetze Retorsions- und Zuschlagbestimmungen gleicher Art enthalten, welche eventuell gemeinsam in Kraft zu setzen wären. Zu einem Zollkriege würde es jedoch um so weniger kommen, je grösser die Zahl der Kontrahenten wäre. Wenn Deutschland, Frankreich, Oesterreich-Ungarn, Belgien und die Schweiz nur zusammenträten, so würde dies schon ein Schutzverband von grosser Bedeutung sein

Die Gewinnung des Absatzes in dritten Ländern für die Industrien der kontrahirenden Länder würde nun allerdings mit einem solchen gemeinsamen Vorgehen nicht beruhrt werden. In dieser Beziehung müsste jeder sich selbst helfen, so gut er kann.

Wenn daher ein solcher Schutzverband aus dem Grunde, dass er mehr die Interessen der Zukunft als diejenigen der Gegenwart zu wahren übernimmt, auf eine allgemeine Sympathie der Industriellen nicht rechnen kann, so ist es ausserdem sehr fraglich, ob die europäischen Staaten in einer Zeit, in welcher sie sich rüsten, neue Verträge, bei denen jeder gewinnen will, unter einander abzuschliessen, so viel Selbstentsagung zu üben im Stande sind, dass Nordamerika nicht mehr als tertius gaudens diesem Streite zuzuschauen hätte. Der europäische Interessengegensatz ist jenseits des Ozeans ebenso bekannt wie diesseits desselben. So schreibt die sich im allgemeinen durch Mässigung und Deutschfreundlichkeit auszeichnende Illinois Staatszeitung [1]: „Die politische Zersplitterung ist das Glück Amerikas. Eine wirthschaftliche Allianz der europäischen Völker gegen die Vereinigten Staaten ist ein Traum, so unpraktisch und unausführbar, wie die Ideen der Friedenskonferenzler im Haag. Amerika wird stets Alliirte in Europa finden, wenn es gewisse Mächte wagen sollten, gegen uns Front zu machen".

Hiergegen ist jedoch geltend zu machen, dass der Bogen

[1] Wochenblatt vom 12 Dezember 1900

schliesslich springt, wenn er zu straff angespannt wird. Die Noth ist der grosse Lehrmeister der Association, und der Uebermuth des Einzelnen findet seine Schranke in der Gemeinschaft der Bedrohten. „Das Jahrhundert", dürfte man mit Goethe [1]) sagen, „muss uns zu Hilfe kommen, die Zeit an die Stelle der Vernunft treten und in einem erweiterten Herzen der höhere Vortheil den niederen verdrängen."

Wir wollen zum Schluss erwägen, in welcher Weise sich die einzelnen Länder, insbesondere Deutschland, gegen die bestehende amerikanische Gefahr handelspolitisch wehren können, ohne das Gemeinsamkeitsprinzip in Anspruch zu nehmen, aber auch ohne der Anwendung desselben vorzugreifen.

In der Botschaft, welche der Präsident Mac Kinley anlässlich seines zweiten Amtsantrittes am 4. März 1901 erlassen hat, betont er die Nothwendigkeit, „die auswärtigen Märkte noch mehr zu erweitern durch ausgedehnte kommerzielle Beziehungen" und tritt „für den Abschluss von Reciprocitätsverträgen in liberalem Sinne" ein [2]). Es wird also jetzt bereits nicht mehr an erster Stelle der Schutz der heimischen Wirthschaftsinteressen, sondern die Exportbedürftigkeit hervorgehoben und zu dem Zwecke eine Ermässigung von Tarifpositionen als Tauschobjekte im Prinzip zugestanden.

In welcher Weise diese Reciprocität mit europäischen Ländern gedacht ist, wird erst die Zukunft lehren, da die Befugniss für den Präsidenten nach Maass und Inhalt erst gesetzlich festgesetzt werden muss. Auf der Grundlage der gegenwärtig bestehenden Dingley-Zollgesetzgebung sind Verträge in liberalerem Sinne nicht möglich. Die Ermässigungen, welche die Vereinigten Staaten später eventuell zugestehen werden, werden sich voraussichtlich auf einige Fabrikate erstrecken, welche sie selbst wenig oder garnicht herstellen, und auf einige Halbfabrikate und Hilfsstoffe der Industrie, deren

[1]) W. Meister's Wanderjahre.

[2]) Telegramm aus Washington in deutschen Zeitungen.

Einfuhr vor allem dazu dient, die eigene Industriekraft von neuem zu stärken. Als Gegengabe wird von Europa verlangt werden ein leichterer Eingang von Lebensmitteln, Getreide, Fleisch, Fette und Oele, von einzelnen Staaten auch von Eisen-, Stahl-, Kupferwaaren, Maschinen u. s. w., also von Gegenständen der heute exportfähigen Grossindustrie.

Das Endergebniss einer solchen Handelspolitik kann ich für die europäischen Staaten nicht als günstig ansehen.

Die ungeheure Steigerung der amerikanischen Exportfähigkeit ist es ja gerade, welche, wie in vorhergehenden Kapiteln auseinandergesetzt worden ist, zu grossen Bedenken Veranlassung bietet, und diese wird durch solche Gegenseitigkeitsverträge nur noch gestärkt werden müssen. Es ist zuzugeben, dass durch dieselben auch die Gegenparteien — vielleicht aber nur auf Kosten ihrer Landwirthschaft — zu einer wachsenden Ausfuhr angeregt werden, aber es liegt in der gegenwärtigen, noch nicht abgeschlossenen Entwickelung des amerikanischen Wirthschaftslebens, dass dieselbe im Vergleich mit allen Ländern im schnellsten Tempo voraneilt und dass daher ihr auch jede politische, praktisch wirksame Unterstützung in exceptioneller Weise zu Gute kommen wird. Man kann es als eine ideale Forderung hinstellen, dass nur solche Handelsverträge abgeschlossen werden sollen, welche beiden Parteien die gleichen Vortheile bringen. Praktisch wird sich dies aber nur annähernd ererreichen lassen, wenn die gegenseitigen Konzessionen unter Ländern gewährt werden, deren wirthschaftliche Kraft in ungefähr gleichmässiger Weise anwächst.

Nehmen wir z. B. an, die Vereinigten Staaten setzten Deutschland gegenüber vertragsmässig den Zuckerzoll etwas herab, nachdem es gelungen wäre, die Prämienfrage in angemessener Weise zu lösen. Was würde uns das nützen, wenn derjenige kubanischer Herkunft noch minder bezollt würde und amerikanische Unternehmer mit allen Kräften sich bemühten, die Zuckerproduktion im Grossen — natürlich unter dem Schutz der Bundesregierung zu — fördern? Oder sollte Jemand so naiv sein, an eine vollständige kubanische Unabhängigkeit zu glauben, welche zwar im Kriege 1898 versprochen worden ist, aber unter der Bedingung, dass die Einwohner die Reife zur Selbstregierung erworben haben würden? Diesen Befähigungsnachweis von degenerirten Kreolen und emanzipirten Negersklaven erbracht zu sehen, wird wohl die nächste Generation nicht mehr erleben, und die dann kommende wird vergessen haben, was früher einmal als politisches Zugeständniss verkündet worden ist.

Die Handelsverträge mit den Vereinigten Staaten müssen ferner, wenigstens in der Gegenwart, ein besonderes Bedenken erregen, wenn sie die Bedingungen für eine längere Reihe von Jahren festlegen sollten. Die Fortschritte der Technik, die Zunahme der Trusts, die Ermässigungen der Transporttarife vollziehen sich dort schnell und sprunghaft, sodass der ausländische Konkurrent sich plötzlich überfallen sieht und schutzlos dastehen wird, so lange er, durch die Reprocität gebunden, sich den verstärkten Wettbewerb gefallen lassen muss.

Indem bei dem Nachfolgenden an die deutsch-amerikanische Handelspolitik allein gedacht wird, scheinen mir zwei Forderungen im Anschluss an das Gesagte nicht zu übersehen zu sein: Kein Tarifvertrag mit den Vereinigten Staaten und keine gegenseitige Meistbegünstigung bezüglich des Waarenverkehrs. Vielmehr haben wir auf unseren Generaltarif zu beharren, den wir jetzt schon im Hinblick auf die amerikanische Konkurrenz, z. B. bezüglich der Maschinen und mancherlei Eisenwaaren richtig zu gestalten haben werden und den wir autonom, je nach den Konjunkturen der amerikanischen Invasion, erhöhen können. Von Seiten der Amerikaner kann gegen ein solches Verfahren nicht viel eingewendet werden, denn es ist dieselbe Politik, welche sie seit vielen Jahren getrieben, und welche sie durch die gegenwärtigen, auf Grund des Dingley-Tarifs abgeschlossenen Reciprocitätsverträge nur wenig abgeändert haben. Die Meistbegünstigung war bei ihnen nicht viel mehr als eine Phrase, da keine Tarifverträge abgeschlossen wurden und sie für die Reciprocität nicht gelten soll.

Unsere ganze künftige Handelspolitik darf, da sie doch einheitlich-organisch funktioniren soll, keinen Augenblick die nordamerikanische Gefahr vergessen. Mit allen andern Ländern können wir ohne Bedenken Tarifverträge abschliessen, die auf dem Prinzip des gegenseitigen Nachgebens und Entgegenkommens aufgebaut sind. Darauf im Einzelnen einzugehen, ist nicht die Aufgabe dieser Schrift. Aber der Ueberzeugung muss hier ein Ausdruck verliehen werden, dass für unsere Exportindustrie der europäische, der russische, der südamerikanische, der ostasiatische Markt, der der englischen Kolonien unvergleichlich wichtiger ist als der nordamerikanische. Freilich ist dabei nicht an die augenblicklichen Zahlen der Handelsstatistik gedacht, sondern an dauerhafte, gegenseitige Beziehungen der Zukunft. Unsere industriellen Fortschritte würden sich nicht langsamer vollziehen als die Englands, Oesterreichs und Russlands, und wenn wir langfristige Handelsverträge abschliessen, so würden uns dieselben auch im internationalen Handel zu statten kommen. Die amerikanische Industrie wird sich aber rascher ausbilden als alle übrigen, und daher ist der dortige Markt unter allen Umständen für uns gefährdet. Geben wir dies zu, so werden wir auch nicht übersehen, dass wir auf dritten Märkten mit der amerikanischen Konkurrenz einen schweren Stand haben werden.

Im Hinblick darauf erwachsen uns vielerlei Aufgaben, von denen die wichtigsten hervorgehoben seien. Dabei ist vor allem an den russischen, südamerikanischen und ostasiatischen Markt gedacht.

Handelspolitisch kommt es vor allem darauf an, mit den betreffenden Staaten Handels- und Tarifverträge auf Gegenseitigkeit abzuschliessen des Inhalts, dass wir, indem wir ihnen einen Vorzug vor den Vereinigten Staaten einräumen, auch diesen gegenüber begünstigt werden.

Lassen wir z. B. Russlands landwirthschaftliche Produkte zu einem Vertragstarif, sagen wir Weizen und Roggen zu 4 M. 50 Pf. per 100 Kilogramm, nach Deutschland hinein, während der Generaltarif, der gegen die Vereinigten Staaten angewandt wird, 6 M. beträgt, so können wir auch beanspruchen, dass Russland die heutigen vertragsmässig geregelten Industriezölle uns nicht blos belasse, sondern auch als einen Vorzugstarif Amerika gegenüber zugestehe. Ein solches System müsste sehr wirksam sein im Sinn des gedachten Zweckes. Es ist zwar komplizirt, aber doch durchführbar, da es durch das Prinzip der gleichen Gegenseitigkeit gehalten wird. Denn tritt auf Grund etwa vorbehaltener Kündigung eine Partei zurück und gewährt einen niedrigeren Tarif auch den Vereinigten Staaten, so kann es die andere auch thun, und diese Eventualität wird die erstere davon abhalten, dergleichen zu unternehmen [1]).

Neben einer solchen Handelspolitik kommt vor allem in Betracht die richtige Plazirung deutscher produktiver Kapitalien im Auslande. Noch immer gehen Werthsummen in die Union, und deutsche Kaufleute und Fabrikanten folgen ihnen. Ein grosser Theil der letzteren kommt niemals zurück, sondern wird dort naturalisirt, und wenn dies nicht der Fall sein sollte, wird jedenfalls die fremde gefährliche Konkurrenz gestärkt. Die Deutschen, welche sich als Unternehmer nach Südamerika, Ostasien, nach den Inseln des stillen Ozeans wenden, bleiben hingegen Deutsche, und die Gewinne dort angelegter Gelder kommen schliesslich immer der deutschen Volkswirthschaft zu statten. Durch solche Beziehungen, welche durch entsprechende Dampfschiffsverbindungen unterstützt werden müssen, wird unser Export dauernd gestärkt und zugleich ein Import geschaffen, der schon mit der Kapitalausfuhr bezahlt worden ist. Dass in China für ein solches Verhalten die Maxime der Einflusssphären günstiger als die der offenen Thür ist, halte ich für sehr wahrscheinlich, zumal, wie in dem dritten Abschnitt ausgeführt worden ist, die amerikanischen Einflüsse unter der Begünstigung der geographischen Lage sich dort recht

[1]) Die Eventualität eines Zollkrieges mit den Vereinigten Staaten ist sachlich erörtert bei C. Ballod, a. a. O. S. 210 ff

bald fühlbar machen müssen. Die Anlage deutscher Kapitalien in den genannten Gebieten kann durch eine richtige Politik erleichtert werden. In Staatsverträgen ist die rechtliche Stellung deutscher Unternehmungen, Besteuerung, Niederlassung, Erwerbsfreiheit u. s. w. zu regeln, und ausserdem ist das Konsulatswesen zu erweitern, soweit das Bedürfniss danach besteht.

Eine Angelegenheit, welche mit alledem in Verbindung steht, aber doch auch eine selbständige Bedeutung hat, ist das Dirigiren der deutschen Auswanderung vor allem nach Südamerika.

Es ist bekannt, dass die Deutschen in den spanisch und portugiesisch redenden Staaten ihre nationale Eigenart bewahren, während sie dieselbe in Nordamerika verhältnissmässig rasch verlieren.

Das erstere zieht eine dauernde soziale Verbindung mit dem Mutterlande nach sich, welche sich auch in Handelsbeziehungen und Kapitalanlagen äussert, das zweite eine Hebung der wirthschaftlichen Kraft unserer eifrigsten Rivalen. Die deutsche Gesetzgebung bietet einer deutsch-nationalen Politik eine Handhabe, die Auswanderung in die Vereinigten Staaten zu erschweren, die nordamerikanische gewährt verschiedene Mittel, die Einwanderung fernzuhalten [1]. Eine praktische Bedeutung grösseren Umfangs haben beide für Deutschland bisher nicht gezeigt, da das Auswanderungsbedürfniss im Reiche während der letzten Jahre bei der guten Konjunktur der Industrie nur gering war. Bei einer andauernden Verschlechterung des Geschäftes diesseits des Ozeans muss die deutsche Auswanderung und vermuthlich auch das Bestreben der Amerikaner, sie fernzuhalten, aber erheblich anwachsen, und dann sollte man von deutscher Seite nicht vergessen, dass Auswanderungs- und Handels-

---

[1]) Vergl. Ernst Hasse, Das Gesetz über das Auswanderungswesen vom 9. Juni 1897 in d Jahrbuchern für Nationalokonomie und Statistik. III Folge, B XIV. — Handworterbuch der Staatswissenschaften, 2. Aufl. Artikel Einwanderung

politik einheitlich bei der Verfolgung nationaler Ziele zusammengehen müssen.

Bei der Festlegung der künftigen Handelspolitik des deutschen Reichs wird die zeitweilige Konjunktur der internationalen Märkte eine um so grössere Rolle spielen, je mehr sie von der Mittellinie des ebenmässigen ruhigen Geschäftsganges abweichen wird. Auf die Zahlen des Augenblickes wird leicht ein Gewicht weit über die Gebühr hinaus gelegt. Ist gerade der Import von den Vereinigten Staaten im Abnehmen oder der Export nach ihnen im Zunehmen begriffen, so wird man die vom Westen kommende Gefahr zu unterschätzen geneigt sein. Eine besonnene Wirthschaftspolitik, welche auch späteren Jahren dienen will, möge dann im Bewusstsein halten, wie vergänglich die Gegenwart ist, und dass der beste Lehrmeister die Geschichte ist. Nur derjenige, welcher die beispiellose wirthschaftliche Entwickelung der nordamerikanischen Union von 1890—1900 in ihren treibenden Kräften verstanden hat, wird einen ungefähren Massstab für die Fortschritte des kommenden Jahrzehntes gewinnen. Die vorliegende Arbeit hat sich die Aufgabe gestellt, allen denen bei einer solchen Abschätzung behilflich zu sein, welche eine nationale ökonomische Politik im Rahmen der weltwirthschaftlichen Interessen zu verstehen für nothwendig erachten.

Druck von A. W. Hayn's Erben, Berlin und Potsdam.

Schriften
der
Centralstelle für Vorbereitung
von
Handelsverträgen.

---

18. Heft.

Die Zolltarifvorlage und ihre Begründung.
Kritische Betrachtungen.

Im Auftrage der Centralstelle für Vorbereitung von Handelsverträgen
von

Dr. Vosberg-Rekow.

Berlin 1902.
J. Guttentag, Verlagsbuchhandlung,
G. m. b. H.

Die Zolltarifvorlage und ihre Begründung.

Im Auftrage der Centralstelle für Vorbereitung von Handelsverträgen.

Von

Dr. Vosberg-Rekow.

Berlin 1902.

J. Guttentag, Verlagsbuchhandlung,

G. m b H

Vorwort.

Die Arbeit, welche von der Centralstelle für Vorbereitung von Handelsverträgen in Verfolg der ihr zugewiesenen Aufgaben und angesichts der neuen Zolltarifvorlage zu leisten war, hat nach Stand der Sache in zwei Abschnitte zerlegt werden müssen.

Der eine Abschnitt umfasst die Verwerthung und Vertretung des Thatsachen- und Antrags-Materials, welches ihr von den angeschlossenen Interessenten zu den einzelnen Tarifpositionen überwiesen worden ist. Dieses Material war zu ordnen, zu sichten, in Fällen des Zweifels mit seinen Urhebern zu besprechen und in seiner Begründung, soweit es besonderen Wünschen zur Unterlage dienen sollte, statistisch und sachlich zu vervollständigen. Bei dieser Leistung befand sich die Centralstelle auf durchaus objektivem Boden; sie konnte gegenüber den positiven Angaben der Interessenten die Auffassung ihrer Leitung völlig zurücktreten und das Gewicht der beigebrachten Gründe und Belege für sich selbst sprechen lassen. Dennoch war solche Arbeit häufig mühevoll; hat sich doch an mehr als einer Stelle die Nothwendigkeit herausgestellt, innerhalb des eigenen Gremiums hervorgetretene, widersprechende Wünsche und Strebungen einander nahe zu bringen, zu versöhnen und auszugleichen. Der Oeffentlichkeit musste sich dieser Zweig der Thätigkeit durchaus fern halten; es scheint aber auch richtig, die so gewonnenen Ergebnisse selbst nicht zur allgemeinen Kenntniss zu bringen. Sie interessiren in jedem Einzelfalle nur immer diejenigen, welche es angeht, und das grosse Publikum in Landwirthschaft, Handel und Industrie ist mit Einzelvoten der verschiedenen Gruppen schon überreich gesegnet worden. Dagegen entspricht es der Zweckmässigkeit, diese Resultate an der Stelle vorzulegen, wo sie unmittelbar Berücksichtigung zu finden hoffen, nämlich bei der Zolltarifkommission des Reichstages, und sie jedesmal nur in den Theilen und dann zu Gehör zu bringen, wenn die von ihnen dargestellte Specialmaterie zur Verhandlung steht. Im gegenwärtigen Augenblicke ist die Kommission noch nicht zusammengetreten und hat ihren Arbeitsplan noch nicht bekannt gegeben; sobald dies geschehen ist, wird die Einordnung des einschlägigen Stoffes vorzunehmen sein. Die Centralstelle kann mit Genugthuung wahrnehmen, dass zahlreiche ihrer Darlegungen und Anträge, sowohl bezüglich des technischen Aufbaues des Tarifes, als bezüglich der Anordnung der Zollsätze schon bei der Regierungsstelle eine günstige Aufnahme gefunden haben: dennoch ist noch ein gutes Theil von Wünschen und Anträgen übrig geblieben, welches nunmehr gewissermaassen in letzter Instanz zu Gehör kommen möchte.

Durchaus verschieden von der eben skizzirten ist die zweite Aufgabe, welcher sich die Centralstelle nicht wohl entziehen kann Eine grosse Vereinigung von Interessenten aus Industrie und Handel ist genöthigt, auch grundsätzlich Stellung zu nehmen, wenn es sich um eine Vorlage handelt, die geeignet erscheint, das gesammte Wirthschaftsleben der Nation wesentlich zu beeinflussen. Die Grundlage indessen, welche sich zur Ueberwältigung dieser Arbeit ergeben muss, ist weit schwerer zu finden und es ist nicht leicht, sich mit ihr auf einen wirklich sachlichen Boden zurückzuziehen. Hier liegen Streitfragen vor, bei denen es vor allem nicht als ausgemacht gelten kann, wo die Sachlichkeit aufhört und die Parteimeinung anfängt Und jede dieser Fragen wird fast jede Gruppe und fast jede Person abweichend beurtheilen Dennoch ist für eine Meinungsäusserung, welche wenigstens ihren Grundzügen nach für diejenige der Centralstelle gelten kann, eine ziemlich breite Basis gegeben: Die Interessenten der Centralstelle sind überzeugt ,von der Nothwendigkeit der

Fortführung der Handelsvertragspolitik und von der Nützlichkeit des Abschlusses langfristiger und specialisirter Tarifverträge. Ihr Referent wird also unter diesem Gesichtswinkel die gegenwärtige Aktion in Regierung und Parlament betrachten müssen.

Die Centralstelle hat es bisher nicht für nöthig gehalten, eine Versammlung ihrer Mitglieder einzurufen und eine schon an unzähligen andern Stellen gehörte Resolution zu fassen. Hätte doch der Tenor solcher Resolution nur eine Umschreibung ihres öffentlich bekanntgegebenen Programmes enthalten können. Dennoch hält sie sich verpflichtet, der gemeinsamen Grundanschauung ihrer Clientel über die Zolltarifvorlage bezw. deren Begründung einen möglichst sachlichen Ausdruck zu geben. Sie hat zu diesem Zwecke mich als Referenten bestellt. Da aber naturgemäss jeder Autor bei der Entwickelung seines Gedankenganges hie und da seine eigenen Wege geht, so wolle der günstige Leser die Auftraggeber nicht für die Einzelheiten der nachstehenden Betrachtungen verantwortlich machen. Es ist nur die Grundrichtung, welche sie vorgeschrieben haben und die sie in der Oeffentlichkeit und bei den maassgebenden Faktoren der Gesetzgebung vertreten wollen.

Berlin W., Anfang Januar 1902.

Dr. Vosberg-Rekow.

Inhalt.

	Seite
Vorwort	V
Die äussere Gestaltung des neuen Tarifes. Vorzüge	1
Systemwechsel	5
Der Grundsatz der Zollfreiheit der Waaren wird verlassen	7
Der Minimaltarif für Getreide	14
Art und Ausmaass der Zollsätze	22
Front gegen die Meistbegünstigung	29
Ist der Systemwechsel begründet?	30
Was die Motive beweisen	53
Schluss	60

Die äussere Gestaltung des neuen Tarifs.

Vorzüge.

Dass die öffentliche Diskussion über die Tarifvorlage eine ausserordentlich heftige werden würde, war vorauszusehen. Weitaus der grösste Theil derjenigen, welche sich zu einer Beurtheilung berufen fühlen, hat seinen Standpunkt von der Zinne irgendwelcher politischen Parteistellung genommen: Je wichtiger die Vorlage an sich erschien, desto energischer ist die Betonung der partei-politischen Grundsätze hervortreten.

Es muss indessen im Allgemeinen den Handelsvertragsfreunden, gleichviel, ob sie Politiker oder Fachleute sind, der Vorwurf gemacht werden, dass sie um des Ausmaasses der Zollsätze willen, die er enthält, die Vorzüge des Tarifes nicht in genügendem Umfange anerkannt haben. Die Vorlage stellt uns tariftechnisch zweifellos an die Spitze aller Nationen. Der Tarif, wie er heute vorliegt, ist nicht nur das Ergebniss jahrelanger, mühseliger und sachverständiger Arbeit, sondern er ist gewissermaassen gleichzeitig ein Kollektaneum aller Vorzüge, welche sich den übrigen Tarifen der zivilisirten Länder nachrühmen lassen. Wer alle diese Tarife kennt, wer insbesondere mit dem bisher besten derselben, dem französischen, vertraut ist, wird sofort inne werden, dass der Verfasser der Vorlage alle diese Tarife studirt, kritisch geprüft und ihnen dasjenige entnommen hat, was einer Beurtheilung vom Standpunkte der modernsten Anforderungen Stand halten konnte.

Damit ist aber für uns von vornherein ein grosser Gewinn gesichert. Die Ueberlegenheit eines Tarifschemas bietet dem Lande, welches dieses Schema besitzt, Vortheile gegenüber den andern Ländern, so lange dieser Tarif besteht und so lange er nicht von Konkurrenten übertroffen ist. Diese Vortheile treten zu Tage nicht nur beim Abschluss von Handelsverträgen, nicht nur in der Leichtigkeit und Sicherheit der Verzollung, nicht nur in der Möglichkeit einer gerechten und bequemen Handhabung der Zollverwaltung, sondern auch bei Schlichtung und Entscheidung aller der unzähligen kleinen Verwickelungen, welche in der Naturgeschichte des Aussenhandels eines jeden Landes eine leidige, aber ständige Rubrik bilden. Wir werden weiter unten gleich sehen, dass zu diesen formalen Vorzügen des neuen Tarifes noch ein sehr wesentlicher materieller hinzutritt

Es giebt aber bekanntlich Leute, und auch sie sind in erster Linie auf Seiten der Vertragsfreunde zu finden, welche behaupten, dass der neue Tarif überhaupt eine unnütze Arbeit sei und dass man mit dem bisherigen, mit dem man bei den letzten Verträgen so günstige Erfahrungen gemacht habe, sehr wohl noch hätte auskommen können Diese Ansicht ist durchaus irrig. Es genügt der Hinweis, dass die Grundlagen des alten Tarifes auf das Jahr 1818 zurückgeführt werden müssen. Die Verträge der 90er Jahre haben nicht nur grosse volkswirthschaftliche Vortheile, sondern auch eine Reihe, zwar im Verhältniss zum Grossen und Ganzen unbedeutender, an einzelnen Stellen aber in ihrer Wirkung recht unangenehm empfundener Fehler gebracht. Man hat beliebt, diese Fehler auf mangelnde Kenntniss oder Ungeschicklichkeit der damaligen Unterhändler zurückzuführen Richtig ist, dass sie fast ausschliesslich den Mängeln der bestehenden Tarifeintheilung zuzurechnen sind. Die Kluft, welche zwischen der Nomenklatur der modernen Waarenkunde der industriellen Technik unserer Zeit und dem Schema des alten Tarifs bestand, war so gross, dass keine Gewandtheit eines Einzelnen oder Mehrerer ausreichen konnte, um an dieser Stelle überall das Richtige zu finden und die erhoffte Uebereinstimmung zu Stande zu bringen. Seit dem Abschluss der letzten Verträge ist wiederum ein Jahrzehnt verflossen und Jedermann weiss, wie fruchtbar gerade diese Periode auf dem Gebiete der industriellen Entwickelung und insbesondere Specialisirung gewesen ist. Heute oder in einigen Jahren mit dem alten Tarif in das handelspolitische Vertragsgefecht eintreten zu wollen, wäre angesichts der damit verbundenen Verantwortlichkeit ein leichtfertiges Unterfangen gewesen. Dass dem neuen Tarif vielleicht trotz aller sorgfältigen Detail-Arbeit noch hie und da kleine Mängel anhaften, kann nicht auffallen und sollte seinen Werth in den Augen der Sachkenner keineswegs beeinträchtigen.

Es kann aber wohl nicht bestritten werden, dass derjenige, welcher aus dem alten Tarif ein Instrument geschaffen hat, das weit geeigneter erscheint, als alle bisher im Gebrauch befindlichen, dem Abschluss vortheilhafter und gut durchgearbeiteter Handelsverträge eine Grundlage zu geben, damit eine handelsvertragsfreundliche That vollführt hat; und wenn man anerkennen muss, dass der neue Tarif auch für die Dauer fortgesetzt der Zollpraxis Vorzüge zubringt, so wird man einräumen müssen, dass auch hierin sich ein Moment findet, welches auf die Absicht einer Förderung des Aussenhandels und Glättung der ihm entgegenstehenden Schwierigkeiten hinzielt. Es liegt in dem neuen Tarif und der Gestaltung, in welcher er heute zur Vorlage gebracht ist, ganz unzweifelhaft ein handelsvertragsfreundliches Streben, welches von allen denen anerkannt werden sollte, die da meinen, man müsse die handelspolitische Arbeit der gegenwärtigen Regierung mit einem gewissen Misstrauen betrachten. Der neue Tarif musste geschaffen werden, und dass seine Umformung so ausgefallen ist, wie wir sie heute vor uns sehen, kann dem Handelsvertragsfreunde nur zur Freude gereichen und muss mit Respekt vor denjenigen Beamten erfüllen, welche diese grosse und schwierige Arbeit geleistet haben. Gewiss haben auch eine Reihe von Interessen-Vertretungen, u. a. die Centralstelle für Vorbereitung von Handelsverträgen, bei dieser Arbeit

Hilfe geleistet, und ohne jeden sachverständigen Beirath wäre das Ganze nicht zu stande gekommen. Dennoch ist es hoch erfreulich und nicht genug anzuerkennen, dass die Thätigkeit des eigentlichen Bearbeiters ein so vorzügliches Ergebniss gehabt hat. Man wolle doch bedenken, dass diese ganze Materie eigentlich neu ist, dass man sich vordem nur in einzelnen und Ausnahme-Fällen um Tarife des Auslandes gekümmert hat, dass man in Beamtenkreisen von der modernen Technologie nur sehr wenig verstand und dass für eben diese Kreise ein grosser Aufwand von Fleiss und Energie erforderlich gewesen sein muss, ehe sie zu so eingehendem Sachverständniss gelangten. Es wird sehr häufig das sogenannte Sachverständniss des einzelnen Interessenten in seiner einzelnen Branche mit demjenigen des Gesetzgebers bezw. dessen, der die Vorlage ausgearbeitet hat, verwechselt. Der Interessent glaubt, über den Verfasser einer Vorlage lächeln zu können, wenn dieser in irgend einer unbedeutenden Einzelheit einen Fehler gemacht hat. Thatsächlich steht aber das Verständniss dessen, welcher das Ganze durchdenkt, nach Grundsätzen ordnet und zu einem einheitlichen Werke gestaltet, weit über dem des blossen Praktikers.

Es kommt an dieser Stelle darauf an zu konstatiren, dass die Umschaffung des Tarifs nothwendig war, und dass sie, was die technische Seite der Frage angeht, vorzüglich gelungen ist; des weiteren, dass in der äusseren Gestaltung der Vorlage ein vertragsfreundliches Moment enthalten ist. Sehr wohl kann man sich dabei gleichzeitig bewusst sein, dass an derselben Stelle auch Erwägungen auftauchen, welche entgegengesetzte Folgerungen zulassen: kurz gesagt, die Ausgestaltung des Tarifes wirkt zugleich schutzzöllnerisch. Über diese Seite der Vorlage soll indessen erst weiter unten gehandelt werden.

Systemwechsel.

Wenn schon zugegeben ist, dass selbst die Form der Tarifvorlage materielle, handelspolitische Momente in sich birgt, so kann die Bedeutung des eigentlichen Inhalts, wie er sich in den Zollsätzen selbt darstellt, kaum hoch genug angeschlagen werden. Auch an dieser Stelle hat die Kritik eingesetzt und grundsätzliche Urtheile gefällt. Von der einen Seite wird behauptet, die Vorlage involvire einen vollständigen Systemwechsel und bedeute nichts mehr und nichts weniger als ein direktes Ausbiegen aus der Bahn der bisher beliebten Wirthschaftspolitik. Diese Partei, welche sich mit einer der politischen Parteien übrigens durchaus nicht deckt, befürchtet oder erhofft aus der Abkehr von der bisherigen handelspolitischen Richtschnur schwerwiegende Folgen für die zukünftige wirthschaftliche und soziale Entwickelung des Landes. Auf der andern Seite will man nicht zugeben, dass es sich um eine prinzipielle Umkehr handele. Man beruft sich auf den bekannten Ministerial-Ausspruch: „Die zukünftigen Handelsverträge können keine Abschrift der bisherigen werden" und meint, man werde auch auf Grundlage des gegenwärtigen Entwurfes den bisher verfolgten Weg handelspolitischer Vertragsfreundlichkeit einhalten können. Diese Partei wiederum glaubt, dass sich die Wirkung der Vorlage darauf beschränken werde, den bisherigen Gang unserer nationalen Arbeit zu erhalten und sie im Interesse einzelner kleinerer oder grösserer Produktionszweige zu kräftigen; hie und da müsse eben eine nothwendig gewordene Korrektur angebracht werden: das sei alles.

Zu der erstgenannten Gruppe gehören die politisch links und die politisch rechts stehenden Parteien; die Linke warnt vor dem Systemwechsel als vor einer schweren Gefahr; die Rechte erkennt ihn an und lässt ihn sich ruhig gefallen: denn sie hat ihn gefordert. Zu der zweiten Gruppe, welche ihre Argumente mit einer gewissen verlegenen Weitschweifigkeit vorbringt, gehören die Mittelparteien und vor allen Dingen die Staatsregierung. Während die Linke entschlossen ist, den Tarif bis aufs Messer zu bekämpfen, und die Rechte, ihn unter allen Umständen durchzusetzen, sind die Mittelparteien sowohl, als die Regierung unentschieden. Beim Zentrum leitet sich diese Unentschiedenheit aus taktischen Gründen her; seinem innersten Wesen nach neigt das Zentrum nach rechts hinüber: es weiss im vorliegenden Falle nur nicht, wie die Sache auf die ihm angeschlossenen katholischen Arbeitermassen wirken wird. Bei den Nationalliberalen halt sich die Besorgniss für das wirkliche nationale Interesse und die Zukunft des Landes mit den einflussreichen Strebungen der industriellen schutzzöllnerischen Gruppe die Waage. Die industriellen Schutzzöllner, deren Forderungen an sich in mehreren Fällen durchaus berechtigt sein mögen, wissen genau, dass sie auf Annahme derselben nicht zu hoffen haben, wenn sie nicht gleichzeitig für die agrarischen Forderungen eintreten; so nimmt man die letzteren an dieser Stelle etwas widerwillig mit in den Kauf. Die Regierung aber befindet sich in der wenig glücklichen Lage, zwischen ihrer Ueberzeugung und der parteipolitischen Machtfrage einen Kompromiss schliessen zu müssen. Das macht ihr Auftreten unbestimmt, ihre Argumentationen blass und ihre Vertheidigung des eigenen Entwurfes unglücklich Sie will die Politik der Handelsverträge fortsetzen: darum hat sie das als trefflich gekennzeichnete Tarifschema ausgearbeitet Sie muss auf der anderen Seite der drohenden agrarischen Partei fast bis ans Ende entgegenkommen und damit thatsächlich einen Systemwechsel vornehmen. Ihr Vorgehen ist opportunistisch: sie hofft augenscheinlich, in irgend einem geeigneten Momente noch ausbiegen zu können, und sie tröstet sich damit, dass am Ende trotz des Systemwechsels Handelsverträge zu stande kommen könnten. Es mag Personen in ihrer Mitte geben, welche diese Möglichkeit sogar für Gewissheit halten.

Aus diesem Grunde hält man es für richtig, den Systemwechsel abzuleugnen, und so kommt etwas in der Wirthschaftsgeschichte unseres und anderer Völker beinahe Unerhörtes zu Tage: Es wird in einem konstitutionellen Staate ein wirthschaftspolitischer Systemwechsel allerersten Ranges vorgenommen; man wagt aber nicht, diesen Wechsel offen einzugestehen; man fordert von der Volksvertretung, dass sie ihn mitmacht; dennoch unterlässt man es, die Nothwendigkeit des ganzen Vorgehens zu begründen. Denn die Motive zu der gegenwärtigen Zolltarifvorlage enthalten eine Begründung für den grundsätzlichen und schwerwiegenden Inhalt derselben nicht.

Dieses auffällige Vorkommniss, welches sich, wie gesagt, lediglich aus der innerpolitischen Situation erklären lässt, könnte in seiner Bedeutung abgeschwächt erscheinen, wenn es vielleicht doch zweifelhaft wäre, ob in der That ein Systemwechsel vorliegt. Wir wollen versuchen, zur Entscheidung dieser Frage Material heranzubringen. Unserer Ansicht nach liegt unter allen Umständen ein vollgiltiger Systemwechsel vor, und zwar spricht hierfür eine Reihe von Gründen, welche einzeln aufgeführt und an deren Besprechung gleich die Kritik der gegen sie erhobenen Einwände angeknüpft werden soll.

Der Grundsatz der Zollfreiheit der Waaren wird verlassen.

Bis gegen den Anfang dieses Jahrhunderts hin war der in seiner Grundlage wohl aus fiskalischen Motiven entspringende Satz in Geltung, dass jede Waare, welche eine Zollgrenze passirt, zollpflichtig sei. Lange Zeit hat eine allgemeine Eingangsabgabe bestanden.

Die Schutzzoll-Parteien haben in diesem Satze stets ihre Hauptstütze gefunden. Für die protektionistisch-merkantilistische Periode musste er in Geltung bleiben; aber die neue Zeit kam und er fiel. Er fiel mit Recht angesichts der besseren Erkenntniss von dem Zusammenhange der wirthschaftlichen Dinge; derselben Erkenntniss, welche auch die Durchfuhr- und Ausfuhr-Zölle und gewisse andere zollpolitische Antiquitäten grundsätzlich •beseitigte. Man hatte einsehen gelernt, dass der reine Fiskalismus der Entwickelung der Staaten zur Wohlhabenheit nicht zuträglich war: es war hierbei allzu oft die Henne geschlachtet worden, welche die goldenen Eier legen sollte. Seitdem Friedrich List, welchen unsere heutige agrar-schutzzöllnerische Gruppe sehr häufig mit Unrecht als den ihrigen reklamirt, seine überlegene National-Lehre vorgetragen hatte, war man inne geworden, dass der Schutzzoll nur an bestimmten Stellen und zu bestimmten Zwecken eine Quelle des Segens für die Allgemeinheit werden könne. Folgerichtig kam man dazu, für das Platzgreifen der Zollpflicht nur zwei Fälle zu conserviren: 1. das fiskalische Bedürfniss — nach dem leuchtenden Vorbilde Englands, welches noch heute $^1/_4$ seines ganzen gewaltigen Budgets aus dem Erträgniss weniger Finanzzölle deckt —, 2. das Schutzzollbedürfniss im List'schen Sinne. An allen übrigen Stellen gab man die Zollgrenze frei. Es ist ein weitverbreiteter Irrthum, dass man meint, es bedeute die Annahme dieser Grundlage für Deutschland den Uebergang zum Freihandelssystem. Dieses System hat bei uns niemals geherrscht, selbst nicht in der Zeit der 60er Jahre, als man mit starken Herabsetzungen bestehender Zölle vorging. Unsere Staatslenker sowohl, als unsere Parlamente haben stets das Bewusstsein des Nationalstaates festgehalten, und der Begriff des Schutzes der nationalen Arbeit, welcher bei der Zolltarif-Reform des Jahres 1879 hervorgeholt wurde, war durchaus nicht neu, sondern hat von jeher in dem Bewusstsein derjenigen gestanden, welche die Wirthschaftspolitik des Zollvereins, Preussens, und nachher des Deutschen Reiches geführt und beeinflusst haben.

Will man den Grundsatz der Zollfreiheit aller Waaren, für welche die Zollpflichtigkeit nicht besonders normirt wird, als einen freihändlerischen bezeichnen, — meinetwegen: thatsächlich hat er seit langer Zeit bei uns in Geltung gestanden. und er hat die Tarifreform von 1879 unversehrt überdauert. Dieser Grundsatz ist werthvoll, weil er ausserordentlich vernünftig ist. Der moderne Wirthschaftspolitiker kann ihn garnicht preisgeben, ohne in die gröbsten Irrthümer zu verfallen. Etablirt ist seit Jahrzehnten über die ganze zivilisirte Welt hinaus ein gemeinsamer Handel und eine gemeinsame Wirthschaft; aus dieser Gemeinsamkeit vermögen die stärkeren National-Wirthschaften gewaltige Vortheile zu ziehen; zu diesen stärkeren aber gehört auch das Deutsche Reich, und seine junge Entwickelung zu Reichthum und Wohlhabenheit ist zu bekannt und die Grundquelle dieser Entwickelung liegt zu offen zu Tage, als dass noch besonders darauf hingewiesen werden müsste. Sie findet sich eben in den über die Grenzen hinaus angeknüpften Verbindungen; diese Verbindungen sind ihre Voraussetzung und sind nur an den Stellen zu beschränken, an denen hierfür besondere Gründe gefunden werden. Stellt man aber den Grundsatz auf, es habe sich jeder zunächst einmal durchweg durch Zölle abzuschliessen und nur hie und da durch gewisse Ventile mit der Aussenwelt in Verbindung zu treten, so greift man damit auf eine Doktrin zurück, welche dem Status der wirthschaftlichen Entwickelung zu Zeiten Colberts vielleicht entsprochen haben mag. Es ist geradezu erstaunlich, dass dieselben Politiker, Techniker oder Verwaltungsbeamte, welche das vorliegende Tarifschema geschaffen haben, sich zum Verlassen des bisherigen Standpunktes haben herbeifinden können. Man wird zugeben müssen, dass die Preisgabe dieses Grundsatzes allein einen völligen Wechsel des handelspolitischen Systems bedeuten kann, eine Umkehr zu Auffassungen, welche zu der gegenwärtigen wirthschaftlichen Entwickelung der Nationen und der Welt in schreiendem Gegensatze stehen.

Vielleicht will man nicht glauben, dass in der neuen Vorlage dieser Grundsatz thatsächlich verlassen ist. Aber der § 6 des neuen Entwurfes eines Zolltarif-Gesetzes vom 19. November 1901 besagt ganz ausdrücklich: „Waaren, die im Tarif nicht besonders genannt und auch in keiner Tarifstelle inbegriffen sind, werden denjenigen Tarifstellen zugewiesen, in denen die ihnen nach Beschaffenheit oder Verwendungszweck am nächsten stehenden Waaren aufgeführt sind. Die entgegenstehenden Bestimmungen des Vereinszollgesetzes sind aufgehoben".*)

Solange die Begründung zu dem Entwurf nicht erschienen war, hat man an den Ernst dieser Bestimmung nicht geglaubt. Man hielt sie für nicht mehr und nicht weniger als die unvorsichtige und wenig geschickte Fassung einer Anordnung, welche an sich nothwendig erschien, und welche in diesem Verstande garnicht beabsichtigt war. Man konnte annehmen, dass sie später redaktionell beseitigt werden würde. Gab es doch einen sehr plausiblen Grund bezw. eine direkte Veranlassung, eine derartige Bestimmung aufzunehmen. Als man nämlich dazu kam, die zahlreichen unbrauchbaren Sammelpositionen des alten Zolltarifes aufzulösen und zu zerlegen, und als man gelegentlich dieser Arbeit inne wurde, eine wie grosse Fülle neuer, neu benamster, bisher unbekannter, eben erst erfundener Artikel auf der Bildfläche erschien, da mochte man wohl die Besorgniss haben, dass eine Reihe Waaren während der nächsten Jahrzehnte in den Handel kommen könnte, welche, indem sie an die Stelle anderer bisher gebrauchter treten würde, die für gewisse Waarengattungen verfügten Zollsätze einfach illusorisch machen könnte. Aus diesem Gedanken heraus beschloss man, solche neuen Schöpfungen nach Möglichkeit bei den innerlich verwandten Gruppen unterzubringen, und so kam man zur Schaffung des § 6 des Entwurfes

Wie sich die Wirkung dieser Bestimmung in der Praxis gestalten wird, vermag man erst zu beurtheilen, wenn man den Tarif selbst zu Rathe zieht. Ist es aber überhaupt richtig, in der Gesetzgebung Bestimmungen festzulegen, welche auf eine künftige Entwickelung einwirken sollen, die man zur Zeit noch gar nicht kennt? Erscheint ein solches Vorgehen nicht wie eine unberechtigte Bevormundung

*) Die Begründung konstatirt ausdrücklich, dass im Jahre 1879 die Nr. 44 des Zolltarifes aufgehoben worden sei, während der § 3 des Vereinszollgesetzes vom 1 Juli 1869, der den Grundsatz der Zollfreiheit aufstellte, damals in Geltung blieb Heute dagegen wird dieser Grundsatz ausdrücklich seiner Wirksamkeit entkleidet.

der kommenden Generation und ihrer Leistungen, und kann das nicht Nachtheile im Gefolge haben, welche der Gesetzgeber garnicht gewollt hat?

Zweifellos hat ursprünglich die Absicht, mit § 6 einen prinzipiellen bedeutenden Schritt zu unternehmen, fern gelegen. Als man später erkannte, dass diese Bestimmung eine Deutung und Wirkung finden könnte, die bedenklich erschien, hat man im Tarif selbst Kautelen dagegen schaffen wollen. Man fand diese darin, dass man fast jedem Abschnitte des Tarifes eine Position hinzufügte, welche in ihrer Allgemeinheit diejenigen Waaren in Schutz nehmen sollte, die man mittelst des § 6 nicht treffen wollte. Diese Position heisst: „sonstige . . . . . . waaren nicht besonders benannt". Wo man für solche nicht besonders benannten Waaren die Zollfreiheit stipulirt, hat man sie allerdings gegen die Wirkung des § 6 geschützt und diesen gewissermaassen suspendirt. Allein an allen denjenigen Stellen, an denen die allgemeine Schlussposition ausdrücklich eine Zollpflichtigkeit begründet, tritt § 6 offenbar wieder in seine Rechte. Es sind letzterer Art aber eine grosse Reihe der Abschnitte des Tarifes. Ich erwähne nur die Abschnitte I. A. zu No. 66, I. C. zu No. 130, I. D. zu No. 163, 164, 187. IV. F. zu No. 367, IV. A. zu No. 552. IV. B. zu No. 559. IV. D. zu No. 567. VII. A. zu No. 578. VII. B. zu No. 585. VIII. B. etc. etc. und an vielen anderen Orten. Hinzu treten sodann alle diejenigen überaus zahlreichen Waarengattungen, bei denen Sammelpositionen überhaupt nicht beliebt sind: auch da muss im Zweifelsfalle § 6 Platz greifen. Es ist somit dieser Bestimmung innerhalb des Tarifes immer noch ein weites Gebiet der Einwirkung geblieben; sie greift als eine grundlegende überall durch und kann nach ihrer prinzipiellen Bedeutung deshalb nicht gering angeschlagen werden, weil für sie eine Reihe von Ausnahmen stipulirt sind.

Und doch braucht man sich garnicht darüber zu wundern, dass der § 6 in der vorliegenden Fassung zu Stande gekommen ist. Man erinnere sich beispielsweise an die berüchtigte Position: „Chemikalien, nicht besonders benannt": da sah man die geringwerthigsten und hochwerthigsten Produkte ungerecht über einen Kamm geschoren. Das und Aehnliches wollte man für die Zukunft eben verhindern und zwar durch den ersten Absatz des § 6. Dass man aber gerade diesen Ausweg fand, das lag gewissermaassen in der Luft Ist doch der Feldzug gegen die sogenannten „Surrogate" eine der modernsten Erscheinungen, und hat sich doch ein Zweig der agrarischen Agitation gerade auf diese Materie geworfen, und gehört es doch zum guten Ton gewisser Gedanken- und Interessentenkreise, an dieser Stelle hindernd zwischenzutreten. Ich erinnere an die Bekämpfung des modernen Sachcarins durch den agrarischen Zucker. Man nennt das Neue einfach Surrogat, und da gewisse Theile der Bevölkerung durch sein Auftreten Nachtheile zu haben glauben, so wehren sie sich kräftig dagegen, und sind sie politisch stärker, so dekretiren sie das Neue zurück zu Ungunsten der Uebrigen, auch wenn diese die erdrückende Mehrheit sind. Erzählen doch selbst die Motive zur Tarifvorlage noch mit einer gewissen Wehmuth von der Zeit der landwirthschaftlichen Ausnutzung der Farbpflanzen in der Mark Brandenburg und der Verdrängung dieses Nebengewerbes durch die moderne chemische Industrie. Das alles ist das Milieu, aus dem der § 6 hervorgegangen ist. Man sieht, dass er, vom modernen Standpunkt aus betrachtet, bedenkliche Schwächen in sich trägt.

Aber es kommen die Motive und plaudern — vielleicht ahnungslos — aus, dass man geneigt ist, diesem § 6 sogar die ganze üble Bedeutung beizulegen, welche ihm als eine grundsätzliche nach den oben gemachten Bemerkungen innewohnt. Es heisst nämlich im besonderen Theil der Begründung auf Seite 140 zu Nummer 174/175 bei Zucker folgendermaassen: „Nur soll Milchzucker, der jetzt Zollfreiheit geniesst, in Zukunft ebenfalls dem Zollsatze von 40 Mark für 1 dz unterworfen werden, da er ein hochwerthiges Erzeugniss ist, für dessen zollfreie Einlassung wirthschaftliche Gründe nicht vorliegen".

Wir finden hier also das dürre Eingeständniss, dass für die zollfreie Einlassung irgend eines Gegenstandes besondere wirthschaftliche Gründe vorliegen müssen; es soll künftig nicht etwa so gehalten werden wie bisher, dass man die Einführung jedes Zolles auf irgend einen Gegenstand besonders zu begründen verpflichtet ist, sondern es soll das Gegentheil, nämlich die Zollfreiheit, durch eine besondere Begründung gerechtfertigt erscheinen. Was den Milchzucker angeht, so mag seine Verzollung in der angegebenen Höhe für durchaus richtig und geboten sein; wenn auch die Motivirung, dass für seine zollfreie Einlassung gar keine wirthschaftlichen Gründe vorlägen, an sich unrichtig ist. Aber es ist offenbar diesem Befunde gegenüber nicht mehr zu bezweifeln, dass die Regierung in der That eine Abkehr von dem bisherigen Grundsatze der Zollfreiheit der Waaren vor sich gesehen hat, und dass sie der Ausführung dieser Absicht im § 6 des Entwurfes eines Zolltarifgesetzes hat Ausdruck geben wollen.

Angesichts dieser Thatsache bedeutet diese Stelle der gegenwärtigen Vorlage nicht nur eine Abkehr von den bisherigen Grundsätzen der Handelsvertrags-Politik, sondern sogar eine Abkehr von dem, was die Weisheit der Gesetzgeber am Anfang des vorigen Jahrhunderts als richtig erkannt hat und was die Wirthschaftspolitik auch des Jahres 1879 und der ihm folgenden Zeit unangetastet gelassen hat. Es scheint an dieser Stelle also in der That ein Systemwechsel, beabsichtigt. Und dennoch: wer die gesammte Begründung durchliest, wird finden, dass für diese wichtige Entschliessung in derselben auch nicht eine Zeile der Motivirung enthalten ist.*)

*) Anmerkung: Zu der Zeit, als die vorstehenden Ausführungen bereits gedruckt vorlagen, hat die Tarifkommission des Reichstages den ersten Absatz des § 6 gestrichen. Angesichts des Umstandes aber, dass bei dieser Gelegenheit von keiner Seite auf die grundsätzliche Bedeutung dieser Bestimmung hingewiesen worden ist, erscheint die bezügliche Auseinandersetzung keineswegs überflüssig und mag deshalb ihren Platz behalten.

Der Minimaltarif für Getreide.

Und weiter: Ebenso entschieden und eigenthümlicher Weise ebenso wenig begründet tritt der Systemwechsel an anderer Stelle auf. Das ist da, wo für die vier Haupt-Getreidearten ein Minimaltarif gesetzlich festgelegt werden soll. Ob man sich der Bedeutung, welche diese Maassregel hat und haben wird, recht bewusst gewesen ist, lassen die Motive nicht klar erkennen.

Wir hatten im Jahre 1879 diejenigen Uebereilungen wieder gut gemacht, welche unter dem Einfluss der Freihandels-Ideen während der 60er Jahre auf dem Gebiete von Zollherabsetzungen oder Zollbefreiungen etwa vorgekommen waren. Der Standpunkt der Wahrung des nationalen Marktes war damals kräftig und ziemlich nach allen Richtungen hin in die Erscheinung gesetzt worden. Nachdem auf Grund und in Verfolg dieser Politik unsere Gewerbethätigkeit sich weiter ausgewachsen hatte und zu höherer Kraftentfaltung herangeblüht war, ging man daran, ihr diejenigen Ergänzungen und Anregungen zugängig zu machen, welche durch einen regen Austausch mit dem theils weniger, theils nach anderer Richtung entwickelten Auslande erlangt werden konnten. Diesem Zwecke haben die Handelsverträge der 80er und in noch höherem Grade diejenigen der 90er Jahre entsprochen. Es giebt heute in Deutschland kaum einen von Sonderinteressen freien Wirthschaftspolitiker, welcher leugnen wollte, dass die bisherige Politik der Handelsverträge sich für uns segensreich erwiesen hätte. Die Begründung selbst giebt dies unumwunden zu und beeilt sich. eine Reihe von Belegen dafür beizubringen. Unsere Entwickelung hat seitdem einen völlig normalen und im grossen Ganzen höchst erfreulichen Verlauf genommen. Nirgends haben sich Schäden gezeigt, welche zu ernsten Bedenken für die Zukunft Veranlassung gegeben hätten. Auch die Begründung der Vorlage weiss derartige Schäden nicht aufzuführen. Sie weiss auch nichts darüber zu sagen, dass unsere Entwickelung etwa schief oder einseitig geworden wäre. Sie kann auch nicht angeben, dass wir in eine gefährliche wirthschaftliche Abhängigkeit vom Auslande gerathen wären. Sie führt selbst an, dass unsere sogenannte passive Handelsbilanz in Wirklichkeit aktiv sei und zu Beunruhigungen keinerlei Veranlassung gebe. Die Regierung, welche das neue Schema zum Zolltarif ausgearbeitet hat, hat bei dieser Arbeit selbst aus ihrer mannigfachen Berührung mit der Praxis erfahren müssen, dass die Entwickelung der Technik und die Fortschritte der Wissenschaft gleichmässig von unsern Gewerben ausgenutzt und mit grossem Erfolge weitergeführt worden sind.

Und dennoch ist nicht nur in den Kreisen der Handelsvertrags-Gegner, sondern sogar in den Kreisen der Regierung selbst die Idee aufgetaucht, wir müssten unser gesammtes handelspolitisches System über den Haufen werfen und zur Nachahmung eines anderen, in fremden Ländern bisher nicht bewährten Systems, nämlich zu dem des Doppeltarifes, übergehen. Als dieses Projekt zuerst auftauchte, haben alle diejenigen Stellen, denen man bis dahin ein Urtheil in den einschlägigen Fragen zugetraut hatte, laut und vernehmlich gegen eine solche Frontänderung Protest erhoben. Dennoch hat die Regierung eine Weile geschwankt, ob sie nicht doch die Herstellung eines Doppeltarifes versuchen sollte, und — wem zu Liebe? Etwa aus irgendwelchen wirthschaftspolitischen und für den Laien tief und versteckt liegenden Gründen? Man sollte meinen, dass eine Regierung, welche von dem Vertrauen der Bevölkerung getragen zu werden wünscht, nur aus solchen Gründen sich zu einschneidenden und schwerwiegenden Maassregeln entschliessen könnte. Aber es muss der schwere Vorwurf erhoben werden, dass die Regierung der Forderung eines Doppeltarifes lediglich deshalb Gehör geschenkt hat, weil die agrarische Agitation sich dieses Schlagwortes bemächtigt hatte und auf diese Weise eine Garantie für Bewilligung ihrer zollpolitischen Forderungen in Pränumerando-Zahlung ertrotzen wollte. Die warnenden Stimmen, welche sich von allen Seiten erhoben, haben das

Ministerium schliesslich stutzig gemacht, und es hat nicht gewagt, die Verantwortlichkeit für eine Maassregel zu übernehmen, von der alle Welt einen verderblichen Einfluss auf die künftige Entwickelung voraussagte. Aber auf der andern Seite war die Regierung beklagenswerther Weise schwach genug, der bezüglichen agrarischen Forderung nachzugeben. Sie hat in den Motiven einen schwachen Versuch gemacht, diese ihre Stellungnahme sachlich zu begründen. Indessen muss dieser Versuch als ein unglücklicher bezeichnet werden. Es wird da zunächst mit dem Hinweise auf Frankreich von einem Doppeltarif gesprochen und ein solcher von der Hand gewiesen. Dann wird die Frage scheinbar — aber eben nur scheinbar — von einer anderen Seite angefasst, indem es heisst: „Sollte es am Ende richtig sein, für die Handelsvertrags-Unterhändler gleich von vornherein eine Minimalgrenze festzusetzen, bis zu der sie mit ihren Konzessionen gehen können?“ Es heisst das für den Kundigen natürlich nichts anderes, als noch einmal: Sollte man nicht doch einen Doppeltarif einführen? Und man beantwortet diese Frage dahin sich selbst, dass dabei „ein grosser Theil der möglichen Erfolge preisgegeben werde . . . . .“ Und dann heisst es schlechtweg: „bei den Getreidezöllen hat man indessen eine Ausnahme gemacht“! (sic!) warum? nun: Weil sie so wichtig wären, sowohl für die Allgemeinheit, als auch für die Landwirthschaft. Sollte nicht jeder logisch denkende Mensch die entgegengesetzte Folgerung für richtig halten? Wenn die Aufstellung von Minimalsätzen schon von vornherein die Gefahr der Preisgebung etwaiger Erfolge mit sich bringt, wenn sie auch nach anderer Richtung hin „bedenklich erscheint“, dann soll man diese bedenkliche Sache gerade für diejenigen Artikel ohne Weiteres einführen können, welche am wichtigsten sind? Das heisst also, man soll den möglichen Fehler gerade an diejenige Stelle setzen, wo die Folgen am verhängnissvollsten sein müssen? Mit dieser Argumentation ist aber im allgemeinen Theil der Motive die Begründung dieser Maassregel beendet. Ich bin überzeugt, viele Freunde des Doppeltarifes hätten zu seiner Motivirung bessere und schlagender erscheinende Gründe anführen können. Im besonderen Theil der Motive, bei der Besprechung des Ausmaasses der Zollhöhe, kommt man dann noch einmal auf den Minimaltarif zurück, aber eine Motivirung für seine grundsätzliche Nothwendigkeit wird auch an dieser Stelle nicht beliebt. Sie ist eben einfach nicht zu geben.

Die Regierung befürchtet, dass „die Erfolge" der Handelspolitik durch Einführung eines Doppeltarifes „preisgegeben" werden könnten. Was will das heissen, angesichts der Thatsache, dass für eine Reihe der hauptsächlichsten Vertragsländer gerade der Getreidezoll für den Vertragsfall die Hauptrolle spielen wird? Fürchtete man etwa, dass man die Erfolge einer Vertragsverhandlung mit Russland um einen Minimalsatz für Schuhwichse oder Tinte preisgeben könnte und deshalb seine Einführung unterlassen müsse? dass man aber demselben Russland gegenüber den Roggen- und Weizenzoll, den Zoll auf Hafer und Gerste ohne weiteres minimal festlegen könnte, ohne Erfolge preiszugeben? Welche Erfolge erhofft man denn, wenn man ihre Preisgebung an der wichtigsten Stelle von vornherein dem Vertragskontrahenten zumuthet? Liegt doch die Sache mit Oesterreich-Ungarn ähnlich. Man hätte einen Augenblick stille halten und nachdenken können, wenn es sich lediglich um Errichtung einer handelspolitischen Bastion für einen künftigen Kampf mit den Vereinigten Staaten von Amerika gehandelt hätte; aber was haben die Vereinigten Staaten mit dem Zoll auf Roggen, auf Gerste und auf Hafer zu schaffen? Nach welcher Seite man auch hinblickt, es fehlt überall der wirthschaftspolitische Zusammenhang, und mitten in die ökonomischen Vernunftgründe ragt einfach das agrarische Machtgebot. Es ist der Regierung in ihrer Begründung nicht gelungen, die Balken dieses kaudinischen Joches zu verbergen und mit Argumenten zu verhüllen, dieses Joches, durch welches sie geglaubt hat, gehen zu müssen.

Geben wir aber selbst zu, dass für die Regierung die innerpolitische Nothwendigkeit eines Nachgebens an dieser Stelle vorgelegen hätte, musste dieses Nachgeben gerade die

Form des Minimaltarifes annehmen, eine Form, welche allen Gegenkontrahenten von vornherein zeigt, was sie zu erwarten haben. Musste dieses Zurückweichen vor der agrarischen Agitation gerade in eine Form gekleidet werden, welche zu den gefährlichsten Missverständnissen verhelfen kann? Die Regierung hat doch offenbar auf die Herstellung langfristiger Handelsverträge nicht verzichtet. Warum schuf sie für ihr treffliches neues Verhandlungswerkzeug, das Zolltarifschema, gerade Situationen, welche ihr die angestrebte Bewegungsfreiheit von vornherein wieder nehmen müssen?

Es ist in der Wirthschaftspolitik wie in der Politik und Moral: Die Annahme eines Grundsatzes führt unerbittlich gewisse Konsequenzen nach sich, und wenn man sich handelspolitisch mit dem Rüstzeug eines gewissen Systems umgürtet, so wird man zur Adoption dieses Systems gedrängt werden, ob man will oder nicht, und man wird alle Konsequenzen und Wirkungen eines solchen Systems über sich kommen sehen.

In der That bedeutet die Einsetzung eines Minimal-Tarifes in den neuen Tarif einen Bruch mit der ganzen bisherigen handelspolitischen Tradition. Aus der oben bezeichneten Gemeinsamkeit will man auch durch diese Maassregel sich zurückziehen; man will „Autonomie" treiben. Dass der Minimalzoll unsinnig ist, weil er sich nicht nationalökonomisch begründen lässt, weil es nicht möglich ist, ihn auf Grund maassgebender Voraussetzungen richtig zu bemessen, dass er unpraktisch und unkaufmännisch erscheint, wenn man an seine geringe Verwendbarkeit bei Vertragsverhandlungen denkt, mag noch hingehen: aber dass er den Uebergang zu einem andern System bedeutet, das macht ihn so gefährlich. Wären wir ein Land, wie die Vereinigten Staaten von Amerika sind, d. h. ein Komplex, welcher alles umschliesst, was für Ernährung und Befriedigung der materiellen und kulturellen Bedürfnisse seiner Bewohner nothwendig ist, so wäre das System der Autonomie für uns möglich. Schlössen wir keine Handelsverträge, weil wir an der gewissen Stelle von der Autonomie nicht abgehen wollen, so könnten wir die Folgen als Amerikaner mitansehen; Amerika braucht keinen Anderen. Wir aber in Deutschland haben bereits ein wirthschaftspolitisches System etablirt, — wir mussten es etabliren nach der Lage unseres Landes, nach dem Charakter unserer Bewohner, nach dem Stand unserer Gewerbethätigkeit, nach dem ethnographischen Berufe unserer Nation —, welches mit einem Ausleger arbeitet gleich einem Neuseeländer Boot, das bei plötzlicher Entfernung dieses Auslegers das Gleichgewicht verlieren würde. Wir können das Ausland nicht entbehren; wohl aber das Ausland uns, weil es unsere Leistungen durch Konkurrenten ersetzen kann. Wir sind einmal autonom gewesen: da waren wir arm und politisch unbedeutend. Wir haben uns in die handelspolitische Verschlingung der grossen Welt vertieft, und seitdem sind wir wohlhabend geworden und eine Macht, die man in gewissem Sinne als Weltmacht bezeichnen kann. Mag man meinetwegen allen Stolz, der auf dieser Weltstellung basirt, als chauvinistisch bezeichnen und ad acta legen, man wird die wirthschaftlichen Errungenschaften der letzten Jahrzehnte, wie sie sich bei uns bis in die Hütte des Aermsten verbreitet haben, nicht mehr hergeben wollen. Es ist grundsätzlich falsch für Deutschland, autonom auftreten zu wollen; denn es ist gross nur durch die Verbindung mit den Anderen und es birgt nicht die wirthschaftlichen Kräfte in sich, um in Isorlirtheit machtvoll bestehen zu können.

Ist aber nach Lage der Dinge eine tarifpolitische Autonomie für uns ausgeschlossen, so ist jede Maassregel falsch, welche den Anschein erwecken will, als wollten wir nach dieser Richtung hin auftreten. So ist es auch falsch, einen Minimaltarif, und sei er noch so kurz, einzuführen; doppelt und vielfach falsch aber, wenn man diesen Minimaltarif an derjenigen Stelle einführt, an welcher solches autonomistische Gelüst unseren Vertragskontrahenten unerträglich erscheinen muss. Wiederholt sei betont, dass hier garnicht von der Skala der Zollsätze die Rede sein soll: es wäre wohl möglich gewesen, die heute als Minimum kundgegebene Höhe in geschickter Verhandlung und bei gewandter

Versteifung im Verhandlungsfalle zu behaupten. Was wir aber mit unserem partiellen Minimaltarif gegenüber unseren Kontrahenten unternommen haben, das nennt man mit einem vulgären Ausdruck, seinen Gegner verprellen.

Vielleicht wird man einwerfen, man solle doch nicht in echt deutscher Weise von Systemen reden, anstatt den Fall praktisch ins Auge zu fassen. Wenn wir auch für eine autonomistische Politik nicht die Mittel hätten, so würde es doch vielleicht möglich sein, uns an dieser einen Stelle durchzusetzen, und es käme hinterher wenig darauf an, ob wir mit der einzelnen Maassregel aus einem „System" ausgebrochen seien oder nicht. Ich glaube, man wird diesen billigen Trost zurückweisen müssen. Selbst der leichtfertigste Beobachter wird nicht leugnen können, dass die scheinbare Zufälligkeit der wirthschaftlichen Erscheinungen eben nur eine scheinbare ist, und dass sich gewisse Gesetze auch in diesem Theile des organischen Lebens beobachten lassen. Gesetzt den Fall, man weist uns in Verfolg unserer autonomen Prätensionen ab und schliesst keine Verträge mit uns, so werden wir zunächst die autonome Kraft der Konkurrenzländer mit voller Stärke feindlich auf uns eindringen sehen. Wir werden gezwungen sein, zu Vertheidigungs-Maassregeln zu greifen. Der eine kleine Finger, den wir der Autonomie hingereicht haben, wird bald die ganze Hand nach sich ziehen. Das Ergebniss ist die Einkehr des vollen autonomistischen Systems und seine letzte Konsequenz, wahrscheinlich der Zollkrieg nach allen Seiten.

Denn es ist ein verhängnissvoller Irrthum, anzunehmen, dass sich alle anderen Länder ebenfalls abzuschliessen und unter allen Umständen autonom zu gebahren wünschten, sodass uns Armen gewissermaassen nichts anderes übrig bliebe, als ein Gleiches zu thun. Wir können es ja bereits von allen Seiten widerhallen hören: Unser Vorgehen fällt auf, es fällt unangenehm auf, und es wird allenthalben aufgefasst wie eine wirthschaftspolitische Kriegserklärung Und sehen wir nicht, wie die übrigen Länder bereits darauf reagiren? Schicken sich nicht Russland und England, wie der Kundige aus einer ganzen Reihe von Thatsachen entnehmen kann, an, einander handelspolitisch in die Arme zu fallen? Was bedeutet das für Russland anderes als eine taktische Rückendeckung in der Vorbereitung zum Zollkriege mit Deutschland?

Es ist, noch einmal sei es gesagt, nicht gleichgültig, ob man an irgend einer Stelle handelspolitisch aus der Rolle fällt. Es liegt im Wesen des Systems, dass es mit einem Schritte die andern Schritte nachzwingt. Wer aber selbst aus der Aufgabe des Grundsatzes der Zollfreiheit noch nicht entnehmen wollte, dass wir einem vollen System-Wechsel entgegengehen, der wird wohl nicht im Zweifel darüber bleiben können, dass mit dem Minimaltarif wiederum ein Schritt in gleicher Richtung gethan ist. Fragen wir uns aber von neuem: Ist in der Regierungsvorlage diese einschneidende und folgenschwere Maassregel auch nur einigermaassen motivirt? Auch der bescheidenste Handelsvertragsfreund wird in den kurzen Ausführungen auf den Seiten 17 und 18 der Begründung eine solche Motivirung nicht finden können.

Es giebt aber, abgesehen von den direkten und grundsätzlichen Gegnern der Tarifvorlage, in Parlament, ausserhalb desselben und auf den Sitzen der Regierung, eine grosse Anzahl von Gruppen und Personen, welche glauben, mit dem Minimaltarif eine Konzession machen und dennoch am alten System langfristiger Handelsverträge festhalten zu können. Mögen sich diese Gruppen darüber klar werden, dass sie ein gewagtes Spiel eingegangen sind und dass gerade die Einführung eines Minimaltarifes in dem Entwurf die Klippe sein dürfte, an welcher die sowohl in den Mittelparteien, als auch im Schoosse des Ministeriums gehegten Hoffnungen zum Scheitern gelangen. Der Minimaltarif bezw. seine Beseitigung sollte die conditio sine qua non sein, von welcher Seitens der Mittelparteien die Annahme der Vorlage abhängig gemacht werden muss.

Art und Ausmaass der Zollsätze.

Aber nicht nur in der Aufgabe des Grundsatzes der allgemeinen Zollfreiheit der Einfuhr, nicht nur im Uebergang zu einem Doppeltarif-System oder einem System mit gesetzlich festgelegten Minimalsätzen, sondern auch in der Art der Festsetzung und im Ausmaass der Zollsätze und seiner Begründung tritt der Systemwechsel zu Tage.

Da finden sich denn, wie ich schon oben angedeutet habe, überleitende Motive bereits in der formalen Ausgestaltung des neuen Tarifs. Es ist bekannt und es ist in der im Vorjahre veröffentlichten Denkschrift der Centralstelle für Vorbereitung von Handelsverträgen über den Doppeltarif zahlenmässig vorgerechnet, dass bei Handelsverträgen erfahrungsgemäss nur immer ein gewisser Bruchtheil der Positionen der gegenseitigen Zolltarife in Konzessionen erniedrigt oder erhöht oder überhaupt gebunden wird. Enthält ein Tarif, wie dies bei dem bisherigen Tarif der Fall war, nur eine verhältnissmässig geringe Anzahl von Positionen und innerhalb dieser eine Reihe von Sammelpositionen, so wird mit Bindung oder Ermässigung auch nur eines Bruchtheils dieser Sätze ein um so grösserer Prozentsatz des ganzen Tarifs bezw. des ganzen Waarenverkehrs vertragsmässig behandelt bezw. ermässigt. Nun ist aber in dem neuen Tarifschema die Zahl der Positionen bekanntlich vervielfacht. Da nicht alle andern Länder, mit denen Tarifverträge abzuschliessen sind, die gleiche Umarbeitung ihrer Tarife vorgenommen haben, steht zu erwarten, dass der Prozentsatz der Positionen, welcher vertragsmässig zu behandeln ist, für den deutschen Zolltarif künftighin ein verhältnissmässig kleinerer werden wird. Da ausserdem in unserem jetzt vorliegenden sogenannten autonomen Tarifentwurfe ganze Reihen von Positionen nicht unbeträchtliche Erhöhungen der Zollsätze erfahren haben und nicht zu erwarten steht, dass an allen diesen Stellen eine Ermässigung bezw. eine Verhandlung Platz greifen wird, so tritt zu Tage, dass die neue Tarifgestaltung schon an sich gegen den früheren

Zustand eine schutzzöllnerische Wirkung ausüben muss. Ist diese schutzzöllnerische Wirkung beabsichtigt und in ihrem Ausmaasse angemessen, so stellt die neue Gestaltung des Tarifes, auch von diesem Gesichtspunkte aus betrachtet, einen Vortheil dar. Ist aber die Erhöhung nicht überall richtig getroffen, ist sie insbesondere häufig im Hinblick auf eine erhoffte und nachher nicht erlangte Konzession bemessen, dann wird der Einfluss des neuen Schemas vom Standpunkte des Handelsvertragsfreundes aus ein schädlicher genannt werden müssen. Es ist dieser ganz von selbst eintretenden und in vielen Theilen offenbar ungewollten Wirkung der neuen Bearbeitung bereits kurz Erwähnung gethan.

Es ist klar, dass bei einer Zerlegung vieler Sammelpositionen und bei Festlegung oder Ermässigung dieser oder jener Einzelposition in dem jeweiligen Bouquet wiederum ein Moment liegt, welches auf Verstärkung der Tarifautonomie hinleiten muss. Den Verfassern des Tarifes ist an dieser Stelle keinerlei Vorwurf zu machen. Wünschte man die Vortheile der modernen Tarifzerlegung, so musste man selbst bei Beibehaltung des bisherigen Handelsvertragssystems solcherlei Nachtheile mit in den Kauf nehmen.

Um so vorsichtiger aber hätte man bei dem Ausmaass der neuen Zollsätze verfahren müssen. Insbesondere war es meiner Ansicht nach nothwendig, bei allen Zerlegungen von Positionen sorgfältig darauf Bedacht zu nehmen, dass nicht Erhöhungen an Stellen einträten, wo man solche garnicht beabsichtigt hatte. Geht man aber die Einzelheiten des Entwurfes durch, wie er jetzt vorliegt, so trifft man eine Reihe von Stellen, an welchen diese Vorsicht offenbar in dem Gedanken ausser Acht gelassen worden ist, dass man ja späterhin Gelegenheit haben werde, im Gange der Vertragsverhandlungen die eingetretenen Erhöhungen wieder rückgängig zu machen. Man möchte den künftigen Unterhändlern und den verantwortlichen Reichsboten in der Tarifkommission vorschlagen, einmal die auf diese Weise erhöhten Positionen zu zählen und sich dann die Frage vorzulegen, ob es in der That möglich werden wird, für alle diese Sätze Verhandlungsergebnisse zu Tage zu fördern.

Soweit ich die Sache übersehen kann — und es ist mir nicht möglich gewesen, während der verhältnissmässig kurzen Frist, seit welcher die Begründung veröffentlicht worden ist, in alle Einzelheiten derselben einzudringen — hat man beispielsweise an manchen Stellen angestrebt, für Wünsche auf Erniedrigung der künftigen Zölle des Auslandes bezw. für Verwirklichung solcher Wünsche Vorsorge zu treffen. Man ist da so verfahren, dass man die betreffende Position im deutschen Tarif einfach erhöht hat — in der Erwartung offenbar, sie später gegen eine entsprechende Herabsetzung der gleichen Position des ausländischen Tarifs wieder heruntersetzen zu können. Dieses Exempel dürfte aber in vielen Fällen nicht stimmen. Wenn man beispielsweise den deutschen und österreichischen Tarif, wie er auf beiden Seiten vor dem Abschluss des Handelsvertrages vom Jahre 1892 bestand, vergleicht, so ergiebt sich, dass die hüben und drüben gewährten Ermässigungen nur in sehr seltenen Fällen die gleichen Positionen in beiden Tarifen betreffen. Es ergiebt sich dieser Vorgang ja auch mit einer gewissen Nothwendigkeit schon daraus, dass die Volkswirthschaften zweier mit einander paktirender Länder ganz verschieden entwickelt sind, und dass es ja gerade Aufgabe eines Vertrages ist, diese Verschiedenheit der Entwickelung auszugleichen. Man wird deshalb weit öfter in die Lage kommen, eine Position gegen Gewährung einer Konzession auf einem ganz anderen Gebiete ermässigen zu können, als eine Ermässigung gegen Ermässigung in gleicher oder ähnlicher Position zu erreichen Ich will versuchen, an einem Beispiel verständlich zu werden

Bekanntlich existirt in Deutschland eine ziemlich bedeutende Lithopon-Fabrikation. Lithopon war im bisherigen Zolltarif frei, und zwar sowohl im allgemeinen als im conventionellen Tarif. Die Lithopon-Fabrikanten, speziell in Schlesien, wären auf Absatz ihrer Fabrikate nach Russland und Oesterreich der geographischen Lage nach angewiesen gewesen. In beiden genannten Ländern existirte die Lithopon-Fabrikation vor kurzer Zeit noch nicht in irgend nennenswerthem Umfange. Beide Länder aber hatten in ihrem Vertragstarif Lithopon mit einem ziemlich hohen Zollsatze belegt, der die deutsche Einfuhr stark behinderte. So kamen unsere Fabrikanten und machten auf dieses Missverhältniss aufmerksam: sie baten um Berücksichtigung ihrer bezüglichen Wünsche bei Abschluss der nächsten Handelsverträge. Es scheint so, als habe man diese Berücksichtigung auf dem Wege in die That umsetzen wollen, dass man nunmehr im deutschen Tarif Lithopon einfach auf einen Zollsatz von 2 M. per dz erhöht hat. Was soll diese Maassregel? Eine wesentliche Konkurrenz österreichischen und russischen Lithopons auf dem deutschen Markte findet, soweit ich unterrichtet bin, nicht statt. Glaubt die Regierung wirklich, dass die Oesterreicher und Russen durch den deutschen Zoll, der fast gar kein Lithopon trifft, welches von ihnen ausgeführt wird, bewogen werden, ihre Zollsätze auf Lithopon wesentlich herabzusetzen? Wäre es nicht vielmehr klüger gewesen, die Lithoponfrage vorläufig ruhen zu lassen und sich bei den Vertragsverhandlungen möglichst unauffällig zu bemühen, durch eine andere entsprechende Gegenkonzession auf Herabsetzung der fremden Lithopon-Zölle hinzuarbeiten? Uns wenigstens will es so scheinen. Ein solches und ähnliches Vorgehen wie bei Lithopon aber zeigt der Tarifentwurf an mehreren Stellen. Bleibt dieses Vorgehen, wie vorauszusehen, in der Luft hängen, so erscheint als Endresultat eine wesentlich stärkere Betonung der deutschen Tarif-Autonomie ohne jeden zwingenden Grund. Es ist eben die allgemeine Geneigtheit, nach dieser Seite hin sich auszulegen, welche hier wieder zu Tage tritt. Man fühlt sich im Uebergange zu einem andern System, und diese Empfindung wirkt ganz von selbst auf der ganzen Linie nach.

Es wird zugestanden werden müssen, dass ein, wie ich meine, unberechtigtes Streben nach Verstärkung der Autonomie an allen denjenigen Stellen erkannt werden muss, an welchen Zollerhöhungen vorgenommen sind, ohne dass diese Maassregel aus der Materie selbst heraus ausreichend motivirt werden kann. Solch ein Zustand wird eben nur da eintreten, wo man die Zollpflicht als Regel, die Zollfreiheit als zu begründende Ausnahme, die Erhöhung der Zölle als erwünscht, ihre Herabsetzung als erzwungen ansieht. Nach dieser Richtung hin ausserordentlich charakteristisch erscheint die Begründung des Ausmaasses, welches für die Zölle auf Cerealien im vorliegenden Entwurfe beliebt wird. Die Motivirung der Erhöhung des Haferzolles ist in dieser Beziehung besonders kennzeichnend. Es heisst da im speciellen Theil der Begründung auf Seite 75 zu Nummer 4: „Gegen eine Erhöhung des Haferzolles auf den für Roggen vorgeschlagenen Satz liegen Bedenken um so weniger vor, als die Gründe, welche einer Erhöhung des Zolles auf Brotgetreide entgegengestellt werden können, und die Rücksichten, welche bei Ausmessung des Gerstenzolles in Betracht kommen, bei Hafer in erheblich vermindertem Maasse in Frage stehen". Dieser Satz enthält den Hauptheil einer Begründung für eine Erhöhung des Haferzolles um nicht weniger als 70% des bisherigen Zollsatzes. Es ist noch gewissermaassen en passant hinzugefügt, dass der Hafer die Frucht der ärmeren Gegenden sei und mit seiner Erhöhung den kleineren Leuten in erster Linie genützt werden könnte — wie und warum wird nicht gesagt. Sonst aber hat man sich nicht bemüht, diese Maassregel durch irgend welche Gründe oder Darlegungen zu unterstützen. Man erhöht also zunächst die Zölle auf Roggen, Weizen und Gerste, obgleich dieser Erhöhung nach eigenem Eingeständniss wesentliche Bedenken entgegenstehen; dann erhöht man den Zoll auf Hafer um 70%, weil hier diese Bedenken nicht entgegenstehen.. Und weil Hafer ein Futtermittel ist, und Mais auch ein Futtermittel ist, erhöht man dann wieder den Maiszoll im Hinblick auf die Erhöhung des Haferzolles, und zwar diesmal um 100%. Warum gerade um 100%? Darüber sagen die Motive: „Die Erhöhung auf 4 M. (um 100%) wird die Einfuhr der minderwerthigen Waare erschweren, ohne die bessere Waare wesentlich zu belasten." Basta! Und so sind denn, wie gesagt, erhöht: der Zoll auf Hafer um 70%, der Zoll auf Mais um 100%, der Zoll auf Weizen um 53%, der Roggenzoll um

43%. Ueber die Bemessung der Sätze für Weizen und Roggen enthalten die Motive eine lange Auseinandersetzung ohne rechten Inhalt, eine Auseinandersetzung, die die Kernfrage, die Weltmarktslage beider Getreidearten, vollständig ausser Acht lässt.

Wie soll man sich eine derartige Begründung an so ernster, verantwortungsvoller Stelle erklären, wenn man den Ausgangspunkt für sie nicht darin suchen will, dass die Verfasser der Vorlage eben entschlossen sind, das bisherige System zu verlassen und — nicht etwa zum Hochschutzzoll — sondern mehr und mehr zur Zoll-Autonomie überzugehen?

Dass man entschlossen war, sich auf völlig neuen Boden zu begeben, zeigt auch der Umstand, wie man bemüht gewesen ist, für die neue Sache eine neue Formel zu finden. Bei der Tarifänderung des Jahres 1879 war das oft missbrauchte Schlagwort: „Schutz der nationalen Arbeit". Bei der gegenwärtigen Reform tauchte der Satz auf: „Jedes Gut soll in dem Maasse geschützt werden, in welchem in demselben nationale Arbeit enthalten ist". Dieser formidable Satz ist nicht etwa nur von Interessenten aus der Praxis, von denen man eine strengere logische Durchdenkung der Materie nicht immer verlangen kann, sondern sogar von Vertretern der Regierung gelegentlich angewendet worden. Es braucht kaum darauf hingewiesen zu werden, dass dieser Satz ein Nonsens ist, und dass seine konsequente Befolgung zu den wunderlichsten Tarifbildungen würde führen müssen. Ich bin auch begierig, wie man auf der Grundlage dieses Satzes die in einem Zentner Getreide steckende nationale Arbeit so berechnen wollte, dass die heute projektirten Schutzzölle herauskämen. Das aber ist wohl klar: Der Kern dieses Satzes ist der, dass man hinfort seinen Blick nicht auf die Beziehungen zum Auslande und deren Erweiterung, Vertiefung und Fruktifizirung richten möge, sondern dass es sich für uns lediglich um Behauptung des inneren Marktes handelt. Mit diesem Satze von der Nothwendigkeit der Behauptung des inneren Marktes aber, von der überragenden Wichtigkeit des inneren Marktes gegenüber dem äusseren hat man in den letzten Jahren in der Oeffentlichkeit sowohl, als an offiziöser Stelle gearbeitet. Dem grossen Publikum, welches vielfach kritiklos aufnimmt und gern wiederholt, was gut klingt, hat man diese Weisheit vorgetragen, als wenn sie eine neue Entdeckung darstellte. Dass sie ganz selbstverständlich ist, dass wir ohne diese Grundlage garnicht existiren könnten und existiren würden, dass wir auf unserer jetzigen Höhe stehen, eben weil wir unsern inneren Markt fast ganz und gar und ausschliesslich beherrschen, das hat man dabei nicht angeführt. Man hat den Anschein erwecken wollen, als stände wirklich unser innerer Markt in Gefahr, und als sei es die höchste Zeit, durch Etablirung einer vollen schutzzöllnerischen Autonomie die schwer bedrängte Position unserer Gewerbethätigkeit selbst im Inlande zu retten und zu sichern. Einen stärkeren Humbug kann man sich in wirthschaftspolitischen Dingen wohl kaum vorstellen. Man nenne doch einen einzigen bedeutenderen Industriezweig, der in Deutschland selbst keinen Markt finden kann und von der ausländischen Einfuhr völlig lahm gelegt ist. Ich habe wohl davon gehört, dass das Ausland hie und da mit einer gewissen, wenn auch bescheidenen Konkurrenz auftritt, gemeinhin in Dingen, mit denen wir wiederum dem Auslande Konkurrenz machen; mir ist auch bekannt, dass uns von Amerika vermöge der gewaltigen Ueberlegenheit der wirthschaftlichen Grundlagen der Vereinigten Staaten eine Gefahr herandroht, aber ich habe noch nie gehört, dass unser Handel, unsere Industrie und unsere Landwirthschaft nicht Herren im eignen Hause wären. Will man freilich darunter verstehen, dass man im Stande sein will, unter Ausschluss aller Konkurrenz durch willkürliche Heraufschraubung der Preise sich in das Fell des Konsumenten zu theilen, so steht das freilich auf einem andern Brette. Vorläufig aber dürfte es wenige Länder geben, ja vielleicht kein einziges Land auf der Erde, welches eine so umfassende Herrschaft über den eignen Markt behauptet, wie wir, während es gleichzeitig auf allen möglichen fremden Märkten mit ungemeiner wirthschaftlicher Konkurrenzkraft auftritt.

Es handelt sich eben hier, wie an allen anderen Stellen, immer wieder um das Hervorkehren und das stille Hereinschieben des Grundsatzes der zollpolitischen Autonomie: das heisst, es handelt sich um einen vollen Wechsel des handelspolitischen Systems.

Front gegen die Meistbegünstigung.

Vestigia terrent. An allen Ecken und Enden sieht das gleiche Bestreben hervor. Dass in ein System der Autonomie die Meistbegünstigung nur schlecht hineinpasst, liegt auf der Hand. Kann es da Wunder nehmen, wenn die Begründung auch mit dieser langbewährten und, man kann sagen, zur Zeit die handelspolitische Welt beherrschenden Einrichtung aufzuräumen sucht. Zwar es geschieht auch das in bescheidener, zurückhaltender, beinahe versteckter Form, aber es geschieht doch: „In der Einschränkung der handelspolitischen Abmachungen auf die blossen Meistbegünstigungen unter gegenseitiger Wahrung der vollen Zollautonomie und mit der Wirkung, dass jeder vertragsschliessende Theil nur auf die jeweil niedrigsten Zollsätze des andern Anspruch gewinnt, könnte kaum den Bedürfnissen unserer hoch entwickelten Ausfuhrindustrie genügender Ersatz der geltenden Tarifverträge erblickt werden.“ Also selbst bei Wahrung der vollen gegenseitigen Zollautonomie will man von der Meistbegünstigung nichts wissen. Es ist sehr richtig, dass reine Meistbegünstigungsverträge uns das ganze bestehende System der specialisirten Tarifverträge niemals ersetzen könnten. Darum heisst es auch weiterhin: „Auf der andern Seite ist der Verzicht auf den Abschluss von Tarifverträgen keineswegs Vorbedingung für die Erhaltung der deutschen Landwirthschaft.“ Sieht das nicht wieder wie eine freundliche Einladung aus, es einmal mit dem in letzter Zeit handelspolitisch berühmten

Platz zwischen den beiden Stühlen zu versuchen? **Man** möge aber nicht vergessen, dass es heute noch eine grosse Reihe halb- und viertelzivilisirter Länder und Staaten giebt, mit denen uns lediglich reine Meistbegünstigungs-verträge zum Ziele führen können. Item, man misstraut der Meistbegünstigung, weil man sie für ein freihändlerisches Requisit hält, und man will sie deshalb auch dann nicht haben, wenn sie mit Zollautonomie verbunden ist.

Ich fasse zusammen: Es ist vielleicht anzunehmen dass die Regierung, als sie an die Vorbereitung der Handelsverträge heranging, nicht die Absicht gehabt hat, das bestehende System zu verlassen; sie hat am Ende nur gewisse zu Tage getretene Mängel beseitigen wollen. Aber sie hat sich dabei von der agrarischen Agitation Schritt für Schritt vom Wege abdrängen lassen, und Thatsache ist, dass wir heute eine Vorlage zur Beratung erhalten haben, welche den Boden der alten Vertragspolitik, sowohl ihrem inneren Gehalt als ihrer äusseren Struktur nach, verlassen hat.

Ist der Systemwechsel begründet?

Es fehlt sowohl in der politischen, als in der wirthschaftspolitischen Geschichte nicht an Beispielen dafür, dass Ereignisse von der grossten Bedeutung eingetreten sind, ohne dass die Mitwelt es recht bemerkt hat. Erst später, als die Folgen deutlich zur Erscheinung kamen, ist man inne geworden, um was es sich handelt. Der Raum für solche Möglichkeit ist indessen kleiner geworden, seitdem die Bevölkerungen sich gewöhnt haben, fast in allen ihren Schichten am öffentlichen Leben theilzunehmen, seitdem es die gewaltige Publicität der Presse giebt und seitdem dem Forum der öffentlichen Meinung fortgesetzt die Fülle der Vorkommnisse vorgeführt wird, sodass ihr beinahe nichts mehr entgehen kann. In früheren Zeiten haben grosse Staatsmänner Aktionen einleiten und Maassregeln treffen können, welche sehr folgeschwer werden mussten, ohne dass die Oeffentlichkeit darüber befragt worden wäre. Heute ist das nicht mehr zulässig. Wer heute auf einem verantwortlichen Posten steht und damit eine Gewalt in Händen hat, welche geeignet erscheint, in ihrer Anwendung höchst schwerwiegende Emanationen hervorzurufen, wird kaum einen Schritt unternehmen können, bei dem ihn nicht vorher und nachher die Oeffentlichkeit fragt, woher, wie und warum. Darum erscheint es weise für eine moderne Regierung, wenn sie in Ausübung ihrer Führerrolle einen neuen Weg einschlagen will, sich von vornherein über die Gründe auszuweisen, welche sie zu der Abweichung vom Bisherigen veranlassen. Gesetz-Entwürfe pflegt man heute nicht mehr ohne Begründung der Oeffentlichkeit oder den Parlamenten vorzulegen. Die Parlamente sowohl als die Oeffentlichkeit haben das Recht, ja die Pflicht, sich solche Begründungen genau anzusehen und auf ihre Stichhaltigkeit zu prüfen.

Er dürfte oben mit verhältnissmässiger Deutlichkeit dargelegt sein, dass es sich bei der gegenwärtigen Tarifvorlage um die Inaugurirung eines vollen handelspolitischen Systemwechsels handelt. Die Wichtigkeit eines solchen Schrittes ist der öffentlichen Meinung heute allenthalben bewusst. Man pflegt von solchen Momenten her die Perioden der Wirthschaftsgeschichte einzutheilen. Die Zahlen 1818, 1879, 1892/94 sind dem Handelspolitiker wohl bekannt und gelten ihm als die Wahrzeichen besonderer Epochen. Hat man sich nun heute entschlossen, wiederum handelspolitisch Epoche zu machen, so muss man damit rechnen, dass eine solche Absicht ein ungeheueres Aufsehen erregt, und dass man mit Eifer und Fleiss nach seiner Begründung fragt.

Die mit der Tarifvorlage unterm 19. November 1901 vorgelegte Begründung enthält eine Rechtfertigung für die Ueberführung auf den Boden eines neuen handelspolitischen Systems nicht.

Diese Begründung macht meiner Ansicht nach nicht einmal den ernsthaften Versuch, eine solche Rechtfertigung vorzunehmen, und sie macht ihn augenscheinlich aus dem Grunde nicht, weil sie sich der Tragweite ihres Vorgehens garnicht bewusst ist. Eine solche Kritik mag herb erscheinen: indessen sie dürfte gerecht sein.

Die Einführung einer neuen Methode, einer neuen Grundlage und neuer Ausgangspunkte für eine politische Gebahrung kann nur daraus gerechtfertigt werden, dass man ihre Nothwendigkeit aus dem sich ergebenden Thatsachen-Material begründet. Ein hierzu geeignetes Thatsachen-Material aber kann zweierlei Art sein. Entweder enthält es den Beweis dafür, dass der bisher eingeschlagene Weg ein falscher war und in Unglück und Nachtheile hineingeführt hat, oder aber es bringt die glaubhafte Darlegung, das neue Ereignisse, neue Verschiebungen, neue Entdeckungen zu konstatiren sind, deren voraussichtliche Folgen ein Fortschreiten auf der bisherigen Bahn unmöglich machen.

Beiderlei Material bringen die Motive nicht bei. Sie führen nicht an, dass neue Entdeckungen gemacht seien, welche voraussichtlich auf technischem Gebiete eine Umwalzung herbeiführen würden. Sie legen nicht dar, dass der Welthandel grundsätzliche Verschiebungen erfahren habe, welche die kommerziellen Beziehungen der einzelnen Staaten zu einander stark verändern oder gar in ihr Gegentheil verkehren könnten. Sie bringen nicht die Nachricht, dass politische Umwälzungen stattgefunden hätten, aus denen auch eine neue wirthschaftspolitische Epoche hergeleitet werden müsste. Die Motive sagen auch nicht, dass die deutsche Volkswirthschaft sich auf einem niedersteigenden Ast befände. Sie bringen auch keinen Beweis dafür, dass ein einzelner Produktionszweig im Niedergange befindlich wäre. Insbesondere erbringen sie einen solchen Beweis nicht für die Landwirthschaft. Sie versuchen garnicht einmal die Darlegung, dass das bisherige handelspolitische System sich als nachtheilig erwiesen hätte; ja, sie führen nicht einmal an, dass beim Abschluss der letzten Handelsverträge Fehler, und welche Fehler, gemacht worden wären.

Vergebens fragt man sich: „Was ist denn passirt, dass man unser Wirthschaftsleben plötzlich auf eine grundsätzlich neue Basis herüberrücken will? Besteht vielleicht die Befürchtung und ist sie irgendwie begründet, dass man in der Praxis mit dem alten System nicht mehr weiterkommen würde? Muss man vielleicht besorgen, dass sich Handelsverträge in Zukunft auf einer der bisherigen ähnlichen Basis nicht mehr würden abschliessen lassen? Das Gegentheil ist der Fall: Laut erklären einige der künftigen Vertragsstaaten, dass sie zum Abschlusse von Handelsverträgen auf der bisherigen Grundlage der gegenseitigen Ergänzung bereit seien, dass sie aber nicht bereit seien, in Verhandlungen einzutreten, wenn sie trotziger Autonomie gegenübergestellt würden, die sie zwänge, die gleichen Wege einzuschlagen.

Giebt es überhaupt noch einen handelspolitischen Friedensstörer? Ja, man könnte sagen, ein solcher seien die Vereinigten Staaten von Amerika. Ihr brüskes Auftreten und die bedrohliche Verschiebung der Handelsbilanz zwischen ihnen und Europa geben die Veranlassung zum Einbiegen in neue Wege; — ja, aber sagen das die Motive? Da liest man nichts von einer Darstellung der amerikanischen Machtentfaltung, ihrer voraussichtlichen zukünftigeu Fortentwickelung und der Etablirung eines etwaigen Uebergewichtes. Da liest man nichts von der Nothwendigkeit einer gemeinsamen Abwehr Europas gegen diesen neu erstandenen Feind. Von diesem, vielleicht dem einzigen Angelpunkte, an welchem die Begründung sich hätte festlegen können, ist sie nicht ausgegangen. Man muss demnach annehmen, dass die Regierung diese Gefahr nicht so hoch einschätzt, dass sie um ihretwillen einen Systemwechsel vorschlug. Wenn man den Tarif in seinen Einzelheiten durchsieht, kann man auch nicht zu der Ueberzeugung kommen, dass er einen Kampftarif gegen die Vereinigten Staaten darstellt; im Gegentheil, seine hauptsächlichsten Spitzen sind auffälliger Weise nach anderer Seite gekehrt. Dass sich die Amerikaner sehr wenig aus der Erhöhung des Weizenzolles machen werden, ist genugsam bekannt. Sicherlich weiss auch die Regierung, dass die

Aufnahme eines Kampfes mit Amerika angesichts der heutigen Lage des Rohstoffmarktes misslich ist. Wenn man also annehmen wollte, es wäre die Abwehr der amerikanischen Gefahr der eigentliche innere Beweggrund für den Systemwechsel, und die Regierung hätte ihn nur etwa aus politischen Gründen nicht aussprechen wollen — in der Begründung für die Vorlage befindet sich nichts, was geeignet wäre, auch nur eine dahingehende Vermuthung aufkommen zu lassen.

Es ergiebt sich also die bedauerliche Thatsache, dass die Regierung entweder beliebt hat, eine Motivirung ihres folgenschweren Schrittes überhaupt zu unterlassen, oder aber die noch bedenklichere, dass sie sich der Bedeutung ihres Schrittes nicht einmal voll bewusst geworden ist. Man hätte erwarten sollen, dass eine Aktion wie die vorliegende, nachdem so ausgiebige und so vorzügliche Vorarbeit für dieselbe geleistet war, diese Vorarbeit auch verwerthen würde; dass die Motive der Vorlage nicht nur eine Kundgebung ersten Ranges, sondern vor allen Dingen eine erschöpfende Darstellung der handelspolitischen Weltlage und insbesondere der eigenthümlichen Stellung bringen würde, in welcher sich Deutschland innerhalb des volkswirthschaftlichen Concerts der Mächte heute befindet. Diese umfassende Darstellung, welche vom höchsten Werthe für die Beurtheilung nicht nur der Vorlage, sondern auch aller ihrer Einzelheiten gewesen wäre, hätte den Ausgangspunkt bedeuten müssen für eine neue Epoche. Aber die Regierung hat augenscheinlich weder mit ihrer Vorlage, noch mit deren Begründung Epoche machen wollen. Man kann wohl sagen, dass noch niemals eine so umfangreiche, so gründliche und so ehrliche Vorarbeit, wie sie thatsächlich in den letzten Jahren geleistet worden ist, eine so geringe, wirkungslose und schwankende Verwerthung gefunden hat, wie in dieser Begründung. D i e g r u n d s ä t z l i c h e B e g r ü n d u n g d e r V o r l a g e f e h l t.

Merkwürdigerweise zieht sich gewissermaassen wie ein rother Faden durch die ganze Arbeit der Versuch, dem wirthschaftlichen Ausschusse einen grossen Theil der Verantwortlichkeit für die ganze Aktion aufzuerlegen.

Vielleicht wäre aber die Begründung etwas reichhaltiger ausgefallen, wenn man bei ihrer Abfassung Mitglieder dieses Gremiums herangezogen hätte.

So fehlt denn auch die Begründung für die charakteristischen Einzelheiten der Vorlage. Es ist schon oben erwähnt, dass bei § 6 des Entwurfes eines Vereinszollgesetzes der Grundsatz der Zollfreiheit nicht im Tarif aufgeführter Waaren durchbrochen ist. Angesichts unserer modernen, rasch vorwärts strebenden technischen und industriellen Entwickelung kann das Gewicht der Grundsätzlichkeit der Zollfreiheit nur darin gefunden werden, dass man Neuheiten und Fortschritte der Produktion zollpolitisch zunächst unbehelligt lässt und nicht von vornherein Bestimmungen trifft, welche sogar die Zukunft in Fesseln legen. Selbst dem eingefleischtesten Handelsvertragsgegner ist es wohl klar, dass das ideale Ziel, dem man unter Berücksichtigung der realen Verhältnisse zustreben muss und dem die agrarische Partei seinerzeit fanatisch angehängt hat, der Freihandel ist. Von diesem Standpunkt aus aber wird es unverständlich, wie man im autonomistischen Gelüste seiner Entwickelung selbst an Stellen entgegentreten will, die man noch garnicht kennt.

Es soll mit diesen Ausführungen noch einmal hervorgehoben sein, wie wichtig die Bestimmung des § 6 erscheint. Um so beklagenswerther muss es genannt werden, dass eine Begründung für den grundsätzlichen Inhalt dieser Bestimmung bezw. zum mindesten eine Auseinandersetzung, dahingehend, dass man den Grundsatz der Zollfreiheit im Allgemeinen unbehelligt lassen möchte, wiederum in den Motiven nicht gefunden wird.

Gleicherweise fehlt auch jede Motivirung der Einschaltung des Minimaltarifes. Was über die ganze Frage gesagt wird, berührt kaum die Oberfläche der Sache. Es scheint so, als hätte der Verfasser gedacht, dass es sich bei der Entscheidung darüber, ob Doppeltarif, Minimaltarif oder bisheriges System, lediglich etwa um die Frage der Anwendung des einen oder des anderen Formulares für eine sonst in gleicher Weise gültige Rechtsaktion handelte. Einige Zeilen sprechen vom Doppeltarif Frankreichs und lassen durchblicken, dass man sich für uns nichts von ihm verspricht. Nachher meint man, wie schon oben gesagt, dass die gesetzliche Festlegung von Minimalsätzen nachtheilig sein würde und kommt dann mit dem fertigen Entschlusse, sie bei den Getreidearten dennoch einzuführen.

Ehe ich nun dazu übergehe, die Begründung, soweit sie den von ihr behaupteten Nothstand der Landwirthschaft und seine Beseitigung durch Erhöhung der Getreidezölle angeht, zu prüfen, sei mir eine kurze Bemerkung über die industriellen Verhältnisse gestattet. Es ist klar, dass sich angesichts der sehr verschiedenen volkswirthschaftlichen Grundlage in den einzelnen Ländern und angesichts des verschiedenen technischen und allgemeinen Bildungsstandes der in Wettbewerb getretenen Völker auch in der gewerblichen Produktion der nationalen Wirthschaftsgebiete grundsätzliche Verschiedenheiten ergeben müssen. Diese Verschiedenheiten sind nicht nur materielle, sondern sie sind auch temporärer Natur, d. h. sie sind darin zu finden, dass sich ein und derselbe Industriezweig in den verschiedenen Ländern früher oder später entwickelt. Darum werden wir im Verlaufe der industriellen Produktion bald diesen, bald jenen Artikel bald in diesem und bald in jenem Lande neu auftauchen sehen. Sind die Bedingungen, unter denen ein solcher Artikel hergestellt wird, an einer Stelle besonders günstige, so ist er im Stande, im Wettbewerbe es den gleichen Artikeln anderer Provenienz recht heiss zu machen. Aus den hierdurch hervorgehobenen Verschiebungen ergiebt sich schon an sich von Zeit zu Zeit die Nothwendigkeit einer Revision der verschiedenen Zollsätze. Dass sie auf der ganzen Linie vorgenommen werden muss, wenn ein neuer Zolltarif ausgearbeitet ist, wird Niemand bestreiten. Solche neuen Entwicklungen aber sind gewöhnlich auf mehr oder minder allgemeine Gründe zurückzuführen. Hieraus wiederum ergiebt sich gemeinhin der Anhalt dafür, wie man die neue Behandlung des betreffenden Gegenstandes anfassen soll. Es kommt vor, dass Artikel ganz plötzlich einbrechen, und dass man sich ihrer gegenüber dem Vorhandensein einer berechtigten Specialindustrie im eignen Lande nicht anders erwehren kann, als durch eine kräftige zollpolitische Abwehr in Gestalt eines Schutzzolles. Ich sehe vor mir eine ganze Reihe solcher Artikel, deren Auftauchen in verschärfter Konkurrenz mit gewissen Vorgängen des Marktes eng zusammenhängt. Es ist ganz vernünftig, wenn man solche Artikel mehr oder weniger schützt. Aber es muss doch erwartet werden, dass z. B. gegenüber den Vereinigten Staaten von Amerika in dieser Beziehung ein besonderes Verhalten motivirt würde. Denn gerade von dort kommt am häufigsten der Einbruch gewisser Artikel. Er erfolgt in vielen Fällen mit so grosser Wucht, dass eine Hülfsaktion demgegenüber durchaus am Platze ist. Hätte man nun nicht erwarten dürfen, dass die Begründung uns die Ursachen dieser Erscheinung, wie sie gerade in einem so wichtigen Konkurrenzlande zu Tage treten, darlegen und uns so die Möglichkeit gewähren würde, ein Urtheil über die Tragweite der Erscheinung zu bilden, welches wiederum eine Grundlage für das Ausmaass der Zölle geben könnte? Allein auch an dieser Stelle versagen die Motive in ihrem allgemeinen Theile vollständig. Ist es den Verfassern der Begründung wirklich nicht als nothwendig erschienen, die Maassregeln, welche sie vorschlagen, unter den allgemeinen und grösseren Gesichtspunkten erscheinen zu lassen, in welchen doch der innere Grund und ihre eigentliche Veranlassung zu finden ist?

Ich komme nun zur Landwirthschaft, deren Produktions- und Absatzverhältnisse insofern den Kern der ganzen Frage bilden, als die Bewegung auf Preisgabe des bisherigen Systems offenbar von der agrarischen Agitation ausgegangen ist. Die Motivirung der zu Gunsten der Landwirthschaft verfügten Abänderungen des Tarifes musste deshalb naturgemäss die breite Grundlage der ganzen Vorlage bilden.

Die Begründung beginnt bezüglich der Landwirthschaft mit der Behauptung, dass die Erhaltung der Landwirthschaft zur Versorgung unserer Bevölkerung mit Nahrungsmitteln unumgänglich nothwendig sei. Ich zweifle keinen Augenblick an der Richtigkeit dieser Behauptung; wird dieselbe aber zum

Ausgangspunkt der ganzen Aktion gemacht, dann hat meiner Ansicht nach der Gesetzgeber die Verpflichtung, die Richtigkeit des Satzes, von dem er ausgeht, zu beweisen. Er hat diese Verpflichtung in um so höherem Maasse, als ihm bekannt sein muss, dass es im Lande grosse und nicht einflusslose Parteien giebt, welche diesen seinen Standpunkt nicht theilen. Es musste den Verfassern der Begründung zudem bekannt sein, dass sehr häufig in der Diskussion der letzten Jahre die Erhaltung der Landwirthschaft mit der Erhaltung der jetzigen Landwirthe unabsichtlich und geflissentlich verwechselt worden ist, und dass es hinwiederum eine grosse Gruppe der Bevölkerung giebt, welche die Nothwendigkeit der Erhaltung der Landwirthschaft nicht von der Erhaltung der jetzigen Landwirthe auf ihren bisherigen Sitzen abhängig gemacht wissen will. Man muss konstatiren, dass die Motive es unterlassen haben, diesen grundlegenden Beweis zu führen.

Die Motive sagen sodann: „Der Körnerbau und die Viehhaltung bilden die Grundlage der deutschen Landwirthschaft. Sowohl aus technischen wie aus volkswirthschaftlichen Rücksichten muss ihnen diese Stellung gesichert bleiben". Ich gebe zu, dass auch diesem Satze eine maassgebliche Berechtigung innewohnt: aber weiss die Regierung nicht, dass von anderer Seite gefordert wird, man solle in weit grösserem Umfange als bisher den Körnerbau verlassen und zur Viehzucht übergehen? man solle die Feldwirthschaft beschränken durch allmäligen Uebergang und Vergrösserung der Gartenwirthschaft, des Gemüsebaues? Giebt es doch eine ziemlich bemerkenswerthe Gruppe von Politikern und Nationalökonomen, welche die Lösung des landwirthschaftlichen Problems darin erblicken, dass die Landwirthschaft versuchen soll, ihre Produktions-Methode und -Objekte so zu ändern, dass sie wieder exportfähig wird. Dies alles sind Fragen, welche zur öffentlichen Diskussion stehen, und über welche noch lange nicht das letzte Wort gesprochen ist. Wenn man diese Fragen nun, wie das in der Vorlage geschieht, nach einer bestimmten Richtung hin entscheiden will, so ist man doch verpflichtet, die Gründe dafür anzugeben, aus denen heraus man zu dieser Entscheidung gelangt ist. Es ist sodann bekannt, das mit der Frage der Ausdehnung des Körnerbaues und der Viehzucht die weitere sehr häufig auftretende Streitfrage verquickt ist, ob die deutsche Landwirthschaft jemals im Stande sein würde, den Bedarf der wachsenden Bevölkerung entweder an Cerealien oder an Fleisch oder aber an beiden zu decken Es ist bedauerlicher Weise wiederum zu konstatiren, dass auch für diese Frage eine einigermaassen auf maassgebliche Bedeutung Anspruch habende Begründung nicht vorgelegt worden ist.

Es wird ferner die Behauptung aufgestellt, die Landwirthschaft befinde sich im Niedergange, ihre ganze Position sei gefährdet, und die Entwickelung, welche die Urproduktion in andern bevorzugteren Ländern der Welt genommen habe, sei geeignet, ihr die Existenzfähigkeit abzuschneiden. Wer für alle diese schwerwiegenden Sätze, auf denen doch die Verantwortung für die ganze Aktion ruht, in den Motiven den Beweis vermuthet, der wird sich leider völlig enttäuscht sehen. Es ist die Rede davon, dass die Preise gesunken seien; eine Reihe von Preistabellen wird für Weizen und Roggen angeführt. Diese Preis-Tabellen ergeben aber garnichts, als dass aus ihnen ein Sinken der Preise hervorgeht, wie es seit der Mitte dieses Jahrhunderts und seit Beginn der 70er und 80er Jahre bei Hunderten von Stapel- und Special-Artikeln zu konstatiren ist. Ein Beweis dafür, dass das Sinken der Preise die Konkurrenzfähigkeit, ja die Existenzfähigkeit der Landwirthschaft gefährdet, kann doch erst dann gefunden werden, wenn es gleichzeitig gelingt, nachzuweisen, dass diese Preise keine Rentabilität mehr bedeuteten. Es ist aber nicht einmal der Versuch gemacht, diesen Beweis zu erbringen.

Bei Gerste und Hafer sind nicht einmal Preistabellen beigebracht. Warum nicht? Es hätte sich am Ende bei Gerste ergeben, dass die Preise für Braugerste ausserordentlich hohe sind, und dass man einen mittleren Preisstand für Futtergerste im Interesse der Weiterentwickelung der Viehzucht nur wünschen könne.

Allerdings wird behauptet, die Produktionskosten seien in der letzten Periode gewachsen. Es heisst dann, man könne die Produktionskosten für jede einzelne Getreideart auf die Gewichtseinheit nicht berechnen; allein man denkt garnicht daran, statt dessen etwa Angaben über die Höhe der allgemeinen Produktionskosten zu machen, d. h. solche, welche ganze landwirthschaftliche Betriebe betreffen. Ob aber zu dieser Steigerung der Produktionskosten in vielen, ja vielleicht in den meisten Fällen auch eine Steigerung der Grundrenten getreten ist, darüber geht man stillschweigend hinweg. Es wird behauptet, die landwirthschaftlichen Löhne seien gestiegen, aber es wird keine dieser Lohnsteigerungen an der Hand einer Tabelle dargelegt. Es wird nicht einmal gesagt, um wieviel diese Löhne gestiegen sind, sodass man diese Steigerung zu dem erwähnten Preisfalle in irgnd ein Verhältniss setzen könnte. Kurzum, überall nur Behauptungen, Behauptungen ohne Beweis.

Doch nicht; an einer Stelle wenigstens versucht man, einen Beweis anzutreten. Man giebt nämlich die Zahlen über die Pachterträge einiger 40 preussischen Staats-Domänen. Diese Zahlen reichen vom Jahre 1892 bis zum Jahre 1897 und konstatiren während dieser Periode einen Rückgang im Pachtzins um 10,33 Procent Es ist lebhaft zu bedauern, dass man sich gerade auf die Jahre 1892/1897 beschränkt hat. Wenn zur Zeit der Abfassung der Begründung neuere Zahlen als die für 1897 nicht vorlagen, hätte man sich doch die Mühe nicht verdriessen lassen sollen, die späteren Zahlen kurz vor Veröffentlichung nachzutragen. Wäre man ausserdem eine entsprechende Reihe von Jahren über 1892 hinaus zurückgegangen, so hätte man wahrscheinlich gefunden, dass sich die Pachtpreise der preussischen Domänen, ganz unbeeinflusst von Getreidezöllen und ähnlichen Maassnahmen, von jeher in gewissen Kurven bewegt haben. Vor ca. 18 Jahren hat nämlich die letzte Kurve ihren Tiefstand erreicht, also zu einer Zeit, wo noch keine 90er Handelsverträge existirten. Sie ist dann heraufgegangen, um im Vorjahre wiederum ihren Tiefstand zn erreichen; es sind Anzeichen dafür vorhanden, dass die Bewegung alsbald wieder eine aufwärts gehende werden wird. Hier ist nicht der Raum dafür, die Frage der Domänenpachten in extenso zu behandeln. Ich mache nur darauf aufmerksam, dass hier Momente mitsprechen, welche mit all den hier zu erörternden in gar keinem Zusammenhange stehen. Beispielsweise hat sich in einer jetzt schon eine ganze Reihe von Jahren zurückliegenden Periode bei den reichen Leuten des Westens, welche über grosse Kapitalien aus der Industrie verfügten, die Liebhaberei gezeigt, im Osten Domänen zu pachten, überhaupt in den östlichen Grossgrundbesitz überzugehen. Diese Leute haben speciell für preussische Domänen seinerzeit allzu hohe Pachten angeboten und gezahlt. Ich könnte eine ganze Reihe von Familien aus dem Rheinland, Familien aus einzelnen Städten wie Elberfeld u. a. namhaft machen, welche noch heute einzelne Zweige in Schlesien und in anderen östlichen Provinzen angesiedelt haben. Wenn die Aufführung einer kleinen Reihe ziemlich willkürlich herausgegriffener Domänenpachten das einzige Argument ist, welches die Begründung für ihre Behauptung beizubringen weiss, dann muss die ganze Position doch auf recht schwachen Füssen stehen.

Die Begründung unternimmt es auch, von Rückgängen landwirthschaftlicher Nebengewerbe zu sprechen und gräbt, dabei, wie schon oben erwähnt, mit rührender Pietät unsere alten märkischen Farbhölzer wieder aus. Es ist sehr schade, dass sie nicht auch die Zahlcn für die Erträge beibringt, welche die Landwirthschaft seinerzeit aus jenem alten Nebengewerbe gezogen hat. Vielleicht würde daraus klar werden, wie fadenscheinig ein solches Argument aussieht. Es ist von den landwirthschaftlichen Nebengewerben an der Hand der Ausführungen der Motive selbst noch weiter unten zu sprechen, desgleichen von dem angeblichen Rückgang der Viehzucht, welcher an einzelnen Stellen angedeutet wird, — gleichfalls ohne Erbringung eines Beweises.

Eigenthümlich muss es auch berühren, wenn man auf

vielen Seiten der Begründung zu lesen bekommt, dass die Landwirthschaft durch den Einbruch der Erzeugnisse überseeischer, von der Natur in höherem Maasse begnadeter Produktionsgebiete in ihrer Existenzfähigkeit bedroht werde. Damit soll die Einführung höherer Zölle motivirt werden, und man giebt eine Reihe von Angaben über den erschreckenden Einbruch der Weizentransporte aus den Vereinigten Staaten, Indien und Argentinien. Ja, damit könnte ja allenfalls ein Versuch gemacht werden, den Zoll auf Weizen zu motiviren. Wo aber bleibt die Motivirung der Zölle auf Roggen, Gerste und Hafer? Da heisst es denn immer nur: Angesichts der steigenden Einfuhr müsse die deutsche Landwirthschaft geschützt werden; daneben aber sieht man sich genöthigt zuzugeben, dass dieser steigenden Einfuhr auch ein steigender Bedarf entspricht. Also kann doch die steigende Einfuhr allein zur Begründung nicht ausreichen: — die sonstige Begründung aber sind die Motive schuldig geblieben Die Motive beschäftigen sich auch damit, nachzuweisen, dass der Inlandspreis ungefähr um den Zollbetrag höher sei als der Weltmarktspreis. d. h., dass die Zölle auch wirklich den Landwirthen pekuniär etwas bringen. Dieser Beweis ist auffälligerweise ausdrücklich und zahlenmässig angetreten. Dabei ergiebt sich nebenbei die bemerkenswerthe Thatsache, dass unsere Landwirthe, während sie den Roggenpreis im Inland durch den Zoll um ca. 35,50 über dem Weltmarktspreis hielten, den Konsumenten des Auslandes beträchtliche Mengen — in den Jahren 97—99 waren es durchschnittlich für 12—13 Millionen Mark — Roggen zu dem billigeren Weltmarktspreise verkauft haben. Sie haben sich also desselben Vergehens schuldig gemacht, dessen sie gewisse Kreise unserer Industrie anzuklagen nicht müde werden: billige Lieferung an die Fremden im Auslande, vertheuerte Lieferung an die eigene Nation.

Ich muss gestehen, dass mir persönlich bei der ganzen agrarischen Klage über die Nothlage der Landwirthschaft kein Argument so stark imponirt und mich so sehr in Bedenken gebracht hat, als die Argumentation über die sogenannte Leutefrage, d. h. über die Landflucht der Arbeiter, über den Mangel an für die Landwirthschaft verfügbaren Arbeitskräften. An dieser Stelle glaubte ich, liege in der That ein bedenklicher Nothstand vor, und er sei um so schwerer in die Waagschale zu werfen, als man um Mittel für seine Beseitigung in der That verlegen ist. Da kommt nun die Begründung und giebt an dieser Stelle ein reichliches Zahlenmaterial. Ich bin geradezu überrascht gewesen, als ich dieses Material zu Gesicht bekam. Dass dasselbe authentisch ist, darf nicht bezweifelt werden, und weil nicht allen meinen Lesern die umfangreichen Motive zugänglich sein werden, will ich mir nicht versagen, dieses Material hier zum Abdruck zu bringen:

„Nach den Berufszählungen von 1882 und 1895 wurden Zugehörige zur Landwirthschaft gezählt:

in	im Jahre	insgesammt	Abnahme (—) Zunahme (+) Hundertstel gegen 1882
Ostpreussen	1895	1 171 300	— 5,7
	1882	1 241 606	
Westpreussen	1895	822 666	— 1,1
	1882	832 155	
Brandenburg (ohne Berlin)	1895	962 789	— 4,9
	1882	1 012 146	
Pommern	1895	790 983	— 4,4
	1882	827 321	
Posen	1895	1 053 351	— 2,2
	1882	1 077 137	
Schlesien	1895	1 628 105	— 9,1
	1882	1 790 934	
Sachsen	1895	863 685	— 1,8
	1882	878 488	
Schleswig-Holstein	1895	473 147	— 4,9
	1882	497 526	
Hannover	1895	1 031 966	— 2,4
	1882	1 057 836	

in	im Jahre	insgesammt	Abnahme (—) Zunahme (+) Hundertstel gegen 1882
Westfalen	1895	698 169	— 4,0
	1882	727 331	
Hessen-Nassau	1895	594 603	— 5,0
	1882	626 003	
Rheinland	1895	1 232 764	— 4,1
	1882	1 285 756	
Bayern	1895	2 647 665	— 1,3
	1882	2 681 265	
Königreich Sachsen	1895	565 299	— 6,1
	1882	602 378	
Württemberg	1895	933 576	— 0,9
	1882	942 924	
Baden	1895	729 187	— 4,8
	1882	765 575	
Hessen	1895	371 919	— 4,0
	1882	386 360	
Mecklenburg (beide)	1895	345 226	— 2,8
	1882	355 201	
Sachsen-Weimar	1895	128 740	— 4,8
	1882	135 219	
Oldenburg	1895	170 886	— 3,2
	1882	176 342	
Braunschweig	1895	125 411	+ 4,5
	1882	120 062	
Sachsen-Meiningen	1895	73 230	+ 1,8
	1882	71 932	
Sachsen-Altenburg	1895	48 947	— 12,7
	1882	56 037	
Sachsen-Coburg-Gotha	1895	66 086	— 5,2
	1882	69 676	
Anhalt	1895	76 329	— 2,7
	1882	78 418	

in	im Jahre	insgesammt	Abnahme (—) Zunahme (+) Hundertstel gegen 1882
den Hansestädten	1895	45 264	+ 1,9
	1882	44 417	
Elsass-Lothringen	1895	616 074	— 4,6
	1882	645 603	

Aus dieser Tabelle folgt zunächst, dass der Rückgang der landwirthschaftlichen Bevölkerung durchaus nicht ein allgemeiner ist; im Herzogthum Braunschweig, im Herzogthum Sachsen-Meiningen und im Landgebiet der Hansestädte ist sogar ein nicht unerheblicher Zugang von je 4,5, 1,8 und 1,9 pCt. zu verzeichnen. Die Abnahme beträgt in der Nothstandsprovinz Westpreussen nur 1,1 pCt., in der Halbnothstandsprovinz Sachsen nur 1,8 pCt., im Königreich Bayern nur 1,3 pCt., in der Nothstandsprovinz Posen nur 2,2 pCt., in Hannover 2,4 pCt., in Anhalt nur 2,7 pCt., in beiden Mecklenburg nur 2,8 pCt. Bedeutend erscheint sie nur im Königreich Sachsen, wo die Motive nur vergessen haben hinzuzufügen, dass in diesem hochindustriellen Bezirke auch das landwirthschaftlich bebaute Areal zurückgeht; (1896: 794. 185 ha. 1899: 786. 185 ha.) ausserdem in Ostpreussen, Schlesien und Sachsen-Altenburg. Schon die ausserordentliche Verschiedenheit dieser Zahlen, welche zwischen plus 4,5 und minus 12,7, d. h. um 17,2 pCt. schwankt, zeigt, dass man es nicht mit einer allgemein zu beobachtenden Erscheinung zu thun hat, sondern dass sich wahrscheinlich in jedem einzelnen Bezirke besondere Beweggründe und Ursachen nachweisen lassen.

Es betrug aber die Kopfzahl der landwirthschaftlichen Bevölkerung:

in den Staaten und Landestheilen		auf 100 ha landwirthschaftlich. Fläche 1895	1882
Regierungsbezirk	Königsberg . . .	41,96	47,51
„	Gumbinnen . .	47,68	54,03
„	Danzig	53,11	55,37
„	Marienwerder . .	45,32	48,24
„	Potsdam mit Berlin	35,25	36,48
„	Frankfurt . .	47,36	52,43
„	Stettin . . .	36,45	40,32
„	Köslin . . .	39,28	42,10
„	Stralsund .	29,89	31,55
„	Posen . . .	52,63	55,35
„	Bromberg . .	44,43	46,41
„	Breslau	55,39	63,84
„	Liegnitz . .	53,35	60,09
„	Oppeln .	73,48	81,14
„	Magdeburg . .	45,27	46,26
„	Merseburg . .	48,32	50,27
„	Erfurt	53,40	58,02
„	Schleswig .	31,25	33,75
„	Hannover .	62,55	67,89
„	Hildesheim .	56,80	60,60
„	Lüneburg . .	45,69	47,60
„	Stade	55,05	58,69
„	Osnabrück .	81,42	88,76
„	Aurich . . .	54,11	56,32
„	Münster . .	58,34	62,94
„	Minden . . .	75,99	86,82
„	Arnsberg .	56,10	61,26
„	Cassel . . .	65,76	74,30
„	Wiesbaden .	96,88	102,51
„	Coblenz	109,65	113,69
„	Düsseldorf . . .	73,36	80,88
„	Cöln . . - . .	91,80	100,71
„	Trier . . .	83,04	91,45

in den Staaten und Landestheilen	auf 100 ha landwirthschaftlich. Fläche 1895	1882
Regierungsbezirk Aachen	79,21	83,12
„ Sigmaringen . .	66,96	69,21
Provinz Ostpreussen	44,35	50,23
„ Westpreussen	47,72	50,46
„ Brandenburg mit Berlin . .	40,82	43,84
„ Pommern	36,68	39,78
„ Posen	49,44	51,85
„ Schlesien	60,61	68,30
„ Sachsen	47,62	49,53
„ Schleswig-Holstein	31,25	33,75
„ Hannover	57,16	60,73
„ Westfalen	62,90	69,52
„ Hessen-Nassau	75,91	83,53
„ Rheinland	86,45	93,33
Hohenzollern	66,96	69,21
Preussen	51,23	55,56
Regierungsbezirk Oberbayern . . .	45,90	46,16
„ Niederbayern . .	59,67	57,58
„ Pfalz	87,41	99,57
„ Oberpfalz . . .	58,55	57,71
„ Oberfranken . .	61,30	66,54
„ Mittelfranken . .	60,30	62,29
„ Unterfranken . .	70,61	75,09
„ Schwaben . . .	56,80	57,49
Bayern	59,56	61,32
Kreishauptmannschaft Dresden . .	50,45	55,92
„ Leipzig . . .	48,19	52,73
„ Zwickau . .	53,03	58,51
„ Bautzen . .	58,50	64,39
Königreich Sachsen	51,79	57,05

in den Staaten und Landestheilen	auf 100 ha landwirthschaftlich. Fläche	
	1895	1882
Neckarkreis	116,32	123,41
Schwarzwaldkreis	97,69	100,95
Jagstkreis	66,96	72,02
Donaukreis	56,55	56,53
Württemberg	78,21	81,45
Landeskommissionsbezirk Konstanz	65,53	68,67
„ Freiburg	107,67	144,31
„ Karlsruhe	137,64	149,60
„ Mannheim	90,37	95,44
Baden	95,30	101,25
Provinz Starkenburg	88,62	99,77
„ Oberhessen	74,81	78,02
„ Rheinhessen	89,37	88,79
Hessen	83,17	88,10
Mecklenburg-Schwerin	31,56	32,86
Sachsen-Weimar	53,71	58,24
Mecklenburg-Strelitz	28,89	30,89
Herzogthum Oldenburg	52,40	56,94
Fürstenthum Lübeck	34,06	37,24
„ Birkenfeld	66,80	69,25
Oldenburg	50,95	55,08
Braunschweig	51,77	51,02
Sachsen-Meiningen	57,28	56,59
Sachsen-Altenburg	52,00	61,21
Sachsen-Coburg-Gotha	50,71	56,23
Anhalt	46,55	48,63
Schwarzburg-Sondershausen	49,81	53,42

in den Staaten und Landestheilen	auf 100 ha landwirthschaftlich. Fläche	
	1895	1882
Schwarzburg-Rudolstadt	61,72	65,76
Waldeck	53,90	54,96
Reuss ältere Linie	51,68	57,00
Reuss jüngere Linie	50,25	58,09
Schaumburg-Lippe	56,29	63,64
Lippe	58,77	66,04
Lübeck	40,07	42,14
Bremen	51,47	61,89
Hamburg	69,36	69,32
Bezirk Unter-Elsass	112,03	112,87
„ Ober-Elsass	88,60	99,61
„ Lothringen	50,84	52,57
Elsass-Lothringen	77,14	81,42
Deutsches Reich	**54,79**	**58,69**

Wenn man sich das Durchschnittsresultat für das Deutsche Reich ansieht und danach inne wird, dass die Kopfzahl der landwirthschaftlichen Bevölkerung in den Jahren 1882—1895, also in 13 Jahren, von 58,69 auf 54,79 pro 100 ha landwirthschaftlicher Fläche, d. h. um 3,90 zurückgegangen ist, so muss man die Folgerung, welche die Motive aus diesen Thatsachen ziehen, geradezu anstaunen. Sie sagen nämlich u. a.: „Vereinzelt hat der Arbeitermangel bereits die geregelte Fortführung des Betriebes in Frage gestellt, fast allgemein aber seine Intensität empfindlich beeinflusst." Wenn auf 100 ha landwirthschaftlicher Fläche sich die Bevölkerungszahl um 3,90, d. h. nicht ganz um 4 Menschen, wobei doch Frauen und Kinder miteingerechnet sind, in einem Zeitraume von 13 Jahren verringert, also, schlecht gerechnet, in je 3 Jahren um ca. 1 Menschen, so soll daraus ein öffentlicher Nothstand hergeleitet werden können? Da aber nach der amtlichen Statistik von den im Jahre 1895 bestehenden 5 558 317 landwirthschaftlichen Betrieben nicht weniger als 5 533 256 oder 99,5% (!!) Betriebe unter 100 ha sind, so tritt die fast verschwindende Bedeutung dieses Rückganges für die überwältigende Mehrzahl der Besitzer oder Landwirthe in grelles Licht. Dabei geben die Motive unbedenklich zu, dass die Landwirthschaft alle Errungenschaften der Technik sich mit Energie und Intelligenz zu eigen gemacht habe. Sollte es demgegenüber wircklich nicht gelungen sein, durch technische Vervollkommnungen alle 3 Jahre durchschnittlich einen Menschen zu ersparen? Sollte es auch nicht möglich sein, durch Erziehung im Laufe der Jahre eine weit höhere Leistung des einzelnen Arbeiters herauszubekommen? Diese Stelle der Begründung, soweit eben überhaupt eine Begründung der Position der Vorlage existirt, scheint eine der schwächsten zu sein. Ich muss gestehen, dass ich nach Kenntniss dieser Angaben als ein warmer Freund der Landwirthschaft und als einer von denjenigen, welche in der That ihre Erhaltung für Deutschland als eine Lebensfrage betrachten, neu ermuthigt aufgeathmet habe. Es mag, was die Arbeiterfrage betrifft, wohl hie und da und wahrscheinlich oft durch besondere Schuld sich ein bitterer Nothstand ergeben, aber ein allgemeiner Nothstand, der die Existenz des ganzen Gewerbes gefährden könnte, existirt danach, Gottlob, nicht.

Hinzu kommt, dass man bei Beurtheilung der für den Rückgang der Kopfzahl beigebrachten Ziffern doch nicht ohne weiteres annehmen kann, diese Ziffern bedeuteten das Ergebniss der Landflucht der Arbeiter. An einzelnen Stellen mag das vielleicht zutreffen; im Allgemeinen aber ist die Erwägung einzuschieben: muss man nicht diesen Rückgang zum guten Theil darauf zurückführen, dass die Ernährung der landwirthschaftlichen Arbeiterbevölkerung mangelhaft und unzureichend und infolge dessen auch die Vermehrung ihrer Familien d. h die Kindererzeugung einen Rückgang erfahren hat?

Aber wollte man selbst als bewiesen annehmen, dass die Landwirthschaft im gegenwärtigen Zustand bezw. in einem besseren erhalten werden müsste, dass sie sich heute in einem allgemeinen Niedergange befände, dass ihre Produktionsverhältnisse ungünstig und sie selbst unrentabel geworden sei, folgt daraus etwa, dass es nothwendig sei, ihr mit höheren Schutzzöllen zu Hülfe zu kommen? Wir müssen von der Begründung vor allen Dingen den schlüssigen Beweis dafür verlangen, dass, wenn der Landwirthschaft geholfen werden soll durch ein Eingreifen des Staates, hierfür gerade die Erhöhung der Zölle als richtige Maassregel bezeichnet werden muss. Diesen Beweis sind die Motive bedauerlicherweise ebenfalls schuldig geblieben, und damit haben sie für den springenden Punkt der ganzen Vorlage überhaupt an Werth verloren. Die Angabe, dass man in überseeischen Gebieten seit einiger Zeit Weizen billiger produzire als in Deutschland und deshalb hier zu Lande die Preise werfe, kann als ein solcher Beweis durchaus nicht betrachtet werden. Preise sind schon bei unzähligen Gütern des Welthandels herauf- und herunter gegangen, ohne dass deshalb der betreffende Produktionszweig ruinirt worden wäre. Das Angebot des Marktes allein ist für die Preisbildung nicht maassgebend, oder soll es maassgebend für sie sein, dann ist die Preisbildung doch sicher keineswegs allein maassgebend für die Rentabilität. Wir sind der Ansicht, dass gerade die Zölle ein untaugliches Mittel sind, der Landwirthschaft zu helfen und bin darüber hinaus der Ansicht, dass dieses Mittel im Hinblick auf die Nothwendigkeit der Erhaltung unserer handelspolitischen Verbindungen mit dem Auslande schädlich, ja sogar für die Gesammtheit der deutschen Wirthschaft verhängnissvoll wirken kann. Diese Ueberzeugung aber wird von zahlreichen Politikern und Nationalökonomen getheilt, und so lange es der Regierung nicht gelungen ist, den strikten Gegenbeweis zu erbringen, werden wir ihren blossen Behauptungen Glauben nicht schenken können.

Die Darlegung, dass der Zoll den Inlandspreis thatsächlich entsprechend erhöht, kann hier ebenfalls nicht Platz greifen. Erst muss bewiesen werden, dass die künstliche Erhöhung des Preises durch die Zollschranken das einzige und alleinige Mittel ist, der Landwirthschaft zu der Rentabilität, welche sie zu erlangen wünscht, zu verhelfen.

Dass an dieser Stelle die Frage der Vertheuerung der nothwendigsten Lebensmittel für die Konsumenten hinzutritt, war den Verfassern der Begründung natürlich sehr wohl bekannt. Zu dieser Frage und ihrer Beurtheilung sind während der letzten Monate in der Oeffentlichkeit eine grosse Zahl sogar ziffernmässiger Berechnungen angestellt worden. Die Motive begnügen sich damit, zu bemerken, die Konsumenten würden die Last eben tragen müssen. Sie behaupten, dass das Interesse der Allgemeinheit in diesem Falle nicht bei den Konsumenten in ihrer Mehrzahl, sondern bei der Landwirthschaft liegt, und das Einzige, was bis an Begründung für diese ganze Konsumentenfrage findet, ist der auf Seite 71 befindliche, etwas wunderliche Satz: „Eine Steigerung des inländischen Getreidepreises könne zu ernsten Bedenken nicht Anlass bieten, wenn man sich gegenwärtig hält, dass die Preise z. B in Preussen im Durchschnitt der Jahre 1871 bis 1880 für Weizen auf etwa 223, für Roggen auf etwa 172 Mk. standen, also gegenüber den Durchschnittspreisen der Jahre 1892 bis 1899 von 159 bis 136 Mk. nicht unerheblich höher waren, ohne dass sie sich als volkswirthschaftlich bedenklich oder unerträglich erwiesen haben". Also weil die Preise in einer früheren Periode, die um 20—30 Jahre zurück liegt, höher waren und sich damals nicht als unerträglich erwiesen haben, sollen sie auch in der gegenwärtigen Periode in jener oder ähnlicher Höhe erträglich sein. Dass sich seitdem die Welt weiterentwickelt hat, dass sich mit den Getreidepreisen auch alle anderen Verhältnisse verschoben haben, dass die Menschheit seitdem eine Reihe von kulturellen Bedürfnissen kennen gelernt und in ihre tägliche Gewohnheit eingeschaltet hat, die sie früher nicht kannte, alles dies glaubt der Herr Verfasser dieser merkwürdigen Stelle der Motive ausser Acht lassen zu dürfen. Hier ist eine kritische Beleuchtung nicht nöthig.

Was die Motive beweisen.

Die bis hierher geführte Betrachtung hat ergeben, dass die Motive eine Rechtfertigung derjenigen Bestimmungen des Zolltarifentwurfes, welche Neues bringen und welche im Kernpunkt aller der Streitfragen stehen, welche die Einbringung des Tarifes entfesselt hat, nicht enthalten. Dagegen enthalten sie eine Reihe von Materialien und bringen gewisse Anschauungen zum Ausdruck, welche um der Quelle, willen, aus der sie herstammen, werthvoll erscheinen. Es verlohnt deshalb, die Motive durchzuarbeiten und aus ihnen dasjenige herauszuschälen, was vom Standpunkt des Handelsvertragsfreundes für die Beibehaltung der bisherigen Politik der Handelsverträge bezw. gegen die Annahme der Vorlage in ihrer jetzigen Gestalt sprechen kann. Wenn man die Arbeit der Regierung von diesem Gesichtspunkt aus analysirt, so ergiebt sich allerdings eine reichere Ausbeute.

Der allgemeine Theil der Begründung nimmt auf den Seiten 11 und 12 einen Anlauf, die allgemeine wirthschaftspolitische Situation, wie sie zur Beurtheilung der Vorlage grundlegend betrachtet werden muss, darzustellen. Es ist, wie gesagt, schade, dass es nur bei einem Anlauf bleibt. In diesem Passus der Begründung nun wird die Lage wie folgt geschildert: Es ergäbe sich das Gesammtbild eines erfreulichen Aufschwunges in der wirthschaftlichen Entwickelung. Der Ertrag der wirthschaftlichen Arbeit habe im Grossen und Ganzen zugenommen. Die Beschäftigung und der Verdienst der arbeitenden Klassen habe sich gehoben, eine regere Entfaltung des Unternehmungsgeistes in Gewerbe und Handel mit für die Gesammtheit (sic!) gewinnbringendem Erfolge sei zu konstatiren. Mit dem Waarenumsatz habe sich der Verkehr auf Eisenbahnen und Wasserstrassen gehoben; die Handelsflotte habe eine bedeutende und stetig zunehmende Vergrösserung erfahren und ihre Frachtverdienste für das Ausland seien die Quelle reichlicher Erträge gewesen. Die Betheiligung deutschen Kapitals an ausländischen Unternehmungen habe zugenommen. Die überseeische Auswanderung sei erheblich zurückgegangen. Als Wirkung des steigenden Volkswohlstandes zeige die Jahrhundertwende einen wesentlichen Fortschritt in den Daseinsbedingungen und in der Lebenshaltung der breiten Volksmassen, insbesondere der Arbeiterschaft. Die Besserung der Lebenshaltung komme zum Ausdruck in dem steigenden Antheil der mittleren Steuerklassen an der Gesammtzahl der Veranlagungen zur Einkommensteuer; ferner in dem Anwachsen der Einlagenbestände der Sparkassen und der Zahl der Spareinlagen, in der stetigen Zunahme der Lebensversicherungen nach der Zahl der Personen und der Höhe der Versicherungs-Beträge sowie in dem vermehrten Verbrauch besserer Lebensmittel. Dabei hätte auf dem gleichen Gebiete eine wesentlich dichtere Bevölkerung ernährt werden müssen. Die Einwohnerzahl sei um mehr als 24 pCt., nämlich von 45 Millionen im Jahre 1880 auf 56 Millionen im Jahre 1900 gestiegen. Zu diesem Emporblühen von Handel und Gewerbe habe die Politik der Tarifverträge wesentlich beigetragen.

Dies ist, kurz skizzirt, das glänzende Bild, welches die Vorlage selbst von der wirthschaftlichen Position und Verfassung des Landes entworfen hat, und sie meint wirklich, wenn sie hinterher beweislos die Behauptung aufstelle, der Landwirthschaft gehe es schlecht, so erfordere das allgemeine Interesse sofortige Abkehr von der bisherigen Handelspolitik?

Wie aber sieht es mit der Landwirthschaft selbst nach der eigenen Angabe der Begründung aus? Da lesen wir zunächst, dass die Zahl der landwirthschaftlichen Betriebe sich vermehrt habe, d. h. also, dass eine Bewegung auf die vortheilhafte Zerlegung des Grossgrundbesitzes in Kleinbesitz im Gange sei. Da heisst es sodann, dass die landwirthschaftliche Technik voll und ganz auf der Höhe stände; dass die Errungenschaften der Wissenschaft von keiner Landwirthschaft so gut und so intensiv aufgenommen seien, als von der deutschen. Da heisst es des weiteren, dass in Folge dessen die Erträge an Frucht pro Hektar beträchtlich gestiegen seien, dass die Gesammtproduktion der Landwirthschaft sich in aufsteigender Linie vorwärts bewege, und hierfür werden bei den Haupterzeugnissen des Landbaues zahlenmässige Angaben beigebracht. Da heisst es endlich, dass die Ertragsfähigkeit des Bodens auch insofern gehoben sei, als eine grössere Menge früheren Oedlandes und früher reiner Brache in intensivere Bewirthschaftung genommen sei; und endlich wird darauf hingewiesen, wie landwirthschaftliche Nebengewerbe entstanden, welche heute einer hohen Blüthe sich zu erfreuen hätten. Es erübrigt, diese Nebengewerbe einzeln aufzuführen: jedermann kennt sie. Sodann geht man zur Viehzucht über, und auch hier werden dieselben Erscheinungen konstatirt. Die Viehhaltung hat sich vermehrt, und weit über diese quantitative Vermehrung hinaus ist eine Verbesserung der Qualität der erzielten Produkte zu konstatiren. Zwar die Schafhaltung zur Züchtung des Wollschafes ist eingestellt worden, aber noch findet auch auf diesem jetzt gegen früher beschränkten Gebiete der Viehhaltung eine Ausfuhr statt.

Stellt man das ganze Bouquet dieser Angaben zusammen, so erhält man wiederum einen duftenden Strauss, dessen Gesammtheit zur Darstellung bringt, wie die deutsche Landwirthschaft als ein im Aufsteigen begriffenes Gewerbe bezeichnet werden muss. Zwar, so sagen die Motive, geschieht auf diesem Gebiete noch nicht einmal Alles, was geschehen könnte; so z. B. ist fehlerhafter Weise der Anbau von Handelsgewächsen zurückgegangen, der Anbau von Hülsenfrüchten, z. B. Erbsen; auch werde die Erzeugung der Butter und der mit der Milchwirthschaft zusammenhängenden Produkte noch nicht genügend ausgenutzt — wahrscheinlich hat der Verfasser dabei an den hohen Stand dieses Gewerbezweiges in Dänemark gedacht — aber immerhin werde Gutes, zum Theil sogar Vorzügliches, geleistet.

Und wie stellt sich diese technisch hochstehende, leistungsfähige, ihr Gebiet qualitativ und quantitativ immer weiter ausdehnende Landwirthschaft zur Beherrschung des inneren

Marktes? Liegt doch hier gerade für das Argument, dass die Landwirthschaft, wie sie heute besteht, dem deutschen Volke erhalten bleiben müsse, der springende Punkt. Nun, wird die Landwirthschaft etwa in ihrer Produktion vom Auslande aus ihrem heimischen Absatzgebiete gedrängt? Keineswegs: sondern sie ist in der Lage, mit verschwindenden Ausnahmen das volle Produkt ihrer gesammten Arbeitsleistung im Inlande selbst zu verkaufen. Sie beherrscht in ihren Hauptprodukten den inländischen Markt so vollständig, dass nur ein verhaltnissmässig geringer Bruchtheil für die anderweite Unterbringung übrig bleibt. Wir geben hier die in der Begründung selbst aufgeführten Zahlen: Was die deutsche Landwirthschaft an Roggen produzirt, deckt 95,6 pCt des gesammten deutschen Bedarfes, und wird von diesem Bedarf aufgenommen: was sie an Gerste produzirt, deckt 93,9 pCt. dieses Bedarfes: was sie an Spelz produzirt, deckt 100 pCt: was sie an Weizen produzirt, deckt 76,7 pCt. und was sie an Gerste produzirt, deckt 69,6 pCt. des gesammten Verbrauches auf dem inländischen Markte Dass der Prozentsatz bei der Gerste etwas weiter zurücktritt, kommt daher, dass es gewisse hochwerthige Braugersten giebt, die der deutsche Boden nicht erzeugen kann und die deshalb aus dem Auslande eingeführt werden: sie gehen nicht in den direkten Verzehr, sondern zum grössten Theil in die hoch entwickelte Industrie.

Muss man nicht sagen: das ist wiederum eine glänzende Stellung, die von unserer Landwirthschaft auf dem inneren Markte eingenommen wird? Sieht man näher zu, so ergiebt sich, dass der Antheil, den die deutsche Landwirthschaft an der deutschen Versorgung hat, während der letzten Jahre fortwährend im Steigen begriffen war. Es handelt sich also nicht nur um eine starke Position, sondern um eine selche, die sich noch fortwährend verstarkt. Das Alles und noch einiges Andere, was nach der gleichen Richtung hin verstanden werden muss, steht in den Motiven. Musste in dieser Arbeit nicht geradezu ein Taschenspielerkunststück versucht worden sein, wenn es gelingen sollte, nach Feststellung solcher Grundlagen den

Nachweis für einen Nothstand zu führen? Man möge ganz dahingestellt sein lassen, ob und in welchem Umfange ein solcher Nothstand existirt: Die Motive haben ihn nicht nur nicht nachgewiesen, sondern sie haben durch ihre positiven Angaben den Glauben an sein Vorhandensein sogar stark erschüttert.

Aengstlich weist die Begründung an mehreren Stellen auf ein Steigen der Zufuhren vom Auslande hin, aber sie sagt an mehreren andern Stellen ganz ausdrücklich, dass dieser Mehreinfuhr ein Mehrbedarf entspricht und dass die gegenwärtige Produktion der Landwirthschaft für das vorhandene Consumptions-Bedürfniss nicht ausreicht. Ist damit nicht ein durchaus natürlicher und gesunder Zustand klargelegt? Hält man vielleicht einen andern Zustand für gesunder und für erstrebenswerther, bei welchem eine Knappheit der Lebensmittel eintritt, die Preise für die Ernährung in die Höhe geschnellt werden und die Vermehrung der Bevölkerung infolge dessen in rückläufige Bewegung geräth? Wenn der Verfasser der Motive zu Ergebnissen kam, wie die hier oben geschilderten, so musste er auch den Muth besitzen, aus diesen Ergebnissen die Consequenzen zu ziehen, Consequenzen, die ihn zum entgegengesetzten Resultat hätten führen müssen. Es gehört eben eine geschlossene agrarische Weltanschauung dazu, um den agrarischen Nothstand in dem Sinne der agrarischen Demagogie nachzuweisen, und es ist eine seltsame Ironie der Thatsachen, dass die Regierung, welche diese geschlossene agrarische Weltanschauung nicht besitzt, bei dem Versuch der Aufpfropfung der einen Anschauung auf die andere ein klägliches Zerrbild hat zu Tage fördern müssen. Wenn der Reichstag lediglich berufen wäre, ein Votum darüber abzugeben, ob die Begründung der Vorlage ausreichend ist oder nicht, so wäre das Schicksal der Vorlage heute schon entschieden.

Wenn man die Motive grundsätzlich verwerfen muss, so verlohnt es sich nicht der Mühe, Einzelheiten an ihnen zu kritisiren. Zu einer Kritik ins Einzelne geben sie allerdings noch reichliche Veranlassung: denn sie enthalten zahlreiche Widersprüche. Man könnte auch bemängeln, dass die ganze grosse Arbeit der Produktionsstatistik gewissermaassen in der Versenkung verschwunden erscheint und weder in ihren Einzelheiten noch in ihren Ergebnissen benutzt ist; billigerweise muss man sich fragen: Wozu ist diese ganze Riesenarbeit geleistet?

Wäre sie freilich geleistet für alle Produktionszweige in gleichem Umfange und in gleicher Intensität, so würden wir heute nicht in dem Grade vor dem Ungewissen stehen, wie das thatsächlich der Fall ist. Unter Mitwirkung des wirthschaftlichen Ausschusses sind für fast sämmtliche Zweige der deutschen Produktion umfassende Erhebungen vorgenommen worden; sie sind fast überall so gründlich ausgefallen, dass für die Beurtheilung der Lage des betreffenden Erwerbszweiges wenig Zweifel übrig blieben. Nur für den einen, den wichtigsten Produktionszweig, die Landwirthschaft, hat man diese Erhebung nicht beliebt. Aus $4^1/_2$ Millionen Betrieben hat man 12 000 Stichproben bewirkt, und diese Proben sind genommen durch Angehörige des betreffenden Produktionszweiges, deren Unparteilichkeit angesichts des gewaltigen Einflusses der lärmenden Agitation nicht über allen Zweifel erhaben ist. Lägen heute wirkliche und vollständige Erhebungen auch über die Lage der Landwirthschaft vor, so würde man sich nicht darüber zu streiten haben, ob die Rentabilität dieses Erwerbszweiges verloren gegangen sei oder nicht. Dass aber typische Erhebungen trügerisch sind und dass man durch sie oft zu Anschauungen gelangen kann, welche den wirklichen Verhältnissen nicht entsprechen, das habe ich selbst noch sehr gut in meiner Erinnerung, der ich als ganz junger Mann als Hülfsarbeiter einen grossen Theil der zu Anfang der achtziger Jahre stattgehabten Agrar-Enquete, von welcher die Motive erzählen, mitgemacht habe. Wenn man wirklich des ehrlichen Willens ist, auf Grund von sachgemäss geprüftem Thatsachenmaterial seine Entschliessungen aufzubauen, so gehe man noch heute daran und veranstalte über alle die schwebenden Fragen eine umfassende und unparteiisch geleitete Agrarenquete. Diese Forderung ist schon von verschiedenen Seiten erhoben worden; diejenigen, welche sie grundsätzlich von der Hand weisen, müssen ein anderes Interesse haben, als das der Klarlegung des objektiven Thatbestandes.

Schluss.

Es handelt sich aber leider garnicht um volkswirthschaftliche Erkenntniss, um vernunftgemässe Entscheidungen, um Abwägung der Interessen der Allgemeinheit gegen diejenigen der einzelnen Gruppen: sondern es handelt sich, wie es schon an andern Stellen wiederholt ausgesprochen ist, um Entscheidung einer politischen und socialen Machtfrage. Die Kerntruppen der agrarischen Partei bestehen aus den Mitgliedern und Abkömmlingen jener Familien, welche sich um den Aufbau und die Erhaltung der preussischen Monarchie und somit des deutschen Reiches unsterbliche Verdienste erworben haben. Dass sowohl die Inhaber der Krone als die übrige Bevölkerung diese Verdienste anerkannt und würdigt, dass sie für diese Verdienste eine weit gehende Dankbarkeit an den Tag legen, das beweist der Umstand, dass die in Rede stehenden Gruppen noch heute im Grossen und Ganzen die Regierung des Staates in Händen haben. Sie haben es nicht verstanden, auf die Verdienste ihrer Altvordern neue Verdienste zu häufen Sie haben weder die Arbeitstüchtigkeit noch die Charakterfestigkeit ihrer Vorfahren bewahren können. So sind sie ins Hintertreffen gerathen, und sie sehen die Zeit herannahen, in welcher die bisher von ihnen geführte Herrschaft in andere, nunmehr würdigere Hände übergehen wird. Sie sind sich wohl noch nicht überall bewusst, dass es sich hier um die Frage der Vorherrschaft handelt Sie glauben noch vielfach, es handele sich in erster Linie um eine Frage des

Geldbeutels. Der Effekt ihrer geringeren und geringwerthigeren Arbeit ist natürlich ein kleinerer geblieben gegenüber dem Ergebniss der Arbeit derer, die so energisch geschaffen haben, wie die Kreise der deutschen Industrie und des deutschen Handels. Die herrschende Klasse war früher auch die reichere Klasse, und ihre Herrschaft diente ihr so gleichzeitig zur Etablirung des höheren Lebensgenusses. Heute ist dieser höhere Lebensgenuss und der grössere Reichthum in die Hände ihrer Nebenbuhler übergegangen, und darum meint sie, dass sie selbst an denjenigen Stellen, an welchen persönliche Verschuldung fehlt, in Noth sei; aus diesem Grunde empfindet sie für ihre Klasse einen allgemeinen Nothstand und hehaupte sein Vorhandensein für das ganze Land. So handelt es sich um einen socialen Kampf von gewaltiger Tragweite. Sein Ausgang kann nach Lage der Dinge nicht zweifelhaft sein.

Die Politik, welche in früheren Jahrhunderten und Jahrzehnten unsere deutschen Fürsten getrieben haben, fand diese Fürsten stets an der Spitze der heute angeblich und thatsächlich nothleidenden Klasse. Was diese Klasse geschaffen hatte, dass gab in früheren Zeitläuften für das Land und seine Zukunft die Richtung an. Heute hat unser Kaiser diejenige Richtung als die der Zukunft bezeichnet, bei deren Verfolgung ihm nicht mehr der landsässige Adel, sondern bei der ihm Handel und Industrie Gefolgschaft leisten. Auf die Errungenschaften des deutschen Kaufmannes und des deutschen Fabrikanten hin ist in erster Linie die Weltpolitik inaugurirt und aufgebaut. Es ist nur natürlich, wenn diejenigen, die geholfen haben, den stolzen Bau des nationalen Prestiges aufzurichten, und ihm als Stützen dienen, auch hinter ihrem Fürsten und Führer in die erste Reihe treten.

Bringt man auch das gewagte Experiment, welches die Vorlage des gegenwärtigen Tarifentwurfes darstellt, zur Durchführung, so kann der Sieg einer solchen Richtung doch nur ein vorübergehender sein. In der Welt der realen Thatsachen verschwindet der Schein sehr bald vor dem

Wesen der Dinge, und alles dasjenige, was man uns heute als die Panacee für die Erhaltung der Nation anpreist, wird sich als Scheingebilde erweisen gegenüber den wirklichen Werthen, welche die rastlose deutsche Arbeit schafft, und zwar nicht nur im Landbau, sondern daneben auch in den aufstrebenden Gewerben, jener Arbeit, welche das Deutsche Reich und das Deutsche Volk zur Weltmacht emporhebt

Druck von A. W. Hayn's Erben, Berlin SW., Zimmerstr. 29.

Schriften
der
Centralstelle für Vorbereitung
von
Handelsverträgen.

19. Heft.

Bericht über die vierte ordentliche Generalversammlung.

Berlin 1902.
J. Guttentag, Verlagsbuchhandlung,
G m. b. H.

Bericht

uber die

Vierte ordentliche Generalversammlung

der

Centralstelle für Vorbereitung von Handelsverträgen

zu

Berlin

am 22. Februar 1902.

Berlin 1902.

J. Guttentag, Verlagsbuchhandlung.

G. m b. H.

Der Vorsitzende, Herr Dr. C. A. Martius, eröffnet die Sitzung um $9^{1}/_{2}$ Uhr, begrüsst die Versammlung und ertheilt dem Direktor das Wort zur Erstattung des

Jahresberichts.

Dr. Vosberg-Rekow: Meine Herren! Auch in diesem Jahre erscheint es erspriesslich, dem Rückblick auf die Thätigkeit, welche die Centralstelle entwickeln durfte, eine kurze Schilderung der allgemeinen handelspolitischen Situation voranzuschicken. Wird doch die Arbeit einer Organisation wie der unsrigen in vielen Fällen durch die innerpolitischen Ereignisse bedingt und verschoben.

Wenn wir um die gleiche Zeit des Vorjahres die innere Lage als eine ungeklärte bezeichnet haben, als eine Periode des lebhaften und ziemlich ungeordneten Andrängens der einzelnen Interessentengruppen gegen die Organe der Regierung hin, und wenn wir als Hauptgrund für die damalige Wirrniss den Umstand bezeichneten, dass eine fest abgegrenzte und ausgesprochene Richtung der Staatsleitung noch nicht zu erkennen war, so müssen wir heute die nicht gerade sehr erfreuliche Erkenntniss hinnehmen, dass in dem handelspolitischen Getriebe auch gegenwärtig weder eine grössere Stetigkeit, noch eine grössere Folgerichtigkeit zu konstatiren ist. Diese Beobachtung erscheint bedeutsam gegenüber dem Umstande, dass, seit wir uns zum letzten Male versammelt haben, die Regierung dem Parlamente den Entwurf eines neuen Zolltarifs vorgelegt hat.

Die Tarifvorlage ist da: aber ihre bisherige Vertretung ist eine so wenig entschiedene, so flüchtig begründete und durch Nebensächlichkeiten verwirrte, dass man auch heute noch nicht sagen kann, ob die Staatsgewalt die Führung der Massen zu übernehmen und nach welcher Richtung sie ihre Schritte zu lenken entschlossen ist. Wenn man die Tarifvorlage an sich betrachtet, so muss man zu der Ansicht kommen, dass ihre Autoren eine Fortsetzung der bisherigen Handelsvertragspolitik gewollt haben: wenn man die Begründung liest, kann man höchstens noch annehmen, dass die Verfasser dieser Begründung nicht gerade entschiedene Gegner der Handelsvertragspolitik sind. Nicht dass die Begründung irgend etwas gegen die Nützlichkeit des Vertragssystems vorbringen konnte, — sie enthält vielmehr so zahlreiche Widersprüche und eine so grosse Anzahl unnöthiger Verbeugungen gegen die agrarischen Ansprüche hin, dass sich aus ihr schlechterdings eine sichere Vorstellung über den Standpunkt der Regierung nicht gewinnen lässt. Wenn man also gehofft hat, dass mit dem Erscheinen des neuen Tarifes der bestehenden Unentschiedenheit mit einem Schlage ein Ende gemacht sein würde, so hat man sich offenbar geirrt. Auch heute noch ist nicht klar, ob das, was die Regierung geboten hat, ein endgültiges Angebot nach der einen und nach der anderen Seite hin sein soll, oder ob es wiederum nichts weiter ist, als ein Objekt für hin- und herschwebende Verhandlungen, aus denen sich später ein opportunistisches Ergebniss gestalten soll Wer so stark ist, wie es Fürst Bismarck war, kann wohl, unbeschadet der Verfolgung bestimmter staatsmännischer Ziele, dem Opportunismus huldigen: ob die heutige Regierung im Stande ist, ohne schwere Gefahren den gleichen Weg zu nehmen, wird erst die Zukunft lehren. Auch die Erklärung, welche der Staatssekretär des Innern Graf Posadowsky vorgestern in der Zolltarifkommission abgegeben hat, scheint nicht geeignet, eine Klärung der Lage herbeizuführen. Wenn man früher zweifelhaft war, ob die Regierung über die agrarischen Sätze ihres Minimaltarifes hinausgehen würde oder nicht, hat der Staatssekretär sich neuerdings indirekt gegen diese Minimalsätze ausgesprochen, dabei gleichzeitig aber angedeutet, dass man bei Preisgabe dieser Garantie zu hohen Zöllen gelangen könne

Nicht sehr erfreulich ist auch das Bild, welches seitens der politischen Parteien in ihrem Verhältniss zur inneren Politik und selbst zur Vorlage gestellt wird. Vor allem tritt deutlich eine sehr betrübende Erscheinung hervor: Es hat sich die Unfähigkeit des vorhandenen Personenmaterials herausgestellt, sich auf einer mittleren und sachlichen Basis zu einer grossen und massgeblichen Handelsvertragspartei zusammenzuschliessen. Die Gegner der Verträge bilden, wie vor Jahresfrist, so noch heute eine einheitliche kompakte Masse. Die politischen Parteien haben sich dem agrarischen Gedanken und der praktischen Ausgestaltung, die er mit Hülfe der Bestrebungen des Landbundes gefunden hat, fast bedingungslos unterworfen, und selbst die neuesten Verwarnungen des Reichskanzlers haben eine Scheidung zwischen Intransigenten und Gemässigten der Rechten nicht herbeiführen können. Man hat wohl bei festlichen Mahlzeiten zwischen Birne und Käse hie und da die Versicherung gegeben, dass man vernünftig sein wolle und Mässigung üben, aber im Allgemeinen ist alles beim Alten geblieben. Die ganze grosse Rechte bis tief in die Mittelparteien hinein steht mutatis mutandis gegen Handelsverträge, — und die Handelsvertragspartei? Auch heute noch existirt sie nicht. Selbst die Begründung und die eifrige Thätigkeit des Handelsvertragsvereins, welchem wir im Vorjahre mit grossen Hoffnungen entgegensahen, hat keine einigende und einheitliche Bewegung ins Rollen gebracht. Während die Landbündler mit voller Börse und Hunderttausenden von Menschen auf dem Plane erscheinen, sind bis heute von der wohlhabenden Industrie nicht einmal die Mittel aufgebracht, um eine günstige handelsvertragsfreundliche Leitung der Wahlen zu gewährleisten. Aber über die Mittel hinaus fehlt es den Handelsvertragsfreunden an Personen, an Mitarbeitern, an Führern. Opferwillig und mit ihrer ganzen Persönlichkeit werfen sich die Gegner auf die Arbeit für die gemeine Sache. Die berufenen Vertreter der Industrie ziehen sich vorsichtig zurück, treten zaghaft auf, blicken bald scheu nach ihren Konkurrenten, bald nach dem Regierungstische, und wenn man das praktische Ergebniss der ganzen Arbeit auf der Handelsvertragsseite überblickt, so muss man mit einer gewissen Beschämung sagen, dass hier von der Fülle der Intelligenz, der Energie und des praktischen Verständnisses, welche zweifellos in den aufstrebenden Kreisen des Gewerbes vertreten sind, wenig hervortritt. Nachdem jeder Einzelne seine kleinen Spezialwünsche mit mehr oder weniger Leidenschaftlichkeit und Geschick vorgebracht hat, solange der Zolltarif nicht bekannt war, sind jetzt zunächst alle diejenigen abgefallen, welche ihre Wünsche in dem Entwurfe erfüllt sehen. Die gute Regierung hat eben ihrem weisen Sachverständnisse nachgegeben, und damit erscheint es ja zweifellos, dass das Schäflein aufs Trockene gerettet ist. Für die allgemeinen Interessen mag doch der Nachbar sorgen: auch muss ja der Regierung daran liegen, dass das, was sie vorgeschlagen hat, wirklich zu Stande kommt Und so sehen wir heute die Schanzen der Handelsvertragspolitiker vor allen Dingen von mitarbeitenden und mitkämpfenden Personen nur schwach besetzt, und in dem Bewusstsein, dass man ja zunächst noch in ganz erträglicher Lage sei, beugt man den Kopf über das Pult im eigenen Kontor und glaubt von einer gemeinsamen Gefahr nicht Notiz nehmen zu müssen Und nicht die allgemeinen grossen Gedanken, welche bis in eine für die Zukunft des Vaterlandes massgebende Perspektive auslaufen, bilden die Richtschnur für ein gemeinsames entschlossenes Vorgehen, sondern einzelne Parteimeinungen und Parteischattirungen treten in den Vordergrund und vertreten damit nur einen Theil derjenigen Massen, welche heute Mann an Mann hinter der Forderung einer Fortsetzung der bisherigen Handelsvertragspolitik stehen sollten Mit Recht muss man fragen. Wie kann man es der Regierung verdenken, dass sie gegenüber einem solchem Verhalten sich denjenigen zuneigt, welche opferwillig arbeiten, um angeblich bedrohte Interessen zu vertheidigen? An eine wirkliche schwere Gefahr für die Industrie kann man angesichts dieser Passivität eigentlich nicht mehr glauben.

Und wenn wir dennoch die klare Empfindung haben, dass eine solche Gefahr besteht, — wie soll man sich demgegenüber das Verhalten der industriellen Interessentenkreise erklären? Gewiss ist es leichter, ungebildete und halbgebildete Massen zu fanatisiren, als unsern intelligenten und geistig zum guten Theil hochentwickelten Gewerbestand. Aber sollte man nicht meinen, dass die höher stehende Erkenntniss zu umso folgerichtigerem und thatkräftigerem Vorgehen Veranlassung geben müsste, sobald ein solches noth thut? Die Erklärung dafür zu geben, dass die entgegengesetzte Erscheinung zu Tage tritt, ist nicht leicht.

Die Kreise der Landwirthschaft haben sich mit volkswirthschaftlichen Anschauungen und Theorien lange Zeit garnicht beschäftigt. Als die Agitation kam und ihnen ein auf die Aussenwirkung berechnetes geschlossenes System vortrug, haben sie dies mit Eifer ergriffen und sich zu eigen gemacht, und sie wurden von der Richtigkeit und Unfehlbarkeit dieses Systems umsomehr überzeugt, je mehr es sich mit seinen groben Sätzen und Schlagworten zur Aufwiegelung der Massen bewährte. Wo sich Handel und Industrie mit volkswirthschaftlichen Gedanken beschäftigt hat, sind diese nicht auf reale Politik berechnet und auf Uebermittelung einer direkten volkswirthschaftlichen Anschauung gerichtet gewesen, sondern man hat sich in mehr oder minder von einander abweichenden, sehr abstrakten und mit der Wirklichkeit nur in losem Zusammenhange stehenden Gedankenreihen ergangen. Dieses Theoretisiren hat den Herrn Hinz und Kunz in seinen Mussestunden erquickt und erfreut; aber er hat leider nicht gelernt, was er bei einer Zusammenkunft mit guten Freunden durchgesprochen hat, auch auf die direkte praktische Arbeit seines Berufes anzuwenden. So hat sich das Theoretisiren insbesondere der extremen Freihandelsschule gerächt. Es hat die Massen der Fabrikanten kühl gelassen und ist ihnen nicht in Fleisch und Blut übergegangen Heute ist es beinahe unmöglich, sie für Verwirklichung der grossen allgemeinen Grundgedanken, auf denen sich ihre Thätigkeit aufbaut, auf die Schanzen zu rufen. Das ist eine bedauerliche Thatsache, aber es ist leider eine Thatsache, und sie muss als umso schwerwiegender hingenommen werden, wenn man bedenkt, von wievielen Stellen und wie unermüdlich immer und immer wieder die Industrie zur Arbeit und zum Kampf aufgerufen worden ist. Nach dieser Richtung hin sind von den Interessenvertretungen, insbesondere vom Handelsvertragsverein, bereits gewaltige Anstrengungen gemacht worden. Hoffen wir, dass sie noch rechtzeitig die erwünschten Ergebnisse bringen.

Diese Ergebnisse aber werden, wenn die heutige Auffassung sich nicht ändert, trotz aller Mühen verhältnissmässig geringe sein. Wer von der Handelsvertragspartei aus sieht, mit welchem Eifer sich die agrarischen Interessenten aus allen gesellschaftlichen Schichten bis hinauf zum vornehmen Magnaten zur Mitarbeit an der gemeinsamen Sache persönlich zur Verfügung stellen, der kann sich eines niederdrückenden Gefühls nicht erwehren, wenn er auf unsere Kreise zurückblickt. Wir Beamten der Interessenvertretung, meine Herren, mögen uns anstrengen soviel wir wollen. Wir mögen eine Menge Aufklärung ins Land tragen, das Material für die vorliegenden Streitfragen vorbereiten, sichten und kritisch zusammenstellen — das Alles nützt nicht viel, wenn Sie selbst so wenig sich an der Arbeit betheiligen, wie dies bisher leider der Fall gewesen ist. Was das Reichsamt des Innern, was unsere Centralstelle, was die jüngeren Vereinigungen an Material herbeigeschafft haben, ist gewiss nicht gering anzuschlagen. Aber dieses Material bleibt ein todter Ballast, wenn Sie ihm die Befruchtung versagen, welche nur aus dem praktischen Leben kommt. Wir müssen heute selbstständig arbeiten, ohne dass wir nothwendige und nützliche Anregung aus Ihren Kreisen in dem Maasse erhalten, wie es für unsere Arbeit eigentlich erforderlich wäre. Einige wenige Personen stellen sich zur Verfügung, die meisten glauben genug gethan zu haben, wenn sie einen spärlichen Jahresbeitrag leisten und dafür noch eine möglichst umfangreiche Gegenleistung entgegennehmen. Was hilft uns und anderen Vertretungen die Treue unserer Mitgliedschaft, wenn die Arbeit, welche wir leisten, nicht in der Oeffentlichkeit fruktifizirt wird? Wer von Ihnen denkt daran, dass er um der Vertretung seines Standes willen verpflichtet ist, auch persönlich einzugreifen in den grossen Kampf? Wer von Ihnen hat in dem Orte, aus dem er herkommt, in welchem er arbeitet und in dem er zweifellos ein einflussreicher Mann ist, für unsere Grundideen Propaganda gemacht und Anhänger geworben? Mit Geld allein, meine Herren, — und auch das fliesst spärlich genug — kann man eine Volksbewegung weder entfachen, noch leiten. Wie oft haben wir gar erleben müssen dass der einzelne Industrielle an uns mit einer Sonderfrage und einem Sonderwunsche herantrat, dass er uns die Vertretung seiner Anträge überliess, nachdem wir ihm die Unterlagen für eine spärliche Motivirung abgerungen. Wie selten konnten wir erreichen, dass zur völligen Klärung der Sache unter den nächsten Branchengenossen und Konkurrenten eine Umfrage in Scene gesetzt ward! Und dann: Es ist vorgekommen, dass das betreffende Mitglied, wenn es seine Sache auf einen gewissen Punkt gebracht sah, seine Mitgliedschaft aufgab und uns nicht einmal den schmalen Beitrag weiter gewähren wollte. Solche Mitglieder sind nichts nütze für uns, denn sie kosten uns viel mehr, als sie einschiessen. Ueber den bei solcher Gelegenheit aber zu Tage tretenden Unverstand kann uns der Umstand allein nicht hinweghelfen, dass auf der anderen Seite neue Mitglieder in unsere Reihen treten. Wir haben nichts als unsere trockene Arbeit, welche sachlich und in gewissem Sinne wissenschaftlich bleiben soll. Die Begeisterung und die Ausnützung dieser Arbeit muss von Ihnen ausgehen, die Sie im praktischen Leben stehen, und um deren Interessen es sich handelt. Wenn ich auf das vergangene Jahr zurückblicke, so muss ich sagen, es ist, was die Mitarbeit der Interessenten angeht, nur an denjenigen Stellen fruchtbar gewesen, an denen es sich um die unmittelbare Vertretung persönlicher Einzelinteressen handelte. Wenn es eine allgemeine Frage galt, so haben wir oft fragen müssen, ohne eine Antwort zu bekommen, und wenn es sich um Einberufung einer Konferenz handelte, so war die persönliche Theilnahme gering. Das, meine Herren, ist ein betrübendes Ergebniss und ist für unsere Vertragspartei und deren Erfolge von übler Vorbedeutung. Ich bitte Sie herzlich, erwägen Sie wohl, dass Sie auf dem eben beschriebenen Wege zu wirklichem Einflusse niemals gelangen werden, und dass es für die Erkenntniss, dass Ihre praktische Mitarbeit an unseren Bestrebungen bitter nothwendig ist, vielleicht bald zu spät sein wird.

Wenn wir uns mit Fug und Fleiss, gemäss dem Auftrage der bei uns vertretenen Majorität sorgfältig jeder Parteinahme in Politik und Wirthschaftspolitik enthalten haben, welche über die Linie der allgemeinen Vertragsfreundlichkeit hinausging, so hat Sie dieser wenig entschiedene Standpunkt vielleicht nicht befriedigt; und doch ist er der einzig richtige für jeden weiter denkenden Politiker, der sich sagen muss, dass die Interessen der Industrie und insbesondere der Exportindustrie heute bedroht sind und einer energischen Vertheidigung seitens aller Betheiligten bedürfen. Sie werden grosse, wuchtige Massen nur auf dieser allgemeinen Linie vereinigen können; halten Sie diese Linie alle miteinander ein, so wird jeder gleichzeitig bei der Erreichung seines besonderen Zieles gefördert werden, jeder, der persönlich über diese Linie hinausgehen oder hinter ihr zurückbleiben will. Wenn Sie aber in der bisherigen verhältnissmässigen Unthätigkeit verharren, so werden nicht nur unsere Gegner, sondern vor allem auch die Regierung annehmen müssen, dass Sie in Wahrheit gar keine Interessen zu vertreten haben.

Uebrigens haben diejenigen Interessenten und Politiker, welche bei ihrem Drängen und bei dem theilweisen Ueberhasten ihrer sachverständigen Leistungen stets darauf hingewiesen haben, dass für jede Interessendurchdrückung es die höchste Zeit sei, und die Entscheidung jeden Augenblick herankommen könne, nicht Recht behalten. Es ist uns, so wie die Dinge heute liegen, glücklicherweise noch eine Frist gegeben. Ehe der Tarif unter Dach und Fach kommt, wird noch eine ganze Spanne Zeit hingehen, und ehe die Handelsverträge wirklich gekündigt und abgelaufen sein werden, kann sich noch manches in den Machtverhältnissen der wirthschaftlichen Parteien ändern. Darum, meine Herren, müssen wir alle auf unserem Platze und an unserer Arbeit bleiben, aber wir wollen uns bemühen, diesen Platz mit Energie zu behaupten und die Arbeitswirkung, welche von ihm ausgehen soll, nach allen Richtungen hin zu erweitern und zu vertiefen. Helfen Sie uns und den uneigennützigen Herren Ihres Ausschusses bei dieser Arbeit, indem Sie uns ein grösseres persönliches Interesse bezeugen, als bisher, dann werden wir mit Freude und Hoffnung wieder an die Gewehre gehen.

Ich gehe nun dazu über, Ihnen kurz zu skizziren, nach welchen Richtungen sich unsere Thätigkeit während des verflossenen Berichtsjahres entwickelt hat.

In erster Linie steht sachgemäss die weitere Behandlung aller mit der Zolltarifreform im Zusammenhang stehenden grundsätzlichen und Einzelfragen. Diese Arbeit zerfiel der Natur der Sache nach in zwei Abschnitte.

Der eine Abschnitt umfasste die Verwerthung und Vertretung des Thatsachen- und Antrags-Materials, welches der Centralstelle von den angeschlossenen Interessenten zu den einzelnen Tarifpositionen überwiesen worden war. Eine gewaltige Fülle von Anträgen aus dem Schosse fast aller bedeutenderen Branchen lag uns vor. Betheiligt waren dabei die Chemische Industrie, die Maschinen-, Textil-, Papier-, Leder-, Fahrrad-Industrie, Glas-, Edelmetall-, Farben-Industrie, Brau-Industrie, Buchhandel, Salinen-Industrie, Steinsalz-Bergbau, die Malzkaffee-Industrie, die Fabrikation ätherischer Oele, Handel und Industrie von Fleisch- und Fettwaaren, Margarine-Industrie, die Gerberei, Stärkefabrikation, der Weinhandel, die Kolonialwaarenbranche, Putzfeder-Färberei, Fass- und Bottichfabrikation, Cylinderfass-Fabrikation, Südfruchthandel, Glycerin - Raffinerie, Mineralöl - Industrie, Ceresin - Industrie, Pharmazeutische Gross-Industrie, Ultramarinfabrikation, Parfümeriefabrikation, Molkerei, Gerbstoff- und Farbholz-Extrakt-

Fabrikation, Rosshaarspinnerei, Trikotfabrikation, Kunststickerei, Wäschefabrikation, Strohhutfabrikation, Schuh- und Schäftefabrikation, Lederhandschuh-Industrie, Celluloid-Industrie, Thonwaaren-Industrie und -Handel, Schmelztiegelfabrikation, Emailewaaren-Industrie, Stahlfeder-Industrie und -Handel.

Wegen andauernder Arbeitsüberlastung mussten wir uns im Wesentlichen beschränken auf die unserem Verbande angeschlossenen Branchen: es lag darüber hinaus eine Fülle von Anträgen vor, auf deren Bearbeitung wir leider Angesichts der beschränkten Zahl der uns zur Verfügung stehenden Arbeitskräfte verzichten mussten.

Die uns vorliegenden Anträge bezogen sich unter Anderem auf die zollamtliche Behandlung folgender Artikel:

Gerste, Malz, Hopfen, Anis, Fenchel, Koriander, Kümmel, Kaffee, Thee, Kakao, Pflanzenwachs, Espenholz, eichenes Fassholz, Schälholzplatten zur Cylinderfassfabrikation, Reifenstäbe. Quebrachoholz, Fleisch, Schmalz und schmalzartige Fette, Oleomargarine, Talg von Rindern und Schafen premier jus, Eigelb, Schmuckfedern, Polirter Reis, Leinöl, Baumwollsamenöl, Wein:

Porzellanerde (Kaolin), Farberden, Kalkrohstein und gebrannten Kalk, weisse mineralische Schmieröle:

gereinigtes Glycerin, Paraffin:

Phosphor, Salzsäure, Schwefelsaure, Salpetersäure, Milchsäure und milchsaure Salze, Weinsäure, Soda, Aetznatron, Aetzkali, Pottasche, schwefelsaures Natron, Kupfervitriol, Weinstein, Nitrit, salpetersaures Blei, Schwefelnatrium, Antichlor, Ultramarin, Bleimennige, Bleiweiss, Bleiweiss mit Oel angerieben, Zinkoxyd, Bronzefarben, Pigmentfarben und Farblacke, ätherische Oele, künstliche Riechstoffe, Zündhölzer, Kasein, Gelatine, Gerbstoffauszüge

Stickereien auf Grundstoffen, ganz oder theilweise aus Seide, Kunststickereien der Paramenten- und Fahnenbranche, Gespinnste aus Wolle oder anderen Thierhaaren, rohes Streichgarn, Baumwollgarn, baumwollene Gewebe, Leinengarn, Leinen, Krollhaare:

Handschuhe aus Leder, Schuhe aus Leder;
Fournire aus Holz, Billards und Billardtheile, Celluloid;
Apparate und Gefässe aus Steinzeug, feine Waaren aus Steingut, Klosets, Thonröhren, Schmelztiegel aus Graphit, Spiegel- und Tafelglas, photographische Objektive und Apparate, Bleche, Schreibfedern aus Stahl, Maschinen der verschiedensten Art und für die verschiedensten Verwendungszwecke, Fahrradtheile und Anderes.

Wir konnten zu unserer Freude konstatiren, dass vielen der von uns vertretenen Forderungen schon durch die Beschlüsse des Bundesraths zum Zolltarife entsprochen wurde. In unserem Sinne erledigt wurde beispielsweise die zollamtliche Behandlung von Eigelb zu gewerblichen Zwecken, von polirtem Reis zur Stärkefabrikation, von Leinöl, Paraffin, von Schuhen aus Leder.

Das uns zugewiesene Material war zu ordnen, zu sichten, in Fällen des Zweifels mit seinen Urhebern zu besprechen und in seiner Begründung, soweit es besonderen Wünschen zur Unterlage dienen sollte, statistisch und sachlich zu vervollständigen. Bei dieser Leistung fand sich die Centralstelle auf durchaus objektivem Boden: sie konnte gegenüber den positiven Angaben der Interessenten die Auffassung ihrer Leitung völlig zurücktreten und das Gewicht der beigebrachten Gründe und Belege für sich selbst sprechen lassen. Dennoch war solche Arbeit häufig mühevoll; hat sich doch an mehr als einer Stelle die Nothwendigkeit herausgestellt, innerhalb des eigenen Gremiums hervorgetretene, widersprechende Wünsche und Strebungen einander nahe zu bringen, zu versöhnen und auszugleichen. Der Oeffentlichkeit musste sich dieser Zweig der Thätigkeit durchaus fernhalten: es scheint aber auch richtig, die so gewonnenen Ergebnisse selbst nicht zur allgemeinen Kenntniss zu bringen. Sie interessiren in jedem Einzelfall nur immer diejenigen, die es angeht, und das grosse Publikum in Landwirthschaft, Handel und Industrie ist mit Einzelvoten der verschiedenen Gruppen schon überreich gesegnet worden. Dagegen entspricht es der Zweckmässigkeit diese Resultate an der Stelle vorzulegen, wo sie unmittelbar Berücksichtigung zu finden hoffen, nämlich bei der Zolltarifkommission des Reichstages, und sie jedesmal nur in den Theilen und dann zu Gehör zu bringen, wenn die von ihnen dargestellte Spezialmaterie zur Verhandlung steht.

Durchaus verschieden von der eben skizzirten war die zweite Aufgabe, der sich die Centralstelle nicht entziehen durfte. Eine grosse Vereinigung von Interessenten aus Handel und Industrie ist genöthigt auch grundsätzlich Stellung zu nehmen wenn es sich um eine Vorlage handelt, die geeignet erscheint, das gesammte Wirthschaftsleben der Nation wesentlich zu beeinflussen. Die Grundlage indessen, welche sich zur Bewältigung dieser Arbeit ergeben muss, ist weit schwerer zu finden und es ist nicht leicht, sich mit ihr auf einen wirklich sachlichen Boden zurückzuziehen. Hier liegen Streitfragen vor, bei denen es vor Allem nicht als ausgemacht gelten kann, wo die Sachlichkeit aufhört und die Parteimeinung anfängt. Jede dieser Fragen wird fast jede Gruppe und fast jede Person abweichend beurtheilen

Dennoch war für eine Meinungsäusserung, welche wenigstens ihren Grundzügen nach für diejenige der Centralstelle gelten kann, eine ziemlich breite Basis gegeben. Die Interessenten der Centralstelle sind überzeugt von der Nothwendigkeit der Fortführung der Handelsvertragspolitik und der Nützlichkeit des Abschlusses langfristiger und spezialisirter Tarifverträge. Unter diesem Gesichtswinkel war die gegenwärtige Aktion in Regierung und Parlament zu betrachten.

Die Centralstelle hat es nicht für nöthig gehalten, eine Versammlung ihrer Mitglieder einzuberufen und eine schon an unzähligen anderen Stellen gehörte Resolution zu fassen. Hätte doch der Tenor einer solchen Resolution nur eine Umschreibung ihres öffentlich bekanntgegebenen Programms enthalten können. Dennoch war sie verpflichtet, der gemeinsamen Grundanschauung ihrer Klientel über die Zolltarifvorlage bezw. deren Begründung einen möglichst sachlichen Ausdruck zu geben. Dies ist durch Veröffentlichung von

Heft 18 unserer Schriften, „Die Zolltarifvorlage und ihre Begründung von Dr. Vosberg-Rekow“, geschehen.

Die Schrift befindet sich in den Händen unserer Mitglieder; wir haben ihr darüber hinaus eine möglichst grosse Publizität gegeben, sie nicht nur allen maassgebenden Stellen im Reich und den Einzelstaaten, sondern auch sämmtlichen Mitgliedern des Reichstages und einer grossen Zahl hervorragender Persönlichkeiten ausserhalb des Parlaments zugestellt.

Wie wir mit Genugthuung hervorheben dürfen, hat die Schrift in der Presse die weiteste Beachtung gefunden, es ist anerkannt worden, dass sie dem dringenden Bedürfniss einer eingehenden Kritik der Begründung nach ihrer grundsätzlichen Seite und ihrem grundsätzlichen Gehalt in wirksamster Weise Rechnung trägt und dabei eine Reihe hochwichtiger Momente in richtige Beleuchtung rückt, die bisher bei der öffentlichen Erörterung zu wenig oder gar keine Beachtung gefunden haben.

In einer früheren Eingabe betr. den im Reichsschatzamt bearbeiteten Entwurf einer neuen Anordnung des deutschen Zolltarifs benutzten wir die Gelegenheit, um auf die Ungleichheit der in Geltung befindlichen Tarifschemata bei den verschiedenen Ländern hinzuweisen, die fortgesetzt als schwerer Uebelstand empfunden wird. Wir legten dar, dass gegenwärtig die Positionen der verschiedenen Tarife sich in ihrer wirthschaftlichen Bedeutung meist überhaupt nicht vergleichen lassen, dass sich in Folge dessen die Vertragsverhandlungen erheblich kompliziren müssen, eine gerechte einheitliche Zollbehandlung bei vielen Artikeln sich nicht erzielen lässt. Als grössten Nachtheil bezeichneten wir die fast durchweg zu konstatirende Unvergleichbarkeit der Aussenhandelsstatistik in verschiedenen Staaten, deren Einzelnummern mit den einzelnen Positionen der jeweiligen Zolltarife mehr oder weniger zu korrespondiren pflegen. Die für handels- und zollpolitische Darlegungen und für die Begründung einschlägiger Anträge unbedingt erforderliche Heranziehung der Statistik des internationalen Waarenverkehrs sei dadurch in vielen Fällen so gut wie ausgeschlossen. Wir betonten, dass die Vorbereitung der neuen Handelsverträge eine für lange Jahre nicht wiederkehrende Gelegenheit biete, internationale Verhandlungen über die hier in Rede stehende Frage einzuleiten.

Zu unserem Bedauern ist dieser Anregung keine Folge gegeben. Bei Erneuerung der Handelsverträge werden deshalb nach wie vor ganz ungleichartig ausgestaltete Tarifschemata zu Grunde gelegt werden müssen, die so dringend nothwendige Vergleichbarkeit der Aussenhandelsstatistik wird immer noch fehlen.

Der Tarifentwurf ist dem Reichstage vorgelegt worden ohne die Beigabe eines amtlichen Waarenverzeichnisses, das es allein erst möglich macht, den ganzen Umfang der eintretenden Aenderungen klar zu übersehen. Auch in dieser Richtung hatten wir Anträge gestellt, die leider ohne Berücksichtigung geblieben sind. Die Nichterfüllung derselben wird die bevorstehenden Entscheidungen des Reichstages erschweren und für weite Kreise von Interessenten den unbehaglichen Zustand verlängern, nicht zu wissen, welcher zollamtlichen Behandlung ihre Spezialartikel künftig unterliegen sollen.

Es ist unser eifriges Bemühen gewesen, neben der Behandlung der Tarifreform als der aktuellsten aller handelspolitischen Fragen auch den Ausbau unseres übrigen sich extensiv wie intensiv immer mehr erweiternden Aufgabenkreises nicht zu vernachlässigen. Es bedurfte in dieser Beziehung einer ganz besonderen Anspannung aller Kräfte, um den sich in naturgemassen Verlauf der Dinge stetig mehrenden Ansprüchen aus den Kreisen des deutschen Wirthschaftslebens zu genügen Sind wir doch von Anfang an bestrebt gewesen, soweit es unsere Kräfte erlauben, auch der Allgemeinheit zu dienen und uns nicht zu beschränken auf den engeren Kreis der unserem Verbande direkt angeschlossenen Interessentengruppen.

In einer grossen Zahl von Fällen sahen wir uns veranlasst, auf dem Wege besonderer Eingaben bei der Reichsregierung vorstellig zu werden. So beantragten wir die Vermittelung des Reichs zum Zwecke der Aufhebung des Einfuhrverbots von Anilinfarben in Persien und zur Herbeiführung einer den Bedürfnissen des Handels mehr entgegenkommenden Zollbehandlung der in Briefpostsendungen eingehenden Waarenmuster Seitens der spanischen Zollbehörden. In gleicher Weise wurden wir vorstellig wegen des neuerdings in Portugal verweigerten Einlasses eingeschriebener Mustersendungen, wegen einer unserer Ansicht nach vertragswidrigen Aenderung der Verzollung von Kabeln und isolirten Kupferdraht in Spanien, und der gleichfalls mit Rücksicht auf die vertragsrechtlichen Vereinbarungen zu beanstandenden zollamtlichen Behandlung von Massenerzeugnissen des Farbenbilddrucks in Oesterreich. Angesichts der von der Presse verbreiteten Meldung, betr. die Einstellung der mikroskopischen Untersuchung von Schweinefleisch in Amerika wiesen wir auf die Schädigungen hin, die dem deutschen Handel aus der Ungewissheit darüber, ob auch nach dem Inkrafttreten des Gesetzes über die Fleischbeschau an der Forderung der Beibringung von Certifikaten über die stattgehabte Untersuchung des Fleisches festgehalten werden soll, erwachsen müssen. Die Vorlegung des Süssstoffgesetzentwurfs gab uns Veranlassung, gegen dessen auf Unterbindung eines blühenden, der Allgemeinheit nützlichen Industriezweiges gerichtete Tendenz beim Reichstage Verwahrung einzulegen.

Wir dürfen mit Genugthuung konstatiren, dass wir bei der Reichsregierung stets dankenswerthe Bereitwilligkeit, unsere Vorschläge zu prüfen und zu erörtern, gefunden haben. Soweit es nach Lage der Sache möglich schien, sind auf diplomatischem Wege Vorstellungen bei den fremden Regierungen erhoben worden und ist dadurch Remedur herbeigeführt. Wenn dies nicht in allen Fällen zu erreichen war, so liegt der Grund in dem bisher noch immer unvollständigen und lückenhaften Ausbau der vertragsmässigen Vereinbarungen, der bei vielen Fragen von höchster Bedeutung die vertragsrechtliche Regelung bisher noch vermissen lässt. In solchen Fällen werden unsere Vorstellungen dazu beitragen, nothwendige Ergänzungen bei der bevorstehenden Erneuerung der Verträge zu bewirken und auf diese Weise Nützliches schaffen, wenn ihnen auch unmittelbar und sofort keine Folge gegeben werden konnte.

Die Vermittelung der Reichsregierung bei Beschwerden gegenüber fremden Ländern führt trotz aller Bereitwilligkeit zu rascher Erledigung doch naturgemäss und unvermeidlicher Weise gewisse Verzögerungen der endgültigen Entscheidung herbei. Wir haben deshalb immer besonderen Werth darauf gelegt, auch direkte Beziehungen zu den maassgebenden Stellen im Auslande resp. zu ihren hiesigen amtlichen Vertretungen zu unterhalten In dieser Beziehung dürfen wir auf das vergangene Geschäftsjahr mit besonderer Genugthuung zurückblicken. Unsere Beziehungen haben sich nicht nur extensiv ausgedehnt, sondern auch innerlich gekräftigt und wärmer gestaltet, was den von uns vertretenen Interessen natürlich zum wesentlichen Vortheil gereichen musste. Wir hatten Gelegenheit, im Handelsministerium in Wien persönlich wegen Zolldifferenzen zu verhandeln und so die dortigen Auffassungen und Stimmungen aus erster Quelle kennen zu lernen. Wiederholt hat der hiesige handelspolitische Vertreter Oesterreich-Ungarns auf unseren Vertrag zur Klärung von Missverständnissen nach Wien berichtet, und uns in authentischer Weise über wichtige Fragen Auskunft ertheilt.

In gleicher Weise sind wir auch dem Vertreter Russlands zu Dank verpflichtet, der uns in liebenswürdigster Weise bei wiederholtem Anlass seine Dienste zur Verfügung gestellt hat. Auf gleichem Wege konnten auch Beschwerden erledigt werden, die uns aus unserer Mitgliedschaft über die französische Zollpraxis zugegangen waren. Die serbische Gesandtschaft nahm sich eines Antrages an und hat darüber auf unsere Bitte und in unserem Interesse mit der Königlich serbischen Regierung direkt verhandelt.

Wir begrüssen mit Genugthuung, dass unsere Thätigkeit im In- wie im Auslande sich steigender Beachtung zu erfreuen hat. Die Reichsbehörden, in besonders dankenswerther Weise das Reichsamt des Innern, stellten uns ihre einschlägigen Veröffentlichungen fortlaufend zur Verfügung und übermittelten uns zur Verwerthung durch die Interessentenkreise alle geeignet erscheinenden Materialien. Die zur amtlichen Vertretung von Handel und Industrie berufenen Körperschaften hielten uns durch regelmässige Uebersendung ihrer Jahresberichte und Zustellung der Protokolle wichtiger Sitzungen auf dem Laufenden, das Gleiche gilt von vielen der hervorragendsten wirthschaftlichen Interessenvertretungen.

Die auswärtigen Regierungen bekunden uns ihr Interesse durch kostenfreie Zustellung aller fortlaufenden handelspolitischen Publikationen und derjenigen sonstigen handelspolitischen Veröffentlichungen, die eine aktuelle Bedeutung auch in Deutschland beanspruchen dürfen. Aus den bezüglichen Eingängen des verflossenen Geschäftsjahres heben wir besonders hervor das umfangreiche Material über die vom Oesterreichischen Ackerbauministerium veranstaltete Enquete, betr. den Getreideterminhandel, der sich über Getreide-Produktion und Konsumtion in allen Ländern der Welt eingehend und ausführlich verbreitet. Solange die auch von uns lebhaft befürwortete Enquete über die Lage der Landwirthschaft in Deutschland fehlt, ist das österreichische Werk zur Beurtheilung vieler Einzelfragen geeignet, einen theilweisen Ersatz zu bieten und daher auch für uns von aktuellstem Interesse.

An Schriften der Centralstelle haben wir im verflossenen Geschäftsjahre herausgegeben:

Heft 15. Bericht über die dritte ordentliche Generalversammlung vom 20. Januar 1901;

Heft 16. Spanien, kulturgeschichtliche und wirthschaftspolitische Betrachtungen von Dr. Gustav Diercks.

Heft 17. Die Handelsbilanz der Vereinigten Staaten von Amerika von Professor Freiherr Sartorius von Waltershausen.

Wir können auch bezüglich dieser Schriften wieder konstatiren, dass sie in der Oeffentlichkeit die weitestgehende

Beachtung gefunden haben und als anregende Vertiefung der handelspolitischen Erörterung auch von gegnerischer Seite willkommen geheissen wurden. Wir glauben insbesondere mit der Veröffentlichung der letzgenannten Schrift einen bedeutsamen Beitrag zur Klärung der hochaktuellen Frage der sog. amerikanischen Gefahr geliefert zu haben und möchten nicht unerwähnt lassen, dass die amerikanische Presse und Litteratur sie als charakteristisch für die Beurtheilung der beiderseitigen Beziehungen von Seiten der massgebenden deutschen Kreise aufgefasst hat und sie dementsprechend noch fortgesetzt von dem einen oder anderen wirthschaftspolitischen Standpunkt aus kommentirt.

In der Veröffentlichung werthvoller Schriften aktuellen Inhalts könnten wir noch viel weiter gehen, als bisher, wenn uns die beschränkten Mittel unseres Etats, insbesonders die Verpflichtung der kostenfreien Lieferung an alle Mitglieder nicht im Wege ständen. Bei denjenigen Mitgliedern, deren finanzielle Leistung den Minimalbeitrag von 20 M. pro Jahr nicht übersteigt, verzehrt diese Verpflichtung allein den grössten Theil des Beitrages; wir müssen uns deshalb, solange die jetzigen Verhältnisse in dieser Beziehung fortdauern, eine uns selbst unerwünschte Beschränkung in der Veröffentlichung von Schriften auferlegen. Wir bedauern dies um so mehr, als uns fortgesetzt sehr werthvolle und interessante Arbeiten zur Veröffentlichung angeboten werden.

Wir haben auch im verflossenen Geschäftsjahre es uns besonders angelegen sein lassen, der Allgemeinheit zu dienen durch Veröffentlichung objektiv gehaltener, sachlich orientirender Artikel in der Presse. Wir befolgen dabei nach wie vor den Grundsatz, allen bedeutenden Zeitungen, gleichviel welcher politischen Richtung, unsere Notizen zur Verfügung zu stellen und sehen zu unserer Freude, dass sowohl die hauptstädtische wie auch die provinziale Presse diesem unserem Dienst verständnissvolle Würdigung angedeihen lässt und unsere Mittheilungen regelmässig zum Abdruck bringt. Sie finden auf diese Weise die weiteste Verbreitung in allen Theilen des Vaterlandes.

In erster Linie hatten wir in unseren Mittheilungen über kommerzielle und gewerbliche Verhältnisse im Auslande zu berichten. So über die Beschränkung der Konzession zum Bau von Eisenbahnen in Spanien auf spanische Unterthanen, über Förderung industrieller Unternehmungen in Rumänien durch die rumänische Regierung, allgemeine industrielle Entwicklung desselben Landes, über die Bedingungen des Verkaufs rumänischer Staatshölzer (nach Mittheilung und auf besondere Veranlassung der rumänischen Regierung) über Aufhebung der Brückenzölle und Schleusentaxen in Aegypten, Hebung des russischen Getreideexports durch Einstellung besonderer Eilgüterzüge, Organisation des russischen Exports von Produkten der Geflügelzucht, über Getreideexport-Prämien in Frankreich, die russische Baumwollkultur in Zentralasien, das Niederlassungsrecht der Fremden in China, die wirthschaftliche Entwicklung der Philippinen unter amerikanischer Herrschaft, das ungarische Industrie-Begünstigungssystem, die Entwicklung unserer Handelsbeziehungen zu Argentinien, Begründung von Auslandskammern seitens fremder Staaten.

Als weiterer Gegenstand ergab sich die Berichterstattung über Tarifveränderungen und Zollpraxis im Auslande. Wir haben den neuen australischen Tarifentwurf eingehend behandelt, desgleichen die Novelle zum kubanischen Tarif, die in Rumänien mit Beginn des Jahres in Kraft gesetzten Zollerhöhungen, die Neuregelung der chinesischen Seezölle, die Kündigung unseres Handelsvertrages mit San Salvador, die Zollbehandlung der in Briefpostsendungen in Spanien eingehenden Waarenmuster, die angebliche Differenzierung deutscher Schaumweine und Liköre in Amerika, die Zahlung der spanischen Zölle in Gold. Von besonderem Interesse für den deutschen Export mussten die zollpolitischen Strömungen sein, die sich im Auslande aus Anlass der Vorbereitung neuer Tarife geltend machten. Wir haben auch hierüber auf Grund zuverlässiger Informationen berichtet, so besonders über die Wünsche und Anträge der belgischen und österreichischen Industrie.

Weitere Notizen betrafen die Steuergesetzgebung des In- und Auslandes (Entwurf eines Süssstoffgesetzes in Deutschland, neues russisches Stempelsteuergesetz), Verkehrsangelegenheiten (Projekt des Kaspi-Schwarzmeerkanals, veterinärpolizeiliche Verkehrsbeschränkungen in Ungarn und Serbien, Statistik des österreichisch-ungarischen Zwischenverkehrs), den russisch-amerikanischen Zollkrieg (Verzollung von Petroleumprodukten in Amerika, Ausdehnung der differentiellen Behandlung gewisser amerikanischer Erzeugnisse auf das asiatische Russland), allgemeine handelspolitische Mittheilungen (panamerikanischer Kongress in Mexiko, Schädigung des deutschen Export durch südafrikanischen Krieg, Fortschritte der amerikanischen Kohle im Absatz auf europäischen Märkten).

Neben dem für die Allgemeinheit bestimmten Informationsdienst nahm in erhöhtem Masse die Auskunftsertheilung auf zoll- und handelspolitischem Gebiet unsere Kräfte in Anspruch. Wir haben schon früher darauf hingewiesen, wie lebhaft das Bedürfniss nach zuverlässiger Auskunft in all den tausend Fragen sich gestaltet, die dem praktischen Geschäftsmann täglich aufstossen. Er hat zwar amtliches Material, Gesetze, Verordnungen, Zusammenstellungen der Zolltarife und anderes in täglich sehr mehrendem Umfange in Händen, damit allein aber ist ihm nicht gedient. Alles befindet sich in ständigem Fluss, täglich treten irgendwo wichtige Anordnungen ein, er kann nicht mehr übersehen, was gilt und was veraltet ist. Der Spezialist muss ihm zu Hilfe kommen, der ausschliesslich auf diesem Gebiete arbeitet, alles verfolgt, den Zusammenhang übersieht, Gesetze und Tarife in richtiger Weise auszulegen versteht.

Wir haben solche Kräfte ausgebildet. Es konnte freilich nur geschehen, indem wir sie von anderen Aufgaben entlasteten, was Angesichts unseres nur kleinen Stabes von Mitarbeitern nicht immer leicht war. Ermuthigend wirkte dabei die Wahrnehmung, dass unser Apparat von Tage zu Tage sicherer und rascher funktionirt und im Kleinen das schon heute leistet, was die Reichshandelsstelle, die trotz warmer und sachlich überzeugender Befürwortung im Reichstage noch immer fehlt, im Grossen leisten soll.

Im Vordergrund des praktischen Bedürfnisses steht die Auskunftsertheilung auf dem Gebiete des Zollwesens, die vielen überflüssig erscheint, wenn man dem praktischen Geschäftsmann die Tarife des In- und Auslandes in stattlichem Bande in die Hand gedrückt hat. Er kann sie zwar aufschlagen, findet jedoch in den meisten Fällen wegen mangelnder Spezialisirung des Tarifs nicht das, worauf es ihm grade ankommt. Er muss deshalb anfragen bei solchen Stellen, die den Tarief in seiner oft unklaren und vieldeutigen Ausdrucksweise auch auszulegen verstehen, die insbesondere über die Fülle, der von amtlicher Seite ergangenen und täglich neu ergehenden Tarifentscheidungen orientirt sind. Solche Anfragen kamen beispielsweise an uns betr. die Verzollung von Theerölen, Chlorzink und sonstigen Chemikalien, hölzernen Riemenscheiben, Dynamomaschinen in Holland, elektrischer Kabel, Kupferdrahtseil in Rumänien, Wasserglas, säurefreien Oelen in Italien, Transformatoren, hölzernen Riemenscheiben in der Schweiz, Korbwaaren, Kalisalzen, elektrotechnische Artikel, hölzerne Riemenscheiben in Oesterreich-Ungarn, Bücher, Formaldehyd, blankes Kupferseil, Stuhlsitze, hölzerne Riemenscheiben, Wollproben in Russland, elektrische Apparate in Finnland, Jutesäcke, hölzerne Riemenscheiben in Belgien, Petroleumlampen, verschiedenen Metallen in Spanien, hölzerne Riemenscheiben in Dänemark, Norwegen und Schweden, Schmiergelscheiben in Amerika, Oxalsäure, Trikotwaaren in verschiedenen Ländern.

Wir haben uns bemüht, alle uns angeschlossenen Branchen fortlaufend über alle ihre Spezialartikel betreffenden Zolländerungen möglichst rasch zu orientiren, eine Arbeit, die wir nur leisten können, Dank unserer von Jahr zu Jahr sich immer fruchtbarer gestaltenden Beziehungen zu einflussreichen und gut unterrichteten Stellen im Auslande.

Neben den eigentlichen Zollauskünften war das Zollverfahren, der Beschwerdeweg in Zollsachen, die Frage ob Netto- oder Bruttoverzollung, der Abzug von Tarasätzen

Gegenstand unserer Mittheilungen. Eine ständige Rubrik bildet nach wie vor auch die Besteuerung der Handelsreisenden im Auslande, die Behandlungen ihrer Musterkoffer, die Frage der zu beobachtenden Passformalitäten. Aenderungen der bezügl. Vorschriften folgen sich hier so rasch, dass grade auf diesem Gebiete gedruckte Zusammenstellungen immer den Verdacht gegen sich haben, in einzelnen Theilen schon veraltet zu sein.

Einen sehr erheblichen Umfang hat auch unsere Auskunftsertheilung auf dem Gebiete des Waarenverkehrs angenommen. Beispielsweise wurde von uns Auskunft erbeten, über die Ein- und Ausfuhr von Soda, Bettfedern, von Celluloid, von Bitterwasser, von Korbwaaren, Weiden und anderen Artikeln. über die Entwicklung der Ausfuhr von Eisenwaaren nach Russland im Laufe des letzten Jahrzehnts, über Verkehr und Preisbewegung von Mais und Sämereien.

Mit schuldigem Danke muss hervorgehoben werden, dass unsere Thätigkeit wie auf allen Gebieten so insbesondere auf dem der Auskunftsertheilung in dankenswerthester Weise Unterstützung und Förderung von Seiten der deutschen Konsulate im Auslande gefunden hat. Wir waren oft genöthigt, umfangreiche Anfragen nach dort zu richten, sie haben jedesmal prompte und gründliche Beantwortung gefunden.

Um so mehr bedauern wir, dass das reiche Maass von Sachkenntniss und Diensteifer im Kreise des deutschen Konsularkorps noch nicht dazu nutzbar gemacht ist, deutsche Handelskammern im Auslande zu begründen. Wir vermögen grade auf Grund unserer eigenen Erfahrungen nicht einzusehen, weshalb ein erspriessliches Zusammenarbeiten nicht möglich sein soll. Beide Institutionen ergänzen sich gegenseitig und haben in ihrem Wesen nichts, was sie der Natur der Sache nach zu feindlichen Brüdern machen müsste. Die trotz der Zustimmung des Reichstages ablehnende Haltung der Reichsregierung ist um so mehr zu bedauern, als inzwischen andere Nationen thatkräftig vorgehen und sich dadurch Erfolge sichern, die ihre Spitze gegen die deutsche Position im Auslande richten müssen.

Wir selbst haben trotz dieser ungünstigen Verhältnisse den Muth nicht verloren, sondern im Stillen weiter gearbeitet und hoffen wir in nicht allzu ferner Zeit auch mit positiven Resultaten an die Oeffentlichkeit treten zu dürfen.

Meine Herren! Das deutsche Wirthschaftsleben befindet sich noch immer im Zeichen der Depression, der Druck des schlechten Geschäftsganges macht sich überall bemerkbar. Mit um so grösserer Befriedigung dürfen wir konstatiren, dass unser Verband mit im wesentlichen ungeschwächten Mitgliederbestande in das neue Geschäftsjahr eingetreten ist. Dies treue Festhalten an unserer Sache wird uns ein erneuter Ansporn sein, das Beste zu leisten und unentwegt mit Einsatz aller Kräfte weiter zu arbeiten.

Vorsitzender **Dr. C. A. Martius**: Meine Herrn! Ich glaube in Ihrem Namen zu handeln, wenn ich Herrn Dr. Vosberg-Rekow für seinen interessanten und nach allen Seiten hin orientierenden Geschäftsbericht unseren Dank ausspreche. Ich stelle den Geschäftsbericht nunmehr zur Diskussion.

Rágóczy (Metz): Der Anerkennung des Herrn Vorredners für das Entgegenkommen der deutschen Konsuln im Auslande kann ich mich auf Grund meiner eigenen Erfahrungen im allgemeinen wohl anschliessen. Indess muss ich einen Fall zur Sprache bringen, der von einer ausserordentlchen bureaukratischen Auffassung der Pflichten zeugt. Der von mir vertretene Verein hat erleben müssen, dass eine in Form dringlichen Telegrammes übermittelte Anfrage von dem Konsulat zu Madrid unbeantwortet blieb und man sich zur Entschuldigung dieser Versäumniss später darauf berief, die Kostenbeträge für Rückantwort seien nicht hinterlegt gewesen.

Angesichts solcher Vorgänge ist es nothwendig, immer von Neuem darauf hinzuweisen, dass die Förderung der wirthschaftlichen Interessen des Mutterlandes den Kernpunkt der konsularischen Thätigkeit bilden muss. Dieser Auffassung möchte ich auch an dieser Stelle recht deutlichen und energischen Ausdruck verleihen.

Diefenbach (Frankfurt a. M.). Ich möchte in diesem Zusammenhange die hohe Besteuerung der Geschäftsreisenden im Auslande von Neuem zur Sprache bringen. In Russland erheben zu der schon aussergewöhnlich hohen staatlichen Besteuerung auch noch die Kommunen Zuschläge, es ergiebt sich hieraus eine Gesammtbelastung, die sich als äusserst empfindliche Erschwerung der Verkehrsbeziehungen mit Russland darstellt. Gleich drückend ist diese Besteuerung in Schweden, Norwegen und Dänemark. Die Besteuerungsfrage muss in die vertragsrechtliche Regelung einbezogen werden, es müssen auf diesem Wege Garantien geschaffen werden, dass die Besteuerung gewisse Grenzen nicht überschreiten kann.

Dr. Etienne: Die Centralstelle wendet der Frage fortgesetzt sorgfältigste Beachtung zu. Wir haben sie in einer unserer früheren Schriften vom grundsätzlichen Standpunkt aus eingehend behandelt und dabei dieselben Forderungen erhoben, wie sie der Herr Vorredner eben formulirt hat. Gegen die übermässig hohe Besteuerung in Russland haben wir in einer Eingabe an die Reichsregierung protestirt und dürfen mit Genugthuung konstatiren, dass die russische Regierung schon nachgegeben und den Betrag der Steuer bedeutend ermässigt hat. Wir werden in der gleichen Richtung weiterhin thätig sein

Vorsitzender **Dr. C. A. Martius.** Ich darf nunmehr annehmen, meine Herren, dass Sie den Jahresbericht genehmigen und dessen Inhalt zustimmen.

Wir kommen nun zu dem

Kassenbericht, zur Entlastung des Vorstandes und Aufstellung des Haushaltsplanes für das Jahr 1902.

Namens der Revisionskommission wird Ihnen Herr Fabrikbesitzer Max Bendix berichten. Ich ertheile demselben das Wort.

Fabrikbesitzer **Max Bendix**-Berlin: Von der letzten Mitgliederversammlung sind zu Rechnungsprüfern gewählt worden: Herr Finanzrath Rose, Präsident der Handelskammer zu Coburg und ich, sowie als Ersatzmann Herr Kommerzienrath Julius Pintsch-Berlin. Da Herr Finanzrath Rose, wie er dem Vorstande derzeit angezeigt hat, zu unserem Bedauern verhindert war, während der Vorbereitungszeit der Generalversammlung nach Berlin zu kommen, ist als Ersatzmann Herr Kommerzienrath Pintsch an seine Stelle getreten. Herr Kommerzienrath Pintsch und ich haben am 14. Februar 1902 auf dem Bureau der Centralstelle uns eingefunden und daselbst eine mehrstündige Kassen- und Bücher-Revision vorgenommen. Es wurden uns vorgelegt:

1. Eine Nachweisung der Einnahmen, bestehend in der Beitragsliste pro 1901, dem Beitragsbuch pro 1901, dem sonstigen Einnahmebuch, dem Postanweisungs-Kouponbuch, der Nachweisung der Mahnungen und Restanten.

2. Eine Nachweisung der Ausgaben, bestehend aus dem Kassenbuch pro 1901, dem speziellen Portobuch, zehn Kontobüchern über die einzelnen Haushaltstitel, zehn Aktenstücken mit entsprechenden Belegen, dem Kontokurrent der Firma Julius Rütgers, der Abrechnung pro 1901, einer zusammenfassenden Nachweisung über die Ausgaben bei den einzelnen Haushaltstiteln.

Die Revisoren haben die Abrechnungen mit den Büchern verglichen und völlige Uebereinstimmung gefunden. Es wurden in den vorgelegten Hilfsbüchern und Belegen zahlreiche Stichproben gemacht und die Hilfsbücher in den Monatszusammenstellungen aufaddirt. Die Schlussrechnung ergiebt nachstehende Summen für Einnahmen und Ausgaben:

Bestand aus dem Vorjahre übernommen .	5132,39 M.
Beiträge und Zuwendungen	41025,66 „
	46158,05 M.
Ausgaben	41098,14 M.
Kassenbestand	5059,91 „
	46158,05 M.

Der Verbrauch des Berichtsjahres ist gegen den Voranschlag um 6566,08 M. zurückgeblieben.

Nach diesem Befunde beantrage ich gleichzeitig im Namen des Herrn Kommerzienrath **Julius Pintsch** die Entlastung des Vorstandes.

Die Versammlung beschliesst demgemäss. Sie spricht den Revisoren ihren Dank aus und wählt für das Geschäftsjahr 1902 wiederum die Herren Fabrikbesitzer **Max Bendix**-Berlin und Handelskammerpräsident Finanzrath **Rose**-Coburg zu Revisoren, sowie Herrn Kommerzienrath **Julius Pintsch**-Berlin zu deren Stellvertreter

Dr. Vosberg-Rekow verliest hierauf den Entwurf eines Voranschlages und beantragt, für das Jahr 1902 wiederum mit 50000 M. zu etatisiren. Die Unterlagen für diesen Voranschlag sind den Revisoren vorgelegt, von ihnen geprüft und als geeignet zur Begründung des Voranschlages anerkannt worden. Dem Vorstande soll freie Hand gelassen werden, die Gesammtsumme auf die einzelnen Etatstitel je nach Bedürfniss zu vertheilen. Die Versammlung genehmigt den Antrag.

Es wird sodann zur Wahl des grossen Ausschusses geschritten. Ausgeschieden sind die Herrn: Kommerzienrath Ribbert, Dr. Tschierschky. Die Wahl erfolgt in der weiter unten (Anlage) angegebenen Zusammensetzung. Neu hinzu getreten sind die Herren: Kommerzienrath Roesicke, Kommerzienrath Julius Pintsch, Kommerzienrath Liebel, Generaldirektor Goldschmidt, Direktor Hochschild, Eduard Sturm, Vorsitzender des Verbandes der Weinhändler des Rhein- und Maingaues, Obermeister Fischer, Vorsitzender des Verbandes deutscher Juweliere, Gold- und Silberschmiede, Dr. Riesenfeld, Syndikus der Handelskammer Breslau, Dr. Wendtland, Syndikus der Handelskammer Leipzig

Der Vorsitzende etheilt sodann das Wort Herrn Dr Vosberg-Rekow zu Punkt 2 der Tagesordnung über:

Die Zolltarifvorlage in ihrer grundsätzlichen Bedeutung.

Dr. Vosberg-Rekow: Meine Herren! Es bedarf vielleicht einer kurzen Rechtfertigung, dass wir Ihnen ein Referat über die neue Tarifvorlage erst heute erstatten, nachdem diese Vorlage bereits zwei Monate lang die öffentliche Meinung beschäftigt hat. Sie wollen indessen bedenken, dass es schwierig ist, ein Urtheil über eine Arbeit zu gewinnen, welche so umfangreich ist, wie der gegenwärtig zur Verhandlung stehende Tarif, und welcher eine Begründung beigegeben ist, so umfassend und dabei so widerspruchsvoll, wie diejenige, über welche wir heute verhandeln sollen. Es ist Ihnen ja bekannt, dass der Tarif selbst gegen den Willen der Regierung vorzeitig an die Oeffentlichkeit gelangte und dass von seiner Herausgabe bis zur endlichen Bekanntmachung der Begründung mehrere Monate verstrichen sind. Erst gegen den Schluss des vorigen Jahres hin wurde die ganze Vorlage veröffentlicht, und erst von da ab konnte die Arbeit einsetzen, welche zu ihrer Bewerthung geleistet werden musste. Sie werden in das Detail dieser Arbeit heute nicht hineinsteigen wollen. Diese Seite der an der Vorlage zu übenden Kritik bleibt wohl besser den Spezialvereinen überlassen, die ihre jeweiligen Interessen ausgiebig verhandeln und vertreten können. Unsere Aufgabe dürfte es in erster Linie sein, von dem Standpunkt aus uns über die Vorlage klar zu werden, der für uns seit unserer Begründung als der massgebliche gegolten hat, nämlich von dem Standpunkte der Fortführung der Politik der Handelsverträge. In Heft 18 unserer Schriften haben wir Ihnen die Gesichtspunkte dargelegt, aus welchen, meiner Ansicht nach, die Aktion der Regierung bezw. des Reichstages heute beurtheilt werden muss. Es wird nicht leicht sein, im gegenwärtigen Augenblicke eine klare Uebersicht über die innerpolitische Lage, wie sie durch den Tarif geschaffen ist, zu gewinnen. Ist doch die Stellung derjenigen Faktoren, bei welchen schliesslich die Entscheidung liegt, nämlich diejenige der Regierung selbst, heute noch keine klare. Wenn aber auch erst die kommenden Entscheidungen von der weittragendsten Bedeutung werden müssen und es von ihnen abhängen wird, ob der Tarif überhaupt Gesetz wird oder nicht, so bleibt doch für eine Vereinigung, wie es die unsrige ist, die Verpflichtung, zu der Vorlage selbst, mag man sie nun als den endgültigen Entschluss der Regierung ansehen oder nur als ein Objekt für etwaige Vereinbarungen, Stellung zu nehmen. Um Ihnen diese Stellungnahme zu erleichtern, hat mich der geschäftsführende Ausschuss beauftragt, die Ihnen seit etwa 14 Tagen vorliegende Schrift auszuarbeiten; Sie wollen deshalb gestatten, dass ich die dort niedergelegten Gedanken auch meinen heutigen Ausführungen zu Grunde lege und Ihnen gewissermassen einen kurzen Extrakt aus den Entwickelungen übermittele, welche ich in jenem Referat gegeben habe.

Unentschlossen, unbestimmt und mehrdeutig, das sind heute die für unsere innere Politik überhaupt charakteristischen Eigenschaften. Sie finden sich auch in dem neuen Tarif wiedergespiegelt. Die Vorlage hat sozusagen zwei Seelen. Die eine ist die Seele des sachlich kühl abwägenden, dabei aber aufmerksam und modern denkenden Handelspolitikers; sie dürfte zugleich die des Staatsmannes sein, welcher aus der Sache selbst heraus arbeitet und seine Grundgedanken verfolgt, ohne sich durch der Parteien Liebe und Hass führen zu lassen. Die andere ist die Seele der schwankenden, wenig energischen, nach Kompromissen haschenden Politik, die mehr oder weniger das Bestreben erkennen lässt, ausserhalb der eigenen Erkenntniss für deren unklare und mangelhaft durchdachte Stellen Anlehnung bei den Parteien zu finden

Aus den erst genannten Gesichtspunkten heraus ist die äussere Gestaltung des Tarifs gefunden worden. Es wäre wohl möglich gewesen, schon in der Fassung des Tarifschemas gewissen parteipolitischen Forderungen entgegen zu kommen. Man hätte Zerlegungen und Anordnungen einzelner Positionen bringen und unterlassen können; man hätte mit solcher scheinbar rein mechanischen Thätigkeit Zollerhöhungen und Zollherabsetzungen in aller Stille bewirken können. Das man dies nicht gethan hat, wie der vorliegende Entwurf heute ausweist, das haben wir Handelsvertragsfreunde und überhaupt die Freunde einer unabhangigen und zielbewussten Wirthschaftspolitik den Verfassern des Tarifschemas zu danken. Das neue Schema ist nicht nur objektiv und nach rein logischen, technologischen und wissenschaftlichen Grundsätzen aufgebaut, sondern es ist darüber hinaus auch modern konstruirt und entspricht, abgesehen von wenigen Ausnahmen, allen Anforderungen der modernen Technik, des modernen Handels und auch der wünschenswerthen Fortentwickelung der Zollbehandlung. Ich brauche Ihnen den Beweis der Richtigkeit dieses Urtheils nicht erst zu erbringen. Ein jeder von Ihnen hat ja wohl seine eigene Branche an der betreffenden Stelle nachgeprüft, und er wird sich dabei überzeugt haben, dass selbst, wenn seine eigenen Wünsche nicht voll und ganz erfüllt sind, doch ein billiger und gerechter Gedanke zu dem geführt hat, was heute geschrieben steht. Wer diesen Tarif verfasst hat, der war auch ein Freund der modernen Fortentwickelung unseres Aussenhandels und ein Freund der Fortführung der bisherigen Handelsvertragspolitik. Für sie und ihre Weiterbildung hat er gearbeitet: politische Nebenzwecke sind ihm dabei glücklicher Weise fremd geblieben. Soweit also die technische Seite der Vorlage in Frage kommt, können wir die Stellung der Regierung als eine vertragsfreundliche begrüssen und müssen erklären, dass für die Ausgestaltung unserer Zukunftswünsche in dem Schema der Vorlage ein geeignetes, ja darüber hinaus ein werthvolles Instrument geschaffen ist. An dieser Stelle, meine Herren, liegt eine solche Fülle sachverständiger Arbeit, dass wir ihr nur mit dem grössten Respekt begegnen können

Wenn man uns aber gegen das Schema einwenden will, dass es durch die grössere Spezialisirung gegenüber dem vorigen Tarifgesetz von selbst mehr oder weniger schutzzölnerisch wirken müsse, so müssen wir uns bewusst werden, dass in diesem Vorhalt allein noch nichts enthalten ist, dass der Handelsvertragspolitik zuwider liefe. Sollte allein durch die Spezialisirung des Tarifschemas hie und da eine Zollerhöhung eingetreten sein, so wolle man demgegenüber doch bedenken, dass einmal gewisse Zollerhöhungen an einzelnen Stellen sich als nützlich erweisen dürften, und dass dann doch dieser als Generaltarif den Vertragsverhandlungen zu Grunde zu legende Tarif als Objekt für den künftigen Ausgleich mit dem Auslande dienen soll und dass es deshalb wohl nicht als falsch bezeichnet werden kann, wenn hie und da eine Zollerhöhung Platz greift, für deren Wiederabsetzung man hinterher ein Ausgleichsobjekt erlangen kann.

Freilich möchte ich an dieser Stelle gleich ganz allgemein bemerken, dass die Behauptung, man müsse einen hohen autonomen Tarif schaffen, damit man dann später von diesem brav herunterhandeln kann, recht kindisch erscheint Unsere bezüglichen Arbeiten bewegen sich nämlich heute an der Oeffentlichkeit, und das Ausland kennt sie, ihre Begründung und ihre Absicht genau ebenso wie wir. Dass wir also durch solches Vorgehen im Allgemeinen eine günstigere Position erreichten, ist absolut nicht anzunehmen. Dagegen laufen wir an dieser Stelle eine andere Gefahr, die mir viel grösser zu sein scheint, als diejenige, dem Auslande mit angeblich ungenügenden Handelsobjekten entgegenzutreten; die Gefahr nämlich, dass wir an allen möglichen Stellen Zollerhöhungen im Hinblick auf die nachherige Wiederabsetzung anbringen, und dass es hinterher dem Auslande garnicht einfällt, uns zu Gefallen gerade für eine solche Herabsetzung eine Gegenkonzession zu machen Es könnte kommen, dass uns dann aus purer Verlegenheit eine Reihe von Zollerhöhungen über den Hals kommen, welche wir selbst garnicht beabsichtigt haben: diese Sorte von Zollerhöhungen aber erscheint mir als durchaus verwerflich und die bedenklichste von allen, die man ersinnen kann Ich habe in meinem Referate auf einige Stellen hingewiesen, in denen man augenscheinlich von dieser falschen Perspektive ausgegangen ist. An mehreren anderen Stellen ist sie gleichfalls zu konstatiren. Es ist bedauerlich, dass man sich dazu nicht des sonst so reichlich herangezogenen sachverständigen Beiraths bedient hat.

Wenn wir oben nun von einer zweiten Seele der Vorlage gesprochen haben, nämlich von derjenigen Seele, die voll unklarer Empfindungen ist, die häufig das Gefühl an die Stelle der klaren Erkenntniss setzen möchte, und die Anlehnung und Stützen sucht ausserhalb ihres eigenen Wesens, so kommen wir damit auf die Art und das Ausmaass der Zollsätze. Wenn es Ihnen gelingt, die ganze gewaltige Reihe dieser Ausmaasse sich vor das innere Auge zu stellen, und wenn man versucht, sie mit eins zu überblicken, so kommt man zu einem merkwürdigen Ergebniss. Man findet nämlich, dass hier durchaus nicht nach einheitlichen Grundsätzen gehandelt ist, sondern dass man probirt und experimentirt hat, auch dass man sich an dieser und jener Stelle von äusseren Einflüssen hat schieben lassen. Ursprünglich haben die Verfasser der Zollskala bei ihrer Arbeit augenscheinlich auch dem inneren Gehalt nach dem modernen Schema, das ihnen vorgelegt wurde, Rechnung tragen wollen. Sie haben deshalb versucht, die Zollhöhe nach gewissen Grundsätzen zu bemessen, und es sind dabei einige thörichte Gedanken zu Tage getreten, z. B. der, dass man eine Waare umso höher mit Zoll belasten müsse, je grösser die in derselben enthaltene nationale Arbeit ist. Aus diesem Streben heraus ist es zu erklären, dass man schliesslich zu Dingen gekommen ist, die man ursprünglich garnicht beabsichtigt hat. Man suchte bei sich selbst einen Gradmesser oder einen Grundsatz für die Bemessung der Zölle. Man fand keinen einheitlichen, aber man blieb bei der Vorstellung hängen, dass überhaupt Zölle eingeführt werden müssten. So kam man dazu, den alten fest begründeten Grundsatz, dass nur solche Waaren mit Zoll zu belegen seien, für welche in dieser Richtung ein besonderer Grund vorläge, d. h. also den alten Grundsatz der Zollfreiheit der Einfuhr, zu verlassen und so kam es, dass man theils aus dieser etwas schiefen Vorstellungsreihe, theils unter dem Drucke äusserlicher Einflüsse aus dem modernen Tarifschema ein höchst unmodernes Erzeugniss schuf, das man nach einem System ausfüllte, auf welches das Schema selbst durchaus nicht gestimmt war. Man kam zu einem direkten und grundsätzlichen handelspolitischen Systemwechsel — zu unserer Freude oder zu unserem Schmerze müssen wir hinzufügen: eigentlich ohne es recht zu wollen.

Dieser Systemwechsel findet sich in folgendem Gedankengange. Bisher war es Grundsatz gewesen, an die Nützlichkeit und Nothwendigkeit des Aussenhandels zu glauben und sie richtig zu erkennen. Man förderte diesen Produktionszweig, soweit es mit den Interessen des Inlandes vereinbar war. Nur wo diese Interessen beeinträchtigt werden konnten, legte man Hemmschuhe und Hindernisse an. So kam man dazu, derzeit die allgemeine Eingangsabgabe fallen zu lassen und als Theorie von der Nothwendigkeit etwaiger Schutzzölle die Ideen Friedrich List's anzunehmen. Zu diesen durchaus auf nationaler Basis erwachsenen Ideen stimmte auch die Tarifreform des Jahres 1879. Die Handelsverträge der 90er Jahre bedeuten nichts, als eine weitere Ausgestaltung nach der gleichen Richtschnur.

Plötzlich kam man auf einen anderen Ausgangspunkt für das wirthschaftliche Denken Man sah die Entwicklung an ihrem letzten Ende, d. h. an den Handelsverträgen arg angefeindet. Man fühlte einen immer stärker werdenden Druck von der anderen Seite. So kam man allmählich, unter Anerkennung der Nützlichkeit der Handelsvertragspolitik mit Worten — denn wie hätte man angesichts der thatsächlichen Verhältnisse diese Nutzlichkeit leugnen können — zu einer Aenderung der Anschauungsweise, als man an die That ging, d h. an die Schaffung der neuen Zollskala. Man setzte plötzlich nicht die möglichst vortheilhafte Verbindung mit dem Auslande als Endziel der Politik, sondern die möglichst harmonische Ausgestaltung des Inlandes selbst, von der man in der bisherigen Periode als von etwas Selbstverständlichem ausgegangen war. So beliebte man die umgekehrte Betrachtungsweise und kam nothgedrungen zu einer umgekehrten Entwickelung. Wenn man die Formel, welche sich aus der Zollskala der Regierungsvorlage herleiten lässt, in gut deutsch ausdrücken wollte, so könnte sie etwa lauten: Der ausgedehnte deutsche Aussenhandel bringt dem Lande heute noch Vortheil und ist deshalb vorläufig zu erhalten: er ist aber allmählich und vorsichtig zurückzudämmen und so umzugestalten, dass er schliesslich ohne Herbeiführung einer wirthschaftlichen Krisis in einer stolzen und kraftvollen Blüthe des innneren Marktes aufgeht. Der Handelspolitiker der ersten Anschauung setzt voraus, dass die deutsche Volkswirthschaft kraftvoll und gesund ist und deshalb nach allen Seiten mächtig ausstrahlen kann und soll. Der Handelspolitiker der zweiten Schule nimmt an, dass er im eigenem Vaterlande ein krankes, schief entwickeltes Gebilde vor sich hat, von dem er die ins Ausland reichenden Auswüchse, wenn auch vorsichtig und allmählig, so doch sicher im Hinblick auf die dadurch herbeizuführende Wiedergesundung des heimischen Volkskörpers abtrennen soll.

Man wird zugeben, dass das zwei handelspolitische Richtungen sind, die einander diametreal entgegenlaufen, und dass es deshalb ein Unding ist, ein Tarifschema nach der ersten und dazu eine Zollskala nach der zweiten Schule aufzustellen. In dieser bizarren Doppelgestaltung liegt die Hauptschwäche der Vorlage. Sie geht an der einen Seite vorwärts und möchte an der anderen Seite zurückgehen. Sie ist handelsvertragsfreundlich und handelsvertragsfeindlich zugleich. Ueberall betont sie theils mit theils ohne Absicht die Nothwendigkeit einer gewissen Autonomie. Diese Betonung tritt zu Tage darin, dass man Zollerhöhungen dekretirt, ohne sie gleichzeitig ausreichend begründen zu können: dass man einen Tarif, der Vertragsinstrument werden soll, einen Minimalzoll aufpfropft; dass man den Grundsatz der Zollfreiheit verlässt, während man doch das Schema für diesen Grundsatz geschaffen hat, und während sich der Verfasser dieses Schemas doch ängstlich bemüht, durch möglichste Einfügung zollfreier Positionen — nicht besonders benannt — am Ende jeder Gruppe diesem Grundsatz wieder zu seinem Recht zu verhelfen.

Während aber die Vorlage solchergestalt in ein ganz neues Fahrwasser einlenkt, unterrennt höchst bezeichnender Weise die Begründung alles, was zu ihrer Rechtfertigung oder Unterstützung dienen könnte. Der Ausgangspunkt der Begründung hätte doch sein müssen der Nachweis, dass die deutsche Volkswirthschaft sich als das kranke und schiefe Gebilde darstellt, das man saniren will. Anstatt dessen entwirft die Begründung, wie ich schon oben gesagt, von unserer wirthschaftspolitischen Lage ein geradezu glänzendes Bild. Statt der kranken, hilfsbedürftigen Landwirthschaft, für welche die Zollskala die Krücken geschnitzt hat, erscheint da eine kraftvoll aufstrebende, moderne, gesunde Landwirthschaft, und daneben eine ebenso kraftvolle, glänzende Industrie, und als Ergebniss solcher harmonischen Entwicklung ein allgemeines Steigen des Volkswohlstandes, eine Vergrösserung der Sparkasseneinlagen, eine Ausdehnung der Lebensversicherungun und — last not least — eine fortgesetzte Vermehrung der Bevölkerung. Ein grösseres Kunststück, als mit dem, was der Vorlage als Motive beigegeben ist, den Inhalt der Vorlage selbst zu rechtfertigen, ist wohl noch an keiner anderen Stelle der inneren und äusseren Politik versucht worden. Kann sich bei dieser Sachlage die Regierung denn wundern, wenn sie mit ihrer Arbeit auf Schwierigkeiten stösst? Ueberträgt sich nicht die innere Schwäche einer Sache folgerichtig auf den Erfolg, den sie nach aussen erfahren soll? Wenn wir es auch beklagen müssten, dass am Ende das ausgezeichnete Tarifschema mit Ablehnung der Vorlage nicht in Geltung treten sollte: Für die Missbildung, als welche sich das Ganze sammt seiner Begründung darstellt, können wir Sympathie kaum an den Tag legen. Wem diese Missbildung aus den allgemeinen Gedanken, wie ich sie soeben darzustellen versucht habe, nicht geläufig wird, der gehe einmal daran, vom Standpunkte des Weltpolitikers aus, vom Standpunkte des Handelsvertragsfreundes das Ausmass der Zollsätze zahlenmässig zu prüfen. Rohstoffe haben wir ja wohl im Grossen und Ganzen noch zollfrei. Aber man sehe sich einmal die Zollsätze für Halbzeug und Halbfabrikate an, gerade für diejenigen Artikel, welche nach der Fertigfabrikation wieder ausgeführt werden müssen Man wird staunen, wenn man die Zölle, die da angesetzt sind, auf ihre Werthe in Prozentzahlen zurückführt und dann vergleicht die Zölle auf das fertige Textilfabrikat mit den Zöllen auf das dazu nöthige Halbfabrikat, die Garne. Und ähnliche Ergebnisse wird man in fast allen Branchen finden. Vergebens sucht man da nach Durchführung eines ordnenden Gedankens, welcher dem bisher verfolgten System entspricht. Man hat dieses System verlassen, ohne es recht zu wollen und hat nicht einmal überall den Muth gefunden, das neue System voll zum Durchbruch zu bringen. Dazu klappt und dazu stimmt als prächtige Illustration der merkwürdige Ausspruch der Motive, dass es nicht ausgeschlossen sei, die bisherige Handelsvertragspolitik weiterzuführen. Ist in diesem Satz der Richtweiser dafür enthalten, welchen Weg der leitende Staatsmann uns führen will? Ich fürchte, dass die Richtung dieses Weisers so wenig ausgesprochen und energisch ist, dass sich die Vertragspolitik bei solcher Direktion allzu leicht im pfadlosen Dickicht verirren könnte.

Meine Herren! Ich darf voraussetzten, dass Sie meine Denkschrift in Heft 18 unserer Schriften, wenn nicht gelesen, so doch wenigstens in Ihren Grundzügen überblickt haben. Ich habe mich dort bemüht, das, was ich im Vorstehenden mehr aus Grundzügen des Gedankenganges heraus zu entwickeln bemüht war, mit grösserer Breite darzustellen. Ich wies darauf hin, dass die Regierung mit der Vorlage einen vollständigen Systemwechsel beliebt hat, obgleich sie ihn stellenweise ableugnet und sich dessen selbst nicht immer bewusst scheint; ich legte ferner dar, dass sie diesen Systemwechsel nicht seiner Wichtigkeit entsprechend angekündigt und motivirt hat; ich setzte endlich auseinander, dass das, was man aus dem widerspruchsvollen Inhalte der Motive als klare Thatsache herausschälen kann, nicht nur nicht als die Begründung der Vorlage, sondern vielmehr als die Begründung gegentheiliger Strebungen angesehen werden muss. Wenn Sie mir, meine Herren, in diesen meinen Darlegungen freundlichst folgen wollen, so kommen wir bei grundsätzlicher Beurtheilung der Vorlage im Grossen und Ganzen zu einem ablehnenden Votum. Wir möchten den Tarif in seiner überlegenen, technisch hochstehenden und modernen Fassung nicht gern verlieren und wünschen dringend, dass er Gesetz werde. Wir wollen aber andererseits den beliebten Systemwechsel nicht mitmachen und ihn so lange energisch von uns weisen, bis man uns für seine Nothwendigkeit den schlüssigen Beweis erbringt. Diesen Beweis hat die Regierung bis heute nicht erbracht.

Meine Herren! Ich gelange deshalb dazu, Ihnen die Annahme nachstehender Resolution zu empfehlen:

„Die Centralstelle für Vorbereitung von Handelsverträgen sieht in dem der Tarifvorlage zu Grunde gelegten neuen Schema eines Zolltarifs einen wesentlichen Fortschritt gegen die bisherige Fassung des Tarifs und ist überzeugt, dass durch die Aufstellung dieses Schemas der Abschluss künftiger Handelsverträge gefördert wird. Dagegen erblickt sie in der Einschaltung eines Minimaltarifs für Getreide eine bedenkliche Abweichung von den bis dahin mit Erfolg deutscherseits angewendeten handelspolitischen Grundsätzen. Die Centralstelle stellt zudem fest, dass die der Vorlage beigegebenen Motive eine ausreichende Rechtfertigung für die dadurch eingeführte Systemänderung nicht enthalten."

Der Vorsitzende **Dr C. Martius** eröffnet die Diskussion und bemerkt, dass man das Ausmaas der Zölle ohne Kenntniss der Produktionsstatistik nicht richtig verstehen könne. Wer von den Ergebnissen Kenntniss genommen, werde in sehr vielen Punkten zu einem anderen Urtheil kommen. Die Produktionsstatistik der Industrie sei sehr sorgfältig und gut aufgestellt, um so mehr sei zu bedauern dass sie bisher nur in den Akten geblieben. Die Ergebnisse müssten zum mindesten der Tarifkommission oder einem engeren Kreise von Reichstagsmitgliedern zugänglich gemacht werden, darin liege keine Verletzung der aus anderen Gründen gebotenen vertraulichen Behandlung.

Kommerzienrath **Roesicke** bedauert gleichfalls die Geheimnisskrämerei, erachtet den Werth der Produktionsstatik aber nicht so hoch, weil sie nur auf freiwillig gemachten Angaben der Interessenten beruht, und die Verhältnisse, um die es sich handelt, in beständigem Flusse sich befinden. Tarif und Handesverträge sollen dagegen für längere Zeit Geltung haben. Auch er müsse sich als Gegner der Minimalzölle bekennen und halte für absolut nothwendig, dass die Industrie mit aller Entschiedenheit sich dagegen ausspreche. Es sei klar, dass man mit einer Aufstellung und Bekanntgabe von Minimalzöllen dem Auslande gegenüber sein Pulver zu früh verschiesse. In der vorgeschlagenen Resolution vermisse er jedoch einen Hinweis auf die Höhe der Minimalzölle, die Höhe sei aber ein ausschlaggebendes Moment, denn je höher sie angesetzt seien, umsomehr Widerspruch müssten sie herausfordern. Er halte für nothwendig, der Resolution eine energischere Fassung zu geben. Der Bund der Landwirthe habe immer nur seine eigenen Interessen rücksichtlos betont und sich um diejenigen der Industrie absolut nicht bekümmert. Die Industrie habe anders gehandelt und mehr die Interessen der Allgemeinheit als das Ausschlaggebende anerkannt. Einige industrielle Sondergruppen hätten allerdings das agrarische Beispiel befolgt und es verstanden, indem sie die agrarischen Forderungen unterstützten, Vortheil dabei für sich herauszuschlagen.

Der fortgesetzten rücksichtslosen Steigerung der agrarischen Forderungen gegenüber bleibe der Industrie nichts anderes übrig, als mit gleicher Rücksichtslosigkeit nur ihre eigenen Interessen zu betonen. Dies sei jetzt absolut nothwendig, um der Regierung gegenüber den agrarischen Ansprüchen das Rückgrat zu stärken. Wenn man überhaupt eine Resolution fassen wolle, so sei nur eine scharfe Fassung am Platze, man müsse sich nicht nur gegen die Minimalzölle als solche, sondern auch gegen die vorgeschlagene Höhe der Minimalzölle aussprechen, denn diese Höhe sei es in erster Linie, die den Abschluss guter Handelsverträge unmöglich machen müsse.

Gumprich (Schmalkalden) erkennt die Ausführungen des Referenten als treffliche und sachlich zutreffende an, zu ihrem

Inhalt aber passe die vorgeschlagene Resolution nicht. Er müsse sich vollinhaltlich auf den Standpunkt des Herrn Vorredners stellen und beantrage demgemäss die ursprüngliche (in der Vorversammlung des grossen Ausschusses verstümmelte) Fassung wiederherzustellen.

Fabrikbesitzer **Berliner** weisst demgegenüber darauf hin, dass die vorgeschlagene Fassung schon ein Kompromiss zweier grundsätzlich verschiedener Richtungen darstelle. Man solle sich doch darüber keinen Illusionen hingeben, die Frage sei ausschliesslich eine Portemonnaie-Frage. Jeder urtheile vom Standpunkt seiner eigenen Interessen aus und sei für Freihandel oder Schutzzoll, je nachdem die eigenen Interessen in dieser oder jener Richtung engagirt seien. Gegen Handelsverträge habe auch die schutzzöllnerische Richtung nichts einzuwenden, sie müsse aber in erster Linie ausreichenden Schutz des inneren Marktes fordern, weil das Ausland sich gleichfalls mit hohen Zöllen umgebe. Das Ausland lasse seine Zölle nicht fallen, auch wenn wir die ausländischen Produkte zollfrei einlassen. Es sei deshalb durchaus falsch, Zollfreiheit bei uns zu fordern mit der Begründung, dass dadurch auch das Ausland zur Annahme des Grundsatzes der offenen Thür veranlasst werde. Die schlesische Superphosphat-Industrie erhob beispielsweise diese Forderung, sehe sich aber jetzt in ihren Erwartungen getäuscht, da Oesterreich gleichwohl einen Zoll auf Superphosphate in seinen neuen Tarif einsetzen werde.

Den Ausführungen des Referenten könne er im Allgemeinen zustimmen, müsse aber gleichwohl den Doppeltarif als eine durchaus vernünftige Forderung bezeichnen. Ohne gesetzliche Festlegung der vertragsmässigen Zugeständnisse könne jederzeit dasjenige Maass von Schutz wieder aufgehoben werden, das der Gesetzgeber nach Maassgabe der Bedürfnisse als nothwendig anerkannt und deshalb den einzelnen Produktionszweigen zugebilligt habe. Man dürfe nicht vergessen, dass jede vertragsmässige Herabsetzung von Zollsätzen, die man im Interesse des einen

Erwerbszweiges konzedire, einen anderen schädigen müsse. Mit den Grundsätzen der Billigkeit und ausgleichenden Gerechtigkeit sei das nicht vereinbar.

Generaldirektor **Kuhlow** weist darauf hin, dass im vergangenen Jahre eine schärfere Resolution zur Annahme gelangt sei, die sich gegen das System des Doppeltarifs als solches aussprach. Die Wirkung der vorjährigen Resolution werde abgeschwächt durch Annahme der jetzt vorgeschlagenen Fassung.

Dr. Gerschel. An die Beurtheilung der Frage könne man von zwei verschiedenen Gesichtspunkten aus herantreten. Der eine Standpunkt sei der, lediglich eine Portemonnaie-Frage darin zu ersehen, er sei der Standpunkt des reinen Egoismus. Bei der Industrie überwiege dieser Standpunkt glücklicherweise noch nicht, sie habe sich bisher immer noch vor Augen gehalten, dass auch die Rücksicht auf das Ganze eine Rolle spielt. Vor einer Ueberschätzung der Produktionsstatistik müsse auch er warnen. Entscheidende Faktoren lasse sie bei verschiedenen Produktionsgruppen ganz unbeachtet Die grossen einmaligen Anlagekosten bei gewissen Betriebszweigen erforderten eine Massenerzeugung, die ihrerseits die Aufrechterhaltung eines umfangreichen Exports zur unentbehrlichen Voraussetzung habe. Werde der Export abgeschnitten, so werde der auf das Inland beschränkte Absatz so hohe Preise nöthig machen, das dabei der Absatz überhaupt aufhören und der Betrieb eingestellt werden müsse.

Die Aufrechterhaltung des Exports sei eine Nothwendigkeit, da ohne ihn unsere anwachsende Bevölkerung nicht ernährt werden könne. Jede Schädigung des Exports müsse auch auf die Kaufkraft des inneren Marktes zurückwirken und durch Beschränkung des inländischen Konsums auch die schutzzöllnerischen Industriezweige schädigen. Durch gleichmässige Vertheilung von Schutzzöllen an alle Industriezweige könne man für den Verlust des Exports keinen Ersatz schaffen, viele Branchen wollen gar keine Zölle. Die sog. Kompensationszölle seien in der Theorie ganz gut, aber die

Voraussetzung, dass sie durch vertragsrechtliche Vereinbarung wieder aufgehoben oder ermässigt würden, treffe nicht für alle zu, ein grosser Theil werde bleiben, weil das Ausland an ihnen kein Interesse hat. Einigkeit sei der Industrie nicht dringend und oft genug anzurathen, Einigkeit nach dem Vorbilde der Landwirthe. Deren Beispiel müsse man auch darin befolgen, dass man die Resolution so scharf als möglich fasse

Kommerzienrath **Roesicke** wendet sich gegen die Ausführungen des Herrn Berliner. Die Zollfrage sei nicht nur vom Standpunkt des eigenen Portemonnaies aus zu beurtheilen, die Industrie müsse urtheilen vom Standpunkt der Gesammtinteressen der industriellen Produktion und von diesem Standpunkt aus sei der vorliegende Tarif zu verwerfen. Den sozialpolitischen Standpunkt wolle er hier ganz beiseite lassen, von ihm aus müsse man zu einer noch viel schärferen Ablehnung der Vorlage kommen. Handelsverträge abzuschliessen, die alle Zweige der Gesammtproduktion in gleicher Weise befriedigen, sei unmöglich, es könne sich immer nur um einen Ausgleich entgegengesetzter Interessen handeln. Wenn man von der Nothwendigkeit, Handelsverträge abzuschliessen spreche, seien natürlich nur gute, einen billigen und vernünftigen Ausgleich bewirkende Verträge gemeint. Mit der Alternative Schutzzoll oder Freihandel werfe man eine Frage in die Diskussion, um die es sich thatsächlich gar nicht handele. Nur gegen die Uebertreibung schutzzöllnerischer Massnahmen richte sich in erster Linie die Opposition. Betreffs der anderen Staaten, auf deren Schutzzollpolitik man zur Rechtfertigung der eigenen immer verweise, sei zu bemerken, dass sie in diese Richtung zum Theil erst durch Vorgehen des Deutschen Reiches hineingedrängt worden seien. Er müsse nochmals befürworten, wenn überhaupt eine Resolution, dann eine scharf gehaltene, kein Kompromiss.

Dr. C. A. Martius legt näher dar, wie in den Berathungen des Wirthschaftlichen Ausschusses der Doppeltarif sich entwickelt hat. Zuerst habe der Ausschuss nur geprüft, wie hoch man bei den einzelnen Artikeln greifen müsse, um neben den normalen Sätzen sich noch einen sog. Kampftarif zu schaffen, andererseits wie weit man unter den Normalsatz herabgehen könne, um ohne Schädigung der eigenen Interessen dem Auslande Entgegenkommen zeigen zu können.

Die Debatte habe sich also um drei verschiedene Zollsätze gedreht, bei deren Aufstellung man aber nur daran gedacht habe, vertrauliches Material zur Orientierung der Unterhändler zu schaffen.

Erst allmählig habe sich der Begriff des Doppeltarifs daraus entwickelt

Rágóczy (Metz). In der Centralstelle vereinigen sich sehr verschiedene handelspolitische Richtungen. Die Industrie hat nach der Natur der Verhältnisse nicht jenen Grad von Homogenität, der es der Landwirthschaft ermöglicht, so fest geschlossen und einig aufzutreten. Um die Höhe der Zollsätze auf Halbfabrikate im Tarif richtig zu beurtheilen, dürfe man die Verhältnisse im Auslande nicht unberücksichtigt lassen, das Ausland habe meist noch viel höhere Sätze. Seines Erachtens sei auch die Begründung der industriellen Zollsätze nicht so schlecht, es sei vielmehr anzuerkennen, dass die Verfasser viel Verständniss für die praktischen Bedürfnisse gezeigt hätten. Wenn die vorgeschlagene Resolution als zu lau bezeichnet werde, so sei dem gegenüber zu bemerken, dass ihr. Wortlaut im grossen Ausschuss schon eine Verschärfung erfahren habe. Er stehe auf dem gleichen Standpunkt wie Herr Berliner und halte gleichfalls den Doppeltarif für eine durchaus vernünftige Forderung. Der theilweise Doppeltarif, wie ihn der Entwurf vorschlage, sei allerdings zu verwerfen wegen der differentiellen Behandlung, die er den einzelnen Produktionszweigen angedeihen lasse. Er rathe dazu die Resolution nicht zu scharf zu fassen.

Dr. Vosberg-Rekow glaubt, dass den beiderseitigen

Standpunkten genügend Rechnung getragen werde, wenn der zweite Satz der Resolution wie folgt gefasst wird:

„Dagegen erblickt sie in der Sonderbegünstigung der landwirthschaftlichen Produkte, insbesondere in der Einschaltung eines Minimaltarifes für Getreide eine so bedenkliche Abweichung von den bis dahin mit Erfolg angewendeten handelspolitischen Grundsätzen, dass dem gegenüber das Zustandekommen der künftigen Handelsverträge geradezu in Frage gestellt erscheint."

Kommerzienrath **Roesicke** erklärt zur Geschäftsordnung, dass er sich der Abstimmung enthalten werde.

Gumprich (Schmalkalden) bekämpft die vorgeschlagene Abänderung, die er als weitere Abschwächung bezeichnet, und schlägt folgende Fassung vor:

„Dagegen erblickt sie in der Einschaltung eines Minimaltarifs für Getreide, in der Art und dem Ausmaasse einer Reihe der in das Schema eingetragenen Zollsätze, zumal der Sätze auf landwirthschaftliche Erzeugnisse, eine so bedenkliche Abweichung von den bis dahin mit Erfolg angewendeten handelspolitischen Grundsätzen, dass dem gegenüber das Zustandekommen der künftigen Handelsverträge geradezu in Frage gestellt wird."

Dr. Violet weist daraufhin, dass auch die relative Höhe der Zollsätze von Bedeutung sei. Durch den Tarif müsse eine Verminderung der Futtergerste zu Gunsten des Konsums von Mais eintreten, dass sei eine handelspolitisch durchaus unerwünschte Verschiebung der Verhältnisse. Die Futtergerste komme aus Russland, der Mais aus Amerika, man fördere also amerikanische Interessen auf Kosten der russischen.

Ingenieur **Pieper** (Berlin) beantragt Schluss der Debatte. Der Antrag wird angenommen, und sodann zur Abstimmung über Satz 1 der Resolution geschritten. Die vorgeschlagene Fassung wird einstimmig genehmigt.

Bei der Abstimmung über Satz 2 wird das Amendement Gumprich abgelehnt, das Amendement Vosberg angenommen.

Satz 3 wird einstimmig angenommen.

Es tritt alsdann eine Frühstückspause ein, um 2 Uhr Nachmittags werden die Verhandlungen wieder aufgenommen.

Vorsitzender **Dr C. A. Martius**: Wir kommen nun zu Punkt 3 der Tagesordnung:

Die Frage der Rückvergütung der Zölle auf Rohstoffe beim Export.

Ich ertheile das Wort Herrn Fabrikbesitzer **Knabe**.

Fabrikbesitzer **Otto Knabe** (Plauen): Bereits vor Jahren war die Frage eines Rückvergütungsgesetzes angeregt worden. — Damals scheiterte dieselbe daran, dass die Zollbehörden glaubten, von dem Identitätsnachweis keinesfalls abgehen zu können.

Inzwischen ist man aber doch durch eigene Erfahrungen und durch das Vorgehen anderer Industriestaaten zu der Ueberzeugung gekommen, dass die Einführung eines Rückvergütungsgesetzes ohne Identitätsnachweis möglich sei.

Man sieht auch ein, dass unserer Industrie der Export erleichtert werden muss und dass dies nur durch eine Zollrückvergütung bei der Ausfuhr praktisch zu ermöglichen ist.

Es braucht kaum erwähnt zu werden, dass mit wenig Ausnahmen nur solche Industriezweige kräftig gedeihen und eine dauernde Steuerkraft bilden, welche exportiren können, welche also nicht nur auf das Zollvereinsinland mit ihrem Absatz angewiesen sind. —

Bei einem so beschränkten Absatzgebiete muss sich auch bei vorsichtiger Disposition früher oder später eine Ueberproduktion, und in deren Gefolge ein heruntergedrückter Preis einstellen, welchem Uebelstande aber eine exportfähige Industrie aus dem Wege gehen kann.

Als ich im Jahre 1897 meine erste Eingabe wegen Einführung eines Rückvergütungsgesetzes machte, hatte ich nur die Verbesserung der Lage der von mir vertretenen Gardinenindustrie im Auge.

Dieselbe muss meist englische Garne beziehen, und die wenigen deutschen Garne, welche für die Gardinenmaschinen brauchbar sind, sind ebenso theuer wie die englischen inkl. Zoll und Fracht.

Die deutsche Gardinenindustrie fabrizirt also um den Betrag der Garnzölle theuerer, als England, welches keine Garnzölle zu kalkuliren hat, oder Frankreich, Russland, Italien und Amerika, welche Rückvergütung haben.

Diese Vertheuerung des Herstellungspreises beträgt je nach der Qualität der Waare 8—12 pCt. auf den Werth der fertigen Waare. — Das genügt, um die deutsche Gardinenindustrie vom Weltmarkt gänzlich abzuschneiden. —

Ich hatte dann später Gelegenheit, im Reichamt des Innern und im Wirthschaftlichen Ausschuss die Nothwendigkeit einer Exporterleichterung für meinen Industriezweig geltend zu machen.

Die Folge davon war, dass sich eine grosse Zahl anderer Industriezweige mit demselben Wunsche meldeten, wodurch zwar die Nothwendigkeit für Einführung eines solchen exportfördernden Gesetzes hervortrat, wodurch sich aber auch die Schwierigkeit geltend machte, ein generelles Gesetz, für alle Industriezweige passend, zu konstruiren

So gerne ich auch persönlich gewunscht hätte, alle exportbedürftigen Industriezweige möchten sofortige Hilfe in der von mir für die Gardinenindustrie vorgeschlagenen Form finden, so musste ich doch den verschiedenartigen Wunschen und Bedürfnissen gegenüber mich darauf beschränken, meinen Vorschlag für ein Rückvergütungsgesetz zunächst für die Gardinenindustrie passend auszuarbeiten.

Derselbe ist so gehalten, dass sich dann später jeder andere Industriezweig unter Nachweis des Bedürfnisses anlehnen kann

Hierbei ist zu erwähnen, dass allerdings die Gardinenindustrie wohl die Nothleidenste in Bezug auf Export sein dürfte! — Unter dem Drucke der hohen Zölle für Baumwollgarne kann der Artikel überhaupt nicht über die Grenze Deutschlands hinaus verkauft werden.

Es ist daher naturgemäss so gekommen, dass die Gardinenfabrikanten ganz von deutschen Händlern abhängig geworden sind.

Die Waarenpreise sind in Folge dessen so heruntergedrückt, dass von einer nutzbringenden Kalkulation nicht mehr die Rede sein kann. — Man steht vielmehr täglich vor der Frage, „wo wird am Wenigsten verloren." —

Könnte auch nur ein Theil der nothwendigen Produktion ins Ausland verkauft werden, dann würden sich sehr bald die Preise auch auf dem deutschen Markte wieder heben. — Ein Blick auf Frankreich mit seiner Rückvergütung und England mit seinen zollfreien Garnen beweist das Vorgesagte. —

Seitens der Regierungen und im Wirthschaftlichen Ausschuss ist das Bedürfniss für die Gardinenindustrie anerkannt und beschlossen worden, den Bundesrath zu ermächtigen, versuchsweise für einige Industriezweige Exporterleichterungen, durch separates Gesetz zu genehmigen. —

Der Bundesrath hat auch nach gründlicher Prüfung der Angelegenheit in seinem Entwurf eines Zolltarifgesetzes, welcher jetzt dem Reichstage vorliegt, ausgesprochen, dass dem Bedürfniss nach Exportfähigkeit Rechnung getragen werden müsse. Siehe Seite 90 Satz „Gewerbliche Erzeugnisse" bis „zu regeln sein", siehe auch meine Eingabe an den Reichstag, siehe auch Nr. 419 des Zolltarifentwurfs, Bemerkung.

Es ist vom Bundesrath nicht nur die Gardinenindustrie als exportbedürftig genannt worden, sondern auch die rheinländische Zanella und halbseidene Industrie. —

Die Handelskammer in Crefeld, dem Sitze der Halbseidenindustrie, hat ebenfalls einen Vorschlag zu einem Rückvergütungsgesetz eingereicht.

Dieser Vorschlag deckt sich in den Hauptpunkten mit dem meinigen und es könnte sehr gut aus beiden Vorschlägen ein für eine Anzahl von Industriezweigen passendes Gesetz konstruirt werden. —

Zusammengefasst kann ich referiren wie folgt:

Die deutsche Textilindustrie ist theilweise oder ganz am Export ihrer Erzeugnisse behindert, weil sie für die Halb- und Ganzfabrikaie, die vom Auslande bezogen werden müssen, durch Zölle wesentlich erhöhte Preise zu zahlen und zu kalkuliren hat, und mit diesen künstlich vertheuerten Preisen den Wettbewerb auf dem Weltmarkt durchführen soll gegen die Konkurrenz von Ländern, deren Industrie:

1. keine Zölle für die Einfuhr zu zahlen hat (England),
2. durch Rückvergütung der verauslagten Eingangszölle (Frankreich, Russland, Italien, Amerika),
3. durch niedrige Arbeitslöhne, und längere Arbeitszeit (Belgien, Oesterreich, Italien)

einen grossen Vortheil vor Deutschland voraus haben.

Die Exportindustrie erfordert: Grössere Intelligenz, Sprachkenntnisse und Ausdauer, ein grösseres Risiko und grössere Kapitalien.

Sie gewährt aber dem für das Inland arbeitenden Industriellen:

1. die Sicherheit, keine Ueberproduktion mit dem darausfolgenden Preissturz und Arbeitseinstellungen zu haben,
2 Sie macht für das deutsche Reich moralische Eroberungen,
3 ist die nationale Arbeit beim Export eine grössere wie beim deutschen Konsum, weil die meisten Exportwaaren eine viel grössere Sorgfalt und Verschiedenheit in der Ausrüstung und Verpackung erfordern, als es im deutschen Verkehr üblich ist.

Es ist deshalb nur gerecht, dass die Exportindustrie bei den neuen Zoll- und Handelsverträgen ganz besonders berücksichtigt wird, indem die erforderlichen Fabrikate aus dem Auslande zollfrei eingeführt werden, oder der gezahlte Zoll bei der Ausfuhr der Fabrikate zurückvergütet wird.

Zum Schluss spreche ich den Wunsch aus, die Generalversammlung der Centralstelle für Vorbereitung von Handelsverträgen möge mich in meinen Bestrebungen unterstützen, die deutsche Textilindustrie im Allgemeinen und der Gardinenindustrie im Besonderen die nöthigen gesetzlichen Exporterleichterungen zu verschaffen.

Im Einzelnen verweise ich auf die nachstehenden von mir aufgestellten Grundsätze zu einem bezüglichen Gesetz.

Grundsätze zu einem Gesetze, betr. Rückvergütung des Garnzolles bei Ausfuhr von baumwollenen und gemischten baumwollenen Webwaaren.

Rückvergütung der bezahlten Garnzölle wird gewährt auf Stoffe aus reiner Baumwolle und auf Stoffe, welche theils aus Baumwolle, theils aus anderen Materialien hergestellt sind, wenn diese Stoffe ins Zollvereins-Ausland versandt werden.

2. Die Rückvergütung des Zolles erfolgt in Pausch und Bogen vom Rohgewicht der ausgeführten Waaren nach einem dem Eingangszoll entsprechenden Durchschnittssatz.

3. Für diesen Durchschnittssatz macht man

entweder

3 Klassen (z. B. die jetzigen Zollsätze angenommen), würde rückvergütet werden:

für einfache Baumwollgarne

bis	Nr.	45	pro	100	Kilo	Mk.	15
„	„	60	„	„	„	„	24
über	„	60	„	„	„	„	33,

für doublirte Baumwollgarne

bis	Nr.	45	pro	100	Kilo	Mk.	18
„	„	60	„	„	„	„	24
über	„	60	„	„	„	„	36,

für mehrdrähtig gezwirnte Baumwollgarne wird rückvergütet wie für zweidrähtige: für gefärbte und gebleichte Garne wie für rohe.

Wenn man auf dieses dreiklassige System zukommt, dann muss der Versender, wenn er Rückvergütung beanspruchen will, in seiner Ausfuhrdeklaration angeben, wieviel von jeder der drei Klassen in der ausgeführten Waare nach Gewicht und Nummer enthalten ist -- hierbei ist dem Versender ein Spielraum von 10 pCt. erlaubt —

oder

man nimmt der grösseren Einfachheit halber nur einen Satz für die Rückvergütung an und vergütet pro 100 Kilo Baumwollgarn, gleichviel welche Nr., einen Durchschnittssatz von z. B.

für einfaches Garn Mk. 25,
„ doublirtes Garn „ 28.

In diesem Falle braucht die Deklaration nur das Rohgewicht des in der Waare befindlichen Baumwollgarnes anzugeben. – Auch hierbei ist ein Spielraum von 10 pCt. erlaubt.

4. Es wird das Rohgewicht des in der Waare befindlichen Baumwollgarninhaltes angenommen. — Dieser wird ermittelt:

entweder:

in dem vom Gewicht der fertigen, appretirten Waare ein Procentsatz (ich schlage 10—20 pCt. vor) abgesetzt wird, sodass also, wenn die ausgeführte, fertige und appretirte Waare 100 Kilo wiegt, für die Rückvergütung 80, bez. 90 Kilo zu Grunde gelegt werden —

oder:

es wird aus den Fabrikations- und Appreturbüchern in jedem einzelnen Falle nachgewiesen, welches das Rohgewicht war. Zu diesem Zwecke muss jedes Stück eine laufende Nummer tragen, welche auf diese Bücher hinweist.

5. Die Rückvergütung erstreckt sich nicht nur auf vom Auslande eingeführte, sondern auch auf inländische Baumwollgarne.

6. Der Identitätsnachweis muss vollständig wegfallen: aber niemand soll mehr Geld zurückbekommen als er an Zoll für eingeführte Garne bezahlt hat. (In Frankreich ver-

gütet man unbegrenzt zurück, was ja auch sehr beachtenswerth erscheint, und was namentlich Seitens der Spinner empfohlen wird.)

7. Wer Baumwollgarn einführt, erhält auf Antrag, sofern er kaufmännische Bücher ordnungsgemäss führt, bei der zuständigen Zollstelle ein Konto eingeräumt, auf dem die von ihm für Garnzölle bezahlten Beträge an- und die rückvergüteten Beträge abgeschrieben werden.

Die Abschreibung auf einen angeschriebenen Betrag ist nur innerhalb eines Jahres von Zeit der Anschreibung zulässig. — Hierbei wird so verfahren, dass die im Laufe eines Monats angeschriebenen Beträge zu einer Summe zusammengerechnet werden. — Was also z. B. im Januar an bezahltem Zoll in Summa angeschrieben ist, muss bis Ende Januar nächsten Jahres zur Rückvergütung beansprucht sein.

8. Wer Baumwollwaaren mit dem Anspruch auf Zollrückvergütung ausführen will, hat dies bei demjenigen Vollamt, welches sein Konto führt, anzumelden.

9. Im Falle Einfuhr und Ausfuhr dieselbe Firma oder Person betrifft, so besorgt ein und dasselbe Zollamt beides.

10. Es muss aber auch möglich sein, dass der eine einführt und der andere mit Anspruch auf Rückvergütung ausführt.

In diesem Falle muss

entweder

der Ausführende B die Rückvergütung durch den Einführenden A beantragen lassen, d. h. letzerer muss bei seinem Einfuhramt anmelden, dass an seiner Stelle und für seine Rechnung B Waaren ausführt und entsprechende Zollrückvergütung bekommen soll.

Das Einfuhrzollamt stellt einen Schein aus, welcher bestätigt, dass dem Kontoinhaber A der entsprechende Betrag abgeschrieben worden ist, und dass derselbe Betrag an den Ausführenden B gezahlt werden soll, nachdem er bestimmt bezeichnete Waaren ordnungsgemäss ausgeführt hat.

Diese Scheine, welche zum Empfang des Rückvergütungsbetrages berechtigen, müssen rein persönlich gehalten sein, nur auf die Namen des Ein- und Ausführenden lauten, sodass ein Handel damit, oder Uebertragung auf einen Dritten, gänzlich ausgeschlossen ist.

Werden diese Scheine nicht in der vorgeschriebenen Weise und in gewisser Zeit benützt, dann verfallen sie und sind werthlos;

oder:

Das Ausfuhramt bescheinigt, B habe Waaren ausgeführt, worauf eine Rückvergütung in einer bestimmten Höhe entfalle, die auf dem Konto des A beim Einfuhramt abgeschrieben werden solle. -- Nach erfolgter Abschreibung erfolgt die Vergütung an B.

Für jeden einzelnen Fall steht der Zollbehörde die Revision der entsprechenden Bücher beim Ein- und Ausführenden frei.

11. Bei mit anderen Materialien als Baumwolle gemischten Artikeln sollen folgende Grundsätze eintreten:

a) Artikel, welche bis $^1/_3$ des Gesammtgewichtes Baumwollgarn erhalten, sind von der Rückvergütung überhaupt ausgeschlossen

b) Artikel, welche bis $^2/_3$ des Gesammtgewichtes Baumwolle enthalten, solle die Hälfte vergütet bekommen, wie solche aus reiner Baumwolle,

c) Artikel, welche mehr als $^2/_3$ des Gesammtgewichtes Baumwolle enthalten, sollen den vollen Rückvergütungssatz, wie rein baumwollene Waaren erhalten.

12. Der Baumwollgehalt einer solchen gemischten Waare muss deklarirt werden.

Die Zollbehörde hat das Recht, sich aus den Fabrikations- und Kalkulationsbüchern von der Richtigkeit dieser Deklaration zu überzeugen.

Die Zollbehörde kann aber auch verlangen, dass von jedem Stück, bezw. von einem Stück jeder Gattung der auszuführenden Waaren eine Probe abgeschnitten wird, welche behufs späterer genauer Fesstellung des Baumwollinhaltes in den Händen der Zollbehörde bleibt

13. Die Ausfuhrdeklarationen müssen enthalten:
a) Signum der Kisten,
b) Namen des Empfängers im Ausland,
c) Inhaltsverzeichniss mit Stücknummern,
d) das wirkliche Nettogewicht, einschliesslich der Appretur,
e) das für die Rückvergütung massgebende Rohgewicht,
f) Zollsatz nach dem die Rückvergütung erfolgen soll, und den zu vergütenden Betrag,
g) Namensunterschrift des Ausführenden.

13. Ausgeschlossen von der Rückvergütung sollen solche kleine Sendungen sein, bei denen die Rückvergütung weniger als 10 Mk. beträgt.

14. Abrechnung zwischen Zollbehörde und den Kontoinhabern soll vierteljährlich erfolgen.

Der Vorsitzende ertheilt das Wort Herrn Fabrikbesitzer Bendix (Berlin).

Fabrikbesitzer Max **Bendix**-Berlin: Die Rückvergütung von Eingangszöllen bei der Ausfuhr ihrer Fabrikate ist ein meiner Ansicht nach berechtigter Wunsch derjenigen deutschen Industriellen, die gezwungen sind, zollpflichtige Rohstoffe oder Halbfabrikate für die Herstellung ihrer Exportwaaren aus dem Auslande zu beziehen.

Die Erfüllung dieses Wunsches entspricht zunächst der Billigkeit. Gewisse Industriezweige können ihre Rohstoffe überhaupt zollfrei beziehen, sie sind deshalb viel besser gestellt in Beziehung auf ihre Produktionsbedingungen. Es ist eine berechtigte Forderung, diese Ungleichheit wenigstens zum Theil auszugleichen, wie es durch die Zollrückvergütung geschehen würde.

Die einzelnen Branchen der Export-Industrie, von der die Forderung der Zollrückvergütung ausgeht, werden heute sehr verschieden behandelt.

Gewisse Branchen geniessen für diejenigen Materialien, die sie aus dem Auslande beziehen, Zollfreiheit unter der Bedingung, dass sie unter Zollaufsicht arbeiten und exportiren.

Auch ohne diese Bedingung wird gewissen anderen Branchen dasselbe gewährt, nur mit dem Vorbehalt jederzeitigen Widerrufs der Vergünstigung ohne Angabe von Gründen.

Im Vergleich zu diesen beiden Gruppen ist derjenige Theil der Export-Industrie schlechter gestellt, der seine nothwendigen Materialien nur unter Zahlung des vollen Zollbetrages aus dem Auslande beziehen kann.

Die Gewährung der Zollrückvergütung muss aber weiterhin auch als nützlich vom Standpunkt der nationalen Arbeit aus bezeichnet werden. Sie macht die Erweiterung des Exports möglich, der den inneren Markt entlastet und vermehrte Arbeitsgelegenheit schafft.

Die maassgebenden Regierungsstellen erkennen im Prinzip die Gerechtigkeit und Nützlichkeit der Zollvergütung zwar an, glauben aber das Vorhandensein eines dringenden Bedürfnisses zur Einführung augenblicklich noch verneinen zu dürfen, da ja auch ohne dies der deutsche Export in stetigem Wachsen sich befinde. Die Industrie weiss aber, dass Absatzgebiete, die früher sicherer Besitzstand der deutschen Export-Industrie waren, neuerdings nicht mehr so sicher sind und befestigt werden müssen, durch Maassregeln, wie vor Allem die Zollvergütung, die die Bedingungen des Wettbewerbs günstiger gestaltet und unliebsamen Ueberraschungen vorbeugt.

Die konkurrirenden fremdländischen Industrien sind besser gestellt, weil sie entweder mit Zöllen für ihre Rohmaterialien überhaupt nicht zu rechnen haben, wie die englische Export-Industrie, oder die Zölle zurückerstattet erhalten, wie die Export-Industrie Amerikas, Frankreichs, Russlands, Italiens.

Am konsequentesten ist die Zollrückvergütung in der amerikanischen Union ausgebildet. Es ist jedem amerikanischen Fabrikant ermöglicht, alles, was er für den Export braucht ohne Zollbelastung verwenden zu können, und hierin vor allem ist die Ursache zu sehen, dass der amerikanische

Export, trotz der hohen Eingangszölle und der hohen Arbeitslöhne, sich so riesig hat entwickeln können.

In dem amerikanischen Zollgesetz von 1890 (Mac Kinley Tarif), 1894 (Wilson-Tarif), 1897 (Dingley-Tarif) ist das Prinzip festgelegt dass:

Wenn ein Artikel, der bei seiner Einführung in die Vereinigten Staaten Zoll bezahlt hat, wieder ausgeführt wird, sei es in derselben Gestalt oder verarbeitet zusammen mit nicht verzollten Artikeln, bei dem Export dieser Zoll minus 1 pCt. zurückerstattet wird, und kann diese Rückzahlung vergütet werden sowohl den Fabrikanten, den Exporteuren oder den Agenten. Also meine Herren, jede Firma, die solche Waare exportirt. bekommt denjenigen Zoll vergütet, den eine andere Firma an einer anderen Stelle beim Eingang dafür bezahlt hat.

Z. B. Ein Importeur in Hamburg bezieht Garn und verzollt es. Er verkauft dieses an einen Färber in Mülhausen, dieser verkauft die gefärbten Garne an einen Weber im Elsass. Der webt Futterstoffe daraus und verkauft diese an einen Apretteur in Bayern. Dieser verkauft die aprettirten Stoffe an einen Konfektionär in Frankfurt, der sie nun verwendet als Futter in Anzügen. Die fertigen Anzüge verkauft er in die Schweiz. Da wird dann in Basel auf dem Hauptzollamt der Zoll zurückbezahlt minus 1 pCt., den der Importeur in Hamburg für die Garne beim Eingang bezahlt hat.

Das ist ja für die Fernerstehenden ganz unglaublich, erledigt sich aber in Amerika ohne Schwierigkeiten für alle Betheiligten durch Deklaration, deren Richtigkeit beeidigt werden muss, und die jeder Verkäufer dem Käufer giebt.

Die Zollbehörde sichert sich gegen die betrügerische Benutzung dieser Vergünstigung, indem der Exporteur einen Garantieschein unterschreibt, der ihn für den doppelten Zoll verpflichtet, falls sich seine Angaben später nicht bewahrheiten sollten. Es ist ebenso natürlich, dass sich der Exporteur in derselben Weise seinen Lieferanten gegenüber sichert, und so fort bis zum Importeur.

Es giebt aber auch Spediteure und Kommissionäre,

die den ganzen Verkehr mit den Zollämtern vermitteln, wie eine New Yorker Firma sich für diesen Dienst besonders empfiehlt. Sie nennt 77 der allerverschiedensten Artikel, die diese Rückvergütung benutzt haben.

Meine Herren, ich möchte Sie mit weiteren Details an dieser Stelle verschonen. Das Gesagte wird Ihnen ja ein Bild geben, und Sie hoffentlich veranlassen, eine Kommission zu ernennen, die zusammen mit der Centralstelle für Vorbereitung von Handelsverträgen diese ganze Frage eingehend prüft, damit den kommenden Reichstag ein Gesetz passirt, welches dem berechtigten, billigen und nützlichen Verlangen der deutschen Export-Textil-Industrie entspricht.

Dann, meine Herren, wird die deutsche Export-Industrie den Kampf gegen die *ganze Welt* erfolgreich durchführen können, denn sie stützt sich dabei auf die am besten geschulten Auslandsreisenden, wie sie keine andere Nation hat, und auf die am höchsten stehende Intelligenz der Fabrikanten.

Sie muss aber darauf bestehen, nicht, wie bisher, durch Zollfesseln behindert zu sein, ihren Beruf zu erfüllen und deutsche Arbeit, deutsche Thatkraft durch die ganze Welt zu tragen zur Ehre und zum Vortheil des deutschen Vaterlandes!

Der Vorsitzende ertheilt das Wort Herrn Fabrikbesitzer *Erich Müller-Benrath.*

Fabrikbesitzer **Erich Müller**-Benrath: Meine Herren! Meine Aufgabe ist es, Ihnen die Gründe vorzuführen, welche bei Ausfuhr der Fabrikate aus Quebrachoholz die Rückvergütung desjenigen Zolles nothwendig machen, welcher bei der Einfuhr des dazu benöthigten Rohmaterials entrichtet wurde.

Wie Sie wissen, ging bisher Quebrachoholz, wie alle Gerb-Materialien zollfrei ein.

Die gerade in Deutschland besonders ausgedehnte Anwendung des Quebrachoholzes ermöglichte einen bedeutenden Aufschwung der deutschen Leder-Industrie.

Dieser starke Konsum des Quebrachoholzes hatte naturgemäss auch gerade in Deutschland eine starke Entwickelung der Quebracho-Mühlen und Extrakt-Fabriken, also derjenigen Industrie zur Folge, welche das unhandliche, harte und schwer auslaugbare Rohmaterial in eine für die Gerbzwecke verwendungsfähige Form bringt.

Der Umstand, dass hierbei in Deutschland Fabrikant und Konsument nahe zusammenliegen und ständig Fühlung mit einander haben, dass die Vortheile und Nachtheile, welche der neue Gerbstoff und die daraus hergestellten Fabrikate bei der Verwendung zeigten, so schnell zur Kenntniss der Fabrikanten kamen, und dass somit, gewissermassen unter Aufsicht, und unter direkter Einwirkung des Konsums eine ständige Verbesserung der Quebracho-Extrakte in zweckdienlicher Weise ermöglicht wurde, bewirkte eine so schnelle, allen anderen Ländern vorauseilende Entwickelung der Quebracho-Extrakt-Industrie in Deutschland, dass dieselbe heute, trotz ihrer Jugend, an der Spitze der ganzen Extrakt-Industrie steht, und in ihren Leistungen selbst Frankreich und die Vereinigten Staaten von Nord-Amerika, die früher gewissermassen das Monopol der Extrakt-Erzeugung hatten, weit hinter sich lässt.

In Folge dieser sieghaften Rührigkeit deckt die deutsche Quebracho-Industrie nicht nur den Hauptheil des inländischen Bedarfes an Quebracho-Fabrikaten, sondern ihre Produkte gelangen auch in steigenden Quantitäten zur Ausfuhr, und zwar beträgt dieselbe heute etwa ein Drittel ihrer ganzen Produktion, und wesentlich mehr als die Einfuhr ausländischer Quebracho-Fabrikate.

Dies zeigt am deutlichsten die, leider erst seit 1899 geführte amtliche Statistik über die Ein- und Ausfuhr von Quebracho-Extrakten.

Die Einfuhr in Quebracho - Extrakten aus Frankreich, früher der Haupt-Konkurrent Deutschlands in Extrakten, ging danach von 13 162 dz im Jahre 1899 auf 5657 dz im Jahre 1901, also um mehr als die Hälfte, zurück. Allerdings wurde dieser Ausfall durch Steigerung der Einfuhr aus Argentinien, besonders im letzten Jahre durch Eröffnung einer neuen argentinischen Fabrik, reichlich wieder gedeckt, so dass sich die Gesammt-Einfuhr stellte

im	Jahre	1899	auf	65 941	dz
„	„	1900	„	61 547	„
„	„	1901	wieder	67 903	„

Dagegen stieg die Ausfuhr deutscher Quebracho-Extrakte

von	58 553	dz	im	Jahre	1899
auf	74 749	„	„	„	1900
und	79 334	„	„	„	1901

Die Ausfuhr hat also die Einfuhr in dieser Zeit ganz beträchtlich überholt, und stieg in den angeführten 3 Jahren um 35 pCt., während die Einfuhr nur um 3 pCt. stieg, und das auch nur in Folge eines inszenirten Ausverkaufs der überfüllten Lager argentinischen Extraktes zu Schleuder-Preisen.

Nach Erfahrungen der Praxis besteht etwa die Hälfte der ausgeführten Quebracho-Extrakte aus festem die andere Hälfte aus flüssigem Extrakt. Berechnet man darnach, zu der Durchschnitts-Ausbeute von 37 pCt., das Quantum Rohmaterial, welches zur Herstellung dieser ausgeführten 79 000 dz benöthigt wurde, so erhält man hierfür ein Quantum von . . . . 214 420 dz
Holz: rechnet man hierzu, dass an zerkleinertem
Quebrachoholz . . . . 126 612 „
und an Blockholz wieder . . . . . 20 677 „
ausgeführt wurden, so ergiebt sich, dass von den
eingeführten 1 116 657 dz Blockholz . . 361 709 dz
oder rund 33 pCt. wieder ausgeführt wurden, und zwar fast ausschliesslich als Fabrikate.

Wenn nun, meine Herren, die Einfuhr von Quebracholholz einen solchen Entrüstungs-Schrei bei den Agrariern und ihren Freunden, und eine solche die ganze Nation in Aufruhr versetzende Agitation mit dem Kampfgeschrei, hie Schälwald, hie Quebracho, veranlasste, als sei die Wehrkraft der Nation und das Fortbestehen des sesshaften Bauernstandes gefährdet, welchen Anspruch auf Berücksichtigung kann dann die Quebracho-Industrie erheben, wenn sie nachweist, dass sie ein volles Drittel dieser Gefahr mit 50 pCt. Aufschlag in nationaler Arbeit wieder auf das Ausland abwälzt. Der Rest des eingeführten und also im Inlande zur Verwendung gekommenen Quebrachoholzes spielt dann, wenn man es selbst als Konkurrenz der inländischen Lohe auffassen wollte, der eingeführten Gerberlohe gegenüber gar keine Rolle.

Dass die deutsche Quebracho-Industrie trotz der in den letzten Jahren aufgetauchten und durch billige Preise Einführung suchenden schweren Konkurrenz aus dem Ursprungslande des Rohmaterials, doch auf dem Auslands-Markte siegreich vordringen konnte, und dass ihre Fabrikate trotz aller Konkurrenz allseitig als das bei Weitem Beste anerkannt und vorgezogen werden, berechtigt und verpflichtet zur Berücksichtigung ihrer aussichtsreichen Betheiligung an dem Kampfe um den Weltmarkt und an der Ausfuhr deutscher Arbeit. Sind es jetzt auch erst wenige Millionen, die sie zur Ausfuhr bringt (im vergangenen Jahre war es für etwas mehr als $3\frac{1}{2}$ Millionen Mark), so bürgen die weite Verbreitung der Leder-Industrie, und die nothwendige, allseitig steigende Verwendung des Quebracho-Gerbstoffes doch dafür, dass diese Ausfuhr deutscher Arbeit in deutschen Quebracho-Fabrikaten noch einer grossen Steigerung fähig ist.

Bei Ausfuhr derartiger Fabrikate aus ausländischen Rohmaterialien kommt es aber weniger auf den Werth der Fabrikate, als auf den Werth der darin ausgeführten nationalen Arbeit an.

Die schon erwähnte grosse Härte des Quebrachoholzes und die Schwerlöslichkeit seines Gerbstoffes stellen in technisch mechanischer Hinsicht an maschinelle Einrichtungen, an die Entwickelung von Kraft und Wärme hohe Anforderungen, gleich hohe Anforderungen stellen die noch wenig erforschten Eigenschaften des Quebracho-Gerbstoffes in chemischer Hinsicht an die fast wissenschaftliche Erforschung, und an die fabrikmässige Behandlung des

Materials Ihnen vermag nur deutsche Gründlichkeit und Zähigkeit zu entsprechen, und damit ist Deutschland eine bevorzugte Stellung in dieser Industrie angewiesen, die zur Folge hat, dass je nach Lage des Rohmaterial-Marktes, und je nach Qualität und Zweck des Fabrikates, der Werth der Veredelung im Fabrikat etwa 40—60 pCt. des Rohmaterial-Werthes beträgt.

Es braucht desshalb wohl nicht weiter ausgeführt zu werden, welche schöne Aussichten auf Ausfuhr deutscher Arbeit die Quebracho-Industrie bietet, falls ihr durch die drohenden ungünstigen Zollverhältnisse nicht die ganze Ausfuhr-Möglichkeit genommen wird

Es ist Ihnen bekannt, meine Herren, dass die Zolltarif-Vorlage des Bundesrathes einen Eingangszoll auf Quebrachoholz und die daraus hergestellten Fabrikate vorsieht.

Es ist hier nicht der Ort, weiter auszuführen und zu begründen, dass dieser Zoll seitens der Regiernng nicht aus der Erkenntniss vorgeschlagen wurde, dass damit die seitens der Agrarier und ihrer Anhänger gewünschte Aufbesserung der Schälwald-Verhältnisse erzielt werden könnte, sondern lediglich aus dem Grunde, um dem Drängen der Agrarier und ihren Freunden wenigstens etwas Entgegenkommen zu zeigen und ihnen damit einen Gefallen zu thun, also nicht aus sachlichen, sondern aus diplomatischen Gründen Im Gegentheil, die Regierung selbst ist nach ihren Ausführungen in der Begründung dieses Zollvorschlages, und in Sonderheit nach den Ausführungen des Herrn Reichskanzlers im Landes-Oekonomie-Kollegium selbst davon überzeugt, dass der Quebracho-Zoll zur Aufbesserung der Schälwald-Erträgnisse garnicht dienen kann.

Es ist ausserdem durch Autoritäten, wie z. B. durch den seitens der Quebrachozollfreunde selbst zur Verteidigung ihrer Behauptung herangezogenen aber anscheinend falsch verstandenen Prof. von Schroeder, und durch die Praxis nachgewiesen, dass die überseeischen Gerbstoffe, und speziell gerade das Quebrachoholz gar keine Konkurrenten unserer inländischen Gerbstoffe sind. Herr Prof. von Schroeder sagt in einem im Jahre 1889 gehaltenen Vortrage, den der Herr Abgeordnete Dasbach im Abgeordnetenhause am 27. Januar zum Beweise des Gegentheils heranzog, wörtlich: Sie (die fremden Gerbmaterialien nämlich) dürfen nicht als Konkurrenten unserer Gerbrinden aufgefasst werden, denn sie sind nur Hülfsstoffe zur **besseren Ausnutzung** und **rentabeleren Verwerthung** der letzteren — und ihre ausschliessliche Verwendung kann, abgesehen von einigen wenigen Spezialitäten, garnicht in Frage kommen.

Den letzten Theil dieses Satzes hatte der Herr Abgeordnete Dasbach auch angeführt, nichts aber von dem ersten. Dieser Voraussage des Prof. von Schroeder entsprechend ist denn auch durch die Einfuhr des Quebrachoholzes die Nachfrage nach Rinden-Gerbstoffen thatsächlich derart gestiegen, dass die inländische Produktion derselben nicht mehr genügen konnte und dass die Einfuhr ausländischer Rinden-Gerbstoffe von etwa jährlich 600000 dz in den Jahren 1880—85, also kurz vor nennenswerther Einführung des Quebrachoholzes, auf über 1000000 dz in den letzten Jahren gestiegen ist, und damit übertrifft diese Einfuhr an Gerberlohe heute die Produktion der ganzen deutschen Schälwaldungen selbst.

Meine Herren! — Wie da nun die Schlussfolgerung möglich ist, dass die durch die Einfuhr der überseeischen Gerbstoffe in solchem Maasse gesteigerte Nachfrage nach Gerberlohe Schuld an dem Sinken der Preise derselben und damit Schuld an dem Niedergang der Rentabilität der Schälwaldungen sein soll, und wie da durch eine Beseitigung oder Einschränkung dieses, die Verwendung der Gerberlohe befördernden Hülfestoffes dem Schälwald geholfen werden soll, ist mir unverständlich.

Aber es wird unter gewollter oder nicht gewollter falscher Auslegung der Autoritäten und unter Nichtachtung aller entgegenstehenden Thatsachen immer wieder und wieder von Vielen behauptet, und deshalb schliesslich auch ungesehen von Vielen geglaubt.

Ich wollte hiermit nur ausführen, welches Unrecht mit einem so unlogischen und ungerechtfertigten Zolle auf das Rohmaterial Quebrachoholz nicht nur der Leder-Industrie, sondern auch dem Quebrachoholz und der Quebracho-Industrie an und für sich zugefügt würde. Dass ein solcher Zoll eine Verminderung des inländischen Konsums an Quebrachoholz zur Folge haben wird, ist einleuchtend und ja auch der Zweck des Zolles. Derselbe wird aber nicht zum Vortheil, sondern zum Nachtheil der Schälwaldungen, und lediglich zum Vortheil der übrigen, merkwürdiger Weise zollfrei bleiben sollenden überseeischen Gerbstoffe gereichen.

Diese beabsichtigte Verminderung des inländischen Konsums an Quebrachoholz trifft naturgemäss zuerst und am härtesten die Quebracho-Zerkleinerungs- und Extraktions-Industrie, die speziell auf das Quebrachoholz eingerichtet und angewiesen ist, und dasselbe nicht durch ein anderes inländisches oder ausländisches Rohmaterial ersetzen kann. Quebrachoholz ist eben ein im Inland nicht erzeugbares und nicht ersetzbares, deshalb aber dringend nothwendiges Rohmaterial. Aber das nicht allein. — Wird der deutschen Extrakt-Industrie das Rohmaterial durch Eingangszoll vertheuert, der nach der Regierungs-Vorlage M. 1,— per 100 kg, also etwa 17 pCt vom Werthe betragen soll, so ist damit naturgemäss auch die Konkurrenzfähigkeit der deutschen Quebracho-Fabrikate auf dem Weltmarkte unmöglich gemacht, mindestens $^{2}/_{3}$ der heutigen Produktion würde durch diese Verhältnisse der deutschen Quebracho-Industrie entzogen, sie wäre unschuldig zum Tode verurtheilt.

Mit Unterbindung dieser nicht zu unterschätzenden Ausfuhrmöglichkeit verliert das deutsche National-Vermögen eine Gelegenheit mehr, deutsche Arbeit statt deutsche Arbeiter zu exportiren.

Die vorgeführten Verhältnisse lassen es demnach als eine unbedingte Nothwendigkeit in nationalem Interesse erscheinen, für Aufrechterhaltung dieser Ausfuhrmöglichkeit eventuell im Veredelungs-Verkehr, besorgt zu sein.

Die Berechtigung dieser Forderung wird denn auch sowohl seitens der Regierung, als auch seitens der Quebracho-Gegner selbst, also allseitig anerkannt. Nur die Schwierigkeit der Rückvergütung eines Zolles bei Ausfuhr der Fabrikate ohne Schädigung fiskalischer Interessen erweckt bei der Regierung Bedenken.

Die vereinigten Quebracho-Extrakt-Fabriken hatten in ihrer Petition an den Reichstag um eine ähnliche Vergünstigung gebeten, wie sie im § 9 Absatz 3 des Tarif-Gesetzes den Inhabern von Mühlen und Mälzereien durch Ertheilung von Einfuhrscheinen bei der Ausfuhr der Fabrikate zugestanden ist.

Bei Ausfuhr des zerkleinerten Quebrachoholzes würde die dazu nöthige Festsetzung des entsprechenden Quantums Rohmaterial keine Schwierigkeiten machen.

Wohl verliert das Holz bei der Zerkleinerung einen Theil seines natürlichen Wassergehaltes, der in dem Blockholz etwa 18—20 pCt., in dem gemahlenen Holze durchschnittlich 14 1/2 pCt. beträgt. Der Aufschlag eines Erfahrungssatzes, der durch Trocken-Versuch stets leicht kontrollirt werden könnte, auf das Fabrikat-Gewicht, würde mit ziemlich grosser Genauigkeit das Gewicht des verwendeten Rohmaterials ergeben. Eine Erhöhung des der Rückvergütung zu Grunde zu legenden Fabrikat-Gewichtes in betrügerischer Absicht durch künstliche Wieder-Zuführung des verdunsteten Wassers ist hierbei ebenso ausgeschlossen, wie bisher zur Erzielung eines höheren Verkaufs-Gewichtes, da derartig angefeuchtetes zerkleineries Holz sich erhitzt und in einen Fermentations-Prozess geräth, welcher den Gerbstoff zerstört, und das Holz in wenigen Tagen verdirbt.

Mischungen des auszuführenden zerkleinerten Quebracho-holzes mit anderen nicht zollpflichtigen oder einheimischen Materialien zur Erlangnng einer unberechtigten Ausfuhr-Prämie würde theils den Werth des gemahlenen Quebracho-holzes wesentlich herunterdrücken, vor allen Dingen aber in Folge zu leichter Erkennung der Untermischungunthunlich sein.

Bei Ausfuhr von Quebracho-Extrakten würde die Festsetzung eines zutreffenden Verhältnisses zwischen Rohmaterial und Fabrikat etwas schwieriger sein.

Quebracho-Extrakte werden jetzt in jeder Konzentration mit einem Gerbstoff-Gehalte zwischen 30 und 80 pCt. hergestellt und ausgeführt.

Bei der Einfuhr solcher Extrakte liegt es im Interesse der einführenden Firma, zur Zoll-Ersparniss möglichst hochprozentige Waare einzuführen, und ist deshalb der bei einer bestimmten Konzentration höchst möglichste Gerbstoff-Gehalt der richtige Maassstab für die Höhe eines Einfuhr-Zolles bei dieser Konzentration

Zur Bestimmung des zurückzuvergütenden Zolles bei der Ausfuhr kann aber die Konzentration keinen Anhalt geben, da durch Beimischung anderer löslicher Stoffe, das Gewicht im Verhältniss zum Gehalt an Quebracho-Gerbstoff beliebig erhöht, also eine höhere Rückvergütung als berechtigt, erwirkt werden könnte. Es würde hier also wohl kein anderer Ausweg bleiben, als durch Analysirung der zu nehmenden Durchschnitts-Muster den Gerbstoff-Gehalt jeder Sendung zu bestimmen und nach dem Verhältnisse desselben zu dem festzusetzenden Normal-Gehalte des Quebrachoholzes die Rückvergütung zu berechnen. Der Weiterversendung der Waare nach Entnahme der Durchschnitts-Probe, auch vor Fertigstellung der Analyse, die etwa 2-3 Tage Zeit in Anspruch nehmen wird, würde nichts im Wege stehen, da dem Staate dadurch ja keinesfalls Schaden erwachsen könnte

Es würde hierbei jedoch auf die Möglichkeit der Erhohung des Gerbstoff-Gehaltes durch Vermischung der auszuführenden Quebracho-Extrakte mit Extrakten aus zollfreien oder inländischen Gerbmaterialien Rücksicht genommen werden müssen, deren getrennte Bestimmung im Extrakt unmöglich ist — Derartige Misch-Extrakte kommen bis heute im Auslandsverkehr garnicht, oder keinesfalls in bemerkenswerthen Quanten vor. Es wäre also möglich eine Rückvergütung nur für solche Quebracho-Extrakte zu gewähren, welche frei von Beimischung anderer Gerbstoffe wären Die

Prüfung auf diese Reinheit ist allerdings etwas umständlich. Mit Hülfe bestimmter Reagentien, z. B. Bleiazetat, ist aber die Freiheit von nennenswerthen Beimengungen inländischer Gerbstoff-Auszüge hinreichend sicher zu konstatiren, nicht aber die Freiheit von Beimengungen einzelner ausländischer Gerbstoff-Auszüge, besonders z. B. von Gambir.

Im Falle der Einführung eines Quebracho-Zolles würde also die allseitig anerkannte Nothwendigkeit der Erhaltung der deutschen Quebracho-Extrakt-Ausfuhr in Folge der dazu benöthigten Zoll-Rückvergütung bedingen, dass alle ausländischen Gerbmaterialien mit einem ihrem Gerbstoff-Gehalte entsprechenden gleichem Eingangs-Zoll belegt würden, wie solcher dem Quebracho gegenüber an und für sich nicht mehr als recht und billig wäre und der nothwendig wäre, wenn ein Gerbstoffzoll überhaupt Einfluss auf den inländischen Gerbstoff-Markt haben soll. Eine solche gleichartige Behandlung aller ausländischer Gerbstoffe würde eine falsche Ausnutzung des Ausfuhr-Zolles unmöglich machen, allerdings würde dieselbe anderseits eine weitere schwere Belastung der Leder-Industrie sein, und zeigt damit die Nothwendigkelt dieses Zolles auf alle Gerbstoffe aufs Neue die Widersinnigkeit und Unmöglichkeit des ganzen Gerbstoff-Zolles.

Zur Umgehung der umständlichen Prüfung der Quebracho-Extrakte auf ihre Reinheit, könnte aber auch, zur Sicherung des Staates, diese Zollrückvergütung, die ja doch nur deutschen Fabrikaten gewährt werden soll, auf solche Quebracho-Extrakte beschränkt werden, welche direkt von den inländischen Fabriken als deren Erzeugnisse ausgeführt würden. Da nach der Natur der Sache bei dem Ausfuhr-Geschäft nur wenige, grössere Fabriken in Frage kämen, so kann es keine Schwierigkeiten machen, Vorkehrungen und Kontrollen einzurichten, und die exportirenden Fabriken dafür wirksam haftbar zu machen, dass zu diesen von ihnen ausgeführten Extrakten kein anderes Gerbmaterial als nur Quebrachoholz verwendet würde. — Ja es wäre bei grösseren Betrieben, welche längere Zeit nur für Ausfuhr arbeiten könnten, sehr leicht ausführbar, dass durch direkte zollamtliche Ueberwachung der Fabrikation das Quantum Rohmaterial durch Verwiegung direkt ermittelt würde, welches zu dieser Ausfuhr-Waare verwendet würde, die dann allerdings direkt ausgeführt, oder unter zollamtlichen Verschluss gestellt werden müsste. Der nächstliegende Weg zur Ermöglichung der Ausfuhr überhaupt unter Zollverschluss zu fabriziren, ist desswegen ungangbar, weil die meisten Extrakt-Fabriken die Gerbstoff-Extrakt-Fabrikation räumlich von der Farbholz-Extrakt-Fabrikation nicht getrennt haben und nicht trennen können. Die Fabrikation unter Zollverschluss würde daher den Absatz der Farbholz-Extrakte nach dem Inlande erschweren, also wieder eine schwere Schädigung der inländischen und zwar einer ganz unbetheiligten Industrie durch den Quebrachoholz-Zoll. Infolge dieser Erwägungen hatten die Quebracho-Extrakt-Fabrikanten in ihrer Eingabe gebeten, dass die im § 9 Absatz 3 den Inhabern von Mühlen und Mälzereien ermöglichte Rückerhaltung des Zolles auch den Inhabern von Extraktfabriken zugestanden wurde.

Wenn hiernach die Zollrückvergütung bei den Quebracho-Extrakten in der praktischen Ausführung auch einige Schwierigkeiten macht, deren Umständlichkeit leider immer hemmend auf die Ausfuhr-Fähigkeit wirken wird, so glaube ich doch gezeigt zu haben, dass diese Schwierigkeiten nicht unüberwindlich sind: jedenfalls ist die Zollrückvergütung bei Ausfuhr von Quebracho-Fabrikaten unerlässlich, wenn nicht, was allerdings weit wünschenswerther wäre, der ganze unglückselige und zwecklose und allen bisherigen Grundsätzen widersprechende Zoll auf das unentbehrliche Rohmaterial Quebrachoholz fallen gelassen werden kann

Die Erhaltung einer so äusserst vortheilhaften und aussichtsreichen Ausfuhr deutscher Arbeitskraft muss im Interesse der ganzen Nation auf die eine oder andere Weise unbedingt gefordert werden.

Der Vorsitzende ertheilt hierauf das Wort Herrn Fabrikbesitzer Edmund Wirth (Sorau)

Fabrikbesitzer **Edmund Wirth** Sorau: Die Frage der Rückvergütung von Zöllen, welche für Rohstoffe und Halbfabrikate gezahlt werden, dürfte nicht ohne Weiteres von einem prinzipiellen Standpunkt zu beurtheilen sein, sondern sie muss von Fall zu Fall entschieden werden. An und für sich scheint der Gedanke der Rückvergütung der Zölle bei der Ausfuhr des fertigen Fabrikats ganz gesund. Da die Exportindustrie darauf angewiesen ist, im Interesse des Binnenlandes mit ihrem Geschäft Gewinn zu erzielen, so nimmt man ihr durch die Erhebung solcher Zölle einen Theil ihres Gewinnes vorweg, bezw. man beschränkt sie in der Exportfähigkeit.

Je schwieriger der Absatz im Auslandei wird, desto unpraktischer erscheint jene Zollerhebung. Die Sache findet aber eine grundsätzliche Würdigung aus dem Gesichtspunkte, dass es an und für sich für ein Exportland falsch ist, überhaupt Zölle auf Rohstoffe und Halbfabrikate zu legen. Was unseren, sowohl den jetzt gültigen, als den künftigen, soeben vorgelegten Tarif angeht, so sieht es in dieser Beziehung ebenfalls nicht sehr glücklich aus. Berechnet man beispielsweise die von den Halbfabrikaten und Fabrikaten erhobenen Zölle prozentualiter nach dem Werth, so wird man finden, dass eine grosse Menge von Halbfabrikaten unverhältnissmässig hoch verzollt sind — beispielsweise baumwollene Garne in einzelnen Lagen mit 35 pCt. vom Werthe —. während wiederum hochwerthige Fabrikate einen kaum nennenswerthen Zoll tragen. So kostet der Zoll für ein Paar feine pariser Schuhe ca. 30 Pf.

Es giebt eine Erklärung dafür, wie unser Tarif in diese falsche Richtung gekommen ist. Im Jahre 1879 nämlich war der einzig sachverständige Beirath des Fürsten Bismarck auf der einen Seite der Centralverband deutscher Industrieller, auf der andern Seite die Chemische Industrie. Letztere war im Allgemeinen überhaupt nicht für grosse Zollerhöhungen; erstere nahm sich lediglich der Eisen- und Montanindustrie an: in der Textiliudustrie aber wiederum nur der Spinnerei. So kam eine grosse Masse von Halbfabrikaten zu unverhältnissmässig hohen Schutzöllen. Und dass die montane und grossindustrielle Produktion gewisser Branchen sogar heute noch Zölle auf Rohstoffe fordert, ist ja bekannt.

Wenn also diese grundsätzlich falsche Richtung nicht zum Durchbruch gekommen wäre, so wäre man garnicht genöthigt, an die Rückvergütung der Zölle heranzugehen. Amerika, das seine ganze Zolllinie, ohne Rücksicht, ob es sich um Rohprodukte, Halb- oder Ganzfabrikate handelt, hoch angestellt hat, ist folgerichtig, seitdem es auch Exportland geworden ist, dahin gelangt, auf der ganzen Linie die Zolle zurück zu vergüten. Für uns steht also die Frage prinzipiell so, ob wir dem amerikanischen Beispiel folgen wollen oder ob wir unsern Tarif in der oben bezeichneten Richtung abändern wollen. Zu empfehlen wäre natürlich die Abänderung des Tarifs. Denn einmal ist die Rückvergütung schon in ihrem Verfahren selbst, wie ich es Ihnen nachher zeigen werde, mit grossen Schwierigkeiten technischer Natur verknüpft — selbst dann, wenn man über ein Beamtenpersonal verfügt, welches in den ausübenden Kräften nicht aus dem Unteroffizierstande hervorgegangen ist Sodann aber kann man es für ein grosses Exportland, wie es Deutschland schon ist, wohl keinesfalls grundsätzlich empfehlen, dass an der Grenze des Landes eine Barre errichtet wird, über welche die Rohstoffe und Halbfabrikate erst hereinklettern müssen, um nachher bei der Ausfuhr durch künstlich gemachte Oeffnungen wieder herauszukommen. Das ist ein komplizirtes System, für welches zwar gewisse Rücksichten der Billigkeit sprechen, das aber vor der vernunftsgemässen Erwagung des berufsmässigen Handelspolitikers nur schlecht Stand halten kann. Es kommt als zweite Reihe der Hauptbedenken hinzu, dass sich die Rückvergütung der Zölle in vielen Fällen als ein übles Ding insofern herausgebildet hat, als durch sie theils versteckte, theils offene Ausfuhrprämien entstanden sind. Bei dieser Gelegenheit ware auf die Misswirthschaft bei der Zuckersteuer-Gesetzgebung und bei der Branntweinsteuer-Gesetzgebung hinzuweisen.

Nach diesen Erfahrungen erscheint es bedenklich, die

Rückvergütung auf der ganzen Linie einzuführen. Wahrscheinlich dürften viele ihrer Anhänger dabei schon die Gewinnung versteckter Ausfuhrprämien im Kopfe haben. Möglich ist ja, dass für einzelne Spezialbranchen bei der jetzt verfahrenen Sachlage die Rückvergütung zu einer Art Nothwendigkeit geworden ist. —

Wenn wir nun im Speziellen auf die Leinen- und Baumwollen-Industrie übergehen, so finden wir, dass sich da zwei grosse Parteien gegenüberstehen. Einerseits die Garnkonsumenten des Rheinlandes, Süddeutschlands und der Plauener Gegend und andererseits das nördliche Sachsen und die Lausitz. Diejenigen Garnkonsumenten, welche einheitlich Waaren fabriziren, können sehr wohl für die Rückvergütung des Zolles sein, denn ihnen dürfte es nicht schwer fallen, nachzuweisen, wieviel einheimisches Garn sie in den Waaren haben. Ja sie werden — weil sie vornehmlich feine baumwollene Garne verarbeiten, mit ihrem Bezuge auf das Ausland angewiesen sein, weil die inländische Produktion der feinen baumwollenen und leinenen Garne bei Weitem nicht den Bedarf deckt. Die Gründe dafür sind wohl darin zu suchen, dass die deutschen Spinner an den stärkeren Garnen mehr verdienen und deshalb kein Verlangen tragen die feineren Nummern, für die sie neue Maschinen anschaffen müssten und die ihnen angeblich einen geringeren Verdienst lassen, zu spinnen.

Diese Fabrikanten haben unter den heutigen Verhältnissen einen Vortheil durch die Rückvergütung der Zölle. Wie steht es aber mit den Garnkonsumenten, welche komplizirte Gewebe anfertigen, Fabrikate, welche z.B. in Sorau oder in Zittau angefertigt werden. Nehmen Sie z. B. einen Tischläufer. Sie finden da weisse leinene Kette, die in Deutschland gesponnen ist, farbige baumwollene Kette in England gesponnen, in Deutschland oder Belgien gefärbt, dazu Schuss aus Böhmen. Wie wollen Sie der Zollbehörde nachweisen, dass so und soviel Prozent ausländisches Garn in diesem Tischläufer enthalten sind, ohne, dass Sie einen Zollbeamten fast ununterbrochen bei sich auf dem Bureau haben?

Würde Ihnen eine derartige polizeiliche Ueberwachung gefallen? Nun kommt noch als zweites hinzu, dass selbst der gewissenhafteste Fabrikant sich unwissentlich des Betruges schuldig machen kann, eines Betruges, welcher ihn ins Gefängniss bringen kann. Nehmen Sie an, der Fabrikant giebt je 20 Schock inländisches und ausländisches Garn auf die Bleiche. Dort wird das Garn, welches eine Nummer hat, zusammen gebleicht und der Fabrikant kann nachher nicht mehr unterscheiden, welches Garn inländisch und welches ausländisch ist. Nun soll er zufällig inländisches Garn für Exportwaaren verarbeiten, er bekommt eine Rückvergütung, und so macht er sich des Betruges schuldig.

Wenn wir die Frage stellen, wer hat einen Vortheil an der Rückvergütung der Zölle, so müssen wir erst die Frage beantworten: Für wen sind die Zölle überhaupt gemacht worden? Die Antwort ist ganz leicht -- für die Spinner!

Wenn die Rückvergütung eingeführt ist, wird der Fabrikant in seinem eigensten Interesse ausländische Garne kaufen, denn er bekommt ja den ausgelegten Zoll ganz oder doch zum grössten Theil beim Export wieder zurückerstattet und so würden unsere Spinner den grössten Nachtheil von einer Rückvergütung der Zölle haben, der Zölle, die doch nur in ihrem Interesse gemacht und im neuen Tarif noch wenigstens zum Theile erhöht werden sollen.

Sehen wir uns nun den kleinen Fabrikanten an, der nicht kapitalkräftig genug ist, grosse Quantitäten auf einmal zu kaufen, der also gezwungen ist, beim Zwischenhändler zu kaufen. Viele Zwischenhändler haben ihre bestimmten Marken, sagen aber nicht, von wo sie die Garne beziehen. Diese kleinen Fabrikanten würden durch die Rückvergütung der Zölle vom Export vollständig ausgeschlossen sein, denn sie können die Provenienz ihrer Garne nicht nachweisen. Der Sorauer Bezirk exportirt ca $^1/_3$ des ganzen Leinen-Exportes Deutschlands nach den Vereinigten Staaten, es müssten dann eine grosse Menge unserer Fabrikanten auf den Export verzichten und dies dürfte kaum im Sinne des Gesetzgebers liegen.

Des Weiteren ist die Frage zu beantworten: Wie wird sich Amerika und vielleicht manche anderen Staaten — zu der von uns etwa gezahlten Exportbonifikation stellen? Ist es da nicht sehr wahrscheinlich, dass Amerika für die aus Deutschland exportirten Waaren einen Zuschlag erhebt, der unsere Rückvergütung illusorisch macht, ja wahrscheinlich die Konkurrenz mit den anderen europäischen Staaten, die keine Zölle erheben und auch keine Rückvergütung gewähren, noch schärfer hervortreten lassen? Wer bürgt uns dafür, dass auch andere Staaten dem Beispiel Amerikas folgen und dass sowohl unsere Fabrikanten, wie Spinner nicht nur keinen Vortheil, sondern grossen Nachtheil durch die Rückvergütung der Zölle haben werden?

Gleichwohl wäre es angezeigt, die bezüglichen Bestimmungen in anderen Ländern einem gründlichen Studium zu unterwerfen.

Es wird hierauf folgende Resolution in Vorschlag gebracht:

„Die Versammlung nimmt Kenntniss von den eingehenden und interessanten Darlegungen der Herren Berichterstatter und beauftragt die Geschäftsführung der Centralstelle ungesäumt in ein möglichst aufmerksames Studium der Frage der Rückvergütung einzutreten, insbesondere auch die Ausführung und Wirkung der einschlägigen Bestimmungen im Auslande zu erkunden."

Der Vorsitzende eröffnet nunmehr die Diskussion und ertheilt das Wort Herrn Dr. Gerschel (Berlin).

Dr. Gerschel (Berlin) glaubt, dass nach der vorliegenden Resolution es sich erübrigt. die Frage hier im Einzelnen noch weiter zu besprechen. Der Gesichtspunkte seien so viele, dass sie unmöglich hier sämmtlich erörtert werden könnten. Ein Moment möchte er aber doch nicht unerwähnt lassen. Die logische Konsequenz führe zu der Frage, wie man sieh denjenigen Fabrikanten gegenüber stellen solle, die inländische, durch Einfuhrzölle auf das gleichartige ausländische

Erzeugniss vertheuerte Rohstoffe verbrauchen und die daraus hergestellten Fabrikate ausführen. Die Billigkeit verlange hier auch eine Entschädigung, um die ungünstigen Folgen der Zollvertheuerung für die Konkurrenzfähigkeit auf dem Weltmarkte auszugleichen, welche nur in der Form eine Ausfuhrprämie gewährt werden könne. Die Folgen einer solchen Maassnahme für die Finanzlage des Reichs seien kaum zu übersehen.

Fabrikbesitzer **Bendix** (Berlin) glaubt, dass alle Bedenken gegen die Zollrückvergütung sich erledigen, wenn man die amerikanische Praxis sich zu eigen macht Die weiteren Details würden in einer hierzu einzusetzenden Kommission zu untersuchen sein, in der alle betheiligten Branchen vertreten sein müssten.

Fabrikbesitzer **Knabe** stimmt mit Herrn Wirth darin überein, dass es zweckmässiger wäre, die betr. Zölle überhaupt nicht einzuführen Die Frage der Rückvergütung erledige sich dann von selbst Aber da diese Eventualität nicht in Frage komme, sei die Rückvergütung trotz aller Bedenken eine unabweisliche Forderung. Seit lange hätten die Spinner vertröstende Zusicherungen gegeben in Bezug auf ihre demnächstige Leistungsfähigkeit zur Lieferung in feineren Garnsorten Alles habe sich aber nur als leere Versprechung herausgestellt, thatsachlich hätten die Spinner bei Fortdauer der hohen Zölle auf grobe Garne gar kein Interesse daran, sich der Feinspinnerei zuzuwenden

Der Einwand, dass es unbillig sei, die Rückvergütung nur für ausländische Waare zu gewähren, könne dadurch gegenstandslos gemacht werden, dass sie grundsätzlich beim Export überhaupt gewährt werde.

Die Befürchtung, dass Amerika zu Repressalien greifen werde, könne er nicht theilen, da ja gerade in Amerika die Rückvergütung in weitestem Umfange erfolge

Dr Borgius (Berlin) betont, dass die Rückvergütung verhängnissvolle Wirkungen in handelspolitischer Beziehung ausüben müsse. Dem gerechtfertigten Widerstand gegen hohe Zölle auf Halbfabrikate würde der sichere Boden entzogen, wenn man die Forderung bewillige. Die Schädigung der Ausfuhr sei das in erster Linie ins Gewicht fallende Argument gegen die hohe Zollbelastung der Halbfabrikate, könne die schutzzöllnerische Richtung darauf hinweisen, dass der Export durch Gewährung der Rückvergütung geschont werde, so werde sich ihre Position unendlich verstärken.

Man müsse nicht Rückvergütung fordern, sondern sich gegen die Zölle aussprechen. Das sei auch im Besonderen nöthig vom Standpunkt der Handelsvertragspolitik aus, die ohne Zollfreiheit für Rohstoffe und Halbfabrikate vielen für Deutschland wichtigen Ländern ein nennenswerthes Angebot nicht mehr machen könne.

Vom Standpunkt der Handelsvertragspolitik aus könne er die Forderung der Zollrückvergütung daher nur als gefährlich bezeichnen.

Rágóczy (Metz) erkennt die weitgehende prinzipielle Bedeutung der Frage an und hebt im Besonderen hervor, dass auch die Eisenindustrie wesentlich betheiligt sei. Als nächste Aufgabe der Bearbeitung ergebe sich, das gesetzgeberische Material der anderen Staaten zu sammeln und zu veröffentlichen. Er könne gleichfalls nur empfehlen, eine möglichst aus allen betheiligten Branchen zusammengesetzte Kommission mit der Durchführung der Arbeit zu betrauen.

Wollheim (Berlin) erörtert die Frage der Rückvergütung mit besonderer Bezugnahme auf die Verhältnisse der Weissblech verarbeitenden Industriezweige. Unter gewissen Bedingungen werde schon heute eine Rückvergütung des Zolles für Weissblech bewilligt, jedoch nur in einzelnen Bundesstaaten, gewisse andere verhalten sich ablehnend. Die differentielle Behandlung desselben Industriezweiges je nach seinem Domizil sei etwas ganz besonders Unerträgliches. Die Frage müsse durch die Reichsgesetzgebung in gleichmässiger Weise für das ganze Reichsgebiet gelöst werden.

Ein Antrag auf Schluss der Debatte wird angenommen und die vorgeschlagene Resolution sodann genehmigt.

Dr. Gerschel beantragt die Auswahl der geeigneten Persönlichkeiten für die Kommission dem Vorstande zu überlassen.

Dr. Vosberg-Rekow dagegen bittet die Kommissionsmitglieder sogleich zu ernennen, damit die anwesenden Herrn in der Lage sind sich über die Annahme der Wahl sofort zu äussern.

Der Vorsitzende **Dr. C. A. Martius** beantragt die Kommission wie folgt zusammenzusetzen: Knabe (Plauen), Wirth (Sorau), Bendix (Berlin), Müller (Benrath), Lohse (Berlin), Diefenbach (Frankfurt a. M.), Ragóczy (Metz).

Dieser Antrag wird angenommen.

Vorsitzender **Dr. C. A. Martius**: Wir kommen nunmehr zu Punkt 4 der Tagesordnung:

Der Schutz des gewerblichen Urheberrechts bei den Handelsverträgen.

Ich ertheile das Wort Herrn Diefenbach (Frankfurt a. M.)

Diefenbach (Frankfurt a. M.): Unter den Papier verarbeitenden Gewerben, die ungefähr 220000 Personen in 30000 Betrieben beschäftigen und im Jahre 1900 (einschliesslich der Bücher) einen Export von 215 Millionen aufzuweisen hatten, nimmt heute die Lithographie und speziell die Chromolithographie einen wichtigen Platz ein. Sie gehört zu denjenigen Gewerben, die seit der Einigung des Deutschen Reiches einen gewaltigen Aufschwung genommen haben. Die deutsche Chromolithographie nimmt heute den ersten Platz auf dem Weltmarkt ein, und es giebt kein Gebiet des Erdballs, in das ihre Erzeugnisse noch nicht eingedrungen wären.

Zahlreiche und grossartig eingerichtete Fabriken befassen sich heute lediglich mit der Massenerzeugung von Chromolithographien in ihren vielgestaltigen Arten und Formen. Sie geben ungefähr 40000 Personen lohnenden Verdienst und zahlen alljährlich gewaltige Summen für Originale an die malende Kunst.

Rastlos wird daran weiter gearbeitet, die Fabrikationsmittel immer vollkommener, immer nutzbringender zu gestalten. Da der einzig brauchbare Lithographiestein nur in dem beschränkten Gebiete von Solnhofen gefunden wird und damit zu rechnen ist, dass die dortigen Brüche einmal erschöpft sein werden, ist man schon seit Jahren mit Versuchen beschäftigt, diesen kostbar gewordenen Stein durch Metall zu ersetzen. Aluminium und Zink kämpfen dabei um die Herrschaft.

Auch die Maschinen-Industrie, welche sich mit der Herstellung unserer Hand- und Schnellpressen sowie der zahlreichen Hilfsmaschinen beschäftigt, deren unsere Massenerzeugung heute bedarf, beschäftigt ein Heer von Arbeitern, Technikern u. s. w. Sie sucht unablässig die Mittel unserer Fabrikation zu vervollkommnen und hat es dahin gebracht, dass die deutsche Flachdruckpresse für Steindruck die beste der Welt ist. Kaum sind die Erfolge mit dem Druck auf Aluminium oder Zink einigermaassen zufriedenstellend gewesen, säumte diese Industrie nicht, für das biegsame Metall Rotationsmaschinen zu bauen, deren Verwendung der harte Stein nicht zuliess.

Wenn der Versuch mit dieser neuen Maschine erfolgreich sein wird, steht eine Umwälzung in unserem Gewerbe bevor. Denn es soll die doppelte Leistungsfähigkeit, den seitherigen Flachdruckpressen gegenüber, bekommen und deshalb erwächst für uns die Aufgabe, das seitherige Absatzgebiet nicht nur zu erhalten, sondern noch zu erweitern.

Das aber ist schwer, denn wir haben in allen Kulturstaaten Neider und Widersacher, die uns unsere Vormachtstellung auf dem Weltmarkt missgönnen und Alles aufbieten, uns dieselbe streitig zu machen.

Früher war die Lithographie fast in allen Ländern zollfrei. Der Wettbewerb zwischen den verschiedenen Nationen bestand also lediglich darin, dass jede etwas möglichst Vollkommenes zu möglichst billigen Preisen zu liefern suchte. Da aber in diesem Wettkampf Deutschland alle seine Rivalen um viele Längen schlug und Sieger blieb, führten fast alle Länder Zölle ein, welche die heimische Industrie schützen und die ausländische, namentlich aber die deutsche Konkurrenz abwehren sollten. Dies ist namentlich in den verflossenen zwei Jahrzehnten geschehen, in welchen, wie wir später sehen werden, einige Länder so hohe Zollsätze auf Lithographien einführten, dass sie direkt als Prohibitivzölle anzusehen waren.

Aber dies ist nicht die einzige Schwierigkeit, der wir bei der Ausfuhr unserer Erzeugnisse nach ausserdeutschen Ländern begegnen. Ein noch gefährlicherer Feind für uns lauert dort. Das ist die unerlaubte Nachbildung unserer Erzeugnisse.

Der Schutz gegen unberechtigte Nachbildung ist die Grundsäule unserer, der Kunst dienenden Industrie. Wird an dieser Grundsäule gerüttelt oder wird sie gar umgestürzt, dann fällt der ganze Bau zusammen und das, was deutsche Intelligenz, deutscher Fleiss und deutsche Ausdauer mit den grössten pekuniären Opfern erworben haben, wird zum unberechtigten Gemeingut für unsere nichtdeutschen Konkurrenten.

Den ehrlichen Mitbewerb welcher Nation es auch sei fürchten wir nicht. Möge ein Jeder seine eigenen Ideen reproduziren, dann bleibt derjenige Sieger, der die besten Ideen auf den Markt bringt. Solchen Kampf brauchen wir nicht zu scheuen, denn wir haben gelernt, selbst zu denken und zu schaffen, und wir haben den Geschmack der verschiedenen Völker so gründlich studirt, dass wir jedem derselben zu bringen wissen, was ihm gefällt.

Hinsichtlich des Schutzes vor Nachbildung theilt die seitherige deutsche Gesetzgebung die Werke der bildenden Künste in zwei Gruppen:

solche der reinen Kunst, die nur der Anschauung, der Befriedigung des ästhetischen Gefühls im Menschen dienen, und solche, die zwar dieses Kriteriums nicht entbehren, gleichzeitig aber auch einen praktischen Gebrauchszweck haben, oder die an einem Werke der Industrie nachgebildet oder angebracht sind.

Die Werke der reinen Kunst sind zur Erlangung des Rechtsschutzes an keine Bedingung oder Förmlichkeit gebunden; ihr Schutz dauert bis 30 Jahre nach dem Tode des Urhebers. Die Werke der angewandten Kunst dagegen bedürfen der Eintragung und Hinterlegung gegen Entrichtung einer Gebühr; ihr Schutz dauert höchstens 15 Jahre von der ersten Eintragung an.

Wir bekämpfen zwar diese Zweitheilung der Kunst hinsichtlich ihrer Bewerthung und ihres Schutzes als ungerecht und hoffen, dass in dem neuen Kunstschutzgesetz, das die Regierung ausarbeitet, diese Schranke fallen wird. Einstweilen aber müssen wir noch mit derselben rechnen.

Lithographien werden, gleich den graphischen Schwesterkünsten Stahl- und Kupferstich, Holzschnitt u. s. w., nicht nur bei uns, sondern so ziemlich in allen Kulturstaaten zu den Werken der Kunst gezählt und als solche geschützt. Sobald sie aber einen bestimmten Gebrauchszweck erhalten, z. B. als Plakate, Tisch-, Tanz-, Gratulations- oder Ansichtspostkarten, geniessen sie in Deutschland nur noch den beschränkten Schutz der sogen. Geschmacksmuster und können deshalb auch im Ausland nur diesen in Anspruch nehmen.

Unsere Erzeugnisse geniessen also, wie im Inland, so auch im Ausland, je nach der Art ihrer Verwendung zwei verschiedene Arten von Schutz; für beide gibt es internationale Vereinbarungen. Diese sind die Berner Konvention zum Schutze der Werke der Literatur und Kunst und die Internationale Union für den Schutz des gewerblichen Eigenthums.

Dieser letzteren Union ist Deutschland leider noch nicht beigetreten: es ist aber dringend zu wünschen, dass dies möglichst bald geschieht; hierfür besteht auch Hoffnung, denn bei verschiedenen Gelegenheiten wurde von Vertretern der Regierung erklärt, dass dieselbe im Prinzip schon zum

Beitritt entschlossen sei und dass dieser nach Beseitigung einiger in unseren Gesetzen beruhender Schwierigkeiten erfolgen werde.

Wird dies geschehen sein, dann bleiben von den in dieser Frage für uns wichtigen Ländern nur Russland und Oesterreich-Ungarn ausserhalb dieser Union. Der Beitritt des ersteren wäre dann beim Abschluss eines neuen Handelsvertrages zu fordern; während derjenige des letzteren weniger nöthig für uns ist, weil wir mit der Doppelmonarchie ein diesbezügliches Sonderabkommen haben.

Von besonderer Wichtigkeit aber erscheint es, dass Deutschland beim Abschluss neuer Handelsverträge mit Russland, Oesterreich-Ungarn, den Niederlanden, Dänemark, Schweden, Portugal und den Vereinigten Staaten von Amerika einen Druck dahin ausübt, dass diese Länder der Berner Konvention zum Schutz der Werke der Literatur und Kunst beitreten. Von welch eminenter Wichtigkeit für unser Gewerbe dieser Beitritt wäre, wird wohl am überzeugendsten dargethan, wenn ich die Verhältnisse schildere, die gegenwärtig in den Vereinigten Staaten herrschen.

Das Urheberrechtsgesetz dieser Staaten von 1891 enthält in Sekt. 3 die Bestimmung, dass Lithographieen und Chromos in den Vereinigten Staaten nur dann zur Eintragung und Niederlegung zuzulassen sind, wenn sie „von innerhalb der Vereinigten Staaten hergestellten Zeichnungen auf Stein oder mittelst davon gemachten Ueberdrucken hergestellt sind." Dadurch sind also dort alle Erzeugnisse dieser Art, welche aus anderen Ländern stammen, von der Eintragung und dem Rechte auf Schutz einfach ausgeschlossen. Diese gesetzliche Erlaubniss zur Brandschatzung fremdlandischer Werke wird denn auch von den Unterthanen dieses Landes in ungenirtester Weise ausgenutzt.

Ein Haus in New York (dessen Inhaber dort eingewanderte Schweizer sind), das jahrelang den Alleinverkauf unserer Chromolithographien für die Vereinigten Staaten hatte, fing, nachdem dieser Artikel durch die Mac Kinley-Bill mit einem empfindlichen Zoll belastet worden war, an, dieselben dort nachdrucken zu lassen. Da die Nachbildungen in Folge ihrer sehr geringwerthigen Ausführung im Anfang nicht zogen, gingen die Nachdrucker nach und nach dazu über, dieselben nicht nur mit den gleichen Nummern und Unterschriften in fünf Sprachen zu versehen, wie sie die unserigen tragen, sondern auch mit unserer Schutzmarke und sogar, soweit es sich um religiöse Darstellungen handelt, mit dem Zusatz: „Imprimi permittitur Ordinariatus episcopalis Limburgensis", mit welcher Erlaubniss die bischöfliche Behörde in Limburg im Sinne eines päpstlichen Dekrets unsere Erzeugnisse dem katholischen Volk besonders empfehlen will. Dadurch soll in dem kaufenden Publikum die Meinung erweckt werden, als kaufe es unsere seit Jahren dort sehr beliebten Bilder.

Eine gemeinere Freibeuterei kann man sich wohl nicht denken. Aber wir sind machtlos dagegen, so lange die Vereinigten Staaten sich weigern, der Berner Konvention beizutreten. Eine Folge davon ist, dass unser Verkauf in jenem weiten Absatzgebiet nicht nur nicht zunehmen kann, sondern in dem Maasse zurückgeht, als die Zahl der Nachbildungen wächst, die dort unsere früheren Depositäre und noch ein anderes Haus herstellen lassen. Denn jene unlauteren Mitbewerber können viel billiger verkaufen als wir — und haben dabei doch noch einen grösseren Nutzen als wir — denn nicht nur belastet sie der Zoll nicht, der auf unsere Erzeugnisse beinahe 30 pCt. ausmacht, sondern sie sparen auch die nicht unerheblichen Kosten für Originale und haben keinerlei Risiko, indem sie nur unsere besten Darstellungen nachbilden, deren Zugkraft bereits erwiesen ist und die für uns Treffer bilden, von denen durchschnittlich nur einer auf ungefähr 50 Nieten kommt.

Sollen wir in diesem grossen und ausserordentlich aufnahmefähigen Lande nicht ganz den Boden verlieren, dann muss unsere Regierung bald dahin wirken, dass auch wir dort vor der schamlosen Piraterie am geistigen Eigenthum geschützt werden, wozu sich gerade beim Abschluss eines neuen Handelsvertrages die geeignetste Gelegenheit bietet.

In den übrigen angeführten Ländern, welche der Berner Konvention noch nicht beigetreten sind, haben sich zwar so schreiende Verletzungen unseres Eigenthums wie in den Vereinigten Staaten noch nicht gezeigt; allein wir sind denselben immer ausgesetzt, so lange diese Länder nicht Mitglieder der genannten Konvention sind. Da aber, wie ich vorher bereits erwähnte, für die Weiterentwickelung und den Fortbestand unserer zu so prächtiger Blüthe gelangten Industrie der wirksame Schutz gegen Nachbildung die conditio sine qua non ist, dürfen wir von unserer Regierung wohl erwarten, dass sie mit allem Nachdruck dahin wirkt, dass uns künftig dieser Schutz auch in den genannten Ländern zu Theil wird.

Was die gegenwärtige allgemeine Lage unserer Industrie angeht, so lässt dieselbe viel zu wünschen übrig.

Unsere Industrie ist hauptsächlich auf die Ausfuhr ihrer Erzeugnisse nach ausserdeutschen Ländern angewiesen, eines Theils in Folge ihrer raschen und aussergewöhnlichen Entwickelung, andern Theils wegen des Umstandes, dass bei unserem Artikel zwischen der Höhe der ersten Herstellungskosten und den Verkaufspreisen meistens ein grosses Missverhältniss herrscht. Wir geben zum Beispiel bei Anfertigung eines Bildes, das wir unsern grossen Abnehmern für 8 Pfennige das Stück liefern, für das Original 200—500 M. für Lithographie 400—1000 M. aus, je nach der Schwierigkeit der Darstellung Dazu kommen dann erst die eigentlichen Fabrikationskosten, für Druck, Papier u. s. w. Es ist klar, dass schon zur Deckung jener ersten Kosten der Verkauf einer grossen Anzahl Bilder nöthig ist, und dass unsere ganze Fabrikation in Frage gestellt wird, wenn uns nicht ein weites Gebiet offen steht, auf dem wir grosse Massen absetzen können.

Deshalb hat es sich unsere Industrie angelegen sein lassen, für ihre Erzeugnisse den Weltmarkt zu erobern Der Fleiss und die Ausdauer, die sie dabei bekundete, sind von aussergewöhnlichem Erfolg begleitet gewesen, so dass heute viele lithographische Anstalten einen weit grösseren Prozentsatz ihrer Erzeugnisse nach dem Ausland liefern als derjenige ist, den sie im Inland absetzen. Mein Haus z. B. hat in den letzten Jahren ungefähr 85 pCt. seiner Produktion nach ausserdeutschen Ländern ausgeführt.

Aber der Kampf, den wir um den Fortbestand unserer Vormachtstellung auf dem Weltmarkt kämpfen müssen, wird immer härter, immer erbitterter, und die Mittel, die dabei angewandt werden, sind verschieden.

Wie wir schon gesehen haben, ist es in manchen Ländern der Mangel an Schutz gegen Nachbildung, der uns das Geschäft erschwert oder gar unmöglich macht.

In zweiter Linie kommen dann die Zölle, die, wie bereits erwähnt, in den vergangenen zwei Jahrzehnten, namentlich aber im letzten theils neu eingeführt, theils wesentlich erhöht wurden. Es giebt vielleicht wenige Artikel im Zolltarif, die zuerst in so vielen Ländern ganz zollfrei waren und nachher mit so drückenden Zöllen in einer grossen Anzahl dieser Länder belegt wurden, wie der unsrige.

Am empfindlichsten sind für uns die hohen Zölle in folgenden Staaten: Frankreich, Vereinigte Staaten, Portugal, Russland, Brasilien, Mexiko, sowie in den meisten anderen Staaten von Mittel- und Südamerika.

In Frankreich z. B., wo der Zoll bei den meisten Erzeugnissen meines Hauses ungefähr 80 pCt. vom Werthe beträgt, ist seit Einführung desselben unser Umsatz naturgemäss bedeutend zurückgegangen und bei grösseren Abschlüssen, wie sie namentlich für Anfertigung von Plakaten und anderen Reklameartikeln vorkommen, werden wir von unseren französischen Mitbewerbern unterboten, weil uns der Zoll allzusehr belastet.

Ueber die Wirkung des Zolles in den Vereinigten Staaten habe ich schon gesprochen und möchte nur noch erwähnen, dass die dort eingeführten Sätze sich sonderbarer Weise, aber mit wohlbedachter Absicht, nach der Stärke des Papieres richten und bei Bildern auf dünnem Papier — welche im allgemeinen die billigsten zu sein pflegen — $2^1/_2$ mal so hoch sind als bei den theureren auf stärkerem Papier. Dies hat zur Folge, dass einige der Hauptsorten unseres Verlags von der Einfuhr in die Vereinigten Staaten überhaupt ausgeschlossen sind.

In Portugal hat man s. Z. den übertriebenen Zoll von 1000 Reis für das Kilo (der ungefähr 150—175 pCt. vom Werthe entspricht) auf Verlangen einer Gruppe kleiner Lithographen in Oporto und Lissabon eingeführt, die denselben zum Schutze ihres nationalen Gewerbes von der Regierung verlangten. Die portugiesische Regierung ging damals — wie auch bei vielen andern Artikeln — auf diese protektionistische Forderung ein, ohne die Berechtigung derselben irgendwie zu prüfen. Thatsächlich lag für einen solchen Schutzzoll durchaus kein Bedürfniss vor. Denn weder uns noch anderen Nationen wird es einfallen, den portugiesischen Lithographen in ihren kleinen Arbeiten, mit denen sie sich immer nur befassten, Konkurrenz zu machen. Die grossen Artikel aber, welche bestimmt sind, den Markt der ganzen Welt zu versorgen, können in Portugal nie fabrizirt werden, schon weil dort alles, was zur Fabrikation gehört, vom Ausland bezogen werden muss und durch Zölle, Frachten u. s. w. viel theurer wird als bei uns.

Der portugiesische Staat jedoch macht dabei das schlechteste Geschäft. Um den hohen Zoll zu umgehen, machten sich die portugiesischen Importeure einen alten Vertrag zwischen Frankreich und Portugal zu Nutze, wonach Drucksachen aller Art aus Frankreich in Portugal zollfrei eingehen. Sie liessen sich unsere Erzeugnisse an irgend eine Adresse in Frankreich senden und zahlten dafür den französischen Zoll: dann gingen dieselben als französische Drucksachen zollfrei in Portugal ein. Wenn auch in Frankreich der enorm hohe Zoll von 2,25 Frs. für das Kilo besteht, so sparten die portugiesischen Importeure dabei doch noch ungefähr die Hälfte gegenüber dem Zoll im eigenen Lande. In diesem Falle hatte Frankreich den Nutzen von einer Sache, die es schlechterdings nichts anging; Portugal aber hatte das Nachsehen. Jetzt wird die Sache noch viel einfacher gemacht: die Waare geht von hier als Transitgut an irgend einen Spediteur in Hâvre, der sie als französische Drucksachen weitersendet, und so gehen unsere Chromolithographien, die vorschriftsmässig einen Zoll von über 150 pCt. vom Werthe zu zahlen hätten, ganz zollfrei in Portugal ein.

Man darf aber dieses Vorgehen nicht einmal als Schmuggel bezeichnen, denn unser Hauptabnehmer dort hat sich vor einigen Jahren schon der Handelskammer in Oporto gewissermaassen selbst denunzirt, indem er ihr diese Art der Zollumgehung durch eine gedruckte Erklärung (welche dann auch den Mitgliedern der Deputirtenkammer in Lissabon überreicht wurde) bekannt gab, woran er die Aufforderung an die Regierung knüpfte, den Zoll auf ein vernünftiges Maass — etwa 200 Reis — zu ermässigen, den jeder Importeur gern bezahlen würde. Trotz alledem besteht heute noch der Zollsatz von 1000 Reis.

Auch wir wären mit einem Zollsatz von 200 Reis zufrieden. Falls wir aber bei Abschluss eines Handelsvertrages mit Portugal die Meistbegünstigung erlangen, müssten wir auch hinsichtlich der Drucksachen mit Frankreich gleichgestellt werden und volle Zollfreiheit erlangen, wie sie ehedem bestand.

Dass übermässig hohe, reine Finanzzölle die Wirkung haben, dass die davon Getroffenen nach Mitteln und Wegen suchen, dieselben zu umgehen, können wir, wie bei Portugal, so auch bei einer Reihe von anderen Ländern konstatiren. Es sind namentlich einige Staaten von Mittel- und Südamerika, in die Alles oder doch der grösste Theil von dem, was wir nach denselben liefern, auf Verlangen der Besteller als eingeschriebene Drucksache eingeht, ohne irgend welchen Zoll zu zahlen. Ist auch das Porto für diese Versendungsart sehr hoch, so ist es doch noch viel niedriger als der in jenen Ländern vorgeschriebene, übertriebene Zoll; ausserdem hat diese Versendungsart den Vorzug grösserer Schnelligkeit und Sicherheit. In diesem Falle hat die deutsche Postverwaltung den Nutzen, jene Staaten aber, die unseren Artikel als frischmelkende Kuh benutzen wollten, haben das Nachsehen.

Diese Zustände sind aber für das ganze Geschäft nachtheilig, weil sie eine gewisse Unsicherheit in dasselbe bringen und seine reguläre Entwickelung hindern. Deshalb wäre es für alle Betheiligten, aber namentlich für den importirenden Staat selbst, von grösstem Nutzen, wenn der Zoll auf unsere Artikel sich in vernünftigen Schranken hielte.

Noch anderen Schwierigkeiten bezw. Beschränkungen ist die Einfuhr unseres Artikels in Russland und Rumänien unterworfen.

In Russland ist der Zoll, namentlich seitdem er einen Zuschlag erfahren hat, schon drückend genug; aber von weit schlimmerer Wirkung auf die Einfuhr unseres Artikels ist die Censur, welche namentlich bei religiösen Bildern und Porträts der russischen Kaiserfamilie oft in willkürlichster Weise ausgeübt wird.

In Rumänien dagegen ist die Einfuhr von „religiösen Darstellungen sowie von Porträts, Schlachten und sonstigen Darstellungen aus der fremdländischen Geschichte“ überhaupt verboten. Ich hatte bei einer meiner Reisen in Rumänien Gelegenheit, im Ministerium des Innern in Bukarest Aufschluss über den Grund dieser sonderbaren Maassregel zu erhalten, welcher folgender ist: Vor dem russisch-türkischen Kriege überschwemmten zahlreiche russische Agitatoren das Land, von denen namentlich viele in der Maske von Bilderhändlern das Landvolk, dem sie russische Heiligenbilder und Fürstenporträts lieferten, in Aufregung versetzten. Um diesem Treiben ein Ende zu machen, ohne einen Russland direkt beleidigenden Akt zu begehen, verbot man einfach allgemein die Einfuhr von Heiligenbildern und von Darstellungen aus der fremdländischen Geschichte. Dieses Verbot ist schon lange zwecklos und man versicherte mich damals in dem genannten Ministerium, dass dasselbe aufgehoben würde, wenn bei Gelegenheit eines neuen Handelsvertrages Deutschland darauf hinwirke. Wir ersuchen daher unsere Regierung, dies seiner Zeit zu thun, denn dadurch würde sich unser Absatz in diesem Lande um ein Vielfaches steigern können.

Zum Schlusse muss ich noch auf die grosse Besorgniss

hinweisen, die alle Kreise des graphischen Kunstgewerbes erfüllt, angesichts der Ringbildung innerhalb der Papierfabrikation und Angesichts der Anträge auf Zollerhöhungen, wie sie für unsern neuen Zolltarif seitens der Vereinigten Papierfabrikanten, der Holzschleifereien und Zellstofffabrikanten gestellt worden sind. Wie oben bereits dargethan, haben wir ausserdem schon mannigfache Schwierigkeiten und Hindernisse zu überwinden, um unsere mühsam erkämpfte Stellung auf dem Weltmarkt zu behaupten. Das wird aber unmöglich, wenn jetzt auch noch aus kurzsichtigem Eigennutz unsere deutschen Lieferanten dasjenige Material, welches den Hauptfaktor in unserer Fabrikation bildet, vertheuern wollen. Heute schon entgeht uns manches grössere Geschäft, weil wir uns das dazu erforderliche Papier nicht so billig beschaffen können, wie es z. B. die Engländer haben. Wenn aber unsere Papiere künftig noch wesentlich theurer werden sollen als seither, dann hören wir einfach auf, überhaupt auf dem Weltmarkt konkurrenzfähig zu sein; dann wird nicht nur das immer noch blühende graphische Kunstgewerbe lahmgelegt, sondern auch gerade jene Fabrikanten, welche diese verhängnissvollen Anträge stellen, werden den grössten Schaden dabei leiden, weil ihr Hauptkonsument, eben dieses Kunstgewerbe, aufhört, kaufkräftig zu sein.

Vorsitzender **Dr. C. A. Martius**: Ich ertheile nunmehr das Wort Herrn Dr. Osterrieth (Berlin).

Dr. Osterrieth (Berlin): Die Vorbereitung neuer Handelsverträge wird unserer Regierung Veranlassung geben, auf eine Verbesserung des internationalen Urheberrechts und gewerblichen Rechtsschutzes hinzuwirken.

Das Urheberrecht umfasst den Schutz der literarischen und künstlerischen Erzeugnisse und damit den Schutz des Buchhandels, Kunsthandels und Musikalienhandels; der gewerbliche Rechtsschutz den Schutz der Patente, Muster und Waarenzeichen, des Handelsnamens und der Firma und den Schutz gegen unlauteren Wettbewerb, einschliesslich der falschen Herkunftsbezeichnungen.

Auf dem Gebiete des Urheberrechts hat das Deutsche Reich die Rechte seiner Angehörigen gesichert durch den Beitritt zur Berner Konvention vom 9. September 1886 zum Schutz der Werke der Literatur und Kunst, sowie durch Einzelverträge mit Frankreich, Belgien, Italien, Oesterreich-Ungarn und den Vereinigten Staaten.

Auf dem Gebiete des gewerblichen Rechtsschutzes haben wir bisher Sonderverträge, welche sich auf Patent-, Muster- und Markenwesen beziehen, mit Oesterreich-Ungarn,[1]) Italien,[2]) der Schweiz[3]) und Serbien; ferner eine Reihe von Abmachungen zum gegenseitigen Schutze der Waarenzeichen.[4]) Vom Herbst d. Js. ab wird das Reich der Pariser Konvention vom 20. März 1883, zum internationalen Schutze des gewerblichen Eigenthums angehören. Die Reichsregierung hat unseren Anschluss an die Union davon abhängig gemacht, dass die Pariser Konvention in wesentlichen Punkten abgeändert werde. Nachdem die Brüsseler Konferenz von 1899 diesen Wünschen Rechnung getragen hatte, hat die Regierung prinzipiell den Beitritt erklärt. Der Reichstag hat im Mai vorigen Jahres seine Zustimmung gegeben. Es fehlt nur noch die Ratifizirung der Brüsseler Akte, die bis zum 15. Juni erfolgen soll, um den Beitritt perfekt zu machen. Da die Hauptstaaten schon die Ratifizirung beschlossen haben, kann unser Beitritt als gesichert gelten.

In einer Reihe deutscher und ausländischer Handelsverträge finden sich schon Bestimmungen über Urheberrecht und über gewerblichen Rechtsschutz.[5]) Wenn auch der gei-

[1]) vom 6. Dezember 1891

[2]) vom 13. Januar 1892.

[3]) vom 13. April 1892.

[4]) In einzelnen Fällen auch der Muster (so im Handelsvertrag mit der Südafrikanischen Republik vom 22. Jan 1885)

[5]) Die Handelsverträge mit St. Domingo (30. Januar 1885), Spanien (12 Juli 1883), Frankreich (2. August 1862 und Friedensvertrag), Griechenland (9 Juli 1884), Japan (4 April 1896) und der Südafrikanischen Republik (22. Januar 1885) beziehen sich auf den gewerblichen Rechtsschutz Bestimmungen über Urheberrecht finden sich in den geltenden deutschen Handelsverträgen nicht

stige und gewerbliche Rechtsschutz principiell auf einer anderen Grundlage ruht als die Zwecke eines Handelsvertrages, so dient er doch auch der Ausbreitung von Industrie und Handel auf das Ausland. Ein genügender Rechtsschutz kann sogar als Kompensation gegenüber hohen Zöllen wirken.

So lange daher ein vollständiges und einheitliches Vertragssystem für den internationalen Schutz des geistigen und gewerblichen Eigenthums nicht gilt, scheinen die neuen Handelsverträge ein geeignetes Mittel, unser internationales Recht aut diesen Gebieten aufzubauen.

Soweit die beiden Unionen zum Schutze des literarischen und künstlerischen und des gewerblichen Eigenthums in Betracht kommen, sind Sonderabkommen mit dendiesen Unionen angehörigen Ländern nicht erwünscht.[1]) Vielmehr wird im Interesse der einheitlichen Rechtsgestaltung die Weiterbildung dieser Konventionen durch gemeinsame Konferenzen zu erfolgen haben.

In den nachstehenden Vorschlägen sind die Rechtsverhältnisse zu den einzelnen Ländern und die sich daraus ergebenden Wünsche kurz dargelegt.

Hierbei sind noch folgende allgemeine Erwägungen in Betracht zu ziehen.

Für die Abkommen mit den einzelnen Ländern auf den Gebieten des Urheberrechts und des gewerblichen Rechtsschutzes kommen zwei Gesichtspunkte in Betracht.

In erster Linie das unmittelbare, materielle Interesse der deutschen Industrie, des deutschen Handels und der deutschen Autoren.

Einzelnen Ländern gegenüber lässt sich dieses Interesse dadurch abschätzen, dass man den durch die heutige Rechtslage schon entstandenen Schaden in Betracht zieht. Im Uebrigen können die statistischen Nachweise über unsere Ausfuhr nach einzelnen Ländern gewisse Anhaltspunkte für die Bewerthung der Interessen abgeben, die auf dem Spiele

---

[1]) Eine Ausnahme macht unser Patentschutz in der Schweiz. S. hierüber die Vorschläge bei Gruppe I

stehen z. B. die Thatsache, dass wir im Jahre 1900 für 324,9 Millionen Mark nach Russland ausgeführt haben.[1]) Diese Zahlen geben allgemeine Anhaltspunkte für die Werthe, welche den Angriffspunkt des unlauteren Wettbewerbes in einem Lande bilden. Indessen sind dies doch Schätzungen, die kein unbedingt sicheres Bild geben.

Aus diesem Grunde, und weil die fernere Entwickelung unseres Auslandshandels nicht vorausgesehen werden kann, scheint es zweckmässig, auch das zweite Moment in Betracht zu ziehen, das ideelle Interesse des deutschen Reichs an gesicherten Rechtsbeziehungen zu allen Ländern. In dieser Beziehung kann die Thätigkeit Frankreichs als Vorbild gelten, das in den letzten 30 Jahren jede Gelegenheit benutzt hat, um den Rechtsschutz seiner Angehörigen im Ausland zu befestigen. Auch Grossbritannien hat in dieser Beziehung bisher mehr gethan als wir.[2])

Frankreich hat daher in der internationalen Rechtsbildung auf dem Gebiete des Urheberrechts und des gewerblichen Rechtsschutzes bisher eine führende Rolle gespielt.

Nachdem das Reich nun den Beitritt zur Gewerbeschutz-Union beschlossen hat, gebietet es die Rücksicht auf die Weltmachtstellung unserer Industrie und unseres Handels, auch unseren Einfluss in Zukunft nachdrücklich geltend machen. Hierbei handelt es sich naturgemäss nicht darum, unsere, in vieler Beziehung mangelhafte Gesetzgebung dem Ausland als Muster vorzuhalten, sondern vielmehr unserer Industrie und unseren Handel überall einen sicheren, mög-

[1]) Hierunter befinden sich Maschinen und Maschinentheile für 37 Millionen M. (ausserdem Nähmaschinen für 4,1 Millionen M.) Die Bedeutung dieser Position für den gewerblichen Rechtsschutz wird dadurch klar, dass bei uns für dieselbe Waarengruppe (Kl. 25) von 1894 bis 1900. 1664 Patente und für Maschinenelemente 4455 Gebrauchsmuster genommen wurden.

[2]) Frankreich hat 30 Abkommen über den gewerblichen Rechtsschutz und 17 über Urheberrecht. Grossbritannien hat 29 Abkommen über gewerblichen Rechtsschutz, Deutschland, das der Gewerbeschutzunion noch nicht angehört, hat deren nur 26, und 5 Abkommen über Urheberrecht.

lichst einheitlichen Schutz zu verschaffen. Daher ist es wünschenswerth, dass allen Ländern gegenüber mindestens der Versuch gemacht werde, einheitliche internationale Schutzbestimmungen durchzusetzen und die bewährten und von uns anerkannten Grundsätze der Berner und der Pariser Konvention, letztere im Zusammenhang mit den Bestimmungen unserer Sonderverträge, diesen Abmachungen zu Grunde zu legen.

Am Zweckmässigsten scheint es, die einzelnen Länder zum Beitritt zu diesen Unionen selbst zu bewegen. Frankreich hat diesen Weg mehreren Ländern gegenüber (z. B. Serbien, Japan) mit Erfolg eingeschlagen.

Stossen wir hierbei auf Widerspruch, so ist auf Sonderabmachungen hinzuwirken, welche mit den Bestimmungen der beiden Konventionen im Einklang stehen.[1])

Sollte auch dies nicht möglich sein, so bleibt noch die Möglichkeit, ein gegenseitiges Schutzverhältniss unter Gleichstellung der In- und Ausländer herbeizuführen. Doch werden letztere Abmachungen in vielen Fällen nur sehr mangelhaften Schutz schaffen.

Hinsichtlich der einzelnen Schutzgebiete kommt es wesentlich auf folgende Punkte an:

I. Urheberrecht. Hier ist mindestens zu verlangen, dass die Erfüllung der Bedingungen und Förmlichkeiten des Ursprungslandes genüge, um den Schutz in anderen Ländern zu erwirken. Anderenfalls ist in vielen Fällen der Schutz für uns Deutsche werthlos.[2])

II. Patentwesen. Wesentlich ist die Festsetzung einer längeren Prioritätsfrist, um die neuheitsschädlichen Wirkungen der Veröffentlichung ausgelegter Erfindungen zu

---

[1]) Vgl. hierzu den Vertragsentwurf über gewerblichen Rechtsschutz (am Schlusse des Berichts)

[2]) Dies führt Herr Diefenbach in seinem Bericht über die Lage der graphischen Kunstgewerbe mit Beziehung auf die Vereinigten Staaten überzeugend aus, wird aber auch durch die Feststellungen des Börsenvereins deutscher Buchhändler erwiesen Siehe auch Vereinigte Staaten, Niederlande

verhüten, und eine Abschaffung oder Milderung des Ausführungszwanges.

III. Musterwesen. Hier sind der Ausführungszwang und die Einfuhrverbote zu beseitigen Wie die Erfahrungen der Pariser Konvention gezeigt haben, hat der der internationale Musterschutz solange der Ausführungzwang besteht, keinerlei praktische Bedeutung. — Erwünscht wäre auch die Abschaffung der Pflicht der Anbringung einer Registermarke auf den Mustern.[1]) Schliesslich ist auch eine Prioritätsfrist erforderlich.

IV. Waarenzeichen. Wie es heute schon in den meisten internationalen Abmachungen der Fall ist, wäre allgemein festzustellen, dass der rechtliche Charakter einer Marke nur nach dem Recht des Ursprungslandes bemessen werde, unabhängig natürlich von den Vorschriften über gute Sitten, die öffentliche Ordnung, oder den Ausschluss von Freizeichen. Nothwendig ist auch hier eine Prioritätsfrist.

Nicht zu empfehlen ist es, den Schutz von Erfindungen, Mustern oder Marken davon abhängig zu machen, dass sie im Ursprungslande geschützt sind, oder den Schutz nicht länger dauern zu lassen, als im Ursprungsland. Da die Rechtsgiltigkeit der Patente, Muster und Marken im Allgemeinen nach den Bestimmungen des Landes bemessen wird, in dem der Schutz verlangt wird,[2]) so ist es gerechtfertigt und auch praktisch erforderlich, den Schutz in jedem Lande unabhängig von dem Schutz in anderen Ländern zu gewähren.

In einzelnen Abmachungen ist die Meistbegünstigungsklausel auch für das Urheberrecht und den gewerblichen Rechtsschutz in Anwendung gebracht worden. Im Allgemeinen ist dies nicht zu empfehlen, da dies keine klaren und dauernden Rechtsverhältnisse schafft

In den folgenden Vorschlägen ist mehrfach auch auf einen Schutz durch die Konsulargerichtsbarkeit Bezug

---

[1]) Wie sie z. B. in Russland und England vorgeschrieben.

[2]) Letzteres gilt natürlich nicht vom Urheberrecht

genommen. Besondere Bedeutung hat die Frage im Hinblick auf unseren Exporthandel nach Ostasien, Marocco, Persien.

Im Anschluss an diese Ausführungen schlage ich folgende Resolution vor:

„Die Reichsregierung zu ersuchen, bei dem Abschluss von Handelsverträgen auch auf eine Erweiterung des internationalen Schutzes des geistigen und gewerblichen Eigenthums hinzuwirken und dabei die für die einzelnen Länder gemachten Vorschläge einer wohlwollenden Prüfung unterziehen zu wollen.“

Vorschläge für Handelsvertragsabmachungen zum Schutze des geistigen und gewerblichen Eigenthums.

Vorbemerkung.

I. Zum Internationalen Schutze des Urheberrechts besteht die Berner Convention von 1886 (Cit. Union für das literarische und künstlerische Eigenthum).

II. Für internationalen Rechtsschutz besteht die Pariser Konvention von 1883 (Cit. Union für gewerblichen Rechtsschutz). Das Reich gehört der Union I seit der Begründung an Der Beitritt zur Union II ist für Herbst dieses Jahres gesichert.

Einzelne Staaten Südamerikas haben 1889 in Montevideo je eine Union für Schutz des geistigen Eigenthums und für gewerblichen Rechtsschutz gebildet. (Cit. Konvention von Montevideo für U. (Urheberrecht) und für G.R. (Gewerblicher Rechtsschutz.)

Reihenfolge der Vorschläge.

I. Länder, welche beiden Unionen (I und II) angehören.
II. Länder, welche nur der Union II angehören.
III. Länder, welche nur der Union I angehören.
IV. Länder, welche keiner der beiden Unionen angehören.
  A. Europäische,
  B. Aussereuropäische,
  C. Länder der Konsulargerichtsbarkeit.

I. Gruppe.

Länder, welche der Gewerbeschutz- und der litterarischen und künstlerischen Union angehören.

Belgien, Spanien, Frankreich, Grossbritanien, Italien, Japan, Norwegen, Schweiz, Tunis.

Es kommt für die Handelsverträge nur die **Schweiz** in Betracht. (Da die Schweiz keinen Verfahrensschutz kennt, werden deutsche chemische Erfindungen in grossem Umfang nachgemacht. Durch diesen Unlauteren Wettbewerb erwächst der deutschen chemischen Industrie ein unberechenbarer Schaden.)

Ein Einfluss auf die Schweizer Gesetzgebung scheint ausgeschlossen. (Vgl. die Erklärung des Staatssekretärs des Innern im Reichstag, Sitzung vom 22. Januar 1902.)

Eine Bewegung zur Verbesserung der Schweizerischen Patentgesetzgebung ist im Gange.

Das einzige anwendbare Mittel ist eine Verschärfung der Einfuhrkontrolle.

Vorschlag.

Für alle chemischen Produkte, welche aus der Schweiz nach Deutschland eingeführt werden, findet die Zollabfertigung nur in Basel statt. Sie werden hier unter Assistenz eines Chemikers geprüft.

Neue Stoffe, für welche Verfahren in Deutschland patentirt sind, werden beschlagnahmt, falls nicht der Beweis beigebracht wird, das sie durch ein anderes als das patentirte Verfahren hergestellt sind.[1])

[1]) In rechtlicher Beziehung stützt sich der Vorschlag auf die §§ 4, 35 Abs 2 P.G. Die praktische Durchfuhrbarkeit des Vorschlags hangt naturgemäss davon ab, dass die chemische Industrie selbst dauernd die betr Zollstelle uber die Erfindung neuer Stoffe und sonstige wesentliche Vorgänge auf dem Laufenden erhalt Eine radikale Abhilfe ist hierdurch nicht möglich. Doch werden möglicher Weise die mit der Ausfuhr chemischer Stoffe nach Deutschland verbundenen Schwierigkeiten die Schweizer Fabrikanten bestimmen, einer Aenderung des Schweizer Gesetzes zuzustimmen

II. Gruppe.

Länder, welche der Union für gewerblichen Rechtschutz, aber nicht der Union für litterarisches und künstl. Eigenthum angehören.

Brasilien.

Mitglied der Union für gewerblichen Rechtsschutz gehört der Union für litterarisches und künstlerisches Eigenthum nicht an. — Hat kein Musterschutzgesetz.

Einfuhr aus Deutschland 1895: 75 Mill. M., 1900: 45 Mill. M.

Vorschlag.

Beitritt zur Berner Konvention, nebst Zusatzakten.

Ev. gegenseitiger Schutz des litterarischen und künstlerischen Urheberrechts, unter Voraussetzung der Erfüllung der Bedingungen und Formvorschriften des Ursprungslandes.

Dänemark.

Mitglied der Union für gewerblichen Rechtsschutz.

Nichtmitglied der Union für litterarisches und künstlerisches Eigenthum. — Hat kein Musterschutzgesetz.

Einfuhr aus Deutschland 1900, an Büchern, Karten und Musikalien für 1,3 Mill. M., an Farbendruckbildern, Kupferstichen, Photographieen für 0,8 Mill. M.

Vorschlag.

Beitritt zur Berner Konvention, nebst Zusatzakten.

Ev. gegenseitiger Schutz des litterarischen und künstlerischen Urheberrechts, unter Voraussetzung der Erfüllung der Bedingungen und Formvorschriften des Ursprungslandes.

Dominicanische Republik.

Mitglied der Union für gewerblichen Rechtsschutz.

Nichtmitglied der Union für litterarisches und künstlerisches Eigenthum. Hat weder Muster- noch Markengesetze.

Der Handels-, Schifffahrts- und Konsularvertrag mit dem Deutschen Reich vom 30. Januar 1885 sah für die Zukunft einen gegenseitigen Muster- und Markenschutz vor.

Vorschlag.

I. Urheberrecht.

Beitritt zur Berner Konvention, nebst Zusatzakten.

Ev. gegenseitiger Schutz des litterarischen und künstlerischen Urheberrechts, unter Voraussetzung der Erfüllung der Bedingungen und Formvorschriften des Ursprungslandes.

II. Gewerblicher Rechtsschutz.

Verpflichtet sich Muster- und Markenschutz einzuführen.[1]

Niederlande.

Mitglied der Union für gewerblichen Rechtsschutz.

Nicht Mitglied der Union für litterarisches und künstlerisches Eigenthum. Hat kein Patentgesetz. Aus den Niederlanden sind bis 1900 in Deutschland angemeldet: 139 Patente, 148 Gebrauchsmuster.

Deutsche Schrift- und Kunstdrucke sind in Holland schutzlos. Eingeführt aus Deutschland 1900: an Büchern, Karten, Musikalien für 3,6 Mill. M., an Farbendrucken, Stichen, Photographieen für 2,8 Mill. M.

Urheberrechtsverträge bestehen mit Belgien (1858), Frankreich (1857—1884), Spanien (1882), den Vereinigten Staaten (1899).

Vorschlag.[2]

Beitritt zur Berner Union.

Ev. Sondervertrag zum gegenseitigen Schutz des litterarischen und künstlerischen Urheberrechts, unter der Voraussetzung der Erfüllung der Bedingungen und Förmlichkeiten des Ursprungslandes.[3]

---

[1]) Eine analoge Bestimmung fand sich in der Deklaration vom 9. September 1882 mit Frankreich. Demgemäss hat die Republik in Art II der Verfassung vom 12 Juni 1896 einen Urheber- und Erfindungsschutz eingeführt.

[2]) Es scheint nicht erforderlich, eine Pression auf Erlass eines Patentgesetzes zu versuchen. Die Regierung hat den Entwurf eines Patentgesetzes in Vorbereitung.

[3]) Ohne diese Klausel wäre ein Vertrag werthlos, da sonst von jedem Werk 2 Exemplare zu unterlegen sind.

Portugal.

Mitglied der Union für gewerblichen Rechtsschutz.

Nicht Mitglied der Union für litterarisches und künstlerisches Eigenthum.

Vorschlag.

Beitritt zur Berner Konvention.

Ev. Sondervertrag zum Schutz des litterarischen und künstlerischen Urheberrechts.

Schweden.

Mitglied der Union für gewerblichen Rechtsschutz.

Nicht Mitglied der Union für litterarisches und künstlerisches Eigenthum.

Deutsche litterarische Werke sind in Schweden schutzlos.

Eingeführt aus Deutschland 1900: an Büchern, Karten, Musikalien für 1,3 Mill. M., an Farbendrucken, Stichen, Photographieen für 1.2 Mill. M.

Vorschlag.

Beitritt zur Berner Konvention, nebst Zusatzakten.

Ev. Gegenseitiger Schutz des litterrarischen und künstlerischen Urheberrechts, unter Voraussetzung der Erfüllung der Bedingungen und Formvorschriften des Ursprungslandes.

Serbien.

Mitglied der Union für gewerblichen Rechtsschutz.

Nicht Mitglied der Union für litterarisches und künstlerisches Eigenthum. Hat kein Patentgesetz.

Sondervertrag mit Deutschland vom 9. August 1892.

Aus Serbien bisher 1 Patent angemeldet.

Vorschlag.

I. Urheberrecht.
Serbien verpflichtet sich, der Berner Union beizutreten.
Ev. Sondervertrag.

II. Gewerblicher Rechtsschutz. Serbien verpflichtet sich, ein Patentgesetz zu erlassen.

Griechenland.

I. Urheberrecht. (Strafgesetzbuch von 1833.)
Ausländer werden bei Gegenseitigkeit geschützt.

II. Gewerblicher Rechtsschutz.
Hat nur ein Markengesetz.

Verträge mit Deutschland (Handelsvertrag vom 9. Juli 1884, gegenseitiger Markenschutz). Oesterreich-Ungarn (1887), Belgien (1895), den Vereinigten Staaten (1894), Frankreich (1891), Grossbritannien (1894), Italien (1889), den Niederlanden (1895), Rumänien (1900).

Alle Verträge bis auf den letzten beschränken sich auf den gegenseitigen Markenschutz.[1])

Mit Rumänien ist ein gegenseitiger Schutz des „Gewerblichen Eigenthums“ verabredet.

Einfuhr aus Deutschland betrug 1900: 6,5 Mill. M.

Aus Griechenland wurden bis 1900 in Deutschland drei Patente genommen.

Vorschlag

I. Urheberrecht.
Verpflichtung, der Berner Konvention beizutreten, ev. Sondervertrag.

II. Gewerblicher Rechtsschutz
1. Verpflichtung, ein Patentgesetz und Mustergesetz zu erlassen.
2. Beitritt zur Pariser Konvention, ev. Sondervertrag für Marken (Anl. B.) mit Hinweis auf späteren gegenseitigen Patent- und Musterschutz (Anl. A).

Montenegro.

Montenegro hat weder Urheberrechts-, noch Rechtsschutzgesetze.

Der Fürst gewährt Schutz auf Grund des Gemeinen Rechts.

Ein Urheberrechtsvertrag besteht mit Italien (1900).

[1]) Oesterreich-Ungarn, die Vereinigten Staaten, Grossbritannien und Rumänien haben Meistbegunstigung.

Gegenseitige Muster- und Markenverträge bestehen mit Grossbritannien (1882) und Italien (1883).

Vorschlag.

Analoge Abmachungen zum Schutze des Urheberrrechts, der Muster und Marken.

Rumänien.

I. Urheberrecht.

Schutz unter Voraussetzung einer Hinterlegung von 4 Exemplaren und Einreichung eines schriftlichen Schutzanspruches. Ausländer sind geschützt unter Voraussetzung der Gegenseitigkeit. Ein Vertrag besteht nur mit Frankreich, Handelsvertrag von 1893. (Meistbegünstigung, Erfüllung der inländischen Formvorschriften.)

II. Gewerblicher Rechtsschutz.

Rumänien hat nur ein Markengesetz (1879).

Verträge mit Deutschland (Erklärung vom 7./19. Januar 1882 betreffend gegenseitigen Markenschutz), Oesterreich-Ungarn (1893[1]), Belgien (1881), Frankreich (1893[2]), Grossbritanien (1892, 1893[3]), Schweiz (1893[4]).

Einfuhr aus Deutschland 1891: 55 Mill. M.; 1900: 25,4 Mill. M. Aus Rumänien sind bis 1900 angemeldet. 18 Patente, 10 Gebrauchsmuster.

Vorschlag.

I. Urheberrecht.

Beitritt zur Berner Konvention, ev. Sondervertrag. (Schutz nach den Voraussetzungen des Ursprungslandes[5]).

[1]) Voraussetzung: Schutz im Ursprungsland; Dauer nicht länger als im Ursprungsland.

[2]) Meistbegünstigung.

[3]) Der Vertrag von 1893 bezieht sich auf den Schutz gegen falsche Herkunftsbezeichnungen.

[4]) Meistbegünstigung

[5]) Da nicht jeder deutsche Autor oder Verleger 4 Exemplare beim Unterrichtsministerium hinterlegen und ein Schutzgesuch einreichen kann, wäre ohne diese Klausel ein Vertrag werthlos.

II. Gewerblicher Rechtsschutz.

1. Verpflichtung, ein Patent- und Mustergesetz zu erlassen.
2. Beitritt zur Pariser Konvention, ev. Sondervertrag für Marken (Anl. B) mit Hinweis auf späteren gegenseitigen Patent- und Musterschutz (Anl. A).

Vereinigte Staaten.

Mitglied der Union für gewerblichen Rechtsschutz

Nicht Mitglied der Union für literarisches und künstlerisches Eigenthum.

Urheberrechtsabkommen mit dem Reich von 1891.

Einfuhr aus Deutschland 1900: an Büchern, Karten, Musikalien für 6,2 Millionen M, an Farbendrucken, Stichen, Photographien für 9,7 Millionen M

Vorschlag

Verpflichtung der Berner Konvention beizutreten.[1]

Ev. Revision des Abkommens von 1891, in dem Sinn, dass zur Schutzfähigkeit nur die Erfüllung der Bedingungen und Formalitäten des Ursprungslandes maassgebend sein soll.[2]

III. Gruppe.

Länder, welche der Union für literarisches und künstlerisches Eigenthum, aber nicht der Union für gewerblichen Rechtsschutz angehören.

Luxemburg.

Mitglied der Union für das literarische und künstlerische Eigenthum

Nicht Mitglied der Union für gewerblichen Rechtsschutz, hat kein Mustergesetz.

[1] Das Abkommen zwischen dem Deutschen Reich und den Vereinigten Staaten ist wegen der Manufacturing clause für uns fast werthlos

[2] Die Bill Platt (vom Januar 1902) beabsichtigt eine Erweiterung des Schutzes der Ausländer. Es soll in Zukunft Hinterlegung von 2 Exemplaren binnen 30 Tagen nach der Veröffentlichung im Ursprungslande und ferner Veröffentlichung einer amerikanischen Ausgabe binnen 1 Jahres nach der ersten Veröffentlichung Voraussetzung des Schutzes sein. Auch dies ist für uns werthlos

In Luxemburg kann jeder Ausländer ein Patent nehmen.

Aus Luxemburg sind bis 1900 in Deutschland 6 Patente genommen worden.

Luxemburg hat Markenschutzverträge mit Deutschland (11. März, 14. Juli 1876) Belgien. Frankreich, Italien.

Vorschlag.

I. Luxemburg verpflichtet sich, ein Mustergesetz zu erlassen.

II. Luxemburg verpflichtet sich, der Union für gewerblichen Rechtsschutz beizutreten.

Ev. Sondervertrag nach Anl. A.

Haïti.

Mitglied der Union für das literarische und künstlerische Eigenthum.

Nicht Mitglied der Union für gewerblichen Rechtsschutz.

Besitzt keinen gewerblichen Rechtsschutz.

Vorschlag.

Die Republik soll sich verpflichten einen gewerblichen Rechtsschutz einzuführen und der Union für gewerblichen Rechtsschutz beizutreten; ev. einen Gegenseitigkeitsvertrag zu schliessen mit Gleichstellung der In- und Ausländer.

IV. Gruppe.

Länder, welche keiner der beiden Unionen angehören.

A. Europäische Länder.

Bulgarien.

I. Urheberrecht.

Kein Gesetz.

Ausländer nicht geschützt.

II. Gewerblicher Rechtsschutz.

Kein Patentgesetz; Entwurf liegt seit 3 Jahren vor.

Kein Mustergesetz.

Markengesetz vom 22. Januar 1893.

Verträge mit Deutschland (Erklärung vom 28. Februar 1877. Gegenseitiger Markenschutz), Oesterreich, Ungarn, Frankreich, Grossbritannien, Russland, Serbien.

Bulgarien hat sich Oesterreich und Frankreich gegenüber verpflichtet, ein Patentgesetz zu erlassen; und Frankreich gegenüber, der Pariser Konvention beizutreten.[1])

Aus Bulgarien sind bis 1900 in Deutschland 3 Patente genommen worden.

Vorschlag.

I. Urheberrecht.

1. Erlass eines Gesetzes.
2. Beitritt zur Berner Konvention, ev. Sondervertrag.

II. Gewerblicher Rechtsschutz.

1. Verpflichtung, ein Patentgesetz und Mustergesetz zu erlassen.
2. Beitritt zur Pariser Konvention, ev Sondervertrag für Marken (Anl. B) mit Hinweis auf späteren gegenseitigen Patent und Musterschutz (nach Anl. A)

Russland.

I Urheberrecht.

In Russland sind alle Ausländer schutzlos

Einfuhr aus Deutschland 1900: an Büchern, Karten, Musikalien 7,3 Mill. M.; an Farbendrucken, Stichen, Photographieen 3 Mill. M.

II. Gewerblicher Rechtsschutz.

Verträge.

A. Markenschutzverträge mit:
Deutschland (11./23. Juli 1873), Oesterreich-Ungarn (1874), Frankreich (1874), Grossbritanien (1859, 1871), Italien (1863), Vereinigte Staaten (1874), Belgien (1881), Spanien (1887), Dänemark (1898),[2]) Schweiz (1899);

B. Muster und Markenverträge mit:
Portugal (Handelsvertrag von 1895);

[1]) Russland hat sich bezüglich des Markenschutzes Meistbegünstigung ausbedungen.

[2]) Diese beiden neuesten Verträge mit Dänemark und der Schweiz bestimmen, dass für den rechtlichen Charakter der Marke das Recht des Ursprungslandes massgebend ist, dass aber der Schutz nicht länger sein kann als im Ursprungsland

C. Patent-, Muster- und Markenverträge mit:
Serbien (Handelsvertrag vom 15. Oktober 1893),
Japan (Handelsvertrag vom 27. Mai 1895).

Einfuhr aus Deutschland 1900: Gesammteinfuhr 324,9 Mill. M. (1898: 409,6 Mill. M.) Darunter Maschinen 37 Mill. M., Chem. Produkte etwa 12 Mill. M.

Aus Russland wurden bei nns angemeldet bis 1900: 399 Patente, 279 Gebrauchsmuster, 18 Waarenzeichen.

Vorschlag.

I. Urheberrecht.
Beitritt zur Berner Konvention, ev. Sondervertrag zum gegenseitigen Schutz des literarischen und künstlerischen Urheberrechts, unter Voraussetzung der Erfüllung der Bedingungen und Formvorschriften des Ursprungslandes. [1])

II. Gewerblicher Rechtsschutz.
Beitritt zur Pariser Konvention, ev. Sondervertrag nach Schema A. [2])

[1]) Ohne diese Klausel wäre ein Vertrag werthlos, da in Russland ein Werk erst geschützt ist, wenn es der Zensurbehörde vorgelegen hat.

[2]) Russland ertheilt Ausländern Patente. Es fielen sogar von 1896—1899 von allen ertheilten Patenten 77,2 % auf Ausländer, und nur 22,8 % auf Russen. — Die Prüfung ist der Deutschen analog, die Prüfuug auf Neuheit sogar liberaler, da die im Ausland veröffentlichten Patentschriften dem Patentinhaber nicht entgegengehalten werden können. Dagegen kann die in anderen Druckschriften erfolgte Veröffentlichung der Erfindung die Neuheit zerstoren. Daher ist im Interesse der deutschen Industrie eine Prioritätsfrist von 12 Monaten wünschenswerth.

Ob die Waarenzeichen von Ausländern ohne Vertrag geschützt sind, ist zweifelhaft. Indessen müssen der Name des Inhabers, die Firma und der Sitz der Niederlassung auf der Marke angegeben sein. Daher ist erforderlich, dass in dem Abkommen bestimmt werde, dass der rechtliche Charakter der Marke nach dem Recht des Ursprungslandes bemessen werde.

Ausländer können Musterschutz erlangen. Da aber solche Muster, die im Ausland schon im Handel sind, nicht als neu gelten, ist eine Prioritätsfrist nothwendig Ausserdem wäre auf Abschaffung der Registermarke hinzuwirken, die fur viele Muster (Tapeten, Spitzen etc.) unmoglich ist.

B. Aussereuropäische Länder.

Argentinien.

I. Urheberrecht.

Argentinien hat mit Bolivia, Brasilien, Chile, Paraguay, Peru, Uruguay am 11. Januar 1889 den Vertrag von Montevideo (für U) geschlossen und seinerseits den Beitritt Frankreichs, Italiens, Spaniens zu diesem Vertrag anerkannt.

II. Gewerblicher Rechtsschutz.

Argentinien hat kein Mustergesetz,

Argentinien hat mit Paraguay, Peru, Uruguay (August 1888, Februar 1889) den Vertrag von Montevideo geschlossen, für gegenseitigen Rechtsschutz. (Konvention für G. R.)

Ausserdem besteht ein Markenschutzvertrag mit Dänemark vom 9. Januar 1883.

Einfuhr aus Deutschland 1900: 64 Mill. M.

Aus Argentinien sind in Deutschland bis 1900 angemeldet worden: 19 Patente.

Vorschlag.

I. Urheberrecht.

Beitritt zur Berner Konvention, ev. Sondervertrag. (Beitritt Deutschlands zur Konvention von Montevideo für U).

II. Gewerblicher Rechtsschutz.

Beitritt zur Pariser Konvention, ev. Sondervertrag nach Schema A.

Bolivia.

I. Urheberrecht

Bolivia hat mit Frankreich einen Gegenseitigkeitsvertrag.

II. Gewerblicher Rechtsschutz.

Bolivia hat kein Mustergesetz

Bolivia hat einen Marken- und Mustervertrag mit Frankreich (1887) und einen Vertrag mit Grossbritannien (22. Februar 1892), der die Bestimmungen der Pariser Konvention für beide Länder anwendbar erklärt.

Vorschlag.

I. Urheberrecht.
Beitritt zur Berner Konvention, ev. Sondervertrag.

II. Gewerblicher Rechtsschutz.
Beitritt zur Pariser Konvention, ev. Sondervertrag nach Schema A.

Chile.

I. Urheberrecht
Chile gehört zur Union von Montevideo für U. (nicht ratificiert).
Chile hat einen Gegenseitigkeitsvertrag mit den Vereinigten Staaten.

II. Gewerblicher Rechtsschutz.
Chile hat kein Musterschutz,
Chile hat keine Verträge.
Einfuhr aus Deutschland 1900: 39,9 Mill. M. (1892: 45,2 Mill. M.)
Aus Chile wurden bis 1900 in Deutschland 8 Patente genommen.

Vorschlag.

I Urheberrecht.
Beitritt zur Berner Konvention, ev. Sondervertrag.

II. Gewerblicher Rechtsschutz.
Beitritt zur Pariser Konvention, ev. Sondervertrag nach Schema A.

Columbia.

I. Urheberrecht.
Verträge mit Spanien und Italien. (Die Italiener müssen die Förmlichkeiten der columbischen Gesetze erfüllen).

II. Gewerblicher Rechtsschutz.
Columbia hat kein Musterrecht.
Verträge mit Frankreich (1892[1]) Grossbritanien (1866), Italien (1892.[2])

[1]) Meistbegünstigung.

[2]) Erstere beide Verträge beziehen sich auf Markenschutz. Der Vertrag mit Italien erstreckt sich auf Patente und Marken, und bestimmt: 1 dass die Dauer des Schutzes nicht länger sein darf als im Ursprungsland, 2 dass ein Schutz für solche Erzeugnisse oder Marken, die im Ursprungsland frei sind, nicht gewährt wird, 3 dass kein Ausführungs- oder Gebrauchszwang besteht

Vorschlag.

I. Urheberrecht.

Beitritt zur Berner Konvention, ev. Sonderabkommen, (Schutz unter Voraussetzung der Bedingungen des Ursprungslandes.[1])

II. Gewerblicher Rechtsschutz.

Beitritt zur Pariser Konvention, ev. Sonderabkommen nach Schema A.

Costa Rica.

I. Urheberrecht.

Verträge mit Frankreich, Guatemala, Honduras, Salvador, Spanien und den Vereinigten Staaten.

Im Vertrage mit Frankreich wird der Schutz von den Bedingungen des Ursprungslandes abhängig gemacht.

II. Gewerblicher Rechtsschutz.

Costa Rica hat kein Mustergesetz.

Verträge mit Frankreich (8. Juli 1896) zum gegenseitigen Markenschutz,[2]) und Honduras (1897[3]).

Einfuhr aus Deutschland 1900: 1,8 Mill M

Vorschlag.

I. Urheberrecht.

Beitritt zur Berner Konvention, ev. Sonderabkommen (Schutz unter Voraussetzung der Bedingungen des Ursprungslandes[4]).

II. Gewerblicher Rechtsschutz.

Beitritt zur Pariser Konvention, ev. Sonderabkommen nach Schema A.

[1]) Ohne dies ist der Vertrag werthlos, da literarische Werke eingetragen und in 3 Exemplaren hinterlegt werden müssen.

[2]) 1. Der rechtliche Charakter bestimmt sich nach dem Recht des Ursprungslandes

2. Eine Marke, die im Ursprungsland Freizeichen ist, darf im anderen Land nicht eingetragen werden

[3]) Vollständige Gleichstellung auf dem Gebiet des gewerblichen und geistigen Eigenthums.

[4]) Ohne dies ist der Vertrag werthlos, da literararische Werke eingetragen und in 3 Exemplaren hinterlegt werden müssen.

Ecuador.

I. Urheberrrecht.

Verträge mit Frankreich und Mexiko. (Die Autoren dieser Länder haben nur die Bedingung des Ursprungslandes zu erfüllen.)

II. Gewerblicher Rechtsschutz.

Ecuador hat kein Mustergesetz.

Ecuador hat nur einen Vertrag mit Grossbritannien (1880, 1892) zum gegenseitigen Muster- und Markenschutz.

Einfuhr aus Deutschland 1900: 5,5 Mill. M.

Vorschlag.

I. Beitritt zur Berner Konvention, ev. Sonderabkommen, Schutz unter Voraussetzung der Bedingungen des Ursprungslandes.[1])

II. Gewerblicher Rechtsschutz.

Beitritt zur Pariser Konvention, ev. Sonderabkommen nach Schema A.

Guatemala.

I. Urheberrecht.

Verträge mit Costa Rica, Frankreich, Honduras, Salvador, Spanien. (Die französischen Autoren müssen 3 Exemplare ihrer Werke auf der guatemaltekischen Gesandtschaft in Paris hinterlegen.)

II. Gewerblicher Rechtsschutz,

Guatemala hat kein Mustergesetz.

Verträge mit Grossbritannien (1892) für gegenseitigen Muster- und Markenschutz, und mit Honduras (1895).

Einfuhr aus Deutschland 1900: 1,6 Mill. M.

Vorschlag.

I. Urheberrecht.

Beitritt zur Berner Konvention, ev. Sonderabkommen, Schutz unter der Voraussetzung der Bedingungen des Ursprungslandes.[2])

[1]) Ohne dies ist der Vertrag werthlos, da literarische Werke eingetragen und in 3 Exemplaren hinterlegt werden mussen.

[2]) Wie Anm. 1

II. Gewerblicher Rechtsschutz.
Beitritt zur Pariser Konvention, ev. Sonderabkommen nach Schema A.

Honduras.

I. Urheberrecht.
Verträge mit Costa-Rica, Guatemala, Nicaragua, Salvador.

II. Gewerblicher Rechtsschutz
Honduras hat ein Patentgesetz und schützt Muster und Marken nach allgemeinem bürgerlichem Recht. Verträge mit Grossbritannien (1887) Guatemala und Salvador. Alle Verträge erstrecken sich auf den ganzen gewerblichen Rechtsschutz.
Einfuhr aus Deutschland (mit Nicaragua und Salvador) 1900: 2,2 Mill. M

Vorschlag

I. Urheberrecht.
Beitritt zur Berner Konvention, ev Sonderabkommen. (Schutz unter Voraussetzung der Bedingungen des Ursprungslandes).[1])

II. Gewerblicher Rechtsschutz.
Beitritt zur Pariser Konvention, ev. Sonderabkommen nach Schema A.

Mexico.

I Urheberrecht.
Verträge mit Belgien, der Dominikanischen Republik, Ecuador, Frankreich, Italien, Spanien, den Vereinigten Staaten Nach allen diesen Verträgen ist die Erfüllung der in Mexico vorgeschriebenen Förmlichkeiten[2]) erforderlich.

II Gewerblicher Rechtsschutz
Mexico hat Patent-, Muster- und Markenschutz.
Verträge mit Belgien (1895), Frankreich (1899), Grossbritannien (1888), Italien (16 April 1890). Alle diese

[1]) Wie Anm 1 auf Seite 107.

[2]) Eintragung und Hinterlegung von 2 Exemplaren durch einen Vertreter.

Verträge erstrecken sich auf den gesammten gewerblichen Rechtsschutz.

Einfuhr aus Deutschland 1900: 28 Mill. M.

Aus Mexico sind in Deutschland bis 1900 angemeldet: 3 Patente, 9 Gebrauchsmuster.

Vorschlag.

I. Urheberrecht
Beitritt zur Berner Konvention, ev. Sonderabkommen, (Schutz unter Voraussetzung der Bedingungen des Ursprungslandes.[1])

II Gewerblicher Rechtsschutz.
Beitritt zur Pariser Konvention, ev. Sonderabkommen nach Schema A.

Paraguay.

I Urheberrecht
Paraguay gehört zur Union von Montevideo für U und hat den Beitritt Frankreichs, Spaniens und Italiens angenommen

II Gewerblicher Rechtsschutz.
Verträge mit Argentinien, Peru, Uruguay (Konvention von Montevideo für G. R.), Grossbritannien (1884)[2], Italien (1893)[3]

Vorschlag.

I. Urheberrecht.
Beitritt zur Berner Konvention, ev. Sonderabkommen (Schutz unter Voraussetzung der Bedingungen des Ursprungslandes).[4])

[1]) Ohne dies ist der Vertrag werthlos, da literarische Werke eingetragen und in 2 Explaren hinterlegt werden müssen.

[2]) Meistbegünstigung für Patent-, Muster- und Markenschutz.

[3]) Für Marken und Patente Abhängigkeit vom Schutz des Ursprungslandes Dagegen besteht kein Ausführungs- und Gebrauchszwang

[4]) Ohne dies ist der Vertrag werthlos, da literarische Werke eingetragen und in 3 Exemplaren hinterlegt werden müssen.

II. Gewerblicher Rechtsschutz.
Beitritt zur Pariser Konvention, ev Sonderabkommen nach Schema A.

Peru.

I. Urheberrecht.
Peru gehört der Konvention von Montevideo für U. an, hat aber den Beitritt europäischer Länder nicht angenommen.

II. Gewerblicher Rechtsschutz.
Peru hat kein Mustergesetz.
Verträge mit Argentinien, Paraguay, Uruguay (Konvention von Montevideo für G R.), Frankreich (1896)[1], Japan (1895)[2].

Einfuhr aus Deutschland 1900: 9,9 Mill. M.

Vorschlag

I Urheberrecht
Beitritt zur Berner Konvention, ev. Sonderabkommen (Schutz unter Voraussetzung der Bedingungen des Ursprungslandes).[3]

II. Gewerblicher Rechtsschutz
Beitritt zur Pariser Konvention, ev Sonderabkommen nach Schema A

Salvador.

I Urheberrecht.
Verträge mit Costa Rica, Frankreich, Guatemala, Honduras, Spanien.

II. Gewerblicher Rechtsschutz
Salvador hat kein Mustergesetz

Verträge mit Guatemala, Honduras.
(Einfuhr vgl Honduras.)

Vorschlag

I. Urheberrecht.

[1]) Gegenseitiger Markenschutz unter Voraussetzung der Hinterlegung im Ursprungsland.

[2]) Patent-, Muster- und Markenschutzvertrag.

[3]) Ohne dies ist der Vertrag werthlos, da literarische Werke eingetragen und in mehreren Exemplaren hinterlegt werden müssen.

Beitritt zur Berner Konvention, ev. Sonderabkommen, Schutz uuter Voraussetzung der Bedingungen des Ursprungslandes.

II. Gewerblicher Rechtsschutz.
Beitritt zur Pariser Konvention, ev. Sonderabkommen nach Schema A.

Uruguay.

I. Urheberrecht.
Uruguay gehört der Union von Montevideo für U. an, hat aber den Beitritt europäischer Länder nicht angenommen.

II. Gewerblicher Rechtsschutz.
Uruguay hat kein Mustergesetz.

Verträge mit Argentinien, Paraguay, Peru (Konvention von Montevideo für G.-R.).

Einfuhr aus Deutschland 1900: 12 Mill. M. — Aus Uruguay sind bis 1900 in Deutschland 3 Patente angemeldet worden.

Vorschlag.

I. Urheberrecht.
Beitritt zur Berner Konvention, ev. Sonderabkommen, (Schutz unter Voraussetzung der Bedingungen des Ursprungslandes.)

II. Gewerbliaher Rechtsschutz.
Beitritt zur Pariser Konvention, ev. Sonderabkommen nach Schema A.

Venezuela.

I. Urheberrecht.
Nach dem Gesetz muss vor dem Druck des Werkes die Eintragung und ein „patente" verlangt werden. Der Autor muss nachher schwören, dass das Werk nicht im Ausland hergestellt ist. 6 Pflichtexemplare.
Venezuela hat keine Schutzverträge.

II. Gewerblicher Rechtsschutz.
Venezuela hat Patent-, Muster- und Markenschutz.

Verträge mit Deutschland (Markenschutzabkommen vom

11. Juli 1883, Belgien (1882), Dänemark (1879, Spanien (1882), Frankreich (1879[1]).

Einfuhr aus Deutschland 1893: 12,6 Mill. M., 1900: 5 Mill. M.

Vorschlag.

I. Urheberrecht.
Beitritt zur Berner Konvention, ev. Sonderabkommen, (Schutz unter Voraussetzung der Bedingungen des Ursprungslandes[2]).

II. Gewerblicher Rechtsschutz.
Beitritt zur Pariser Konvention, ev. Sonderabkommen nach Schema A.

C. Länder der Konsulargerichtsbarkeit.

China.

I. Irgend welche Gesetze oder Verträge über gewerblichen Rechtsschutz bestehen heute in China nicht.

Einfuhr aus Deutschland 1900: 43,9 Mill. M.

Vorschlag.

Die chinesische Regierung zu verpflichten, Bestimmungen zum Schutze von Marken zu treffen und durch ein Abkommen deutsche Marken zu schützen. Falls eine nennenswerthe europäische Industrie in China in Händen von Chinesen besteht oder im Entstehen begriffen ist, wären gleiche Vorschriften auch bezüglich des Erfindungsschutzes zweckmässig.

II. Deutschland, Oesterreich-Ungarn, Belgien, Frankreich und die Niederlande haben Abmachungen dahin getroffen, dass die in einem dieser Länder geschützten Marken eines Angehörigen der anderen Länder gegen in China begangene Markenverletzung vor den Konsulargerichten der erstgenannten Länder Schutz finden können.

[1]) Die letzten 3 Verträge beziehen sich auf Muster- und Markenschutz.

[2]) Ohne diese ist der Vertrag werthlos, da literarische Werke eingetragen und in 6 Exemplaren hinterlegt werden müssen.

Vorschlag.

Analoge Bestimmungen wären in die Handelsverträge mit solchen Ländern aufzunehmen, welche nach China exportiren. (Spanien, Italien, Russland, Vereinigte Staaten.)

Korea.

Frankreich und Grossbritannien haben 1898 ein Abkommen getroffen über gegenseitigen Markenschutz vor den Konsulargerichten in Korea.

Vorschlag

Mit Rücksicht auf die Interessen des deutschen Exports scheinen gleiche Abkommen mit den interessirten Ländern (Japan, Russland, Grossbritannien, Frankreich, Vereinigte Staaten) erwünscht.

Egypten.

Die gemischten Gerichte haben auf Grund des Art. 34 des Organisationsreglements einen weitgehenden Urheberrechts-, Patent-, Muster- und Markenschutz in Egypten anerkannt.

Ausserdem ertheilt die Regierung Erfindungsprivilegien von 5 bis 15 Jahren; zur Erleichterung der Feststellung des Besitzes an einer Marke können Marken in der Handelsgerichtsschreiberei der gemischten Gerichte eingetragen werden.

Soweit bekannt, hat die Rechtsprechung der Handelsgerichte den vorhandenen Bedürfnissen genügt.

Marokko.

I. In dem Abkommen mit Frankreich vom 24. Oktober 1892 sichert der Cheriff den französischen Markeninhabern Schutz zu. (Beschlagnahme und Bestrafung solcher Marokkaner, welche französische Marken zum Zwecke der Täuschung nachahmen.)

Vorschlag.

Analoge Abmachung wie mit Frankreich.

II. Deutschland, Oesterreich-Ungarn, Belgien, Frankreich, Grossbritannien und die Niederlande haben Abmachungen getroffen, dass die in einem dieser Länder geschützten Marken eines Angehörigen der anderen Länder gegen in Marokko begangene Markenverletzungen vor den Konsulargerichten der erstgenannten Länder Schutz finden können.

Vorschlag.

Analoge Bestimmungen wären in die Handelsverträge mit solchen Ländern aufzunehmen, welche nach Marokko importiren. (Spanien, Italien, Russland.)

Persien.

I. Es bestehen keinerlei Bestimmungen zum Schutze des geistigen und gewerblichen Eigenthums. Indessen haben es in Persien angesiedelte englische Firmen erreicht, dass ihnen von der persischen Regierung Privilegien auf ihre Teppichmuster ertheilt werden.

Vorschlag.

Soweit ein Bedürfniss vorhanden, wären von der persischen Regierung Garantien bezüglich eines künftigen Rechtsschutzes zu verlangen.

II. Grossbritannien hat durch Order in council vom 13 Dezember 1889 die britischen Patent-, Muster- und Markengesetze vor der britischen Konsulargerichtsbarkeit in Persien für anwendbar erklärt. Ausländer können diesen Schutz ebenfalls in Anspruch nehmen, wenn Gegenseitigkeit verbürgt ist.

Vorschlag.

Es wären Abmachungen zu treffen, wonach der in einem Lande vertragsmässig erworbene gewerbliche Rechtsschutz auch vor den Konsulargerichten dieses Landes geltend gemacht werden kann

Das Gleiche gilt von **Siam, Mascat.**

Türkei.

I. In der Türkei besteht ein Urheberrechtsschutzgesetz, ein Patentgesetz und ein Markenschutzgesetz

Ohne dass Verträge bestehen, werden in der Türkei diese Gesetze auch zu Gunsten von Ausländern angewendet.

Indessen ist die Lage durchaus unsicher.

Vorschlag.

Es wäre zweckmässig, mit der ottomanischen Regierung ein Abkommen zum gegenseitigen Urheberrecht, Patent- und Markenschutz zu treffen.

II. Bezüglich der Ausländer, welche der Konsulargerichtsbarkeit unterstehen, gibt es ebenfalls keine Abmachungen.

Vorschlag.

Es wären Abmachungen zu treffen, wonach der in einem Lande vertragsmässig erworbene gewerbliche Rechtsschutz auch vor den Konsulargerichten dieses Landes geltend gemacht werden kann.

Vertragsentwurf A.

Uebereinkommen über gegenseitigen gewerblichen Rechtsschutz[1])

1. Die Angehörigen des einen der vertragschliessenden Staaten sollen in den Gebieten des anderen Theils in Bezug auf den Schutz von Erfindungen, von Mustern und Modellen (einschliesslich der Gebrauchsmuster), von Handels- und Fabrikmarken und sonstigen Waarenbezeichnungen,[2]) von Firmen und Namen, sowie in Bezug auf den Schutz gegen unlauteren Wettbewerb, insbesondere gegen falsche Herkunftsbezeichnungen[3]) dieselben Rechte wie die eigenen Angehörigen geniessen, vorbehaltlich der Erfüllung der Förmlichkeiten und Bedingungen, welche den Staatsangehörigen durch die innere Gesetzgebung ihres Landes auferlegt werden.[4])

[1]) Den obigen Vorschlägen sind die Sonderverträge des Deutschen Reichs unter Berücksichtigung des Wortlauts der Pariser Konvention (in der Fassung der Brüsseler Zusatzakte) zu Grunde gelegt. Heft 3 enthält nicht den Wortlaut eines Vertragsparagraphen, sondern nur die Angabe seines wesentlichen Inhalts. Die gesperrt gedruckten Worte geben die Abweichnungen von dem Wortlaut neuerer Sonderverträge an.

[2]) Hierunter sind Etiketten, Ausstattungen verstanden, die strenge genommen nicht zu den Marken gehören.

[3]) Vergl. Nr I der Brüsseler Zusatzakten (Art 10 b).

[4]) Vergl Art 2 der Pariser Konvention

2. Den Angehörigen im Sinne dieser Vereinbarung sind gleichgestellt andere Personen, welche in den Gebieten des einen der vertragschliessenden Theile ihren Wohnsitz oder eine thatsächliche und wirkliche gewerbliche oder Handelsniederlassung haben.

3. Die Prioritätsfrist soll
für Patente 12 Monate,
für Muster und Modelle
sowie für Waarenzeichen 4 Monate betragen.

Die Frist beginnt mit der vorschriftsmässig vollzogenen Anmeldung.[1])

4. Die Einfuhr einer in den Gebieten des einen Theils hergestellten Waare in die Gebiete des anderen Theils und der Mangel der Ausführung oder Nachbildung oder Anwendung (Ausübung) in dem letzteren soll den Verlust des auf Grund einer Erfindung, eines Musters oder Modells gewährten Schutzrechts nicht zur Folge haben.[2])

5. Der rechtliche Charakter einer Marke bestimmt sich ausschliesslich nach dem Recht des Ursprungslandes. Die Eintragung einer Marke kann versagt werden, wenn

1. sie den guten Sitten oder der öffentlichen Ordnung zuwider ist,
2. mit einer rechtlich geschützten Marke übereinstimmt,
3. wenn sie Freizeichen ist,
4. aus thatsächlichen Gründen keine Unterscheidungskraft besitzt.[3])

6. Soweit der Schutz der Firmen und Handelsnamen in einem Lande von einer Eintragung abhängig ist, sollen die Angehörigen des anderen vertragschliessenden Theils unter

[1]) Vergl. Art. 4 der Pariser Konvention.

[2]) Die Tendenz, den Ausübungszwang in den internationalen Rechtsbeziehungen zu beseitigen, hat der Deutsche Regierungsvertreter auf der Brüsseler Konferenz zum Ausdruck gebracht.

[3]) Dies bezieht sich z. B. auf Worte, die dem Sprachschatz angehören.

den gleichen Voraussetzungen, wie die Inländer zur Eintragung zugelassen werden.

Vertragsentwurf B.

stimmt mit A. unter Beschränkung auf Waarenbezeichnungen überein.

Der Vorsitzende **Dr. C. A. Martius** dankt den Herrn Referenten für ihre interessanten Ausführungen und eröffnet die Diskussion.

Ingenieur **Carl Pieper** (Berlin) knüpft an die Forderung des Vorredners an, die deutschen Grundsätze betr. den Schutz des gewerblichen Eigenthums auch auf das Ausland auszudehnen. Dieser Forderung stehe das Bedenken entgegen, dass das deutsche Recht auf diesem Gebiete als mangelhaft und in hohem Grade verbesserungsbedürftig bezeichnet werden müsse. Redner weist dies bei den hauptsächlich in Betracht kommenden Punkten nach und beantragt folgende Resolution:

„Die Centralstelle empfiehlt, solange der internationale Schutz des geistigen und gewerblichen Eigenthums nicht durch umfassende Verträge geordnet ist, eine Erweiterung dieses Schutzes bei dem Abschluss von Handelsverträgen anzustreben.

Dementsprechend ersucht die Centralstelle die hohe Regierung den für die einzelnen Länder gemachten Vorschlägen wohlwollende Berücksichtigung zu schenken."

Dr. C. A. Martius erklärt, dass er mit Herrn Pieper in fast allen Punkten sachlich übereinstimme, gleichwohl aber die Centralstelle nicht für die berufene Instanz halten könne eine Resolution, wie die vorgeschlagene, zu fassen. Der Verein zum Schutze des gewerblichen Eigenthums sei die richtige Stelle. Sache der Centralstelle sei es nur die Regierung darauf aufmerksam zu machen, dass beim Abschluss von Handelsverträgen auch der Schutz des gewerblichen

Eigenthums in die vertragsrechtliche Regelung einbezogen werden müsse, das bringe die Resolution Osterrieth zum Ausdruck, sie sei deshalb zur Annahme zu empfehlen

Direktor **Wenzel** (Berlin) geht näher auf die Vorschläge ein, die Dr. Osterrieth mit Bezug auf die Schweiz gemacht hat. Es sei zu bedenken, dass ein Schutzbedürfniss nicht nur auf Seiten der chemischen Industrie besteht, sondern in gleicher Weise auch bei verschiedenen anderen Branchen, da das schweizerische Patentgesetz alle Erfindungen von dem Patentschutz ausschliesse, die nicht durch Modelle darstellbar sind In Folge dessen würde, um die Ueberwachung an der Grenze durchzuführen, eine grössere Zahl von Sachverständigen nothwendig werden. Ueberdies würde man, um den widerrechtlichen Verkauf der nach deutschen Patenten in der Schweiz hergestellten Fabrikate in den benachbarten Patentländern zu verhindern, die Ausfuhr nicht bloss an der deutschen, sondern auch an der österreichischen, französischen und italienischen Grenze überwachen müssen. Dabei sei zu erwägen, dass der Schutz, den der Vorschlag des Dr. Osterrieth gewähre, auch iusofern ein beschränkter sei, als die Beschlagnahme der Waaren an der Grenze gesetzlich nur zugelassen werde, wenn ausser dem patentirten Herstellungsverfahren kein anderes bekannt sei Besondere Vorkehrungen allein an der schweizerischen Grenze würden auch nicht genügen, um etwas Bemerkenswerthes zu erreichen, an verschiedenen anderen Landesgrenzen werde man die gleichen Massnahmen treffen müssen

Besondere Schwierigkeiten würden entstehen für die Einfuhr aus Italien, soweit sie die Schweiz transitire. Man werde Ursprungszeugnisse fordern müssen und dadurch den Verkehr chikaniren und belästigen

Dr. C. A. Martius macht dem gegenüber auf die Bestimmungen der Patentgesetzgebung aufmerksam, die schon heute gestatten Waaren zu konfisziren. Dies gelte beispielsweise auch für Frankreich. wo gleichfalls unter gewissen

Umständen eine Konfiskation zulässig sei. Er glaube deshalb nicht, dass die praktische Durchfürung der Vorschläge des Dr Osterrieth besondere Schwierigkeiten verursachen müsse. Eine gewisse Pression werde auf diese Weise jedenfalls ausgeübt und es sei wohl zu erwarten, dass dadurch die Schweiz zu einer entgegenkommenden Haltung veranlasst werde. Diese Hoffnung erscheine um so mehr berechtigt, als die eidgenössische Regierung von der Unhaltbarkeit des gegenwärtigen Zustandes überzeugt sei.

Ingenieur **Carl Pieper** (Berlin) betont, dass er nur eine Warnung habe aussprechen wollen, die deutschen Grundsätze betr. den Schutz des gewerblichen Eigenthumes ins Ausland zu exportiren. Eine solche Warnung sei aber auch hier an dieser Stelle durchaus am Platze

Direktor **Wenzel** (Berlin) giebt zu, dass nach Lage der Sache gewisse Chikanen gegenüber der Schweiz gerechtfertigt sind und voraussichtlich auch nicht ohne Wirkung bleiben werden. Das Missliche sei nur, dass man damit sich auch ins eigene Fleisch schneide wie bei jeder Belästigung des Verkehrs.

Dr. Osterrieth (Berlin) stimmt mit Direktor Wenzel darin überein, dass durch seinen Vorschlag die gegenwärtigen Schäden nicht in vollem Umfange abzustellen seien, trotzdem rathe er, die Sache zu versuchen. Die chemische Industrie der Schweiz werde den beabsichtigten Druck wohl fühlen, zumal es möglich sei, dass auch andere Länder in gleicher Weise gegen die Schweiz vorgehen werden. Der eidgenössischen Regierung, die, wie schon betont, den heutigen Zustand auch als unhaltbar anerkennt, würden die vorgeschlagenen Maassnahmen vielleicht sogar willkommen seien, sie würden es ihr erleichtern, die von ihr als nothwendig anerkannten Reformen durchzusetzen. Was die von Herrn Pieper an der deutschen Gesetzgebung geübte Kritik anbetreffe, so gebe er deren Berechtigung durchaus zu. Doch scheine es ihm geeigneter, in der Begründung der Resolution darauf hinzuweisen, dass man die deutsche Gesetzgebung nicht dem Auslande als Muster hinstellen wolle, als dies in der Resolution selbst zu thun

Ingenieur **Carl Pieper** (Berlin) zieht nach dieser Erklärung die von ihm vorgeschlagene Resolution zurück. Die Resolution des Dr. Osterrieht wird hierauf einstimmig angenommen. Die Tagesordnung ist hiermit erledigt.

Rágóczy (Metz) erhält das Wort zu einer Bemerkung ausserhalb der Tagesordnung. Er halte für nöthig, an den Beschluss einer früheren Generalversammlung zu erinnern, in dem die Reichsregierung ersucht wurde, auch die Frage der Eisenbahn- und Kanaltarifpolitik nach Möglichkeit in die vertragsrechtliche Regelung beim Abschluss von Handelsverträgen miteinzubeziehen Jetzt hätten viele Staaten, mit denen wir Tarif- oder Meistbegünstigungs-Verträge abgeschlossen, die Wirkungen der eingeräumten Konzessionen für unsere Ausfuhr ganz oder theilweise paralysirt durch Begünstigung der eigenen Produktion bei der Bemessung der Eisenbahn-Tarife und durch Erschwerung der fremden Einfuhr, durch Erhebung von Passgebühren, Schifffahrtsabgaben, durch Erschwerung des Grunderwerbs und des Reiseverkehrs u. s. w. Es sei durchaus an der Zeit, auf diese Nothwendigkeit von Neuem und mit allem Nachdruck hinzuweisen.

Der Vorsitzende erkennt die Berechtigung dieses Verlangens an und stellt ein entsprechendes Vorgehen in Aussicht.

Zur Geschäftsordnung erbittet **Rágóczy** (Metz) künftig, die stenographische Aufnahme der gesammten Verhandlungen der Generalversammlungen, wie sie in verwandten Körperschaften allgemein üblich sei.

Dr. Vosberg-Rekow bittet dem gegenüber an dem bisherigen Verfahren, aus der Diskussion nur das Wesentliche im Druck wiederzugeben, festzuhalten Der Umfang der Berichte werde auch ohne dies schon von Jahr zu Jahr grösser, was immer erheblichere finanzielle Aufwendungen nöthig mache.

Gumprich (Schmalkalden) dankt im Namen der Versammlung dem Vorsitzenden für seine opferwillige und umsichtige Leitung der Geschäfte, desgleichen für seine von Neuem in so liebenswürdiger Form bethätigte Gastfreundschaft.

Der Vorsitzende schliesst hierauf die Versammlung um 5 Uhr Nachmittags.

Abrech

der Centralstelle für Vor

Einnahmen. **für die Zeit vom 1. Januar**

	Mk.	Pf.
An Bestand aus dem Vorjahre	5 132	39
„ Beiträgen und Zuwendungen	41 025	66
	46 158	05

Der

gez. **Dr. Vosberg-**

Geprüft und

Berlin, der

Die von der Mitgliederversammlung

gez. **Max Bendix.**

Anlage 1.

nung

bereitung von Handelsverträgen

1901 bis Ende Dezember 1901.

Ausgaben.

			Mk	Pf	Mk.	Pf
		A. Ausgaben.				
Titel	I	Bureau-Miethe	3 500	01		
„	II	Bureau-Unkosten:				
		Heizung, Beleuchtung, Copialien, Schreibmaterialien . . .	2 380	60		
„	III	Portokosten, Telegramme, Telephon	2 081	49		
„	IV	Gehälter . . .	25 732	99		
„	V	Bibliothek	797	05		
„	VI	Zeitungen und Zeitschriften . .	753	52		
„	VII	Drucksachen .	1 322	35		
„	VIII	Schriften der Centralstelle .	1 797	09		
„	IX	Reisekosten	1 796	03		
„	X	Verschiedenes . . .	937	01	41 098	14
		B. Bestände.				
		Julius Rütgers, hier	366	90		
		Cassa-Conto	4 653	01		
		Cautionen	40	—	5 059	91
					46 158	05

Vorstand:

Rekow.

richtig befunden.

14. Februar 1902.

eingesetzte Prüfungs-Commission:

gez. **Jul. Pintsch.**

Anlage 2.

Mitglieder-Verzeichniss.

1. Körperschaftliche Mitglieder.

Börsenverein der Deutschen Buchhändler Leipzig
Deutscher Brauerbund Frankfurt a M
Deutscher Gipsverein Berlin.
Deutsche Handelskammer zu Brüssel
Deutsch-Asiatische Gesellschaft Berlin
Gesellschaft Berliner Wäsche-Fabrikanten. Berlin
Gesellschaft der Fabrikanten und Kaufleute Fulda
Handelskammer zu Breslau
Handelskammer zu Cassel
Handelskammer für das Herzogthum Coburg Coburg.
Handelskammer für das Herzogthum Anhalt Dessau
Handelskammer zu Frankfurt a. M
Handelskammer für das Herzogthum Gotha Gotha
Handels- und Gewerbekammer zu Leipzig
Handels- und Gewerbekammer für Mittelfranken zu Nürnberg
Handelskammer für das Herzogthum Oldenburg zu Oldenburg
Handelskammer für den Amtsbezirk Pforzheim zu Pforzheim
Handelskammer für die östliche Niederlausitz zu Sorau
Handelsverein Hersfeld
Handelspolitische Vereinigung des Deutschen Kunstdruckgewerbes Berlin
Handelsvertragsverein Berlin.
Verband der Brauereien von Bremen und Umgegend. Bremen.
Verband Berliner Spezialgeschäfte Berlin

Verband Deutscher Lackfabrikanten. Berlin.

Verband der Deutschen Schuh- und Schäftefabrikanten. Bamberg.

Verband Deutscher Baumwollgarn-Konsumenten. Dresden.

Verband Deutscher Ceresin-Fabriken. Düsseldorf.

Verband deutscher Juweliere, Gold- und Silberschmiede. Berlin.

Verband Deutscher Rosshaarspinner. Lahr.

Verband der Seifenfabrikanten. Berlin.

Verband Deutscher Parfümerie-Fabrikanten. Berlin.

Verband süddeutscher Baumwoll-Consumenten. Stuttgart.

Verband der Weinhändler des Rhein- und Maingaues. Wiesbaden.

Verein Berliner Getreide- und Produkten-Händler. Berlin.

Verein Berliner Kaufleute und Industrieller. Berlin.

Verein der Brauereien von Berlin und Umgegend. Berlin.

Verein der Brauereien von Hannover und Umgegend.

Verein der Knochen verarbeitenden Industriellen Deutschlands. Berlin.

Verein Deutscher Dünger-Fabrikanten. Hamburg.

Verein Deutscher Lederhandschuh-Fabrikanten. Altenburg.

Verein deutscher Melassespiritusfabrikanten. Hannover.

Verein Deutscher Salinen- und Salzbergwerke. Hannover.

Verein Hamburger Assecuradeure. Hamburg.

Verein Sächsischer Strohhutfabrikanten zur Wahrung gemeinsamer Interessen. Dresden.

Verein zur Förderung des Exports von niederländischen Produkten. Haag.

Verein zur Wahrung der gemeinsamen Interessen des deutschen Handels und der Industrie von Fleisch- und Fettwaaren. Köln.

Verein zur Wahrung der Interessen der chemischen Industrie Deutschlands. Berlin.

Verein zur Wahrung der wirthschaftlichen Interessen der Eisen- und Stahlindustrie von Elsass-Lothringen und Luxemburg. Metz.

Verein Süddeutscher Tricot-Fabrikanten. Stuttgart.

Verein Berliner Spediteure. Berlin.

Vereinigung der Brauereien von Nürnberg, Fürth und Umgebung Nürnberg.

Vereinigung der Deutschen Metall- und Blechwaaren-Fabrikanten zur Wahrung ihrer wirthschaftlichen Interessen Nürnberg
Vereinigung der Kalkinteressenten Berlin
Vereinigung Deutscher Flaschenfabriken Hamburg.
Vereinigung für die Zollfragen des Papierfachs. Berlin
Verkaufssyndikat der Kaliwerke. Leopoldshall, Stassfurt
Zentral-Verein zur Hebung der Deutschen Fluss- und Kanalschiffahrt. Berlin.

2. Einzelmitglieder.

Accumulatoren-Werke, System Pollak Frankfurt a. M.
Accumulatoren-Fabrik, Actien-Gesellschaft Berlin
Actien-Brauerei Feldschlösschen, vorm. G. & H. Schulze. Halle a S
Actien-Brauerei zum Löwenbrau Munchen.
Actien-Gesellschaft vorm C H Stobwasser Berlin
Actien-Gesellschaft der chemischen Produkten-Fabrik Pommerensdorf Stettin
Actien-Gesellschaft fur chemische Industrie Schalke i Westf
Aktien-Gesellschaft fur Handel u Schiffahrt, H. A Disch Mainz
Actien-Gesellschaft fur Petroleum-Industrie Leyh bei Nurnberg
Actien-Gesellschaft für Theer- und Erdol-Industrie Berlin W
Actien-Lagerbier-Brauerei zu Schloss Chemnitz Chemnitz
Adt, Gebrüder Ensheim (Pfalz)
Adler-Fahrradwerke, vorm Heinrich Kleyer Frankfurt a M
Amann, B Barmen
Arens & Co Chemnitz.
Arnold, Oskar Neustadt b. Coburg
Arons & Walter Berlin
Auerbach, Selig, Söhne. Berlin

Badische Brauerei. Mannheim.
van Baerle & Sponnagel. Berlin.
Barthels-Feldhoff. Barmen.
Bass & Herz Frankfurt a. M.
Bauer, C., Brauerei Halle a. S.
Baumann, Gebr Amberg i. Bayern.
Beer, Sondheimer & Co Frankfurt a. M.
Behr & Vollmöller. Vaihingen a. d. F.
Bemberg, J. P. Oehde b. Barmen-Rittershausen.
Bender & Gattmann. Frankfurt a. M.
Bendix & Co. Berlin.
Bendix Söhne, Julius. Berlin.
Bendix, Max. Berlin.
Berger & Wirth. Leipzig-Schönefeld
Bergischer Bankverein. Solingen.
Berliner Bank. Berlin.
Berliner Holzcomptoir. Charlottenburg.
Berliner Speditions- und Lagerhaus-Actien-Gesellschaft, vorm. Bartz & Co. Berlin.
Berliner Velvet-Fabrik, Mengers & Söhne. Berlin.
Bethmann, Gebr. Frankfurt a. M.
Bierbrauerei Klein-Crostitz, F. Oberländer. Klein-Crostitz.
Binding'sche Brauerei Frankfurt a. M.
Bing, Gebrüder, E. u. S. Berlin.
Blank, Hugo. Berlin.
Blaubeurer Cement-Fabrik, E. Schwenk. Ulm a. Donau.
Blech- u. Emaillir-Waren-Fabrik Kirrweiler, Act.-Ges. Kirrweiler (Rheinpfalz).
Bodenhein, M. B. Cassel.
Böhringer Sohn, C. H. Nieder-Ingelheim.
Böhringer & Söhne, C. F. Waldhof b. Mannheim.
Bönicke & Eichner. Berlin.
Böttinger, Dr. Henry T. M. d. H. d. A. Elberfeld.
Borsig, Ernst, i Fa A. Borsig. Berlin.
Brastrup, Carl. Berlin.
Breslauer Chemische Fabrik, A.-G., vorm. Oscar Heymann. Breslau

Bronzefarbenwerke, A.-G., vorm Carl Schlenk. Roth b Nürnberg.
Bucherer, Heinrich. Köln

Cassella & Co., Leopold Frankfurt a. M.
Chemische Fabrik Bettenhausen, Marquardt & Schulz. Cassel.
Chemische Fabrik, E. Heuer. Cotta b. Dresden.
Chemische Fabrik. Griesheim a. M.
Chemische Fabrik, Dr Hellringhaus & Heilmann. Güstrow i. Mecklenburg.
Chemische Fabrik. Heufeld i Bayern.
Chemische Fabrik Idaweiche, Ober-Schles.
Chemische Fabrik. Mügeln b. Dresden
Chemische Fabrik, Karl Neldert. Tangermünde.
Chemische Fabrik, vorm Goldenberg, Geromont & Co. Winkel i Rheingau
Chemische Fabrik, Act.-Ges , vorm. Moritz Milch & Co. Posen.
Chemische Fabrik auf Actien, vorm E Schering. Berlin.
Chemische Fabrik Heinrichshall, Act -Ges Heinrichshall bei Köstritz (Reuss).
Chemische Fabrik, Heinr. Heimann & Co. Frankfurt a M.
Chemische Fabrik Helfenberg b. Dresden
Chemische Fabrik, G Ottman & Co. Hochspeyer i. Rheinpfalz.
Chemische Fabrik Petschow, Davidsohn. Danzig.
Chemische Fabrik J E Devrient Zwickau i. Sachs.
Chemische Fabrik von Heyden. Radebeul b. Dresden.
Chemische Fabrik Gernsheim-Heubruch. Rheinau b. Mannheim.
Chemische Werke vorm H. & E Albert. Biebrich a Rh.
Chemische Werke vorm Dr Heinrich Byk. Berlin.
Cölln, Georg von, Kommerzienrath Hannover.
Commerz- und Diskontobank. Frankfurt a. M
Compagnie Laferme Dresden
Cords, Gustav. Berlin
Crämer, Carl Sonneberg
Curtius, Friedrich Duisburg.
Cylinder Fass-Fabrik, Gesellschaft m. b H. Berlin

Dalton & Co. Frankfurt a. M.
Dammüller, Gebr Zschertnitz-Dresden
Dampfmolkerei und Milchzucker-Fabrik „Germania“. Mölln (Lauenburg).
Dampfschiffahrtsgesellschaft Argo. Bremen
Daube, G. L. & Co. Frankfurt a. M.
Deutsch-Amerikanische Petroleum-Gesellschaft. Berlin.
Deutsch-Amerikanische Maschinengesellschaft. Frankfurt a. M.
Deutsch-Australische Dampfschiffahrts-Gesellschaft Hamburg
Deutsche Celluloid-Fabrik. Leipzig-Plagwitz.
Deutsche Continental-Gas-Gesellschaft. Dessau
Deutsche Effecten- und Wechselbank. Frankfurt a. M.
Deutsche Gelatine-Fabriken Höchst a. M.
Deutsche Genossenschaftsbank. Frankfurt a. M.
Deutsche Gold- und Silber-Scheideanstalt. Frankfurt a. M.
Deutsche Levante-Linie. Hamburg.
Deutsche Linoleum-Werke „Hansa“. Delmenhorst b. Bremen.
Deutsche Vereinsbank. Frankfurt a. M.
Deutsche Zündholzfabriken, Act.-Ges. Berlin.
Deutsch-Französische Cognac-Brennerei und Weinsprit-Raffinerie. München.
Deutsch-Russische Naphta-Import-Gesellschaft. Berlin.
Dick, Friedrich. Esslingen.
Dobrin & Löwenthal. Stettin.
Dollfuss, Edmund. Chemnitz.
Dondorf, B. Frankfurt a. M.
Dortmunder Unionsbrauerei. Dortmund.
Dresdener Gardinen- und Spitzen-Manufaktur, Act.-Ges. Dresden.
Dresdener Chromo- und Kunstdruck-Papierfabrik, Krause & Baumann. Dresden.
Dressel, Otto, Kommerzienrath. Sonneberg.
Dressler, Eduard. Berlin.
Dreyfus & Mayer-Dinkel. Mannheim.
Duncan, Wm. Surr. Gross-Schweidnitz.
Düsseldorfer Chamotte- und Tiegelwerke, vorm. P. J Schorn & Bourdois. Düsseldorf.

Düsseldorfer Eisenwerke. Düsseldorf-Grafenberg.
Dynamit-Aktien-Gesellschaft vorm Alfred Nobel & Co. Hamburg

Eibler, Eduard Lindau in Bayern.
Eisengiesserei A.-G., vorm. Keyling & Thomas. Berlin
Eisner & Kirchheim Berlin.
Elektricitäts-Aktien-Gesellschaft vorm Lahmeyer & Co Frankfurt a. M.
Elektricitäts-Aktien-Gesellschaft vorm. Schuckert & Co Nürnberg.
Elkisch, A & B Berlin
Engelhardt & Biermann. Bremen
Erhard & Söhne Schwab Gmünd
Erlanger & Söhne, von. Frankfurt a. M.
Esche, Moritz Saml Chemnitz.
Escher & Co Sonneberg

Faber, A W. Nürnberg.
Fabrik photographischer Papiere, vorm Carl Christensen Berlin
Fabrik photographischer Apparate auf Aktien, vorm R Hüttig u Sohn Dresden.
Fabrik technischer Apparate, Heinrich Stockheim Mannheim
Fabrik zum Watt, W. Berliner Berlin
Fahlberg, List & Co. Salbke b Westerhüsen a Elbe
Falkensteiner Gardinen-Weberei und Bleicherei, vorm G Phorey Falkenstein i V.
Farbenfabriken vor. Friedrich Bayer & Co Elberfeld
Farbwerk Krefeld. Krefeld.
Farbwerk Mühlheim, vorm. A Leonhardt & Co Mühlheim a M
Farbwerke vorm Meister, Lucius & Brüning Höchst a M
Feisenberger, Gebr. Frankfurt a. M.
Feistmann & Söhne Offenbach a M.
Feuerlein, Carl Feuerbach bei Stuttgart
Filter- und Brautechnische Maschinen-Fabrik, A.-G., vorm L. A. Enzinger Worms a Rh
Fikentscher, Fr Chr, G. m b H Zwickau i S
Fitzner, W., Kommerzienrath Laurahütte

Fleischer, C. B. & Co. Mickten-Dresden.
Fleischmann, Gebr. Sonneberg.
Flersheim & Co. Frankfurt a M.
Flesch, Carl, jr. Frankfurt a. M.
Flinsch, Ferdinand Frankfurt a. M.
Flinsch, Schriftgiesserei. Frankfurt a M.
Förster, Ruttmann & Co., Nachfl. G. Woehlke. Berlin.
Frankfurter Bank. Frankfurt a. M.
Frankfurter Bierbrauerei-Gesellschaft, vorm Heinrich Henninger & Söhne. Frankfurt a M.
Frankfurter Asbest-Werke, vorm. L. Wertheim. Frankfurt a. M.
Frankfurter Schuhfabrik Act.-Ges., vorm. Otto Herz & Co. Frankfurt a. M.
Freese, Ritter & Hillmann. Bremen
Freyberg, Hermann Halle a S.
Friedländer, Gebr. Berlin.
Friedländer, Max Berlin

Gabriel & Bergenthal. Warstein i Westf.
Gail, Gg. Phil Giessen.
Gause, Gebr. Berlin.
Gehe & Co. Dresden.
Geisweider Eisenwerke, Act.-Ges. Geisweid i. Westf.
Gerhardt & Hey. Berlin.
Gibsone &. Co. Danzig.
Glafey, G. A. Nürnberg.
Görz, C. P. Berlin-Friedenau.
Göhl, F. H. u Söhne. Kempten i. Bayern.
Goldberger, Geheimer Kommerzienrath. Berlin.
Goldschmidt, Mor. B. Frankfurt a. M.
Goldschmidt & Co. Frankfurt a. M.
Goll & Söhne Frankfurt a. M.
Goschenhofer & Roesicke. Berlin.
Gribel, Franz. Stettin.
Grossenhainer Webstuhl- und Maschinen-Fabrik, A -G. Grossenhain i. S.
Grünberger & Seidel. Zittau i. Sachsen.

Grunelius & Co. Frankfurt a. M.
Gundlach, Johs. Berlin
Günther, Paul, Hamburg.
Güttler, W., Kommerzienrath. Reichenstein i. Schles.

Haarmann & Reimer. Holzminden.
Haën, de, Dr. E., Geheimer Kommerzienrath. Hannover.
Hänsel, Heinrich. Pirna.
Hagelberg, W. Berlin.
Halle'sche Actien-Brauerei. Halle a. S.
Hamburg-Amerika-Linie. Hamburg.
Hamburg-Südamerikanische Dampfschiffahrts-Gesellsch. Hamburg.
Hamburger, Albert. Berlin
Hammersen, F. H Osnabrück.
Hansa-Brauerei Lübeck.
Hartmann & Hauers. Hannover.
Hartmann & Braun. Frankfurt a. M.-Bockenheim.
Hartwig & Vogel. Dresden.
Harzer Werke zu Rübeland und Zorge. Blankenburg a. Harz.
Hatscheck, Dr., Syndikus der Handelskammer zu Frankfurt a M.
Haubold jr., C G. Chemnitz.
Hauck & Sohn, Georg. Frankfurt a. M.
Haubuss, E. Stettin
Hauff & Co. Feuerbach bei Stuttgart.
Hauptmann & Volkmar, Emil. Hamburg.
Hecht, Pfeiffer & Co. Berlin
Heckmann, C Berlin.
Heddernheimer Kupferwerk Frankfurt a M.
Heiden-Heimer & Co. Mainz.
Heine & Co. Leipzig.
Heintze & Blanckertz Berlin.
Heinz & Co. Neuhaus a. Rennweg. Thür.
Heitz, Prof. Dr. Hohenstein i. Württbg.
Henrich, Joh. Gerh. Frankfurt a M.
Henschel, Leopold. Kattowitz.
Heräus, W C. Hanau.
Hermania, chemische Fabrik. Schönebeck a. Elbe

Hermsdorf, Louis. Chemnitz.
Herzberg, L. Berlin.
Heubach, Ernst. Köppelsdorf bei Sonneberg.
Heye, Geh. Kommerzienrath. Hamburg.
Hess, M. u. L. Erfurt.
Hirsch, Jacob u. Söhne. Mannheim.
Hochstein & Weinberg. Berlin.
Hochstrasser u. Künkele. Frankfurt a. M.
Hof-Bierbrauerei Hanau, Act.-Ges. Hanau.
Hoffmann, Friedrich. Sebnitz i. S.
Hoffmann, Hefter & Co. Leipzig-Gohlis.
Hoffmann's Stärkefabriken. Salzuflen i. Lippe.
Hoffmann, G. Frankfurt a. M.
Horn, Heinrich. Sonneberg.
Hülsemann, Kommerzienrath. Altenburg.
Hüssy & Künzli. Säckingen.
Hüstener Gewerkschaft. Bruchhausen b. Hüsten i. Westf.
Hutstoffwerke vorm. C. F. Donner. Frankfurt a. M.

Jacob, Emil, Kommerzienrath, Berlin.
Jacob & Richter. Berlin.
Ilgen-Lindner, Kommerzienrath. Präsident der Handelskammer. Sonneberg.
Joëlsohn & Brünn. Berlin.
Jordan & Berger. Berlin.
Jordan, Heinrich. Berlin.
Jung Erben, Frankfurt a. M.-Sachsenhausen.
Junghans, Gebrüder, Schramberg i. Württemberg.

Kahn & Co. Frankfurt a. M.
Kaps, Ernst. Dresden.
Kathreiner's Malzkaffee-Fabriken, G. m. b. H. München.
Kaufmann, Otto. Niedersedlitz b. Dresden.
Keibel, Heinrich. Berlin.
Kienzle, J. Schwenningen a. Neckar.
Kircheis, Erdmann. Aue, Sachsen.

Klimsch's Druckerei, J. Maubach & Co Frankfurt a. M.
Klippgen, Konsul. Dresden.
Knab & Lindenhayn. Grünroda i. S
Knoll & Co. Ludwigshafen a. Rh
Knorr & Hirth. München.
Knöhr & Burchardt Nachfl. Hamburg.
Kober, Joseph. Breslau,
Koepp & Co. Oestrich i Rheingau.
Königsbrücker Emaillirwerk, Gebr. Reuter Konigsbrück i S.
Kopp Söhne. Frankfurt a. M.
Kolbe, August & Co. Zanow i. Pomm.
Kramer & Grätz Dresden.
Krause, Max, Kommerzienrath Berlin
Krügener, R. Frankfurt a M
Kuhlow, Julius, Generaldirektor, Präsident der Handelsk Halle a S.
Kunheim & Co Berlin.

Ladenburg, E Frankfurt a M
Landfried, P. J., Kommerzienrath. Heidelberg
Laubner, Louis. Frankfurt a M
Leh, H. Coburg
Lefeldt & Thiele Hamburg
Lehmann, Anton und Alfred, Act-Ges. Berlin
Lehmann, J. M. Dresden-Löbtau
Leinhaas, E. Freiberg i S
Leipziger Farbwerke, vorm Paul Gulden & Co. Leipzig-Lindenau
Leistner, J G Chemnitz.
Leyendecker, W, & Co. Cöln-Ehrenfeld
Leverkus & Söhne, Dr C Leverkusen b. Cöln.
Liebel, Georg, Kommerzienrath Nurnberg.
Lindgens & Söhne. Mühlheim a Rh
Lindheimer, Leop Frankfurt a M
Löflund & Co Stuttgart
Loeser & Wolff. Berlin.
Loose, M, Compagnie Francaise du Celluoid. Berlin
Lubowski Nachf. Liegnitz

Lucas, Sam. Elberfeld.
Lüneburger Wachsbleiche, J. Börstling. Lüneburg.

Maas & Co., Adolf. Berlin.
Magdeburger Molkerei und Milchzucker-Fabrik. Magdeburg.
Mahn & Ohlerich, Bierbrauerei-Act.-Ges. Rostock
Manheimer, V. Berlin.
Mannheimer Actien-Brauerei. Mannheim.
Mannheimer Lagerhaus-Gesellschaft. Mannheim.
Manskopf-Sarasin Frankfurt a. M.
Martius, Dr., C. A, Aeltester der Kaufmannschaft von Berlin.
Marwitz, Georg, Direktor der Dresdener Spitzen- und Gardinen-Manufaktur Dresden.
Maschinen-Fabrik vorm. Gebrüder Guttmann. Breslau.
Maschinenfabrik Mönus, Act.-Ges. Frankfurt a. M.
May, Dr., Roman. Posen.
May Söhne, E. G. Frankfurt a. M.
Mayer, Gebr. Mannheim
Mayer, Jacob. Frankfurt a. M.
Meilicke, A. Berlin.
Merck, E. Darmstadt.
Metall-Gesellschaft. Frankfurt a. M.
Metzler & Co. Frankfurt a. M.
Mey & Edlich. Leipzig-Plagwitz.
Meyer, H. A. Hannover.
Meyer, Paul, Dr. Berlin-Rummelsburg.
Mineralöl-Werke, Albrecht & Co. Hamburg.
Mitteldeutsche Creditbank. Frankfurt a. M.
Mohr & Co Mannheim.
Mouson & Co. Frankfurt a. M.
Mosgau, Franz Berlin.
Müller, Gebr. Benrath.
Müller & Feder Grosssachsen i. Ba.
Müller & Heilmann. Berlin.
Müller & Rode, H F. Mannheim.

Nachod & Maebler. Berlin.
Nahnsen & Co Hamburg.

Naxos-Union, Julius Pfungst Frankfurt a M.
Nathan & Meyer. Frankfurt a M.
Netter, Wolf & Co. Berlin
Netz, Karl. Jena
Neue photographische Gesellschaft, A.-G Steglitz b. Berlin
Neufville, D. & J. de. Frankfurt a. M
Neustadt, Gebr. Frankfurt a. M.
Norddeutsche chemische Fabrik. Harburg.
Norddeutscher Loyd. Bremen
Nöther & Co., Joseph. Mannheim.
Noodt, Allut & Meyer. Hamburg.

Oberschlesische Coakswerke, Act.-Ges. Berlin
Oehler, K. Offenbach.
Oesinger & Co. Strassburg
Oettler, F. Weissenfels
Oettler, F, Stadtbrauerei. Zeitz
Offermann, L, Geheimer Kommerzienrath. Leipzig.
Ohlauer Zinkweiss-Fabrik „Marthahütte". Ohlau i. Schl
Ohlert, Anton. Berlin.
Otto, J. F., Frankfurt a O.

Parfümerie- und Toiletteseifen-Fabrik, Gustav Böhm Offenbach
Papst & Lambrecht. Nürnberg.
Passavant, Gebr. Frankfurt a. M.
Penseler & Sohn, Nachfolger Lüneburg
Peters & Co, Hugo Hamburg.
Petroleum-Raffinerie, vorm Aug. Korff Bremen
Pieper, Carl. Berlin.
Pfälzische Bank Frankfurt a M.
Pfister, Mayr & Co. München.
Pintsch, Julius, Kommerzienrath. Berlin
Pitsch, Adolf Berlin.
Pohlmann & Gathmann Schüttorf.
Poppe & Wirth. Berlin
Portland-Cementfabrik Stern Stettin
Porzellanfabrik Rauenstein, vorm. Greiner & Söhne. Rauenstein, S-M

Posen & Co, Ed Offenbach a. M.
Prenzlau's Fabrikwerke. Hamburg.
Prinz, Heinrich Gensungen.

Ranniger, Joh Ludw. & Söhne. Altenburg S.-A.
Raschig, Dr Ludwigshafen.
Ravené, Louis, Kommerzienrath, Aeltester der Kaufmannschaft von Berlin
Rechberg, A. Hersfeld.
Recknagel. Alexandrinenthal b. Coburg.
Rehn & Co Hersfeld.
Reissmann, Carl Leipzig-Plagwitz
Remscheider Sägen- und Werkzeugfabrik Dominicus & Söhne. Remscheid.
Renner & Co Hamburg
Rheinische Gummi- und Celluloid-Fabrik. Mannheim.
Rheinische Schuhfabrik, Lichtenstein & Co. Düsseldorf.
Richter, Ossian. Dessau.
Rickmers, Andreas. Bremen
Rieger, Wilhelm Frankfurt a M.
Risler & Co. Freiburg i. B.
Röchling'sche Eisen- und Stahlwerke. Völklingen.
Roeckl, J München
Roeder, S Berlin.
Roemer, Albert. Opladen b. Köln.
Rönisch, Carl. Dresden.
Roesicke, Richard, Kommerzienrath, M. d. R. Berlin.
Rohrmann, Ludwig. Krauschwitz b. Muskau.
Rolffs & Co. Siegfeld b. Siegburg.
Rothschild Söhne Stadtoldendorf i. Braunschweig.
Rosenthal & Co. Berlin.
Rosenthal & Neumark Duisburg.
Rosenthal & Tobias. Berlin.
Rückert & Co Steinach, Sachs.-Mein.
Rütgers, Julius Berlin.

Sachsse & Co. Leipzig
Sächsische Gussstahlfabrik Döhlen b. Deuben, Bez Dresden
Sachsisch-Thüringische Act.-Ges für Braunkohlenverwerthung. Halle a S
Sachtleben & Co. Homberg a Rh.
Salinenverwaltung Neusulza.
Salzwerk Heilbronn.
Schaal, Eugen Dr. Feuerbach.
Schäffer, Dr Charlottenburg
Schelter & Giesecke Leipzig.
Schepeler, Georg. Frankfurt a M.
Scheurer, Lauth & Co Tann i. Els.
Schippan, A Freiberg i S
Schlieper, Carl Remscheid.
Schmey Nachf, G Sonneberg.
Schmidt, Gustav. Altenburg.
Schmidt, F C Wolgast.
Schmidt & Sohn Nauen
Schneiders Erben, Carl. Grafenthal i. Thür.
Schramm, F. W Berlin.
Schröder & Stadelmann. Oberlahnstein
Schroers & Brick. Crefeld.
Schube & Brunnquell Ohlau.
Schuster & Wilhelmy Görlitz.
Schwab & Schwarzschild Frankfurt a M.
Schwabingerbrauerei, A-G München.
Sedlmayr, Gabriel Brauerei zum Spaten Munchen.
Seelig, Jacob Hersfeld
Seligmann & Stettheimer Frankfurt a M.
Seydell, Kurt Lubeck
Siegle, Gustav, Geheimer Kommerzienrath Stuttgart
Siemens, Friedr Dresden
Silesia, Verein chemischer Fabriken Breslau.
Simon, Gebr Berlin
Soennecken's Verlag Bonn
Speck von Sternberg, Freiherr Lützschena b Leipzig.

Speyer-Elissen, L. Frankfurt a. M.
Spindler, Georg. Sonneberg.
Sprengstoff, A. G. „Carbonit". Hamburg.
Springmann, Heinrich. Charlottenburg-Berlin.
Stamme & Co. Hannover.
Stassfurter chemische Fabrik, Act.-Ges. Stassfurt.
Stern, Jacob S. H.. Frankfurt a. M.
Stern & Sabat. München.
Stettin-Stolper Dampfschiffahrts-Gesellschaft, Komm.-Ges. a A Stettin.
Stechow, von, Carl. Berlin.
Stort, Theodor. Gr Lichterfelde.
Strauss jr., Siegmund Frankfurt a. M.
Strauss & Co., Untertürckheim, Württemberg.
Strauss, Alex, & Co. Berlin.
Studnitz, Dr. Arthur von, Reg.-Rath a. D. Berlin
Stuecklé, Baron de. Dieuze.
Süddeutsche Kabelwerke Neckarau—Berlin.
Sulzbach, Gebr. Frankfurt a. M.

Talbot, Romain. Berlin.
Thode'sche Papierfabrik, Act.-Ges. Hainsberg b. Dresden.
Thonindustrie-Zeitung. Berlin.
Thorwart, Bankdirektor. Frankfurt a. M.
Tietz, Gebr. Berlin.
Treu & Nuglisch. Berlin.
Trockenplattenfabrik auf Aktien. Frankfurt a. M.
Tümmler, Robert. Döbeln.

Ullmann & Una. Frankfurt a. M.
Underberg-Albrecht. Rheinberg i. Rhld.

Verein für chemische Industrie Frankfurt a. M.
Vereinigte Brauereien. Frankfurt a. M.
Vereinigte chemische Fabriken, A.-G Leopoldshall.

Vereinigte chemische Werke, Act.-Ges., vorm. Jaffé & Darmsädter Charlottenburg.
Vereinigte Crummendorfer Quarzschieferbrüche. Riegersdorf
Vereinigte Schmelztiegelfabriken und Graphitwerke. Obernzell
Vereinigte Thonwaarenwerke, Actiengesellschaft Krauschwitz
Vereinigte Chinin-Fabriken. Frankfurt a. M.
Vereinigte Fränkische Schuhfabriken. Nürnberg.
Vereinigte Köln-Rottweiler Pulverfabriken. Köln.
Vereinigte Schmirgel- und Maschinen-Fabriken, A.-G. Hannover-Hainholz.
Vereinigte Ultramarinfabriken. Köln
Villeroy & Boch. Dresden.
Vogtenberger & Föhr. Feuerbach b. Stuttgart
Vogler, Hubert. Ravensburg
Vosberg-Rekow, Dr Max Berlin.

Weber, Julius. Duisburg
Weese, Gustav. Thorn.
Wegelin & Hübner. Halle a. S.
Wegerhoff, Herm Remscheid
Weigang, Gebr. Bautzen.
Weil & Reinhardt. Mannheim
Weismüller, Gebr. Frankfurt a. M.-Bockenheim.
Wertheim, A. Berlin.
Wertheim, Joseph Bornheim b. Frankfurt a M.
Wertheimber, L. u. E. Frankfurt a M.
Westfälische Stanz- und Emaillirwerke Ahlen.
Wieler, D. Elbing.
Wirth, Edmund. Frauenmühle b. Sorau
Wolf & Glaserfeld. Berlin.
Wollheim, Heinrich. Grunewald b. Berlin.
Wolle, S Aue i. S.
Wünsche, Emil Reick-Dresden.
Wünsche's Erben. Ebersbach i. S.
Wunderlich, Carl. Eisenharz.
Wuppermann, Herrmann G. m. b. H Pinneberg, Holstein.
Wurmbach, Jul. Frankfurt a M.

Zeltner-Dietz, Kommerzienrath. Nürnberg.
Zillibiller, Fr. S. Aschau i. O.-Bayern.
Zimmermann, Carl. Charlottenburg.
Zimmermann, Chn. & Sohn. Apolda.
Zürich, Allgemeine Unfall- und Haftpflicht-Versicherungs-Gesellschaft. Berlin.
Zündhütchen- u. Patronenfabrik vorm. Sellier & Bellot. Schönebeck a. d. Elbe.
Zuntz sel. Ww. Berlin.

---

3. Vereinigung für die Zollfragen des Papierfaches.

Abel, Friedrich Wilh. Magdeburg.
Actien-Gesellschaft für Buntpapier- und Leimfabrikation. Aschaffenburg.
Adt Gebrüder. Ensheim i. Pf.
Benecke, Gust. & Heinr. Löbau i. S.
Bestehorn, H. C. Aschersleben.
Blanke, Carl. U.-Barmen.
Dahlem, Franz & Co. Aschaffenburg.
Dessauer, Alois. Aschaffenburg.
Dittmar, Max, i. Fa. A. Dittmar. Berlin.
Dondorf, B Frankfurt a. M.
Ernst & Co. Berlin.
Fiedeler & Bayer. Hannover.
Freiberger Papierfabrik, Akt.-Ges. Weissenborn i. S.
Friedheim & Sohn. Berlin.
Hennessen & Jansen. M.-Gladbach.
Hochstein & Weinberg. Berlin.
Kade & Co. Saenitz O.-L.
Kaufmann, Ernst. Lahr i. Baden.
Klingenberg, Gebr. Detmold.
Klippgen, Richard & Co. Dresden.
König, J. C., & Ebhardt Hannover.
Krause, Max. Berlin.

Krause & Baumann. Dresden-A
Laiblin, Gebr. Pfullingen
Leinhaas, A Berlin.
Leipziger Buchbinderei, Akt.-Ges, vorm. Gustav Fritzsche. Leipzig.
Lithographisch artistische Anst, vorm Gebr Obpacher, Akt-Ges München
Lucas, Sam Elberfeld.
Mayer, M. Coblenz-L.
Mey & Edlich. Leipzig-Plagwitz.
Merseburger Buntpapierfabrik Merseburg
Möller, Gottfried, Söhne Neumünster i Holstein.
Müller, Friedr, Söhne. Elberfeld.
Nees, A, & Co. Aschaffenburg
Nister, E Nürnberg
Papyrolinwerk u. Kuvertfabrik Konstanz, A-G Konstanz
Poensgen & Heyer, Köln
Schleicher, Carl, & Schüll Düren
Schnell, Philipp Cassel
Schrödersche Papierfabriken. Golzern i Sa
Sieler & Vogel Leipzig.
Siegismund, Berthold Leipzig
Steffen, Hermann. Duisburg.
Stein, Wilh. & Co Fürth i Bayern
Vereinigte Stralsunder Spielkartenfabr., Act-Ges Stralsund
Wezel & Naumann Leipzig-R
Wilisch, Rob. Plaue b Flöha i Sa
Wiskott, C T Breslau

4. Handelspolitische Vereinigung des Kunstdruckgewerbes.

Aberle, J., & Co Berlin.
Actiengesellschaft Berliner Luxuspapierfabrik, vorm. Hohenstein & Lange. Berlin.
Actiengesellschaft F Priester & Eyck Berlin

Adler, C. Hamburg.
Albrecht & Meister. Berlin.
Augustin & Sohn. Berlin.
Berliner Kunstdruck- und Verlagsanstalt, vorm. A. u C. Kaufmann. Berlin
Berliner Luxuspapierfabrik. Berlin
Bing, S. Fürth i B.
Bloch, O. Breslau
Böhme, Wilhelm Berlin
Chromolith Kunstdruck- und Verlagsanstalt, Berlin
Dondorf, B Frankfurt a M.
Dresdener Etiquetten-Fabrik. Dresden
Eckstein & Stähle Stuttgart
Engel, Adolph. Berlin.
Erste bayerische Blechdruckanstalt Nürnberg. Nürnberg.
Fels, Gebr Nürnberg.
Finkenrath, Paul. Berlin.
Friedländer, R. Dresden.
Fromman & Morian Darmstadt.
Garte, Carl. Leipzig.
Gebert & Veigel. Stuttgart
Glaser, Louis. Leipzig.
Hagelberg, W. A-G Berlin.
Hellriegel, Carl. Berlin.
Hesse, Jos., Kunstanstalt. Fürth i. B.
Hochdanz, Emil. Stuttgart.
Huber, Jordan & Körner. Nürnberg.
Illert & Ewald. Gross-Steinheim-Hanau.
Kaufmann, Ernst Lahr.
Kempner, Leo & Co. Hamburg-Uhlenhorst.
Klingenberg, Gebr. Detmold.
Kühlen, B. M.-Gladbach.
Kühn, Gustav. Neu-Ruppin
Kunstanstalt, vorm. Etzold & Kiessling, A.-G. Leitelshain bei Crimmitschau.
Kunstanstalt & Druckerei Kaufbeuren. Kaufbeuren.

Kunstdruckerei u. Cigarrenkistenfabrik Actiengesellschaft, vorm Moritz Prescher Nachfolger. Leutzsch, Leipzig.

Liebich & Kuntze. Leipzig-Reudnitz.

Littauer & Boysen. Berlin.

Lithographisch-artistische Anstalt München, vorm. Gebr. Obpacher. München.

Löwensohn, G. Fürth.

May, Adolf. Dresden.

May, E. G., Söhne. Frankfurt a M.

Mayer, Carl. Nürnberg.

Meerwald & Teberer. Schwabach b. Nürnberg

Metz, J. C. Frankfurt a. M.

Meisenbach, Riffarth & Co. Schöneberg b. Berlin.

Meissner, Julius Leipzig.

Neuroder Kunstanstalt Act.-Ges., vorm. Treutler, Conrad & Taube. Neurode.

Nister, E. Nürnberg.

Nürnberger Abziehbilderfabrik, Troeger & Bücking. Nürnberg.

Nürnberger Chromolithographische Kunstanstalt, S. Goldschmidt, Nürnberg.

Nürnberger Plakatfabrik, H. Dibbern & Schneller. Nürnberg

Oehmigke & Riemschneider. Neu-Ruppin.

Oestreich & Hartmann. Berlin.

Pfisterer & Leser. Lahr i B.

Pocher, C. A. Nürnberg.

Prager & Lojda Berlin.

Radicke, A. Berlin

Ritter & Kloeden. Nürnberg.

Sala, A. Berlin.

Schaller, Carl. Fürth i. B.

Schaefer & Scheibe Nachfolger Berlin

Schemm, Franz. Nürnberg.

Schimpf, Carl. Nürnberg

Schlesinger, Martin. Berlin.

Schneller, Fritz & Co. Nürnberg.

Schoembs, Friedrich. Offenbach a. M

Schött, Hermann, Act.-Ges. Rheydt.

Scholz, Jos Mainz.
Schüffners Kunstanstalt, H J. Nürnberg
Schwertfeger, E. A., & Co. Berlin.
Schreiber, J. F. Esslingen.
Seeger, Max. Stuttgart.
Stange, Ferdinand Berlin.
Stille, Ed. Nachf. Hannover.
Süss, Paul. Dresden.
Vereinigte Kunst-Institute Act.-Ges., vorm Otto Troitzsch. Berlin.
Volk, H Heilbronn.
Weigang, Gebrüder. Bautzen.
Wendisch, Th Berlin.
Werner & Schumann. Berlin
Werner & Winter. Frankfurt a M.
Wiskott, C. T Breslau.
Wolfrum & Hauptmann. Nürnberg.

Grosser Ausschuss.

(§ 8 der Satzung.)

Bahn, Rudolf, Kommerzienrath, Präsident der Handelskammer für die östliche Niederlausitz. Sorau.
Bendix, Max, i. F.: Julius Bendix Söhne, Fabrikbesitzer. Berlin.
Berliner, Theodor, Vorsitzender des Vereins der Knochen verarbeitenden Industriellen Deutschlands. Berlin W.
Blank, Hugo, Fabrikbesitzer Berlin.
Cölln, Georg von, Kommerzienrath. Hannover
Compes, H, i F : Compes & Co, Vorsitzender des Verbandes der deutschen Ceresin-Fabrikanten. Düsseldorf.
Craemer, Carl, Fabrikbesitzer, Vicepräsident der Handelskammer. Sonneberg, Sa.-Mein.
Fischer, Obermeister, Vorsitzender des Verbandes deutscher Juweliere, Gold- und Silberschmiede. Berlin.
Fitzner, W., Kommerzienrath Laurahütte.
Gienanth, v, Prasident der deutschen Handelskammer zu Brüssel.

Goldberger, Geheimer Kommerzienrath, Vorsitzender des Vereins Berliner Kaufleute und Industrieller Berlin

Goldschmidt, Generaldirektor Berlin

Gothein, Bergrath, M. d. R. u. d. A. H. Berlin

Graessner, Vorsitzender des Vorstandes des Verkaufs-Syndikats der Kaliwerke

Gugenheim, Fritz, Fabrikbesitzer, Vorsitzender des Verbandes Berliner Spezialgeschäfte Berlin

Gutmann, Bernhard, Fabrikbesitzer, Vorsitzender des Vereins Süddeutscher Baumwollgarn-Consumenten Göppingen

Hatschek, Dr. jur., Syndikus der Handelskammer Frankfurt a. M.

Hochschild, Direktor. Frankfurt a. M.

Koch, Senator, Vorsitzender des Verbandes der Seifenfabrikanten Rostock i. Mecklbg.

Kothe, Generalkonsul, Generaldirektor der deutschen Levantelinie Hamburg

Krause, Max, Kommerzienrath, Vorsitzender des Vereins der Buntpapier-Fabrikanten Berlin

Kuhlow, Julius, General-Direktor der Sachsisch-Thuringischen Actien-Gesellschaft für Braunkohlenverwerthung, Präsident der Handelskammer Halle a. S.

Kunreuther, Dr., Rechtsanwalt, Syndikus der Handelskammer zu Gotha

Liebel, Georg, Kommerzienrath, Vorsitzender der Vereinigung der Brauereien von Nürnberg, Fürth und Umgebung Nürnberg

Loeflund, Ed., i. F.: Eduard Loeflund & Co., Fabrikbesitzer Stuttgart

Lohse, Fabrikbesitzer, Vorsitzender des Verbandes Deutscher Parfumerie-Fabrikanten Berlin

Mann, Louis, Fabrikbesitzer, Vorsitzender des Verbandes deutscher Lackfabrikanten Berlin

Manz, Kommerzienrath, Vorsitzender des Verbandes deutscher Schuh- und Schäftefabrikanten Bamberg

Martius, Dr. C. A., Mitglied des Wirthschaftlichen Ausschusses, Aeltester der Kaufmannschaft von Berlin

Marwitz, Georg, Direktor der Dresdener Spitzen- und Gardinenmanufactur und Vorsitzender des Verbandes Deutscher Baumwollgarn-Consumenten Dresden

Merck, Dr Louis, Geheimer Kommerzienrath Darmstadt.

Mettershausen, Dr., Syndikus der Handelskammer zu Kassel

Müller, Th., General-Direktor, Vorstandsmitglied des Vereins zur Wahrung der wirthschaftlichen Interessen der Eisen- und Stahlindustrie von Elsass-Lothringen und Luxemburg. Metz

Offermann, L, Geheimer Kommerzienrath. Leipzig.

Pintsch, Julius, Kommerzienrath Berlin

Rágóczy, General-Sekretär des Vereins zur Wahrung der wirthschaftlichen Interessen der Eisen- und Stahlindustrie von Elsass-Lothringen und Luxemburg Metz.

Ravene, Louis, Kommerzienrath, Aeltester der Kaufmannschaft von Berlin

Rechberg, Fritz, Fabrikbesitzer, Vorsitzender des Handelsvereins zu Hersfeld Hersfeld.

Reuver, G, Geschäftsführer des Vereins zur Wahrung der Interessen des deutschen Handels und der Industrie von Fleisch- und Fettwaaren Köln

Riesenfeld, Dr., Syndikus der Handelskammer Breslau.

Röchling, L, i. F: Röchling'sche Eisen- und Stahlwerke, G m b. H. Völklingen a Saar

Roesicke, Richard, Kommerzienrath, M. d. R. Berlin.

Rose, Albert, Finanzrath, Präsident der Handelskammer für das Herzogthum Coburg. Coburg.

Rumpf, Dr Gustav, Direktor des Vereins für chem. Industrie. Frankfurt a M.

Scheckenbach, Valentin, Kaufmann und Marksadjunkt, Mitglied der Handels- und Gewerbekammer für Mittelfranken. Nürnberg.

Schmid, Henry, Fabrikbesitzer, Vorsitzender des Vereins Deutscher Düngerfabrikanten. Hamburg.

Sponnagel, F., i F: van Baerle & Sponnagel, Fabrikbesitzer. Berlin

Schultze, August, Geheimer Kommerzienrath, Vorsitzender der Handelskammer fur das Herzogthum Oldenburg

Sturm, Eduard, Vorsitzender des Verbandes der Weinhändler des Rhein- und Maingaues Wiesbaden

Thorwart, Direktor der Genossenschaftsbank, Mitglied der Handelskammer. Frankfurt a. M

Wacker, Alexander, Kommerzienrath, General-Direktor der Electricitäts-Actien-Gesellschaft vorm. Schuckert & Co Nürnberg

Wendtland, Dr, Syndikus der Handelskammer Leipzig.

Wirth, E, Fabrikbesitzer, Mitglied der Handelskammer für die östliche Niederlausitz Sorau

Wunder, K., Justizrath, Sekretär der Handels- und Gewerbekammer für Mittelfranken. Nürnberg.

2. Geschäftsführender Ausschuss.

(§ 9 der Satzung)

Dr C. A Martius, Berlin I Vorsitzender

Geheimer Kommerzienrath Goldberger, Berlin, I Stellvertreter des Vorsitzenden

Generaldirektor Julius Kuhlow, Halle a S, II Stellvertreter des Vorsitzenden

Kommerzienrath Max Krause Berlin

Kommerzienrath Louis Ravene, Aeltester der Kaufmannschaft Berlin

3. Vorstand.

(§ 10 der Satzung)

Vosberg-Rekow, Doktor der Staatswissenschaften Direktor

4. Verwaltung.

Direktor.

Vosberg-Rekow, Max, Doktor der Staatswissenschaften

Dezernenten

Etienne, August, Dr phil

Hager, Eugen, Geschäftsführer der Vereinigung für die Zollfragen des Papierfachs

Coerper, Fritz, Assistent

Wolfner, Paul, Dr jur

Druck von A. W. Hayn's Erben, Berlin und Potsdam

FSC
www.fsc.org
MIX
Papier | Fördert
gute Waldnutzung
FSC® C083411

Kolibri 360 GmbH
Ferdinand-Jühlke-Straße 7
99095 Erfurt, Deutschland
produktsicherheit@kolibri360.de